Und täglich grüßt
die Wissenschaft

Sylvia Borchardt, Erika Schow, Jens Simon

(Herausgeber)

Das Murmeltier-Buch

„Und täglich grüßt die Wissenschaft"

Glossen (und mehr) aus Leben, Technik, Kultur

Ein Projekt der „Stadt der Wissenschaft 2007“

ISBN: 3-926701-74-9
Braunschweig 2008

Die Murmeltiere sind los!

Vorsicht! Um gleich einem möglichen Irrtum vorzubeugen: Sollten Sie dieses Buch in die Hand genommen und aufgeschlagen haben, um Ihre Kenntnisse über Murmeltiere und andere Winterschläfer zu vertiefen, dann muss ich Sie leider enttäuschen. Handelt es sich doch bei dem Murmeltierbuch nicht um eines der beliebten Tiernachschlagewerke, in denen der neugierige Leser alles über Fressgewohnheiten, Paarungsverhalten und Beuteschemata erfährt. Nein, von all dem wird hier nicht die Rede sein. Sollten Sie genau dies gesucht haben, können Sie das Buch jetzt noch leise schließen und zurück ins Regal stellen. Schade, falls Sie uns an dieser Stelle verlassen. Aber vielleicht lesen Sie ja auch weiter – was ich hoffe – und lernen eine ganz besondere Spezies von Murmeltieren kennen.

Zwischen diesen beiden Buchdeckeln werden Sie insgesamt 304 „Murmeltiere" treffen – eine Zahl, die etwas zu tun hat mit der Anzahl der Zeitungstage des Jahres 2007. An jedem dieser Tage begegnete den Lesern der Braunschweiger Zeitung eine Kolumne (unter dem Titel „Gauß 2007") mit einer Glosse aus der „Stadt der Wissenschaft". Genau diesen Titel – verliehen vom Stifterverband für die Deutsche Wissenschaft – durfte Braunschweig im Jahr 2007 führen. Was dieser Titelgewinn mit Murmeltieren zu tun hat, fragen Sie sich jetzt? Dazu muss ich etwas weiter ausholen und der Reihe nach erzählen.

Denn begonnen hat alles schon viel früher, etwa im Herbst des Jahres 2005, als ein paar Menschen, vornehmlich Pressesprecher hiesiger Forschungsinstitute, sich Gedanken dazu machten, in welcher Form und mit welchen Inhalten sich Braunschweig zum zweiten Mal um den Titel „Stadt der Wissenschaft" bewerben sollte. (Die erste Bewerbung für 2005 war knapp gescheitert.) Wie es so ist, wenn man in launiger Runde beisammen sitzt, kamen die Projektideen nur so angeflogen. Und auch die kritischen Fragen: „Wissen wir, wissen die Braunschweiger eigentlich, wie viel Wissenschaft in dieser Stadt steckt?" (Etwas erschrocken schaute an dieser Stelle der eine den anderen an und fühlte sich selbst ob seiner Unwissenheit ertappt.) Doch wie ließe sich die Wissenschaft ins öffentliche Bewusstsein bringen? Mit einer Verdoppelung der Presseinformationen und anderen offiziellen Verlautbarungen sicherlich nicht. Eine Chance, auf breiter Front wahrgenommen zu werden, so die einhellige Meinung, kann die Wissenschaft nur haben, wenn sie den Mut aufbringt, auch unterhaltend zu sein, wenn sie Ihre Seriösität und Tiefe nicht wie eine Monstranz vor sich herträgt.

Da das Eis nun schon einmal gebrochen war, traute sich der „Bewerberkreis" weitere Begriffe in die Runde zu werfen. Neben „unterhaltend" flogen Adjektive wie „kurz" und „humorvoll", „ironisch" und „feuilletonistisch" über den Tisch. Und geboren war die Idee, die Wissenschaft in die Stilform der Glosse einzupacken. Diese Verpackung, welche die Wissenschaft eher nicht gewöhnt ist, könne man – wenn schon, denn schon – auch gleich ganz ausgiebig erproben, warum nicht gar täglich? Und schon hatte die Projektskizze auch einen Titel: „Und täglich grüßt die Wissenschaft". Von diesem Projekttitel ausgehend war es dann, zumindest für Kinogänger, nur noch der berühmte Katzensprung zum Murmeltier. (An dieser Stelle noch ein ganz herzlicher Dank an Bill Murray für seine Rolle in dem Film „Und täglich grüßt das Murmeltier".)

Als Braunschweig schließlich im März 2006 bei der Endausscheidung zur Stadt der Wissenschaft tatsächlich das Rennen machte (übrigens: gegen Aachen und Freiburg), war der Murmeltier-Projektgruppe klar, dass nun ernst werden musste, was heiter begonnen hatte. Man traf sich erneut, fertigte eine offizielle Projektskizze samt Personal- und Kostenplanung an, entschied, dass die Murmeltier-Redaktion in der Pressestelle der Physikalisch-Technischen Bundesanstalt (PTB) angesiedelt sein solle, und machte sich an die Arbeit.

Eine Glosse, täglich(!), über ein wissenschaftliches Thema zu recherchieren, zu schreiben, mit allen beteiligten Partnern abzustimmen, schließlich zu redigieren und zu veröffentlichen ist jedoch keine Arbeit, die en passant zu erledigen ist. Und so wurde erst einmal Verstärkung gesucht und in Sylvia Borchardt gefunden. Auf ihren Schultern lag nach kurzer Zeit die redaktionelle Hauptlast des Murmeltier-Projekts. Bevor jedoch der Redakteur arbeiten kann, müssen die Autoren ran. Nun ist nicht jeder Schreiber glossentauglich. Aber zum Glück hatten wir (dieses „wir" meint die Pressestelle der PTB) in der Vergangenheit bei anderen Projekten bereits mit vielen freien Autoren zusammengearbeitet. Einige von ihnen konnten wir für unser Glossenprojekt gewinnen. Eine Startmannschaft war damit aufgestellt, es konnte also mit Schreiben und Redigieren losgehen. Aber halt, da galt es ja noch die Veröffentlichungswege zu ebnen.

Erste Kontakte gab es bereits zur Braunschweiger Zeitung (BZ), dem Medienpartner der Stadt der Wissenschaft. Die Projektampel hatte die BZ schon prinzipiell auf Grün geschaltet. Und so verabredete ich mich mit dem BZ-Lokalchef Ralph-Herbert Meyer, die erste geschriebene Glosse im Gepäck, um konkret über die Art und Weise der Veröffentlichung – im Redaktionsslang: die Freilassung der Murmeltiere – zu verhandeln. Nach einigem Hin und Her (Murmeltier-Eltern sind natürlich besorgt um ihre Kinder und Tageszeitungsredakteure müssen viele Kinder von vielen Eltern in Kurzzeitpflege nehmen) wurden wir uns einig. Der wichtigste Veröffentlichungsweg, die Tageszeitung, war jetzt Teil unseres Murmeltier-Projekts.

Einen zweiten Veröffentlichungsweg sollte es aber natürlich auch noch geben: das Internet. Auf den Internetseiten der Stadt Braunschweig hatten hier die Murmeltiere selbstverständlich ein Heimspiel. Eine Internetseite (http://www.braunschweig.de/murmeltier) wurde eingerichtet und auf die redaktionellen Bedürfnisse zugeschnitten. Die Murmeltierglossen sollten hier auch nicht alleine stehen. Jede Glosse sollte ein prägnantes Umhängeschild bekommen (die Nano-Form) und es sollte ihr ein sachlicher Begleittext (plus ein fachlicher Ansprechpartner) zur Seite gestellt werden, um die wissenschaftlichen Hintergründe ein wenig auszuleuchten.

All diese Vorbereitungen waren irgendwann getan, die ersten Trainigsrunden der Autoren und Redakteure waren absolviert, sodass das erste Murmeltier am 2. Januar 2007 tatsächlich das Licht der Welt erblickte – wie es sich für sonderbare Murmeltiere gehört, an zwei verschiedenen Orten gleichzeitig: in der Tageszeitung und auf der Murmeltier-Webseite. Das Projekt war gestartet!

Wie bei vielen Projekten offenbart sich die Größe der Aufgabe erst nach dem Startschuss – so auch hier. So mussten wissenschaftliche Themen für die Murmeltiere aufgestöbert und die Wissenschaftler überzeugt werden, dass eine Glosse ihrer wissenschaftlichen Reputation nicht schadet. Die Redakteure mussten vom Spielfeldrand aus die Autoren immer wieder anfeuern, motivieren, gelegentlich „Redaktionstermin!" brüllen und mit fortdauernder Spielzeit auch neue Spieler aufs Feld schicken. Und auch mit den Schieds- und Linienrichtern mussten gelegentlich die Regeln des Spiels durchdiskutiert werden.

Aber irgendwann (in diesem Fall am 31. Dezember 2007) ist auch das längste Spiel beendet, die Mannschaft darf in die Umkleide: Duschen, Umziehen und dann eine Entspannungsmassage. (Wie wir hören, soll Letzteres allerdings bei manchen auf Grund sich nahtlos anschließender, neuer Projekte ausgefallen sein. Schade!)

In die Verlängerung ging das Murmeltier-Projekt dann allerdings noch für die Redaktion – in der Form des hier vorliegenden Murmeltier-Buches, das alle Murmeltiere (auch die im Monatsmagazin subway veröffentlichten Sonder-Murmeltiere) auf engem Raum versammelt. Die Tierchen treten jetzt nicht in der chronologischen Reihenfolge ihres Veröffentlichungstermins auf, sondern in lockerer thematischer Sortierung, grob klassifiziert nach den Begriffen „Leben", „Kultur" und „Technik" sowie innerhalb dieses groben Rasters noch einmal eingesperrt in kleineren Themenreservaten. Neben die vollständige Glosse haben wir zugleich noch die Nano-Form und eine (meist stark gekürzte) Form des Sachtextes gestellt. (Alle, die an mehr Details interessiert sind, finden den kompletten Sachtext weiterhin auf der angegebenen Murmeltier-Webseite.)

Wer überdies wissen möchte, welchem Tierpfleger er die jeweilige Glosse zuschreiben muss oder welche Forschungseinrichtungen der Region sich in welchen Glossen widerspiegeln, der schaue bitte in den Anhang. Dort sind alle Autoren zu finden und alle Institute mit „ihren Murmeltieren“ aufgeführt.

Ein lebhaftes Extra durfte aber auch nicht fehlen: Das Murmeltier als Daumenkino haben wir der Agentur Steffen und Bach und vor allem der Illustratorin Katja Pagel zu verdanken.

Und nun wünsche ich Ihnen viel Spaß und gute Unterhaltung mit den hier versammelten Geschichten aus dem regionalen Forschungsalltag der Ideenküche Braunschweig. Sollten Sie in Zukunft bei Murmeltieren nicht nur an Winterschlafende sondern auch an Glossen aus der Wissenschaft denken, würde mich das freuen. Denn: In Braunschweig sind die Murmeltiere los!

Jens Simon
Murmeltier-Redaktion

Gute Nachrichten

Das ganze Jahr als „Stadt der Wissenschaft 2007“ waren die täglich grüßenden Wissenschafts-Murmeltiere unsere treuen Wegbegleiter. Mit jeder Ausgabe der Braunschweiger Zeitung erzählten sie neue Geschichten aus der Ideenküche Braunschweig, boten Einblicke in die vielfältigen Forschungsaktivitäten und die dabei gewonnenen Erkenntnisse. Zwar sind die treuen Nager nach dem anstrengenden Jahr erst einmal in den Winterschlaf gefallen, aber nicht ohne uns ihre Manuskripte für die Folgejahre und die Nachwelt zur Verfügung zu stellen. Das Wissen der Murmeltiere darf nicht sterben oder verloren gehen! Und die nette Unterhaltung, die guten Nachrichten, die man so manches Mal vermisst, schon gar nicht! War es doch so schön, dass unser sehnlicher Wunsch nach der Lösung von Problemen und der Beantwortung von Fragen täglich erfüllt wurde. Haben wir uns doch so gefreut mit den glücklichen Forschern, die nach oft langem Suchen zu Erfindern neuen Wissens wurden.

Nun ist das Jahr der Wissenschaft also vorbei. Die erste gute Nachricht: Das Wissen ist im vorliegenden Buch gesichert und mit ihm spannende Unterhaltung, aufregende Einblicke in die Braunschweiger Welt der Wissenschaft und natürlich die guten Nachrichten.

Und am 29. März 2008 durfte ich die zweite gute Nachricht in der Braunschweiger Zeitung lesen: „Murmeltiere im Zoo sind aufgewacht – Etwas abgemagert, aber wieder munter haben sich die Murmeltiere des Stöckheimer Zoos nach ihrem Winterschlaf zurückgemeldet.“ Die Tiere, so liest man weiter, haben bereits mit dem Frühjahrsputz in ihren Höhlen begonnen. Sie werden sich in diesem Jahr allerdings nicht mehr dem Grüßen in der Zeitung, sondern ihrer eigentlichen Lieblingsbeschäftigung widmen: dem Fressen und Schlafen und dem Grüßen im Zoo, damit sie sich bis zum nächsten Winterschlaf so viele Reserven wie möglich aufgebaut haben. Ich bin schlagartig neidisch geworden – und in mir wurde der Wunsch laut, im nächsten Leben die Privilegien der Murmeltiere genießen zu wollen…

Ich danke den Autoren und Redakteuren für Ihre großartige Leistung, der Braunschweiger Zeitung sowie den Sponsoren und Förderern der „Stadt der Wissenschaft“ für die tolle Unterstützung und wünsche Ihnen spannende Unterhaltung!

Gerold Leppa
Braunschweig Stadtmarketing GmbH

Vorworte

Kapitel Leben

Kapitel Technik

Kapitel Kultur

Anhang

Leben

Durchschaubare Zellen

Wer möchte schon wirklich wissen, ob er morgen – anstatt gesund und voller Schaffensdrang aufzuwachen – platt im Bett liegen bleiben muss, bei Temperaturen über 39 Grad Celsius, mit einer Niesschauer-Wahrscheinlichkeit von 90 Prozent, die gefühlte Lausigkeit extrem hoch?

Wissenschaftler versuchen dennoch mit Hochdruck, das Immunsystem berechenbar zu machen und Infektionsverläufe vorherzusagen wie Meteorologen das Wetter. Die Prognosen sollen allerdings nicht in tägliche Krankheitsvorhersagen münden, sondern vor allem helfen, die Wirkung neuer Medikamente abzuschätzen.

Dazu müssen die Forscher alles, was sie über das molekulare Geschehen in Zellen wissen, in mathematische Gleichungen gießen: komplexe Gebilde, die auch wilden Fieberträumen entsprungen sein könnten und die nur mit Hilfe leistungsstarker Rechner lösbar sind. Bioinformatik heißt diese Disziplin der Biowissenschaften und ist seit ein paar Jahren schwer im Kommen.

Auch die Technische Universität Braunschweig und das Helmholtz-Zentrum für Infektionsforschung setzen gemeinsam auf dieses Thema, fördern seit Januar 2007 ein hochkarätiges Bioinformatik-Team und sagen stürmisches Forschen mit ergiebigen Ergebnissen an der Infektionsfront voraus.

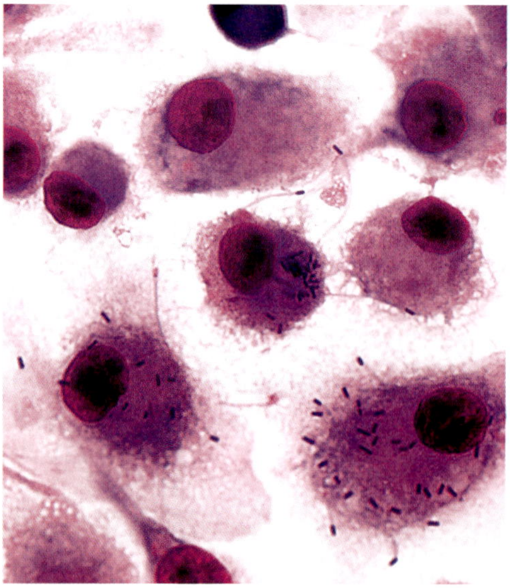

© HZI

40 Prozent des menschlichen Zellstoffwechsels haben Forscher der TU Braunschweig bereits im Blick. Bald wollen sie krankheitsbedingte Veränderungen in den Zellen oder die Wirkung neuer Medikamente vorhersagbar machen.

Geschehen in Zellen im Visier

Ein neues Forscherteam der Technischen Universität (TU) Braunschweig arbeitet zusammen mit Wissenschaftlern des Helmholtz-Zentrums für Infektionsforschung (HZI) daran, das komplexe Geschehen in menschlichen Zellen biochemisch zu erfassen und schließlich sogar zu simulieren. Systembiologie und Bioinformatik heißen die beiden Disziplinen, um die es geht und die seit einigen Jahren immer häufiger von sich reden machen. Dietmar Schomburg ist ein Experte auf diesem Gebiet und seit Januar 2007 Professor an der TU. „Das Fernziel unserer Untersuchungen ist es, Veränderungen des Zellstoffwechsels vorhersagen zu können, und zwar sowohl abhängig von äußeren Einflüssen wie Krankheitserregern oder medizinischen Wirkstoffen als auch durch Gendefekte", sagt er. Mit Ingenieuren und Informatikern der TU will er dazu geeignete mathematische Modelle entwickeln. Der Chemiker selber hat vor allem das molekulare Geschehen in den Zellen im Visier. Er hat eine Analysemethode entwickelt, mit der im Labor 300 Produkte des Zellstoffwechsels gleichzeitig erfasst werden können. „Damit haben wir bereits rund 40 Prozent des Zellstoffwechsels im Blick", betont Schomburg. Mit seinem Team arbeitet er an einer Erweiterung der Methode, um noch mehr Moleküle „sehen" zu können.

(ah)

Unsterblich

Henrietta Lacks aus Baltimore hatte viel zu geben. Mehr, als sie wissen konnte. Als man 1951 bei ihr Gebärmutterhalskrebs feststellte, war sie erst 31. Doch es war bereits zu spät, die Ärzte konnten ihr nicht mehr helfen. Wenige Monate später starb die farbige Frau aus Baltimore und hinterließ fünf Kinder.

Was sie ebenfalls hinterließ, war eine Kultur ihrer Krebszellen, die bei den Untersuchungen angelegt worden war. Dringend suchte man in den fünfziger Jahren nach menschlichen Zellen, die sich unter Laborbedingungen weiterteilten. Und das taten die HeLa-Zellen. Zahlreiche Arzneimittel konnten mit ihrer Hilfe entwickelt werden, und die äußerst fruchtbaren Zellen wurden an Kollegen weitergereicht, die ihrerseits für Forschungen Kulturen anlegten.

Doch einen Nachteil haben die Zellen der Henrietta Lacks: Geraten durch unsauberes Arbeiten der Forscher einzelne HeLa-Zellen in andere Zellkulturen, so überwuchern sie schnell den eigentlichen Inhalt. Heute sind die Zellen der Henriette Lacks weltweit in zahlreichen Labors zuhause, und trüge man das Material zusammen, so wäre die leibhaftige Spenderin mehr als aufgewogen. Unvermutet überraschen die Zellen in Kulturen, die völlig anders deklassiert sind.

Übrigens: HeLa-Zellen erhalten Sie in der Deutschen Sammlung von Mikroorganismen und Zellkulturen in Braunschweig und... das Institut bietet auch einen Identifizierungsservice für sie an. Henrietta Lacks wurde auf eine Weise unsterblich, wie sie heute nicht mehr denkbar ist. Angelegte Zellkulturen lassen sich nicht mehr mit ihren Spendern namentlich in Verbindung bringen.

Was sich teilt, das lebt... Die Krebszellen von Henrietta Lacks (1920-1951) aus Baltimore liefern bis heute Zellmaterial zu medizinischen Forschungszwecken – erhältlich bei der DSMZ in Braunschweig.

HeLa-Zellen – Ein Krebsgeschwür

Die Diagnose hieß Gebärmutterhalskrebs im Endstadium und wenige Monate später starb die 31-jährige Frau aus Baltimore 1951 daran. Sie hinterließ einen Ehemann, fünf Kinder und der Forschung einen Zelllinie, die kultiviert werden konnte. Frühere Versuche, menschliche Zellen weiterzuzüchten, waren stets gescheitert. Die Zellen aus Henrietta Lacks' Krebsleiden erhielten den Namen HeLa-Zellen und wurden von Labor zu Labor weitergereicht. Das Zellmaterial wurde zu verschiedensten Forschungszwecken genutzt und zeichnete sich vor allem durch schnelle Teilung und ungehemmtes Wachstum aus. Leider passiert es bei unsauberem Arbeiten leicht, dass Forscher versehentlich HeLa-Zellen in andere Kulturen übertragen, wo diese alles überwuchern. So sind die kultivierten Krebszellen von Henrietta Lacks weitaus verbreiteteter als angenommem. Die Deutsche Sammlung von Mikroorganismen und Zellkulturen (DSMZ) in Braunschweig hat HeLa-Zellen in ihrem Angebot. Sie werden in flüssigem Stickstoff bei -196 °C aufbewahrt. Für Forscher, die an ihrem Zellmaterial zweifeln, bietet das Institut einen Identifizierungsservice an.

(ehl)

Im Dialog mit der Materie

Meist gut gelaunt, gelegentlich pfeifend, wanderte es früher im Fernsehen seine Linie entlang. Aber wehe, die Linie war plötzlich zu Ende. Lautstark zeternd beschwerte sich das Linienmännchen dann bei seinem Zeichner, der radikal zweidimensional weiterzeichnete, aber gleich eine neue Herausforderung auf die Linie setzte. Mal eine Treppe, mal Wasser, aus dem Fische sprangen, mal ein Fahrrad, auf dem unser Männchen begeistert losradelte... Erfunden von dem im März 2007 verstorbenen Mailänder Osvaldo Cavaldino, zeterte und jubilierte „La Linea" übrigens in temperamentvollem Italienisch, und im Dialog der Linie mit ihrem Zeichner entstand ein Laufband aus witzigen Einfällen.

In eine Auseinandersetzung in zweidimensionaler Umgebung gerät auch das menschliche Immunsystem, wenn der Pilz Aspergillus fumigatus durch Einatmen in den Körper gelangt und sich an der Oberfläche der Lungenbläschen festsetzt. Dort kann er leicht von Immunzellen überwältigt werden. Gelingt dem krankheitserregenden Pilz aber die Einnistung in tiefere Gewebeschichten, ist die Immunabwehr des Körpers oft überfordert, fand der Mikrobiologe Matthias Gunzer am Helmholtz-Zentrum für Infektionsforschung in Braunschweig heraus.

Auch andere Pilze bevorzugen bestimmte Körperbereiche und werden dort durch erprobte Abwehrsysteme erfolgreich vernichtet. Aber wie lässt sich die Immunabwehr unterstützen, wenn der Krankheitserreger am untypischen Ort zu bekämpfen ist? Das ermitteln Gunzer und sein Team im ständigen Dialog mit der Materie.

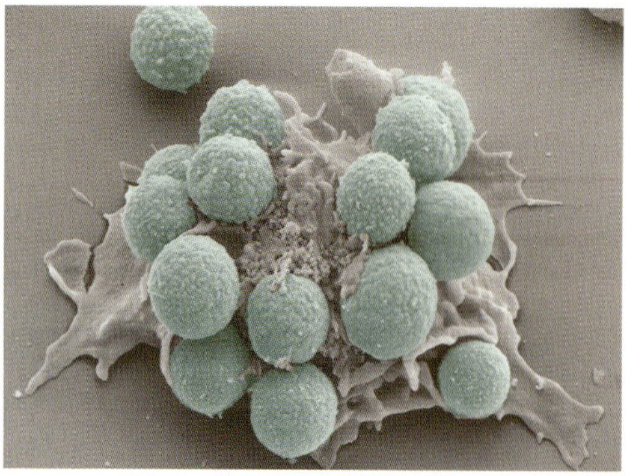

© HZI

Wo macht sich ein Erreger breit? Das Immunsystem des menschlichen Körpers ist auf das Bekämpfen eindringender Erreger vorbereitet. Zumindest, wenn sich der Erreger an einer für ihn typischen Gewebeart ansiedelt. Ist der Keim flexibler, ist das Immunsystem oft überfordert, weiß man im HZI.

Tückische Optimierung

In der Regel nistet er sich an der Oberfläche der Lungenbläschen ein. Aber in dieser zweidimensionalen Umgebung hat das Immunsystem des menschlichen Körpers leichtes Spiel mit dem krankheitserregenden Pilz Aspergillus fumigatus. Doch was, wenn er in das Bindegewebe der Lunge gelangt? Hier im dreidimensionalen Raum rechnet das Immunsystem offenbar nicht mit dem ihm eigentlich bekannten Pilz.

Offenbar ist das Abwehrsystem überfordert, wenn der Krankheitsserreger mal einen untypischen Weg in den Körper nimmt. Ursache hierfür ist möglicherweise eine evolutionär bedingte Optimierung: An den typischen Infektionsorten funktioniert die körpereigene Abwehr am besten. Diese im Regelfall hervorragend effektive Spezialisierung erweist sich als tückisch, wenn die Keime ungewohnte Wege nehmen. Matthias Gunzer hat dieses Phänomen an Mäusen untersucht und erläutert die Konsequenzen: „Mäuse zum Beispiel werden mit zweihundert Millionen Konidien – das sind die infektiösen Sporen von Aspergillus fumigatus – leicht fertig, wenn sie sie einatmen. Gelangen aber nur zweieinhalb Prozent dieser Menge direkt in ihr Blut, dann sterben die Tiere." An der Unterstützung des Immunsystems in solchen Situationen arbeiten Matthias Gunzer und sein Team vom Helmholtz-Zentrum für Infektionsforschung (HZI) in Braunschweig.

(ehl)

Neues Material für die Ferse

Was die meisten Menschen richtig hassen, ist, wenn man ihnen in die Hacken tritt. Das passiert ja schon mal aus Versehen im Gedränge an der Ampel oder auf einem Markt. Da kann man sich noch so freundlich entschuldigen – sie hassen es. Auch bei nur leichtem oder gar nicht vorhandenem Schmerz muss man damit rechnen, dass das Opfer sich reflexhaft umdreht, um dem „Unfallgegner" mindestens Ohrfeigen zu verpassen, wenn nicht Schlimmeres. Zum Glück verhindert in der Regel die Selbstbeherrschung die gewalttätige Affekthandlung. Das muss ein psychologisches Problem sein, denn ich habe noch nie gehört, dass jemandem auf diese Weise ernsthaft die Achillessehne verletzt wurde.

Beim Sport kommt ein Riss der Achillessehne allerdings häufiger vor. Besonders gefährdet sind hier Gelegenheitssportler, die den 40. Geburtstag hinter sich haben. Bisher wurde eine solche Verletzung genäht oder künstliches Gewebe eingesetzt, was immer wieder zu Komplikationen führte.

Gerhard Gross und seine Kollegen vom Helmholtz-Zentrum für Infektionsforschung haben ein Heilverfahren entwickelt, das den Riss mit Stammzellen kuriert. Dem Patienten werden dazu so genannte adulte Stammzellen, die der erwachsene Mensch in sich trägt, aus dem Knochenmark entnommen. Mit einer Substanz werden diese Zellen angeregt, neues Sehnenmaterial zu bilden. Direkt in die Ferse eingesetzt, verwächst sich die Verletzung in vier bis acht Wochen. Bei Ratten funktioniert es schon.

Die psychologische Empfindlichkeit an dieser Körperstelle bleibt aber sicher unverändert, fürchte ich.

Ersatzteile für den menschlichen Körper wachsen leider nicht auf Bäumen, aber im HZI können Stammzellen aus dem Knochenmark dazu angeregt werden, Material für gerissene Achillessehnen zu bilden.

Ersatzteil aus dem Knochenmark

Ob Fußball, Laufen oder Wandern – bei sportlichen Aktivitäten kann besonders dem Gelegenheitssportler über 40 Jahren eine Verletzung der Achillessehne schnell passieren. Ein Riss der Achillessehne ist sehr schmerzhaft und bedarf einer umfangreichen Behandlung. Mit Gipsbein sind dann über Wochen alltägliche Bewegungen kaum noch möglich, ganz zu schweigen von sportlicher Betätigung. Oft muss künstliches Sehnengewebe eingesetzt werden, wobei es immer wieder zu Abstoßungerscheinungen kommt. Im Helmholtz-Zentrum für Infektionsforschung (HZI) erproben Gerhard Gross und sein Team derzeit erfolgreich ein neues Heilverfahren für diese häufige Verletzung. Aus dem Rückenmark entnommene Stammzellen, über die der Mensch auch als Erwachsener noch verfügt, können in der Petrischale angeregt werden, Sehnenzellen zu bilden. An der verletzten Sehne eingesetzt, erneuern die angeregten Stammzellen dann das Bindegewebe, aus dem die Sehne besteht. Was bei Ratten schon funktioniert, soll beim Menschen demnächst den Einsatz von künstlichem Gewebe ersetzen.

(ehl)

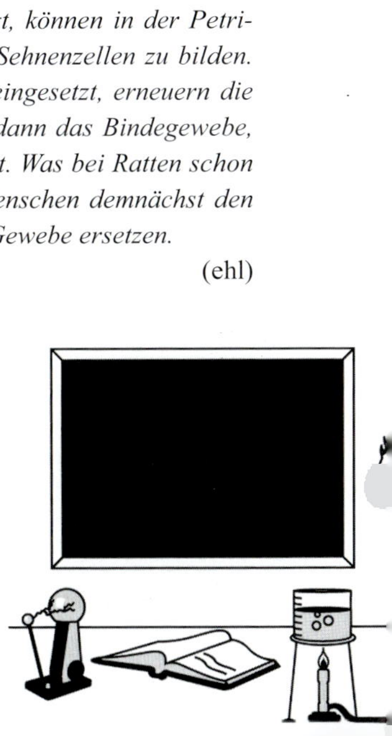

Menschliche Kontakte

Eine Kontaktbörse für moderne Romantiker ist die Bräutigamseiche bei Eutin. Im Unterschied zu den zahlreichen Liebeseichen landauf, landab hat dieser Beziehungen stiftende Baum tatsächlich eine eigene Postleitzahl und wird von einem Briefträger mit täglich um die 40 Zuschriften versorgt, die von vorbeikommenden einsamen Herzen ausgesucht und beantwortet werden. Die Pointe an dieser Geschichte ist, dass der Zusteller selbst seine Frau über einen Brief, der „an den Briefträger der Liebeseiche" adressiert war, kennen gelernt hat.

Kontakte ganz anderer Art fanden Forscher im Helmholtz-Zentrum für Infektionsforschung in Braunschweig im Körper von Mäusen. Hier sind es Nervenzellen, die Kontakte zu Immunzellen anbahnen. Mit Hilfe von neuen chemischen Verfahren können diese Verbindungen farbig sichtbar gemacht werden. Ganz offenbar werden hier Informationen ausgetauscht, die für die Bekämpfung von Krankheitserregern nützlich sind. Dass die Psyche eine wichtige Rolle in der Immunausstattung des Körpers spielt, wurde schon lange angenommen. Jetzt sollen die Verbindungen, die bei Mäusen schon gesichert sind, bald auch im menschlichen Körper ans Licht der Öffentlichkeit kommen.

Die Adresse? Ach so, von der Liebeseiche... Bitte sehr: Bräutigamseiche, Dodauer Forst, 23701 Eutin.

Informationsaustausch – Im HZI kann man zusehen, wie im Mäusekörper Nervenzellen auf Immunzellen zuwachsen. Hier geht man der Frage nach, welche Informationen in diesen Verbindungen ausgetauscht werden.

Körperzellen lesen und beeinflussen

Bis zu sieben Zelltypen können Wissenschaftler des Helmholtz-Zentrums für Infektionsforschung (HZI) in Braunschweig in Gewebeproben von Mäusen sichtbar machen. Dabei handelt es sich um verschiedene Nerven- und Immunzellen, die farbig dargestellt und somit voneinander unterschieden werden können. Das besonderes Interesse der Forscher gilt dabei den Verbindungszellen, die auf einen Kontakt zwischen Nerven- und Immunzellen schließen lassen. Bei der Abwehr von Krankheiten werden hier Informationen abgelesen und beeinflusst. „Es ist ja allgemein bekannt, dass sich der ganze Körper schlecht fühlt, wenn irgendwo ein Krankheitserreger eindringen konnte", erklärt Kurt Dittmar und führt aus: „Vermutet wurde dieser Informationsaustausch also schon länger, aber jetzt haben wir die Kontakte tatsächlich gesehen. Die Bahnen der Nervenzellen laufen direkt auf die Immunzellen zu." Dass diese Kontakte auch im menschlichen Körper für Wechselwirkungen zwischen Gehirn und Immunsystem sorgen, wird angenommen.

Inzwischen wurden diese Verbindungen in verschiedenen Organen nachgewiesen und beschrieben. Welche genaue Funktion erfüllen diese Kontakte? Dittmar und sein Team gehen dieser Frage nach und versprechen sich vor allem neue Kenntnisse über die Immunabwehr bei Infektionen, Tumor- oder Autoimmunkrankheiten. Jüngste Ergebnisse weisen darauf hin, dass die nachgewiesenen Verbindungen auch für die Erforschung der Zuckerkrankheit beim Menschen aufschlussreich sein könnten.

(ehl)

Undurchsichtige Strukturen und ein Angebot

Mit welcher Biologie kommt man ins Molekül? Das war lange eine Frage. Ein Forscherteam, an dem auch Forscherinnen und Forscher des HZI beteiligt sind, weiß jetzt eine Methode.

„Der Pate“ geht immer. Das behauptet zumindest Tom Hanks und gibt Meg Ryan in „E-Mail für dich“ den seltsamen Rat: „Geh auf die Matratzen!“ Als Megabuchhändler ist Hanks zwar gerade dabei, der kleinen Buchhändlerin und ihrem „Laden um die Ecke“ mit nicht eben feinen Methoden das Wasser abzugraben. Doch per E-Mail ist er undercover und rät mit freundlicher Unterstützung vom „Paten“: „Finde heraus, mit wem du es zu tun hast, und dann geh auf die Matratzen!“

Herauszufinden, mit wem man es zu tun hat, ist eben weder bei der „Familie“ von Don Corleone noch in der freien Wirtschaft eine leichte Sache.

Markus Kalesse und sein Forscherteam vom Helmholtz-Zentrum für Infektionsforschung in Braunschweig sowie Wissenschaftler aus Hannover und Saarbrücken hingegen wissen jetzt genau, wie es im Inneren der Struktur aussieht, mit der sie es zu tun haben. Mit biologischen Mitteln können sie neuerdings die Verteilung der einzelnen Atome in einem Molekül aufdecken. Das Codewort hier heißt Genomanalyse. Die genaue Untersuchung des Erbmaterials eines Bakteriums sagt aus, ob die von ihm produzierte Substanz als medizinischer Wirkstoff in Frage kommt.

Na, welches Zitat aus dem Paten passt jetzt? Hanks? Aber Hanks wäre das wohl zu abgegriffen. Ich hingegen gönne uns das mal: Wartet Kalesse jetzt nur noch auf ein Angebot, das er nicht ablehnen kann?

Mit Genomanalyse zum Ziel

Bisher hatten Biologen stets das Nachsehen, wenn es um die Struktur von Molekülen ging. Die konnte bislang nur chemisch aufgedeckt werden. Für die Wirksamkeit medizinischer Stoffe ist es aber unabdingbar, die genaue Zusammensetzung des einzelnen Moleküls zu kennen. „Schon winzige Unterschiede in der Anordnung der Atome können schwere gesundheitliche Folgen haben,“ so Markus Kalesse vom Helmholtz-Zentrum für Infektionsforschung (HZI) in Braunschweig. Kalesse arbeitet mit in dem Forscherteam aus Braunschweig, Hannover und Saarbrücken, das nun biologische Methoden der Strukturaufklärung von Wirkstoffen entwickelt hat. Mit der Genomanalyse, der genauen Untersuchung des Erbmaterials des Produzenten einer Substanz, gelang der entscheidende Einblick. Gegenstand der Untersuchung war der Stoff Chivosazol. Eine Substanz, die sich an das Stützskelett von Zellen anheften kann. Das behindert die Zellteilung – eine Eigenschaft, die z.B. Tumorwachstum hemmen kann. Das Molekül wird von einem am HZI entdeckten Myxobakterium produziert. „Unsere Ergebnisse bedeuten eine Revolution für die Entwicklung medizinischer Wirkstoffe“, freut sich Kalesse.

(ehl)

Enthüllungsreport aus dem Blatt

Reporter sind bei Wissenschaftlern nicht immer wohlgelitten. Denn weil sie Fakten gerne ein bisschen dampfplauderig verpacken, können sich leicht fachliche Fehler in die Berichterstattung schleichen. „Reportermoleküle" dagegen kommen bei Forschern eigentlich immer gut an. Schließlich liefern die Reporter im Miniaturformat zuverlässige Berichte über zwischenmolekulares Geschehen, dazu noch direkt aus dem Reagenzglas. Dabei heften sie sich wie Kletten an die zu untersuchende Substanz, und wenn sich dort etwas tut, erstattet das Reportermolekül brühwarm Bericht. Natürlich nicht via Mikrofon, sondern indem es seine Eigenschaften ändert. Diese Änderungen können die Forscher messen und die Botschaft anschließend entschlüsseln.

Auch Wissenschaftler der Technischen Universität Braunschweig benutzen Reportermoleküle, um etwa Licht in die Signalübertragung zwischen Nervenzellen zu bringen oder in die blitzschnellen Prozesse der Photosynthese. Hier verwenden sie zum Beispiel den grünen Pflanzenfarbstoff Chlorophyll als Reportermolekül.

Die Miniatur-Reporter arbeiten im Idealfall völlig inkognito und beeinflussen das Verhalten der beschatteten Substanz überhaupt nicht. Schließlich sollen sie nur von Geschehnissen berichten und nicht selber welche kreieren. Sonst müsste man sie, allen rechtschaffenen Reportern zu Ehren, doch lieber Kujau-Moleküle nennen.

Mit „Reportermolekülen" und „Zweiphotonenspektroskopie", einer besonderen Form der Laserspektroskopie, wollen Forscher der TU Braunschweig die Geheimnisse um die Mechanismen der Photosynthese enthüllen.

Energiemanagement der Pflanzen

Die Photosynthese gehört zu den am intensivsten untersuchten Prozessen der Natur. Die Umwandlung von Sonnen- in chemische Energie in Pflanzen ist die Hauptenergiequelle allen irdischen Lebens und vor allem vorbildlich in ihrer Energieausbeute. Verstünde man ihre Mechanismen im Detail, ließen sich auf dieser Grundlage möglicherweise hocheffiziente Solarzellen bauen.

Allerdings tappen die Forscher noch weitgehend im Dunkeln, gerade was das Energiemanagement der Pflanzen betrifft. „Unverstanden ist bis heute die Regulation der ultraschnellen Energieflüsse – mit einer molekularen Gangschaltung müssen Pflanzen bei plötzlich geänderten Lichtverhältnissen sofort zwischen maximaler Nutzung der Sonnenenergie oder der Abführung überschüssiger Energie umschalten können", erklärt Peter Walla, Professor für Biophysikalische Chemie an der Technischen Universität (TU) Braunschweig.

Walla und seine Mitarbeiter haben deshalb eine Untersuchungsmethode entwickelt, um der Rolle der Carotinoide auf die Spur zu kommen. Sie verwenden dazu die „Zweiphotonenspektroskopie", regen die Elektronen der Carotinoid-Moleküle durch extrem hochfrequent gepulste Laser gezielt an, messen, was vom Laserlicht noch übrig bleibt, und können so auf die Energietransfermöglichkeiten der Carotinoid-Moleküle rückschließen. Als „Reportermoleküle" benutzen die Forscher die ebenfalls in den Blättern vorhandenen Chlorophyllmoleküle und erhalten so wichtige Zusatzinformationen über den Verbleib der Sonnenenergie.

(ah)

Oh, Ralstonia!

Eine Katze mit dem Hang zum Streunen hat sie vielleicht: eine Biographie wie aus dem Zeugenschutzprogramm der Polizeibehörden. Vier Namen und wechselnde Identitäten. Als „Fleckchen" vom Bauernhof lebt unser Kätzchen von Weihnachten bis August in der Familie mit den garstigen Kindern im Grundschulalter, wird als „Maxe" dann von einem kinderlosen Paar an der Autobahnraststätte aufgefunden. Zuviel Liebe war aber auch nicht das Wahre und „Frau Hoffmann" verbringt angenehme Jahre auf dem Sofa eines Akademikers, der die halbe Nacht an seinem Schreibtisch sitzt. Als der in die Toskana geht, wechselt sie zur älteren Nachbarin, wo das „Zigeunerle" noch ein Gnadenbrot bekommt.

Nun zur Sache: In der Szene bekannt als „Knallgasbakterium", nannte man das Bodenbakterium 1969 „Alcaligenes eutrophus" und stellte seine anspruchslosen Existenzbedingungen fest. 1990 ehrte man mit seiner Umbenennung in „Wautersia eutrophus" den belgischen Mikrobiologen Georges Wauters. Sechs Jahre später war der Ruhm offenbar schon verjährt, das Bakterium erwuchs zum Hoffnungsträger in Sachen biologisch abbaubares Plastik, und angeblich verband ein Wissenschaftler auch ganz private Hoffnungen mit „Ralstonia eutropha" und nannte das Kleinstlebewesen (plötzlich weiblich!) nach seiner Frau, als wäre es ein Schiff und sie eine Millionärsgattin.

Beide Hoffnungen zerschlugen sich (zumindest vorerst): Bioplastik erwies sich in der Herstellung als zu teuer, weil das Bakterium dafür große Mengen teuren Zuckers benötigte, und woran die Ehe mit Ralstonia kurz danach scheiterte, ist leider nicht bekannt. Als „Cupriavidus necator" findet man es heute in der „Deutschen Sammlung von Mikrorganismen und Zellkulturen" in Braunschweig.

Vier Namen in vier Jahrzehnten – damit ist das als „Knallgasbakterium" bekannte Bodenbakterium in der Welt der Wissenschaft schon ganz schön herumgekommen. Seit 2004 lebt es als „Cupriavidus necator" in der DSMZ.

Bakterium als Hoffnungsträger

So richtig weiß man nicht, wohin mit ihm. Inzwischen trägt es schon den vierten Namen, und immer wieder macht es auch als Hoffnungsträger von sich reden. In der Szene bekannt als „Knallgasbakterium" (es lebt von Wasserstoff und Kohlenstoffdioxid), versprach man sich von ihm die Rettung aus der Erdölabhängigkeit. Das Bodenbakterium mit der wechselnden Geschichte kann nämlich einen biologisch abbaubaren Kunststoff erzeugen, verbraucht dafür aber leider große Mengen teuren Zuckers, sodass sich das Verfahren bisher als unrentabel erweist. 1990 nannte ihn ein Wissenschaftler nach seiner Frau Ralstonia. Doch die Ehe ging angeblich kurz danach dennoch in die Brüche. Zuvor hieß es zu Ehren des belgischen Mikrobiologen Georges Wauters „Wautersia eutrophus". Als „Cupriavidus necator" findet es sich heute in der „Deutschen Sammlung von Mikroorganismen und Zellkulturen" (DSMZ) in Braunschweig. Entdeckt und zuerst beschrieben wurde es 1969 als „Alcaligenes eutrophus" und als anspruchslos bezeichnet.

(ehl)

Keine Angst vor Dreck

Ich schwöre, ich werde nie mehr aufschreien, nur weil mein Sohn sich gerade eine Handvoll Dreck genehmigt oder – Hilfe! – etwa einen Regenwurm essen will! Auch dann nicht, wenn er mit der Zahnbürste verlorene Zahnpasta aus dem Ausguß angelt.

Denn diese mütterlichen Grauen sind ja harmlos gegen den üblen Schlamm, den die Elbeflut im August 2002 durch die Keller zum Beispiel von Hitzacker oder Bitterfeld schwemmte. Ich habe Fotos gesehen, auf denen wurden verendete halbvergammelte Hähne aus der Brühe gezogen! Und auch Klärwerke wurden überschwemmt, sodass Bakterien aus Fäkalien auf die Suche nach neuen Herbergen ausschwärmen konnten. Solche Keime gelten als hochpathogen und können gefährliche Krankheiten auslösen, erklärt mir Wolf-Rainer Abraham vom Helmholtz-Zentrum für Infektionsforschung (HZI).

Zusammen mit seinem Kollegen Dirk Wenderoth war Abraham vom HZI mit einem mobilen Labor in Hitzacker und Bitterfeld unterwegs, um in überfluteten Kellern nach krankheitsauslösenden Mikroorganismen zu suchen. Um es kurz zu machen: Sie haben nicht sehr viele Keime gefunden. „Zum Glück überleben Bakterien starke Veränderungen ihrer Existenzbedingungen nicht lange," erklärt Abraham das Phänomen.

In dem Dreck – keine Keime! Was sie aber fanden, waren Bakterien mit einer sehr hohen Resistenz gegen gängige Antibiotika.

Du meine Güte! Ja, iss ruhig Schnee und trink Okerwasser, mein Kind, du musst schließlich dein Immunsystem stärken!

Resistente Bakterien – zahllose gegen gängige Antibiotika resistente Bakterien fanden Mikrobiologen des HZI nach der Elbeflut 2002 in überfluteten Kellern in Hitzacker und Bitterfeld.

Resistente Bakterien in überfluteten Kellern

„Totgekriegt haben wir sie alle", sagt Wolf-Rainer Abraham und spricht von Bakterienstämmen aus der Elbeflut vom Spätsommer 2002. Zusammen mit seinem Kollegen Dirk Wenderoth war Abraham vom Helmholtz-Zentrum für Infektionsforschung (HZI) mit einem mobilen Labor in Hitzacker und Bitterfeld unterwegs, um in überfluteten Kellern nach krankheitsauslösenden Mikroorganismen zu suchen. „So viele pathogene Keime wie befürchtet haben wir zum Glück nicht gefunden", berichtet Abraham. Obwohl auch Klärwerke überflutet wurden und so zahlreiche besonders gefährliche Keime in das Wasser gelangten. „Bakterien sind meistens sehr spezialisiert auf ein bestimmtes Umfeld und eine Temperaturveränderung überleben sie oft nicht lang", erläutert Abraham.

Soweit die relative Entwarnung; eine ernste Gesundheitsgefährdung durch den Kontakt mit dem Flutwasser bestand nicht. Ein anderes in diesem Ausmaß nicht erwartetes Ergebnis beunruhigt die Mikrobiologen allerdings. Gefunden wurden sehr viele Bakterien mit ausgeprägter Resistenz gegen gängige Antibiotika. Das mag daran liegen, dass Antibiotika in weit größerer Zahl als in der menschlichen Medizin in der Landwirtschaft eingesetzt werden. Oder – wie Abraham annimmt – an einer sehr hohen natürlichen Resistenz der mikroskopischen Einzeller.

„Aber letztlich gab es doch keinen Stamm, den wir nicht umbringen konnten", resümiert der Biochemiker.

(ehl)

Zersetzende Gesellschaft im Untergrund

Hatifnatten und Hemule, Snorks und ein Schnupferich – lauter Gestalten aus der drolligen Gesellschaft der Mumins, der finnischen Trolle aus den bekannten Kinderbüchern von Tove Jansson. Wer ist ein Snork, wer ein Mumin und wer ein völlig anderes Wesen? Die Muminfamilie kümmert sich nicht um Herkunft und Gestalt. Sie nimmt auf, wer um Unterschlupf bittet, lässt jedem das seine und wartet neugierig ab, wie sich das soziale Leben nun verändert.

Zwar auch nach dem Prinzip laisser faire, aber irgendwie doch effektiver, funktioniert die Gesellschaft der Bodenorganismen. Pilze und Bakterien zersetzen in konzertierter Aktion, was auf den Erdboden fällt. Blätter, Früchte, aber auch Plastikabfälle und Tierkadaver. Traute-Heidi Anderson und ihre Kollegen untersuchen in der Bundesforschungsanstalt für Landwirtschaft in Braunschweig das Leben am Boden und zwar – und das ist neu – im natürlichen Zusammenhang.

Aufgeschlemmte Bodenproben verraten, wie die Organismen im Nährstoffkreislauf zusammenarbeiten. Können Indikatoren erarbeitet werden, die anzeigen, ob die winzigen Wesen auf der Erdoberfläche gut miteinander auskommen? Und wie reagieren sie auf den Klimawandel?

Die Mumins jedenfalls lassen sich weder von Unwettern noch von drohenden Kometen schrecken...

Rund 100 Milliarden Tonnen organisches Material werden Jahr für Jahr von Mikroorganismen am Boden abgebaut. Bakterien und Pilze machen den Boden nährstoffreich und fruchtbar, doch wie der Nährstoffkreislauf an der Erdoberfläche funktioniert, wird erst jetzt in der FAL erhellt.

Was wimmelt denn da?

„Essensreste vom Picknick, Tempotaschentücher, die aus der Tasche rutschen, ein Hamburger, der runterfällt und ähnliches, das nehmen sie gerne", erklärt Traute-Heidi Anderson und spricht von den Mikroorganismen, die den Erdboden bevölkern und sich über alles Organische hermachen. „Ein ausgespucktes Kaugummi kommt nicht so gut an, weil es heute nur noch aus Kunststoff besteht, nachdem der Zucker rausgekaut wurde. Sie brauchen ja immer eine leicht verfügbare Kohlenstoffquelle für die Energie, die sie benötigen, um schwerere Verbindungen zu knacken." Anderson von der Bundesforschungsanstalt für Landwirtschaft (FAL) untersucht Bodenorganismen. Dabei interessiert Anderson und ihre Kollegen, wie die Teamarbeit von kleinsten Tieren, Pilzen und Bakterien bei den zersetzenden Prozessen abläuft. Welche Aufgaben haben die einzelnen Organismen im Nährstoffkreislauf, der organischen Abfall in nährstoffreichen Boden verwandelt?

Übrigens: Mikroorganismen sind kleiner als 0,2 mm im Durchmesser.

(ehl)

Schimmelpilz alias Zitrone

Freund oder Feind? Feind natürlich – oder welche andere Bezeichnung verdient ein fieser Schimmelpilz, der als schwarzer Pelz etwas bedeckt, was sich kaum noch als wochenaltes Pausenbrot im Ranzen meines Sohnes identifizieren lässt? Aber Aspergillus niger hat auch eine gute Seele. Die Zitronensäure in Lebensmitteln wird biotechnologisch mit Hilfe dieses fadenförmigen Pilzes namens Aspergillus niger hergestellt.

Im Zitronenjoghurt ist er also wirklich lecker ... aber ich muss doch sagen, da bin ich doch etwas enttäuscht, dass der Joghurt so gar keine Spur von den Zitrusfrüchten enthält, die wunderbar sonnig auf der Packung leuchten.

Ein europaweites Netz von Forschergruppen, darunter auch An-Ping Zeng und sein Team vom Helmholtz-Zentrum für Infektionsforschung in Braunschweig, wollen nun wissen, was der kleine Fiesling – äh pardon: Nützling! – noch so alles kann. Nach einer gelungenen Entzifferung des Erbmaterials wird nun erforscht, wo mit ihm noch kooperiert werden könnte. Einsatzmöglichkeiten in der Lebensmitteltechnologie wie in der Medizin könnten auf ihn warten. Außerdem wird man sein Genom mit dem des infektiösen Aspergillus fumigatus vergleichen. Und zwar genauestens.

Warum ist der eine harmlos (naja...!) und sogar nützlich und der Verwandte gefährlich? Soll auch unter Soziologen eine vieldiskutierte Frage sein...

© MEV

Wer ist Aspergillus niger? Bekannt wurde er durch sein häufiges Auftreten als schwarzer Schimmelpilz und gefeiert als Zitronensäure in der Lebensmitteltechnologie. Was kann er noch, fragt man sich im HZI.

Vielversprechende Erbinformationen

Es ist entziffert: das Genom von Aspergillus niger. Dabei ist dieser Schimmelpilz vermutlich jedem allzu bekannt, denn als schwarzer (daher der Name „niger") Pelzbezug zeigt er sich auf Brot und anderen verdorbenen Lebensmitteln. Doch nicht immer ist er der ungebetene und eklige Gast. In der Lebensmitteltechnologie sorgt der fadenförmige Pilz als Zitronensäure für das in vielen Speisen gewünschte säuerlich-frische Aroma. Auch beim Brotbacken und für die Herstellung von Enzymen ist Aspergillus niger von Bedeutung.

Eine Reihe von Forschergruppen aus verschiedenen europäischen Ländern hat an der Aufdeckung des Genoms dieses vielseitigen Pilzes gearbeitet. Auch Wissenschaftler des Helmholtz-Zentrums für Infektionsforschung (HZI) in Braunschweig sowie Forschungsgelder der Technischen Universität (TU) Braunschweig waren beteiligt. An-Ping Zeng, Ursula Rinas, Xin Lu und Jibin Sun versprechen sich von der Erbinformation neue Einsatzmöglichkeiten in der Lebensmitteltechnologie und der Medizin. Vergleichend soll vor allem die Verwandtschaft mit dem Pilz Aspergillus fumigatus untersucht werden, der Infektionen der Lunge auslöst.

(ehl)

Wissenschaft in Harzer Bachläufen

Kleine Lebewesen sind ja erst dann richtig possierlich, wenn sie sich bewegen. Wenn sie springen oder zwieseln oder lustig herumtollen. Zum Glück macht das auch Deefgea rivuli. Kennen Sie nicht? Dachte ich mir. Es lebt eigentlich ganz hier in der Nähe, in einem Bachlauf im Harz und es zählt zu den kleinsten Lebewesen. Den Einzellern.

Deefgea kann wunderbar in kalkhaltiger Umgebung überleben. Es bewegt sich mit Hilfe von Geißelchen und sondert ein wenig Schleim ab. Aber selbst das deuten die Biologen gleich positiv. Schleim abzusondern ist wichtig für Bakterien. Nur so können sie Biofilme bilden.

Ist das eigentlich ein feierlicher Akt, wenn so ein Naturwesen – und sei es auch ein ganz kleines – getauft wird? Deefgea jedenfalls soll ihrem Namenspatron nichts als Ehre machen. Entdeckt wurde der Winzling von Erko Stackebrandt von der Deutschen Sammlung von Mikroorganismen und Zellkulturen in Braunschweig.

Er suchte den schönen Namen Deefgea rivuli für das Kleine aus und bedankte sich mit dem Patenkind bei der Deutschen Forschungsgesellschaft (DFG), die ihn stets unterstützt habe und auch an unserem kleinen Harzer Bachlauf das Forschen ermöglichte. Satire pur? Keineswegs. Wissenschaft hat manchmal diese liebenswert drolligen Seiten.

Und dann stritt man noch scherzhaft darüber, ob das Schleimabsondern zur Ehre gereicht... Selbstverständlich, denn Schleim ist ein Wohlfühlfaktor par exellence, befanden die Biologen.

Tja, die müssen´s wissen, sag ich jetzt mal – ganz ohne Nebengedanken.

Deefgea rivuli – das Bakterium aus dem Kalkbach im Harz heißt nach der DFG, die seine Entdeckung durch das DSMZ finanziell ermöglicht hat.

Kleines Wesen Deefgea

In einem Bachlauf im Harz, im Wasser des Westerhöfer Baches, fanden Wissenschaftler der Deutschen Sammlung von Mikroorganismen und Zellkulturen (DSMZ) in Braunschweig ein neues Bakterium, das sich an die Lebensbedingungen in dem extrem kalkhaltigen Wasser optimal angepasst hat. Erko Stackebrandt, der als Erstbeschreiber des Bakteriums gilt und somit den Namen festlegt, nannte das kleine Wesen nach der Deutschen Forschungsgemeinschaft (DFG), die die Arbeit der Mikrobiologen unterstützt.

Deefgea rivuli heißt das Bakterium folgerichtig, das sich in dem kalkhaltigen Wasser des Harzbaches wohlfühlt und zur Bildung von Ur-Gestein beigeträgt. Erko Stackebrandt, einer der weltweit führenden Bakterien-Systematiker, hat in seinem Leben bereits Hunderte von Mikroorganismen entdeckt und beschrieben. Die Idee, diesem Einzeller den Gattungsnamen „Deefgea" zu geben, sei vielleicht etwas ungewöhnlich, aber doch naheliegend: „Die DFG hat während meiner Forschungstätigkeiten immer wieder Projekte zur Bakteriensystematik und Artenvielfalt gefördert – nicht zuletzt das Harz-Projekt, bei dem wir Deefgea gefunden haben. Es war einfach einmal an der Zeit, danke zu sagen!"

(ehl)

Ein Mittel gegen Nervosität, bitte!

Wer erinnert sich noch an den Italiener Stefano Stefani? Deutsche mögen das Urlaubsland Italien und die Hitze – der Tourismus-Staatssekretär aber mochte die Deutschen nicht und verlor die Nerven. „Sie fallen lärmend über unsere Strände her“, polterte Stefani, weswegen Bundeskanzler Gerhard Schröder tief beleidigt seinen Italien-Urlaub absagte und der Staatssekretär seinen Hut nehmen musste.

Ein Forschungsprojekt der Biologischen Bundesanstalt für Land- und Forstwirtschaft (BBA) in Braunschweig mit deutschen und italienischen Forschern beweist zweierlei. Zum einen: Die deutsch-italienische Freundschaft kann nichts zerstören. Zum zweiten: Auch in Deutschland ist es, bedingt durch den Klimawandel, ganz schön warm geworden. Gemeinsam mit ihren ausländischen Kollegen bekämpfen BBA-Experten einen schädlichen Pilz, der in Italien zuhause war und nun über die Alpen nach Deutschland gereist ist, weil ihm das feuchtwarme Wetter so sehr behagt. Er befällt mit Vorliebe Esskastanien und bringt sie zum Absterben – doch die Forschergruppe ist auf dem Weg, dem Schädling mit einem Hypovirus den Garaus zu machen.

Übrigens: Esskastanien werden nirgendwo so gern gegessen wie in Italien; sie stärken, so sagt man, das Nervenkostüm. Das hätte der italienische Staatssekretär besser beherzigen sollen.

© BBA

Cryphonectria parasitica – Ein schädlicher Pilz macht sich in Deutschland breit – doch jetzt schlagen Forscher der BBA in Braunschweig zurück.

Mit Viren gegen Pilze

Der Krankheitserreger Cryphonectria parasitica hat in den vergangenen Jahren den Sprung über die Alpen geschafft. Der ursprünglich aus Asien stammende Pilz löst den Rindenkrebs der Esskastanie aus. In Italien trat er erstmalig 1938 auf. Die Esskastanie ist weit verbreitet, daher entwickeln die Italiener Strategien, um sie vor dem Krebstod zu bewahren. Da die Baumart in Deutschland mit größerem Flächenumfang nur regional begrenzt (Baden-Württemberg/Rheinland-Pfalz) vorkommt, eignet sich das überschaubare Gebiet gut, um die Wirksamkeit bestimmter Bekämpfungskonzepte zu überprüfen. So verfolgen die Forscher einen Ansatz, bei dem ein natürlicher Gegenspieler des Pilzes, ein so genanntes Hypovirus, zum Einsatz kommt. Es schwächt den Pilz so sehr, dass befallenen Bäume nicht mehr absterben. Zudem sind diese vom Virus befallenen Pilzstämme in der Lage, die aggressiveren vom Baum zu verdrängen. Man infiziert daher in Italien zum Teil die Bäume bewusst künstlich mit dem vom Hypovirus befallenen Pilz, um der aggressiven Variante zuvor zu kommen. Leider konnte auf der Nordseite der Alpen eine natürliche Hypovirulenz bisher nur sehr vereinzelt nachgewiesen werden. Deshalb versuchen die BBA-Forscher, geeignete hypovirulente Stämme des Pilzes künstlich im Labor zu produzieren.

(boy)

Hallo Quadrate!

Was denn, in der Natur gibt es keine Quadrate? Und was ist mit Schachbrettblumen? Die sind eindeutig quadratisch gemustert und kommen so auch zu ihrem Namen. Wunderbar purpur-weiß kariert – eben wie ein Schachbrett. Im Frühling wachsen sie bei uns im Hinterhof (nein, mitten in der Stadt, nicht wild!) und ich liebe sie. Bestimmt gibt es auch noch irgendwo im Regenwald quadratische Käfer oder Pfahlmuscheln. Ganz sicher werden Tomaten demnächst in dieser leicht stapelbaren Form ausgeliefert. Und in manchem türkischen Überlandbus wird man wohl von quadratischen Wassermelonen träumen, wenn in jeder Kurve das Gepäck in Form von Wassermelonen donnernd den Gesetzen von Gravitation und Bewegung folgt.

Eben! Und deshalb ist es keine Überraschung, dass es auch quadratische Bakterien gibt. Haloquadratum: platt wie eine Briefmarke und ebenso eckig. 40 mal 40 Mikrometer lang, aber nur 0,1 Mikrometer dick! Es lebt bevorzugt in einem Ambiente mit dem Salzgehalt von Sojasauce, teilt sich alle ein bis zwei Tage und lässt sich mittels eingebauter Gasbläschen in der Lauge treiben. In der Deutschen Sammlung von Mikroorganismen und Zellkulturen in Braunschweig gehört Haloquadratum zu den exotischsten Exemplaren und ist darum einen Bericht wert.

Die Schachbrettblume jedenfalls ist, wie ich finde, von so eigenwilliger Schönheit, dass ich mich frage, ob sie wohl in einem Märchen vorkommt. Kennen Sie ein Märchen mit Schachbrettblume?

40 Mikrometer im Quadrat misst Haloquadratum. In der dritten Dimension ist es nur 0,1 Mikrometer dick. Aber das Außergewöhnliche sind seine Ecken und Kanten – in der Natur sehr selten! In Braunschweig zu finden in der DSMZ.

Quadratisch von Natur aus

Das Bakterium Haloquadratum überrascht die Forscherwelt durch seine quadratische Form. Bei einer Größe von 40 Mikrometern im Quadrat hat es Ecken und Kanten, wie sonst nicht vieles in der Natur. Sein Lebensraum ist 18-prozentige Salzlösung, wo es sich mit eingebauten Gasbläschen an die Oberfläche treiben lässt. Es teilt sich alle ein bis zwei Tage und zählt in der Deutschen Sammlung von Mikroorganismen und Zellkulturen (DSMZ) der Form wegen zu den exotischen Kleinoden.

(ehl)

Leben in Salz

Kurz vor Madagaskar ist die Pest an Bord und in den Fässern nur noch fauliges Wasser. Pest, Hunger und Durst wüten gnadenlos und täglich kommt einer ins Seemannsgrab. Ja, hatten denn die Seefahrer aus dem Liedgutklassiker „Wir lagen vor Madagaskar“ nicht ausreichend Pökelfleisch und Stockfisch an Bord? Mit Salz konservierte Lebensmittel waren vor allem in der Seefahrt üblich, weil die meisten Bakterien, die den Proviant verderben, in Salz nicht überleben können.

Umso erstaunlicher, dass unlängst kurz vor Kreta in 4000 Meter tiefen lichtlosen Meeressenken Spuren von Leben entdeckt wurden: in fast gesättigter Salzlösung! In den so genannten „Brine-Becken“ im östlichen Mittelmeer, die aus unterirdischen Salzlagerstätten entstanden sind und durch geologische Prozesse ins Mittelmeer gelangten, fanden Forscher DNA-Moleküle von Bakterien. Unter den lebensfeindlichen Bedingungen einer gesättigten Salzlösung müssen die Mikroorganismen spezielle Überlebensstrategien entwickelt haben. Statt von Sauerstoff leben sie vermutlich von Stoffwechselprozessen, bei denen Methangas oder Schwefelverbindungen entstehen.

Kenneth Timmis und sein Team vom Helmholtz-Zentrum für Infektionsforschung in Braunschweig untersuchen nun, ob diese Bakterien Wirkstoffe produzieren, die sich medizinisch nutzen lassen. Und – „why not?“ sagt der Brite Timmis – vielleicht sogar gegen Pest, Hunger und Heimweh kurz vor Madagaskar.

4000 m tief im Meer in fast gesättigter Salzlösung ist kein Leben möglich? Anscheinend doch – Forscher fanden in Meeressenken Spuren von bakterieller DNA.

Suche nach medizinischen Wirkstoffen

In einer gesättigten Salzlösung ist Leben nur schwer möglich. Deshalb gehört das Pökeln und Einsalzen zu den ältesten Methoden, Lebensmittel zu konservieren. Bakterien und andere Mikroorganismen, die die Nahrung verderben, fühlen sich in einer solchen Umgebung äußerst unwohl. Doch in der Nähe von Kreta fand man nun in 4000 m Tiefe im Mittelmeer Spuren von bakterieller DNA. Und zwar in fast gesättigter Salzlösung! Die so genannten „Brine-Becken“ sind durch Salzlagerstätten entstanden, die durch geologische Prozesse ins Mittelmeer gelangten und dort gelöst wurden, erzählt Kenneth Timmis vom Helmholtz-Zentrum für Infektionsforschung (HZI) in Braunschweig. Durch die hohe Salzkonzentration ist die Dichte der Salzlake so hoch, dass sie sich nicht mit dem Meerwasser vermischt hat. Interessant für die Forschung sind die Überlebensstrategien der Bakterien, die ihre Anwesenheit bisher nur durch DNA-Spuren verraten haben. Wie können sich die Mikroorganismen in dieser lebensfeindlichen Umgebung behaupten? Timmis und sein Team züchten diese Bakterien im Labor und hoffen auf bisher unbekannte Wirkstoffe, die von den Bakterien produziert werden und vielleicht sogar für medizinische Zwecke genutzt werden können.

(ehl)

Eiserne Nerven

„Vorne 100, hinten elf", grrrrrrrack, „vorne 50, hinten 10", tucktuck...tucktuck, „vorne 10, hinten zwei"....grrrrrrrrackk. „Geräusch kommt näher"....tucktuck...tucktuck. Nicht nur die Nerven der Mannschaft sind zum Zerreißen gespannt, das gesamte Boot ist unter dichtem Druck kurz vorm Zerbersten. Einzelne Teile fliegen den todernsten Männern bereits um die Ohren...tucktuck....tuck.

Für einen Moment herrscht bleierne Stille.... „Jetzt wird´s psychologisch, meine Herren", sagt der Mann mit den eisernen Nerven, genannt „der Alte", in echt Jürgen Prochnow in seiner Rolle als „Kaleu" in „Das Boot". Ist er besonders nervenstark oder im Gegenteil unglaublich nervös, aber zeigt es nicht? Jedesmal, wenn ich den Film sehe, sträuben sich mir vor Spannung die Nackenhaare und ich spanne die Zehen an: „Vorne 10, hinten zwei"...

Tatsächlich eisenharte Körperteile hat der Einzeller Ferroplasma acidiphilum. Er lebt von Eisen, hinterlässt Rost und – einmalig in der Welt der Lebewesen – er verwertet das Eisen als wesentliches Strukturelement in den meisten Proteinen in „eisernen Nieten". Entdeckt wurde das Bakterium von Olga Golyshina vom Helmholtz-Zentrum für Infektionsforschung in Braunschweig, die das Lebewesen mit der ungewöhnlichen biochemischen Fähigkeit auch zuerst beschreibt.

In einem U-Boot fände es keinen idealen Lebensraum, weil es Seewasser nicht verträgt, und würde auch wegen der Rosthinterlassenschaft vermutlich eher nicht zur Beruhigung der Nerven beitragen.

Ferroplasma acidiphilum – Rätsel: Was frißt Eisen, hinterlässt Rost und besteht auch zum Teil aus Eisen? Es ist das Bakterium Ferroplasma acidiphilum, entdeckt und beschrieben von Olga Golyshina vom HZI.

Ein Archaebakterium

Ferroplasma acidiphilum ist ein Einzeller, der von Eisen lebt. Er ernährt sich von dem Hartmetall, hinterlässt Rost und – einmalig in der Welt der Lebewesen – er verwertet das Eisen als wesentliches Strukturelement in den meisten Proteinen in „eisernen Nieten". Entdeckt und zuerst beschrieben wurde Ferroplasma acidiphilum von Olga Golyshina vom Helmholtz-Zentrum für Infektionsforschung (HZI) in Braunschweig. Ferroplasma acidiphilum lebt an Standorten mit eisenhaltigen Erzen oder in säurehaltigen Abflüssen aus dem Bergbau. Es gehört zu den so genannten Archaebakterien, die mit ihren Merkmalen auf die Bedingungen für erstes Leben auf der Erde weisen. Mit der Untersuchung dieses Keimes hoffen die Forscher auf neue Erkenntnisse über die Entstehung des Lebens. Vieles spricht dafür, dass sich die frühesten organischen Teilchen auf Oberflächen mit viel Eisen und Schwefel bildeten. Um dann auch eisen- und schwefelarme Lebensräume zu beziehen, veränderten die frühen Lebewesen mit der Evolution ihre Zellstrukturen.

(ehl)

Crémes aus der Bakterienfabrik

Gut, dass nicht alle Bakterien so fies sind wie diese „Karius und Baktus"-Lümmel, die sich wegen niederer Eigenheimpläne hemmungslos in die Zähne kleiner Kinder fressen. Manche Bakterien sind sogar wahre Wohltäter. Zum Beispiel solche, die sich um die Instandhaltung unserer Darmflora kümmern, oder jene, die im Dienste der Industrie Joghurt, Käse, Vitamine sowie medizinische Wirkstoffe produzieren. Und es soll sogar Bakterien geben, die Jeansfarbstoff oder Goldklumpen herstellen können.

Braunschweiger Forscher konnten die Produktpalette der winzigen Organismen jüngst noch erweitern: In backofengroßen Reaktionsbehältern horten sie Bakterien, die Pflanzenöle in so genannte Tenside verwandeln. Tenside sind wichtige Zusatzstoffe für Seifen, Hautcremes und andere Kosmetika, denn sie sorgen dafür, dass sich Wässriges und Fettiges verbinden lässt. Die Tensid-Produktion mit Bakterien hat eine Menge Vorteile: Sie funktioniert mit nachwachsenden Rohstoffen, bei Raumtemperatur und moderaten Drücken und sie braucht keine giftigen Hilfssubstanzen.

Die Bakterien sind zudem völlig harmlos: Der Umgang mit ihnen ist in jedem Fall noch ungefährlicher, als ohne Zähneputzen schlafen zu gehen.

Bakterien können auch Gutes tun. An der TU Braunschweig etwa produzieren sie Bio-Zusatzstoffe für Kosmetika.

Produktionsweg für Tenside

Ohne Hilfsmittel lassen sich Wasser und Fette nicht dauerhaft mischen. Waschpulver, Seife und Kosmetika enthalten deshalb immer so genannte Tenside, die sich wie Adapter zwischen Wasser- und Fettmoleküle schalten können. Die konventionelle Herstellung der Tenside hat allerdings Nachteile: Die Ausgangssubstanz Erdöl ist ein fossiler Rohstoff, dessen Vorräte bald zur Neige gehen und der stetig teurer wird. Außerdem werden für die Synthese giftige Hilfsstoffe benötigt, und sie funktioniert nur bei hohen Temperaturen und hohen Drücken. Forscher um Professor Siegmund Lang von der Technischen Universität (TU) Braunschweig haben in den Laboratorien des Institutes für Biochemie und Biotechnologie deshalb ein Verfahren entwickelt, mit dem Tenside einfach und ohne Gefahrstoffe aus Pflanzenölen hergestellt werden können. Dazu lassen sie in 50-Liter-Bioreaktoren bestimmte Bakterienarten und Hefen auf Sonnenblumen- oder Rapsöl wachsen. Die produzierten Tenside werden anschließend ausführlich auf ihre Tauglichkeit für die Kosmetikindustrie getestet, die bereits starkes Interesse an den bakteriengeborenen Tensiden bekundet haben soll.

(ah)

Caipi, Käfer und Kartoffeln

Kartoffelkäferbefall macht Ökobauern zunehmend zu schaffen. Die BBA hat Präparate natürlichen Ursprungs gegen Käfer und Larven getestet – mit einem interessanten Ergebnis.

Wie peppt man das Leben der hausbackenen Deutschen auf? Indem man ihrem Alltag südamerikanische Zutaten beimischt. Maradonas Fußballkunst riss jeden Rumpelfüßler vom Sitz, Caipirinha bringt die müdeste Party in Schwung, und würziges Chili befeuert Magen und Seele. Doch alles hat, man ahnt es schon, zwei Seiten: Maradona klaute Deutschland 1986 den WM-Titel, Caipirinha im Überfluss provoziert mörderische Kopfschmerzen und großzügiger Einsatz von Chili sorgt für den einen oder anderen Misston.

Nicht anders verhält es sich bei der wichtigsten südamerikanischen Gabe: der Kartoffel. Auf der einen Seite ist sie unzähligen Köchen tägliche Quelle der Inspiration; auf der anderen Seite hielt im Schlepptau der Kartoffelpflanze auch der Kartoffelkäfer Einzug in Deutschland. Für die Schädlinge und ihre Brut, die Larven, ist ein Kartoffelfeld das Schlaraffenland.

Insbesondere im Ökoanbau hat der Kartoffelkäferbefall in den vergangenen Jahren stetig zugenommen. Die Biologische Bundesanstalt für Land und Forstwirtschaft hat deswegen in dreijährigen Feldversuchen für den Ökolandbau zugelassene Präparate natürlichen Ursprungs gegen Käfer und Larven getestet – mit einem für die Ökobauern interessanten Ergebnis.

Die erfolgreichste Bekämpfungsvariante, eine zeitlich versetzte Anwendung zweier Mittel, macht sich bezahlt. Im Vergleich zum Kontrollfeld, auf dem Larven und Käfer nach Lust und Laune fraßen, ergab sich nach Abzug der Behandlungskosten ein Mehrerlös von 826 Euro pro Hektar.

Pflanzenschutz im Ökoanbau

Wichtiges Ziel der Biologischen Bundesanstalt für Land- und Forstwirtschaft (BBA) ist es, bei allen Maßnahmen zum Schutz der Pflanzen, z.B. vor Fressfeinden wie dem Kartoffelkäfer, die Böden als Pflanzenstandorte, aber auch die Umwelt zu schonen. Dazu gehört auch die Entwicklung von Pflanzenschutzkonzepten für den Ökoanbau. Im Rahmen des Bundesforschungsprogramms Ökologischer Landbau wurden deshalb am BBA-Institut für integrierten Pflanzenschutz in Feldversuchen Kartoffelkäfer mit drei für den Ökolandbau zugelassenen, handelsüblichen Präparaten bzw. Kombivarianten bekämpft. Hauptaugenmerk lag darauf, den Ökolandwirten praxistaugliche Strategien vorzuschlagen. Dabei erwies sich der zeitversetzte Einsatz zweier Mittel auf Neem- bzw. B.t.t.-Basis als besonders wirksam. Beim Pyrethrum blieb der Erfolg aus, weil die Käfer zunehmend resistent gegen diesen aus Crysanthemenblüten gewonnenen Stoff werden.

(boy)

Könige des Jetset

Der Jetset-Beetle und die Jetset-Königin – auf den ersten Blick mögen sie nicht zusammenpassen, auf den zweiten schon. Sowohl der Westliche Maiswurzelbohrer als auch Paris Hilton stammen vom amerikanischen Kontinent, sorgen mit ihren gefürchteten Auftritten für Schlagzeilen in der Presse und gelten als ausgesprochen flotte Käfer.

Wie Paris gehört auch der Maiswurzelbohrer zum absoluten Jetset. Der Quarantäneschädling ist zum ersten Mal in Deutschland aufgetaucht, Ende Juli 2007 wurde er in der Nähe des Flughafens Lahr in einer Pheromonfalle geschnappt. Sehr wahrscheinlich ist der Käfer mit dem Flugzeug eingereist – nicht erster Klasse, sondern versteckt als blinder Passagier.

Um in Deutschland die Ausbreitung des Unheilstifters zu verhindern, dessen Brut über die Wurzeln der Maispflanzen herfällt und ganze Felder verwüstet, haben Wissenschaftler der Biologischen Bundesanstalt für Land- und Forstwirtschaft (BBA) einen Maßnahmenkatalog erarbeitet. Der Pflanzenschutzdienst Baden-Württembergs folgt mit seinen Sofortmaßnahmen der von der BBA erstellten Leitlinie. Die Braunschweiger Experten waren zum Krisentreffen vor Ort und stehen den Behörden beratend zur Seite.

Bevor diese Kolumne der guten Paris allzu nah tritt: Natürlich wiegen die Verbrechen des Maiswurzelbohrers ungleich schwerer. Die zigfache Millionärin wurde unlängst aus der Haft entlassen – dieses gütige Schicksal wird dem Käfer nicht zuteil werden.

Zum ersten Mal ist der Maiswurzelbohrer in Deutschland aufgetaucht – er reiste als blinder Passagier. Bekämpfungsmaßnahmen für diesen Schädling sind in einer von der BBA erstellten Leitlinie festgelegt.

Maßnahmen bei gefürchteten Schädlingen

Der Westliche Maiswurzelbohrer ist im Ortenaukreis in Baden-Württemberg in einer Pheromonfalle aufgefunden worden. Damit ist der international gefürchtete Quarantäneschädling erstmals in Deutschland aufgetaucht und zwar in einem intensiven Maisanbaugebiet in der Nähe des Flughafens Lahr. Der örtliche Pflanzenschutzdienst leitete sofort die notwendigen Bekämpfungsmaßnahmen ein, um den Schädling auszurotten. Diese sind seit 2004 in einer von der Biologischen Bundesanstalt für Land- und Forstwirtschaft (BBA) erstellten Leitlinie festgelegt, die sich an der EU-Entscheidung über Sofortmaßnahmen (2003/766/EG) orientiert. Neben der sofortigen Bekämpfungsaktion und einem verstärkten Monitoring wird um den Fundort für mindestens drei Jahre eine Befalls- und Sicherheitszone im Umkreis von ein bzw. fünf Kilometern eingerichtet. In diesen Zonen sind Maßnahmen wie Verbringungsverbote für Maispflanzen und Erde, Erntebeschränkungen, bestimmte Fruchtfolgen oder Behandlungsauflagen anzuwenden, um eine Ansiedlung des Käfers in diesem Gebiet zu verhindern.

(boy)

Kleine Laus ganz groß

Schon mal aufgefallen, dass es oft die kleinen Dinge sind, die die großen Scherereien machen? Bestes Beispiel: die Blattlaus. Aus allen Himmelsrichtungen kommend, marschieren die Viecher gut gelaunt übers Balkongeländer. Vor den bunten Blumenkästen machen sie eine kurze Rast, begrüßen sich in freudiger Erwartung – und dann hüpft die versammelte Blattlausbande ins üppige Grün und schlägt sich den Wanst voll. Gut möglich, dass sie uns dabei sogar eine lange Nase zeigen.

Nur die allergrößte Instanz auf Erden kann den winzigen Balkonbiestern den Garaus machen: die Mutter. Ihr Tipp lautet, einen Eimer Brennnesseln mit Wasser aufzufüllen, einen Tag zu warten und dann das Zeugs unverdünnt aufzusprühen. Ob's tatsächlich hilft? Wenn überhaupt, zwingt nicht der Brennnesselsud die Plagegeister zum Abzug, sondern der penetrante Gestank der üblen Jauche. Das Ehepaar vom Nachbarbalkon zumindest hat sich grantig davon gemacht.

Auch auf dem Feld sind die Blattläuse eine Plage, da sie den Saft der Pflanzen aussaugen und die Ernte schädigen. Die Biologische Bundesanstalt für Land- und Forstwirtschaft (BBA) in Braunschweig hilft den Landwirten. Bei der BBA arbeiten Pflanzenärzte, deren Forschungen bei der vorbeugenden Behandlung der Samen beginnt und beim Vorratsschutz der Ernte endet.

Wie die Blattlaus genau aussieht, verriet die BBA im Leben-Science-Cube auf dem Platz der Deutschen Einheit in Braunschweig. Bis zum 17. Juni 2007 stellte sie ein detailgetreues Lausmodell im Großformat aus – ohne lange Nase.

Die Blattlaus zeigt sich nicht nur als ein großer Plagegeist, sondern im Jahr 2007 auch als großformatiges Modell – im Leben-Science-Cube auf dem Platz der Deutschen Einheit in Braunschweig.

Zum Leben der Blattläuse

Blattläuse saugen den Saft der Pflanzen aus – mit schlimmen Folgen: Blätter und Triebe werden häufig verformt, weitere Schäden wie die Übertragung von Viruskrankheiten sind möglich.

Blattläuse vermehren sich von Frühjahr bis Herbst ungeschlechtlich, d.h. es gibt nur Weibchen, die keine Eier ablegen, sondern gleich lebende Junge gebären. Diese fangen dann sofort an, Pflanzengewebe auszusaugen. Die Jungen sind bereits nach fünf bis zehn Tagen ausgewachsen. Eine Blattlaus kann theoretisch in ungefähr sieben Wochen eine Million Nachkommen hervorbringen. Das erklärt die explosionsartige Vermehrung bei wärmeren Temperaturen.

Es gibt über 800 verschiedene Arten von Blattläusen, die sich in Farbe und Form unterscheiden (z.B. klein, schwarz und kugelig oder grün bzw. gelb und schlank). Sie sind zwischen einem und vier Millimetern groß. Die meisten Blattläuse sind auf bestimmte Pflanzen spezialisiert.

(boy)

Ameisen hegen Blattläuse

Wegen ihrer immer noch funktionierenden Monarchie wird die Ameise gern als Krone der Schöpfung bezeichnet. Ob dies zu Recht geschieht? Zumindest stehen die kleinen Wesen für hochorganisierte Formen des Zusammenlebens, in der die Einzelmitglieder uneigennützig in der Gesellschaft aufgehen. Ameisen haben sich durch immer komplexere Verhaltensmuster neue Lebensräume und Nahrungsquellen erschlossen.

Beziehungen der besonderen Art pflegen sie zu Blattläusen. Ameisen haben eine Vorliebe für den von den kleinen Pflanzensaugern ausgeschiedenen süßen Honigtau, den sie sanft streichelnd aus ihnen herauskitzeln. Als Dank für das süße Manna schützen Ameisen als Bodyguards Blattläuse vor feindlichen Übergriffen durch Räuber und Parasiten und tragen sie zu neuen Pflanzen. Diese liebevolle Pflege der Blattläuse ist auch nötig, weil es sich oft um empfindsame Schwangere handelt, die sogar gleichzeitig ihre Tochter und ihre eigene Enkelin zur Welt bringen, die bereits in der Tochter heranwächst.

Blattläuse stehen stark im Fokus von Wissenschaftlern der Biologischen Bundesanstalt (BBA), da sie zu den wichtigsten Schädlingen heutiger Kulturpflanzen zählen. Die wichtigsten Arten – allein in Deutschland gibt es 800 – werden an der BBA erforscht, damit die „eigentliche" Krönung der Schöpfung – der Mensch – seinen Salat oder seine Blumen ohne Blattläuse nach Hause tragen kann.

© BBA

800 Arten von Blattläusen allein in Deutschland machen sie zu der größten Schädlingsfamilie und durch eine hohe Spezialisierung zu einem beliebten Forschungsobjekt der BBA.

Kulturschädlinge im Visier der Forscher

Blattläuse gehören zu den Pflanzensaugern (Homopteren) und sind die artenreichste Schädlingsfamilie. Bisher sind weltweit circa 3000 Arten bekannt, allein in Deutschland etwa 800 Arten. Sie ernähren sich von Pflanzensäften und sind dabei sehr spezialisiert. So können einige Arten innerhalb von Stunden sterben, wenn sie an einer falschen Wirtspflanze saugen.

Durch diese Ernährung haben sie eine wechselseitige Beziehung zu Ameisen, die eine Vorliebe für Honigtau – zuckerhaltige Lösung, die von Blattläusen ausgeschieden wird – haben. Honigtau stellt die wichtigste Kohlenhydratquelle für Ameisen dar. Für manche Blattlausarten ist es sogar lebensnotwendig, dass sie von den Ameisen „gemolken" werden, denn sonst verkleben sie durch das unentwegte Absondern von Honigtau.

Blattläuse gehören zu den wichtigsten Schädlingen unserer Kulturpflanzen. Ihre Spezialisierung bedeutet, dass jede wirtschaftliche bedeutsame Art in ihrer Lebensweise genau erforscht werden muss, um geeignete Bekämpfungsmaßnahmen zu entwickeln. Dies gehört zu den Aufgaben der Biologischen Bundesanstalt (BBA). Wichtig ist dabei, sich auch die Feinde der Blattläuse genau anzusehen, um ihr Potenzial als Gegenspieler abschätzen zu können. Seit einigen Jahren wird zusammen mit Praxisbetrieben getestet, ob Blattläuse und andere Schädlinge mit nützlichen Insekten oder Milben in Gewächshauskulturen wie Alpenveilchen, Schnittrosen oder Weihnachtssternen bekämpft werden können. Zu den Nützlingen gegen Blattläuse gehören Florfliegenlarven, Gallmückenlarven und verschiedene Schlupfwespen.

(sbo)

Furchteinflößender Trittbrettfahrer

Was einst Schauermärchen hieß, nennt sich heute zwar Großstadtlegende – doch Angst und Schrecken verbreiten die Geschichten wie eh und je. Wer seinen Nächsten mal wieder einschüchtern möchte, muss ihm zum Geburtstag eine Yuccapalme schenken und ganz beiläufig diese – natürlich wahre – Begebenheit erzählen: „Du, ich habe von einer Vogelspinne aus Mexiko gehört, die in einer solchen Yuccapalme nach Deutschland verschifft wurde. Hier kroch der blinde Passagier mir nichts, dir nichts heraus und krabbelte munter durchs Zimmer."

Es gibt sie jedoch wirklich, die furchteinflößenden Trittbrettfahrer. In einem Fall ist die Geschichte so real, wie der Hauptdarstellername lang ist. Der Asiatische Laubholzbockkäfer reist versteckt im Verpackungsholz in Schiffscontainern aus Fernost ein und ist ein übler Unheilstifter. Er befällt und tötet Laubbäume. Sein einziger natürlicher Feind hierzulande ist der Mensch mit der Kettensäge. Befallene Bäume müssen gefällt und verbrannt werden. Für die Bekämpfung solcher Quarantäneschädlinge sind die Wissenschaftler der Biologischen Bundesanstalt für Land- und Forstwirtschaft zuständig. Sie sind immer dann gefragt, wenn es gilt, die Einschleppung und Ausbreitung gefährlicher Schädlinge und Pflanzen zu verhindern.

Übrigens: Seinem Nächsten sollte man unbedingt reinen Wein einschenken – sonst landet die Yuccapalme in der grünen Tonne.

Zweimal gelang es dem Asiatischen Laubholzbockkäfer, einem gefährlichern Schädling aus Fernost, illegal nach Deutschland einzureisen.

Käferalarm bei Schädlingsbefall

Der Asiatische Laubholzbockkäfer ist nicht nur in seiner Heimat in Fernost ein gefürchteter Schädling. Wunderschön anzusehen, ist er für fast alle einheimischen Laubbäume wie Ahorn, Birke, Pappel, Weide, Rosskastanie oder Obstbäume gefährlich. Er befällt sie und bringt sie in wenigen Jahren zum Absterben. In Deutschland wurde der Käferalarm bisher zweimal ausgelöst. Beide Male wurden der Laubholzbockkäfer und seine Nachkommen getötet. Der Käfer war eine Ursache dafür, dass es inzwischen eine internationale Regelung gibt, wie Verpackungsholz weltweit behandelt und gekennzeichnet sein muss.

Eine Abteilung an der Biologischen Bundesanstalt für Land- und Forstwirtschaft (BBA) beschäftigt sich mit nationalen und internationalen Angelegenheiten der Pflanzengesundheit. Die Mitarbeiter analysieren Risiken, die von eingeschleppten fremden Schädlingen oder Pflanzen ausgehen, und entwickeln in Zusammenarbeit mit nationalen Behörden und internationalen Gremien Strategien, wie Quarantäneschadorganismen abgewehrt werden können bzw. ihre Ausbreitung gestoppt werden kann. Wichtig ist hierbei auch die Aufklärung.

(boy)

Krabbeltiere als Rosenkavaliere

Raubmilben und Erzwespen gelten nicht als beste Freunde der Menschen. Dass die Viecher jedoch überaus nützlich sind, beweist ein Projekt der BBA.

Der Aufmarsch handverlesener Supermodels in spe – er hat wieder begonnen. Auf Pro7 lässt Heidi Klum hübsch anzuschauende junge Frauen mit rosigem Teint und schlanken Beinen engelsgleich über den Laufsteg schweben. Die Schönste von allen ist natürlich Heidi selbst, sie ist die Rose unter den Mädchenblüten. Aber von nichts kommt nichts, noch nicht einmal ein Werbevertrag für bunte Joghurt-Gums. Deswegen müssen sowohl die Schönheitskönigin Heidi als auch die Königin unter den Schnittblumen – die Rose – etwas für ihr perfektes Aussehen tun.

Was für die eine Trainingsstunden und Diätprogramme, sind für die andere Raubmilben und Erzwespen. Ja, Sie lesen richtig, denn die kleinen Viecher, die bei vielen Ekel hervorrufen, können durchaus nützlich sein. Die Biologische Bundesanstalt für Land- und Forstwirtschaft (BBA) in Braunschweig setzt Raubmilben und Erzwespen ein, damit Rosen frei von allen Makeln bleiben. Statt die chemische Keule zu schwingen, werden Rosenschädlinge wie Thripse und Weiße Fliegen mit diesen Krabbeltieren bekämpft. Das schont die Umwelt und die Mitarbeiter in den Gärtnereien.

Gerade eine Schönheit wie Heidi Klum hätte allen Grund, sich für die BBA und ihren Einsatz für makellose Rosen zu interessieren, trägt doch eine vor kurzem gezüchtete Rosenart ihren Namen: die Heidi-Klum-Rose. Und ihr singender Gatte Seal („Kiss from a Rose") soll ja, so hört man, ein echter Rosenkavalier sein.

© BBA

Einsatz von Nützlingen

An der Biologischen Bundesanstalt für Land- und Forstwirtschaft in Braunschweig (BBA) wird erforscht, wie sich Schädlinge durch den umweltschonenden Einsatz nützlicher Krabbeltiere bekämpfen lassen. Kürzlich ist ein Projekt zum Nützlingseinsatz im Zierpflanzenanbau erfolgreich beendet worden. Insgesamt beteiligten sich zirka 30 Gartenbaubetriebe und sechs wissenschaftliche Institutionen in sechs Bundesländern. Alle Projekte wurden zentral von der BBA koordiniert. Ziel war es, den Nützlingseinsatz an Kulturen wie Schnittrosen, Gerbera, Weihnachtssternen oder Alpenveilchen anzupassen und dieses biologische Pflanzenschutzverfahren ökonomisch zu bewerten. Denn um den Nützlingseinsatz langfristig in der Praxis zu etablieren, muss er sich für die Betriebe rechnen.

(boy)

Von Tieren, die mal müssen

Ha! Darauf habe ich lange gewartet: Heute geht es um Ausscheidungen von Tieren und ich kann endlich mal meine Meinung zum Thema Hundekot auf Braunschweigs Straßen einbringen. Also, das ist so eklig! Besonders, wenn die Hinterlassenschaft – am schlimmsten noch frisch! – aus Kinderschuhen entfernt werden muss. Ich kenne entschlossene Elternteile, die einfach den ganzen Schuh in die nächste Mülltonne werfen und mit dem Kommentar „in Bangladesch haben die Kinder auch keine Schuhe!“ das arme Kind in Socken den Heimweg fortsetzen lassen.

Soviel zur praktischen Beschäftigung mit dieser Frage; nun zur Wissenschaft: Der Phosphoranteil in den Ausscheidungen von Mastschweinen konnte in den letzten Jahren halbiert werden! Das meldet Andreas Berk von der Bundesforschungsanstalt für Landwirtschaft in Braunschweig. Besonders für die Umwelt ist das eine sehr gute Nachricht, da in der Folge die Überdüngung von Gewässern gesenkt werden kann.

Ach dies noch: Kennen Sie die Geschichte vom kleinen Maulwurf, der wissen wollte, wer ihm auf den Kopf gemacht hat? Ich hoffe für Sie, die Antwort ist nicht: „Ihr Hund!“

Schweine, die weniger Phosphor ausscheiden, sind einfach besser für die Umwelt – besonders für die überdüngten Gewässer. In der FAL in Braunschweig wird geprüft, wie viel Phosphor Mastschweine wirklich benötigen und wie die Verdaulichkeit des Elements verbessert werden kann.

Wie viel Phosphor braucht das Schwein?

Zuviel Phosphor führt zur Überdüngung von Gewässern. Verursacht wird dieses Übermaß an Phosphor durch Waschmittel und – besonders in landwirtschaftlichen Regionen – durch Ausscheidungen von Mastschweinen und Geflügel. Wie viel Phosphor ist in der Schweinezucht denn unbedingt nötig? Dieser Frage wurde in der Bundesforschungsanstalt für Landwirtschaft (FAL) in Braunschweig nachgegangen. Dabei spielt eine wichtige Rolle, wie es um die Verdaulichkeit der Phosphorzusätze bestellt ist, erklärt Andreas Berk, Wissenschaftler im Institut für Tiernäherung. Phosphor, der größtenteils in Phytatverbindungen im Futter vorliegt, wird von Schweinen und Geflügel ungenutzt wieder ausgeschieden. Gibt man den Tieren aber zusätzlich das Enzym Phytase, mit dem der bisher unverdauliche Phosphor nun doch verwertet werden kann, reichen dank der besseren Ausnutzung geringere Beigaben aus. Die Gewässerüberdüngung kann so deutlich reduziert werden.

(ehl)

Perfektes Brathuhn

Ach, bitte, malen Sie mir doch mal ein Brathuhn. Ja, genauso hätte ich es auch gezeichnet. So ein bisschen wie die Hühner der Witwe Bolte von Wilhelm Busch (aber die sind zu mager!) und das ganze gebratene Wildschwein, das Obelix regelmäßig problemlos bewältigt. So, und jetzt ein Schenkelchen abreißen, das geht bei einem gut gebratenen Hähnchen relativ mühelos, und... oh, ach so, Sie sind Vegetarier. Na gut, dann bleiben wir eben erstmal beim Malen. Was man noch verbessern kann? Ja, man könnte in jedem Fall noch etwas Farbe benutzen... so, jetzt ist es gleich plastischer. Vielleicht noch den Duft in Form von zwei parallelen Längsstrichen, die sich über dem Hähnchen leicht wellen. Schon haben wir es aufgewärmt.

Und womit haben Sie Ihr Brathähnchen gefüttert? – Schon klar, Ihr Broiler stammt aus der Tiefkühltruhe im Supermarkt. Na, dafür ist es aber wirklich sehr schön gezeichnet. Ingrid Halle von der Bundesforschungsanstalt für Landwirtschaft füttert ihre Masthähnchen mit Oregano, wahlweise auch mit Bohnenkraut, aber die künftigen Henderln bevorzugen das bekannte Pizzagewürz. Gut gewürzt ist halb gegessen, sagt der Volksmund, aber da irrt sich das Masthähnchen. Die Aromaspur des Wilden Majoran, wie Oregano auch genannt wird, ist im fertigen Schenkel nicht mehr auszumachen. Aber wofür dann das Krautfutter? Für den Appetit! Dank der ätherischen Öle im Oregano futtern die Hähnchen mehr, verwerten ihre Nahrung besser und werden fast so fett wie Obelix´ Wildschweine.

So, und jetzt einen guten... ach ja, Sie essen ja kein Fleisch. In diesem Fall fast schade, oder?

© M. WELLING

Bohnenkraut oder Oregano – das ist hier die Frage. Die Masthähnchen von Ingrid Halle in der FAL haben lieber das Pizzagewürz im Futter. Dann futtern sie gleich mehr davon.

Würzen sich Hühner selbst?

Ist das Fleisch der Lämmer auf Kreta besonders zart, weil die Tiere dort wilden Thymian fressen? Die Hühner von Ingrid Halle in der Bundesforschungsanstalt für Landwirtschaft (FAL) in Braunschweig entscheiden sich da lieber für Oregano... zumindest fressen sie den lieber als Bohnenkraut, das hat Ingrid Halle ausprobiert. Thymian, Bohnenkraut oder Oregano (auch Wilder Majoran genannt) enthalten ätherische Öle. In einer Reihe von Untersuchungen testeten Halle und ihre Kollegen die Auswirkung von Kräuterzusätzen im Tierfutter von Masthähnchen. Besonderes Augenmerk lag dabei auf der Wirkung der ätherischen Öle, die Oregano und Bohnenkraut enthalten. Würzen sich die Hühner etwa selbst? Nein, das Fleisch schmeckt nicht nach den verzehrten Gewürzen. (Aus der Milchviehwirtschaft kennt man in der Branche das Phänomen, dass die Milch eigenartig schmecken kann und so genannte Fehlaromen entwickelt, die auf Tierfutterzusätze zurückzuführen sind.) Die Masthähnchen von Ingrid Halle schätzen tatsächlich den gereichten Oregano und danken die Kräuterbeigabe durch gesteigerten Appetit und bessere Futterverwertung.

(ehl)

Lobgesang auf Regenwürmer

Regenwürmer können ganz schön ranklotzen: Sie bauen ganze Tunnelsysteme in den Boden, tapezieren sie sorgfältig mit Schleim und Exkrementen und sorgen so dafür, dass stets eine frische Brise und nährstoffhaltiges Nass in das muffige Erdreich dringen können. Zumindest der Boden dankt und wird dadurch gleich deutlich fruchtbarer. Der Homo sapiens dagegen weiß die Leistung der Würmer häufig nicht zu würdigen. Statt „Standing Ovations" hagelt es nicht selten Igitt-Rufe. Und nicht nur das: Viele Landwirte beackern ihre Felder mit tonnenschwerem Gerät, das Regenwürmer und deren mühsam erschaffenen Labyrinthe brutal zerstört.

Ein unterirdisches Katastrophenszenario mit Folgen: Im Vergleich zu unbearbeiteter Erde tummeln sich in konventionell bewirtschafteten Ackerböden bis zu zwei Drittel weniger Regenwürmer. Das hat Stefan Schrader von der Bundesforschungsanstalt für Landwirtschaft in Braunschweig herausgefunden und auch, dass sanftere Bodenbearbeitungsmethoden die Regenwürmer und ihre Untergrundkunst deutlich schonen. Hoffentlich können Schraders Forschungsergebnisse den Würmern zu mehr Lebensqualität und zur verdienten Anerkennung verhelfen.

Übrigens gibt es noch einen ganz anderen Grund, die ringeligen Tierchen zu bewundern, wenn nicht sogar zu beneiden: Bei Bedarf können sie sich, ganz ohne die Hilfe plastischer Chirurgie, ein neues Hinterteil zulegen.

Mit Regenwürmern sanfter umgehen ist nicht nur tierlieb, sondern erhöht auch die Fruchtbarkeit des Erdreiches. Welche Ackerbaumethoden die nützlichen Tiere besonders schonen, haben Wissenschaftler der FAL in Braunschweig herausgefunden.

Einflussnahme der Bodenbearbeitung

Regenwürmer graben Tunnelsysteme in den Boden und lockern ihn dadurch auf. Wasser, darin gelöste Nährstoffe und Luft können besser eindringen und machen den Boden fruchtbarer. Forscher um Professor Dr. Stefan Schrader von der Bundesforschungsanstalt für Landwirtschaft (FAL) in Braunschweig haben den Einfluss von mechanischer Bodenbearbeitung auf das unterirdische Treiben und die Bodenstrukturen untersucht. Dabei haben sie festgestellt, dass in konventionell beackerten Böden bis zu 70 Prozent weniger Regenwürmer leben, auch wenn die Artenvielfalt dabei erhalten bleibt. Bei so genannter konservierender Bodenbearbeitung – eine schonende Variante der Bodenbearbeitung, bei der die Landwirte vor allem auf häufiges Pflügen verzichten – sehe die Lage dagegen deutlich besser aus, sagt Schrader. „Hier ist der Boden in der Regel tragfähiger und somit besser vor Verdichtungen geschützt. So werden beim Befahren nicht nur weniger Regenwürmer zerquetscht, auch das Bodengefüge wird weniger geschädigt."

(ah)

Schlammige Zeitzeugen

Zeitreisen – der Traum vieler Forscher. Während jene in die Zukunft im Bereich des Möglichen zu liegen scheinen, ist ein Abstecher in vergangene Zeiten real wohl unmöglich. Und man bedenke die Konsequenzen: Man kann zum eigenen Großvater werden, sich durch seine Handlungen womöglich selbst aus der Geschichte radieren…

Aber zum Glück gibt's ja Zeitzeugen, deren Konsultation auch ohne eigenes Dabeisein eine Bildungsreise in die Vergangenheit erlaubt. Nicht selten findet man auch welche im Schlamm. Und die haben so einiges zu berichten: Wie alt sie sind, wie sie lebten, wovon sie sich ernährten, wie sie ihre Behausungen bauten und wie viel Regen und Wind sie ertragen mussten.

Solch schlammige Zeitzeugen sind beispielsweise kleine fossile Muschelkrebse, die ein Braunschweiger Forscherteam vom TU-Institut für Umweltgeologie regelmäßig auf dem Dach der Welt aufsucht. Hoch oben, wo über schneebedeckten Gipfeln die Götter thronen, bauten die Wissenschaftler ein Kooperationsprojekt an einem tibetanischen See mit auf, um Klima- und Umweltveränderungen der letzten Jahrtausende zu rekonstruieren. Die im Seeschlamm begrabenen Kleinstlebewesen liefern ihnen wertvolle Indizien, um auch zukünftigen Klimawandel besser prognostizieren zu können.

Und was immer die Forscher heute dort so treiben – Jahrtausende später wird's vielleicht in den dann fossilen Muschelkrebsen abzulesen sein.

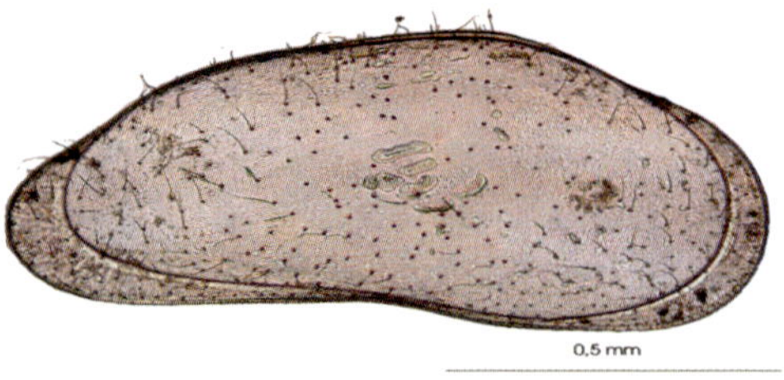

1,5 Millionen km² umfasst das größte Hochplateau der Erde in Tibet, auf welchem Braunschweiger Umweltgeologen Klima- und Umweltveränderungen erforschen.

Muschelschalen geben Auskunft

Auf dem „Dach der Welt“ in Tibet, in 3700 Metern Höhe, hat eine Gruppe von Braunschweiger Umweltgeologen 2005 ihre Zelte aufgeschlagen – auf dem größten Hochplateau der Erde, am Salzwassersee Nam Co, der fast viermal so groß wie der Bodensee ist und an dessen Südufer die über 7000 Meter hohen Gipfel des Nyainqentanglha-Gebirges emporragen. Im Rahmen eines DFG-Pilotprojekts arbeiten Wissenschaftler des Instituts für Umweltgeologie der Technischen Universität (TU) Braunschweig dort mit deutschen und chinesischen Kooperationspartnern an der Rekonstruktion von Klima- und Umweltveränderungen der letzten 8000 Jahre.

Das Braunschweiger Team um Instituts- und Projektleiterin Antje Schwalb hat sich auf die Untersuchung von Seesedimenten spezialisiert. Die im Seeschlamm begrabenen Kleinstlebewesen fungieren auch Jahrtausende später noch als wertvolle Zeitzeugen, da sie Indizien für Klima- und Umweltveränderungen im und um den See in hoher zeitlicher Auflösung speichern. Anhand der Schalen kleiner Muschelkrebse lässt sich sogar der Einfluss von Luftmassen entschlüsseln. Denn die Schalen enthalten Informationen über das Seewasser, in dem sie sich gebildet haben, und dies wiederum enthält die Signatur von Niederschlägen und Verdunstung.

Mithilfe der Informationen aus den Mikrofossilien wollen die Wissenschaftler letztlich auch Möglichkeiten aufzeigen, wie die Menschen sich in Zukunft besser an eine sich ändernde Umwelt anpassen können. Das jetzige Pilotprojekt wird ab 2008 ausgebaut.

(mba)

Ein Fisch namens Carolowilhelmina

Wer suchet, der findet. Allerdings nicht immer das, wonach er gesucht hat. So entdeckte Columbus Amerika, als er eigentlich auf dem schnellsten Weg nach Indien wollte.

Ein bisschen ähnlich ging es dem Paläontologen Peter Carls, heute emeritierter Professor an der TU Braunschweig, der im spanischen Aragon eigentlich „nur" nach winzig kleinen Zahnfossilien suchte. Nachdem er einen dicken Kalkbrocken zunächst als Ausschuss in ein kleines Bächlein geworfen hatte, kam darin ein Fund zutage, der sich nicht nur als einziger seiner Art, sondern auch seiner Gattung erweisen sollte: das Kopfskelett eines großen Ur-Fisches, der mit keinem anderen Familienähnlichkeit hat – seit einigen Jahren bekannt als Panzerfisch namens Carolowilhelmina.

Nicht etwa, dass der bizarre Fund Familienähnlichkeit mit den beiden Gründervätern der gleichnamigen Universität hätte. Das fossile Ur-Tier hat riesige Augäpfel und eine bizarr verlängerte Schnauze mit zwei hakenförmigen Keilen auf der Nase. Es schwamm zu Lebzeiten vor gut 380 Millionen Jahren im Erdzeitalter des Devon durch einen breiten Meeresarm und zermalmte mit seinem zahnlosen Maul kleine urtümliche Schalentiere und Tintenfische. Seinen Namen trägt das Unikat ehrenhalber.

Damit dieses Meisterwerk der Evolution nicht so allein im Museum bleibt: Auf nach Spanien, sucht nach devonischen Sedimenten. Findet Carolowilhelmina!

380 Millionen Jahre alt ist der Ur-Fisch namens Carolowilhelmina, dessen Kopfskelett der Braunschweiger Paläontologe Peter Carls entdeckte.

Ein ganz besonderer Fisch

Auf der Suche nach Conodonten in Kalksteinen in der spanischen Landschaft Aragon stieß Paläontologe Peter Carls, emeritierter Professor der Technischen Universität (TU) Braunschweig, in den Siebziger Jahren zufällig auf das merkwürdig aussehende Kopfskelett eines größeren Ur-Fisches: Augäpfel von acht Zentimetern Durchmesser, schlanke Kopfform mit einer bizarr verlängerten Schnauze und einem bis dato unbekannten Sinnesorgan. Bis zur endgültigen Klassifizierung des Fundes sollte es jedoch noch zwei Jahrzehnte dauern. Dann war klar: Weltweit gab es keine Familienähnlichkeit dieses vier Meter langen Panzerfisches zu anderen Ur-Fischen. Und so nannte er die neue Gattung zu Ehren der Braunschweiger Universität und seines Faches Carolowilhelmina geognostica.

Carolowilhelmina schwamm zu Lebzeiten vor gut 380 Millionen Jahren mitten im Erdzeitalter des Devon durch einen breiten Meeresarm im heutigen spanischen Aragon, als weltweit der Meeresspiegel gerade zu steigen begann.

Heute ist Carolowilhelmina nah dem Fundort im Museum des Instituts für Paläontologie der Universität Saragossa (Zaragoza) ausgestellt.

(mba)

Tierische Gerüche als Erfolgsschlager

„Dein Achselschweiß ist ja tierisch!" Falls Frauen Sie auf Ihren durchdringenden Körpergeruch ansprechen – machen Sie sich keine Sorgen. Dass Sie morgens das Deo links liegen gelassen haben, war womöglich eine kluge Entscheidung. Denn glaubt man wissenschaftlichen Untersuchungen, dann fühlen sich Frauen von intensiv riechenden Männern magisch angezogen. Grund hierfür sollen die Sexuallockstoffe sein, die dem Schweißcocktail beigemischt sind. Aber mal ehrlich: Kann Schweiß wirklich sexy sein?

Im Tierreich sind Sexuallockstoffe, so genannte Pheromone, tatsächlich ein Erfolgsschlager. Viele Insekten finden mit ihrer Hilfe den Paarungspartner. Die Schwäche für den betörenden Duft des anderen Geschlechts macht man sich bei der Schädlingsbekämpfung zunutze. Mit einer hohen Konzentration künstlich hergestellter Sexuallockstoffe werden in Weinbergen oder Obstplantagen männliche Schadinsekten bewusst kirre gemacht.

Die Duftattacke verwirrt die Insektenmännchen so sehr, dass sie nicht zu den Weibchen finden und sie ergo nicht begatten können. Das Ergebnis dieser Pheromonverwirrtechnik: Sie hält die Insektenpopulationen niedrig. An der Biologischen Bundesanstalt in Braunschweig wird derzeit untersucht, ob sich die Methode auch zur Bekämpfung der Rosskastanienminiermotte eignet. Der Kleinschmetterling macht dem Biergartenbaum so sehr zu schaffen, dass seine Blätter alt und braun aussehen. Zumindest noch.

© BBA

Pheromone sind Sexuallockstoffe, mit denen Tiere Paarungspartner finden. Die BBA macht sich den Duft bei der Schädlingsbekämpfung zunutze.

Ganz schön verwirrend für Insekten

Mit der Verwirrmethode oder Paarungsstörung können Schadinsekten in der Landwirtschaft ökologisch bekämpft werden, ohne Nützlinge zu gefährden. Die Methode ist sehr artspezifisch, da jede Art eigene Pheromone oder Mischungen daraus verwendet. In Deutschland wird so seit 1985 der Traubenwickler im Weinanbau bekämpft. Mittlerweile werden mehr als 50 Prozent der Rebflächen in Rheinland-Pfalz und Baden-Württemberg durch die Verwirrmethode vor dem Traubenwicklerfraß geschützt. Aber auch Apfel- und Pfirsichwickler werden mit Pheromonen bekämpft. Ein Forschungsschwerpunkt der Biologischen Bundesanstalt für Land- und Forstwirtschaft (BBA) ist es, umweltschonende Methoden zu entwickeln, um den Einsatz chemischer Insektizide zu verringern. Pheromonfallen und die Paarungsstörung sind gerade bei Schadinsekten aus der Gruppe der Motten und Kleinschmetterlinge ein erfolgversprechender Ansatz. Derzeit untersuchen BBA-Wissenschaftler des Instituts für Pflanzenschutz im Gartenbau, ob sich die aus Südosteuropa eingewanderte Rosskastanienminiermotte mittels Pheromonen von der Paarung abhalten lässt. Aber auch an der Front der „Wickler" im Obst- und Weinbau laufen derzeit Forschungen, bei denen es darum geht, standardisierte Prüfverfahren zu entwickeln bzw. zu optimieren, die künftig bei der Zulassung neuer Pheromone als Pflanzenschutzmittel EU-weit zur Anwendung kommen. Daran sind u. a. die BBA-Institute für Pflanzenschutz im Weinbau bzw. im Obstbau beteiligt.

(boy)

Schweine? Stinken!

Oh ja, das wünsch' ich mir für Unterführungen, U-Bahnhöfe und Hausecken in Kneipenvierteln: Filter, die Ammoniakgestank in halbwegs saubere Luft verwandeln. In der Schweinehaltung auf deutschen Bauernhöfen wird das schließlich immer selbstverständlicher. Natürlich darf es dort nach ordentlicher Landluft riechen, aber in Maßen, meine Herren, in Maßen! Spätestens für eine stinkende Schweinegroßmast, am besten noch in unmittelbarer Nachbarschaft, bedankt man sich gerne. (Für das Schnitzel auf dem Teller vom Schlachter des Vertrauens natürlich auch, ist ja klar!)

Gefiltert ist es immerhin auszuhalten und der Bauer nebenan darf auf tausend Schweine aufstocken, wenn er den Einbau einer Filteranlage vornimmt. Je nach Ammoniakgehalt und anderen Inhaltsstoffen empfiehlt sich die eine oder andere Filtermethode. In Biofiltern, zum Beispiel, wird mit Wurzelholz, aber auch mit Hackschnitzeln gefiltert (Hackschnitzel – das ist so ein Wort, da weiß ich nicht, darf mir dabei Kantinenessen einfallen? Aber ganz falsch, es geht um gehackte Holzreste!). Mikroorganismen wandeln auf dem feucht zu haltenden Biomaterial Abluftinhaltsstoffe in leichter zu entsorgende Substanzen um. Aber dies ist nur eine Methode, dem Stallmief Herr zu werden. „Am sinnvollsten ist eine Kombination aus verschiedenen Filtersystemen", verrät Jochen Hahne von der Bundesforschungsanstalt für Landwirtschaft das Geheimnis sauberer Abluft.

Was bleibt, ist eine erschreckende Erkenntnis: In Deutschlands Viehställen herrscht zunehmend bessere Luft als in so mancher Unterführung.

Über 130 Substanzen stinken im Schweinestall zum Himmel. Eine gute Filteranlage kann das nachbarschaftliche Klima entscheidend verbessern.

Saubere Abluft rettet Bauern

Mehr als 130 Substanzen sind in der Luft von Schweineställen nachweisbar. Dazu zählen unangenehme Gerüche wie Ammoniak, Buttersäure und Schwefelwasserstoff. Und auch reichlich Kleinstlebewesen, sprich Mikroorganismen, treiben ihr Unwesen in der Stallluft.

Und der Gestank? Keine Frage, dass die intensive Landluft bei den Nachbarn nicht so gut ankommt. Aus diesem Grund müssen je nach Größe eines Betriebes genau festgelegte Abstände zu benachbarten Wohnhäusern eingehalten werden. Die derzeitige Wirtschaftslage jedoch zwingt die Bauern, ihre Tierbestände zu vergrößern. Was sich dann nicht entsprechend vergrößern lässt, ist meist der Abstand nach dem Bundesemissionsgesetz.

Filteranlagen machen dem Gestank den Garaus und können die Rettung für den Bauern sein, der expandieren muss, um wirtschaftlich zu überleben. Abluftreinigungssysteme wie die, die auch Jochen Hahne und sein Team an der Bundesforschungsanstalt für Landwirtschaft (FAL) entwickeln, werden jährlich in größerer Zahl bestellt. Tipps zur Dimensionierung und Wartung von Biofiltern, Rieselbettfiltern und Kombisystemen gibt es von den Fachleuten ebenfalls.

(ehl)

Mit Schwefelaroma

An Schokolade mit Pfeffer, Chili oder Bratwurstaroma haben wir uns ja schon gewöhnt. Überraschend neu könnte vielleicht Schokolade mit Schwefel sein. Der Geruch nach faulen Eiern passt nicht zu Schokolade? Ach, da müsste nur ein wenig experimentiert werden. Auch Prosecco mit Schwefel stelle ich mir ganz spannend vor. Schon die milchig-gelbliche Farbe, die damit erreicht werden könnte, verspricht eine spannende Erinnerung an das verruchte Modegetränk der 20iger Jahre: Absinth. Das klingt ungesund, sagen Sie? Also, so ungesund kann es nicht sein, schließlich gibt es ja auch Schwefelkuren mit schwefelhaltigem Trink- und Badewasser.

Aber was tatsächlich eine Schwefelkur braucht, ist unsere Winterkollektion aus Shetland- und Merinowolle. Nicht die für den nächsten Winter, das klappt mit der Verarbeitung nicht mehr, aber für 2008/09 könnten die Schafe noch einiges an schwefelgedüngtem Gras fressen, was dann hinterher die schönen kuschelweichen Pullover macht. Seit Kraftwerke und Autos keinen Schwefel mehr in die Umwelt abgeben, leiden Pflanzen und Tiere unter Schwefelmangel. Schafe zum Beispiel benötigen aber Schwefel für die Wollproduktion.

Eine Verbesserung durch Schwefelzusatz konnten Ewald Schnug und seine Kolleginnen von der Bundesforschungsanstalt für Landwirtschaft in Braunschweig in Zusammenarbeit mit der Chinesischen Akademie der Wissenschaften nachweisen.

Was ich allerdings wirklich nicht möchte, sind Pullover, die nach Schwefel riechen!

© PTB

Gib den Schafen Schwefel! Dann hast du kuschelweiche Pullover, denn bei der Wollproduktion hilft dem Schaf schwefelgedüngtes Weideland. Erforscht und erprobt in der FAL.

Schwefel für die Wollproduktion

Seit die Luft relativ frei von schwefelhaltigen Abgasen ist, herrscht Schwefelmangel auf den Äckern und Weiden. Speziell Schafe brauchen zur Wollproduktion aber Schwefel. Eine spürbare Verbesserung der Wollqualität stellten Ewald Schnug und sein Team von der Bundesforschungsanstalt für Landwirtschaft (FAL) in Braunschweig fest, als sie unlängst in Zusammenarbeit mit der Chinesischen Akademie für Wissenschaften in der Innermongolischen Steppe mit Schwefeldüngung experimentierten.

(ehl)

Spuren in der Milch

„Milch macht müde Männer munter", heißt es. Nun gut: Wigald Bonig als aktueller Botschafter der Milchwirtschaft vermag diese These glaubwürdig zu stützen. Auch Katharina Witt, obgleich eine Frau, verdankt ihren lebendigen Charme nach eigenem Bekunden dem weißen Trunk. Doch für viele Menschen ist der Milch-macht-munter-Mythos reiner Etikettenschwindel, denn sie entwickeln nach Milchgenuss statt des erhofften Tatendranges lediglich ein heftiges Grummeln in den Gedärmen.

Immerhin einem von zehn Europäern fehlt im Erwachsenenalter nämlich das Enzym Laktase, das den blähenden Milchzucker knacken kann. Ansonsten aber steckt natürlich nur Gutes in der Milch: viel Calcium, das die Knochen festigt, nahrhaftes Fett und verschiedene Vitamine.

Wissenschaftler der Bundesforschungsanstalt für Landwirtschaft in Braunschweig und der Bundesforschungsanstalt für Ernährung und Lebensmittel in Kiel können anhand der Milchzusammensetzung sogar nachweisen, was die Kuh vor dem Melken gegessen haben muss, ob sie konventionelles Tierfutter oder Ökokost geschlemmt hat. So können die Forscher feststellen, ob die Milch „bio" ist oder nicht.

Eine Nachricht, die nicht nur passionierte Anhänger von Bio-Lebensmitteln freuen dürfte, sondern auch fiese Etikettenschwindler ordentlich munter machen sollte.

Ist die Milch wirklich „bio"? Das können Wissenschaftler der FAL in Braunschweig prüfen, denn das Kraftfutter aus der konventionellen Kuhhaltung hinterlässt Spuren in der Milch.

Stammt die Kuhmilch vom Biohof?

Wissenschaftler der Bundesforschungsanstalt für Ernährung und Lebensmittel in Kiel und der Bundesforschungsanstalt für Landwirtschaft (FAL) in Braunschweig arbeiten an einem Verfahren, Biomilch und herkömmliche Milch zuverlässig unterscheiden zu können. Dazu weisen sie in der Milch Substanzen nach, die aus dem Kuhfutter stammen, genauer gesagt aus den Böden, auf denen das Futter gewachsen ist. Ihre Methode heißt Schwefel- beziehungsweise Kohlenstoffisotopanalyse. Zum Hintergrund: In allen Böden stecken Schwefelatome verschiedener Massen, so genannte Isotope, und wie viel von welchem Isotop nachzuweisen ist, hängt unter anderem davon ab, womit der Boden gedüngt wurde. So wird das Getreide für konventionelles Kraftfutter in der Regel mit Hilfe von Mineraldünger großgezogen, der das Mengenverhältnis der natürlichen Schwelefelisotope des Bodens verändert. Dieser Effekt lässt sich sogar noch in der Milch der Kühe nachweisen, die dieses Futter verspeist haben. Weil Kühe auf Biohöfen nicht mit Kraftfutter, sondern vor allem mit Mais oder Gras gefüttert werden, enthält ihre Milch diese besondere Schwefelnote nicht.

(ah)

Der Kuh knirscht's im Maul

Und das mag sie nicht. Zumindest könnte das ein Grund sein, warum sie die Zugabe von Zeolith A nicht goutiert. Einfach zu sandig, dieser Futterzusatz, der Calciummangel nach dem Kalben verhindern soll.

Markus Spolders, Forscher und Tierarzt in der Bundesforschungsanstalt für Landwirtschaft (FAL) in Braunschweig, kann die Kuh gut verstehen. „Sandige Schokolade ist mir auch ein Graus", sagt er, „wir käuen die zwar nicht wieder, aber warum sollte es davon besser werden?"

Dieses Natriumaluminiumsilikat, das Calcium im Körper binden soll, kommt bei Kühen jedenfalls nicht so gut an. Seit einem Versuch in der FAL in Braunschweig, den Spolders betreut hat, ist klar: Kühe, die vorbeugend Zeolith A gegen Calciummangel nach dem Kalben bekommen, werden fressunlustig. Weil´s knirscht halt.

Die Kühe, die ohne auskommen mussten und mit dem Risiko auf nachgeburtlichen Calciummangel weiterleben, zeigten diese Auffälligkeit nicht und fraßen weiter wie gewohnt. Nach diesem Ergebnis empfiehlt die Studie, von höheren Zeolithzugaben abzusehen. Weitere Untersuchungen zur richtigen Dosis folgen.

Übrigens: Zeolith A ist dem normalen Verbraucher eher als Waschmittelbestandteil geläufig. Insofern kann die Kuh schon froh sein, dass es nur knirscht und nicht auch noch schäumt.

200 g Gras-Mais-Gemisch frisst eine Milchkuh nur mal so zwischendurch. Aber wieviel nimmt sie zur Hauptmahlzeit zu sich und wieviel pro Tag und Woche und im Vergleich zu anderen? Fragen, die der computergesteuerte Wägetrog im Kuhstall der FAL beantworten kann.

Milchkuh beim Fressen beobachtet

„Genau 200 g", stellt Markus Spolders fest, „na, das war wohl nur ein kleiner Snack". Kuh Nr. 7 aus dem Jahr 2003 hat sich nur eine kleine Portion von der Mischung aus Gras und Mais aus dem Futtertrog geholt. Der Trog, der zugleich eine Digitalwaage mit Computeranschluss ist, hält das genau fest. Er identifiziert die Kuh, deren Hals gerade die Lichtschranke passiert, durch einen Kontakt, den er zu der Erkennungsmarke an ihrem rechten Ohr aufnimmt. So ist am Ende des Tages bzw. der Versuchsreihe die Futtermenge festgehalten, die jede einzelne Kuh vertilgt hat. Mit dieser computergesteuerten Anlage, die einen Kuhstall in der Bundesforschungsanstalt für Landwirtschaft (FAL) zu einer Versuchsanlage macht, lassen sich verschiedene Experimente durchführen. In Gruppen eingeteilt, können die Milchkühe mit verschiedenen Futtermischungen und Zusatzstoffen gefüttert und das Fressverhalten verglichen werden. Auch andere Fragen, zum Beispiel die nach der Effektivität vom Einsatz von Zusatzstoffen, die einen Calciummangel nach dem Kalben beheben sollen, sind hier schon untersucht worden.

(ehl)

Spurennährstoff Jod

Öffne deinen Kühlschrank und ich sage dir, wer du bist. Funktioniert vielleicht. Aber nicht mit Milch! Die steht überall im Kühlschrank, sei es als Joghurt, Kaffeesahne fürs Kränzchen oder H-Milch für den Latte macchiato. (Vielleicht ausgenommen bei Herbert Grönemeyer, da ist der Kühlschrank nur kalt und leer. Aber inzwischen wurde sicher auch da nachgefüllt.)

Über Milch erreichst du jeden, diese Botschaft klingt durch, wenn Gerhard Flachowsky über Milch als idealen „carrier" für Jodzusätze spricht. Weltweit liefert die Nahrung weniger von dem Spurennährstoff, der vor allem in Seefisch enthalten ist, als für den menschlichen Organismus nötig wäre.

Auf Jodmangel sind vor allem Erkrankungen der Schilddrüse zurückzuführen. Besonders effektiv lässt sich die Jodversorgung über Milchprodukte sicherstellen; dazu wird dem Tierfutter lebensmittelerzeugender Nutztiere – sprich Kühe und Hühner – mehr Jod beigemischt, als die Tiere für den eigenen Organismus benötigen. Das im Futter enthaltene Jod geben Milchkühe vor allem in die Milch ab.

Doch weil Milchprodukte allgegenwärtig sind – siehe oben –, darf nicht zuviel Jod hinein, wie Untersuchungen feststellen, die über Nebenwirkungen durch Jodüberschuss berichten. Dosis-Wirkungs-Analysen, wie sie Flachowsky am Institut für Tierernährung in der Bundesforschungsanstalt für Landwirtschaft in Braunschweig erstellt, geben Auskunft über die richtige Menge.

Jodmangel lässt sich vermeiden, wenn bereits dem Futter von Milchkühen Jod zugesetzt wird – und die Menschen dann diese Milch trinken.

Jodversorgung über die Milch

Für Gerhard Flachowsky von der Bundesforschungsanstalt für Landwirtschaft (FAL) in Braunschweig ist Milch der ieale „carrier" für Jodzusätze, weil Milchprodukte in der menschlichen Ernährung eine wichtige Rolle spielen.

Und so lässt sich über Milch die Versorgung an dem Spurennährstoff Jod, an dem weltweit Mangel herrscht, sicherstellen. Dazu wird dem Tierfutter lebensmittelerzeugender Nutztiere eine über dem Bedarf des Tieres liegende Jodmenge beigemischt. Denn auch das spricht für Milch als Jodversorger: Die dem Futter beigegebene Jodmenge geben Milchkühe vor allem in die Milch ab. So wird die zugegebene Jodmenge optimal genutzt. Eine annähernd gute Ausnutzung der zugegebenen Jodmenge wird sonst nur noch in Hühnereiern erreicht. Doch zuviel Jod darf es nicht sein. Auch hierzu gibt es Untersuchungen, die über Nebenwirkungen durch Jodüberschuss berichten. Dosis-Wirkungs-Analysen, wie sie im Institut für Tierernährung der FAL in Braunschweig erstellt werden, geben Auskunft über die richtige Menge. Danach können die im EU-Recht zulässigen Höchstmengen präzisiert werden.

(ehl)

Höllendunst?

Die Kuh steht auf der Weide. Sie macht muh! „So weit, so gut“, sagen Sie, „...und?“ Ach, Sie ahnen ja gar nicht, wie dicke es gleich kommt! Da, sehen Sie, wie sich bereits ihre Bauchflanken nach außen dehnen! Denn gerade hat just diese Kuh drei Stunden auf der Weide gelegen und mit Schmackes wiedergekäut. Wie sich jetzt diese ganze Kuhhaut, dieses locker gefaltete Streichelfell derart raumgreifend bläht, dass... ja dass... man nur noch das Schlimmste fürchten kann. Wir suchen Deckung im nahe gelegenen Schuppen und sehen mit schreckgeweiteten Augen, wie sich der Himmel verdunkelt. Ich lasse jetzt mal bewusst offen, wodurch genau – man darf ja wohl mal etwas etepetete sein...

Aber tatsächlich: Er verdunkelt sich und das ist die Klimakatastrophe. Denn schuld an dieser soll plötzlich vor allem die Kuh sein! So harmlos sie wirkt! Aber in ihrem Pansen gärt und brodelt Methan wie Höllendunst. Und Methan, auch wenn es von Wiederkäuern stammt, gilt als Treibhausgas, das die Leitfähigkeit der Atmosphäre und somit die Möglichkeit zur Wärmeabstrahlung verringert.

Laut „Bild“ sind die weltweit zahlreichen Wiederkäuer für einen 20-prozentigen Anteil des Methans am Treibhauseffekt verantwortlich. Gerhard Flachowsky von der Bundesforschungsanstalt für Landwirtschaft hält diese Angaben für Hysterie und setzt einen Wert von zwei Prozent für Deutschland dagegen, den das Umweltbundesamt 2006 ermittelt hat. „Kühe sind für den Menschen wertvolle Nutztiere. Sie sind es ganz sicher nicht, die diesen Planeten bedrohen“, sagt er und erläutert, wie sich die Methanausscheidung von Kühen eventuell verringern liesse.

© M. WELLING

Treibhauseffekt – Schuld daran sollen die weltweit zahlreichen Rinder sein, die beim Wiederkäuen das Treibhausgas Methan produzieren. In der FAL in Braunschweig hält man das für Hysterie.

Kühe und die Klimakatastrophe

„Die Klimakatastrophe hat die Kuh erreicht“, sagt Gerhard Flachowsky von der Bundesforschungsanstalt für Landwirtschaft (FAL) in Braunschweig. Als pure Hysterie bezeichnet er, was vor einiger Zeit in der Boulevardpresse publiziert wurde. Danach seien Milchkühe und andere Wiederkäuer weltweit mit einem Anteil von 20 Prozent für das Treibhausgas Methan verantwortlich und somit der Umweltwirkung von 18 000 Autokilometern vergleichbar. Tatsächlich entsteht Methan durch mikrobielle Prozesse im Pansen von Wiederkäuern. Schließlich könnten nur durch diesen Vorgang, der sich in Millionen Jahre andauernder Evolution entwickelt hat, für den Menschen unverdauliche Pflanzenfasern in hochwertige Nahrungsmittel wie Milch und Fleisch verwandelt werden, erklärt der Experte für Tierernährung.

Doch es gibt Möglichkeiten, die Methanbildung bei Milchkühen zu verringern. Eine davon ist, die Leistung der Kühe zu erhöhen. Dann sinkt der Methanausstoss bezogen auf das Produkt Milch. Eine weitere besteht darin, den Kühen stärkehaltigeres Futter zu geben. Doch dabei sei zu berücksichtigen, dass für den Anbau von Getreide zum Beispiel ein höherer Verbrauch an fossilen Energieträgern anzurechnen ist, als er bei der Produktion des zur Zeit üblichen Futters nötig wird. „Monokausale Betrachtungen“ vernachlässigen stets die vielfältigen Wechselwirkungen, resümiert Flachowsky und sieht die Aufgabe seines Teams vor allem in der Analyse dieser Zusammenhänge. Landwirtschaft verändere sich durch die moderne Wissenschaft. Hysterie sei dabei aber überflüssig.

(ehl)

Aufgeschäumt, bitte!

Heutzutage lieben ja alle Menschen Milchschaum – selbst die Kinder bestehen auf geschäumter Milch zum Kakao. Nachdem die Kühe schon länger lila sind, heißt es nun wohl bald geschichtsklitternd von der sagenhaften Kaiserin Cleopatra, sie habe statt in Eselinnenmilch in locker aufgeschlagenem Eselinnenmilchschaum gebadet. Schaumgekrönt hätte sich die legendäre Ägypterin in duftenden winzigen Milchbläschen geaalt, die etliche Dienerinnen mit kleinen Edelstahl-Schneebesenchen unentwegt rhythmisch quirlten. Ganz neue Prominenz erführe auch Aphrodite, die Schaumgeborene!

Von moderner Landwirtschaft erwarte ich mir nun die direkte Produktion von Milchschaum. Ob die Kuh dabei geschüttelt oder gerührt werden sollte, ist mir herzlich egal, nur der Schaum sollte schön locker, leicht cremig und nach Möglichkeit mit Kakaopulverherzchen verziert sein. Aber Pustekuchen, fürchte ich! Denn woran forscht zum Beispiel Julia Pappritz in der Bundesforschungsanstalt für Landwirtschaft in Braunschweig? An dem Einfluss konjugierter Linolsäuren auf das Milchfett!

Zweifellos äußerst wichtig, nur was ist mit dem Milchschaum? Aber man soll die Hoffnung nicht aufgeben. Erst mal abwarten, was bei den Linolsäuren herauskommt.

Zum Thema Milchfett: Sollen unsere Milchkühe in Zukunft mit milchfettsenkenden Futterzugaben ernährt werden? Vieles scheint dafür zu sprechen, manches dagegen... an der FAL wird die Wirkung getestet.

Veränderte Milchfettwerte

Das gilt als erwiesen: Die Milchfettwerte von Kuhmilch sinken. In einem Versuch mit Milchkühen untersucht Julia Pappritz an der Bundesforschungsanstalt für Landwirtschaft (FAL) in Braunschweig, welchen Einfluss eine Zugabe von konjugierten Linolsäuren auf das Tier, seine Gesundheit und die Qualität der produzierten Milch hat. Die milchfettsenkende Wirkung der so genannten CLA, wie die konjugierten Linolsäuren kurz bezeichnet werden, konnte schon in verschiedenen Studien gezeigt werden. Doch welche Auswirkungen hat eine dauerhafte Beimischung auf das Tier? Vor allem das Immunsystem des Organismus, aber auch die Fettverteilung im Körper sind hier zu beachten. In Versuchen mit Mäusen kam es zu einer starken Umverteilung des Körperfettes. Die Tiere erlitten eine Leberverfettung.

Auch für den Menschen, für den Kuhmilch ein wichtiges Nahrungsmittel darstellt, ist die Frage nach den Milchfettwerten spannend.

Die genaue Untersuchung gilt als dringend erforderlich, da vor allem die negativen Folgeerscheinungen der untersuchten Fettsäuren unters Licht genommen werden müssen.

(ehl)

Der Kuh-Dolmetscher

Dolmetscher werden auf vielen Gebieten professionell eingesetzt – zum Beispiel bei hochoffiziellen Anlässen wie bei Staatsbesuchen oder beim Verhör eines Verdächtigen, dessen Aussagen wir nicht fehlinterpretieren dürfen. Dabei geht es stets um die Verständigung von Mensch zu Mensch. Die Verständigung von Tier zu Tier bleibt oft ein Rätsel.

Damit wir Menschen kapieren, was die Tiere einander – und uns – sagen wollen, benötigen wir auch hier einen Übersetzer. „Die Paula ist 'ne Kuh, die macht nicht einfach muh…" – dieser werbewirksame Slogan trifft den Kern der Sache. Kühe bedienen sich eben für gewöhnlich nur einer Vokabel. Aber das Rufen der Kühe geht weit über ein Wort hinaus und kann auch tiefsinnig sein. Man könnte stark vereinfacht behaupten: Die Kuh mit Hungergefühl macht „muuuh", die lustvolle Kuh in der Brunft eher „muuhuuh".

Gerhard Jahns von der Bundesforschungsanstalt für Landwirtschaft (FAL) beschäftigt sich mit verschiedenen Rufmodellen der Kühe und ist sozusagen zum „Dolmetscher für Kühe" geworden. Bereits sieben unterschiedliche Rufe können so mehr über das werte Befinden der Kühe aussagen – wie z.B. Hunger oder ein prall gefülltes Euter.

Sollten Sie sich in Zukunft also fragen, was die liebe Zenzi im Stall oder auf der Weide denn gerade „gemuht" hat, dann zögern Sie nicht und nehmen das elektronische Übersetzungs- und Erkennungsprogramm des FAL-Wissenschaftlers zu Hilfe.

© M. Welling

7 **Rufe** von unterschiedlicher Bedeutung können FAL-Wissenschaftler bei Kühen unterscheiden.

Die Sprache der Kühe entschlüsseln

Der Landwirt im Familienunternehmen kannte bei einer überschaubaren Anzahl von Tieren noch jedes Tier einzeln. Dies ist in Großbetrieben mit mehreren Hundert oder gar Tausend Tieren nicht mehr möglich. Um dennoch einen Überblick zu bewahren, ist man bemüht, die Tiere mit Hilfe von Sensoren kontinuierlich zu kontrollieren. Vorrangig geht es um Vitalfunktionen wie Lebendgewicht und Futteraufnahme, aber auch Temperatur, Leitfähigkeit und pH-Wert der Milch. Landwirte und Verhaltensforscher sind davon überzeugt, dass auch die von den Tieren selbst ausgehenden Lautäußerungen wertvolle Informationen über ihr Befinden liefern können. Mit einer akustischen Überwachung kann eine große Zahl von Tieren rund um die Uhr überwacht werden. Das natürliche Verhalten der Tiere wird dabei nicht beeinflusst, da dies von den Tieren unbemerkt bleibt.

Im Institut für Technologie und Biosystemtechnik der Bundesforschungsanstalt für Landwirtschaft (FAL) befasst man sich damit, ein System zu schaffen, das in der Lage ist, Lautäußerungen von Kühen ihrer Bedeutung nach zu erkennen und dem Landwirt die Bedeutung des erkannten Rufes mitzuteilen. Ein solches System zur Ruf-Erkennung arbeitet im Prinzip ähnlich wie Spracherkennungsprogramme. So wurden für verschiedene Rufe Merkmale berechnet und ein mathematisches Modell erstellt. Dies ist bereits für einige unterschiedliche Rufe der Kühe geschehen. Bei der Wiedererkennung der Rufe ermittelt das System das Modell, dessen Merkmale dem zu erkennenden Ruf am ähnlichsten ist. Rufe wie Hunger, prall gefülltes Euter oder Empfängnisbereitschaft wurden von dem System mit großer Treffsicherheit erkannt.

(sbo)

Direkt aus dem Magen einer Kuh

Vom Magen einer Kuh als Lebensraum höre ich zum ersten Mal. Aber so ist es. Der Pansen einer Kuh, der übrigens 100 Liter fasst, ist Lebensraum für Milliarden Bakterien und Pilze, die sich über die schwer verdaulichen Pflanzenfasern hermachen.

Gerhard Flachowsky, der das Team der „Tierernährer" in der Bundesforschungsanstalt für Landwirtschaft leitet, erzählt vom Biotop Kuhpansen. „Okay, wie kommt man rein?" frage ich mich und bin plötzlich gedanklich bei Kermit, dem unerschrockenen Reporter im froschgrünen Webpelz.

„Oh... aua.. upps... ziemlich dunkel hier. Moment mal... Können Sie mich hören?" Dumpfe Stimme aus dem Off. Ganz klar, das ist die deutsche Stimme von Kermit, dem Reporter von den „Sesamstraßennachrichten". „Hallo!", der Frosch spricht weiter. „Heute berichten wir von den Sesamstraßennachrichten direkt aus dem Magen einer Kuh. Wie schon gesagt, es ist ziemlich dunkel hier." Spot an. In einem Lichtschein erscheint Kermit, mit einem Mikrofon in der Hand. „Ja, und äh, hier gibt es ganz schön viele Lebewesen und einige sehen ziemlich gruselig aus."

Etwas Zotteliges winkt ins Bild. „Ja, und hier ist noch eins. Und da noch eins." Etwas noch Zotteligeres winkt ins Bild. „Könnt ihr mir nicht mal erzählen, was ihr den ganzen Tag hier so macht?" Kermit hält das Mikrofon drei kleinen sehr zotteligen Gestalten vor die Nase. „Wir knacken die Pflanzenfasern von dem Gras da, sonst kann die Kuh keine Milch daraus machen." Das müssen die Mikroorganismen sein, von denen mir gerade berichtet wird. Die Kamera schwenkt auf einen Hügel aus Gras.

Die Stimme Flachowskys reißt mich aus meinen Betrachtungen. „Die Frage nach der Optimierung der Prozesse im Verdauungstrakt durch Probiotika ist auch eine Chance, die Ressourcen der Erde effizient einzusetzen. So, und jetzt gehe ich in die Kantine. Kommen Sie mit?" Essen? Mich schüttelt´s leicht.

Lebensraum für Milliarden von Mikroorganismen ist der Magen einer Kuh. Bei der Verdauung von Pflanzenfasern helfen ihr dort lebende Bakterien und Pilze.

Die kleine Fabrik in der Kuh

Gerhard Flachowsky von der Bundesforschungsanstalt für Landwirtschaft (FAL) in Braunschweig kennt den Magen einer Kuh wie seine Westentasche. Ja, in dem Lebensraum Kuhpansen ist der Biologe gewissermaßen zuhause. Nur gewissermaßen, versteht sich. Die tatsächlichen Bewohner dieses Biotops, Bakterien und Pilze ahnen vermutlich nicht, wie intensiv sie bei ihrer Arbeit – der Fermentation des Kuhfutters – beobachtet werden.

Der Pansen einer Kuh gilt tatsächlich als ökologischer Lebensraum für Milliarden von Lebewesen. Zahllose Bakterien und verschiedene Pilze stürzen sich auf das, was den Magen einer Kuh passiert. Zehn Wassereimer passen in den Pansen, der nicht nur als Biotop, sondern vor allem als kleine Fabrik, als Biotechnikum betrachtet wird. Als Fermentationsraum mit Zu- und Abfluss ist es ein Forschungsobjekt erster Güte für die „Tierernährer" um Gerhard Flachowsky. Wer siedelt wo, welche Bedingungen braucht dieser oder jener Pilz und, vor allem, mit welchem Ergebnis bearbeiten die Mikroorganismen die zugeführte Maismenge?

(ehl)

Kuh mit Liebeskummer

„Diese Kuh ist traurig“, erzählt Klaus Vorlop. Oje, was hat sie denn? „Sie hat einen leichten Grippevirus, Euterschmerzen und mag es, am Hals gekrault zu werden. Außerdem hat sie Liebeskummer und gibt deshalb zur Zeit weniger Milch.“ Ich kraule die Kuh wie gewünscht am Hals. Sie sieht tatsächlich ein bisschen zufriedener aus. Liebeskummer??? „Okay, der Liebeskummer war geflunkert“, gibt Vorlop zu. „Aber weniger Milch gibt sie tatsächlich und bekommt Antibiotika gegen die Grippe.“

Klaus Vorlop ist kein Kuhflüsterer, sondern hat seine Kenntnisse über das Innenleben der Kuh von der Melkmaschine mit Frühwarnsystem, die an der Bundesforschungsanstalt für Landwirtschaft in Braunschweig entwickelt wurde. Sie prüft beim Melken den Gesundheitszustand der Kühe und erkennt eine Krankheit schon bei den ersten Anzeichen. Bevor die Milch der Kuh in die Sammeltanks läuft, nimmt ein Milchsensor eine automatische Probe und untersucht sie mit einem Biosensor auf häufige Eutererkrankungen.

„Wie es um die Gefühle der Kuh bestellt ist, können wir leider nicht sagen“, sinniert der Chemiker, „aber wer weiß, vielleicht ist eines Tages Milch von glücklichen Kühen ein wirtschaftlicher Standortfaktor. Spätestens dann lassen wir uns was dazu einfallen“, verspricht Vorlop.

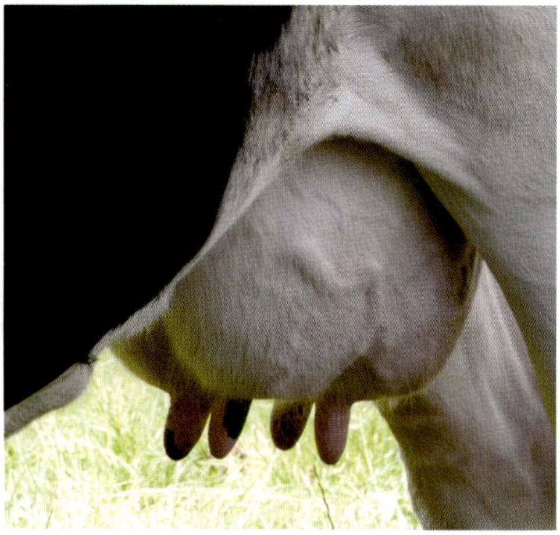

Bis zu 20 % weniger Milch gibt eine kranke Kuh. Eine Melkmaschine mit Milchsensor gibt täglich Auskunft über den Gesundheitszustand der Milchkühe.

Melkmaschine mit Zusatzfunktion

Ein Frühwarnsystem für Milchkuherkrankungen nennt Klaus Vorlop, Professor an der Bundesforschungsanstalt für Landwirtschaft (FAL) in Braunschweig, die Melkmaschine mit integriertem Biosensor zur Erkennung von Eutererkrankungen. Ausgangspunkt für die Arbeiten von Marijan Culina und Jochen Hahne war die Tatsache, dass erkrankte Kühe bis zu 20 % weniger Milch geben, die auch qualitativ schlechter ist. Bei 4,43 Millionen Kühen in 125 000 milchwirtschaftlichen Betrieben entsteht dadurch allein in Deutschland ein volkswirtschaftlicher Schaden in Höhe von ca. 1,4 Milliarden Euro im Jahr. Da ist es nur plausibel, dass der Bauer täglich über den Gesundheitszustand seiner Tiere Bescheid wissen möchte und bei Bedarf zügig die Behandlung des Tieres einleiten möchte. In der neuentwickelten Melkmaschine wird beim Melken eine Probe genommen und auf gängige Krankheiten untersucht. Und zwar bevor die Milch in die Sammeltanks läuft. Die Melkmaschine mit Zusatzfunktion klingt praktisch, aber ist sie auch marktfähig? Dies prüft zurzeit eine Firma, die die Markteinführung vorbereitet.

(ehl)

Vitamine selber machen

Bei dieser Fähigkeit frage ich mich sofort: Warum können Kinder das nicht? Warum muss man ihnen mühsam beibringen, dass Äpfel superlecker sind und dass sie allerdings auch gegessen werden müssen, wenn man sie doch nicht ganz so superlecker findet?

Also, Kühe können das: bestimmte Vitamine vor allem die der B-Gruppe selber herstellen! Das macht ihre optimale Nährstoffversorgung aber keineswegs einfacher, wie Inka Niehoff von der Bundesforschungsanstalt für Landwirtschaft erläutert: „Von dem Futter, das die Kuh frisst, kommt ein großer Teil quasi erstmal den Mikroben im Pansen zugute. Und die bauen verschiedene Sachen ab und wieder neue auf, so unter anderem auch die Vitamine. Es ist daher nicht ganz einfach, Einflüsse eines bestimmten Futters für die Kuh zu charakterisieren, da man immer erst schauen muss, wieviel von dem ursprünglichen Futter bekommt sie eigentlich und wieviel haben schon vorher die Mikroben gefressen oder zu etwas anderem umgebaut. Die Nährstoffe für ihre eigene Versorgung nimmt die Kuh erst im Dünndarm auf, nach zwei weiteren Mägen.“ Gar keine Empfehlungen für die Bauern? „Leider noch nichts Genaues! Wir erarbeiten gerade die Grundlagen des Vitaminumsatzes.“

Zum Glück sind in der Vitaminversorgung von Kleinkindern wenigstens die Grundlagen klar. Moment! Da streicht gerade jemand um meinen Schreibtisch. „Hey, kleine Maus! Wie wär´s jetzt mit einem Apfel?“

Vitamine – Welche B-Vitamine braucht die Kuh? Denken Sie nicht, das sei schon erforscht! In der FAL in Braunschweig arbeitet man an den Grundlagen dazu.

Die optimale Nährstoffversorgung

Kühe optimal mit Vitaminen und Nährstoffen zu versorgen ist gar nicht so einfach, wie der geneigte Leser vielleicht annimmt. Einen Teil der Vitamine vor allem der B-Gruppe können die Tiere sogar selber herstellen. Mit dem aufgenommenen Futter versorgen Kühe zunächst die Mikroben, die in ihren Mägen leben, nur ein Teil des Futters geht unverändert weiter. Was und wieviel die Mikroben benötigen, liegt bei einigen Nährstoffen, so auch den Vitaminen, noch völlig im Dunkeln. Erst nach Passieren verschiedener Mägen und durch engagiertes Wiederkauen kann die Kuh die Nahrung durch Aufnahme im Dünndarm für den Selbsterhalt des eigenen Körpers verwenden.

Inka Niehoff und Veronika Ragaller beschäftigen sich in ihren Doktorarbeiten im Institut für Tierernährung der Bundesforschungsanstalt für Landwirtschaft (FAL) in Braunschweig mit den von den Kühen „selbstgemachten“ Vitaminen. Vor allem die Rolle der B-Vitamine Folsäure, Pantothensäure und Niacin, die zu den wasserlöslichen Vitaminen gehören, wird untersucht. „Und das sind auch die, die von den Mikroorganismen im Pansen der Kuh synthetisiert werden können“, erklärt Niehoff und ist wie Ragaller fest entschlossen, Licht in die Angelegenheit zu bringen.

(ehl)

Pommes blau-rot-weiß

Blau sein ist „hui“, grün sein dagegen „pfui“: Diese Faustregel gilt allerdings nur für Kartoffeln. Grüne Stellen enthalten giftiges Solanin und sollten besser nicht gegessen werden. Bläuliche Kartoffeln hingegen sind ausgesprochen gesund. In der Regel handelt es sich um sehr alte Sorten, die bei Biobauern und in Gourmetkreisen gleichermaßen angesagt sind.

Ihre blaue Farbe verdanken sie so genannten Anthocyanen, die auch in Himbeeren, Blaubeeren oder Radicchio stecken. Anthocyane können unter anderem gegen Herz-Keislauferkrankungen und Krebs wirken. Forscher der Technischen Universität Braunschweig untersuchen deshalb neue, besonders anthocyanreiche Kartoffelsorten.

Toll sind übrigens auch die Namen der bläulichen Kartoffeln: „Blauer Schwede“, „Hermanns Blaue“ oder schlicht „Vitelotte“. Und weil in Amerika schon heute Kartoffelchips aus den blauen Knollen kursieren sollen, wird es wohl nicht mehr lange dauern, bis auch blaue Pommes auf den Teller kommen.

Vermutlich als erstes in Amerika oder Frankreich, denn mit Mayo und Ketchup könnten sie dort wegen der gelungenen Farbkombination glatt zum Nationalgericht werden.

Blaue Kartoffeln sind ganz besonders gesund, denn sie können gegen Herz-Keislauferkrankungen und Krebs wirken. Forscher der TU Braunschweig züchten und untersuchen deshalb besonders anthocyanhaltige Kartoffelsorten.

Kartoffeln in Blau

Kartoffeln haben es in sich: Sie enthalten häufig mehr als nur Vitamine und Ballaststoffe. Besonders die alten, bläulichen Kartoffelsorten wie „Olivia“, „Blauer Schwede“, „Hermanns Blaue“ oder „Vitelotte“ sind ausgesprochen gesund. In ihnen stecken so genannte Anthocyane, die gegen Herz-Keislauferkrankungen und Krebs wirken sollen. Forscher um Silke Hillebrand vom Institut für Lebensmittelchemie an der Technischen Universität (TU) Braunschweig bauen deshalb gemeinsam mit Wissenschaftlern der Fachhochschule Osnabrück besonders anthocyanhaltige Sorten an und prüfen, welche Erträge sie bringen, wie sich daraus Kartoffelsalat oder Pommes bereiten lassen und welchen Anthocyangehalt die verarbeiteten Produkte schließlich noch haben.

(ah)

Für immer jung

1513 brach der Spanier Juan Ponce de Léon auf, um den sagenumwobenen Jungbrunnen zu suchen. Die Quelle, so munkelte man damals, sprudelte angeblich auf der mystischen Insel Bimini. Der Konquistador hatte Pech: Statt des Jungbrunnens fand er nur Florida, und ein vergifteter Indianerpfeil beendete vorzeitig sein Leben – mit 61 Jahren. Da haben wir heute mehr Glück.

Glaubt man dem Mineralwasserverband, so lässt sich das Lebenselixier, abgefüllt in 0,7-Liter-Flaschen, an jeder Ecke kaufen. Unschöne Augenringe? Fünf Kilo zuviel an den Hüften? Zu schlapp zum Arbeiten? Mit zwei Litern Sprudel am Tag gehören diese Sorgen der Vergangenheit an.

Auch das Bundesamt für Strahlenschutz (BfS) hat inzwischen grünes Licht gegeben. In einer breit angelegten Studie wählte es 401 in Deutschland erhältliche Mineralwässer aus und erforschte, ob zwischen Calcium und Magnesium nicht doch noch das eine oder andere schädliche Radionuklid steckte. „Keine Gefahr aus strahlungshygienischer Sicht", kam die Entwarnung. Solange der internationale Richtwert von 0,1 Millisievert pro Jahr nicht überschritten werde, so die Experten aus Salzgitter (und das war nur bei zwei ausländischen Wässern der Fall), können Mineralwasserfans unbesorgt zur Flasche greifen.

Übrigens: Welche Marken untersucht wurden und welche Ergebnisse dabei heraus kamen, lässt sich unter www.bfs.de im Internet nachlesen.

130 Liter Mineralwasser trinken die Bundesbürger durchschnittlich im Jahr. Das BfS hat die Konzentrationen natürlicher Radionuklide untersucht und kann beruhigen.

Trinklustige Deutsche

Der Mineralwasserkonsum ist ständig gestiegen. Tranken die Deutschen 1970 noch durchschnittlich 13 Liter pro Kopf, waren es 1990 schon 83 und 2005 rund 130 Liter. Der Verbraucher kann gegenwärtig zwischen zirka 650 amtlich anerkannten deutschen Mineralwässern wählen.

Bei einer Studie des Bundesamtes für Strahlenschutz (BfS) wurden insgesamt 401 Mineralwässer auf die Konzentration von natürlichen Radionukliden, darunter Radium-226, Uran-234, Polonium-210 und Blei-210, getestet. Grundlage für die gesundheitliche Bewertung war der in den Trinkwasserrichtlinien der Weltgesundheitsorganisation (WHO) und Europäischen Union festgelegte Dosisrichtwert von 0,1 Millisievert pro Jahr. Das BfS kam zu folgendem Ergebnis: Bei zwei der 401 untersuchten Mineralwässer wurde für Erwachsene der Dosisrichtwert überschritten, vorausgesetzt sie würden jährlich 350 Liter trinken. Dabei handelte es sich um ausländische Wässer. Etwa zwanzig Prozent der untersuchten Mineralwässer überstiegen den Richtwert bei Kleinkindern, bei mindestens 170 Liter im Jahr.

Insgesamt gibt das BfS Entwarnung: „Von Mineralwässern geht aus strahlungshygienischer Sicht keine Gefahr für die Gesundheit aus", so die Schlussfolgerung der Studie.

(leu)

Begehrte Bohnen

Im Kaffeetrinken bin ich Spitze. Wie die Finnen, die Weltmeister unter den Kaffeekonsumenten, trinke ich im Schnitt fünf Tassen täglich. Ob Arabica oder Robusta, interessiert mich dabei nicht die Bohne, die ja ohnehin eher eine Art Kirschkern ist.

Eine wirklich exklusive Geschmacksnote soll übrigens Kopi Luwak-Kaffee haben, ganz mild und „mit Untertönen von Dschungel und Schokolade", wie der Schauspieler John Cleese herausgeschmeckt haben will. Exklusiv auch der Preis: Ein Kilo dieser Bohnen kostet rund 1000 Euro. Dafür haben sie auch eine besondere Art der Veredelung erfahren: in den Gedärmen indonesischer Schleichkatzen, die mit Vorliebe Kaffeekirschen fressen. Auf dem Weg durch die Katze entschärfen Magensäure und Verdauungsenzyme die Bitterstoffe der Kerne und heraus kommen die begehrten Bohnen.

Manch einer wird diesen Vorgang widerlich finden. Lebensmittelchemiker, wie etwa die Kaffeeexperten der Technischen Universität Braunschweig, nennen es „nasse Fermentation".

Mit dieser biochemischen Methode können sie sicher auch künstlichen Kopi Luwak erzeugen, den sich dann hoffentlich auch ausgewiesene Kaffeejunkies leisten können, wie die Finnen und ich.

850 flüchtige Verbindungen stecken in Kaffeeduft, doch nur 30 machen das legendäre „Verwöhnaroma" aus.

© Parra del Riego

Beliebtestes Getränk und Forschungsobjekt

Mit einem jährlichen Pro-Kopf-Verbrauch von über 140 Litern ist Kaffee das beliebteste Getränk der Deutschen, deutlich beliebter sogar als Wasser oder Bier. Und Kaffee ist ein Ur-Braunschweiger Forschungsthema, zurzeit in den Händen von Lebensmittelchemikern der Technischen Universität (TU) Braunschweig um die Professoren Ulrich Engelhardt und Peter Winterhalter sowie von Physikochemikern um Professor Heiko Cammenga. Auch TU-Botaniker um Professor Dirk Selmar kümmern sich um die Kaffeeforschung. Die Wissenschaftler widmen sich vor allem den Bitterstoffen und Säuren, die in der Kaffeebohne stecken. Und sie entwickeln Herstellungsverfahren für besonders aromatischen Kaffee. So haben sie etwa herausgefunden, dass die Kaffeebohnen vor der Röstung besser nicht getrocknet werden. Auch die Qualitätsunterschiede verschiedener Kaffeesorten versuchen die Forscher mit chemischen Methoden dingfest und damit messbar zu machen.

(ah)

Ägypten? Ägypten!

Nach meinen Urlaubsfotos zu urteilen, muss es ein wirklich prächtiger Urlaub gewesen sein! Sonnige Aussichten auf jedem Motiv. Aber was beweist das schon? Doch nur, dass mindestens ein schöner Tag dabei war in den Urlaubswochen dieses Sommers. Und da haben wir die Kamera eben mitgenommen. Husum im Nebel, St. Peter-Ording bei Starkregen, der Westerhever Leuchtturm mit Nieselregen quer von vorne – das fotografiert doch niemand. Ach, Sie waren auch nicht in Ägypten? Dabei hätte es so nahe gelegen.

Denn – was viele nicht wissen: Anlässlich der hundertjährigen Zusammenarbeit war im Jahr 2007 das Deutsch-ägyptische Jahr der Wissenschaft und Technologie. „Better plants for better life" hieß es im April 2007 auf einem Kongress von Landwirtschaftsexperten, an dem auch Wissenschaftlerinnen und Wissenschaftler der Bundesforschungsanstalt für Landwirtschaft in Braunschweig teilnahmen. Das war in Kairo und ich wette, die Sonne schien (ganz zufällig natürlich und nur fürs Foto!). Im Dezember 2007 fand die zweite Veranstaltung zum Thema statt. Und zwar hier in Braunschweig. Ein wirklich reger Austausch!

Wenn das Wetter doch auch so gut zusammenarbeiten könnte. Mal hier ein bisschen Sonne, mal in Ägypten ein ergiebiger Schauer. Dürre jedenfalls wäre dann kein Thema mehr, meine lieben Experten, und wir hätten auf unseren Urlaubsfotos auch mal was anderes an.

„Better plants for better life" – Unter diesem Motto arbeiten Forscherinnen und Forscher von der FAL in Braunschweig mit ihren Kolleginnen und Kollegen vom Agricultural Research Center in Ägypten zusammen.

Deutsch-ägyptische Zusammenarbeit

„Better plants for better life" lautet das Motto der deutsch-ägyptischen Zusammenarbeit in Sachen Landwirtschaft. Im Deutsch-Ägyptischen Jahr der Wissenschaft und Technologie fanden gleich zwei Veranstaltungen dazu statt. Im April 2007 trafen sich bereits Wissenschaftlerinnen und Wissenschaftler der Universitäten in Braunschweig, Heidelberg, Rostock und der Bundesforschungsanstalt für Landwirtschaft (FAL) in Braunschweig mit den ägyptischen Kolleginnen und Kollegen vom Agricultural Research Center in Kairo. Dabei ging es um Themen wie „Pflanzen unter biotischen und abiotischen Stressfaktoren" (abiotische Stressfaktoren sind übrigens Dürre und Salz, biotische sind Krankheiten und Schädlinge). Im Dezember 2007 wurde der Austausch, der auch Aspekte der Technikfolgenabschätzung auf Umwelt und Nachhaltigkeit der Landwirtschaft im Blick hatte, in Braunschweig fortgesetzt. Hier standen Fragen zur Gentechnologie im Mittelpunkt.

(ehl)

Natur aus Glas

Libellen haben Flügel aus Glas, dachte ich als Kind. Schließlich schillerten sie beim Libellenflug so eindrucksvoll. Glas gibt es in der Natur gar nicht, wurde mir erklärt, was nicht stimmt: Siehe Obsidian, ein Glas aus vulkanischer Lava.

Nun soll Glas den Pflanzen beim Wachsen helfen. Gemeint ist nicht das kleine Gewächshaus hinten im Garten, in dem Ihre Paprika ganz besonders gut gedeiht. Es geht um Dünger aus Glas, den ein deutsch-russisches Forscherteam entwickelte. Und so kam das Glas zur Landwirtschaft: Im St. Petersburger „Forschungs- und Entwicklungs-Institut für Optische Materialien" arbeiteten Wissenschaftlerinnen und Wissenschaftler zur Zeit des Kalten Krieges an Spezialgläsern als Träger für militärisch relevante Mikroorganismen und der Herstellung von Lasern. Dabei fiel ihnen auf, dass bestimmte Glasmischungen unter widrigen Umwelteinflüssen rascher erblindeten. Der damals lästige Effekt führt heute dazu, das sich das Glas in einer Glas-Phosphormischung langsam auflöst und den Phosphor als eigentliches Düngemittel freisetzt.

Glasnost, Perestroika und die neuen Zeiten sorgten für Frieden auch in der Glasforschung. Glas soll nun auf die Äcker und den Dünger dosiert freisetzen. Und wenn man auf Grönland vom Klimawandel und von Erdbeeren träumt, die im Gewächshaus wachsen sollen, dann wollen die St. Petersburger Forscher gemeinsam mit der Bundesforschungsanstalt für Landwirtschaft in Braunschweig gegensteuern: Gezielte Phosphornutzung schützt vor Überdüngung – vor ungenutztem Phosphor, der in den Gewässern landet und dem Klima schadet.

Aber bitte: Die Erdbeeren kommen ins Glas und nicht das Glas in die Erdbeeren!

Glas als Träger – Nach dem gläsernen Menschen der gläserne Acker. Russische Glasforscher entwickelten in Zusammenarbeit mit der FAL in Braunschweig einen Dünger, der Glas enthält.

Düngemittel über Glas freisetzen

Einen Dünger aus Glas entwickelten Forscher aus dem russischen St. Petersburg, dem Otto Schott Institut in Jena und dem Institut für Pflanzenernährung und Bodenkunde der Bundesforschungsanstalt für Landwirtschaft (FAL) in Braunschweig. Grundlage dieses ungewöhnlichen Düngers ist eine Beobachtung, die die ehemaligen russischen Waffenforscher noch zu Zeiten des Kalten Krieges machten. Im St. Petersburger „Forschungs- und Entwicklungs-Institut für Optische Materialien" arbeiteten sie an Spezialgläsern als Träger für militärisch relevante Mikroorganismen und der Herstellung von Lasern. Dabei fiel ihnen auf, dass bestimmte Glasmischungen unter widrigen Umwelteinflüssen rascher erblindeten. Der damals lästige Effekt führt heute dazu, dass sich das Glas in einer Glas-Phosphormischung langsam auflöst und den Phosphor als eigentliches Düngemittel freisetzt.

Durch Veränderung der Glaszusammensetzung können die Eigenschaften des Düngers so geändert werden, dass eine gewünschte Wirkung erzielt werden kann. Lösungszeiten von wenigen Tagen bis zu vier Jahren können eingestellt und so die Versorgung aus dem Dünger optimal an den Phosphorbedarf der Pflanze angepasst werden. Die Folge ist eine bessere Ausnutzung des Düngers durch die Pflanzen.

Dies kommt besonders der Umwelt zugute, da zwangsläufig auch weniger Phosphor in Grund- und Oberflächengewässer verloren geht.

(ehl)

Regen nach Maß

Der Vorgarten-Delphin aus dem Jaques-Tati-Film „Mon oncle“ spuckt immer nur dann Wasser, wenn gehobene Gesellschaft im Anmarsch ist. Dafür sorgt zuverlässig die Dame des Hauses mit wachem Auge auf das Gartentor und einer Hand am Ein/Aus-Schalter.

Eine weitaus gewieftere Taktik für eine situationsgesteuerte Bewässerung haben Wissenschaftler der Bundesforschungsanstalt für Landwirtschaft (FAL) in Braunschweig entwickelt. Dabeigeht es freilich nicht um den VIP-synchronisierten Wasser-output spießiger Gartenbrunnen, sondern darum, das kostbare Nass mittels geeigneter Beregnungsmaschinen gezielt auf den Acker zu bringen: nur in den Wurzelbereich der angebauten Pflanzen, und das auch nur dann, wenn der Boden dort wirklich trocken ist.

Mit solchen Maschinen können Landwirte rund ein Fünftel Wasser einsparen. Das ist eine bedeutende Menge, vor allem für Länder, die unter langen Trockenperioden leiden. Natürlich haben die FAL-Forscher außerdem dafür gesorgt, dass sich der künstliche Regen von einer Zentrale über Handyfunk steuern und überwachen lässt.
Schließlich sollen die Landwirte nicht ständig neben ihren Bewässerungsmaschinen her laufen müssen und ein ähnlich skurriles Bild abgeben wie die Schwester des Monsieur Hulot am Springbrunnenschalter.

Wasser wird in vielen Ländern immer knapper. Wissenschaftler der FAL in Braunschweig entwickeln deshalb besonders sparsame Bewässerungssysteme für den Pflanzenanbau.

Neue Bewässerungsmethode

Wasser ist in vielen Ländern ein kostbares Gut. Und es wird wegen des Klimawandels noch wertvoller werden. Gerade in Ländern mit langen Trockenperioden sollten Pflanzen deshalb möglichst effizient bewässert werden. Daran arbeiten unter anderem Forscher um Dr. Heinz Sourell am Institut für Betriebstechnik und Bauforschung der Bundesforschungsanstalt für Landwirtschaft (FAL) in Braunschweig. Sie haben besonders wassersparende gelöcherte Rohre entwickelt, die direkt über die gepflanzten Salat- oder Kartoffelreihen gezogen werden. Dabei wird das Wasser nicht wie üblich großflächig versprüht, sondern genau dahin getropft, wo es gebraucht wird: in den Wurzelbereich der Pflanzen. Zudem zeigen elektronische Feuchtigkeitsfühler an, wann und wo es den Ackerboden überhaupt nach Wasser dürstet. So lässt sich für jeden Acker ein geeignetes Beregnungsprogramm maßschneidern. Rund zwanzig Prozent kostbares Wasser können Betriebe mit der neuen Bewässerungsmethode einsparen. In Zusammenarbeit mit der Firma Strang und Bähre wurde zudem ein System entwickelt, mit dem sich die Bewässerungsmaschinen via Handyfunk zentral steuern und überwachen lassen.

(ah)

Bewegung im Boden

Wenn zig Tonnen schweres Gerät über den Acker dröhnt, hinterlässt das Spuren, die nicht nur Indianer mühelos deuten können. „Da wächst kein Gras mehr", sollte man meinen und doch sprießt der kruden Behandlung zum Trotz wieder Lebendiges, etwa Getreide, Zuckerrüben oder Kartoffeln.

Ob nämlich ein Trecker dem Boden auch tief unter der Erde die Luft abdrückt, hängt unter anderem von der Witterung ab. Ist die Erde zum Beispiel sehr feucht, können leicht langfristige Schäden entstehen. Bei unsicherer Wetterlage sind Landwirte in der Bredouille. Schließlich kostet es viel Geld, die Felder beim geringsten Zweifel an der Widerstandskraft des Bodens brach liegen zu lassen.

Deshalb haben Wissenschaftler der Bundesforschungsanstalt für Landwirtschaft in Braunschweig ein Sensor-System entwickelt, das in Erntemaschine oder Trecker mitfährt und tief blicken lässt. Bis zu einem halben Meter tief können diese „Augen" sehen, wie belastbar der Boden ist. Trotzt der tiefe Boden der tonnenschweren Belastung und bewegt sich nicht, ist das ein gutes Zeichen. Rührt er sich ein bisschen, kann der Landwirt im Gegenzug den Reifendruck verringern oder weniger Ernte laden.

Doch wenn die unteren Erdschichten allzu arg nachgeben, greift nur eine Maßnahme: Fahrer und Gerät müssen ihre Arbeit beenden und sich sofort und buchstäblich vom Acker machen.

© M. Welling

Tiefe Blicke werden die Landmaschinen der Zukunft in den Boden werfen. Wissenschaftler der FAL haben dazu ein Sensor-System entwickelt, das anzeigt, wann und wo ein Acker befahren werden darf.

Bodenzustand in der Tiefe

Auf den Feldern sind häufig bis zu 50 Tonnen schwere Maschinen unterwegs. Das kann fatale Folgen für die Bodenqualität haben. Bei feuchtnasser Witterung zum Beispiel kann sich der Boden bis in Tiefen verdichten, die für eine Auflockerung per Maschine nicht mehr zugänglich sind. Um diese Gefahr besser einschätzen und dann auf sie reagieren zu können, haben Wissenschaftler um Privatdozent Dr. Joachim Brunotte von der Bundesforschungsanstalt für Landwirtschaft (FAL) ein ausgetüfteltes Sensor-System für Landmaschinen entwickelt. Es fährt in der Erntemaschine und im Traktor mit und misst zum Beispiel, wie stark die Reifen federn und wie tief die Spuren sind, die sie in die Erde drücken. Um die Tauglichkeit der Methode zu prüfen, haben die Forscher ihre Messdaten mit der Beschaffenheit von Bodenproben abgeglichen. Das Ergebnis: Die Daten lassen zuverlässige Rückschlüsse auf den Bodenzustand in der Tiefe zu. Jetzt wollen die Wissenschaftler das System noch verfeinern, denn die Sensoren sollen die Belastbarkeit des Bodens zukünftig online erfassen.

(ah)

Wie viel Wasser braucht die Pflanze

Ich kenne Menschen, die gießen ihre Zimmerpflanzen einfach gnadenlos zu Tode. Frei nach dem Motto „Viel hilft viel!“ werden Fächerpalme und Elefantenfuß täglich gewässert, bis ein modriger Pflanzenrest gurgelnd in seiner Brühe versinkt. Selber tendiere ich zum anderen Extrem, und mir fällt nur so zwei- bis dreimal im Monat ein, dass ich auch eine botanische Verantwortung auf dieser Welt habe. Überflüssig zu sagen, dass bei mir nur Kakteen eine gewisse Überlebenschance haben.

Im Institut für Technologie und Biosystemtechnik der Bundesforschungsanstalt für Landwirtschaft geht Martin Kraft wesentlich sensibler mit der Flora um. Regelmäßig greift er zum Thermometer und misst die Temperatur seiner Pflanzen, und zwar nicht nur in der Asthöhle, sondern am Stängel genauso wie an Blatt und Blüte. Chrysanthemenblüten im Gewächshaus zum Beispiel können bis zu zehn Grad Celsius wärmer als die Umgebungsluft sein, während die Blätter derselben Pflanze um bis zu fünfzehn Grad kälter als die zugehörigen Blüten sein können.

Und jetzt kommt der Clou: Mit diesen Werten lässt sich der Wasserbedarf einer Pflanze individuell und bedarfsgerecht ermitteln! Damit will Martin Kraft keine notleidenden Zimmerpflanzen retten, sondern eine Ressourcen schonende Landwirtschaft unterstützen und zwar vor allem dort, wo Trinkwasser zu knapp ist, um mehr Wasser auf die Felder zu geben als nötig.

„Speaking Plant“ – Mit diesem Konzept, an dem auch Wissenschaftler der FAL beteiligt sind, kann die Pflanze ihren Bedarf selber angeben. Durch die Auswertung von Messungen an der Pflanze lässt sich die Bewässerung von Feldern individuell steuern.

Felderbewässern nach Bedarf

„Speaking Plant“ heißt ein fortschrittliches Konzept, an dem die Bundesforschungsanstalt für Landwirtschaft (FAL) beteiligt ist und mit dem Pflanzen nach Bedarf mit Wasser und Nährstoffen versorgt werden sollen. In Messdaten werden die „Signale“ der Pflanze genau erfasst, zum Beispiel werden die unterschiedlichen Temperaturen der Pflanze ermittelt. Chrysanthemenblüten im Gewächshaus können bis zu zehn Grad Celsius wärmer als die Umgebungsluft sein, während die Blätter derselben Pflanze um bis zu fünf Grad kälter als die Umgebung sein können. Gemessen wird durch direkt an Blatt oder Blüte befestigte Thermometer oder mit Infrarotsensoren. Nach diesen Werten kann dann der Wasserbedarf genau festgelegt werden. Neben der Blatttemperatur können auch die Saftflussgeschwindigkeit im Stängel, das Wachstum einzelner Pflanzenteile oder die regelmäßige Verringerung des Stängeldurchmessers während der Tagesstunden gemessen und zur Bewässerungssteuerung genutzt werden.

(ehl)

Die Zuckerrübe und ich

Schokolade stimuliert mich ja immer enorm – vor allem beim Verfassen netter Kolumnen. Und auch sonst ist es ja immer erstaunlich, welche Ursache eine Wirkung erzielen kann. In der Schule zog mal ein Lehrer an den beiden dünnen Zöpfen, die ich damals trug, und prompt fiel mir auch gleich die richtige Antwort auf seine Frage ein. Nun, das fand ich peinlich, und ich wünschte, ich hätte wenigstens die gewünschte Weisheit für mich behalten... So hatte der Lehrer die Lacher auf seiner Seite. Heute fällt mir beim Haareraufen noch immer gelegentlich etwas ein – und besonders produktiv bin ich dann wie gesagt bei Zuckerzufuhr.

Dass das nicht nur mir so geht, habe ich immer geahnt... und nun ist es heraus: Die Zuckerrübe (ja, die Zuckerrübe als Kulturpflanze!) wächst zum Beispiel einfach besser, wenn die Kohlendioxid-Zufuhr optimiert wird. Das könnte ein positiver Effekt des Klimawandels sein. (Moment! Bin mal kurz am Schrank... so, hmmm... gleich besser...)

In einem Freilandversuch auf dem Gelände der Bundesforschungsanstalt für Landwirtschaft in Braunschweig hat das Team von Hans-Joachim Weigel entsprechende Versuche dazu gemacht. Und was stellt sich heraus: Die Zuckerrübe schöpft ihr Potential nicht aus! Sie könnte mehr, wenn sie nur wollte... Sehen Sie, und genau das hat besagter Lehrer auch immer über mich behauptet!

Lässt sich der Klimawandel simulieren? Ja, auf dem Gelände der FAL versucht ein Team genau das und untersucht die Folgen zum Beispiel für den Mais- und Zuckerrübenanbau.

Klimawandel als Simulation

Über die Maispflanze der Zukunft weiß Hans-Joachim Weigel schon jetzt sehr genau Bescheid. In einem Feldversuch auf dem Gelände der Bundesforschungsanstalt für Landwirtschaft (FAL) haben Weigel und sein Team die Pflanze bei heutigem und bei zukünftigem (nämlich gestiegenem!) Kohlendioxidgehalt angebaut. Das könnte einer der positiven Effekte des Klimawandels sein. Der steigende Kohlendioxidgehalt in der Umwelt führt voraussichtlich zu mehr Biomasse, da Kohlendioxid auf die Pflanzen wie Dünger wirkt. Doch wie sehen die Wechselwirkungen mit den anderen Veränderungen aus, die der Klimawandel vermutlich bringen wird? Wie werden sich die erhöhten Temperaturen und veränderten Niederschlagsmengen auf die Landwirtschaft auswirken? Eine Schlußfolgerung der Braunschweiger Versuche, in denen die veränderten Klimabedingungen bereits simuliert werden, lautet: Die Pflanzen werden sich durch die erhöhte Kohlendioxidzufuhr auch qualitativ verändern. „Getreide könnte an Energiegehalt einbüßen. Aber Mais zum Beispiel könnte vielleicht längere Trockenphasen besser überstehen", erläutert Weigel und verspricht: „Die Versuche werden fortgesetzt!"

(ehl)

Träume und Albträume in der Ostsee

Hühnergötter und Klötersteine lassen sich mit etwas Glück in der Ostsee finden, lese ich in einem Kinderbuch zur Ostsee. Hühnergötter sind Steine mit einem natürlich entstandenen Loch. Man kann ein Band hindurchziehen und den Hühnergott zur glücklichen Eiablage in den Hühnerstall hängen. Das Huhn kann dann beim Eierlegen von Ferien an der Ostsee träumen. Und Klötersteine? Die verbergen in einem Hohlraum einen zweiten Stein, der beim Schütteln klötert. Solche Steine habe ich noch nie gefunden. Vermutlich braucht man doch eher viel Glück.

Zurück zum Huhn und seinem Ei. Für die Ostsee ist das frühstückseierlegende Huhn eher ein Albtraum, denn Nährstoffüberschüsse aus Landwirtschaft und Tierhaltung zur Produktion von Lebensmitteln verschmutzen die Meere. Immer noch gelangen Unmengen an Stickstoff und Phosphor in die Ostsee; dabei stammt der Löwenanteil aus Landwirtschaft und vor allem Massentierhaltung. Wegen des Hühnergottes könnte ich natürlich auch Ewald Schnug von der Bundesforschungsanstalt für Landwirtschaft in Braunschweig fragen. Schließlich fährt Schnug mehrmals im Jahr zu den Treffen der von ihm geleiteten Arbeitsgruppe für nachhaltige Landwirtschaft im Rahmen der Agenda 21 für den Baltischen Raum. Hier werden gemeinsam mit den anderen Ostseeanrainern Leitlinien zur Senkung der Meeresverschmutzung entwickelt.

Sie meinen, da hat wohl niemand Zeit für Strandspaziergänge? Na, da sei aber der Hühnergott vor!

Schutz der Ostsee ist das Thema einer Arbeitsgruppe für nachhaltige Landwirtschaft einiger Ostsee-Anrainerstaaten.

Landwirtschaft im Ostseeraum

Algenblüten und Sauerstoffverarmung lauten die negativen Diagnosen für den Zustand der Ostsee, die vor allem durch Tierhaltung und Landwirtschaft zur Produktion von Lebensmitteln verschmutzt wird. Im Jahr 2000 gelangten allein durch die Landwirtschaft immer noch 353 670 t Stickstoff und 16 170 t Phosphor in die Ostsee. Vor allem die Massentierhaltung ist für die so genannte „Eutrophierung" der Ostsee verantwortlich.

Die neun Anrainerstaaten der Ostsee haben im Rahmen der Agenda 21 für den Baltischen Raum eine Arbeitsgruppe gegründet, die Leitlinien für den Schutz der Ostsee vor den ausgewaschenen oder erodierten Nährstoffen aus der Düngung entwickelt. Ewald Schnug, Professor an der Bundesforschungsanstalt für Landwirtschaft (FAL) in Braunschweig und derzeitiger Leiter der Arbeitsgruppe, nennt die wichtigsten Themen, die bei den Treffen auf dem Tisch liegen. Dabei geht es um die zukünftige Entwicklung der Landwirtschaft im Ostseeraum, den Schutz natürlicher Ressourcen und Lebensräume wie z.B. Moore und Feuchtgebiete sowie den Erhalt von Lebensgrundlagen für Menschen im ländlichen Raum.

(ehl)

Bis zur Atemnot

Sinnlos verpulvert oder wirkungslos versickert – das ist in der Regel eine vernichtende Diagnose. Ganz besonders, wenn es um Geld geht, um schwer verdiente Euros zum Beispiel. Jährlich rechnet der Bund der Steuerzahler vor, wo Politiker und Behörden Steuergelder sorglos und leichtfertig verschwenden. Nutzlose Projekte, verfehlte Maßnahmen... Das Geld rinnt den Verantwortlichen durch die Finger. Manche finanziellen Mittel (aber jetzt wird´s kriminell!) verrinnen gar in dunklen Kanälen. Aber nicht nur auf diesen direkten Wegen sickert das sauer Ersparte ins Nirwana. Auch ein tropfender Wasserhahn vergeudet seinen schier unerschöpflichen Inhalt. Rund 170 Liter Wasser verschwinden monatlich im Abfluss.

Exakt das umgekehrte Phänomen tritt auf, wenn plötzlich die Flüsse über die Ufer treten, die vorgesehenen Überschwemmungsgebiete nicht mehr ausreichen und die Wassermassen in die Städte und Dörfer branden. Wo kommt das viele Wasser her? Warum ist es nicht einfach versickert? Ob in dunklen Kanälen oder schlicht im Erdboden – hier ist das Versickern ausdrücklich erwünscht. Doch vergeblich! Denn – und das hat die Bundesforschungsanstalt für Landwirtschaft in Braunschweig herausgefunden – der Boden ist nicht mehr durchlässig genug.

Verantwortlich dafür ist die moderne Landwirtschaft, die die meisten Landflächen in Deutschland nutzt. Falscher Düngemitteleinsatz und eine monotone Fruchtfolge verschlechtern die Bodenstabilität. Und wenn dann noch regelmäßig schwere Traktoren und der übrige landwirtschaftliche Fuhrpark die Fläche befahren, wird der Boden so zusammengepresst, dass er kaum noch atmen geschweige denn Wassermengen aufnehmen kann.

Überflutungen – Was haben Bauer Löbbe und sein Trecker mit Flutkatastrophen in Städten und Dörfern zu tun? In der FAL findet man die Antwort.

Schwere Überschwemmungen

Moderne Landmaschinen sind mitverantwortlich für das Entstehen von Überflutungen. Natürlich weniger für die Herkunft von Wassermassen, aber doch für das Phänomen, dass das Wasser nicht mehr im Boden versickern kann. Durch intensive landwirtschaftliche Nutzung und das häufige Befahren mit schweren Traktoren und anderem Gerät ist der Boden zusammengepresst worden. Seine Fähigkeit, Wasser aufzunehmen, ist dadurch eingeschränkt. Auch der falsche Einsatz von Düngemitteln und zu monotone Fruchtfolgen verändern die Stabilität des Bodens. Die bei Überflutungen anfallenden Wassermassen können auf landwirtschaftlich genutzter Fläche immer schwerer versickern. Wissenschaftler der Bundesforschungsanstalt für Landwirtschaft (FAL) haben aus diesem Zusammenhang ein einfaches Anzeigeverfahren für die Intensität von Überschwemmungen entwickelt. Anhand der Schunter in Braunschweig überprüften sie den Zusammenhang von Wasseraufnahmefähigkeit des Bodens und dem Ausmaß auftretender Überflutungen. Das Indikatormodell wurde an Klimadaten erprobt, die über 30 Jahre lang das Abflussverhalten des Schunterwassers beschreiben. Eine verringerte Wasseraufnahme (Infiltration) des Bodens hat zwar keinen Einfluss auf die Häufigkeit von Überflutungen, wohl aber auf deren Intensität. Unterhalb bestimmter Infiltrationsraten nahm in dem Modell die Häufigkeit extremer Überflutungen stark zu. Das Fazit des Teams um Ewald Schnug: Das Bemühen um schonende landwirtschaftliche Methoden ist auch ein Beitrag zum Zivilschutz, wenn über die Ufer getretene Wassermassen einfach im Boden versickern können.

(ehl)

Dicke Bohnen und Handys

Am Anfang war es mir furchtbar peinlich: Wann immer mein Handy klingelte, etwa in der Bahn, verzog ich mich in eine dunkle Ecke und flüsterte möglichst neutrale Kommentare: „Ja, nein, vielleicht morgen.“ Andere hatten damit weniger Probleme. Mitten im Supermarkt hielten sie lautstark Konferenzen mit ihren Lieben daheim ab. „Soll ich die feinen oder die dicken Bohnen nehmen, Hasilein?“ Und jeder im Umkreis von zehn Metern wusste spätestens nach fünf Minuten, was bei „Hasilein“ mittags auf den Tisch kam.

Keine Frage – das Handy hat unser Leben revolutioniert. Und das in gerade mal fünfzehn Jahren: Anfang der Neunziger kam der große Durchbruch für die tragbare Telefonzelle. Heute – so rechnen Experten – besitzt statistisch gesehen jeder Bundesbürger ein Handy.

Das Bundesamt für Strahlenschutz (BfS) beobachtet diese Entwicklung auch mit kritischen Augen. „Derzeit läuft ein vom BfS koordiniertes Forschungsprogramm, in dem international renommierte Experten Antworten auf die Frage finden wollen, ob und auf welche Weise der Mobilfunk Auswirkungen auf Mensch und Umwelt hat“, sagt Florian Emrich vom BfS. Vorsorglich empfiehlt die Behörde in Salzgitter, die Strahlenbelastung so gering wie möglich zu halten. „Besonders strahlungsarm sind Handys mit einem SAR-Wert von 0,6 Watt pro Kilogramm oder weniger“, sagt Emrich. Das Bundesamt setzt sich seit Jahren dafür ein, diese Handys mit einem „Blauen Engel“ zu kennzeichnen.

Seit 15 Jahren ist praktisch jeder immer und überall erreichbar: Das Handy feierte seinen Durchbruch. Das BfS setzt sich für eine möglichst geringe Strahlenbelastung durch Mobilfunkstrahlung ein.

Handygenuss ohne Reue

Von 2002 bis 2007 wurde unter Federführung des Bundesamtes für Strahlenschutz (BfS) im Geschäftsbereich des Bundesministeriums für Umwelt, Naturschutz und Reaktorsicherheit (BMU) das Deutsche Mobilfunk Forschungsprogramm (DMF) durchgeführt. Mit mehr als 50 Forschungsprojekten in den Disziplinen Biologie, Dosimetrie, Epidemiologie und Risikokommunikation werden mögliche gesundheitliche Auswirkungen hochfrequenter elektromagnetischer Felder des Mobilfunks auf Mensch und Umwelt untersucht. Zudem werden die so genannten Feldintensitäten ermittelt, die beim Umgang mit den neuen Telekommunikationstechnologien entstehen.

Die Ergebnisse von insgesamt mehr als 50 seit 2002 durchgeführten Forschungsprojekten werden in fünf themenspezifischen wissenschaftlichen Fachgesprächen der internationalen Fachöffentlichkeit vorgestellt und mit Vertretern verschiedener nationaler Forschungsprogramme diskutiert. Wesentliches Ziel dieser Fachgespräche ist neben der Diskussion der Studien die Einordnung der Ergebnisse in das wissenschaftliche Gesamtbild. Die Gesamtbewertung der Forschungsprojekte des DMF soll Mitte 2008 stattfinden.

(leu)

Schlaft gut!

Wenn wir nachts schlecht schlafen, kann das am schlechten Fernsehprogramm, der schweren Gänsekeule am Abend oder am Stapel unbezahlter Rechnungen liegen. So etwas schlägt ja selbst dem abgebrühtesten Bundesbürger aufs Gemüt.

Das Bundesamt für Strahlenschutz (BfS) in Salzgitter fragt sich derzeit allerdings noch mehr. Es lässt erforschen, ob nicht auch die weit verbreitete Mobilfunkstrahlung zum Beispiel von Handys und Sendemasten unsere Träume durcheinander bringt.

Im Frühjahr 2006 hat das BfS im Rahmen des Deutschen Mobilfunk Forschungsprogramms eine Studie in Auftrag gegeben. Die Berliner Charité testet seither, wie Bürger schlafen, wenn sich im Umkreis von 500 Metern eine Mobilfunkbasisstation befindet. 300 Testpersonen müssen dafür innerhalb von zwei Wochen zwölf Nächte lang verkabelt schlafen. Die Sensoren an ihrem Kopf messen, ob sich ihre Gehirnströme durch die Strahlung verändern oder nicht.

Lohnt sich der Aufwand? Ganz sicher, meint Blanka Pophof vom BfS: „Es gibt im Alltag immer mehr Quellen elektromagnetischer Felder. Jeder Radio- und Fernsehsender, jede Mobilfunkanlage erzeugt elektromagnetische Strahlung.“ Die Diskussionen darüber, ob diese Strahlung gesundheitsschädlich ist oder nicht, schlagen regelmäßig hoch. Die Studie wird hoffentlich mit dazu beitragen, dass wir in dieser Hinsicht weiterhin ruhig schlafen können.

Schlaflose Nächte sollen nach Berichten Betroffener auch durch Elektrosmog verursacht werden. Das BfS lässt derzeit die Wirkung elektromagnetischer Strahlung auf den Schlaf untersuchen.

Elektrosmog im Schlafzimmer

Wo wir gehen und stehen, ja selbst wo wir liegen, nämlich im Schlafzimmer, gibt es hochfrequente elektromagnetische Strahlung. Verursacht wird sie durch Radio- und Fernsehgeräte, Mikrowellen, Schnurlos-Telefone und Funkwecker, Walky Talkies und Babyphone, aber auch durch Radio- und Fernsehsender und nicht zuletzt durch den Mobilfunk. Immer mehr Mobilfunkbasisstationen müssen dafür aufgestellt werden. Diese Stationen sowie die Handys senden hochfrequente elektromagnetische Strahlung aus, die in Verdacht steht, gesundheitliche Beeinträchtigungen zu verursachen.

Das Bundesamt für Strahlenschutz (BfS) gab schließlich 2006 eine bundesweite Schlafstudie bei der Charité Berlin in Auftrag. „Voraussetzung für den Erfolg dieser Schlafstudie war der erfolgreiche Abschluss der Pilotstudie. Hierbei waren die Netzbetreiber gefordert, die technischen Voraussetzungen bereitzustellen“, betont Blanka Pophof, Expertin beim BfS. Die Mobilfunkanlagen im Forschungsgebiet müssen zum Beispiel an- und abgeschaltet werden können. Nur so lässt sich feststellen, ob zum Beispiel die Gehirnströme (EEG) unter Mobilfunkexposition im Schlaf beeinflusst werden. 300 Probanden in sechs verschiedenen Orten Deutschlands haben sich für den Test zur Verfügung gestellt. Ihre Gehirnströme werden nachts durch Elektroden aufgezeichnet, zusätzlich müssen sie Fragebögen ausfüllen. Das abschließende Ergebnis der Schlafstudie sollte Anfang 2008 vorliegen.

(leu)

Vom Sonnenwind verweht

Vom Winde verweht, genauer vom Sonnenwind verweht wird die kosmische Strahlung, die als geladene atomare Teilchen aus den Tiefen des Kosmos zu uns fliegt. Leider erzeugen diese Teilchen in der Erdatmosphäre radioaktive Strahlung, aber Gott sei Dank gibt es den Sonnenwind, der selbst aus geladenen Teilchen besteht und sie teilweise wegpustet. Vom Erdmagnetfeld abgestoßen, werden sie weg von uns entlang der magnetischen Linien des Globus getrieben. Wie Schneeflocken, die der Wind in Hauseingänge fegt, wo sie dann liegen bleiben (stelle ich mir vor), wirbeln diese Teilchen in höhere Regionen und sammeln sich an Nord- und Südpol.

Für Menschen, die öfter die Pole überfliegen (Vielflieger und Flugpersonal), kann die Höhenstrahlung gefährlich werden. Mal eben nach San Francisco führt zu einer zusätzlichen Strahlenbelastung, weiß Gerhard Frasch vom Bundesamt für Strahlenschutz (BfS) in Salzgitter und erläutert, dass die Werte von Piloten und Stewardessen je nach Flugrouten berechnet und vom BfS überwacht werden.

An diesem Phänomen gefällt mir am besten, dass die Sonne endlich mal wieder für einen positiven Effekt steht. Je höher die Sonnenaktivität, desto geringer fällt die Höhenstrahlung aus. Keine Rede von Karzinomen durch häufigen Sonnenbrand, von Augenschäden durch zu grelles Sonnenlicht... Lieber Sonnenwind, blas einfach alles weg, was schädlich sein könnte. Funktioniert die Welt so? Hin und wieder anscheinend doch!

0,1 Millisievert beträgt die zusätzliche Strahlenbelastung für einen Flug von Frankfurt nach San Francisco. Das entspricht etwa einer Röntgenaufnahme der Lunge.

Strahlenbelastung in Flughöhen

Aus den Tiefen des Kosmos strahlt Radioaktivität in Form von atomaren Teilchen, die von geladenen Teilchen aus der Sonne, dem so genannten Sonnenwind verweht werden. Das Magnetfeld der Erde schirmt vor dieser Höhenstrahlung ab, sodass in der Nähe der Erde und besonders am Äquator die geringste Strahlenbelastung vorliegt. Am geomagnetischen Nord- und Südpol sind dagegen höhere Werte messbar. Piloten, Stewardessen und Vielflieger erfahren eine zusätzliche Strahlenbelastung je nach Sonnenaktivität, Flugroute, Flughöhe und Flugdauer. Entsprechend werden ihre Arbeitseinsätze berechnet. Auf diesem Gebiet arbeitet Gerhard Frasch vom Bundesamt für Strahlenschutz (BfS) in Salzgitter.

(ehl)

Sommer, Sonne – Sonnenschutz

„Pack die Badehose ein", krähte Conny Froboess 1951. Und das Volk packte. Am Anfang für den Wannsee, später für Rimini und die Costa Brava. Ozonloch? – I wo! Klimawandel? – Papperlapapp! „Hauptsache braun" war die Devise.

„Ein solches Schönheitsideal hat seinen Preis", sagt Florian Emrich vom Bundesamt für Strahlenschutz (BfS). „Die Fälle von Hautkrebs nehmen weltweit zu – das ist auch auf die übertriebenen Sonnenbäder zurückzuführen." Nein, Emrich will uns das schöne Wetter nicht madig machen. Aber neben Licht und Wärme schickt die Sonne auch etwa vier Prozent unverdauliche UV-Strahlung zur Erde – und die macht nicht nur knackig braun, die kann Sonnenbrand, vorzeitig gealterte Haut, grauen Star und Hautkrebs verursachen.

„Die Intensität verändert sich je nach Breitengrad, Jahres- oder Tageszeit", sagt Emrich. „Je südlicher man reist, desto höher ist sie." Hinzu kommt, dass der große Sonnenschirm gegen die besonders aggressive UV-B-Strahlung – das Ozon – langsam abnimmt.

Um die tägliche Strahlendosis zu überwachen, messen BfS und Umweltbundesamt im Sechs-Minuten-Takt die bodennahe UV-Belastung. Und was rät der Experte all denen, die in den kommenden Wochen mal wieder die Koffer packen? „Nehmen Sie nicht nur die Badehose mit. Denken Sie auch an Sonnencreme mit hohem Lichtschutzfaktor und UV-A-Schutz, körperbedeckende Kleidung, einen Hut und eine Sonnenbrille."

Nur etwa 4 Prozent der Sonnenstrahlen, die auf der Erde ankommen, sind UV-Strahlen – aber diese haben es in sich. Zum Schutz der Bevölkerung misst das BfS täglich die Menge und Intensität.

Ungetrübter Urlaubsspaß

Egal ob Straßencafés, Parks oder Strände – überall tummeln sich sonnenbadende Menschen. Was für die einen ein Genuss ist, gibt anderen zu denken. Zum Beispiel den Experten vom Bundesamt für Strahlenschutz (BfS). „Bei der hohen Belastung durch UV-Strahlung sind Schutzmaßnahmen unabdingbar. Dies gilt besonders für die Menschen, die ständig draußen arbeiten müssen", sagt Florian Emrich, Pressesprecher des BfS. Leichte, weite Kleidung, Hut und Sonnenbrille sowie eine Sonnencreme mit hohem Lichtschutzfaktor und Schutz gegen UV-B und UV-A, die vor der Arbeit oder dem Sonnenbad aufgetragen wird, schützen vor den unangenehmen Folgen der UV-Strahlung. „Die Strahlen können nicht nur zu einem schmerzhaften Sonnenbrand, sondern langfristig auch zu vorzeitiger Hautalterung, Augenschäden und Hautkrebs führen", warnt Emrich.

Über die aktuelle Belastung durch UV-Strahlung informiert der UV-Index, kurz UVI. Er ist ein international gültiger Wert, mit dem jeder ausrechnen kann, wie lange man sich Sonnenstrahlen aussetzen darf, und beschreibt den am Boden erwarteten Tagesspitzenwert der sonnenbrandwirksamen UV-Strahlung. „Je höher dieser Wert, desto größer ist das Sonnenbrandrisiko", erläutert Emrich. Werden beispielsweise UVI-Werte von 5 bis 7 erwartet, so bedeutet dies eine hohe UV-Belastung. Ein Sonnenbrand ist dann – abhängig vom Hauttyp – schon nach 20 Minuten sehr wahrscheinlich.

Das BfS veröffentlicht im Internet die aktuellen UVI-Messwerte sowie eine Drei-Tages-Prognose.

(leu)

Bräune mit Wellnessduft

Also, die Sache mit den Solarien wird auch immer komplizierter. Waren Sie mal kürzlich in einem? Die nette Dame am Empfang hielt mir nicht nur einen Vortrag über Hauttypen und Besonnungszeiten. Sie präsentierte auch gleich die neuesten Errungenschaften – ein Gerät mit automatischer Hautabtastung (soweit kommt das noch!) und eins mit lieblichem Zitronenduft. Ich floh.

Im Grunde tat sie nur ihre Arbeit. Drauflegen und grillen – das war früher einmal. Inzwischen ist klar, dass Solarien mit Vorsicht zu genießen sind. Die knackige Bräune kommt nämlich durch eine gute Portion UV-A- und zum Teil auch UV-B-Strahlung zustande – und die sind im Übermaß gesundheitsgefährdend und können Hautkrebs auslösen.

Dass wir uns heute erst durch einen ganzen Fragenkatalog wühlen müssen, bevor wir überhaupt einen Strumpf ausgezogen haben, ist auch dem Bundesamt für Strahlenschutz in Salzgitter zu verdanken: Es hat 2003 durchgesetzt, dass erstmals ein Gütesiegel für Solarien eingeführt wurde. Wer dieses Gütesiegel verwenden will, verpflichtet sich, bestimmte Qualitätskriterien zu erfüllen, wie geschulte Mitarbeiter und regelmäßig gewartete Geräte. Was so selbstverständlich klingt, war es davor keineswegs: Das Betreiben von Solarien ist bis heute nicht per Gesetz geregelt.

Tja, und ich? – Ich warte jetzt einfach auf den Sommer und ein Sonnenbad im Park. Ohne Zitronenduft, aber mit einer guten Sonnencreme.

1000-mal höher als die natürliche Sonne kann die UV-A-Strahlung eines Turbobräuners sein. Das BfS bietet zum Schutz der Kunden deshalb ein Gütesiegel für Solarien an.

Die Sache mit der Bräune

Braune Haut ist immer noch ein Schönheitssymbol. Wer braun ist, gilt als fit und gesund. Aber Bräune – egal ob natürlich durch die Sonne oder künstlich durchs Solarium – ist nicht ohne Gefahren. Durch das regelmäßige und hohe Bombardement an UV-A- und UV-B-Strahlung altert die Haut schneller, und es kann sogar Hautkrebs entstehen. 2003 hat das Bundesamt für Strahlenschutz (BfS) deshalb zusammen mit dem Bundesumweltministerium und Solarienbetreibern erstmals ein Gütesiegel für Solarien eingeführt.

Den Vermerk „Zertifiziertes Solarium" können alle Solarienbetriebe beantragen, die festgelegte Qualitätsstandards erfüllen. In ihnen beraten geschulte Mitarbeiter. Sie erstellen einen auf den jeweiligen Hauttyp ausgerichteten Dosierungsplan und verweigern Kindern und Jugendlichen, die besonders empfindlich auf UV-Strahlung reagieren, den Zutritt. Gebräunt wird mit geprüften und regelmäßig gewarteten Geräten.

Erarbeitet wurde die Zertifizierung von den Teilnehmern des „Runden Tisches Solarien" (RTS). Das BfS ist Akkreditierungsstelle für Institutionen, die Solarienbetriebe zertifizieren wollen, und überprüft unangemeldet zertifizierte Solarien.

(leu)

Blick ins Innerste

1963 erschien ein abstruser Science-Fiction-Film. In ihm entwickelt der Wissenschaftler Dr. Xavier im Selbstversuch ein Serum, das die Sehkraft enorm verbessert. Als der „Mann mit den Röntgenaugen" geistert er fortan durch die Stadt, beobachtet seine Nachbarn durch die Wohnzimmerwand, schaut den Frauen wollüstig durch die Kleider und arbeitet sogar als Wunderheiler auf dem Jahrmarkt. Das Experiment – fast ahnt man's – scheitert: Dr. Xavier nimmt ein schreckliches Ende in der Wüste.

Hätte sich unser Doktor mit dem Bundesamt für Strahlenschutz (BfS) unterhalten, hätte er gewusst, dass man mit Röntgenstrahlen nicht leichtfertig umgeht. Schon kurz nach ihrer Entdeckung wurde auch ihre schädliche Wirkung bekannt. Das BfS schützt deshalb die Menschen immer dort, wo sie ionisierender Strahlung, und dazu gehören Röntgenstrahlen, ausgesetzt sind – auch im medizinischen Bereich.

Es erstellt diagnostische Referenzwerte und zählt jedes Jahr akribisch, wie oft die Bevölkerung einer Strahlung ausgesetzt wurde. „Die Fortschritte in der Röntgentechnik haben zu einer Verringerung der Dosis pro Untersuchung geführt", sagt Gunnar Brix. „Allerdings: Durch die verstärkte Anwendung der Computertomographie steigt die Strahlenbelastung insgesamt kontinuierlich an."

Über die Arbeit des BfS informierte im Juni 2007 auch die Ausstellung „Science Cubes" auf dem Platz der Deutschen Einheit.

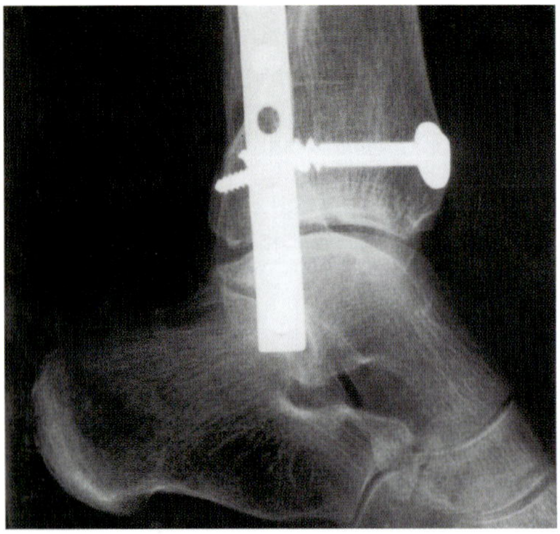

Rund 150 Millionen Mal wird in Deutschland zu medizinischen Zwecken im Jahr geröntgt. Das BfS erfasst die mittlere Strahlenbelastung der Patienten und gibt Hinweise, wie die Belastung reduziert werden kann.

Nur in kleinen Dosen zu genießen

1895 machte der Deutsche Wilhelm Conrad Röntgen eine bahnbrechende Entdeckung: Mit ionisierenden Strahlen, den Röntgenstrahlen, ließ sich erstmals ins Innere des menschlichen Körpers blicken. Ärzte konnten ohne Operation Knochenbrüche oder Erkrankungen der Organe diagnostizieren. Trotz des Vorteils, „unblutig" in den Körper zu blicken, war den Medizinern doch auch bald die Gefährlichkeit der Strahlen bekannt. Sie können zu Krebs oder zur Schädigung von ungeborenem Leben führen. In den vergangenen Jahrzehnten wurde deshalb die Technik immer weiter verbessert und strikte Vorsichtsmaßnahmen ergriffen. Dank moderner Generator- und Bildverstärkergeräte sowie digitaler Systeme konnte die Strahlendosis pro Untersuchung deutlich gesenkt werden.

Das Bundesamt für Strahlenschutz (BfS) erfasst jährlich, wie oft die Bundesbürger durchschnittlich einer medizinischen Röntgenstrahlung ausgesetzt wurden, und legt diagnostische Referenzwerte für verschiedene Untersuchungsarten fest. Obwohl die Dosis bei normalen Röntgenuntersuchungen stetig verringert wurde, beobachtet das BfS eine kontinuierliche Zunahme der dosisintensiven Computertomographie. Dabei gilt beim Röntgen das Prinzip Rechtfertigung, d.h. der Nutzen einer Röntgenaufnahme muss deutlich größer sein als das Risiko. Das BfS rät deshalb von so genannten „Routine-Untersuchungen" ab. Bürger sollten außerdem Röntgenuntersuchungen vom Radiologen im Röntgenpass dokumentieren lassen und auf einen ausreichenden Schutz nicht bestrahlter Körperteile achten.

(leu)

Impfen per Nasenspray

Joghurt gilt ja heutzutage als die beste Medizin. Hauptsache rechtsdrehende Milchsäure. Oder war es linksdrehend? Wahrscheinlich variiert das je nach gewünschter Therapie. Eine herrlich sanfte Medizin – und lecker. Und fast so gut wie im Schlaf abnehmen.

Was können wir noch entschärfen? Impfen per Spritze zum Beispiel. Im Helmholtz-Zentrum für Infektionsforschung in Braunschweig arbeiten Carlos A. Guzmán und sein Team an sanften Alternativen. Kein Scherz! In naher Zukunft schon wird die Malaria- oder Grippeprophylaxe per Nasenspray verabreicht. Zu lösen ist nur noch das Problem mit dem Streuverlust, da nicht alle Wirkstoffe der Impfung vom Körper aufgenommen werden.

„So weit hergeholt ist unsere Idee gar nicht", erklärt Guzmáns Kollege Kai Schulze. „Die Ansteckung beim Infekt erfolgt ja auch meist über die Nasenschleimhaut. Diesen Weg empfinden wir mit den Impfstoffen nach, die eine dosierte Zufuhr mit den krankheitsauslösenden Keimen beinhalten."

Wunderbar: Nie wieder die Impfspritze! Was ließe sich noch machen für den ängstlichen Patienten? Blutabnahme... na gut, aber bitte mit Infrarot. Geht das? Das ist auch so schön sanft und noch dazu angenehm warm.

25 % aller Todesfälle weltweit sind auf Infektionskrankheiten zurückzuführen. Am HZI werden neue Impfstoffe und -verfahren entwickelt, um diese Krankheiten buchstäblich im Keim zu ersticken.

Schleimhäute ins Visier genommen

Eine Häufung von Masernfällen im Rheinland im Jahr 2006 brachte vergessene Ängste wieder auf: Die Infektionskrankheiten sind wieder auf dem Vormarsch, hieß es. Und tatsächlich sind Grippe, Masern und Tuberkulose und andere Infektionen (auch AIDS zählt hierzu) weltweit für ein Viertel aller Todesfälle verantwortlich. Eine gewisse Impfmüdigkeit in den Industrienationen trägt dazu ebenso bei wie die scheinbar unbegrenzte Fähigkeit der krankheitsauslösenden Mikroorganismen, sich immer wieder an veränderte Bedingungen anzupassen und gegen gebräuchliche Impfstoffe eine Immunabwehr zu entwickeln. Entsprechend müssen Impfstoffe, aber auch die Impfverfahren ständig weiterentwickelt werden. Carlos A. Guzmán und sein Team arbeiten im Helmholtz-Zentrum für Infektionsforschung (HZI) an einem Impfverfahren, das per Nasenspray die Wirkstoffe verabreicht. Dadurch wird auch das Risiko gemindert, durch infizierte Spritzen Infektionen auszulösen, was vor allem für Entwicklungsländer interessant ist. Ein zusätzlicher Effekt des Nasensprays ist eine gewisse Immunisierung jener Körperpartie, über die die Erreger bevorzugt in den Körper eindringen: die Nasenschleimhaut.

(ehl)

Nichts für Schnüffler

„Und sehen Sie, lieber Watson, der Staub auf diesem Hut ist kein grauer Straßenstaub, sondern brauner Hausstaub." Zugegeben – wer nicht gerade Sherlock Holmes heißt, dem ist es eigentlich ziemlich egal, ob er beim wöchentlichen Hausputz braunem oder grauem Dreck hinterherwienert. Doch der gute Holmes hat gar nicht so unrecht: Staub ist tatsächlich nicht gleich Staub. Es gibt Sorten, die selbst der scharfsinnige Detektiv nicht hätte unter die Lupe nehmen geschweige denn in seiner markanten Schnüfflernase haben wollen.

Schon 1964 fand eine Ärztin in England nämlich heraus, dass Arbeiter in einer Stuhlfabrik häufiger als andere an Nasenkrebs erkrankten. Sie schloss auf den Holzstaub, der eine extrem seltene Karzinomform zur Folge hatte. Was allerdings genau die Ursache ist – ob Baumsorte oder chemische Zusatzstoffe – darüber rätseln die Ärzte bis heute; unter anderem Professor Heinz-Georg Schroeder, Chefarzt der HNO am Städtischen Klinikum. Wie Holmes fasst er mit seinem Team aus Pathologie und Molekularer Diagnostik die Nasenkarzinome genauer ins Auge und grenzt sie gegenüber anderen Tumoren ab. Das ist vor allem für die Berufsgenossenschaften interessant, die sich mit arbeitsbedingten Krankheiten herumschlagen müssen.

Bis der mysteriöse Fall des Nasenkarzinoms allerdings ganz gelöst sein wird, müssen die Detektive im Klinikum noch weiterschnüffeln.

Holz ist nicht nur gemütlich. Als feiner Staub kann es auch eine seltene Krebsart verursachen. Am SKB erforschen Ärzte die genauen Ursachen.

Was staubt denn da...

Seit rund 40 Jahren werden Ärzte hellhörig, wenn es ums Thema Holz geht. Insbesondere weil Holzstaub so gefährlich ist. Im Jahre 1964 entdeckte die englische Ärztin E. Hadfield bei Arbeitern in einer Stuhlfabrik vermehrt so genannte Adenokarzinome der inneren Nase. Diese extrem seltene Form von Nasenkrebs ähnelt unter dem Mikroskop dem Dickdarmkrebs und gilt in England bereits seit 1969 als Berufskrankheit.

Woher genau dieser Krebs rührt, ist unklar. 1985 legte die Senatskommission der Deutschen Forschungsgemeinschaft (DFG) deshalb auch vorsichtig „Eichen- und Buchenholz als Krebs erzeugende Stoffe" fest, schränkte aber gleichzeitig ein, dass das Prinzip bislang unbekannt sei. Professor Hans-Georg Schroeder, Chefarzt der HNO am Städtischen Klinikum Braunschweig (SKB), versucht seit 20 Jahren den Ursachen auf die Spur zu kommen. Gemeinsam mit seinen Kollegen Professor Konrad Donhuijsen und Sigurd Hattenberger, Institut für Pathologie, sowie Dr. Horst Hannig, Molekulare Diagnostik, untersucht er Proben von sinunasalen Adenokarzinomen und grenzt sie gegenüber anderen Tumoren ab. Ist nur die Holzart schuld oder können auch chemische Stoffe wie Holzschutzmittel den Krebs auslösen?

Interessant sind die Ergebnisse vor allem für die Berufsgenossenschaften, die gefährdete Gruppen wie Schreiner oder Parkettleger schützen müssen. Das Klinikum arbeitet in seinen Forschungen deshalb eng mit der Holz-Berufsgenossenschaft München und dem Berufsgenossenschaftlichen Forschungsinstitut für Arbeitsmedizin in Bochum zusammen. Und die Zeit drängt: Jährlich erkranken rund 40 Menschen neu an der seltenen Krebsart.

(leu)

Blutarme Schnitte

„Ein herzliches Dankeschön", höre ich stets von meinem Hausarzt, wenn er mir eine Spritze geben durfte. „Das war gut für meine sadistische Ader!" Der Mann hätte eigentlich Chirurg werden müssen. Da hätte er täglich jede Menge Befriedigung: Messer zücken, schneiden, und dann fließt so herrlich viel Blut. Aber er wurde nicht Chirurg, und so blieb ihm wenigstens die große Enttäuschung erspart, die seine schneidenden Kollegen seit einigen Jahren verkraften müssen: nichts mehr mit Blut, und das immer öfter.

Von den (meist betäubten) Patienten kaum bemerkt, hat ein Instrument Einzug in die OPs gehalten, das die netten Begleiterscheinungen einer großen OP in Schall und Rauch aufgehen lässt. Von Schallwellen zum Schwingen gebracht und somit erhitzt, verschließt die Klinge eines Ultraschall-Skalpells die Schnittfläche sofort wieder.

Da die Dinger auch noch besonders exakt schneiden und von der Physikalisch-Technischen Bundesanstalt in Braunschweig den Freibrief bekommen haben, dass die Hitze dem umgebenden Gewebe – sofern man Sicherheitsabstände einhält – nichts anhaben kann, werden die Messer wohl bald verbannt sein aus den Kliniken dieser Republik.

Also Ärzte, sofern Ihr auch eine sadistische Ader habt, sucht Euch neue Jobs. Wie wäre es, als Ersatzbefriedigung, mit einer Stelle bei einer großen Reisebüro-Kette? Bei Fernreisen stehen viele Impfungen an.

42 °C ist die Temperatur, oberhalb derer mit Zerstörung des Gewebes gerechnet werden muss. Diese Tatsache nutzt ein Ultraschallskalpell, das nahezu blutungsfreie Schnitte macht.

Operieren mit Ultraschall?

Ultraschall und Medizin – da denkt jeder zuerst ans „Baby-Kino", den Blick auf das Ungeborene beim Frauenarzt. Aber immer häufiger arbeiten auch Chirurgen mit Schallwellen statt mit den klassischen Messerklingen. Ultraschallskalpelle haben gleich mehrere Vorteile: Erstens schneiden sie besonders exakt, zweitens fließt fast kein Blut. Denn die Klinge, die per Ultraschall zum Schwingen gebracht und heiß wird, verschließt ihre Schnittfläche quasi selbsttätig: Durch die Hitze koaguliert das Eiweiß in den angrenzenden wenigen Millimetern Gewebe; angeschnittene Blutgefäße sind sofort wieder dicht. Wie dicht darf aber ein Arzt an wichtige Organe herankommen, ohne dass die Hitze sie schädigt? Diese Frage hat die Physikalisch-Technische Bundesanstalt (PTB) in Braunschweig zusammen mit einer Klinik und einem Hersteller von Ultraschall-Skalpellen untersucht. Aus dem Ergebnis lassen sich Sicherheitsabstände ermitteln, die bei Operationen eingehalten werden müssen.

(es)

Waschmittel statt Trüffelschwein

Wenn der Otto-Normalverbraucher sich mit Pilzen beschäftigt, hat es in der Regel eher einen kulinarischen Hintergrund. Da denken wir an Gaumenfreuden wie Pilzragout, Rahmschnitzel mit Pfifferling-Sahnesoße oder Gerichte mit Edelpilzen wie Trüffeln. Wussten Sie, dass man bei der Suche nach Trüffeln schamlos die Leidenschaft der „Trüffelsau" ausnutzt, die in voller Erwartung, einem Eber zu begegnen, in der Erde buddelt? Die Sexualduftstoffe des Ebers unterscheiden sich nämlich nur unwesentlich vom Trüffelduft.

Manchmal begeben sich aber auch Mediziner auf Pilzsuche. Die von ihnen betrachteten Pilze eignen sich nun überhaupt nicht für ihr Lieblingsgericht, sondern verursachen meist unangenehme Nebenwirkungen und machen den Menschen krank. Sonst harmlose Pilze können bei geschwächter Immunabwehr in Form von Mykosen besonders Lunge und Darm befallen. Da ist der „Arzt ihres Vertrauens" gefragt, um richtige Schlüsse zu ziehen. Waschmittel spielen im Weiteren eine große Rolle. – Aber was haben diese denn bloß mit Pilzen zu tun? – Ärzte des Städtischen Klinikums Braunschweig sind ebenfalls auf Pilzsuche gegangen und wenden eine simple Methode an, um schnell und kostengünstig krankmachende Pilze im menschlichen Körper aufzuspüren. Dazu nehmen sie „Weißmacher", die Wäsche laut Werbeslogan „weißer als weiß" machen, zu Hilfe. Diese so genannten Aufheller sind Farbstoffe, die sich mit Bestandteilen der besonders kleinen Pilze verbinden. Diese Verbindung kann der Arzt im Mikroskop in Form eines kräftigen blauen Leuchtens erkennen und den Patienten mit Pilzerkrankung schnell und gezielt behandeln.

Waschmittel haben sich dadurch als „Trüffelschwein" der Mediziner und Mikrobiologen bewährt. Bei Speisepilzen wird es dennoch keine große Hilfe sein, und wir Feinschmecker vertrauen weiterhin auf die Leidenschaft der Trüffelschweine.

Blaues Leuchten – ein kräftiges blaues Leuchten macht kleinste Pilze im menschlichen Gewebe durch Fluoreszenzmikroskopie im SKB deutlich.

Vereinfachte Verfahren der Pilzdetektion

Die Pilzsuche im Bereich der Medizin gehört zu den Aufgaben, mit denen sich unter anderem Pathologen wie Prof. Dr. Konrad Donhuijsen vom Städtischen Klinikum Braunschweig (SKB) beschäftigen. Dabei geht es um das weite Feld der Diagnostik. Eine Mykose – eine ernstzunehmende Erkrankung, bei der sich Pilze besonders in Lunge und Darm bei Menschen mit geschwächter Immunabwehr wie nach einer Organtransplantation oder nach einer Chemotherapie finden – ist schwer zu diagnostizieren.

Mediziner des Städtischen Klinikums Braunschweig haben sich dieser Problematik angenommen und wenden eine einfache, schnelle, kostengünstige und vor allem zuverlässige Methode an. Dabei greifen sie auf Kenntnisse von Prof. Dr. med. Reinhard Rüchel des Mikrobiologischen Instituts der Universitätsklinik Göttingen zurück. Bei diesem so genannten Screening bedient man sich der optischen Aufheller (als „Weißmacher" bekannt), die oft Anwendung in Waschmitteln und Bleichverfahren der Papierherstellung finden. Es handelt sich hierbei um Fluoreszenzfarbstoffe bzw. wasserlösliche Diaminostilbene. Die optischen Aufheller wie „Blankophor" und „Calcufluor" machen Pilzstrukturen im Mikroskop im umgebenden Gewebe durch ein deutliches blaues Leuchten sichtbar.

Diese einfache und effektive Methode zur Pilzdetektion wird besonders von Mikrobiologen und Medizinern eingesetzt. Dadurch ist eine gezielte Behandlung nach Erkennen der vorliegenden Pilzerkrankung des Menschen möglich.

(sbo)

Kaum schwarze Schafe im weißen Kittel

Als wir den Ort nicht auf der Karte fanden, phantasierten wir von einem unentdeckten Fischerdorf. Dann sahen wir die Wahrheit: Der Ort war noch nicht da. Um das Hotel nur Bauland. Am Horizont die Bagger. Das war auf absehbare Zeit meine letzte Pauschalreise. Von wegen pauschal macht alles entspannter.

Die Gesundheitsreform zum Beispiel sieht vor, ab 2009 ein pauschales Abrechnungssystem für Arztpraxen einzuführen. Für jeden Schnupfen und jede Fettleber gibt es dann das gleiche Honorar. Egal, auf welche Weise der Arzt sie behandelt – wer die kränkeren Patienten hat, kriegt mehr Geld. Böse Zungen behaupten, das wecke kriminelle Energien. Hat der Doktor die Halsschmerzen, die den Patienten zu Weihnachten plagten, im Juli immer noch im Computer stehen, dann klingelt die Kasse non stop.

Christoph Trautner vom Fachbereich Gesundheitswesen an der Fachhochschule Braunschweig/Wolfenbüttel gibt Entwarnung: In seiner Studie hat er die Abrechnungsdaten aller Arztpraxen in Niedersachsen ausgewertet. Nur rund fünf Prozent der akuten Diagnosen wurden über mehr als zwei Quartale mitgeschleppt. 24 schwarze Schafe haben zusammen 20 Prozent der Dauerschnupfen-Diagnosen auf dem Kerbholz.

Halten wir ihnen mal Schludrigkeit zu Gute. Doch die breite Mehrheit beschreibt, was ist. Was sie von einem gewissen Schnäppchenreise-Verkäufer unterscheidet.

95 % der Diagnosen in den Abrechnungsdaten niedersächsischer Ärzte sind aktuell, fand Christoph Trautner von der FH Braunschweig/Wolfenbüttel heraus.

Neun Monate Dauerschnupfen?

„Morbiditätsorientierte Regelleistungsvolumina" heißt das Abrechnungsmodell der Zukunft: Ab 2009 sollen Ärzte nicht mehr einzelne Leistungen mit den Kassen abrechnen, sondern nach Pauschalen für die Krankheiten bezahlt werden, die sie diagnostizieren. „Wer die kränkeren Patienten hat, bekommt mehr Geld", bringt es Christoph Trautner, Mediziner am Fachbereich Gesundheitswesen der Fachhochschule (FH) Braunschweig/Wolfenbüttel, auf den Punkt. Oft ist gegen dieses System eingewandt worden, dass die Diagnosen der Ärzte nicht verlässlich seien. Mit ihrer Praxissoftware, so der Vorwurf, würden die Ärzte Diagnosen fortschreiben, die längst nicht mehr vorhanden seien. Trautner hat diesen Vorwurf mit seiner Studie im Auftrag der Kassenärztlichen Bundesvereinigung widerlegt. Er wertete die Abrechnungsdaten aller Vertragsärzte in Niedersachsen aus.

Trautners Fazit: Nur rund fünf Prozent der akuten Diagnosen wurden über mehr als zwei Quartale mitgeführt – sei es aus Schlamperei oder um unberechtigterweise zu kassieren. Die große Mehrheit der Ärzte aber gab keinen Anlass zum Misstrauen.

(abe)

Auf zwei Füßen steht sich's besser

Die Maya zogen sich Dornen durch die Zunge, um ihre Götter zu beeindrucken. Ein Indianer kennt keinen Schmerz. Aber wenn es ums Behandeln von Wunden ging, wurde er kreativ: Die Maya setzten Fliegenmaden ein, die das abgestorbene Gewebe verspeisen und die in der Wunde wimmelnden Bakterien gleich mit verdauen. Im vorigen Jahrhundert betrachtete man solche Methoden mit mildem Lächeln, hatte aber auch nicht immer bessere Ideen.

So wies Christoph Trautner, Mediziner im Fachbereich Gesundheitswesen an der FH Braunschweig/Wolfenbüttel, nach, dass in den neunziger Jahren in Leverkusen nicht weniger Füße von Diabetikern amputiert wurden als in den Jahrzehnten zuvor. Die Leverkusener nahmen sich diese Schlappe zu Herzen. Hausärzte und Pflegepersonal wurden geschult, die Füße von Diabetikern nach Wunden abzusuchen.

Chirurgen lernten, dass man auch anderes tun kann, als gleich zur Säge zu greifen. Und die alte Madentherapie kam wieder zu Ehren. In seiner Nachfolge-Studie, die demnächst publiziert wird, kann Trautner melden, dass sich in den letzten 15 Jahren die Amputationsrate um rechnerisch geschätzte 37 Prozent verringert hat. Dank einer neuen Fußambulanz, zweier diabetologischer Schwerpunktpraxen – und ein bisschen auch dank der Fliege Lucilia sericata und ihrer Maden.

281 von 100 000 Diabetikern wurde im Jahr 2004 ein Fuß amputiert. 1990 waren es noch 549 Betroffene.

Poissons Schwäche fürs Ungewöhnliche

Carl Friedrich Gauß machte mit seiner Normalverteilung anschaulich, dass sich die durchschnittliche Ausprägung eines Merkmals am häufigsten findet, während Extreme ungewöhnlich sind. Sein französischer Kollege Siméon-Denis Poisson kümmerte sich dagegen um die seltenen Fälle. Die Poissonsche Verteilung ist ideal, um Trends aufzuzeigen. Um zu ermitteln, wie sich die Rate der Fußamputationen bei Diabetikern in den letzten fünfzehn Jahren entwickelt hat, bedarf es einer ganzen Reihe statistischer Operationen auf der Grundlage des Poisson-Modells. Die absolute Zahl der Amputationen wird in Beziehung gesetzt zur schwankenden Bevölkerungszahl und dem gestiegenen Durchschnittsalter. Außerdem muss noch einbezogen werden, wie häufig Diabetes in der jeweiligen Altersgruppe auftritt. Da in der DDR alle Diabetiker registriert wurden, kann man diese Daten dafür als Grundlage nehmen. Christoph Trautner, Mediziner am Fachbereich Gesundheitswesen der Fachhochschule (FH) Braunschweig/Wolfenbüttel, hat auf diese Weise herausgefunden, dass sich in den letzten 15 Jahren die Amputationsrate in der Beispielstadt Leverkusen um geschätzte 37 Prozent verringert hat. Ein positives Ergebnis, zumal die Vorgängerstudie von 2001 ergeben hat, dass sich in den 90er Jahren so gut wie nichts verändert hatte.

Beim Diabetischen Fußsyndrom, oft eine Folge der Alterszuckerkrankheit, können sich kleine Verletzungen zu Hautgeschwüren auswachsen und schließlich eine Blutvergiftung verursachen. Dann wird die Amputation von Fuß oder Bein als letzter Ausweg gesehen.

(abe)

Von Spinnen!

Also, meinem Sohn darf ich das auf keinen Fall erzählen. Und ich selber hoffe auch, dass es nur eine düstere Legende ist. Und sollte es doch die bittere Wahrheit sein, bete ich darum, dass ich wenigstens immer mit geschlossenem Mund schlafe! Verschluckt der Mensch im Schlaf Spinnen? Krabbeln die etwa in die für sie angenehm feuchte Höhle?

Allein das wäre ein Fall für Endoskopie. Eine Magenspiegelung, bei der man dann sehen kann, wie sich die Spinnen in ihrem neuen Zuhause eingerichtet haben. Interessiert meinen Sohn sicher brennend (solange es um meinen Magen geht). Besonders kompetent kann in dieser Frage übrigens Max Reinshagen Auskunft geben.

Das elektronische Färbeverfahren, das im Klinikum in Braunschweig beim Endoskopieren von Speiseröhre, Magen und Dickdarm zur Verfügung steht, erleichtert die Diagnostik und Lokalisation von Frühformen von Krebs in der Schleimhaut im Verdauungstrakt.

Die Gastroenterologen der Medizinischen Klinik I des Klinikums können durch dieses neue Verfahren nun viel schneller und gezielter Gewebeproben entnehmen. Damit lassen sich sehr frühe Formen von Krebserkrankungen erkennen und zum Teil auch gleich endoskopisch beseitigen.

Über Spinnen im Verdauungstrakt lacht Reinshagen nur, gibt aber den Hinweis, im sauren Milieu des Magens könnten die Tiere nur wenige Sekunden überleben. Wie beruhigend!

Live und in Farbe – eine moderne Magenspiegelung bringt durch Farbe auf Knopfdruck ein differenziertes Bild vom Innenleben des Verdauungstraktes.

Magenspiegelung – jetzt auch in Farbe

Beim Endoskopieren der Speiseröhre, des Magens und des Dickdarms hat der Arzt neben dem gewohnten endoskopischen Bild der Schleimhaut nun auch auf Knopfdruck ein „elektronisches“ Färbeverfahren zur Verfügung.

Dieses Bild, welches durch die Software „Narrow Band Imaging –NBI“ erzeugt wird, erleichtert die Diagnostik und Lokalisation von Frühformen von Krebs in der Schleimhaut des Verdauungstraktes.

Die Gastroenterologen der Medizinischen Klinik I des Städtischen Klinikums Braunschweig (SKB) können durch dieses neue Verfahren viel schneller und gezielter Gewebeproben entnehmen und sehr frühe Formen von Krebserkrankungen erkennen und zum Teil auch gleich endoskopisch beseitigen. Das Braunschweiger Klinikum gehört zu den ersten Einsatzorten für das in Japan entwickelte Verfahren.

(ehl)

Tumortypen I bis IV

Grüner Tee enthält Polyphenole und schützt vor Magenkrebs – das habe ich lange geglaubt, bis ich von einer Studie hörte, die besagt, dass gerade in Japan, wo besonders viel grüner Tee getrunken wird, Magentumore wesentlich häufiger sind als in Europa.

Über Japan als dem Land mit der höchsten Magenkrebsrate wurde er weltberühmt: der gebürtige Braunschweiger Robert Borrmann, der zu Beginn des 20. Jahrhunderts vier Magentumortypen nach Größe und Aussehen klassifizierte.

1901 veröffentlichte der Arzt seine Habilitationsschrift über „Das Wachstum und die Verbreitungswege des Magenkarzinoms“. Seine Untersuchung fand als so genannte Borrmann-Klassifikation Eingang in die Fachliteratur; auch das Magenkrebsbuch der Weltgesundheitsorganisation (WHO) unterscheidet noch heute die Borrmannschen Magentumortypen I bis IV.

Borrmann wurde 1870 in Braunschweig geboren, studierte in Göttingen und kam im Anschluss wieder in seine Heimatstadt. Von 1905 bis 1909 war er zunächst Chefarzt, später Professor für Pathologie am Herzoglichen Krankenhaus Braunschweig (heute Städtisches Klinikum, Standort Celler Straße), bevor er als Chefarzt nach Bremen ging. Borrmann starb 1943 an einer Lungenentzündung. In Borrmannscher Tradition werden von Konrad Donhuijsen und seinem Team im Institut für Pathologie des Städtischen Klinikum in Braunschweig Magenkarzinome untersucht.

Grüner Tee enthält übrigens auch Vitamin C und Calcium.

Vier bösartige Magentumor-Typen hat der Braunschweiger Arzt Robert Borrmann (1870-1943) klassifiziert. Heute sind sie weltweit bekannt.

Klassifikation nach Borrmann

Über Japan als dem Land mit der höchsten Magenkrebsrate wurde er weltberühmt: der gebürtige Braunschweiger Robert Borrmann, der zu Beginn des 20. Jahrhunderts vier Magentumortypen nach Größe und Aussehen klassifizierte. 1901 veröffentlichte der Arzt seine Habilitationsschrift über „Das Wachstum und die Verbreitungswege des Magenkarzinoms“. Seine Untersuchungsergebnisse fanden als so genannte Borrmann-Klassifikation Eingang in die Fachliteratur; auch das Magenkrebsbuch der Weltgesundheitsorganisation (Tumours of the Digestive System – WHO 2000, Seite 42) unterscheidet noch heute die Borrmannschen Magentumortypen I bis IV. Borrmann wurde 1870 in Braunschweig geboren, studierte in Göttingen und kam im Anschluss wieder in seine Heimatstadt. Von 1905 bis 1909 war er Chefarzt und später auch Professor für Pathologie am Herzoglichen Krankenhaus Braunschweig (heute Städtisches Klinikum Braunschweig, Standort Celler Straße), bevor er als Chefarzt nach Bremen ging. Borrmann starb 1943 an einer Lungenentzündung. In Borrmannscher Tradition werden Magenkarzinome im Institut für Pathologie des Städtischen Klinikum (Chefarzt Prof. Konrad Donhuijsen) mikroskopisch und molekularpathologisch untersucht.

(ehl)

Unbekanntes Schicksal?

Diese Zeilen schreibe ich mal für eine Physikstudentin am Scheideweg. Liebe Absolventin, hast du dein hervorragendes Diplom sicher in der Tasche und entscheidest gerade über zukünftige Lebenswege? Der Physiknobelpreisträger Wolfgang Ketterle gibt folgenden Tipp für eine erfolgreiche Forscherkarriere: „Wenn man an einem Scheideweg steht, sollte man im Zweifel das Unbekanntere wählen – dabei lernt man mehr". Und tatsächlich kann er auch etwas Konkretes anbieten. Auf seiner Homepage auf den Seiten des Massachusetts Institute of Technology entdeckt man folgenden Hinweis: „Postdocs wanted: Every year we hire a new postdoc for one of our labs. Send your inquiry directly to Wolfgang Ketterle." – Habe ich jetzt Schicksal gespielt?

Wenn ja, dann bitte unbedingt bei Bruno Kopp im Klinikum melden, der sich mit der Frage beschäftigt, wie das menschliche Gehirn Entscheidungen trifft. In der Forschungsgesellschaft für Kognitive Neurologie, einem gemeinsamen Institut der Neurologischen Klinik des Klinikums Braunschweig und der Technischen Universität Braunschweig, arbeiten Neurologen und Psychologen mit direkten Messungen der Hirnaktivität. Bislang konzentriert sich das Braunschweiger Team auf einfache Entscheidungsabläufe und analysiert die beteiligten Hirnregionen und ihre Rolle im Entscheidungsprozess.

Die Studien zeigen, dass bestimmte Abschnitte des vorderen Gehirns entscheiden, welche Informationen weiterverarbeitet werden, bis schließlich passende Handlungen eingeleitet werden. Auf die großen Entscheidungen lässt sich das sicher übertragen. Vielleicht wird hier gerade eine spektakuläre Wissenschaftlerkarriere angestoßen.

Entscheiden Sie sich! Und wie haben Sie das gemacht? Gute Gründe – gute Entscheidungen. Die Abläufe im Denkorgan untersucht die Forschungsgesellschaft für Kognitive Neurologie.

Wie das Gehirn Entscheidungen trifft

In jeder Sekunde muss das menschliche Gehirn unzählige Informationen verarbeiten und – mitunter lebenswichtige – Entscheidungen treffen, erklärt Bruno Kopp vom Städtischen Klinikum Braunschweig (SKB). Um Entscheidungen zu treffen, Erlebtes zu bewerten oder sich auf Kommendes vorzubreiten – das Gehirn setzt auf sein Erfahrungswissen! Wie es das macht, das wird auch von der Forschungsgesellschaft für Kognitive Neurologie, einem gemeinsamen Institut der Neurologischen Klinik des SKB und der Technischen Universität (TU) Braunschweig, bearbeitet. Das interdisziplinäre Team aus Neurologen und Psychologen gewinnt dabei seine Erkenntnisse durch direkte Messungen der Hirnaktivität, vor allem durch die Anwendung der Elektroenzephalographie (EEG). Dabei konzentrieren sich die Braunschweiger bislang auf einfache Entscheidungsabläufe – etwa das Erkennen farbiger Umrisse – und analysieren millisekundengenau die beteiligten Hirnregionen und ihre Rolle im Entscheidungsprozess. Die Studien zeigen, dass bestimmte Abschnitte des vorderen Gehirns entscheiden, welche Informationen weiterverarbeitet werden, bis passende Handlungen eingeleitet werden.

(ehl)

Einmal frisches Blut, bitte!

Wer Blut verliert, wird schlapper und schlapper. Also dachte der antike Superheld Odysseus im Umkehrschluss: Wer tot ist, braucht nichts dringender als frisches Blut. Tatsächlich: Kaum hatte er eine Grube mit Schafsblut gefüllt, drängten sich die Schatten aus dem Totenreich wie beim Schlussverkauf. Um das Blut ranken sich zahllose solcher Mythen.

Kein Mythos ist, dass bei der Transfusion fremden Blutes bei Operationen das Risiko einer Infektion steigt. Außerdem sei es billiger, dem Patienten vorsorglich vor der Operation eigenes Blut abzuzapfen und später wieder zu verabreichen, hatten Mediziner bisher angenommen.

Diesen Mythos haben Kristian Gäbler, Martin Leben und Heidi Hofmann, Studierende im Fachbereich Gesundheitswesen der FH Braunschweig/ Wolfenbüttel, jetzt entkräftet. In einem Krankenhaus stellten sie fest, dass nur 32 Prozent der Eigenblutspenden tatsächlich verwendet werden. Der Rest wird entsorgt. Diesen Kostenfaktor hatte man bisher übersehen. Das heißt nicht, dass sich die angehenden Betriebswirte mit drohend erhobenem Rotstift vor jede Kanüle stellen. „Letztlich entscheiden die Ärzte, was medizinisch sinnvoll ist", sagt Kristian Gäbler. Er rät den Krankenhäusern nur, mal kritisch auf die Quote der tatsächlich verwendeten Eigenblutspenden zu schauen.

Aber schon Odysseus hat sich wenig Gedanken darüber gemacht, wie viele Schafe dabei draufgingen, seine alten Kumpel aus dem Totenreich zu locken.

Eigenblutspenden kommen das Krankenhaus teurer zu stehen, als wenn dem Patienten bei der Operation fremdes Spenderblut verabreicht wird.

Weggeworfenes Blut treibt Kosten hoch

Wenn absehbar ist, dass bei einer Operation eine Bluttransfusion nötig werden könnte, zapfen Ärzte oft vorsorglich dem Patienten sein eigenes Blut ab. Nötigenfalls wird es ihm während der Operation dann wieder eingeflößt, statt auf Spenderblut von einer anderen Person zurückzugreifen. Unumstritten ist das geringere Infektionsrisiko bei dieser Methode. Die verbreitete Annahme allerdings, dass Eigenblutspenden auch billiger seien, konnten Kristian Gäbler, Martin Leben und Heidi Hofmann, Studierende im Fachbereich Gesundheitswesen der Fachhochschule (FH) Braunschweig/Wolfenbüttel bei Professor Christoph Trautner, am Beispiel eines Krankenhauses widerlegen. Hier wurden nur 32 Prozent der Eigenblutspenden tatsächlich verwendet. Die übrigen Blutkonserven sind anderwertig nicht verwendbar und müssen entsorgt werden. Dieser Faktor fehlte in bisherigen Rechnungen. Außerdem entstehen für Fremdblut keine eigenen Fixkosten, denn Blutkonserven muss das Krankenhaus in jedem Fall bereithalten.

Gäblers Empfehlung ist, genauer zu schauen, wie wahrscheinlich eine Bluttransfusion bei einer jeweiligen Operation wirklich sein wird. Die Quote der tatsächlich verwendeten Eigenblutspenden kann in einem anderen Haus zudem deutlich von den 32 Prozent abweichen. Und schließlich haben die Studierenden in dem untersuchten Haus auch „nur" eine Einspar-Möglichkeit von 7569 Euro im Jahr festgestellt, wenn man auf Eigenblutspenden verzichtet. „Bei Millionenetats dürfte das nicht so sehr ins Gewicht fallen", meint Gäbler.

(abe)

Vom Mittellandkanal an die Seidenstraße

Vom lebenslangen Lernen hielt er nicht viel. „Mit 16 beherrschte ich alle Wissenschaften“, schrieb die persische Arzt-Legende Ibn Sina ohne falsche Bescheidenheit. „Später habe ich sie nur vertieft.“ Ibn Sina, der der mittelalterlichen Medizin zum Aufschwung verhalf wie kein anderer, kam aus dem heutigen Usbekistan.

Tausend Jahre später ist der Glanz der usbekischen Medizin rostig geworden: „Der technische Stand der meisten Kliniken, die ich gesehen habe, entspricht dem der DDR in den sechziger Jahren“, sagt Konstanze Haenel, Medizinerin an der Fachhochschule Braunschweig/Wolfenbüttel. Der Staat finanziert das Gesundheitssystem allein, macht dafür aber gerade mal fünf Prozent des Bruttosozialproduktes locker – in Deutschland ist der Anteil mehr als doppelt so hoch.

Usbekische Gesundheitsökonomen müssen vor allem eins können: mit wenig Geld das erreichen, wofür Kollegen in Europa vergleichsweise üppige Budgets einplanen können. Ein Fall für die Absolventen des Studiengangs „Gesundheitsmanagement und Public Health“, den Haenel zusammen mit Kollegen aus Osnabrück, Barcelona und Taschkent in der usbekischen Hauptstadt aufgebaut hat. Hier studieren Mediziner, die nach ihrem Master-Abschluss in Leitungspositionen etwa im Gesundheitsministerium einsteigen wollen.

Von solchem Engagement hätte sich vielleicht sogar Weiterbildungsmuffel Ibn Sina noch eine Scheibe abschneiden können.

Gerade mal fünf Prozent des Bruttosozialproduktes investiert Usbekistan ins Gesundheitswesen. Die Gesundheitsmanager, deren Ausbildung Konstanze Haenel von der FH Braunschweig/Wolfenbüttel in Taschkent initiiert hat, müssen knapp kalkulieren können.

Krankenversicherung und Vorsorge für alle

Das Wüstenklima fördert gefährliche Infektionen. Auf dem Land hat man Glück, wenn man fließendes Wasser vorfindet. Und vor allem fehlt es an den grundlegenden Strukturen im usbekischen Gesundheitssystem: Es gibt keine Krankenversicherung, keine flächendeckende Versorgung auf dem Land, kein System von Vorsorge-Untersuchungen. Die Absolventen des Studiengangs „Gesundheitsmanagement und Public Health“ in der usbekischen Hauptstadt Taschkent sollen das ändern. Konstanze Haenel, Medizinerin an der Fachhochschule (FH) Braunschweig/Wolfenbüttel, hat den Aufbau-Studiengang für ausgebildete Mediziner und Krankenschwestern gemeinsam mit Partnern von der Fachhochschule Osnabrück und dem Instituto de Estudios Superiores in Barcelona ins Leben gerufen. Dabei wurden Inhalte aus dem Wolfsburger Studiengang „Management im Gesundheitswesen“ den lokalen Bedürfnissen angepasst. Denn die Gesundheitsökonomen sollen die medizinische Versorgung irgendwann auf den westlichen Standard bringen, mit wesentlich bescheideneren finanziellen Möglichkeiten.

(abe)

Das Gute-Laune-Kraut

Gegen ein bisschen schlechte Laune, munkelt man, helfe ein ausführlicher Schuhkauf beziehungsweise ein mindestens ebenso ausführlicher Kneipenabend. Und extreme Miesepetrigkeit könne man prima beim Sport loswerden. Sollte sich die Schwermut indes zu einer behandlungsbedürftigen Krankheit mausern, ist es gut zu wissen, dass dagegen ein Kraut gewachsen ist: das Johanniskraut.

Forscher der Technischen Universität Braunschweig haben sich dieses Krautes angenommen und untersuchen, wie die Wirkstoffproduktion in der Pflanze im Detail funktioniert. Denn das Johanniskraut wirkt nicht nur bei leichten bis mittelschweren Depressionen, sondern hat zudem antibiotische Eigenschaften und kann sogar das Wachstum von Krebszellen bremsen. Die Wissenschaftler versuchen unter anderem, gezielt in den Stoffwechsel der Pflanze einzugreifen, um so die Wirkstoffproduktion noch zu verbessern.

Übrigens: Im Kampf gegen eine Schlechte-Laune-Attacke taugt Johanniskraut eher weniger, denn man muss es über mehrere Wochen einnehmen, bevor eine Wirkung eintritt. Einen sofort spürbaren therapeutischen Effekt bieten wohl nur die oben genannten, in der Regel kostenintensiveren Maßnahmen. Doch wirken diese schließlich nicht nur persönlichem Verdruss, sondern auch einer wirtschaftlichen Depression entgegen.

Gegen Depression ist ein Kraut gewachsen. Wie Johanniskraut den Gute-Laune-Wirkstoff „Hyperforin" produziert, erforschen Wissenschaftler der TU Braunschweig.

Natürliches Antidepressivum

Eine der häufigsten Krankheiten in Deutschland ist rein seelischer Natur: Unter einer Depression leiden mehr als vier Millionen Bundesbürger, jeder Zehnte erlebt mindestens einmal eine depressive Episode. Die Verluste der deutschen Wirtschaft durch depressionsbedingte Arbeitsausfälle sind milliardenschwer. Gut, dass gegen diese Krankheit ein Kraut gewachsen ist – das Johanniskraut. Forscher um Professor Ludger Beerhues vom Institut für Pharmazeutische Biologie an der Technischen Universität (TU) Braunschweig untersuchen den Stoffwechsel der Pflanze. Die Wissenschaftler haben dabei vor allem den Wirkstoff „Hyperforin" im Visier. „Das Molekül ist ein neuartiges Antidepressivum, das nicht chemisch synthetisiert werden kann", sagt Beerhues. Zudem habe es antibiotische Eigenschaften und es könne sogar antitumoral wirken, da es das Wachstum von Krebszellen hemme. Mit ihren Untersuchungen wollen die Wissenschaftler den Stoffwechsel des Johanniskrautes nicht nur detailliert aufklären, sondern auch Methoden entwickeln, um die Wirkstoffproduktion der Pflanze noch verbessern zu können.

(ah)

Forsches und Erforschtes

Auf die richtige Formulierung kommt es an. Wer nach der Frage seines Partners – „Findest du, dass ich zu dick bin“ – die falschen Antworten gibt, setzt sich freiwillig auf ein Pulverfass. Gut gemeinte Äußerungen wie „Die paar Extra-Kilos stehen dir gut“ oder „Ist doch egal, dafür hast du einen tollen Charakter“ können schnell einen Flächenbrand auslösen, der selbst gut funktionierende Ehen mit einem Schlag dahinrafft.

Leichtentzündlich sind auch unüberlegte Antworten wie „Verglichen mit wem?“ und „Ich hab' schon Dickere gesehen“. Explosionsgefahr! Letztlich bleibt nur eine Formulierung, um dem Fegefeuer der Beziehungshölle zu entgehen. Also noch einmal von vorn. „Findest du, dass ich zu dick bin?“ – Und jetzt, ungemein forsch und gespickt mit einer gehörigen Portion Empörung: „Natürlich nicht!“

Auch im Institut für Pharmazeutische Technologie der TU Braunschweig kommt es auf die richtige Formulierung an. Gerade haben die Experten für Arzneimittelformulierung herausgefunden, wie sie die Diagnostik und Therapie geschädigter Hautzellen verbessern können. Bei der Heilung spielt der Faktor Zeit eine entscheidende Rolle – und mit der neuen Formulierung der TU-Forscher ist die Medizin in der Lage, natürliche Aminosäuren zur Behandlung oberflächlicher Hautschäden deutlich schneller und effektiver durch und in die Haut zu leiten.

Arzneimittelformulierung heißt das Spezialgebiet des Instituts für Pharmazeutische Technologie der TU Braunschweig. Jüngster Erfolg: Die Wissenschaftler haben herausgefunden, wie man geschädigte Hautzellen effektiver behandeln kann.

Besonders wirksamer Lichtschutz

Das Institut für Pharmazeutische Technologie der Technischen Universität (TU) Braunschweig und seine Leiterin Professor Christel Müller-Goymann haben sich den Kampf gegen den Hautkrebs auf die Fahne geschrieben, und zu ihren Verbündeten zählen winzige Nanoteilchen. Die Medizin weiß schon länger, dass Crémes mit klitzekleinen Titandioxidpartikeln vor dem UV-Licht der Sonne schützen. Neu aber ist die Erkenntnis der TU, dass Titandioxid samt Wachsteilchen „den Lichtschutz ganz besonders wirksam machen“, sagt Müller-Goymann.

Mit dieser schlagkräftigen Kombination haben die Professorin und ihr Team, Experten für Arzneimittelformulierung, den Lichtschutzfaktor von 10 auf 50 erhöht. Unter dem Mikroskop fanden die Braunschweiger heraus, dass Wachs-Nanoteilchen das Titandioxid aufnehmen und zusammen als physikalischer Schutz wirken: Statt in die Haut einzudringen, bleiben sie auf ihr liegen; bereits hier wird das Sonnenlicht abgefangen und gestreut.

(boy)

Kohlendioxid goes Underground

Kohlendioxid sorgt nicht nur für warme Luft, sondern wirkt auch unter der Erde. Wissenschaftler der FAL ergründen die Wirkung des steigenden Kohlenstoffangebotes auf die Ökosysteme der Landwirtschaft.

Diese Underground-Geschichte beginnt überirdisch, mit Fabrikschornsteinen, Blechlawinen, mit dünnwandigen Häusern und dickbäuchigen Flugzeugen. Der Hauptdarsteller: Kohlen di Oxid. Eigentlich ein „Guter", denn er löscht Feuerbrünste, macht Brause schön blubberig und kann bei manchen chemischen Synthesen sogar giftige Lösemittel ersetzen. Er hält die Sonnenwärme auf Erden und hat so jahrhundertelang für erträgliche Temperaturen gesorgt.

Doch schließlich wird aus dem guten Gas doch noch ein „bad guy". Schuld sind die Menschen, die das wärmende Gas gleich tausendtonnenweise in die Luft jagen. Die Folgen: Temperaturanstieg und düstere Prognosen für das Weltklima. Die steigenden Kohlendioxidmengen sollen sich sogar unterirdisch bemerkbar machen, denn Pflanzen bauen den Kohlenstoffanteil des Gases in ihre Blätter, Stängel und Wurzeln ein und geben ihn so an den Boden weiter.

Wissenschaftler der Bundesforschungsanstalt für Landwirtschaft in Braunschweig untersuchen zurzeit, wie sich das zusätzliche Kohlenstoffangebot auf den Boden und die dort lebenden Würmer, Krabbeltiere, Bakterien und Pilze auswirkt. Erste Ergebnisse ihrer Underground-Untersuchungen liegen bereits vor, an detaillierten Prognosen arbeiten sie gerade.

Mit einer Reloaded-Version von „Kohlendioxid goes Underground" darf also fest gerechnet werden.

Auswirkungen von Kohlenstoff

Zunehmende Kohlendioxidkonzentrationen in der Luft haben nicht nur Temperaturanstieg und Klimawandel zur Folge, sondern wirken als zusätzliche Kohlenstoffquelle auch auf Pflanzen und sogar unter der Erde: auf Bodenqualität, Bodentiere und Mikroorganismen. Welche Wege der Kohlenstoff nimmt und wie sich das auf die Ökosysteme der Landwirtschaft in den nächsten Jahrzehnten auswirken wird, untersuchen Wissenschaftler am Institut für Agrarökologie der Bundesforschungsanstalt für Landwirtschaft (FAL) in Braunschweig. Dazu begasen sie in Freilandversuchen ausgewählte Ackerbereiche gezielt mit Kohlendioxid. Den Kohlenstoffanteil des Gases haben sie dabei so manipuliert, dass sie ihn noch in der letzten Ackerkrume und dem winzigsten Tierchen dingfest machen können. Sie mischen dazu Luft mit Kohlendioxid, das eine besondere Sorte Kohlenstoff enthält: so genannte Kohlenstoffisotope, die einen leichteren Atomkern haben als der überwiegende Teil des natürlich vorkommenden Kohlenstoffs. Anders als Uranisotope beispielsweise sind diese Kohlenstoffisotope jedoch äußerst stabil und strahlen nicht radioaktiv. Finden die Forscher nun besonders große Mengen des leichten Kohlenstoffs in Bodenproben oder Lebewesen, wissen sie, dass er aus dem zudosierten Kohlendioxid stammen muss. Und tatsächlich lässt sich auf diese Weise der Weg des Kohlenstoffs aus der Luft über die Pflanzen in den Boden und die dort lebenden Organismen nachweisen.

(ah)

Power aus dem Teich

Pack den Biomüll in den Tank. Aus der Zukunft hat der durchgeknallte Doc Brown einen Antrieb für seine Zeitmaschine mitgebracht, der Müll in Energie umwandelt. Da hatte der 80er-Jahre-Kultfilm „Zurück in die Zukunft“ schon den richtigen Riecher für kommende technische Errungenschaften.

An der Fachhochschule Braunschweig/Wolfenbüttel arbeitet der Biologe Ulrich Zaiß daran, aus Biomasse Wasserstoff herzustellen. Das übernehmen Bakterien, die sich aus hiesigen Seen und Teichen fischen lassen. Sie spalten Wasserstoff von den Nährstoffen ab, an denen sie sich gütlich tun. Während sich die Bakterien zwischen Schlämmen und Abfällen im Schlaraffenland glauben, produzieren sie saubere Energie. Der freigesetzte Wasserstoff lässt sich speichern, in Brennstoffzellen in Strom und Wärme verwandeln oder als Treibstoff nutzen – leise und emissionsarm.

In Zukunft könnte jeder einen solchen Bio-Reaktor im Garten betreiben, stellt sich Zaiß vor. Der Sonnenschein in norddeutschen Breiten genügt, um den Bakterien die nötige Energie zu liefern. Doch erstmal müssen die herkömmlichen Vergärungsanlagen, die Biomasse in Methangas umwandeln, in puncto Effektivität überholt werden.

Doc Brown hat da keinen Tipp parat. Seine Energiemaschine war in Wirklichkeit nur eine für den Film umfunktionierte Designer-Kaffeemühle.

Tageslicht genügt als Energiequelle für den an der FH Braunschweig-Wolfenbüttel entwickelten Bio-Reaktor.

Jedem sein eigenes Kraftwerk

Der Arbeitstag der Bakterien ist länger als der menschliche: Sie nutzen das Infrarotlicht, das bereits vor der Dämmerung vorhanden ist, als Energiequelle. Der Bio-Reaktor, den der Biologe Ulrich Zaiß an der Fachhochschule (FH) Braunschweig/Wolfenbüttel entwickelt hat, kann daher mit dem in norddeutschen Breiten üblichen Tageslicht betrieben werden. In zwei Schritten produzieren die Bakterien Wasserstoff aus Abfällen und Schlämmen: Gärbakterien zersetzen die Biomasse zu Säuren und Alkoholen. Diese werden von den Rhodospirillen mit Hilfe der Lichtenergie in Wasserstoff umgesetzt. Die Bakterien verleiben sich dabei ein, was als Nährstoff für sie verwertbar ist. Den Wasserstoff spalten sie von diesen Stoffen ab. „Wasserstoff wird der Energieträger der Zukunft sein“, ist Zaiß überzeugt. Wasserstoff lässt sich speichern, in Brennstoffzellen auf umweltfreundliche Weise in Strom und Wärme umwandeln oder als Treibstoff verwenden.

An mehreren Orten auf der Welt wird derzeit an der neuen Technologie geforscht. Zaiß kann sich vorstellen, dass in Zukunft jeder seinen kleinen Bio-Reaktor im Garten betreiben kann. Der Wasserstoff, der in der Nährbrühe entsteht, lässt sich in Kombination mit Sonnenwärme gleich auch zum Heizen verwenden.

(abe)

Wer frisst Trockenschlempe?

Trockenschlempe und Rapsextraktionsschrot – auf wessen Speisezettel könnte das stehen? Schweine, sagen Sie, denn Schweine fressen alles! Richtig! Schweine fressen in diesem Fall sogar Nebenprodukte der Biokraftstoffgewinnung aus Raps...

Und dass das nicht die schlechteste Art ist, sein Schwein zu ernähren, hat an der Bundesforschungsanstalt für Landwirtschaft Andreas Berk herausgefunden. Hundert Schweine hat er zu diesem Zweck in Gruppen aufgeteilt und mit unterschiedlichem Futter versorgt. Das Ergebnis: Die Tiere kommen bestens klar mit der neuen Ernährung.

Auch Rapskuchen, der als gepresster pflanzlicher Rest bei direkter Kraftstoffgewinnung aus Rapsöl übrig bleibt, wurde nicht verschmäht. Eine Gruppe durfte sich nach Belieben an ihm gütlich tun und liess sich nicht lange nötigen.

Und wenn Sie jetzt sagen: „Nun wissen wir, wer die Nebenprodukte frisst... Was jetzt interessiert: Wo sind die Autos, in die wir das eigentliche Produkt einfüllen können, und wo die dazugehörigen Tankstellen?“, dann teile ich mein nagelneu erworbenes Wissen gerne mit Ihnen: Der Dieselkraftstoff, den Sie an der Tankstelle tanken, enthält bereits gesetzlich vorgeschriebene 5 % Biodieselbeimischung.

© M. WELLING

Kraftstoffgewinnung – Bei der Produktion von Biodiesel aus Raps fällt reichlich pflanzliche Masse an... Können wir das nicht den Schweinen geben? Wie früher den Küchenabfall? Diese Frage wurde in der FAL untersucht.

Tiermast mit Nebenprodukten

Neue Zeiten, neue Forschungsfelder! In der Bundesforschungsanstalt für Landwirtschaft (FAL) sucht man zur Zeit nach einer Antwort auf eine sehr moderne Frage: Lassen sich die pflanzlichen Rückstände bei der Gewinnung von Biokraftstoff (bekannt als Biodiesel) in der Tiermast einsetzen? Rapsextraktionsschrot, Trockenschlempe ProtiGrain® und Rapskuchen heißen die Nebenprodukte, die bei der Kraftstoffgewinnung aus Raps entstehen. Andreas Berk, der in einem Versuch hundert Schweine in Gruppen aufgeteilt hat und die verschiedenen Nebenprodukte aus der Herstellung von Biokraftstoffen an die Tiere verfüttert hat, kann das ganz ausdrücklich bejahen. „Als Proteinquelle lassen sich solche Futtermischungen sehr gut verwenden“, erläutert Berk, „die Schweine nehmen gut zu. Es kann also auch bei einem sehr hohem Leistungsniveau der Tiere problemlos als Mastfutter eingesetzt werden.“ Und ist damit eine kostengünstige Alternative zu herkömmlichen Tierfuttermischungen.

(ehl)

Zucker vergolden

Gegen Gold lässt sich eigentlich nicht viel sagen. Gut, Gelbtöne stehen nicht jedem, und größere Dinge aus Gold sind verdammt schwer. Ein Köfferchen voll etwa bringt rund eine Tonne auf die Waage. Doch für viele Dinge ist Gold zweifelsfrei das Material der Wahl: für edles Geschmeide natürlich, für Münzen, Medaillen oder Zahnfüllungen.

Und Gold kann sogar mit inneren Werten glänzen. Die allerdings wurden von Generationen von Chemikern völlig verkannt. Goldatome seien bloß ein total träger Haufen, lautete das fiese Vorurteil. Doch dann entdeckte Bond, Geoffrey Bond, vor rund 30 Jahren als einer der ersten, dass winzige Gold-Krümel die Lizenz für enorme Umsatzsteigerungen vieler chemischer Synthesen haben.

Und heute verwandeln Forscher der Bundesforschungsanstalt für Landwirtschaft in Braunschweig mit solchen Gold-Katalysatoren sogar gemeinen Zucker in wertvolle Ausgangssubstanzen für Medikamente, Waschmittel oder Kosmetika. Selbst am Preis des edlen Materials gibt es nichts zu meckern, denn andere Katalysatormetalle wie Platin oder Rhodium sind viel teurer.

Gold könnte also schon bald zu einem Bestseller des Chemikalienhandels werden. Der Goldrausch im Chemielabor hat längst begonnen.

Rotes Gold: Das sind nanometerkleine Goldpartikel, mit denen Forscher der FAL in Braunschweig Zucker in wertvolle Industrie-Chemikalien verwandeln.

Süße Biorohstoffe

Erdöl ist ein wichtiger Rohstoff der chemischen Industrie. Doch die Erdölvorräte sind begrenzt und die Preise steigen. Deshalb suchen Chemiker intensiv nach Alternativen. Ein geeigneter, da nachwachsender Rohstoff ist beispielsweise Zucker. Chemisch umgewandelt in die unterschiedlichsten Zuckersäuren ist er für die Herstellung von Waschmitteln, Kosmetika und Medikamenten gleichermaßen geeignet. Forscher um Ulf Prüße haben an der Bundesforschungsanstalt für Landwirtschaft (FAL) in Braunschweig ein Verfahren entwickelt, mit dem wertvolle Zuckersäuren erstmals kostengünstig aus Zucker hergestellt werden können. Als Katalysator fungieren winzige Goldteilchen. Die neuartige Zuckersäure-Synthese sollte 2007 in einer Pilotanlage der Südzucker AG weiter optimiert werden.

(ah)

Margarine im Tank

Mit blonden Frauen und bunten Lettern kämpft die Werbeindustrie seit Jahrzehnten unermüdlich gegen das Billig-Butter-Image von Margarine. Aus dem Rapsöl-Produkt ein Luxusgut zu machen geht aber auch einfacher: viel Auto fahren, immer schön Rapsölmethylester, also Biodiesel, tanken und so Margarine-Rohstoff verheizen. Kein Scherz: Weil Biodiesel zu einem echten Renner und Rapsöl dadurch knapp und teuer geworden ist, steigen auch die Margarine-Preise, im letzten Jahr sogar um 20 Prozent.

Und ein Ende ist nicht abzusehen, denn seit Jahresanfang 2007 muss in Deutschland laut Gesetz selbst stinknormaler Diesel mit knapp fünf Prozent Biosprit verfeinert werden. Das verbessert die Kohlendioxidbilanz und die Schmiereigenschaften des Kraftstoffs. Braunschweiger Wissenschaftler untersuchen an der Bundesforschungsanstalt für Landwirtschaft, wie gut solche Gemische im Verbrennungsmotor funktionieren und was am Ende aus dem Auspuff kommt.

Übrigens: Wer Biodiesel pur tankt, verbraucht auf einer Autofahrt von Braunschweig nach Kiel ungefähr den Ertrag eines 100 Quadratmeter großen Rapsfeldes. Berechnungen, wie viel das in Margarinebroten ist und was die wohl in zehn Jahren kosten werden, stehen noch aus.

2010 soll Diesel in Europa mindestens 5,75 Prozent pflanzlichen Kraftstoff enthalten. Braunschweiger FAL-Forscher untersuchen die Abgaswerte der neuen Dieselgemische.

Trend geht zu Pflanzen-Kraftstoffen

Biodiesel, oder chemisch ausgedrückt: Rapsölmethylester (RME), liegt im Trend: Die Verkaufszahlen haben sich in Deutschland seit der Jahrtausendwende nahezu verzehnfacht. Eine EU-Richtlinie unterstützt den Trend zu mehr Pflanzen-Kraftstoffen. Und so sollen bis 2010 an allen Dieselzapfsäulen in Europa Diesel-Mischungen verkauft werden, die mindestens 5,75 Prozent Biosprit enthalten. Forscher um Professor Axel Munack von der Bundesforschungsanstalt für Landwirtschaft (FAL) in Braunschweig untersuchen an einem Motorprüfstand die Eigenschaften von reinem Biodiesel, verschiedenen biodieselhaltigen Gemischen und konventionellem Diesel, um deren Abgaswerte sowie die Kraftstoffverbrauchsdaten zu vergleichen. So konnten die Wissenschaftler bereits vor einigen Jahren zeigen, dass Rapsdiesel und Rapsdiesel-Gemische, was die gesetzlich limitierten Abgasschadstoffe angeht, nur bei den Stickoxiden schlechter dastehen als der aus fossilen Rohstoffen gewonnene Diesel. Bei allen anderen Schadstoffen konnte das Pflanzenprodukt punkten und die Abgaswerte des konventionellen Diesels deutlich unterbieten.

(ah)

Technik

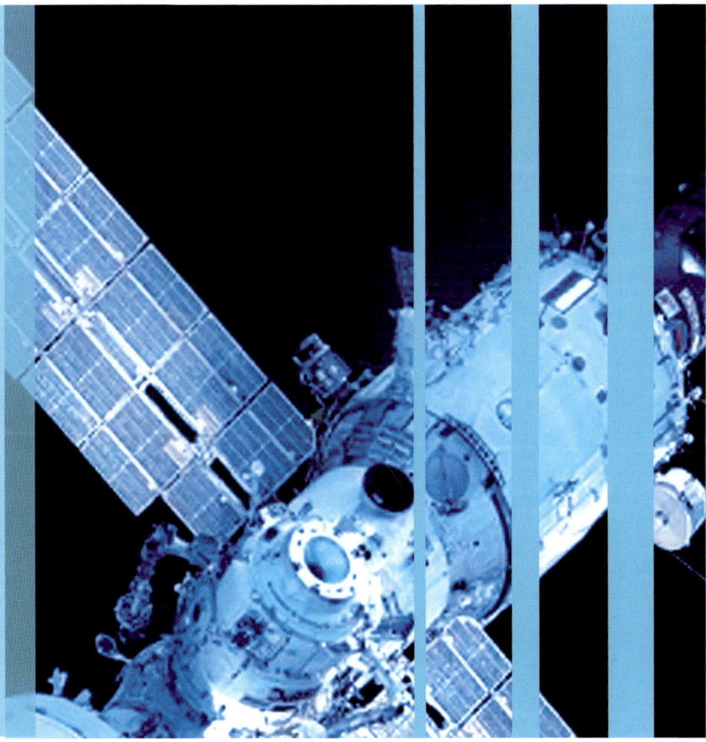

Gewinn-Mitnahmen

Also, ich hätte ja 2007 fast das große Los gezogen! Ich war ganz nah dran. Leider war es dann doch wieder nichts... Aber für 2008 habe ich einen echten Geheimtipp! Nein, nicht an der Börse mal eben fünf Millionen mitnehmen oder etwas sonstwie Unmoralisches. Echte Goldgräberstimmung kann ich Ihnen versprechen!

Haben Sie eigentlich schon mal in Ihrem Vorgarten gegraben? Oder Gesteinsproben aus der Nähe vom Salzgittersee entnommen und analysiert? Schließlich gibt es in Niedersachsen die größten Erdgasvorkommen Deutschlands. Rund ein Fünftel des hiesigen Bedarfs an Erdgas wird in Deutschland selber gefördert. Und der Bedarf steigt, das wissen Sie ja selbst! Also wird stetig nach Erdgas- und Erdölvorkommen gesucht. Und entspechende Felder werden auch weiterhin weltweit gefunden! Die Förderung wird dabei technisch immer noch raffinierter.

Bevor Sie jetzt zum Spaten greifen: Um in der Welt der großen Energiekonzerne wirklich erfolgreich zu sein, brauchen Sie eine spezielle Ausbildung. Und nun kommt die gute Nachricht: Die Technische Universität Clausthal-Zellerfeld sucht Studenten für den kaum bekannten Studiengang „Petroleum Engineering“, in dem Sie sich in den drei Schwerpunkten Lagerstättentechnik, Bohrtechnik/Produktion sowie Gas Supply zum Ingenieur und Global Player ausbilden lassen können.

Sollten Sie technisch interessiert sein und über eine Hochschulzulassung verfügen, kommen Sie schon bald in der Energiewirtschaft ganz groß raus und sind heftig umworben. Denn: „Die Berufsaussichten sind nach wie vor prächtig“, versichert Carsten Fichter von der Uni Clausthal-Zellerfeld und lädt zu einem Besuch im Institut für Erdöl- und Erdgastechnik ein.

Rund ein Fünftel des hiesigen Bedarfs an Erdgas wird in Deutschland und vor allem in Niedersachsen gefördert. An der TU Clausthal-Zellerfeld kann man sich in dem wenig bekannten Studiengang „Petroleum Engineering“ zum Ingenieur in der Energiewirtschaft ausbilden lassen.

Ingenieure für Energiewirtschaft gesucht

Petroleum Engineering heißt ein Studiengang, für den man sich an der Technischen Universität (TU) Clausthal-Zellerfeld einschreiben kann. Dieses Studium qualifiziert dann gewissermaßen zum Global Player. Denn die späteren Arbeitgeber sind Weltkonzerne, die ihre Ingenieure an den weltweiten Fundstätten von Erdgas- und Erdölvorkommen einsetzt.

Diese fossilen Energieträger, von denen zahlreiche Länder wirtschaftlich abhängig sind, machen sich durch kontinuierliche Ausbeutung und stetig steigenden Verbrauch zunehmend rar. Umso wichtiger wird die Suche nach Erdöl- und Erdgasvorkommen. Rund ein Fünftel des Bedarfs an Erdgas wird in Deutschland selber gefördert – zumeist in Norddeutschland. Denn Niedersachsen hat die größten Erdgasvorkommen Deutschlands.

Die TU Clausthal-Zellerfeld wirbt um technisch interessierte Studenten, die sich als angehende Ingenieure mit Fragen rund um das Erdgas befassen wollen. In enger Zusammenarbeit mit der Energieindustrie wird eine Ausbildung garantiert, die umfassend auf einen späteren Arbeitsplatz in der Branche vorbereitet. Ausreichend Arbeitsplätze sind den Absolventen der kleinen Spezialuniversität im Harz dabei sicher, denn in den 70iger und 80iger Jahren wurden nicht ausreichend Fachkräfte eingestellt, um einer gewissen Überalterung in den Unternehmen gegenzusteuern.

(ehl)

Störrischer Stromcocktail

Energieprobleme sind wegen meiner novemberbedingten Schlappheit auch ein ganz persönliches Thema. Aber es geht natürlich um Größeres: um Strom und Wärme und wo sie in 50 Jahren herkommen werden. Fossile Brennstoffe werden schließlich immer teurer und die Klimakapriolen beängstigender.

In Sachen Energieversorgung werde sich deshalb einiges ändern, sagen die Experten. So werden immer mehr Solaranlagen, Blockheizkraftwerke oder Brennstoffzellen unsere Häuser direkt vor Ort mit Strom, Wärme und sogar Kälte versorgen. Das ist besser für die Umwelt, weil weniger Energie auf der Strecke bleibt und mehr regenerative Quellen zum Einsatz kommen.

Allerdings kann der Strom aus den kleinen Anlagen ganz schön kantig sein und schwingt nicht immer so harmonisch sinusförmig wie der Wechselstrom aus den großen Kraftwerken. Gehen nun sehr viele solcher kleinen Anlagen ans Netz, könnten sie die Stromversorgung deshalb spürbar ins Schwanken bringen. Gut, dass Wissenschaftler der Technischen Universitäten Clausthal und Braunschweig gemeinsam mit vielen anderen Forschern aus Niedersachsen Technologien und Strategien entwickeln, um den umweltfreundlichen, aber störrischen Stromcocktail auf Idealform zu trimmen.

Mit diesem beruhigenden Wissen kann sich, wer mag, wieder ganz entspannt einer leichten Novemberdepression hingeben. Oder mit Lichttherapie kontern, die Lampe dann aber bitte mit Ökostrom versorgen.

Der Stromcocktail der Zukunft ist umweltfreundlicher als der von heute, muss aber erst noch netztauglich gemacht werden. Daran arbeiten Forscher der TU Clausthal und TU Braunschweig gemeinsam mit vielen anderen niedersächsischen Energieforschern.

Umweltfreundlich, aber wenig konstant

Eine sichere und möglichst nachhaltige Energieversorgung ist eine der größten Herausforderungen der Zukunft. Um effizient und klimafreundlich Strom zu produzieren, werden immer mehr kleinere Anlagen wie Brennstoffzellen, Photovoltaik-, Windkraftanlagen und Blockheizkraftwerke zum Einsatz kommen. Diese produzieren den Strom vor Ort, was deutlich effektiver ist und die großen Stromübertragungsnetze entlastet. Zudem stammt die Energie häufig aus regenerativen Quellen. Das Problem: Die umweltfreundlicheren kleinen Anlagen liefern keine konstante Stromqualität. Und gehen sehr viele solcher Anlagen ungefiltert ans Netz, könnte es sogar zu spürbaren Spannungsschwankungen kommen. Damit das nicht passiert, entwickeln die Wissenschaftler um Hans-Peter Beck, Professor an der Technischen Universität (TU) Clausthal, im Rahmen des Forschungsverbundes Energie Niedersachsen (FEN) – „Dezentrale Energiesysteme" unter anderem elektronische Filtersysteme, Speichersysteme und Strategien für ein gewieftes Energiemanagement.

(ah)

Folien unter Druck

Am Braunkohl erhitzen sich die Gemüter. Kaum hat die Saison begonnen, folgt die beliebte Kontroverse, ob Braunkohl nun gleich Grünkohl ist oder ob es hier feine Unterschiede gibt. Der Spargel wirft zum Glück weniger Fragen auf, zumindest für den Genießer. Wissenschaftler dagegen zerbrechen sich sehr wohl den Kopf, zum Beispiel, wenn es um den Anbau des „königlichen Gemüses" geht. Spargel wächst häufig unter Folie, die umständlich eingeholt und entsorgt werden muss. Wäre doch einfacher, sie würde sich auf dem Feld zersetzen, also biologisch abbaubar sein.

Auf diesem Gebiet haben die Wissenschaftler des Instituts für Recycling am Standort Wolfsburg der Fachhochschule Braunschweig/Wolfenbüttel bereits geforscht. „Die Folie ist eine Membran, eine dünne Trennschicht, die auf dem Spargelfeld zum Beispiel das Wasser durchlässt, aber die Wärme im Boden hält", erläutert die Chemikerin Kerstin Schmidt. Die Entwicklung von Membranen ist ihr Spezialgebiet.

Im Fachbereich Fahrzeug, Produktions- und Verfahrenstechnik, in dem sie arbeitet, konzentriert man sich vor allem auf Membrane in Brennstoffzellen. Mit Biokunststoffen kommt man dort aber (noch) nicht weit. „Die Membranen sind Temperaturen bis zu 160 Grad Celsius und einem Druck bis zu drei Bar ausgesetzt", erklärt die Chemikerin. „Deshalb verwenden wir Hochleistungskunststoffe, wie sie auch in der Raumfahrt zum Einsatz kommen."

Die Herausforderung ist nun, die Kunststoffe chemisch und physikalisch so zu verändern, dass diese die erforderlichen Funktionen optimal erfüllen. Zum Beispiel, wenn es um die Durchlässigkeit bzw. die Diffusionseigenschaften der Membranen geht.

Membranen in Brennstoffzellen trennen den Wasserstoff vom Sauerstoff und sind nur für Wasserstoffprotonen durchlässig.

Membranen in Brennstoffzellen

Brennstoffzellen wandeln chemische Reaktionsenergie in elektrische Energie, die in Antriebsenergie umgesetzt wird. Energieträger ist unter anderem Wasserstoff, der mit Sauerstoff aus der Luft kontrolliert zusammengeführt wird. Es kommt zu einer chemischen Reaktion, bei der man Strom gewinnt. Als Reaktionsprodukt entsteht reines Wasser, was die Brennstoffzelle zu einem umweltfreundlichen und zukunftsweisenden Antrieb macht.

Eine Brennstoffzelle besteht im Kern vor allem aus drei Teilen: Anode (Pluspol), Kathode (Minuspol) und einer Membran, die diese zwei Elektroden voneinander trennt. In einer PEM-Brennstoffzelle (Polymer-Elektrolyt-Membran-Brennstoffzelle) besteht die Membran aus einer dünnen Kunststofffolie.

Die Entwicklung und Optimierung von Membranen, speziell für den Einsatz in Brennstoffzellen, ist ein Spezialgebiet des Instituts für Recycling, Fachbereich Fahrzeug, Produktions- und Verfahrenstechnik, an der Fachhochschule (FH) Braunschweig/Wolfenbüttel. „Membranen in Brennstoffzellen sind Temperaturen bis zu 160 Grad Celsius und einem Druck bis zu drei Bar ausgesetzt", erläutert die Chemikerin Kerstin Schmidt. „Deshalb verwenden wir Hochleistungskunststoffe, wie sie auch in der Raumfahrt zum Einsatz kommen."

Die Herausforderung für die Wissenschaftler ist nun, die Kunststoffe chemisch und physikalisch so zu verändern, dass diese die erforderlichen Funktionen optimal erfüllen. Zum Beispiel, wenn es um die Durchlässigkeit bzw. die Diffusionseigenschaften der Membranen geht. Zudem sollen die Membranen eine hohe Lebensdauer haben.

(gef)

Effektiv wie ein Blatt

Also, ich möchte wetten, eines Tages ist die Wissenschaft so weit, dass sie uns Häuser entwirft, deren Außenelemente (Ziegel oder Steine benutzt man dann vielleicht nicht mehr!) mit einer blattähnlichen, aber durch und durch künstlichen grünen Hülle überzogen sind, die selbstständig Photosynthese betreibt und in einem genial konstruierten Kreislauf Wärme und Licht erzeugt und vielleicht auch noch pflanzliche Lebensmittel direkt für den Kühlschrank produziert. Wachsen oder blühen soll das grüne Haus natürlich nicht. Allenfalls öffnen wir an warmen Sonnentagen die Fenster und hängen bunte Bettwäsche zum Lüften hinaus.

Tja, Ideen gibt es viele, aber die folgende Innovation ist schon länger serientauglich und wurde deshalb im letzten Jahr von der Industrie- und Handelskammer Braunschweig ausgezeichnet. An der Technischen Universität Clausthal ist es gelungen, eine haft- und wischfeste Antireflexschicht für Borosilicat-Glasrohre in Solarkraftwerken zu entwickeln. Diese wetterfeste nanometerdünne Beschichtung geht mit dem Spezialglas eine stabile Verbindung ein und erhöht die Sonnenlichtausbeute von rund 92 auf 97 Prozent. Dafür wurde Günter Heinz Frischat, Gerhard Heide, Gundula Helsch und Martha Krzyzak der mit 10 000 Euro dotierte Technologietransferpreis 2006 verliehen.

Um 5 Prozent effizienter sind die Glasrohre in Solarkraftwerken mit einer nanometerdünnen Antireflex-Beschichtung, die an der TU Clausthal entwickelt wurde.

Mehr Energiegewinn in Solarkraftwerken

Dafür erhielt das damalige Team an der Technischen Universität (TU) Clausthal einen Preis: Günter Heinz Frischat, Gerhard Heide, Gundula Helsch und Martha Krzyzak entwickelten eine wetterfeste Antireflex-Beschichtung für Borosilicat-Glasrohre, die in Solarkraftwerken eingesetzt werden. Die Lichtdurchlässigkeit der Glasrohre konnte durch die Antireflex-Beschichtung von ca. 92 % auf 97 % erhöht und so der Wirkungsgrad des Solarkaftwerkes um ca. 5 % gesteigert werden. Mit der Haftfestigkeit der Schicht auf dem Spezialglas gelang den vier Wissenschaftlern eine Innovation, an der sich zuvor schon das hauseigene Labor der Firma Schott und das Fraunhofer Institut für Silicatforschung in Würzburg vergeblich versucht hatten. Für die wirtschaftliche Umsetzung der wissenschaftlichen Idee, die bereits in Serie produziert wird, verlieh die Industrie- und Handelskammer den Technologietransferpreis 2006, der mit 10 000 Euro dotiert ist.

(ehl)

Strom(er)zählung

1871, Newark, New Jersey. Mary Stilwell, ein bildhübsches 16-jähriges Mädchen aus gutem Hause, arbeitete in der kleinen Fabrik „Edison & Unger“ als Locherin für Telegrafenstreifen. Thomas Alva, Eigentümer der Fabrik und bereits zu bedeutendem Wohlstand gelangt, hatte sich über beide Ohren in sie verliebt. Immer wieder nahm er sich vor, sie anzusprechen, immer wieder verließ ihn der Mut. Heute nun musste es sein. Er trat nah vor sie hin und fragte: „Kleines Mädchen, wollen Sie meine Frau werden? Überlegen Sie es in Ruhe. Lassen Sie es mich wissen, sobald es Ihnen angenehm ist. Dienstag z.B.. Nächsten Dienstag, meine ich.“

Ja, so war`s immer schon mit den großen Genies. Etwas kauzig vielleicht, aber liebenswert, und vor allem ständig unter Strom. Apropos Strom. Ob obige Anekdote, die Edisons Biographen über ihn und seine erste Frau zu erzählen wissen, wahr oder nur hübsch erfunden ist, das muss wohl für immer im Dunkeln bleiben. Bewiesen ist dagegen seine Urheberschaft an unzähligen, den elektrischen Strom nutzenden Erfindungen. Die Geschichte mit der Glühlampe kennt jeder. Beim Telefon-Mikrofon sind es schon deutlich weniger. Dass wir auch den Stromzähler Edison verdanken, ja, da ist das Staunen dann allerdings schon fast allgemein. Überhaupt ist die Unkenntnis zum Thema Stromzähler heute leider ebenso groß wie verbreitet. Immerhin tun doch rund 40 Millionen dieser Messgeräte in deutschen Haushalten und Betrieben brav tagein, tagaus ihren Dienst. Ja, und diese Zähler sind keine hässlichen schwarzen Kästen. Das sind grundehrliche, ausdauernde und vor allem zuverlässige Kameraden. Sie sind von der PTB zugelassen und von staatlich anerkannten Prüfstellen amtlich geeicht.

Was sie zeigen, ist wahrer Wert. O.K., manchmal ein paar Prozent zu viel oder zu wenig. Das Gesetz erlaubt ihnen das. Nobody is perfect. Ein bisschen Unvollkommenheit macht doch eher sympathisch, so wie Mary und Alva. Oder?

Richtige Stromrechnungen erfordern richtige Messungen. Die PTB schafft mit Typprüfungen für Stromzähler die Voraussetzungen dafür.

Der Handel mit elektrischer Energie

Gegen Ende des 19. Jahrhunderts erlebte die Elektroindustrie in Deutschland einen atemberaubenden Aufschwung. Der Handel mit elektrischer Energie erfolgte dabei ohne Einsatz neutral geprüfter Messgeräte. Die Stromkunden waren der Gutwilligkeit der Verkäufer ausgeliefert. Die Regierung sah sich zum gesetzgeberischen Eingreifen gezwungen. So unterzeichnete also der Kaiser im Jahre 1898 das Gesetz „Betreffend die elektrischen Maßeinheiten“. Heute werden Elektrizitätszähler einer Typprüfung bei einer Zulassungsbehörde – z.B. der Physikalisch-Technischen Bundesanstalt (PTB) – unterzogen. Außerdem muss jedes einzelne Exemplar einer Serienproduktion vor der Inbetriebnahme eine Stückprüfung in einer Prüfstelle über sich ergehen lassen.

Im Bereich der Elektrizitätszähler gibt es seit Ende 2006 in Folge europäischer Harmonisierung der Rechtsvorschriften allerdings auch Alternativen. Dabei kommen dann Methoden der vorbeugenden Qualitätskontrolle beim Zählerhersteller und statistische Prüfverfahren zur Anwendung. Diese junge Form der Gewährleistung richtig messender Zähler befindet sich in Deutschland allerdings noch in den Kinderschuhen.

Die Fehlergrenzen, die Elektrizitätszähler für den Haushalt bei der Inbetriebnahme einhalten müssen, liegen je nach Stärke des fließenden Stromes etwa in dem Bereich 2 % bis 4 %. Eine Ordnungswidrigkeit begeht ein Zählerwender erst dann, wenn er für die Abrechnung Zähler verwendet, bei denen die Überschreitung doppelt so großer Fehler festgestellt werden (so genannte „Verkehrsfehlergrenzen“).

(kahm)

Brennstoffzellen machen mobil

Man kennt sie mittlerweile, die Vorurteile, mit denen Golfer zu kämpfen haben: Ihr Sport sei gar kein richtiger Sport, zudem langweilig und elitär. Überholtes Geschwätz. Dass Golfer als besonders umweltbewusst und innovationsfreudig eingeschätzt werden, hat ein Besuch auf der Hannover Messe im Jahr 2007 gezeigt. Dort wurde erstmals der Prototyp eines Wasserstoff-Elektro-Trolleys vorgestellt. Eine Brennstoffzelle sorgt dafür, dass das Golfgepäck klimafreundlich über das Green transportiert werden kann.

Brennstoffzellen gehört die Zukunft, nicht nur auf dem Golfplatz. Davon sind die Experten des Fraunhofer Instituts für Chemische Technologie, Projektgruppe Nachhaltige Mobilität, und der Fachhochschule Braunschweig/Wolfenbüttel überzeugt. „Brennstoffzellen arbeiten schadstofffrei und erzielen im Durchschnitt einen Wirkungsgrad von mehr als 50 Prozent. Das ist das 2,5-fache eines herkömmlichen Verbrennungsmotors", sagt Torsten Schwarz von der Projektgruppe.

Am Standort Wolfsburg entwickeln die Wissenschaftler die Technologie für den mobilen Einsatz weiter, um sie leistungsfähiger, zuverlässiger und wirtschaftlicher zu machen. „Bevor Fahrzeuge mit Brennstoffzellenantrieb sich durchsetzen, muss die Technologie ausgereift und erschwinglich sein", erläutert der Ingenieur.

Gut für die Umwelt, dass parallel eine andere Entwicklung dem alternativen Antrieb langfristig den Weg ebnen wird: steigende Mineralölpreise. Heute schon getankt?

Mehr als 50 % beträgt der Wirkungsgrad hochmoderner Brennstoffzellen – und damit das 2,5-fache eines herkömmlichen Verbrennungsmotors.

Zukunftstechnologie Brennstoffzelle

Die Brennstoffzelle gilt als zukunftsweisende Antriebstechnologie. Sie ist umwelt- und klimaschonend, weil sie keine Schadstoffemissionen verursacht, und zeichnet sich durch einen hohen Wirkungsgrad von mehr als 50 % im Fahrzyklus aus. Experten des Fraunhofer Instituts für Chemische Technologie (ICT), Projektgruppe Nachhaltige Mobilität, und der Fachhochschule (FH) Braunschweig/Wolfenbüttel entwickeln am Standort Wolfsburg die innovative Brennstoffzellen-Technologie für den mobilen Einsatz weiter.

„Die Brennstoffzellen-Technologie bietet den Vorteil, dass sie ohne fossile Energieträger wie Erdöl auskommt. Diese sind endlich, und ihre Verknappung lässt die Energiepreise steigen. Diese Entwicklung ebnet alternativen Antrieben langfristig den Weg", erläutert Torsten Schwarz aus der ICT-Projektgruppe Nachhaltige Mobilität. Voraussetzung: Die Technologie der Brennstoffzelle muss ausgereift und für den Kunden erschwinglich sein. Deshalb forschen Schwarz und seine Kollegen an der Optimierung des komplexen Systems. Handlungsbedarf sehen die Wissenschaftler vor allem in der Verbesserung von Reichweite, Kaltstartfähigkeit, Zuverlässigkeit und Lebensdauer sowie in der Kostenreduzierung.

(gef)

Heiß begehrter Brennstoff

Wenn es für die Nacht Zeit ist zu gehen, taucht Eos, die griechische Göttin der Morgenröte, mit ihrem Gespann aus der Tiefe des Meeres auf und zieht über den Himmel, um den Menschen das Sonnenlicht zu bringen. So überliefern es zumindest die griechischen Sagen und beschreiben eine Zeit, als die Welt – abgesehen von Götterdonnerwettern – aus ökologischer Sicht noch in Ordnung war. Jedenfalls ist nicht überliefert, dass Eos auf ihrem Weg entlang des Horizonts dem Ozonloch ausweichen musste oder mit den Folgen von Feinstaub zu kämpfen hatte. Hiervon blieben die Götter verschont, wir Menschen der modernen Zivilisation nicht.

Und so heizen Erderwärmung, steigende Energiepreise und die Endlichkeit fossiler Brennstoffe auch die Debatte um das ökologisch sinnvolle Heizen an. Alternativen zu herkömmlichen Wärmesystemen sind gefragt – etwa Holzpellet-Heizanlagen, deren Verkauf boomt. Pellets werden aus Holzabfall hergestellt. Kein Baum kommt ihretwegen zu Fall. Der zylindrisch gepresste Brennstoff besteht aus Säge- und Hobelspänen: ein heimischer Rohstoff, regenerativ, nahezu CO_2-neutral, der in modernen Heizanlagen besonders emissionsarm verbrennt. Je vollständiger die Verbrennung im Kessel erfolgt, desto geringer der Feinstaubausstoß. An der Optimierung der Feuerungstechnik forschen die Experten des Instituts für energieoptimierte Systeme (EOS) der Fachhochschule Braunschweig/Wolfenbüttel.

Eine Lösung könnte sein, den Staub elektrostatisch zu entfernen, damit er erst gar nicht in die Atmosphäre gelangt – und von Göttin Eos` Söhnen, den vier Winden Zephyr, Notos, Boreas und Euros, verteilt wird.

70 000 Holzpellet-Heizanlagen sind deutschlandweit im Einsatz, Tendenz steigend. An der Optimierung der Feuerungstechnik forscht das Institut für energieoptimierte Systeme der FH Braunschweig/Wolfenbüttel.

Heizen mit Holz

Erderwärmung, steigende Energiepreise und die Endlichkeit fossiler Brennstoffe haben den Blick verschärft auf die Nutzung alternativer Energien gelenkt. Stark im Trend liegen moderne, vollautomatische Holzpellet-Heizanlagen. Pellets sind ein heimischer Rohstoff, regenerativ und fast CO_2-neutral. Der zylindrisch gepresste Brennstoff wird aus Abfall der holzverarbeitenden Industrie hergestellt. Das Material, meist Säge- und Hobelspäne, wird unter hohem Druck gepresst und verbindet sich ohne Zugabe chemischer Bindemittel durch das holzeigene Lignin.

„In modernen Anlagen verbrennen Pellets besonders emissionsarm", sagt Prof. Dr.-Ing. Jürgen Kuck vom Institut für energieoptimierte Systeme (EOS), Fachbereich Versorgungstechnik der Fachhochschule (FH) Braunschweig/Wolfenbüttel. Die Optimierung der Feuerungstechnik solcher Anlagen ist ein Forschungsschwerpunkt des Instituts. Die Arbeit der Experten zielt unter anderem darauf, die Feinstaubemissionen weiter zu reduzieren. „Eine Lösung könnte sein, den Staub elektrostatisch zu entfernen, damit er erst gar nicht in die Atmosphäre gelangt", erklärt Dirk Volta, wissenschaftlicher Mitarbeiter am Institut. Dabei legen die Ingenieure Wert darauf, dass moderne Holzpellet-Heizanlagen mit herkömmlichen Holzfeuerungen in Bezug auf den Partikelausstoß nicht zu vergleichen sind. „Die Staubwerte der Pellet-Anlagen betragen ungefähr 10 bis 20 Milligramm/Kubikmeter", erläutert Instituts-Mitarbeiter Dipl.-Ing. Yves Rottmann. „Der Grenzwert liegt dagegen bei 150 mg/m³."

(gef)

Kraftwerk für zuhause

Erst das Gedicht! „Zickezacke Hühnerkacke!“ kräht Dicki, streckt die Zunge raus und darf sein Geschenk auspacken. Das war Weihnachten bei den Hoppenstedts, als Opa Dicki ein Atomkraftwerk schenkt. Vater Hoppenstedt lässt es sich nicht nehmen, das Kraftwerk zusammenzubauen, obwohl es in der Kurzanleitung mahnend heißt: „Es macht Puff...und die Kühe fallen um.“

Das Mikrokraftwerk, von dem Hans-Peter Beck von der Technischen Universität Clausthal spricht, ist zum Glück weder ein Atomkraftwerk, noch ist es von Loriot. Ein Kraftwerk für zuhause ist es allerdings durchaus. Dahinter verbirgt sich eine ultramoderne Heizung, die als Kraft-Wärme-Kopplungsanlage im privaten Haushalt mit einem Generator Strom erzeugt und gewissermaßen mit der Abwärme heizt. Dieses Prinzip, Strom und Wärme dort zu erzeugen, wo sie gebraucht werden, läuft der dezentralen Stromversorgung vielleicht bald den Rang ab.

Tatsächlich muss sich das große Stromversorgungsnetz auf die privaten Kleinerzeuger einstellen, die ihre überschüssige Energie ins Netz einspeisen. Das Netz muss sich wandeln. Aber wie? Das untersuchen Beck und sein Team im Forschungsverbund Energie Niedersachsen. Ein derzeit erprobter Vorschlag ist der Zusammenschluss verschiedener Kleinerzeuger zu „virtuellen Kraftwerken“, die neben den großen Anbietern die regelmäßige Stromversorgung gewährleisten.

Ein Kraftwerk für zuhause, das sich rechnet, ist die Kraft-Wärme-Kopplungs-Anlage. Eine Heizung, die Strom und Wärme dort erzeugt, wo sie gebraucht werden. Überschüssige Energie wird ins Netz eingespeist. Doch darauf muss sich die dezentrale Stromversorgung erst einmal einstellen.

Von großen und kleinen Energieerzeugern

Es gibt eine zunehmende Zahl von Haushalten, die mit kleinen Kraft-Wärme-Kopplungs-Anlagen Energie ins Netz einspeisen. Hans-Peter Beck von der Technischen Universität (TU) Clausthal nennt sie „Mikrokraftwerk“ oder „Mikroprozessor der Energietechnik“. Denn eine solche Anlage erzeugt mit einem Generator Energie und Wärme, und zwar dort, wo sie auch gebraucht werden, z.B. im Einfamilienhaus. Die bei der Energieerzeugung entstehende Abwärme, die im Kraftwerk in der Regel verloren geht, heizt die Räume und das Wasser. Da eine längere ununterbrochene Betriebszeit der Anlage sinnvoll ist, wird mehr Energie erzeugt, als benötigt. Diese Energie speist der Anlagenbetreiber ins Netz ein und erhält dafür eine Ausgleichszahlung vom Netzbetreiber. Beck interessiert sich dafür, wie sich die kleinen Energieerzeuger neben den großen Kraftwerken und Windenergieanlagen im Netz behaupten. Denn die allgemeine Stromversorgung muss sich auf die innovativen Kleinanbieter erst einstellen.

(ehl)

Manche mögen es heiß

Flimmernde Hitze hat auch ihre guten Seiten. Immerhin ist sie so eine Art moralische Lizenz fürs Nichtstun. Völlig reinen Gewissens kann die eigene Betriebstemperatur deutlich heruntergefahren und der hitzegeplagte Körper an einem schattigen Plätzchen in die Waagerechte gebracht werden.

Schließlich ist man nur Mensch und keine Hochtemperatur-Brennstoffzelle. Die hat natürlich selbst bei Temperaturen um 1000 Grad noch keine Siesta-Ambitionen, kommt dann sogar erst richtig auf Touren.

Dabei zaubert sie aus Wasserstoff oder Erdgas hocheffizient Strom und Wärme, ganz ohne schädliche Abgase und direkt vor Ort, und kann so ganze Häuserblocks mit Energie versorgen.

Damit solche Brennstoffzellen allerdings zum Verkaufsschlager werden, muss ihr Kernstück, eine Keramikmembran, noch deutlich preisgünstiger werden. Daran arbeiten Forscher der Technischen Universität Clausthal und koordinieren zu diesem Thema ein millionenschweres Projekt der Europäischen Union. Besonders umweltfreundlich sind die heißen Zellen übrigens, wenn die Brennstoffe mit Hilfe regenerativer Energien hergestellt wurden.

Und wenn eine solche Hochtemperatur-Brennstoffzelle in Zukunft den Strom für den mit Cocktails gefüllten Kühlschrank liefert und die gute Stube auf Siesta-Temperaturen bringt, dann lässt es sich sogar im norddeutschen Winter prima faulenzen – und das ökologisch vollkommen korrekt.

Manche mögen es heiß – z.B. Hochtemperatur-Brennstoffzellen, die bei 1000 Grad Celsius Wasserstoff oder Erdgas in Strom und Wärme verwandeln. Forscher der TU Clausthal entwickeln preisgünstige Materialien, um der umweltfreundlichen Technologie zum Durchbruch zu verhelfen.

Attraktive Technologie erwünscht

Umweltfreundliche Technologien zur Strom- und Wärmeerzeugung haben Hochkonjunktur. So auch Brennstoffzellen: Sie verwandeln zum Beispiel Wasserstoff oder Erdgas mit einem hohen Wirkungsgrad in Strom, Wärme und Wasser. Als Abgas entsteht nur Wasserdampf. Besonders klimaschonend sind sie, wenn auch die Brennstoffe ökologisch korrekt mit Hilfe regenerativer Energien hergestellt wurden. Brennstoffzellen, die bei Temperaturen um 1000 Grad Celsius arbeiten, heißen Hochtemperatur-Brennstoffzellen und sind, weil sie groß und schwer sind, vor allem für einen stationären Einsatz, zum Beispiel in Wohngebäuden, geeignet. Ein wichtiges Bauteil dieser Brennstoffzellen ist aus einer besonderen Keramik, die den Preis für die Hausenergiezentralen der Zukunft maßgeblich bestimmen. Hier neue günstigere Materialien zu finden ist das Ziele eines millionenschweren Projektes der Europäischen Union, an dem europaweit sechs Forschungseinrichtungen und zwei Industrieunternehmen beteiligt sind und das von Dr. Christos Argirusis vom Institut für Metallurgie der Technischen Universität (TU) Clausthal koordiniert wird. Drei Jahre haben die Forscher Zeit, um die umweltfreundlichen Hochtemperaturbrennstoffzellen mit Hilfe der EU-Mittel zu einer auch preislich attraktiven Technologie zu machen.

(ah)

Bio statt Kohle

Franz Fischer und Hans Tropsch waren zweifelsohne zwei ganz ausgebuffte Chemiker. Sie fanden heraus, wie man feste Kohle in flüssiges Benzin verwandeln kann. Das Rezept heißt „Fischer-Tropsch-Synthese", ist schon über 80 Jahre alt und in Deutschland wegen des letztlich billigeren Erdöls längst aus der Mode gekommen. Nur in ausgesprochen kohlereichen Ländern wie Südafrika oder neuerdings auch in China wird auf die dort rentable Kohleverflüssigung gesetzt.

Der Haken der Methode: Sie ist sehr energieaufwendig und setzt etwa doppelt soviel Treibhausgase frei wie die Benzinproduktion aus Erdöl. Doch falls ihr, Fischer und Tropsch, das Treiben auf der Erde zufällig gerade von einer Wolke aus beobachtet: Grämt euch nicht zu sehr wegen der weniger klimafreundlichen Folgen eures ausgekochten Rezeptes. Die Rehabilitierung läuft schon auf vollen Touren.

In Clausthal-Zellerfeld zum Beispiel produzieren Wissenschaftler des Umwelttechnikinstitutes CUTEC mit Hilfe eures Verfahrens ökologisch korrekte Kraftstoffgemische aus altem Holz, Biomüll und Klärschlamm. Flüssige Biomasse statt überflüssiger Kohle.

Echter Biosprit dank Fischer und Tropsch. Das ist doch super! Falls ihr noch mehr solche Ideen habt, bitte an Chemiker der Gegenwart funken.

Der Sprit der Zukunft ist aus altem Holz, Biomüll oder Klärschlamm. Geeignete Produktionsmethoden werden unter anderem im Clausthaler Umwelttechnikinstitut CUTEC entwickelt.

Dem Klimawandeln gegensteuern

Der Klimawandel ist längst im Gange und Strategien zum Gegensteuern haben Hochkonjunktur. Eine solche Strategie haben beispielsweise Wissenschaftler des Umwelttechnikinstitutes CUTEC in Clausthal-Zellerfeld, einer Ausgründung der Technischen Universität (TU) Clausthal, entwickelt. Sie verwandeln Klärschlamm, Bioabfälle, altes Holz oder auch eigens dafür gezogene, schnell wachsende Pflanzen in so genannte BtL (Biomass-to-Liquid)-Kraftstoffe. Gegenüber Biodiesel können diese Kraftstoffe vor allem damit punkten, dass sie pflanzliches Material komplett in Kraftstoff verwandeln. Für Biodiesel dagegen können nur die aus der Pflanze gewonnen Öle verwendet werden. Das CUTEC-Verfahren zur Biosprit-Produktion beruht im Wesentlichen auf der so genannten Fischer-Tropsch-Synthese. Das Verfahren haben die Chemiker Franz Fischer und Hans Tropsch 1925 entwickelt, um flüssige Kraftstoffe, diverse Öle und Paraffine aus heimischer Kohle zu gewinnen und so weitgehend unabhängig von den Energieträgern anderer Länder zu sein.

(ah)

Ich will Reibekuchen!

Ach, es gibt keine richtigen Großmütter mehr! Die noch Reibekuchen selber machen konnten und das einzig wahre Rezept für Apfelkuchen hatten. Wo sind sie hin mit ihren Kittelschürzen, Vorwerkstaubsaugern und riesigen Einkaufstaschen, in denen sie frische Kartoffeln, Zwiebeln und Äpfel vom Markt nachhause schleppten? Dann wurden die Kacheln mit dem Kaffeekannenmuster rund um den Herd großzügig mit Zeitungspapier abgedeckt und „feste gerieben", bis die Rohmasse löffelweise ins heiße Fett zischen konnte. Und Omas Apfelkuchen, auf dem das Wichtigste die Streusel waren!

Ja, wo ist sie hin, die Babouschka? Ich fürchte, statt Obst und Kartoffeln zu reiben, vierteln, quirlen und pürieren, (vom Einmachen ganz zu schweigen!) ist die moderne Oma (im Angela-Merkel-Hosenanzug kaum noch als solche zu identifizieren) im Seniorenstudiengang anzutreffen und hört eher Vorlesungen zu Tribologie (Reibungstechnik – Wissenschaft von der Reibung und ihren Wirkungen), statt selber Hand anzulegen.

Und wenn man sie dann auf die Köstlichkeiten anspricht, die zumindest ihren Enkeln quasi zustünden, dann heißt es bloß: „Ach, denk doch an die Kalorien! Und beim Reiben ruinier ich mir nur die Fingernägel!" „Und das Tribologie-Studium?" „Na, das hält die kleinen grauen Zellen fit. Die müssen da ganz schön rotieren!"

Und Sie fragen jetzt sicher nur: „Wo kann man denn das studieren?" Ich geb´s auf! Fragen Sie Hardwig Blumenthal an der Technischen Universität Clausthal.

Reibungsverluste sind das alltägliche Geschäft des Tribologen, der recht unbekannten Wissenschaft von der Reibung und ihren Wirkungen. An der TU Clausthal gibt es ein ganzes Institut zum Thema, das vor allem durch seine Komplexität besticht.

Effiziente Reibkontakte

Soll eine hochtourige Maschine laufen wie geschmiert, ist der Tribologe gefragt. Der Spezialist in Sachen Reibung und ihre Wirkung untersucht, analysiert und berechnet, was da gleitgelagert, schmiergespaltet und gleitlagergeprüft werden sollte. An jeder Maschine ist der kräfteübertragende Kontakt zweier Oberflächen die empfindlichste Stelle. Damit hier nicht allzuschnell der Verschleiß zuschlägt und der Maschine den Garaus macht, wird reibungstechnisch für ein Optimum des Zusammenspiels der auftretenden Kräfte mit möglichst geringem Schaden für die Konstruktion gesorgt. „Eine wichtige Frage in dem Zusammenhang ist natürlich die Temperatur", erläutert Hardwig Blumenthal vom Institut für Tribologie und Energiewandlungsmaschinen an der Technischen Universität (TU) Clausthal. „Auch die darf je nach Einsatz der Maschine vorgegebene Werte nicht überschreiten." Das Geschehen in Reibkontakten wird durch eine Vielzahl von Einflussgrößen geprägt. Ähnlich komplex ist die industrielle Verwertung effizienter Reibkontakte.

Zum Beispiel ist man in der Automobilindustrie besonders interessiert, Reibungsverluste, die hier bis zu 30 % der Motorleistung ausmachen können, zu verringern. Hier lässt sich der Kraftstoffverbrauch reduzieren und eine effizientere Motorleistung erzielen, hofft man.

An der TU Clausthal arbeitet man im Institut für Tribologie derzeit an einem Hochleistungs-Gleitlagerprüfstand, der hochbelastete schnelllaufende Gleitlager prüfen soll.

(ehl)

Öl-Krise mit schlimmen Folgen

Wer der größte Feind des Autofahrers ist? Die Leute, die immer so dicht vor einem herfahren, sagen die Witzigen. Sorglosigkeit, Selbstüberschätzung und Alkohol, meinen die Besorgten. Alles falsch. Der größte Feind des Autofahrers ist, na klar: der Peilstab.

Der Peilstab hat sich den üblen Ruf mehr als verdient, zu lang ist die Liste seiner Verfehlungen. Ungefähr 75 Prozent der Bevölkerung haben mit dem Ölmessstab schlechte Erfahrungen gemacht. Bei der Öl-Krise eines betagten Autos wissen die wenigsten – übrigens über die Geschlechtergrenzen hinweg –, wo genau er sich im Motorraum versteckt hält. Wer den Peilstab endlich gefunden hat, müsste schon ein Gummimensch mit erstaunlichen Verrenkungsqualitäten sein, um ihn auch erreichen zu können. Und wer es dann doch endlich geschafft hat, schreit urplötzlich auf – oh ja, so ein Motor kann ganz schön heiß sein.

Da ist es schön zu wissen, dass die Braunschweiger Physikalisch-Technische Bundesanstalt im Auftrag der Industrie die Weiterentwicklung eines Sensors unterstützt hat, der den Ölstand via Ultraschall bestimmen kann. Volker Wilkens und sein Team untersuchten, wie schnell sich der Ultraschall in Motorölen ausbreitet. Die Messprofis fanden heraus: Je heißer das Motoröl, desto langsamer der Ultraschall.

Übrigens: 25 Prozent der Bevölkerung haben keine schlechten Erfahrungen mit dem Ölmessstab gemacht – weil sie gar nicht wissen, dass es ihn gibt.

Ultraschall spielt eine wichtige Rolle bei der modernen Ölfüllstands-Messung. Wie sich die Temperatur des Motoröls auf die Ausbreitungsgeschwindigkeit des Schalls auswirkt, haben Wissenschaftler der PTB herausgefunden.

Schallgeschwindigkeit in Öl

Die Physikalisch-Technische Bundesanstalt (PTB) hat die Ultraschall-Ausbreitungsgeschwindigkeit in Motorölen als Funktion der Temperatur im Bereich von 8 °C bis 153 °C untersucht. Die gewonnenen Daten sind wichtig für die Industrie, um die Unsicherheit bei kürzlich neu entwickelten Sensoren für die ultraschallgestützte Ölfüllstandsmessung in Automobilmotoren einschätzen zu können.

Die Schallgeschwindigkeit wurde für zehn Motorölproben mit unterschiedlichen Viskositätsspezifikationen, von verschiedenen Herstellern und unterschiedlichen Gebrauchsalters einschließlich unbenutzter Proben ermittelt.

Die Ergebnisse zeigen einen qualitativ ähnlichen Verlauf für alle untersuchten Ölproben. Die Schallgeschwindigkeit fällt monoton von etwa 1485 m/s bei 8 °C bis etwa 1025 m/s bei 150 °C ab. Es wurden nur kleine Unterschiede in der absoluten Höhe der Kurven beobachtet. Die maximalen Abweichungen vom mittleren Verlauf aller Ölproben betrugen -0,52 % und +0,66 % bei 8 °C sowie -0,94 % und +1,33 % bei 150 °C.

(boy)

Ultraschall für Marder

„Mmhhmm, jamh, jamh, ausgezeichnet – schmecken wirklich lecker, diese Autokabel“, denkt der kleine Marder unter der Motorhaube. Doch der Festschmaus wird jäh unterbrochen: „Was ist denn das für ein Geräusch? Das tut ja weh! So schrill! Bloß weg hier!“ Und schon ist unser Marder auf der Flucht, fortgetrieben von neuartiger Technik.

Ultraschall heißt das Zauberwort, das dem Marder solchen Schrecken in die Glieder und die Ohren jagt. Ultraschall unter der Motorhaube – denn für den Schutz unseres geliebten Automobils ist uns jedes Mittel Recht. Die armen Autokabel! Da kann ein Mensch doch nicht auf einen Marder Rücksicht nehmen.

Oder stehen die Tierschützer schon auf dem Plan? Wem, wenn nicht ihnen, liegt die Mardergesundheit am Herzen. Schließlich kann der Schall das überlebenswichtige Sinnesorgan der Tiere, das Ohr, nachhaltig schädigen. Schließlich arbeiten die Marderschreck-Geräte mit erhöhtem Schalldruck. Aber was tut der Mensch nicht alles für seine Autokabel. Doch tut er auch was für seine Ohren? Seine eigenen?

In der Physikalisch-Technischen Bundesanstalt in Braunschweig jedenfalls hat man zwar keine Marder, aber menschliche Ohren im Sinn. Wie wirken sich die Ultraschallwellen, als Marderschreck gedacht, im menschlichen Körper aus? Übelkeit? Unwohlsein? Die messtechnischen Untersuchungen dauern an.

Die Marder harren dem Ergebnis. Und der Auto-Mensch? Der schützt weiter sein Liebstes. Denn man kann ja nicht auf alles Rücksicht nehmen.

23 kHz hohe Töne – und der Marder sucht hoffentlich das Weite. Wie der Mensch reagiert, wird noch untersucht. Aber angenehm ist es für die Ohren mit Sicherheit nicht.

Höhe Töne – schädlich oder harmlos?

Wer kennt das nicht? Man schaut durch die Heckscheibe und kann die Entfernung zum nächsten parkenden Auto nicht einschätzen. Da greift die Parkhilfe ein, durch schrille Pieptöne signalisiert sie dem Fahrer, dass es demnächst zu eng wird. Obwohl das menschliche Ohr nur das Piepen wahrnimmt, gibt die Parkhilfe noch andere, höhere Schallwellen ab. Die liegen bereits im so genannten „hörnahen“ Bereich; mit etwa 40 000 Hertz sind sie deutlich zu hoch für das menschliche Ohr, das nur Töne zwischen 16 Hertz und 20 000 Hertz wahrnehmen kann. Damit gehören die Töne zum Ultraschall. Das Problem ist, dass das menschliche Ohr sie trotzdem noch wahrnehmen kann – nur die Verarbeitung im Gehirn gelingt nicht mehr. Sie können das Innenohr belasten und somit das Hörvermögen stark verschlechtern. Auch Unwohlsein und Schmerzempfinden ist möglich.

In Zukunft können mögliche Gefahren, die von solchen Produkten ausgehen, vermutlich besser untersucht werden. Die erste Vorbedingung ist nun in einem Kooperationsprojekt der Physikalisch-Technischen Bundesanstalt (PTB) in Braunschweig mit der Robert Bosch GmbH geschaffen worden: ein Raum, der Messungen wie im Freifeld ermöglicht. Also eine Umwelt, die dem freien Raum vor der heimischen Garage oder dem Straßenrand bestmöglich ähnelt – jedoch ohne alle störenden Geräusche, die mit der zu messenden Situation gar nicht zu tun haben, aber das Ergebnis verfälschen würden.

(jj)

Virtuelle Kammermusik

Einsamkeit kann so unterschiedlich klingen: Filmemacher bedienen sich häufig der tiefen Töne eines einzelnen Cellos in Gänsehaut-Moll, aber auch die eindringlichen Klänge einer Blockflöte können durchaus etwas Tragisches haben. Ich könnte mir vorstellen, dass sogar die Solo-Musiker selber irgendwann verstimmt werden, wenn sie stets allein im stillen Kämmerlein vor sich hin spielen. Eine Kammermusik im eigentlichen Sinn kann da zu einem echten Stimmungsaufheller werden. Nur muss für das gemeinschaftliche Musizieren zunächst ein geeigneter Raum gefunden werden, sollte man jedenfalls meinen.

„Nein", sagen Informatiker der Technischen Universität Braunschweig, denn im Zeitalter der Informationstechnologien sei genau das gar nicht mehr nötig. Sie haben einen virtuellen Probenraum, mit deren Hilfe Musiker gemeinsam und in Echtzeit über das Internet musizieren können. Das spart nicht nur Raummiete und Zeit, sondern auch Sprit und schont damit sogar das Klima.

Dass die Braunschweiger Softwarekomposition als gesundheitlich unbedenklicher und dazu klimafreundlicher Stimmungsaufheller eine Steilvorlage für Marketingstrategen ist und allein deshalb eine Erfolgsgeschichte werden muss, steht wohl außer Frage.

In virtuellen Konzertsälen können Musiker gemeinsam über das Internet musizieren. Die Software-Partitur dafür wurde am Institut für Betriebssysteme und Rechnerverbund der TU Braunschweig geschrieben

Herausforderung des Konzertierens

Wissenschaftler um Lars Wolf, Professor am Institut für Betriebssysteme und Rechnerverbund der Technischen Universität (TU) Braunschweig, haben eine Software für virtuelle Proben und Konzerte via Internet entwickelt. Die Vorteile des virtuellen Probenraumes liegen auf der Hand: Er erspart die Anfahrt, kostet keine Miete und ist nie überfüllt. Das Braunschweiger Projekt heißt „Network-centric Music Perfomance" (NMP) und ist dank der gewaltigen Fortschritte der Informationstechnologien in den vergangenen Jahren erst möglich geworden. Das virtuelle Konzertieren funktioniere bereits, doch seien durchaus noch ein paar Herausforderungen zu meistern, sagt Wolf: „Ein Problem ist zum Beispiel, sämtliche Daten in alle Richtungen tatsächlich in Echtzeit zu übertragen, denn Verzögerungen, auch wenn es sich dabei nur um Sekundenbruchteile handelt, können das musikalische Zusammenspiel empfindlich stören." Damit Musiker ob solcher Zeitfehler nicht verstimmt werden, arbeiten die Forscher bereits an geeigneten Lösungen dieses Problems und sind zuversichtlich, diese schon bald finden zu können.

(ah)

Mach mal die Musik leiser...

...danke! Klingt doch gleich viel besser, oder täusche ich mich? Nein, richtig gehört. Alle Geräusche, die wir wahrnehmen, sind – physikalisch gesehen – Schallwellen. Dabei handelt es sich um Druck- und Dichteschwankungen, die in der Umgebungsluft auftreten. Je schneller der Druck schwankt, desto höher sind die Frequenz der Schallwelle und der vom Ohr wahrgenommene Ton. Niederfrequente Bässe dagegen sind sehr langsam schwingende Luftteilchen.

Zwar können wir mehrere Töne gleichzeitig wahrnehmen. Dabei tritt jedoch ein Verdeckungseffekt auf: Lautere Töne einer Frequenz verdecken leisere Töne ähnlicher Frequenzen und machen sie unhörbar. Je größer die Lautstärke, desto größer der verdeckte Frequenzbereich. Bei lauter Musik nehmen wir weniger Details wahr und mindern so unseren Hörgenuss.

„Die Eigenschaft der Verdeckungseffekte macht man sich neben anderen Tricks bei digitalen Musikformaten wie MP3 zu Nutze“, erklärt Marius Spika vom Institut für Nachrichtentechnik der TU Braunschweig. „Die verdeckten Frequenzbereiche können wir technisch bestimmen. Töne, die für das Ohr irrelevant sind, müssen nicht gespielt und gespeichert werden, sodass der erforderliche Speicherplatz sinkt.“

Verdeckungseffekt bedeutet, dass lautere Töne einer Frequenz leisere Töne ähnlicher Frequenzen verdecken und sie unhörbar machen.

Leisere Musik steigert den Hörgenuss

Wussten Sie, dass Sie mit dem Lautstärkeregler an Ihrer HiFi-Anlage nicht nur die Lautstärke, sondern auch die Zusammensetzung der Musik ändern, die Ihre Ohren hören können?

„Alle Geräusche, die wir wahrnehmen, sind physikalisch gesehen Schallwellen“, erläutert Marius Spika vom Institut für Nachrichtentechnik der Technischen Universität (TU) Braunschweig. Dabei handelt es sich um Druck- und Dichteschwankungen, die in allen elastischen Medien wie zum Beispiel in der Umgebungsluft auftreten können. „Je schneller der Druck schwankt, desto höher ist die Frequenz der Schallwelle und somit der vom Ohr wahrgenommene Ton. Niederfrequente Bässe, die über die Luft übertragen werden, sind dagegen sehr langsam schwingende Luftteilchen.“

Im menschlichen Ohr werden alle ankommenden Schallsignale ausgewertet. Neben der Frequenz der Töne wird die wahrgenommene Lautstärke über den Schalldruck bestimmt. „Zwar ist der Mensch in der Lage, mehrere Töne gleichzeitig wahrzunehmen“, so Spika. „Jedoch tritt dabei ein so genannter Verdeckungseffekt auf: Lautere Töne einer Frequenz verdecken leisere Töne ähnlicher Frequenzen und machen sie unhörbar.“ Je größer die Lautstärke, desto größer dieser Effekt und damit der verdeckte Frequenzbereich. Da also bei lauter Musik weniger Details wahrnehmbar sind, wird so der Hörgenuss gemindert. Im Umkehrschluss beschert uns leisere Musik mehr Details und einen gesteigerten Hörgenuss.

(gef)

...Kontrolle ist besser!

Klein Fritzchen hat Geburtstag. Ab heute muss er beide Hände heben, wenn er zeigen will, wie alt er ist: stolze sechs Jahre. Und wie es sich für einen jungen Mann von Welt gehört, wird richtig gefeiert. Alle seine Freunde und auch die Verwandten sind erschienen. Neben Kuchen und Kakao steht natürlich ein erstklassiges Entertainment-Programm „made by Mama“ auf der Tagesordnung. Also wird die Rasselbande mit Topfschlagen, Reise nach Jerusalem und Co. bei Laune gehalten.

Den Höhepunkt stellt schließlich das allseits beliebte Spiel „Stille Post“ dar. Und jeder macht mit – auch die Erwachsenen. Also wird geflüstert und gekichert, was das Zeug hält, bis Onkel Heinrich schließlich das von ihm Verstandene nennen muss: „Leberknödelschlachter?“ Alle Kinder lachen los und Fritzchen prustet hervor: „Onkel Heinrich, das Wort hieß doch Lederknobelbechernäher!“

Falls es Ihnen wie Onkel Heinrich geht, sollten sie entweder von „Stille Post“ auf E-Mail umsteigen oder sich einer Reinton- und Sprachaudiometrie unterziehen, womit der Ohrenarzt Ihr Hörvermögen testen kann. So kann entschieden werden, ob ein Hörgerät bei Ihnen angebracht ist. Um Ihre Testergebnisse auszuwerten, benötigt der Arzt Bezugs-Kenndaten, die angeben, in welchem Leistungsbereich sich Ihre Hörkraft bewegt.

Diese in der Physikalisch-Technischen Bundesanstalt (PTB) in Braunschweig gewonnenen Daten werden danach wiederum zur regelmäßigen Überprüfung und Kalibrierung der vom Arzt benutzten Audiometer eingesetzt.

Und so sorgt die PTB dafür, dass Sie am Ende einer „Schallkette“ doch kein Fall für den Leberknödelschlachter werden.

Audiometer können mit Hilfe von in der PTB gewonnenen Kenndaten kalibriert werden.

Hören Sie richtig?

Der Gesetzgeber schreibt vor, dass Audiometer einer regelmäßigen Überprüfung und Kalibrierung unterliegen müssen. Und auch wiederum die Geräte, die zum Kalibrieren benutzt werden, müssen in regelmäßigen Abständen kontrolliert werden, damit die Messkette fehlerfrei bleibt. Am Anfang dieser Kette steht die Physikalisch-Technische Bundesanstalt (PTB).

Hier werden mit Hilfe von Normalhörenden im Alter von 18 bis 25 Jahren Bezugs-Hörschwellen ermittelt, mit denen ein Ohrenarzt dann feststellen kann, in welchem Bereich die Hörfähigkeit seines Patienten liegt. In der PTB werden diese Bezugswerte an künstlichen Ohren – also technischen Nachbildungen des Außenohres und des Gehörganges – festgelegt, damit sie für alle Audiometriekopfhörer desselben Typs gültig sind. Für die in Deutschland verwendeten Schallwandler und Testsignale können die in der PTB ermittelten Daten dann zur Kalibrierung der Audiometer verwendet werden. Und das Audiometer ist schließlich das Gerät, mit dem der Ohrenarzt die Hörfähigkeit eines Menschen bestimmt – mittels der so genannten Reinton- oder Sprachaudiometrie. Dabei werden einem Patienten in einem ruhigen Raum Töne oder Sprache vorgespielt, die er erkennen muss. Durch Veränderung der Lautstärke wird dann ermittelt, wo die Hörschwelle liegt.

(mse)

Und täglich grüßt... der duschende Nachbar

Als Archimedes damals in seiner Badewanne rumbrüllte, hat das doch auch niemanden gestört. Heutzutage landen solche Probleme schon mal vor dem Richterstuhl. Schon zwei Stunden läuft die nervenaufreibende Verhandlung. Denn Frau Meier hört Herrn Schulz angeblich jeden Tag aufs Neue bei seiner morgendlichen Badezimmernutzung.

Gut, dass es die DIN 4109 gibt. In dem dikken Schmöker ist nämlich haargenau geregelt, welche Anforderungen Bauteile erfüllen müssen, damit Alltagsgeräusche, die in benachbarte Wohnungen gelangen, noch vertretbar sind. Der verbitterte Schlagabtausch zwischen Frau Meier und Herrn Schulz droht zu eskalieren. Schließlich weiß der Richter keinen Rat mehr und holt die letzte Entscheidungsinstanz in den Gerichtssaal. Ein Mann mit Handtuch und Badekappe tritt herein. Totenstille. Der Richter stellt den Neuankömmling mit seinem smartem Alexander-Hold-Grinsen vor: „Das ist Mike, unser Berufsduscher. Während er, werter Herr Schulz, Ihr Badezimmer benutzt, werden wir in der Wohnung von Frau Meier mit ultragenauen Mikrofonen die Lautstärke seiner Verrichtungen messen, die sie angeblich jeden Morgen aus dem Bett schmeißen!“

Falls Sie immer gedacht haben, Physiker beschäftigen sich nur mit den abstraktesten Dingen, dann fragen Sie doch mal Diplomandin Ruth Armbruster – 31 alltägliche Geräusche vom Zuklappen eines WC-Deckels bis zur Spülmaschine stellen ihr Forschungsgebiet dar. An den Messplätzen der Physikalisch-Technischen Bundesanstalt (PTB) in Braunschweig arbeitet sie daran, diese Geräusche künstlich reproduzierbar zu machen, um vor Gericht in Zukunft eine schnelle, unkomplizierte Einigung zu ermöglichen.

Damit bleibt Berufsduscher Mike dann wohl doch nur ein Produkt der Phantasie übereifriger Praktikanten – oder doch nicht? Stellen Sie lieber Ihren Kaffee beiseite und schauen mal in ihrem Badezimmer nach. Die Fernsehsender sollen heutzutage ja die skurrilsten Sachen zeigen…

31 Geräusche stellen das (fast) ganz alltägliche Problem einer neuen Studie der PTB dar: Wie kann ich die unterschiedlichen Geräusche messbar machen, die Menschen in ihrer Wohnung, speziell im Badezimmer, produzieren?

Vom Quietschen der Badewanne

Wie viele Geräusche fallen Ihnen ein, die ein Nachbar produzieren könnte, um ihnen selbst durch die Wand hindurch gehörig auf die Nerven zu gehen? Ruth Armbruster kam bisher auf 31. Im Rahmen ihrer Abschlussarbeit arbeitet sie in den Labors für Angewandte Akustik der Physikalisch-Technischen Bundesanstalt (PTB) in Braunschweig. Dabei gilt es, ein Problem zu lösen, das Juristen bisher vor Probleme stellte: Wie messe ich Nutzergeräusche in einer Wohnung, wenn sich eine benachbarte Partei durch den Alltagslärm belästigt fühlt? Im Gegensatz zu so genanntem Luftschall, der durch die Luft übertragen wird, wie beispielsweise eine menschliche Stimme, breitet sich Körperschall in Festkörpern aus. Also schwingt die Badezimmerarmatur, wenn jemand seinen Zahnputzbecher abstellt. Oder sogar die Wände, wenn der Toilettendeckel aufschlägt. Eine Norm zur Regelung des Schallschutzes, die DIN 4109, soll eine Anforderung an die Bauteile stellen, die bei solchen Vorgängen den Lärm übertragen. Doch bei Beschwerden war es bisher schwierig, die Quelle der Ruhestörung angemessen nachzuahmen, da Geräusche mit unterschiedlicher Lautstärke und Frequenz vorkommen. Also analysiert Ruth Armbruster insgesamt 31 solcher alltäglichen Geräusche, die Menschen auch im Vergleich mit der Norm als störend empfanden, von der Spülmaschine bis zum Quietschen beim Rutschen in der Badewanne. Anhand des simulierten Geräusches ließe sich schnell festmachen, ob der Lärm die Wände im gemäß DIN 4109 störenden Bereich durchdringt oder nicht.

(she)

Gute Schwingungen, schlechte Schwingungen

Gute Schwingungen sind eigentlich immer prima. Es gibt im Internet auch viele Tipps, wie man sie sich ins traute Heim holen kann. Man lege sich beispielsweise für eine kleine Mark eine romantische Tapete zu (Tipp vom Baumarkt), ein Massagegerät oder – dafür muss man allerdings etwas tiefer in die Tasche greifen – einen Feng Shui-Berater. Auch Klangspiele sollen für „good vibrations“ sorgen.

Werden die allerdings durch ausgesprochen schlechte und nicht zu überhörende Schwingungen von der Dauerbaustelle vor dem Haus überlagert, ist der energieausgleichende Effekt schnell dahin.

Dann kann man nur noch hoffen, dass die Erfindung der Gießereifachfrauen und -männer der Technischen Universität Clausthal bald auf den Markt kommt. Sie haben eine Metallmischung entwickelt, die dröhnende Maschinen verstummen lässt.

Der Werkstoff schwingt unter mechanischer Last nicht im Ganzen, sondern lässt nur die Atomkerne im Inneren schwingen. Dabei wird er zwar etwas wärmer, das aber in aller Stille.

Das Meisterstück der Forscher veranschaulicht den Effekt. Es ist eine Glocke, die, selbst wenn sie mit voller Wucht und einem schweren Hammer geschlagen wird, nicht „gong“ macht oder wenigstens „bimm“, sondern einfach nur „hmmp“. Eine beeindruckende Präsentation und vielleicht auch die rettende Idee für das Klangspiel in Nachbars Garten.

Stille Presslufthämmer und leise Motoren könnten dank einer Erfindung aus der TU Clausthal bald Wirklichkeit werden. Sie haben eine Legierung entwickelt, die dröhnende Schwingungen deutlich dämpft.

Wärme statt Lärm

Wissenschafter um Babette Tonn, Professorin an der Technischen Universität (TU) Clausthal, haben am Institut für Metallurgie (IMET) eine neue Metalllegierung entwickelt. Das Material heißt Maxidamp, ist eine ausgetüftelte Mischung aus Aluminium, Mangan und Kupfer und setzt die mechanische Belastung von Bauteilen nicht in lärmende Schwingungen, sondern in Wärme um. Das kommt nicht nur den Ohren zugute: „Die schwingungsdämpfende Legierung erhöht auch die Lebensdauer und die Betriebssicherheit der Bauteile“, betont Tonn. Die Anwendungsmöglichkeiten seien zudem schier unbegrenzt. „Überall dort, wo Schwingungen unerwünscht sind, kann die neue Legierung eingesetzt werden“, betont die Gießereiforscherin. Die Palette reiche von kleinen Bauteilen für Automotoren bis zu Schiffsschrauben oder Pumpengehäusen. Selbst komplexe Gussteilgeometrien ließen sich mit dem neuen Werkstoff problemlos abgießen.

(ah)

Raumplanung mit den Ohren

Ist man auf dem Weg zum Kennelbad ob der Hitze zu mundfaul, könnte man was verpassen: ein Braunschweiger Refugium der griechischen Nymphe Echo. Sie, die durch Bestrafung einer eifersüchtigen Frau nur noch letzte Worte nachplappern kann, scheint sich als Klangwesen unter der Eisenbahnbrücke versteinert zu haben. Wie man hinaufruft, so schallt's herunter.

Unter Brücken ein durchaus interessantes Klangerlebnis, innerhalb von Räumen in der Regel ungewollt. Schon mal ein Bauwerk mit den Ohren geplant? „Auralisation" heißt ein Verfahren, mit dem Architekten durch akustische Simulationsprogramme bereits im Planungsstadium in einen Raum hineinhören können. Bei manchen Gebäuden hat das Priorität.

Wenn Echo, zu starker Nachhall und Außengeräusche schon in gewöhnlichen Räumlichkeiten unerwünscht sind, so erst recht in solchen mit besonderen akustischen Ansprüchen, wie beispielsweise Theatern, Philharmonien und Kirchen.

Mit Auralisation und anderen Computersimulationen arbeiten Hans Goydke im Fachbereich Architektur der Technischen Universität Braunschweig und seine Studenten unter anderem daran, die Akustik im geplanten „Studierenden-Service-Center" zu optimieren.

Denn hierbei kann's auch um Vertrauliches gehen. Und da will man ja nicht vom Nebenraum aus belauscht oder gestört werden. Echo jedenfalls muss draußen bleiben.

Auralisation ist die „Hörbarmachung" von akustischen Simulationen. Im Fachbereich Architektur der TU Braunschweig nutzt man sie für präzise akustische Bau- und Raumplanung.

Optimierung der Akustik im Raum

Schall begegnet uns im Alltag in zahlreichen Facetten. Er ermöglicht überhaupt erst Kommunikation und musikalische Klangerlebnisse, ist aber auch verantwortlich für Lärm, Hall und Echos. In der Bauplanung falsch berechnet, kann er sich negativ insbesondere in Bauwerken und Räumen auswirken, die von ihrer Akustik leben, zum Beispiel in der Philharmonie, im Theater, in Kirchen, aber auch in Klassenräumen und auf Bahnhöfen. Bau- und raumakustische Untersuchungen können den Schall für architektonische Planungen berechenbar machen. Im Fachbereich Architektur der Technischen Universität (TU) Braunschweig bekommen Studierende über die Vorlesung „Schall und Raum" nicht nur Einblicke in die Grundlagen der Raum- und Bauakustik bis hin zu aktueller Akustikforschung, sondern durch bauphysikalische Simulationsprogramme (CATT, BASTIAN) auch praktische Erfahrungen in bau- und raumakustischen Vorhersagen und Planungen.

Eine Möglichkeit, die Akustik in geplanten Räumen und Gebäuden zu optimieren, liegt in der Visualisierung von Schall per Computersimulation. Auch wenn es in der Wirklichkeit gar keine Schallstrahlen gibt – in der Simulation veranschaulichen konstruierte Schallstrahlen mit ihren jeweiligen Reflexionen von Wänden, Decken und Böden sehr präzise die geplante Raumakustik.

Eine andere Methode ist die „Auralisation", das Hineinhören in einen noch in Planung befindlichen Raum. Solche virtuellen akustischen Testfahrten können beispielsweise veranschaulichen, welche Schalldämmung am besten gegen Innen- und Außengeräusche wirkt.

(mba)

Von den Reizen des Winzigen

Wenn ich mit meinem Mann in die Stadt gehe, muss ich die Route genau planen – oder mit einer halben Stunde zusätzlich rechnen. Sobald ein Modellbaugeschäft am Wegesrand liegt, vergisst mein Mann alles um sich herum. „Mensch, dieser Hubschrauber müsste in unserem Garten wunderbar fliegen!“ Bei einer Wanderung zieht es ihn magisch zu jedem klaren Flüsschen: „Hier könnte man toll mit einem Mini-U-Boot üben!“ Erstaunlicherweise hat er sich bisher noch keines dieser Modelle gekauft.

Einige Akustiker der Physikalisch-Technischen Bundesanstalt dagegen sind den Reizen des Winzigen erlegen. Seit kurzem messen sie in der Puppenstube, und dies sogar ganz wissenschaftlich motiviert. Darum ist ihre Puppenstube auch nicht so wahrheitsgetreu möbliert. Statt Mini-Bett, -Kachelofen und -Klo findet man hier nur ein paar kleine Lautsprecher und eine Gruppe Mikrophone.

Damit versuchen die Physiker, den akustischen Verhältnissen wirklicher Räume auf die Spur zu kommen: Sind die Wände so dünn, dass die Nachbarn jeden Schnarcher mitbekommen? Ist der Boden auch für eine Horde Kleinkinder geeignet? Der Vorteil der Messungen im Winz-Maßstab liegt auf der Hand: Die Wissenschaftler müssen nicht für jede Fragestellung einen großen Raum aufbauen, der viel Geld und kostbaren Platz kostet. Sie haben herausgefunden, dass sich ein Mini-Modell für manche Untersuchungen ebenso eignet wie ein 1:1-Modell. Man muss nur an den richtigen Stellen ein paar Korrekturrechnungen vornehmen.

So wie mein Mann, wenn er in seine Überlegungen die Bauzeit für den tollen Mini-Hubschrauber und die möglichen Folgeschäden einbezieht. Eine komplizierte Rechnung, in die viele Bäume, Zäune und Nachbarbalkons eingehen.

1:10 ist der Maßstab für die Modell-Räume, in denen PTB-Wissenschaftler bauakustische Messungen vornehmen.

Bauakustik en miniature

Bauakustische Messungen in Prüfständen sind in der Regel sehr aufwendig. Messungen an maßstabsgetreu verkleinerten Modellen bieten einige Vorteile gegenüber Untersuchungen in Prüfständen im Originalmaßstab. Wissenschaftler der Physikalisch-Technischen Bundesanstalt (PTB) haben sich daher mit dem Thema „bauakustische Messungen am Modell“ genauer beschäftigt. Das Resultat: Um die am Modell erhaltenen Ergebnisse auf den Originalmaßstab übertragen zu können, haben sie einige Skalierungsregeln formuliert. Die gestalten sich verhältnismäßig einfach, solange es um reine raumakustische Problemstellungen geht, in denen man nur den Luftschall betrachtet.

Doch in der Bauakustik geht es neben Luftschallfeldern auch um Körperschallfelder, wobei sich der Schall nicht nur in der Luft, sondern auch in einem Material fortpflanzt. Die Wissenschaftler haben ein Miniaturmodell eines bauakustischen Wandprüfstandes im Maßstab 1:10 entworfen, das den Anforderungen an einen Prüfstand nach internationalen Normen entspricht.

Als Ersatz für zertifizierte Prüfmessungen in echten Prüfständen kann die Modellmesstechnik zwar nicht herhalten. Aber sie ist sehr gut geeignet als Werkzeug zur Grundlagenforschung.

(es)

Meter aus der Steckdose

Mit viel Beachtung und Presse jagt eine Veranstaltung die nächste. Da war im Herbst 2006, quasi als Vorspeise, die „Lange Nacht der Zeit" in der PTB, im Frühjahr 2007, im ehemaligen Schlosspark, mitten in der Stadt, die Eröffnung der Schloss-Arkaden. Im Mai 2007 dann, ohne Quadriga, die Eröffnung des Schlosses selbst.

Die „Science Cubes" wurden auf dem Platz der Deutschen Einheit aufgebaut und rund um den Burgplatz startete am 14. Juni 2007 „Wissen findet Stadt". Sie sehen, liebe Leser, rund um Braunschweig hat sich was getan.

Kaum beachtet und ungehört ziehen unterdessen Laserstrahlen in einem rund 50 Kilometer langen Glasfaserring rund um Braunschweig ihre Kreise.

Diese Laserstrahlen schickt H. Schnatz, Leiter der Arbeitsgruppe „Längeneinheit" der Physikalisch-Technischen Bundesanstalt (PTB), und sein Team auf die Reise. Ziel ihrer Forschungsarbeit ist es unter anderem, optische Uhren über große Strecken, an verschiedenen Standorten, miteinander zu vergleichen.

Damit können z.B. in der Astronomie Radioteleskope synchronisiert werden, oder, da die Laserstrahlen mit einer genau bekannten Wellenlänge arbeiten, wäre auch das „Meter aus der Steckdose" in Zukunft denkbar.

Wenn Sie nun hoffen, bei Ihrer nächsten Renovierung das Meter aus der Steckdose ablesen zu können: Die Wellenlänge liegt bei nahe 1,5 µm (1 µm = 1/1000 mm). Während die Laserstrahlen rund um Braunschweig ziehen, werde ich von einer Veranstaltung zur anderen gehen und mir ansehen, was in Braunschweig noch alles geforscht wird.

Das Meter ist per Definition die Länge der Strecke, die Licht im Vakuum während der Dauer von (1/299 792 458) Sekunden durchläuft.

Auf dem Weg zur Neudefinition

Mit Hilfe optischer Uhren lassen sich wesentlich kleinere Unsicherheiten und höhere Stabilitäten bei der Realisierung der Zeiteinheit erreichen als mit Mikrowellennormalen. Diese Tatsache wird in naher Zukunft zu einer Neudefinition der Basiseinheit „Sekunde" führen. Um dieses Potenzial voll auszuschöpfen, ist es erforderlich, auch optische Uhren mit unterschiedlichen optischen Frequenzen und an unterschiedlichen Standorten direkt miteinander vergleichen zu können. Wichtige Hilfsmittel hierfür sind optische Kammgeneratoren.

Das in der Physikalisch-Technischen Bundesanstalt (PTB) entwickelte „Transferverfahren" erlaubt einen direkten Vergleich lokaler optischer Normale mittels Frequenzkamm. Unter Umgehung einer Mikrowellenreferenz wurde hierbei eine relative Unsicherheit im Bereich von 10^{-19} *erreicht. Da zurzeit und auch in Zukunft die besten Normale im Allgemeinen nicht in unmittelbarer Nähe zueinander betrieben werden, ist ein phasenverfolgbarer Frequenzvergleich über größere Entfernungen (innerhalb Europas, transatlantisch) mit einer Unsicherheit im Bereich von* $< 10^{-15}$ *für viele Fragestellungen in der Metrologie, fundamentalen Physik und Astronomie von großer praktischer Relevanz. Die phasenkohärente Übertragung der Frequenzinformation über größere Entfernungen wird damit zu einem der zentralen Punkte einer Neudefinition der Zeiteinheit.*

(gro)

Miss zweimal, schneide einmal!

Ehepaar Messbauer hat ihn sich endlich erfüllt: den Traum vom Eigenheim. Das Richtfest ist längst gewesen und auch die Einweihungsparty wurde schon gefeiert. Doch wie so oft bleiben immer noch ein paar Kleinigkeiten liegen, die man irgendwann unbedingt noch erledigen will. Im Wohnzimmer fehlen noch die Fußleisten.

Gesagt – getan. Herr Messbauer vermisst also mit seiner altbewährten und „absolut sicheren" Methode den Raum, indem er sorgfältig mit der Gesamtspanne seiner Arme erst am Boden Maß nimmt, um es dann – mit ausgebreiteten Adlerschwingen durchs Zimmer laufend – auf die Fußleisten zu übertragen. Schnell setzt er die Gehrungssäge an und bereitet auf diese Weise alle Stücke vor. Doch: Schreck lass nach! Als er die Fußleisten ansetzen will, passt kein Stück. Alle Teile sind zu lang oder zu kurz.

Wer also unbedingt wie Herr Messbauer den Körper als Maß benutzen will, der sollte lieber auf eine statische Einheit wie Fuß oder Elle zurückgreifen, wie man es seit der Antike machte. Später kamen dann Zollstöcke und Messbänder auf, um Einheitlichkeit zu gewähren. Und im Zeitalter der Elektronik bedienen sich natürlich immer mehr Messgeräte der neuen Technik. Manche arbeiten mit Ultraschall oder Laser, was gerade bei großen Distanzen von Vorteil ist. Das Tachymeter zum Beispiel wird in der Landvermessung benutzt, da es zugleich auch Winkel erfasst.

Sicherlich ist Herr Messbauer nun erneut im Baumarkt anzutreffen, wo er neben neuen Fußleisten vielleicht auch einen Zollstock auf das Kassenband legen wird.

Längenmessungen im Wandel der Zeit von der Elle zum Tachymeter.

Längenmessung gestern und heute

Vergleichen und Messen hat die Menschen schon immer interessiert. So wurden seit der Antike verschiedenste Körpermaße wie Fuß und Elle benutzt. Doch hiermit konnte man noch nicht feingliedrig genug messen; dafür eignen sich ein Gliedermaßstab – bekannt als Zollstock – oder ein Messband besser. Jedoch gelangte man hier an den Punkt, dass die Reichweite dieser Messgeräte nicht mehr ausreichend war.

Gerade um große Entfernungen messen zu können, eignen sich elektronische Entfernungsmessgeräte. Manche arbeiten mit Ultraschall, indem sie die Laufzeit eines Ultraschallimpulses messen. Andere basieren auf Lasertechnik. Sie messen die Länge über die Laufzeit des Lichtes. Bei einer Auflösung von einem Millimeter können sie Strecken bis über 200 Meter messen. In der Landvermessung finden so genannte Tachymeter Anwendung, die neben der Strecke zugleich die Winkel messen. Auch hier wird die Laufzeit von Laserlicht bis zu Längen im Kilometerbereich gemessen.

Noch größere Präzision erzielen Laserinterferometer. Ein Beispiel ist der Nanometerkomparator, den die Physikalisch-Technische Bundesanstalt (PTB) zusammen mit der Dr. Johannes Heidenhain GmbH entwickelte und der für Messungen an Strichteilungen und Masken zur Belichtung von Halbleiterbauelementen eine Mess-unsicherheit von unter 5 Nanometern erreicht.

(mse)

Mit der Elle Maß genommen

Die Zeit mit der Familie führt immer wieder vor Augen, was sich in unserem Leben prägend ausgewirkt hat. Meine Eltern haben sich viel mit Mathematik und Naturwissenschaft beschäftigt. Das hat sich auch in meinem beruflichen Werdegang niedergeschlagen, und ich bin Biologin geworden. Doch welchen Weg hätten Sie und ich im 17. Jahrhundert eingeschlagen? Vielleicht würden wir als Tuchhändler und Schneider uns gegenüber stehen und mit einer Elle Maß nehmen. „Elle?" fragen Sie sich. Natürlich – damit hat man damals Tuchwaren abgemessen.

Heute völlig abwegig – spricht der Physiker. Einheitlichkeit ist das Gebot der Stunde und mit der Naturkonstante Lichtgeschwindigkeit ist die Basis für die SI-Einheit Meter gegeben. Vor Produktion eines neuen oder abgeänderten Längenmessgerätes bedarf es einer Zulassung durch die Physikalisch-Technische Bundesanstalt.

Doch im Land des Messens sind nicht selten die Neugierde und der Spieltrieb Grund einer guten Idee. So haben die Wissenschaftler beim Schülertag sowie am Tag der offenen Tür – alias Physikcocktail – die Gelegenheit genutzt, ein altes probates Längenmaß auf die Probe zu stellen. Bei insgesamt 263 Personen haben sie die Elle gemessen. Dabei reichten die Ergebnisse von der jüngsten Besucherin im Alter von 3 Jahren mit 26,5 cm Ellenlänge bis hin zum Ältesten Interessierten von 80 Jahren mit 49,5 cm. Der größte Besucher maß übrigens 2 m mit einer Elle von 52,9 cm. Bei dieser Messreihe der außergewöhnlichen Art ergab sich ein ungeahnter Zusammenhang: Das Ellenmaß entspricht etwa einem Viertel der Körpergröße.

So hätte ich als Schneiderin einer Ellenlänge von 42,6 cm wohl am liebsten eine größere Elle als Maß gehabt, um mehr Stoffe zu bekommen. Doch wie gut, dass ich darüber nicht ellenlang nachdenken muss. Das heutige Maß der Dinge in Form von PTB-geprüften Messmitteln lässt keine Diskussionen zu.

57,07 cm – so viel misst die Braunschweiger Elle. Sie ist ein antikes Längenmaß, das nach heutigem Verständnis ein frühes „genormtes" Längenmaß darstellt. Heute ist die PTB für die Kalibrierung von aktuellen und gängigen Längenmaßen zuständig.

Abenteuer der Messung

Normalerweise beschäftigen sich Wissenschaftler der Physikalisch-Technischen Bundesanstalt (PTB) mit präziser Messtechnik, höchsten Genauigkeiten und unter anderem mit Bauartzulassungen aktueller Längenmessmittel. Die Elle diente in früheren Jahrhunderten der vergleichenden Längenmessung. Da sie von Mensch zu Mensch individuell verschieden war und später zu regionalen Normalen geführt hat, wird dieses antike Maß nicht mehr angewendet.

Das klassische Längenmaß der Elle haben Wissenschaftler der PTB anlässlich des Schülertages und „Physikcocktails" (Tag der offenen Tür) 2007 – abweichend von den normalen Dienstleistungsaufgaben – unter die Lupe genommen. Mit Hilfe eines im Fachbereich entwickelten Laser-Entfernungsmessgerätes wurden bei insgesamt 263 Besuchern die persönlichen Ellen vermessen.

Eine Erwartung habe man bezüglich der Ergebnisse nicht gehabt, so Dr. Michael Wolf. Dennoch stellte sich ein unerwarteter linearer Zusammenhang zwischen Ellenmaß und Körpergröße bei den Ergebnissen heraus: Das Ellenmaß entspricht einem Viertel der Körpergröße, unabhängig von Geschlecht und Alter.

Die historische Braunschweiger Elle misst übrigens 57,07 cm und ist als allgemeingültiges Maß nach wie vor als Metallgebilde am Braunschweiger Altstadtrathaus – an einer Säule des Laubenganges – zu finden.

(sbo)

Tanzender Staub

Der Kampf gegen Staub soll gleich doppelt nützlich sein. Ein ordentlicher Hausputz, so wird gemunkelt, verhelfe nicht nur dem Mobiliar zu mehr Glanz, sondern möbele zugleich das Äußere der Ausführenden auf. Schrubben und Staubsaugen sei schließlich auch irgendwie Sport und damit ein Schlankmacher. Doch ganz gleich, ob diese Motivationsspritze Wirkung zeigt oder man ihren Erfinder wegen der leicht durchschaubaren Absicht lieber umhauen möchte (auch das verbrennt Kalorien): Die Staubteilchen selber taugen in jedem Fall zu mehr als nur zur Diätunterstützung.

Physikstudenten der Technischen Universität Braunschweig konnten den mikrometerkleinen Teilchen sogar wissenschaftliche Erkenntnisse abringen und haben Staubteilchen in der Schwerelosigkeit tanzen lassen: eine Performance, die sich „Brownsche Bewegung“ nennt. Dazu haben die Studenten den Staub in einem hohen Forschungsturm abgeworfen und den Fall mit der Kamera detailgenau festgehalten.

Das hat nicht nur unter Wissenschaftlern weltweite Beachtung gefunden, sondern auch mein persönliches Verhältnis zu Staub einmal gründlich aufpoliert. Der Staub in unserem Haus darf seither, wenn auch nicht schwerelos, so doch über längere Zeitdistanzen unbehelligt tanzen. Und statt ständig zu putzen, gehe ich lieber wirklichen Sport treiben.

In der Schwerelosigkeit tanzen Staubteilchen nach der chaotischen Choreographie der „Brownschen Bewegung“. Physikstudenten der TU Braunschweig haben den Staubtanz mit bislang unerreichter Genauigkeit gefilmt.

Entstehung von Planeten verstehen

Physik-Studenten der Technischen Universität (TU) Braunschweig haben mit einer Veröffentlichung in der renommierten Fachzeitschrift „Physical Review Letters“ eine Menge Staub aufgewirbelt, und das buchstäblich: Im Bremer Fallturm hatten sie mehrfach Staub abgeworfen. Während des Falls verharrten die Staubteilchen für knapp fünf Sekunden in der Schwerelosigkeit und tanzten dabei scheinbar unkoordiniert umher. Diese so genannte Brownsche Bewegung haben die Studenten mit der weltweit bisher höchsten zeitlichen und räumlichen Auflösung gefilmt. Die Aufnahmen können unter anderem helfen, die Entstehung von Planeten aus Molekülwolken zu verstehen, sagt Professor Jürgen Blum vom Institut für Geophysik und extraterrestrische Physik: „Im Labor und im Fallturm können wir gleichsam künstlichen Planeten bei der Geburt zuschauen.“

(ah)

Heute zu Besuch im Flachland

Kein Hügel verzerrt die Ebene, kein steiler Anstieg stellt sich dem Wanderer entgegen. Aber auch keine Schwarzbunten stehen malerisch in der Landschaft. Stattdessen blitzt es wieder und wieder – hell, dunkel, hell, dunkel. Ein Lichtfleck dicht neben dem anderen, gereiht zu einer schnurgeraden Perlenstrecke. Hier kann es nicht mit natürlichen Dingen zugehen. Wie von höherer Macht gelenkt, geht der Blitz systematisch vor, als wenn er etwas suchte.

Eine höhere Macht? Wagen wir einen Perspektivenwechsel: Oberhalb der familienpizzatellergroßen und spiegelglatten Ebene liest der Experimentator seine Messgeräte ab, justiert hier und da etwas nach und stellt befriedigt fest: Fast eben! Denn die meisten seiner Blitze, die er senkrecht auf die Ebene hinunter schleudert, werden ebenso reflektiert. Zurück an ihren Ausgangspunkt. Nur manche Reflexe weichen einen Hauch ab. Diese sind wohl auf die Flanken eines Nanometerhügelchens gestoßen und werden aus der Bahn geworfen. Zum Glück sind die Abweichungen gering und selten. Der Spiegel wird taugen – zum Einsatz in der Chipfertigung.

Denn manchmal muss es eben eben sein. Wer jetzt mehr über Erkenntnisse der Ebene wissen will, fragt am besten in der Physikalisch-Technischen Bundesanstalt in Braunschweig nach. Denn genau dort ist diese Technik das neue Ebenen-Maß.

© PTB

40 cm² – Bereits die Flüssigkeitsoberfläche in einem Kaffeebecher verrät die Erdkrümmung – demjenigen, der zu messen versteht.

Wann ist eine Ebene wirklich eben?

In der Physikalisch-Technischen Bundesanstalt (PTB) kann diese Frage sehr genau beantwortet werden. Mit einem neuen Messverfahren können kleinste Formabweichungen von einer ideal ebenen Fläche bestimmt werden.

Bei diesem „Ebenheits-Check" rastert ein Lichtstrahl Punkt für Punkt die zu untersuchende Probenfläche ab. Ist die Fläche am Messpunkt nicht ganz eben, dann wirft sie den Strahl nicht senkrecht, sondern schräg zurück. Dieser Reflexionswinkel wird gemessen. Krümmt sich die Fläche zwischen zwei benachbarten Punkten, dann ändert sich die Reflexion der Lichtstrahlen, und aus der Winkeldifferenz kann auf die Form der Oberfläche geschlossen werden. Differenzen von zwei tausendstel Winkelsekunden können die PTB-Wissenschaftler noch sicher nachweisen und Höhenunterschiede von 0,2 Nanometern auf einer „Ebene" entdecken.

Nahezu perfekt glatte Flächen braucht beispielsweise die optische Industrie: Die Form von Linsen und Spiegeln bei der Chipherstellung muss bis auf den Nanometer genau sein, um das Licht scharf genug bündeln zu können.

Der bisher zum Ebenenvergleich eingesetzte Quecksilberspiegel hat damit ausgedient. Das ist auch gut so, denn auch ein Quecksilberspiegel ist nicht streng eben: Die Gravitation der Erde zwingt auch ihm eine leichte Krümmung auf.

(jes)

Nano-Trojanische Pferde

Ein Danaergeschenk ist bekanntlich eine Gabe, die sich für den Empfänger als unheilvoll erweist. Man denke an den Apfel für Schneewittchen oder aber – und das ist namensgebend – an das wohl bekannteste Präsent der Antike, das die Griechen den Trojanern vor die Stadttore stellten: Das Trojanische Pferd! Mit dieser List konnten die Griechen den schon so lange anhaltenden Kampf gegen die Trojaner gewinnen. Diese nahmen das riesige Holzpferd an, ohne sich etwas dabei zu denken. Doch als sie es erst einmal in ihre Stadt gezogen hatten, sollten sie ihr blaues Wunder erleben; denn das Pferd erwachte plötzlich zum Leben. Die griechischen Soldaten, die sich darin versteckt hielten, kletterten heraus und machten Troja dem Erdboden gleich.

Und das Gleiche funktioniert nicht nur bei Griechen, Pferden und Troja, sondern auch bei Physikern, Nanopartikeln und Krebszellen. Nur dass der Schauplatz nicht antik ist, sondern sich direkt in der Gegenwart der Physikalisch-Technischen Bundesanstalt befindet. Hier wird anwendungsorientierte Forschung betrieben, die es erleichtern soll, Nanopartikel in Krebszellen einzuschleusen. Denn diese können aufgrund ihrer Größe problemlos in die Zellen eindringen. Die Partikel werden dann erhitzt und können so gezielt das kranke Gewebe zerstören, wobei das gesunde erhalten bleibt. Somit wären also die Risiken und Folgeschäden im Vergleich zu vielen anderen Krebstherapien nicht so groß.

Auf diese Weise wäre es zwar ein Danaergeschenk für die Krebszelle, aber eine überaus positive Errungenschaft für den Patienten.

0,000 000 001 m ist die Größenordnung von Nanopartikeln, die nicht nur in Form von Sprays zum Beschichten von Oberflächen benutzt werden, sondern auch in der Krebstherapie Anwendung finden.

Nanopartikel in der Krebstherapie

Bereits seit 20 Jahren wird in der Krebsforschung an einem neuartigen Ansatz gearbeitet: der Nanotherapie. Nanopartikel sind winzige Teilchen, die bei einer Größenordnung von 10^{-9} liegen; das entspricht einem milliardstel Meter. Das macht sie prädestiniert, auch in kleinste Kapillargefäße vorzudringen. Für den Therapieansatz müssen jedoch alle Nanopartikel dieselbe Größe haben, damit nicht nur einige wenige bei gleicher Frequenz auch auf das benötigte Magnetfeld reagieren und gleichmäßig aufgeheizt werden können.

Daher arbeitet die Physikalisch-Technische Bundeanstalt (PTB) in Braunschweig und Berlin zusammen mit der Technischen Universität (TU) Braunschweig und zwei Industriefirmen an der Eigenschaftserforschung von Nanopartikeln. In Braunschweig werden die Nanoteilchen mit dem Magnetkraftmikroskop der PTB untersucht. Man arbeitet daran, die Nanopartikel auf eine einheitliche Größe zu bringen, damit sie in der Medizin effizienter genutzt werden können. Wichtig für die Anwendung ist die Feststellung, ob die Teilchen im Blut verklumpen oder vereinzelt bleiben. Nur wenn sie vereinzelt bleiben, können Sie bei dem Patienten eingesetzt werden.

(mse)

„Krumme Dinger“

Ist Ihnen schon aufgefallen, dass die Form von Bohnenkernen an menschliche Embryonen erinnert? Der griechische Mathematiker und Philosoph Pythagoras kam zu dem Schluss, dass sich in Bohnen wiedergeborene menschliche Seelen befinden. Wer Bohnen isst, der mordet. Und so erklärt sich auch der „unangenehme Nebeneffekt“ beim Verzehr der Hülsenfrüchte – schließlich müssen die verspeisten Seelen auch wieder raus aus dem Körper.

Zum Glück sinnierte der antike Denker aber auch über sinnvollere Themen. Zum Beispiel über die Form der Erde. Denn ihm wird zugeschrieben, um 530 v. Chr. zusammen mit seinen Schülern als erster die Erdkrümmung bemerkt und daraus auf die Kugelgestalt der Erde geschlossen zu haben.

Heute benötigt die Physikalisch-Technische Bundesanstalt in Braunschweig für den Nachweis der Erdkrümmung nur noch die Oberfläche einer mit Flüssigkeit gefüllten Müslischale. Die dortigen Experten für optische Formmessung ermitteln die Ebenheit und Geradheit von glatten Flächen mit Hilfe der „Extended Shear Angle Difference“-Methode (ESAD), bei der die Winkeldifferenz für die Bestimmung eines möglichst präzisen Normalwertes ausgenutzt wird. So genannte Interferometer tasten die Oberflächen ultrapräzise optisch ab und erfassen im Vergleich mit dem Normal Unebenheiten von unter einem Nanometer, also einem millionstel Millimeter – soviel wie drei Goldatome! So wird nicht nur jede kleinste Erhebung, sondern auch die Krümmung von Objekten sichtbar – und es ist tatsächlich möglich, auf der Oberfläche einer mit Flüssigkeit gefüllten Müslischale die Erdkrümmung zu erkennen.

Es hat sich also einiges getan seit Pythagoras. Es lohnt sich aber allemal, auch den alten Griechen einmal neu zu entdecken, den man sonst nur aus dem Mathematik-Unterricht kennt – vielleicht bei einer leckeren Schüssel Bohnensalat…

Die Oberfläche einer Müslischale reicht heute für einen Beweis aus, für den die alten Griechen noch den gesamten Horizont gebraucht haben: Die Experten für optische Formmessung der PTB sind in der Lage, Krümmungen von Flächen mit einer Genauigkeit von unter einem Nanometer anzugeben – und damit die Erdkrümmung selbst auf ebendiesem Frühstücksgeschirr sichtbar zu machen.

„Gerade“ würde es mir passen...

Nicht nur ist Quecksilber das einzige Metall, das unter Normalbedingungen flüssig ist, es hat auch noch eine sehr große Oberflächenspannung. Seine Oberfläche galt als perfekt glatt. Mit modernen Messmethoden kann man nun selbst dort kleine Unebenheiten feststellen. Die Experten für optische Formmessung der Physikalisch-Technischen Bundesanstalt (PTB) messen Flächen mit Genauigkeiten im Subnanometerbereich.

Während man in der Mikroskopie strukturierte Oberflächen wie beispielsweise siliziumbasierte Computerchips erfasst, vermisst die optische Formmessung glatte, möglichst ebene und nicht-strukturierte Oberflächen von bis zu einem Meter. Dabei können die Wissenschaftler Planflächen genauso wie Kugeln und sogar asphärische Körper bestimmen. Eine extrem genaue Methode ist die „Extended Shear Angle Difference“-Methode (ESAD). Das Verfahren nutzt die geradlinige Ausbreitung von Licht als natürliche und hochgenaue Referenz. So wird ein ultrapräzises Primärnormal für Geradheit und Ebenheit realisiert. Mit diesem können Interferometer, spezielle Instrumente für Präzisionsmessungen, kalibriert werden. Solche Messgeräte machen es dann möglich, Oberflächen exakt abzutasten und minimale Krümmungen sichtbar zu machen.

(she)

Fenster mit Sonnenbrillen und schwarzer Magie

„O sole mio“ singt der Italiener vor Freude, wenn die Sonne vom Himmel strahlt. Es sei denn, er schwitzt gerade im Büro vor sich hin, weil der schöne Schein genau auf seinen Arbeitsplatz knallt und die Architekten des schicken Gebäudes nicht an den Sonnenschutz gedacht haben.

Das muss nicht sein, dachten sich findige Forscher: Wenn die Fenster schon keine Schiebermütze haben, die Schatten wirft, könnte man ihnen ja Sonnenbrillen verpassen, die die Strahlen nicht hindurchlassen. Und so bekommen Glasscheiben – vor allem an schicken Büroneubauten – schon seit einiger Zeit hauchdünne Beschichtungen aus Silberverbindungen.

Die durchsichtige Schicht, nur wenige Nanometer dick, lässt das kurzwellige Licht hindurch und hält die langwellige Wärmestrahlung draußen. Doch die Silberschicht gleichmäßig hinzubekommen war bisher schwarze Magie, sagen die Forscher des Braunschweiger Fraunhofer-Instituts für Schicht- und Oberflächentechnik. Nur ein Prozent Abweichung sind erlaubt – das klappte nur dank viel Erfahrung oder lieferte viel Ausschuss.

Sie haben das Verfahren entzaubert: Neuerdings kann eine Simulationssoftware namens DOGMA die komplizierten Vorgänge der Plasmabeschichtung genau vorhersagen. So sind die Prozesse jetzt berechenbar, und für die Hersteller – und ihre Kostenkalkulation – geht die Sonne auf...

0,000 000 001 Meter oder 10^{-9} Meter oder einen bis mehrere Nanometer dick ist die Glasbeschichtung, die Fenstern am IST zu Sonnenschutz verhilft.

Hauchdünne Schichten „sputtern“

Die sog. Sputter-Technik „kleckst“ einzelne Silberatome großtechnisch auf Glasflächen – binnen 45 Sekunden lassen sich 20 Quadratmeter große Scheiben beschichten. Doch auch Fotofilter oder fingernagelgroße Spezialfilter werden mit hauchdünnen Schichten „besputtert“: In einer Vakuumkammer schießen energiereiche Ionen eines Plasmas einzelne Atome aus einer Silberplatte. Eine Glasscheibe in Flugrichtung fängt sie auf und kommt so zu wachsenden Beschichtung. Wichtig für die korrekte Filterwirkung ist die exakte Dicke der Schicht, erklärt Dr. Bernd Szyszka vom Fraunhofer-Institut für Schicht- und Oberflächentechnik (IST): „Bei den Sonnenschutzbeschichtungen ist maximal ein Prozent Toleranz zulässig.“ Das bedeutete bisher viel Ausschuss. War man nach vielen Versuchsreihen zu einem zuverlässigen Verfahren gelangt, blieb man möglichst bei den einmal gewählten Einflussgrößen. Kein wirklich flexibles Verfahren für die Industrie, die ihre Produkte neuen Anforderungen anpassen will. Das kann sie jetzt, seit Szyszkas Team die Simulationssoftware DOGMA entwickelt hat. Dank DOGMA ist das Auftragen von Dünnschichtsystemen jetzt exakt vorherzusagen, flexible Veränderungen der verschiedensten Parameter sind jetzt erlaubt.

(ds)

Nanoauge, sei wachsam!

Zerklüftete orangefarbene Steilwände fliegen vorüber, ragen stalagmitengleich empor. Zoom. Flackernde blaue Signalgewitter. Zoom. Eine grüne Zahlenmatrix schiebt sich über schwarze Einsen und Nullen. Und plötzlich: der Blick auf ein Messmikroskop im Labor. Es ist das Labor für „Quantitative Rastersondenmikroskopie" der Physikalisch-Technischen Bundesanstalt in Braunschweig.

Wir befinden uns im Kurzfilm „Dimensionen" von Hans U. Danzebrink, auf dem Rückflug einer visuellen Reise in die Welt des Unsichtbaren – den Nanokosmos, der sich im Computerchip verbirgt. Ungeahnt kleine Welten sind seit der Erfindung des Mikroskops erfahrbar geworden.

Doch Nannos, der Zwerg der griechischen Sprachwelt, haust in noch viel kleineren Dimensionen. Das Nanometer, dem er seinen Namen schenkte, beträgt nur ein Milliardstel eines Meters. Dem Reisenden in jene Welten leiht die Rastersonde ihr mikroskopisches Auge und dringt damit in bislang unsichtbare Dimensionen vor.

Auf diese Art macht Danzebrinks preisgekröntes „Nano-Kino" das Unsichtbare hinter Zahlen und Messwerten sichtbar. Doch Vorsicht: Um filmerisch in die Tiefen dieser allerkleinsten Welt vorzudringen, werden Bilder erst errechnet, unserer Wahrnehmung angepasst. Reale und irreale Sequenzen, Kunst und Wissenschaft vermischen sich. Nanoauge, sei wachsam!

Dimensionen heißt der preisgekrönte Kurzfilm aus der PTB, der visuelle Ausflüge in die dem menschlichen Auge sonst unsichtbare Dimension der Nanowelt unternimmt.

Brücke zwischen Kunst und Physik

Seit Beginn des letzten Jahrhunderts haben moderne Physik und moderne Kunst in der Regel eines gemeinsam: Sie sind nicht anschaulich. Ihr Thema ist das Unsichtbare, Unspürbare, Unhörbare. In der Kunst abstrakt und begrifflich erfahrbar durch Formen und Farben, in der Physik über Zahlen und Messergebnisse konstruierbar. „Es ist absolut möglich, dass jenseits der Wahrnehmung unserer Sinne ungeahnte Welten verborgen sind", sagte Einstein.

Der preisgekrönte Kurzfilm „Dimensionen" des Wissenschaftlers Hans U. Danzebrink schlägt eine bildhafte Brücke zwischen Kunst und Physik und macht das Unsichtbare hinter den nackten Zahlen sichtbar: Er unternimmt eine visuelle Reise in einen Computerchip, um die für den Menschen unsichtbar kleinen Strukturen der Nanowelt wahrnehmbar zu machen. Doch um dieses Kleinste „sehen" zu können, muss man mehr als den Maßstab der räumlichen Dimension ändern.

So treten Messergebnisse aus dem Labor für Quantitative Rastersondenmikroskopie der Physikalisch-Technischen Bundesanstalt (PTB), die sonst der Entwicklung und Zertifizierung von Linealen für die Nanowelt dienen, ins Rampenlicht der Kunstwelt. Das Gelingen dieser Gratwanderung zwischen Kunst und Wissenschaft hat dem Film unter anderem eine Nominierung vom Zentrum für Kunst und Medientechnologie (ZKM) in Karlsruhe zum Thema „unSICHTBARes. kunst_wissenschaft" sowie den Filmpreis beim Wettbewerb „Nano-Foto 2006" eingebracht, der in Zusammenarbeit mit dem Deutschen Museum in München ausgeschrieben wurde.

(mba)

Und was machen Sie so beruflich?

Braunschweig ist ein heißes Pflaster. Das bestätigen nicht nur Getränkemarktbesitzer, sondern in jüngster Zeit auch Friseure. Dieser Berufsstand zeichnet sich bekanntlich durch hohe Kommunikationskompetenz und enorme Flexibilität aus. Jeder Kunde wird individuell frisiert und mit jedem Kunden wird individuell geplaudert. Über das miese Wetter, über die letzte Urlaubsreise oder die in der Saison 2006/2007 abstiegsbedrohte Eintracht. Vorsicht ist allerdings geboten, wenn man seinen Friseurladen in der Stadt der Wissenschaft betreibt und also Gefahr läuft, auch gelegentlich einen Forscher auf dem Stuhl der Wahrheit sitzen zu haben. Auf die harmlose Frage „Und was machen Sie so beruflich?“ könnte eine Antwort folgen, die auch den geübtesten Kommunikator aus dem Rennen wirft.

Als Hans D., Wissenschaftler der Physikalisch-Technischen Bundesanstalt (PTB), neulich mal wieder zu seiner Friseurin ging, dachte er nichts Großes. Gedanklich spazierte er, während zarte Finger seinen Kopf shampoonierten, durch sein Lieblingsland – die Nanowelt. Und so rutschte ihm auf die Frage, welchen Beruf er denn ausübe, heraus: Nanometriker. „Bitte?“ Und die zarten Finger erstarrten für einen klitzekleinen Moment. Aber da war es schon passiert und in Hans D.´s Kopf schrillten die Alarmglocken. Erklärungsnotstand! „Äh, ja. Also Mikroskope. Oder nein, Nanoskope. Geräte für die Nanowelt. High-tech. Millionstel Millimeter. Auch in dieser Welt muss man sich zurechtfinden.“ Leider verpasste Hans D., mittlerweile Wasser im Ohr, die Antwort. Gab es überhaupt eine Antwort?

In jedem Fall herrschte die folgenden Minuten Schweigen. Aber dann, beim Bezahlen, letzter Versuch: „Menschliches Haar wächst übrigens in jeder Sekunde um 10 Nanometer.“ „Ach, dann kommen Sie ja bald wieder!“ Und die Nanowelt war wieder in Ordnung.

10 nm in einer Sekunde wächst ein menschliches Haar. Nach 10 Sekunden wäre das für ein Rastersondenmikroskop schon ein echter Stolperstein.

Blicke in die Nanowelt

Wie in der makroskopischen Welt gilt auch in der Nanowelt: Es kann nur das zuverlässig produziert werden, was auch präzise gemessen werden kann. Das bezieht sich bei sehr kleinen Objekten besonders auf die geometrischen Abmessungen, da diese die physikalischen und chemischen Eigenschaften unmittelbar beeinflussen. Die Messung an/von mikro- und nanoskopischen Objekten ist allerdings eine Herausforderung, da selbst Lichtmikroskope keinen direkten Blick auf diese kleinen Strukturen erlauben. Stattdessen geschieht deren Untersuchung mit so genannten Rastersondenmikroskopen. Sie verwenden nanometerfeine Nadeln, um die Oberflächen linienweise abzurastern. Im Computer werden diese Informationen als Zahlenmatrix abgelegt und zu einem dreidimensionalen Bild zusammengesetzt.

Für die aktuellen Anforderungen aus der Halbleiterindustrie, Materialwissenschaft oder Biotechnologie und Medizin reicht die Präzision konventioneller Rastersondenmikroskope nicht mehr aus. Aus diesem Grund werden in der PTB-Arbeitsgruppe „Quantitative Rastersondenmikroskopie“ in enger Kooperation mit Anwendern und Geräteherstellern Messmethoden und -geräte für die so genannte Nanometrologie entwickelt.

(jes)

Wahre Schwermut

Die Wahrheit liegt nicht immer auf dem Platz. Manchmal steht sie auch in der Kurve. Und so kann, wer eine echte Wahrheit sucht, im Braunschweiger Eintracht-Stadion, Südkurve, fündig werden. Dem wahren Fußball-Fan, der hier in Freud und Leid, öfter in Leid, steht, haben im Mai 2007 magere 15 Tore nach 29 Zweitligaspielen tiefe Sorgenfalten ins Gesicht eingeschrieben. Aus jeder Falte schreit es: Braunschweig, du hast es schwer! So schwer!

Wieder einmal zeigt sich hier die nahezu philosophische, wenn nicht gar physikalische Dimension fußballerischen Denkens. Denn nicht nur die Schwermut auf den Rängen ist in Braunschweig größer als – sagen wir – in München, sondern auch ganz wahrhaftig die Schwerkraft.

Wer's nicht glaubt, kann sich gerne an Andreas Lindau in der Physikalisch-Technischen Bundesanstalt wenden, der gerade an seiner Doktorarbeit in Sachen Gravitationszonen bastelt. Oder er kann sich ein ordentliches Kilogramm und eine fein säuberlich kalibrierte Waage aus der PTB ausleihen, damit einmal nach München reisen und das Kilogramm in München auf die Braunschweiger Waage legen. Das Ergebnis auf der Digitalanzeige der Waage wird sein: 0,9995 Kilogramm! Um eben dies fällt nämlich die Schwerkraft in München leichter aus.

Alternativ konnten Sie auch mehr zu diesem Thema im Technik-Science-Cube bis zum 17. Juni 2007 auf dem Platz der Deutschen Einheit in Braunschweig finden.

Die Differenz in der Schwermut dagegen kann, zum Glück, von Wochenende zu Wochenende eine andere sein. Denn meistens liegt sie ja doch auf dem Platz: die Wahrheit.

© PTB

9,8125 m/s² ist der Wert der Fallbeschleunigung in Braunschweig. Wer's leichter mag, sollte auf einen Berg steigen oder gen Süden fahren.

Von Ort zu Ort unterschiedlich

Ein Kilogramm ist ein Kilogramm – sollte man meinen. Ob das tatsächlich auch so ist, sollte sich mit einer Waage überprüfen lassen. Aber Vorsicht: Eine Waage misst nicht direkt eine Masse. Vielmehr wird eine Masse auf eine Waagschale gelegt und die Waage spürt die Kraftwirkung, welche diese Masse auf die Waagschale ausübt. Die Waage registriert eine Gewichtskraft, bestimmt also, kurz gesagt, ein Gewicht. Die Gravitation macht hier – zwischen Masse und Gewicht – den Unterschied.

Auf unserer Erde ist die Gravitation – die örtliche Fallbeschleunigung (Formelzeichen: g) – jedoch von Ort zu Ort (leicht) unterschiedlich. Entscheidend für g ist die Entfernung zum Erdmittelpunkt. Je weiter ich von diesem Mittelpunkt entfernt bin, umso geringer ist g.

Aber: Weiß das auch meine Waage? Eine Waage, wie sie z.B. in Supermärkten eingesetzt wird (eine Handelswaage der so genannten Klasse III), „spürt" die Unterschiede der g-Werte, kommt also zu verschiedenen Wägewerten. Mit dem Resultat, dass das Kilogramm Zucker in München etwas weniger auf die Waage bringen würde als in Braunschweig. Damit eben dies nicht geschieht, muss man der Waage zuvor „sagen", wo sie sich aufhält und wie groß die Fallbeschleunigung an diesem Ort ist. Für Waagen der schon erwähnten Klasse III genügt es dabei, Deutschland in vier streifenartige Zonen zu teilen und für jeder dieser Zonen einen mittleren Wert für g festzulegen.

Also: Ein Kilogramm Zucker wiegt zwar in München etwas weniger als in Braunschweig. Aber die „schlaue Waage" rechnet diesen Unterschied (mit Hilfe der Gravitationszonen) heraus. Und die Wägewelt ist wieder in Ordnung!

(jes)

Wer wägt, gewinnt

Woher wissen Sie beim Einkaufen, dass in der Spaghetti-Packung aus Italien wirklich 500 Gramm sind? Oder französische Salami: genau 340 Gramm? Müssen Sie das glauben? Was, wenn Sie zuhause nur 493 oder 336 Gramm messen? Theoretisch könnten Sie ja mit Ihrer Haushaltswaage, den Nudeln und der Salami nach Italien und Frankreich reisen, um dort Abweichungen zu monieren. Praktisch besehen: Der Salamiverpacker wird einen Blick auf Ihre Haushaltswaage werfen und in Gelächter ausbrechen. Dann wird er auf seine High-Tech-Waage weisen. Sie legen also Ihre Salami drauf und lesen auf der Anzeige „340 g". Jetzt wissen Sie, dass die Salami auf dieser Waage 340 Gramm wiegt.

Aber wieso sollten Sie dieser Waage mehr trauen als Ihrer Haushaltswaage? Vielleicht deshalb, weil es internationale Richtlinien und Organisationen gibt, die sich um „Messinstrumente für den zwischenstaatlichen Warenverkehr und alle Waren und Dienstleistungen, deren Wert durch Messungen bestimmt wird", kümmern. Wer mitmacht, stellt sicher, dass die Waagen im Lande strengen Vorschriften unterliegen. Wer nicht mitmacht, hat ein Exportproblem und wahrscheinlich keine Salami in Ihrem Supermarkt liegen.

Mit Japan hat Deutschland sogar ein eigenes Waagen-Abkommen geschlossen, das die PTB 2007 aktualisiert hat. Und auch das ist ja gut zu wissen: Dass Japaner nicht nur bei Wagen, sondern auch bei Waagen und beim Wägen verlässliche Partner sind.

500 Gramm Nudeln sind 500 Gramm Nudeln. Egal, wo sie verpackt wurden.

Eine deutsch-japanische Erfolgsgeschichte

Deutschland und Japan haben im Juni 2007 ihr bilaterales Waagen-Abkommen erweitert. Bereits 1999 unterzeichneten das Vorgängerinstitut des heutigen National Metrology Institute of Japan und die Physikalisch-Technische Bundesanstalt (PTB) ein bilaterales Abkommen über die gegenseitige Anerkennung der Prüfergebnisse von so genannten nichtselbsttätigen Waagen. Das sind Waagen, die nicht in den Produktionsprozess eingebunden sind und dort automatisch messen, sondern einen „Bediener" brauchen. Schon mit diesem ersten Abkommen fielen zahlreiche Exportbeschränkungen weg; die Waagenindustrie beider Länder profitierte davon.

Nach einer ersten Anpassung des Abkommens im Jahr 2001 wurden Waagen der präzisesten Genauigkeitsklasse einbezogen. Aufgrund des rasanten messtechnischen Fortschritts wurde nun eine zweite Erweiterung und Aktualisierung vorgenommen. Mittlerweile sind Waagen mit einer Höchstlast bis zu fünf Tonnen erfasst und auch so genannte Wägezellen sind eingearbeitet gemäß Empfehlungen der OIML – der Organisation Internationale de Métrologie Légale.

Diese zweite Revision bestätigt und festigt auch die sehr guten Beziehungen zwischen den metrologischen Staatsinstituten Deutschlands und Japans.

(fö)

Waagen im Härtetest

„450 Gramm Thüringer Mett, bitte." Schwungvoll schaufelt die Verkäuferin einen Mettklops aus der Schüssel und klatscht ihn auf die Waage. Exakt 450 Gramm, nicht mehr, nicht weniger – wie die Wurst-Frau im Werbespot. Erst in der heimischen Küche stelle ich fest: Das Mett ist ungewürzt. „Die Waage zeigt, ob schwer, ob leicht, aber nicht, ob Gold, ob Silber", besagt eine alte Spruchweisheit.

Findige Ingenieure allerdings rütteln an ihrer Substanz. Denn die neue „intelligente" Waage wiegt nicht nur, wie schwer, wie leicht, sondern unterscheidet auch, ob Apfel oder Birne, dereinst wohl auch, ob „Golden Delicious" oder „Silberreinette". Digitale Bilderkennung macht's möglich.

Doch was, wenn der angeblich schwere Apfel in Wahrheit ein Leichtgewicht ist? Um Händler wie Käufer in Sicherheit zu wiegen, werden wägetechnische Innovationen aller Art und Größe von der Physikalisch-Technischen Bundesanstalt auf Eichfähigkeit getestet. Schrägstellung, Störspannung, Hitze, Kälte und extreme Luftfeuchtigkeit – nicht immer nur für Waagen ein besonderer Härtetest. Karsten Schulz, Leiter Dynamisches Wägen, erzählt: „Nach einiger Zeit in der begehbaren Klimakammer ist man körperlich ganz schön fertig." Zumindest in der PTB hört man dann eines wohl nicht: „Darf's ein bisschen mehr sein?"

© PTB

Apfel oder Birne? Moderne Waagen mit Bilderkennung sagen nicht nur, wieviel, sondern auch, was auf ihnen liegt.

Technologischer Fortschritt beim Wägen

Von der Geburt an wird der Mensch sie nicht mehr los: die Waage. Sie ermöglicht das Kochen nach Rezepten. Aber auch ungesehen begleitet sie ihn täglich: Beim Griff nach der Packung Tiefkühlfisch, die von der vollautomatisierten Fabrikwaage befüllt wurde. Sitzend in seinem Auto, das mit Wägesensoren bestückt ist. Vom Staubkorn im Milliardstelbereich eines Gramms bis zur tonnenschweren Schiffsladung: In allen Wirtschaftszweigen wird gewogen. Um hier Verlässlichkeit zu garantieren, vergibt die Physikalisch-Technische Bundesanstalt (PTB) nach vollzogener Bauartprüfung das Prädikat „eichfähige Waage".

Während die PTB-Messtechniker im „mechanischen Zeitalter" noch Gewichte durch die Gänge schleppten, wird heute mit dem Konstruktionsplan häufig nur ein Elektronikmodul vom Hersteller eingesandt. Die entsprechenden Wägezellen oder Waagenbrücken werden elektronisch simuliert. Der technologische Fortschritt allerdings birgt auch neue Herausforderungen für den Testbetrieb. „Wir müssen sicherstellen, dass nach der Eichung die Software nicht mehr geändert werden kann", erläutert Dipl.-Ing. Karsten Schulz, Leiter der Arbeitsgruppe „Dynamisches Wägen". Eine weitere Herausforderung stellt das Wägen nicht stillstehender Objekte dar. Ständig optimiert werden Wägevorrichtungen an Fahrzeugen, auf Straßen und auf dem Gleis, die Fracht beim Verladen und in Fahrt messen können.

Rund 70 Waagen pro Jahr durchlaufen einen bis zu dreiwöchigen Testparcours, den etwa jede fünfte nicht besteht. Schulz: „Dadurch, dass die Prüfungen Hinweise darauf geben, wo Probleme liegen könnten, ist die Wägetechnik der PTB auch immer an der neuesten Forschung dran."

(mba)

Schwere Kost

Warum nur denken alle, wenn von „Masse“ die Rede ist, an Problemzonen statt an phänomenale Physik? Nun gut, selbst bei Familie Einstein waren Pummelproportionen durchaus ein Thema: „Viel zu dick, viel zu dick“, soll jedenfalls Alberts Großmutter moniert haben, als sie ihn das erste Mal zu Gesicht bekam. Später bescheinigte Einstein selber sich immerhin noch „ein bescheidenes Bäuchlein“. Das Verhältnis zu seinen Fettpölsterchen muss allerdings ziemlich entspannt gewesen sein. Schließlich hatte Einstein doch höchstpersönlich herausgefunden, dass Masse nur eine besondere Form von Energie ist, zwar ein bisschen träge macht, aber letztlich doch ungemein anziehend wirkt.

Was Masse sonst noch ist und macht und wie man sie messen kann, war Thema des öffentlichen Helmholtz-Symposiums 2007 am 19. Juni im Congress Saal der Stadthalle Braunschweig, das von der Physikalisch-Technischen Bundesanstalt (PTB) veranstaltet wurde. Dort ging es unter anderem um Kilogramm-Prototypen und atomare Leichtgewichte, um das legendäre Raum-Zeit-Kontinuum und Gravitationswellen. Die entstehen zum Beispiel, wenn im Weltraum Galaxien kollidieren oder Steine in Schwarze Löcher fallen. Gut möglich also, dass eine Brise Star-Trek-Atmosphäre durch die Stadthalle geweht ist.

Völlig in den Sternen stand dagegen vorher noch, ob die Experten auch Hilfreiches zu den Problemzonen-Problemen sagen würden. An einer Null- Lösung sollten wir hier aber auf keinen Fall interessiert sein. Denn ganz ohne Masse würden wir pausenlos mit Lichtgeschwindigkeit umherdüsen. Das hätte im ersten Moment sicher mehr Thrill als eine Eier- oder Kohlsuppendiät, wäre jedoch auf Dauer ziemlich nervenaufreibend. Mein Tip: Auf Bikinifigur und Waschbrettbauch pfeifen und im Liegestuhl gepflegt entspannen mit dem Albert-Einstein-Mantra: Masse ist Energie ist Masse ist Energie ist Masse ist Energie…

„Masse“ – Die physikalische Größe „Masse“ konnte seit ihrer Einführung durch Newton und Galilei eine 300-jährige beispiellose Erfolgsgeschichte in der klassischen Physik aufweisen.

Masse im Wandel der Zeit

Das Helmholtz-Symposium fand am 19. Juni 2007 in der Stadthalle Braunschweig statt. Dort wurden aktuelle Entwicklungen in der Physik des Massebegriffs und Tendenzen der bevorstehenden Neudefinition des Kilogramms erläutert.

Nach Einführung der physikalischne Größe „Masse“ durch Newton und Galilei fand das Prinzip der Äquivalenz von schwerer und träger Masse vor 100 Jahren seine Krönung beim Aufbau der Allgemeinen Relativitätstheorie (ART) durch Einstein. Indessen wird die ART und das Äquivalenzprinzip bis in die Gegenwart hinein theoretisch und experimentell hinterfragt. Auch die Rätsel neu entdeckter kosmischer Formen dunkler Energie und dunkler Masse stellen die Physik vor Fragen grundsätzlicher Natur. Einen neuen Zugang zum Massebegriff hat die andere große Theorie des vergangenen Jahrhunderts, die Theorie der Elementarteilchen, durch die Aufklärung der Struktur der Bausteine von Atomen und Kernen und, jüngst, durch den erstmaligen Nachweis der Berechenbarkeit der Masse von Protonen und Neutronen eröffnet. Gleichzeitig diskutiert die Metrologie eine Neudefinition der Einheit der Masse, des Kilogramms (kg).

(ah)

Schwimmen – Schweben – Sinken

Ich liebe das Meer. Und daher freue ich mich über jede Gelegenheit, die ich an, in oder auf dem schönsten Element verbringen darf. Man kann sich also vorstellen, wie begeistert ich war, als ich vor einigen Jahren die Gelegenheit hatte, einen Segeltörn mit einem wunderschönen Zweimast-Klipper zu unternehmen. Bei herrlichstem Sonnenschein erkundete ich das Boot. Ich entschied mich für das Netz unter dem Klüverbaum, das mir als über dem Wasser frei schwebende Hängematte dienen sollte.

Meine neue Sonnenbrille, die bis zu dem Zeitpunkt noch da saß, wo eine Brille hingehört, verlagerte ich vorsichtshalber von der Nase an den oberen Saum meines Träger-Tops. Und beim ersten Schritt ins Netz war es auch schon passiert: Mein „Nasenfahrrad" trat selber in die Pedale und steuerte unaufhaltsam gen Wasser zu. Unter einer kleinen Schaumkrone sah ich es versinken. Doch warum – so stellte sich mir aufdringlich die Frage – schwamm meine Brille nicht wie das Schiff? Ist sie doch um ein Vielfaches leichter.

Das hängt mit der Dichte sowie dem Kräfteverhältnis zusammen, in dem sich die Körper befinden. Ist die Kraft, die den Körper nach oben drückt, kleiner als die Erdanziehungskraft, die er erfährt, dann sinkt er. Wie meine Sonnenbrille. Sind beide Kräfte gleich, dann schwebt er. Schiffe schwimmen also darum, weil der ins Wasser eingetauchte Teil des Schiffes leichter ist als das Wasser, das er verdrängt. Und damit ein Boot auch zuverlässig konstruiert werden kann, führt die Physikalisch-Technische Bundesanstalt in Braunschweig Präzisionsbestimmungen der Dichte und des Volumens von Festkörpern durch.

So kann ich beruhigt sein, dass meine nächste Reise mit einem Schiff für mich nicht so enden wird wie für meine Sonnenbrille.

Auftrieb und Gewichtskraft sorgen dafür, dass ein tonnenschweres Schiff vom Wasser getragen wird, wohingegen manch andere Schätze ein One-Way-Ticket zum Meeresgrund buchen.

Die Sache mit dem Auftrieb

Das Archimedische Prinzip ist der Grund dafür, dass tonnenschwere Schiffe schwimmen. Es besagt, dass die Auftriebskraft eines Körpers in einem Medium wie z.B. Wasser genau so groß wie die Gewichtskraft ist, die das von ihm verdrängte Medium besitzt. Schiffe verdrängen Wasser und erhalten dadurch Auftrieb. Der Auftrieb ist die Kraft, die Flüssigkeiten auf die in ihnen befindlichen Körper ausüben. Und da die mittlere Dichte – also der Abstand der einzelnen Teilchen zueinander – des Schiffes aufgrund der großen Lufträume geringer als die des verdrängten Wassers ist, schwimmt es. Damit es sich in einem stabilen Gleichgewicht befindet, benötigt das Schiff einen bestimmten Tiefgang. Wenn es bei Störungen tiefer eintaucht, sorgt der Tiefgang dafür, dass sich der Auftrieb vergrößert und das Boot wieder nach oben gehoben wird.

Auftrieb und Gewichtskraft kann man auch anschaulich mithilfe Cartesianischer Taucher demonstrieren. Hierbei handelt es sich um in mit Wasser gefüllten Flaschen befindliche Figuren mit einer kleinen Öffnung. Ist der Taucher in eine Flasche eingelassen, auf die man Druck ausüben kann, so verkleinert sich das Luftvolumen des Tauchers bei steigendem Druck. Dadurch nimmt der Auftrieb ab und der Taucher sinkt. Reduziert man den Druck, nimmt die Luftblase des Tauchers zu und er steigt nach oben. Also: Ist der Auftrieb kleiner als die Gewichtskraft, sinkt der Körper. Ist sie größer, steigt der Körper und schwimmt. Und wenn Auftrieb und Gewichtskraft identisch sind, schwebt der Körper.

(mse)

„Und Action...!"

„Diese Szene können wir nur einmal drehen", muss Regisseur Irwin Allen gesagt haben, bevor er in „Flammendes Inferno" eine Million Gallonen Wasser in ein Hochhaus pumpte. Was bei der Filmcrew für einen ordentlichen Adrenalinschub sorgte, bereitet Wissenschaftlern eher Kopfschmerzen. Sie müssen nach Regeln suchen – auch bei einmaligen Ereignissen.

Physiker der Physikalisch-Technischen Bundesanstalt (PTB) kennen das Problem und haben eine Nuss mehr geknackt: Zusammen mit SPEKTRA, einem Hersteller für Kalibrierungsanlagen in Dresden, entwickelt die Bundesanstalt neue Messverfahren für die Kalibrierung von Geräten, die unter anderem in Crashtests oder bei der Materialprüfung eingesetzt werden. In Situationen also, in denen das Produkt – egal, ob Auto oder Pullover – mit großer Energie, unwiederbringlich und auf immer andere Weise zerstört wird. „Die Frage war: Wie lässt sich die Reaktion dieser Geräte, der so genannten Beschleunigungsaufnehmer, auf die Schock-Signale vorherbestimmen", beschreibt Thomas Bruns, Physiker in der PTB, die Aufgabe. Das PTB-Modell hat die Berechnung nicht nur genauer und einfacher gemacht, sondern gilt als so innovativ, dass es von einem einschlägigen Fachmagazin als „wissenschaftliches Highlight des Jahres 2006" ausgezeichnet wurde. Das Transferprojekt mit der Firma SPEKTRA wird außerdem vom Bundesministerium für Wirtschaft gefördert.

Aufnehmer gibt es nicht nur als praktisches Utensil in der Küche. Die PTB hat ein Verfahren entwickelt, mit dem sich Beschleunigungsaufnehmer für Crashtests genauer kalibrieren lassen.

Signale unter der Lupe

Im Juni 2007 startete das vom Bundesministerium für Wirtschaft und Technologie (BMWi) geförderte Projekt „Modellgestützte Kalibrierung von Beschleunigungsaufnehmern", das die Physikalisch-Technische Bundesanstalt (PTB) gemeinsam mit „SPEKTRA Schwingungstechnik und Akustik GmbH Dresden" durchführt. Die Förderung erfolgt im Rahmen des MNPQ-Transfer Programms des BMWi, mit dem der Technologietransfer von innovativen Messverfahren in kleinere und mittlere Unternehmen unterstützt wird.

Gegenstand dieses Technologietransfers sind neuartige Messverfahren und Auswertemethoden zur Kalibrierung von Beschleunigungsaufnehmern, wie sie in den letzten Jahren in der PTB entwickelt wurden. Im Gegensatz zu den gegenwärtigen Kalibrierverfahren erlauben die neuen Verfahren die Bestimmung des Übertragungsverhaltens eines Aufnehmers auch für transiente Signale, die in der industriellen Messpraxis (z.B. bei Crashtests oder Materialprüfungen) dominieren. Die neuen Verfahren sind für die Industrie von besonderer Bedeutung, weil damit Messdaten von Schockmessungen an verschiedenen Kalibriereinrichtungen vergleichbar werden.

(leu)

Einmal hier pusten, bitte!

„Ist doch nur ein kleiner Pieks!“ Freundlich lächelte mich der Onkel Doktor bei diesen Worten an, die Sprechstundenhilfe versuchte, meine Aufmerksamkeit mit einem grellbunten Lutscher zu ködern. Möglichst unauffällig wollte der Arzt die Nadel unter meiner Haut verschwinden lassen. Doch natürlich war das Geschrei groß! Zum Glück war Mama sofort zur Stelle: „Komm her, soll ich mal pusten?“ Mama pustete den Schmerz einfach davon, und grinsend nahm ich den Kirschlolly aus der Hand der Schwester entgegen. Später waren solche Schutzimpfungen dann mit einem kurzen Pieks erledigt und Mama musste zum Pusten nicht mehr dabei sein.

Im Straßenverkehr lief es genau umgekehrt. Mit Pieksen und Pusten lässt sich auch hier vorbeugen – durch Alkohol fahruntüchtige Verkehrsteilnehmer werden erkannt und aus dem Verkehr herausgenommen – allerdings schaffte man hier zuerst das Pieksen ab.

Seit 1998 ist die Messung des Atemalkohols juristisch ausreichend und eine Blutentnahme nicht mehr zwingend erforderlich. Neben den schon lange eingesetzten Pusteröhrchen bzw. deren elektronischen Nachfolgern für einen kurzen Vortest dürfen heute so genannte beweissichere Atemalkoholmessgeräte von der Polizei verwendet werden. Diese werden natürlich vor der Benutzung umfangreich kontrolliert. Die Physikalisch-Technische Bundesanstalt in Braunschweig untersucht alle Typen beweissicherer Messgeräte auf Messrichtigkeit und Beständigkeit, außerdem stellt sie das nationale Normal für die Atemalkoholkonzentration.

Erst dann machen die Geräte den Straßenverkehr ein gutes Stück sicherer und eine kurze Überprüfung schmerzfreier – auch wenn sich mancher nach einer ausgelassenen Feier, wenn der Polizist mit der Kelle winkt, vielleicht doch lieber den bunten Lutscher und den kurzen Piekser zurückwünscht…

Pusten statt Pieksen – Seit 1998 ist die Messung der Atemalkoholkonzentration auch vor Gericht ein gültiges Mittel, um die Fahrtüchtigkeit eines Verkehrsteilnehmers zu belegen – oder um das Gericht vom Gegenteil zu überzeugen.

Wie das Pusten die Blutprobe ablöste...

Um objektiv einschätzen zu können, wie stark Personen von Alkohol beeinflusst sind, nutzte man lange Zeit die Bestimmung des Blutalkohols. Seit 1998 hat laut §24a des Straßenverkehrsgesetzes auch die Messung des Atemalkohols juristische Konsequenzen. Für diese gerichtsverwertbaren Messungen dürfen nur so genannte beweissichere Messgeräte verwendet werden, die der Norm DIN 0405 entsprechen. In dieser Norm ist festgelegt, dass die Bestimmung der Atemalkoholkonzentration in Deutschland immer durch zwei verschiedene Methoden durchgeführt muss, beispielsweise durch Infrarotabsorption oder elektrochemische Umsetzung. Zusätzliche Einflüsse wie die Temperatur der Atemluft, das Atemvolumen, die Atemdauer und der Atemfluss werden ebenfalls berücksichtigt, um ein möglichst genaues Ergebnis zu bekommen. Eine Absicherung durch zwei unabhängige Atemproben sorgt ebenfalls für Objektivität. Die Physikalisch-Technische Bundesanstalt (PTB) in Braunschweig untersucht solche beweissicheren Gerätetypen auf Messrichtigkeit, Messbeständigkeit und auf die Überprüfbarkeit der relevanten Parameter. Erst nachdem dort grünes Licht gegeben wurde, dürfen die Geräte geeicht werden. In Deutschland kommt bisher nur ein bauartzugelassener Gerätetyp zum Einsatz. Das nationale Normal stellt dabei ebenfalls die PTB.

Nachdem also sichergestellt ist, dass die Geräte zuverlässig arbeiten, da sie im Zweifelsfall gerichtsverwertbare Ergebnisse liefern müssen, machen sie in der Hand von Polizisten den hiesigen Straßenverkehr ein gutes Stück sicherer.

(she)

Fahren auf sechs Beinen

Im richtigen Leben kommt Simulieren, selbst auf hohem Niveau, meistens überhaupt nicht gut an. In der Wissenschaft sind gekonnte Simulationen dagegen schwer gefragt. Zum Beispiel am Deutschen Zentrum für Luft- und Raumfahrt (DLR): Sie denken, Sie sitzen im Führerstand einer Lokomotive, endlich: ein Kindertraum wird wahr? Leider nein. Sie kurven im Auto gemütlich durch die Braunschweiger Altstadt? Eine Illusion. Sie als Lotse auf dem Flugplatz? Man gut, dass auch das nur eine Simulation ist.

Am DLR wird in naturgetreu nachgebauten Bahnführerständen, Auto- oder Flugzeug-Cockpits mit vielen Computern und 3D-Leinwänden geprüft, was für die Praxis taugen könnte. Zum Beispiel testen die Forscher neue Fahrerassistenzsysteme im Fahrsimulator. Das ist ein Auto in einer Stahlkiste, die bei Fahrten durch virtuelle Landschaften auf sechs stählernen Beinen leicht hin- und hergeschwenkt wird und dem Testfahrer so ein naturidentisches Fahrgefühl vermittelt.

Kein Vergleich übrigens mit den wilden Autojagden in den Abenteuersimulatoren auf dem Rummelplatz. Wem es darin zu turbulent wird, bleibt nur eines übrig: Migräne oder Harndrang simulieren und ab in die Realität.

Sechs Stahlbeine tragen den sieben Tonnen schweren Fahrsimulator, mit dem Braunschweiger DLR-Forscher neue Fahrerassistenzsysteme erproben.

Realitätsnah im Simulator

Einer der größten dynamischen Fahrsimulatoren Deutschlands steht beim Deutschen Zentrum für Luft- und Raumfahrt (DLR) in Braunschweig: Ein VW-Golf in einer Stahlkabine auf sechs Riesenbeinen, zusammen sieben Tonnen schwer. In diesem Fahrsimulator können neue Fahrerassistenzsysteme unter sehr realitätsnahen Bedingungen auf ihre Tauglichkeit geprüft werden. Dazu wird die Stahlkabine samt Auto auf eine Höhe von eineinhalb Metern gebracht. Auf den spinnenartigen Beinen kann der Wagen dann nach rechts, links, vorne oder hinten geschwenkt werden und dadurch ein körperliches Fahrgefühl für Kurvenfahrten, für das Abbremsen und Beschleunigen vermitteln. Die Fahrten führen durch virtuelle Landschaften, die auf einer gewölbten Leinwand erscheinen. Auch der Blick in die Außen-, den Rückspiegel oder über die Schulter durch die Heckscheibe zeigt den entsprechenden Ausschnitt der virtuellen Landschaft.

(ah)

Knarre her! Zeit, das sich was dreht!

Schauen Sie mal aus dem Fenster! Die ersten Blätter fallen schon, es wird früher dunkel und kälter. Kurz: Der Winter steht vor der Tür. Jetzt kommt endlich wieder die Zeit für heißen Tee und Plätzchen, ein Gläschen Rotwein am lauschigen Kaminfeuer, lange Spaziergänge durch die kalte klare Luft und: für einen Reifenwechsel. Also bin ich mit Blaumann und Werkzeuggürtel ausgerüstet fachmännisch ans Werk geschritten: Auto aufgebockt, Sommerreifen ab, schön auf die Felgen aufgepasst, Winterreifen drauf, Radschrauben aufgesetzt und etwas angezogen, Auto runtergelassen und – her mit der Knarre!

Nein, keine Angst… Falls Sie jetzt glauben, ich hätte einen Banküberfall geplant, kann ich Sie beruhigen. Bei meiner Knarre handelt es sich nicht um eine Pistole, sondern um einen Drehmomentschlüssel, der im Volksmund auch gerne so genannt wird. Dieser hilft Ihnen dann dabei, bei einem Reifenwechsel die Radschrauben so anzuziehen, dass Sie während der Fahrt nicht von Ihren eigenen Rädern überholt werden. Einfach den Drehmomentschlüssel auf (meistens) 110 Nm (Newtonmeter) einstellen und so lange ziehen, bis die Knarre knackt.

Und damit Sie sicher gehen können, dass auch das Drehmoment wirkt, was angezeigt wird, erzeugt die Physikalisch-Technische Bundesanstalt in Braunschweig Drehmomente mit höchster Genauigkeit. Und sie sorgt dafür, dass anderenorts Schlüssel kalibriert werden können, indem sie Normale (Geräte zur präzisen Messung des Drehmomentes) weitergibt. Sie sehen: Forschung für Ihre Sicherheit. In diesem Sinne: Gute Fahrt!

110 Nm – also Newtonmeter – ist der Wert, auf den Sie bei einem Reifenwechsel zumeist Ihren Drehmomentschlüssel einstellen.

Wo man den Dreh raus hat!

Bei einem Drehmomentschlüssel handelt es sich um ein Schraubwerkzeug, mit dem eine definierte „Drehkraft" auf ein Verbindungselement – wie z.B. eine Schraube – ausgeübt werden kann. Die Wirkung dieser Kraft wird in Newtonmeter (Nm) gemessen. Für einen Drehmomentschlüssel ist das maximal erreichbare Anzugsmoment begrenzt durch die Kraft, die der Mensch aufbringen kann sowie durch die Länge des Hebelarmes. Ein Drehmomentschlüssel wird vor allem zum Verschrauben in industriellen Bereichen benutzt, aber auch in der Implantationsmedizin.

Die Physikalisch-Technische Bundesanstalt (PTB) ist dafür zuständig, die Einheit des Drehmomentes darzustellen. Das Drehmoment ist das Produkt einer wirkenden Kraft und deren senkrechtem Abstand zum gewählten Drehpunkt. Folglich ist es eine abgeleitete Einheit – aus den Einheiten der Kraft, also dem Newton, und der Länge, dem Meter. Die Aufgaben der PTB reichen dabei von Grundlagenforschung im Bereich der Metrologie über die Entwicklung von Normalmesseinrichtungen bis hin zu Kalibrierungen von Drehmoment-Präzisionsaufnehmern (Transfernormalen). Man ist bestrebt, genauere Messungen durchzuführen und neue Messmethoden für neue Messgeräte oder Messbereiche zu entwickeln. Zudem arbeitet die PTB in nationalen und internationalen Gremien mit, begutachtet Kalibrierlaboratorien im Auftrage des Deutschen Kalibrierdienstes (DKD) oder berät Hersteller von Geräten, bei denen eine genaue Bestimmung und Kenntnis des Drehmoments wichtig ist: wie z.B. bei dem Drehmomentschlüssel.

(mse)

Auto-Talk

Sie heißen „Öttelchen", „Streuner", „Walter" oder „Chantal": Autos in Deutschland. Die vierrädrigen Gefährten mit mehr oder weniger passenden Namen zu bedenken hat inzwischen eine lange Tradition, und Autobesitzer diskutieren dieses Thema ausführlich in zahlreichen Internet-Foren.

Doch was würde passieren, wenn Öttelchen und Chantal höchstpersönlich miteinander Kontakt aufnähmen? „Nur Gutes", sagen Forscher der Technischen Universität Braunschweig. Die Autos könnten sich gegenseitig vor Staus und Baustellen warnen. Sie könnten sogar mit Ampeln und anderen Verkehrsregelanlagen kommunizieren, ihren Chef am Steuer rechtzeitig warnen und so für mehr Sicherheit auf der Straße sorgen. Die Forscher haben deshalb eine kleine Kiste entwickelt, die voller Technikfinessen steckt und Verkehrsdaten zugleich sendet und empfängt. Die Kommunikation über diese Kisten funktioniert dabei absolut geräuschlos.

Der Autofahrer muss also keine Angst haben, dass sich sein Gefährt in Streitereien mit dem Beifahrer einmischt, bei der Musikauswahl mitreden möchte oder sich gar beim Warten an der roten Ampel mit anderen Motorkutschen festquatscht. Und auch vernichtende Kommentare zum sorgsam gewählten Namen sind vermutlich nicht zu befürchten.

Kommunizierende Autos könnten künftig für mehr Sicherheit im Verkehr sorgen. Forscher der TU Braunschweig entwickeln die dafür erforderliche Technologie.

Direkt vernetzte Autos im Verkehr

Der Straßenverkehr wird in den nächsten Jahren noch deutlich dichter werden. Strategien für ein funktionstüchtiges Verkehrsmanagement stehen daher hoch im Kurs. Schon heute liefern Satelliten oder Handys, Taxi- und Busflotten in Pilotprojekten zeitnah Informationen über das Verkehrsgeschehen. Die Daten werden dabei zentral in sog. Verkehrsleitzentralen ausgewertet.

Wissenschaftler um Professor Lars Wolf vom Institut für Betriebssysteme und Rechnerverbund der Technischen Universität (TU) Braunschweig gehen noch einen Schritt weiter. Sie wollen die Autos direkt vernetzen, damit diese sich gegenseitig über Verkehrsaufkommen und Baustellen informieren und den Fahrer rechtzeitig warnen können. Die Forscher kombinieren dazu verschiedene Technologien in einer V-Station: eine elektronische Box voller technischer Finessen, aber im handlichen Format. Diese kann Daten senden und empfangen und enthält Schnittstellen, die nicht nur eine drahtlose Kommunikation mit V-Stationen anderer Autos ermöglichen, sondern auch mit Geräten innerhalb des Fahrzeuges. Auch ein Internet-Zugang ins Fahrzeug ist möglich. Und sie lässt sich sogar mit dem elektronischen Diagnosesystem des Fahrzeugs verbinden.

(ah)

Ersatz muss her!

Einmal noch ächzte er heiser, dann versagte seine Stimme, für immer – die meines alten Brummbären aus Kleinkindertagen, vererbt aus Großmutters Zeiten. Sein struppiges Fell war an den Pfoten mit Flicken ausgebessert, das linke Auge schielte schief in andersfarbigem Glas, aus seinem Leib ragte hin und wieder ein Stroh-Wolle-Gemisch undefinierbarer Herkunft. Von Tag zu Tag liebte ich den ramponierten Burschen mehr.

So liebevoll mag auch manch Fahrzeughalter seinem in die Jahre gekommenen Gefährt zugetan sein. Aber der versagende Brummton des Motors? Der löst meist ganz andere Gefühle aus … Damit die Liebe zum Automobil nicht rostet, muss Ersatz auch langfristig her. Problem dabei: Schnelllebige Innovationen der Chip-Industrie sorgen für immer kürzere Produktzyklen. Und veraltete Technik in Serie zu produzieren lohnt sich nicht.

Das Institut für Fabrikbetriebslehre und Unternehmensforschung der TU Braunschweig ist einer umfassenden Lösung der Nachschub-Problematik auf der Spur. „Ziel ist es, dem Lebenszyklus des Automobils entsprechend schon frühzeitig ein Versorgungsszenario zu erstellen", erklärt Johannes Wrehde. In Zukunft soll auch das chipgesteuerte Auto eine Chance auf ein intaktes Oldtimer-Dasein haben.

Olle Bären profitieren davon nur bedingt: Mein mittlerweile restaurierter Brummbär fristet sein rundum saniertes Dasein nun auf dem Kleiderschrank – er ist nicht mehr der Alte.

© TU BS

Nachserienversorgung bedeutet die Versorgung mit Ersatzteilen auch nach Auslaufen des Modells. Strategien dafür erarbeitet das IFU.

Eine Frage der Planung

Moderne Automobile haben ein komplexes elektronisches Innenleben. Ein Kleinwagen beherbergt gut 20, ein Wagen der Oberklasse etwa 60 Steuergeräte. Doch auch die Elektronik streikt zuweilen. Dann ist Ersatz gefragt, auch noch nach 15 bis 20 Jahren. Kein seltenes Problem dabei: Das Modul ist nicht mehr lieferbar. Denn Automobil- und Chip-Industrie haben sehr unterschiedliche Produktionszyklen. Lange Planung und ein Versprechen auf ein langes Autoleben einerseits, schnelllebige Innovationen in der Computerbranche mit ständig neuen Fertigungsprozessen andererseits. Ein Albtraum-Szenario für Automobilhersteller: Gerade geht das lang geplante neue Modell in Serie, da nimmt die Chipfirma ein dafür vorgesehenes Elektronikbauteil aus der Produktion. Denn mit mittlerweile überholten Fertigungsprozessen ist sie wirtschaftlich nicht ausgelastet.

Das Institut für Fabrikbetriebslehre und Unternehmensforschung (IFU) der Technischen Universität (TU) Braunschweig forscht an einer umfassenden Lösung der Ersatzteil-Problematik in jedweder Hinsicht. „Um die Nachserienversorgung zu gewährleisten, müssen die Probleme identifiziert und Lösungsstrategien entwickelt werden", erklärt Diplom-Wirtschafts-Ingenieur Johannes Wrehde. „Aus der Kombination all dieser Strategien werden dann konkrete Handlungsszenarien erstellt."

Das erfordert eine komplexe individuelle Planung. Und im Worst Case: Redesign, das heißt, die Neuentwicklung des Steuergerätes mit aktuellen Bauteilen. Das ist technisch kein Problem, aber unbezahlbar. Eine Herausforderung für das Ersatzteil-Management – besonders, wenn es um Prognosen bei elektronischen Bauteilen geht.

(mba)

Piepende Assistenten

Piepende Assistenten und solche, die blinken oder das Steuer vibrieren lassen, sollen künftig das Autofahren sicherer machen. Fahrerassistenzsysteme werden unter anderem an der TU Braunschweig und beim DLR entwickelt.

Beifahrer haben wie Schwiegermütter einen ausgesprochen schlechten Ruf. Mit wohlmeinenden Ratschlägen („Menschenskind, jetzt pass doch mal auf!") oder ermutigenden Gesten (beide Hände am Haltegriff, die Füße auf imaginäre Bremspedale gerammt) können sie auch souveränen Fahrern schwer zusetzen.

Doch bald ist Schluss mit der Nörgelei, denn eine Heerschar technischer Helferlein wird kommen. Mit ihrer Hilfe sollen Autofahrer ihre heiligen Hallen auf vier Rädern auch dann noch sicher und entspannt durch den Verkehr lenken, wenn es eng und brenzlig wird. Da wäre der Spurhalteassistent zum Beispiel, der Einpark-, der Einfädel- oder der „Hallo-Wach"-Assistent: samt und sonders ausgefeilte Arrangements aus Kameras, Sensoren und Schaltkreisen.

Am Deutschen Zentrum für Luft- und Raumfahrt in Braunschweig forschen Ingenieure und Psychologen zurzeit gemeinsam, welcher Fahrertyp in welcher Situation welche technische Hilfe wirklich braucht und auch möchte. Schließlich soll aus der Schar piepender, blinkender und vibrierender Assistenten kein sensorischer Overkill werden.

Und nur eine harmonische Beziehung zwischen Fahrer und Assistenten garantiert eine entspannte Autofahrt, selbst für beifahrende Schwiegermütter.

Individuelle Fahrhelfer

In zwanzig, dreißig Jahren wird es erheblich enger auf Deutschlands Straßen. Fahrerassistenzsysteme sollen die Autofahrer deshalb zunehmend entlasten. Am Institut für Verkehrsführung und Fahrzeugsteuerung des Deutschen Zentrums für Luft- und Raumfahrt (DLR) in Braunschweig untersucht deshalb ein Team aus Psychologen, Informatikern und Ingenieuren, welche Fahrertypen in welchen Verkehrssituationen welche Art von Unterstützung benötigen. Dazu haben sie bereits rund 100 Testfahrer in einem mit Kameras und Sensoren gespicktem Testfahrzeug auf Tour geschickt. „Im Vordergrund sollte die Frage stehen, ‚was braucht der Mensch' und nicht ‚was kann die Technik'", betont Jürgen Rataj. So sei es beispielsweise nicht hilfreich, wenn in einer kritischen Verkehrssituation plötzlich die Tankanzeige zu piepen beginne. Zudem müsse man berücksichtigen, dass Autofahrer nicht alle gleich seien, sondern durchaus sehr unterschiedlich auf bestimmte Situationen und Warnhinweise reagieren könnten. „Unser Ziel ist ein individualisiertes Fahrerassistenzsystem, das sich dem Fahrverhalten des Besitzers anpasst", sagt Rataj.

(ah)

Kampftrinker im Straßenverkehr

Eigentlich kann das Auto einem leidtun: Es muss in dunklen Garagen übernachten, es ist dazu verpflichtet, bei Wind und Wetter Leute durch die Gegend zu fahren, und übel riechende Flüssigkeiten von der Tankstelle sind kulinarisch gesehen auch irgendwie unterste Schublade. Doch um dem durchschnittlichen Straßenfeger zu helfen, bedarf es weder gepolsterter Parkplätze noch einer allgemeinen PKW-Emanzipation. Das Zauberwort heißt Alkohol! Während der unzufriedene Homo Sapiens längst die Vorzüge des Gehirnzellenreduzierers entdeckt hat, kann er seine Erkenntnisse nun auch an sein Liebstes weitergeben – für ein erträgliches Leben im Suff.

Und damit das geliebte Auto auch gar nicht auf die Idee kommt, je wieder nüchtern werden zu wollen, kann der Besitzer zukünftig ein Benzin-Ethanol-Gemisch namens E85 tanken. Den 85-prozentigen Alkoholgehalt werden die meisten Autos allerdings mit einem sofortigen Alkoholkater quittieren, sofern sie nicht mit einem Kampftrinkermotor ausgestattet sind.

Besonders dem Alkohol zugetan ist auch die Physikalisch-Technische Bundesanstalt, die wissen will, ob der „Autokohol" die nähere Umgebung innerhalb von Sekunden in ein flammendes Inferno verwandeln kann und wie man dies denn im Zweifelsfall verhindert. Eine Ausnüchterungszelle für PKW wäre natürlich in jedem Fall eine Lösung. Aber sicher angesichts begrenzter Erdölreserven und begrenzter Umwelt nicht die beste. Und so könnte im Alkohol, gewonnen aus Zuckerrüben und Kartoffeln, die Zukunft liegen. Irgendwie haben wir das schon immer gewusst.

E85 – ein Benzin-Ethanol-Gemisch – ist ein bereits jetzt an Tankstellen erhältlicher Treibstoff, der derzeit allerdings nur für wenige Automodelle geeignet ist.

Alkoholhaltiges Benzin

Experten vermuten, dass die Erdölreserven spätestens 2048/49 verbraucht sein werden. Ethanol, welches aus nachwachsenden Ressourcen gewonnen werden kann, soll nun diesen Rohstoff teilweise ersetzen. Für das so genannte E85 wurden in der Physikalisch-Technischen Bundesanstalt (PTB) bereits sicherheitstechnische Kenngrößen in Bezug auf den Explosionsschutz bestimmt.

E85 ist ein Benzin-Ethanol Gemisch, welches bis zu 85 % aus Alkohol besteht und bereits heute an speziellen Tankstellen erworben werden kann. Allerdings werden nur wenige Automodelle mit einem „Flexible Full Vehicle" (FFV) Motor, der sowohl gängige Kraftstoffe als auch E85 nutzen kann, produziert, da besagter Treibstoff noch relativ unbekannt ist. Mit der Einbeziehung des nachwachsenden Rohstoffs Zuckerrübe oder Kartoffel, aus dessen Zuckergehalt Ethanol hergestellt werden kann, in die Kraftstoffproduktion versucht man dem extremen Verbrauch von Erdöl entgegenzuwirken. Da dieses Benzin-Ethanol-Gemisch ein hochentzündlicher Gefahrenstoff ist, ist es vonnöten, genau über mögliche explosive Eigenschaften informiert zu sein.

In der PTB können Kunden aus der Industrie Gefahrenstoffe testen lassen. Dabei wird ein explosionsfähiges Gemisch, wie das besagte E85, beispielsweise auf Zündtemperatur oder auf die obere und untere Explosionsgrenze überprüft. Ein solches Verfahren wird als Bestimmung sicherheitstechnischer Kenngrößen bezeichnet, wodurch man letztendlich fundierte Aussagen über eventuell notwendige Explosionsschutzmaßnahmen treffen kann.

(jl)

Caroline und Heidi

Das nächste „Germany's next Top Model" könnte eigentlich einmal aus Braunschweig kommen. Eine viel versprechende Anwärterin gäbe es jedenfalls. Sie heißt „Caroline" und ist eine elegante Mittelklasselimousine, braun glänzend und überhaupt nicht zickig. Gut, sie ist nur 1,50 Meter hoch und damit eigentlich viel zu klein für ein Topmodel, dafür hat sie ein unglaublich langes Chassis und steckt voller technischer Finessen.

Die Muttis und Papis jedenfalls – Informatiker, Elektro- sowie Maschinenbauingenieure der Technischen Universität Braunschweig – sind mächtig stolz auf das mit Laserscannern, Radargeräten und Kameras gespickte Töchterchen. Die Caroline könne schon ganz toll blinken, hupen und um eine Kurve fahren, und das alles ohne einen Menschen am Steuer, berichten sie stolz. Und sie habe noch viel mehr auf dem Kasten: Schon im Sommer wird Caroline auch einparken können, sich in den fließenden Verkehr einfädeln und das Fahrschul-ABC rauf und runter beherrschen. Dann sollte sie sich im Vorentscheid zur „Urban Challenge 2007" beweisen, einem weltweiten Wettbewerb für sich selbst steuernde Autos.

Und wenn Caroline erst elegant auf dem asphaltigen Catwalk dahin gleitet, mit ihren Kameras und Lasern zielführend posed und die Jury lecker anblinkt, ist es wohl soweit. Dann sind wir nicht nur „Stadt der Wissenschaft", sondern endlich auch „Heidi".

[Übrigens hat Caroline mit Bravour das Qualifying im Juni 2007 bestanden. Das Team „CarOLO" der Technischen Universität Braunschweig kämpfte sich erfolgreich bis ins Finale und erlangte dort im November 2007 den siebten Platz.]

Caroline heißt das mit viel Technik gespickte Auto, das an der TU Braunschweig entwickelt wurde und sich ganz ohne Fahrzeugführer durch den Stadtverkehr lavieren soll.

Caroline auf Bewährungsprobe

An der Technischen Universität (TU) Braunschweig entwickelten Informatiker, Elektro- sowie Maschinenbauingenieure ein selbstständig fahrendes Auto, das im Herbst 2007 an der „Urban Challenge 2007" in den USA teilgenommen hat: einem Wettbewerb, bei dem sich die autonomen Autos in Situationen bewähren sollen, die dem Stadtverkehr nachempfunden wurden. So müssen sie fahrerlos einparken, sich in den fließenden Verkehr einfädeln und sich nach den Verkehrsregeln richten können. Damit das funktioniert, haben die Braunschweiger einen VW Passat mit einer ausgetüftelten Sensorik aus Laserscannern, Radargeräten und Kameras bestückt. Und sie arbeiten an einer gewieften Software, die einen perfekten Fahrer ersetzen kann. Das Fahrzeug kann mit seinen Sensoren seine Umgebung erfassen und umgekehrt sorgt ein Hochleitungs-GPS-Empfänger dafür, dass sich das Fahrzeug via Satellit stets orten lässt. Im Juni ist das Auto, das von den Wissenschaftlern angelehnt an den historischen Namen der Universität „Caroline" getauft wurde, zum ersten Mal über den großen Teich geflogen und hat dort, in den USA, am Vorentscheid der „Urban Challenge 2007" teilgenommen.

(ah)

Startbereit für Hockenheim

Kratzen Hamilton, Alonso und Schumi II in krachjaulenden Boliden die Kurve, herrscht auf dem heimischen Sofa der Ausnahmezustand. Der eigene Mann, sonst ein ruhiger Zeitgenosse, zeigt Nerven. Quatscht jetzt die unbedarfte Partnerin in schlechter Beifahrermanier rein und sagt statt „Pole"- auch noch „Pool-Position", steht sie kurz vor der Disqualifizierung. Dann endlich, nach gefühlten 6799 Runden: Sieg! Männerjubel! Champagnerregen!

Wer meint, im Lions Racing Team der TU Braunschweig sei der Formel-Eins-Zirkus Alltag, liegt falsch. Glamour ist woanders. Begeisterung für Motorsport? Klar! Aber mehr noch: Konzentration auf die Technik und Spaß an interdisziplinärer Team- und Projektarbeit. Unter massivem Zeit- und Gelddruck – ohne Sponsoren läuft auch hier nichts – fertigten die Studenten im Eiltempo den neuen Rennwagen LR07. Der Zeitplan: je vier Monate für Konstruktion, Fertigung und Tests. „Letztes Jahr (2006) ist unser Fahrzeug zu spät fertig geworden", sagt Teammitglied Rainer Klöß. „So einen Fehler macht man nur einmal..."

Im Vergleich zum Vorgänger punktete der LR07 mit modifiziertem Motor, innovativen Steuergeräten und optimierten Reifen. Im Sommer 2007 ging er an den Start: Auf den Hochschul-Konstruktionswettbewerben „Formular Student" in Silverstone und Hockenheim zeigte der Braunschweiger Bolide, was in ihm steckt. Aber: Das schnellste Team ist nicht immer der Sieger. Die Jury wertet ebenso Engineering-Leistung, Kostenplan und eine überzeugende Präsentation.

[Beim internationalen Rennen in Silverstone erreichte das Lions Racing Team Platz 11 von 70 Teams und war zweitbester deutscher Teilnehmer.]

LR07 heißt der eigenhändig konstruierte und gefertigte Rennwagen, den das Lions Racing Team der TU Braunschweig auf den Hochschul-Konstruktionswettbewerben „Formula Student" in Silverstone und Hockenheim 2007 ins Rennen schickten.

Studenten bauen Rennwagen

Hinter dem Kürzel LR07 verbirgt sich ein Kraftpaket: der neue Formelrennwagen des Lions Racing Team der Technischen Universität (TU) Braunschweig. Im Eiltempo arbeiteten die Studenten an der Fertigstellung des Fahrzeugs, denn im Sommer 2007 ging der LR07 an den Start: Auf den Hochschul-Konstruktionswettbewerben „Formular Student" in Silverstone und Hockenheim sollte der Braunschweiger Bolide zeigen, was in ihm steckt. Der Zeitplan war ehrgeizig: Jeweils vier Monate für Konstruktion, Fertigung und Tests hatten die Motorsport-begeisterten Studenten eingeplant.

Auf reichlich Erfahrung konnte das Lions Racing Team bereits zurückgreifen. Schließlich war der LR07 das fünfte Fahrzeug, das die im Dezember 2000 gegründete Studenteninitiative der TU Braunschweig auf die Räder stellte. Im Jahr 2006 wurden die Braunschweiger in Hockenheim mit dem Vorgängermodell LR06 deutscher Vizemeister. Diesen Titel galt es 2007 zu verteidigen, wenn nicht sogar zu übertreffen.

Innovationen kosten Geld, und in LR07 steckten eine ganze Reihe von Weiterentwicklungen. Im Vergleich zu seinem Vorgänger punktete der neue Rennwagen unter anderem mit modifiziertem Motor, innovativen Steuergeräten und optimierten Reifen. Bis auf 160 km/h ließ sich der Wagen beschleunigen, maximal 110 km/h konnte er auf der längsten Geraden von 75 Metern in Hockenheim fahren. Denn Sicherheit geht bei den „Formula-Student"-Wettbewerben vor.

(gef)

Der Beifahrer Ihres Vertrauens

Ein Software-Agent kann Prognosen stellen, Alternativen vergleichen und die Wahrscheinlichkeit berechnen, ein Ziel rechtzeitig zu erreichen. Siegfried Jetzke von der FH Braunschweig/Wolfenbüttel entwickelt damit ein Navigationssystem, das mitdenkt.

„Intelligenz ist unabhängig von der Trägersubstanz“, jubelten die Pioniere der Künstlichen Intelligenz, jener Wissenschaft, die Automaten das Denken beibringt. Das Duell „Schaltkreise gegen graue Zellen“ ist noch nicht entschieden: Wurde ein Computer schon Dame-Weltmeister, liegen im Schach Mensch und Maschine noch gleichauf.

Wenn es darum geht, in unübersichtlichen Situationen die günstigste Handlungsalternative auszuwählen, können Menschen die Unterstützung von Maschinen gut gebrauchen, meint Siegfried Jetzke, Logistikprofessor an der Fachhochschule Braunschweig/Wolfenbüttel. Fahren Sie mal von München nach Hamburg und hören in Würzburg, dass sich bei Kassel ein Stau gebildet hat. Was tun? Tante Elfriede anrufen und sagen, dass sie den Gänsebraten lieber warmstellen soll? Schon mal die Umleitung ansteuern? Oder sich entspannt zurücklehnen, weil das nur die Frühaufsteher betrifft, die jetzt schon in Kassel sind?

Der Software-Agent, den Siegfried Jetzke derzeit entwickelt, weiß es. Er kalkuliert ein, wie sich die anderen Autofahrer bei schlechtem Wetter oder einer Staumeldung verhalten, denn er ist mit zahllosen Beobachtungsdaten gefüttert. Er spielt alle Möglichkeiten durch, errechnet die Wahrscheinlichkeit, rechtzeitig anzukommen, und hilft bei der Entscheidung: Wäre es vielleicht die günstigere Lösung, umzukehren? Wie lange würde Ihre Familie warten, bis sie die Gans aufputzt?

Stau – und nun?

Im Radio läuft die Staumeldung. Jetzt heißt es für Autofahrer, jede Menge Entscheidungen zu treffen: Nehme ich die empfohlene Umleitung? Oder gehe ich davon aus, dass schon alle anderen auf die Umleitung ausweichen, und bleibe, wo ich bin? Und muss ich jetzt schon meine Verabredung absagen, weil ich den Termin nicht einhalten kann? Trete ich aufs Gaspedal, fahre ich entspannt weiter oder gönne ich mir erstmal eine Pause? Hinzu kommen noch die Faktoren, die man nicht selbst beeinflussen kann: das Fahrverhalten anderer etwa oder die Wetterlage.

Was Autofahrer hoffnungslos überfordert, ist ein Fall für einen Software-Agenten. Siegfried Jetzke, Physiker und Professor für Logistik an der Fachhochschule (FH) Braunschweig/Wolfenbüttel, entwickelt mit Partnern derzeit ein solches Programm. Man muss sich das wie ein spontan auf die Verkehrslage und die Wünsche des Fahrers reagierendes Navigationssystem vorstellen. Der Agent spielt die verschiedenen Möglichkeiten durch (Simulation) und ermittelt mit mathematischen Methoden ein Optimum.

(abe)

Schrauben bis in die Nacht

Man selber ist ja schon damit überfordert, einen porösen Fahrradschlauch auszutauschen. Panische Hilflosigkeit herrscht, kommt das eigene Auto nicht mehr in die Gänge. Wenn der Mechaniker einem später ölverschmiert den Defekt erläutert, nickt man fachkundig, obwohl man keinen blassen Schimmer hat, was so ein Schaltgestängedingenskirchen ist.

Das kann den Studenten des Wolfsburger Teams wob-racing der Fachhochschule (FH) Braunschweig/Wolfenbüttel nicht passieren. Mit Fahrzeugen kennen die sich aus, vor allem mit schnellen. Ihren Boliden WR03 haben sie in einem arbeitsintensiven Jahr selbst entwickelt, gefertigt und Anfang August 2007 ins Rennen geschickt – auf den Hockenheimring beim Hochschul-Konstruktionswettbewerb Formular Student.

WR03 ist fast eine komplette Neuentwicklung, in der hochmoderne Elektronik, ein spezielles Luftansaugsystem für den Motor und ein Hightech-Lenkrad aus Carbon stecken. Geschaltet wird – wie beim Vorgänger WR02 – mit dem Scheibenwischermotor. Die platzsparende Variante haben einige Konkurrenten mittlerweile übernommen.

Bis spät in die Nacht wurde in der heißen Phase der Vorbereitung am Boliden geschraubt. Am Ende hieß es Platz 39 von 54. Schaltung, Antrieb und Elektrik zickten. Das geht besser, weiß das Team. Ende September 2007 stand das Rennen auf der Ferrari-Teststrecke in Fiorano an. Die FH-Studenten brannten bereits einige Zeit vorher auf den Start: „Dort werden wir das Potenzial von WR03 richtig ausschöpfen."

[Bei dem Formula Student Event in Fiorano belegte das Team wob-racing den 9. Platz.]

WR03 heißt der selbst entwickelte und gefertigte Rennbolide, mit dem das Wolfsburger Team wob-racing der FH Braunschweig/Wolfenbüttel bei dem Hochschul-Konstruktionswettbewerb Formula Student in Hockenheim gestartet ist und beim Style-Event den dritten Platz belegt hat.

Studenten mit eigenem Boliden im Rennen

Ein arbeitsintensives Jahr lag hinter den Studenten des Wolfsburger Teams wob-racing der Fachhochschule (FH) Braunschweig/Wolfenbüttel. In weniger als zwölf Monaten entwickelten und fertigten sie ihren Rennboliden WR03, den sie Anfang August 2007 beim Hochschul-Konstruktionswettbewerb Formula Student auf dem Hockenheimring ins Rennen schickten. Dass es am Ende Platz 39 von 54 wurde, sorgte nur kurz für lange Gesichter. Zum einen sicherten sich die FH-Studenten beim Einzelwettbewerb Style wie bereits im Vorjahr den hervorragenden dritten Platz. Zum anderen ging es Ende September 2007 zum Rennen auf die Ferrari-Teststrecke in Fiorano/Italien.

Obwohl die FH-Studenten bis spät in die Nacht an ihrem Boliden geschraubt hatten, bereiteten im Wettbewerb Schaltung, Antrieb und Elektrik Probleme. Im Endurance (Ausdauer)-Rennen, dem großen Finale der Veranstaltung, musste das Team nach ersten Runden mit guten Zeiten das Rennen infolge eines Defekts abbrechen.

Schließlich ist WR03 fast eine komplette Neuentwicklung, in der hochmoderne Elektronik, ein spezielles Luftansaugsystem für den Motor und ein Hightech-Lenkrad aus Carbon stecken. Geschaltet wird – wie beim Vorgänger WR02 – mit dem Scheibenwischermotor. Die platzsparende Variante haben einige Konkurrenten mittlerweile ebenfalls in ihre Fahrzeuge eingebaut, wie die FH-Studenten nicht ohne Stolz festgestellt haben.

(gef)

In einem Zug nach Madrid

Stellen Sie sich vor, Sie fahren mit dem Auto nach Madrid. Kein Problem. Die Straßen sind ausgebaut, Tankstellen vorhanden. Die Verkehrsregeln werden Ihnen keinerlei Probleme bereiten: Auch in Spanien hält man vor roten Ampeln.

Anders mit der Bahn. „Hier stehen dem Verkehr über Grenzen hinweg technische und betriebliche Hindernisse im Weg", sagt Volker Knollmann vom Deutschen Zentrum für Luft- und Raumfahrt (DLR) in Braunschweig. „So hat nahezu jedes europäische Land ein eigenes Zugbeeinflussungssystem. Das verhindert zum Beispiel, dass der Zug versehentlich ein rotes Signal passiert oder zu schnell unterwegs ist." An jeder Grenze muss also die Lok gewechselt werden. Und da sich auch die Straßenverkehrsordnungen für Züge unterscheiden, wechselt der Lokführer ebenfalls. Sein Führerschein gilt nur im eigenen Land.

Umständlich, oder? Das dachten sich auch die europäischen Länder und einigten sich auf die Entwicklung eines einheitlichen Zugbeeinflussungssystems: ETCS (European Train Control System). Die neue Technik testen die DLR-Experten in einem Simulationslabor. Im Einsatz ist das neue System bereits – etwa auf der Strecke Berlin – Halle – Leipzig.

Für Zugfahrten nach Madrid gilt zwar vorerst noch: anhalten, Lok und Zugführer wechseln. Doch auch für lange Autofahrten empfiehlt sich ja ein Zwischenstopp mit Fahrerwechsel.

25 und mehr europäische Zugbeeinflussungssysteme sollen durch ein einheitliches abgelöst werden, damit der Bahnverkehr über Grenzen hinweg einwandfrei rollt.

Das Zugbeeinflussungssystem ETCS

Hätten Sie gewusst, dass ein deutscher „Lokführerschein" in Spanien nicht gilt? Grund sind die unterschiedlichen Betriebsregeln – also die Straßenverkehrsordnungen für Züge – in den europäischen Ländern. Und nicht nur das. Dem Zugverkehr über Grenzen hinweg stehen technische und betriebliche Hindernisse im Weg. So hat nahezu jedes europäische Land ein eigenes Zugbeeinflussungssystem. An der Grenze müssen also Lok und Zugführer gewechselt werden. Das ist umständlich, kostet Zeit und Geld. Deshalb haben sich die europäischen Länder auf die Entwicklung eines einheitlichen Zugbeeinflussungssystems geeinigt: ETCS (European Train Control System) soll künftig die mehr als 25 europäischen Systeme ablösen. Es ist Teil des Managementsystems ERTMS (European Rail Traffic Management System). „ETCS ist ein komplexes und anspruchsvolles Projekt", sagt Dr. Michael Meyer zu Hörste, der sich seit zwölf Jahren mit ETCS und davon über fünf beim Deutschen Zentrum für Luft- und Raumfahrt (DLR) mit dem Thema beschäftigt. Das europäische Projekt zeigt erste Erfolge: Auf Teilstrecken ist ETCS bereits im Einsatz, zum Beispiel auf den Strecken Berlin – Halle – Leipzig, Madrid – Llerida oder Rom – Neapel.

(gef)

Bitte in einem Zug lesen!

Franz Kafka ist und bleibt ein Mann voller Rätsel. Noch immer treibt der Prager Autor die Erforscher seines Werkes in den Wahnsinn. Nicht nur seine verwirrenden Texte, die größtenteils nie für eine Veröffentlichung bestimmt waren, sondern auch seine nicht gerade leserfreundliche Handschrift lassen so manchen Forscher bis heute im Dunkeln tappen. Kaum schreibt Kafka also in sein Tagebuch, er habe seine berühmte Geschichte „Das Urteil“ „in einem Zug“ geschrieben, steht die Frage im Raum: Hat er die Geschichte nun in eins durchgeschrieben – oder tatsächlich in einer Eisenbahn die Schreibfeder geschwungen? Auch wenn Kafka vermutlich seinen Text lediglich ohne abzusetzen innerhalb einer Nacht vollendet hat, bekommt die Wendung „in einem Zug“ heute eine völlig neue Bedeutung, wenn es um die Bestimmung des Gewichtes von Zügen geht.

Mit so genannten automatischen Gleiswaagen ist es tatsächlich möglich, ganze Züge in einem Zug zu messen. Diese Waagen werden in ein Ladegleis fest eingebaut. Auf beiden Seiten befinden sich jeweils mehrere Sensoren, die nicht nur das Gewicht beim Durchfahren erfassen können, sondern auch an den Abständen der Achsen und Drehgestelle den Wagentyp ermitteln. Eine einmalige Überfahrt einer Gleiswaage mit maximal dreifacher Schrittgeschwindigkeit reicht für eine Gewichtsbestimmung völlig aus.

Wie bei regulären Waagen auch, sind die Messexperten der Physikalischen-Technischen Bundesanstalt in Braunschweig auch bei den Gleiswaagen für den korrekten Betrieb zuständig. Also heißt es schon mal: An die Bahnhöfe, Software überprüfen, Waagen mit Gewichten überprüfen, Eichwagen wiegen, verschiedene Wagonfolgen zwecks korrekter Erkennung über die Waage rollen lassen. Da die großen Güterwagen natürlich nicht völlig still halten, müssen zusätzlich wirkende Kräfte für eine möglichst genaue Messung ebenfalls berücksichtigt werden.

Haben Sie Kafka eigentlich schon „in vollen Zügen“ ausgekostet? Ich für meinen Teil nicht. Ich habe beim Lesen lieber meine Ruhe…

Bis zu mehreren tausend Tonnen kann so ein gesamter Zug schon mal wiegen. Damit niemand die Güterwagen auf eine Waage heben muss, haben die Messexperten der PTB schon mal den einen oder anderen Außeneinsatz zu bewältigen: Die Prüfung von so genannten selbsttätigen Gleiswaagen ist eine der Aufgaben des Fachbereiches Masse.

Über sieben Gleise musst Du fahr'n...

Die Physikalisch-Technische Bundesanstalt (PTB) in Braunschweig ist für die Kalibrierung, Eichung und Zulassung der verschiedensten Messgeräte zuständig – vom Atemalkoholmessgerät über LED-Lampen bis zu Strahlenmessgeräten. Ein weiteres Messgerät erfordert ab und an auch mal Außeneinsätze und macht die Wissenschaftler schon mal zu Modellbauern, die sich Züge zusammensetzen und mit großen Eisenbahnen über ständig gleiche Streckenabschnitte fahren: die Prüfung von so genannten dynamischen Gleiswaagen. Nach der OIML-Empfehlung R106 führt die Arbeitsgruppe Dynamisches Wägen der Abteilung Masse Bauartprüfungen solcher Waagen durch. Früher wurden Waggons einzeln und im Stehen auf statischen Gleiswaagen gewogen; heute übernehmen die dynamischen Waagen diese Aufgabe. Man findet sie in einem Ladegleis integriert – dort erfassen sie bei der Überfahrt eines Zuges nicht nur das Gewicht, sondern stellen auch am Abstand der Achsen und Drehgestelle untereinander den Waggontyp fest.

Zusätzlich wirkende Kräfte, die durch die Bewegung des schweren Körpers entstehen, werden gemessen und bei der Bewertung berücksichtigt. Per Computer werden die Einzelsignale der Sensoren (Wägezellen) ausgewertet und Abweichungen korrigiert.

(she)

Zug um Zug

Braunschweig wird von Hannover ferngesteuert! Ja, da stellen sich uns Braunschweigern doch die Nackenhaare auf. Nur leider: Es ist wahr, zumindest was den Bahnverkehr betrifft. Denn im Zuge der Zentralisierung der Betriebsführung verlagerte die Bahn 2003 das Braunschweiger Stellwerk in die neu eingerichtete Betriebszentrale Hannover. Von dort aus werden nun die Weichen und Signale gestellt. Und das bei der Historie!

Schließlich waren es Kaufleute aus der Löwenstadt, die 1825 der Regierung in Hannover den Eisenbahnbau von Braunschweig und Hannover in die Hansestadt Hamburg vorschlugen. Großer Protest! Händler und Handwerker fürchteten wirtschaftliche Einbußen. Das Projekt kam in Hannover aufs Abstellgleis – vorerst. Die Braunschweiger dagegen machten mobil und nahmen am 1. Dezember 1838 die erste deutsche Staatsbahn nach Wolfenbüttel in Betrieb.

Das alles ist Geschichte. Doch halt! Ein Mammutprojekt wie die Zentralisierung verlangt nach Expertenwissen – und das ist im Institut für Eisenbahnwesen und Verkehrssicherung (IfEV) der TU Braunschweig zu finden: Jörn Pachl und sein Team sind gefragt, wenn es zum Beispiel um Risiko- und Sicherheitsanalysen geht. Denn die Einrichtung von Betriebszentralen setzt einen hohen Automatisierungsgrad voraus und dies macht neue Sicherheitsbetrachtungen erforderlich. Und da Kenntnisse über Betriebsverfahren und -vorschriften zu den Kernkompetenzen des IfEV gehören, kommt Braunschweig trotz Zentralisierung doch noch zum Zuge.

Zugbeeinflussung ist eine Sicherungsanlage, mit der Daten über die zulässige Fahrweise vom Gleis zum Zug übertragen werden, um beim Abweichen von der erlaubten Fahrweise Schutzreaktionen, z.B. eine Zwangsbremsung, auszulösen.

Sicherheit im Eisenbahnbetrieb

Mehr als 150 Jahre wurde der Eisenbahnbetrieb in Deutschland durch örtliche Stellwerke entlang der Strecken gesteuert. Ende der 1990er Jahre begann die Deutsche Bahn, viele dieser Stellwerke in sieben Betriebszentralen zusammenzufassen: Berlin, Duisburg, Frankfurt am Main, Hannover, Karlsruhe, Leipzig und München. Von dort werden weite Teile des deutschen Schienenverkehrsnetzes gesteuert.

Die Einrichtung solcher Betriebszentralen setzt einen hohen Automatisierungsgrad voraus und dieser wiederum macht neue Sicherheitsbetrachtungen erforderlich. Spezialisten auf dem Gebiet der Risiko- und Sicherheitsanalysen für den Bahnbetrieb sind Prof. Dr.-Ing. Jörn Pachl und sein Team vom Institut für Eisenbahnwesen und Verkehrssicherung (IfEV) der Technischen Universität (TU) Braunschweig. „Risiko- und Sicherheitsanalysen sind in der Regel mit hohem Aufwand verbunden", erläutert Pachl. Nur mit umfangreichen Kenntnissen über Betriebsverfahren und -vorschriften, die zu den Kernkompetenzen des IfEV gehören, lassen sich fundierte Analysen überhaupt erstellen.

(gef)

Erst Braunschweig, dann die weite Welt

Wer der Mitarbeitermotivation mehr Schub verpassen will, greift in Teambildungsseminaren gerne auf folgende Weisheit zurück: „Wenn du ein Schiff bauen willst, dann trommle nicht Männer zusammen, um ihnen Pläne, Material und Werkzeuge zu geben, sondern lehre sie die Sehnsucht nach der großen weiten Welt.“

Der Satz wird Antoine de Saint-Exupéry (1900-1944) zugeschrieben, dem Autoren von „Der kleine Prinz“. In seinem Werk „Die Stadt in der Wüste“ ist der Wortlaut zwar ein anderer. Aber die Sehnsucht nach der großen weiten Welt war auch Saint-Exupéry alles andere als fremd. Er stillte seine Sehnsucht im Flug: Der französische Schriftsteller war leidenschaftlicher Pilot.

Ist es diese Sehnsucht, die auch heute noch angehende Piloten reizt, das Fliegen zum Beruf zu machen? Angeblich bekommt das „fliegende Personal“, so der Fachjargon, am Zielort nur Flughafen und Airport-Hotel zu Gesicht. Vielleicht ist es vielmehr die Faszination Technik, die vor allem Männer ins Cockpit lockt (nur fünf Prozent der Bewerber sind Frauen).

Ob Mann oder Frau – wer sich in Deutschland zum Berufspiloten ausbilden lässt, muss einen Zwischenstopp in Braunschweig einlegen: Die künftigen Überflieger haben beim Luftfahrt-Bundesamt die theoretischen Prüfungen zu absolvieren. Die Abnahme dieser schriftlichen Prüfungen – immerhin 14 Fächer in drei Tagen – übernehmen die Mitarbeiter der Abteilung Luftfahrtpersonal, zu deren Aufgaben auch die Zulassung der Ausbildungsbetriebe, die Überwachung der Ausbildung, die Lizenzierung, die Flugmedizin und – nicht zu vergessen – die praktischen Prüfungen gehören. Wer die besteht, darf sich dem Himmel ein Stück näher fühlen.

1785 Frauen und Männer meldeten sich 2006 zur Ausbildung „Fliegendes Personal“ an. Zwei Jahre zuvor waren es 957 Anmeldungen.

Berufspiloten – Zwischenstopp beim LBA

Wer sich in Deutschland zum Verkehrsflugzeugführer oder Berufspiloten, ausbilden lässt, muss einen Zwischenstopp in Braunschweig einlegen. Denn die Abnahme der theoretischen Prüfung gehört zu den Aufgaben des Luftfahrt-Bundesamtes (LBA). Die Abnahme dieser schriftlichen Prüfung erfolgt durch die Abteilung Luftfahrtpersonal, zu deren Aufgaben auch die Zulassung der Ausbildungsbetriebe, die Überwachung der Ausbildung, die praktischen Prüfungen, die Lizenzierung und die Flugmedizin gehören. „Wir stellen sicher, dass mit der Erteilung einer Lizenz oder Berechtigung die nationalen und internationalen Ausbildungsstandards von dem Piloten erreicht und auf höchstem Niveau aufrecht erhalten werden“, betont Udo Dehning, Leiter Luftfahrtpersonal beim LBA. In diesem Zusammenhang engagiert sich die Behörde auch in nationalen und internationalen Gremien, um Standards für die Ausbildung und Prüfung des Luftfahrtpersonals zu erarbeiten.

Die theoretischen Prüfungen für die angehenden Piloten haben es in sich: 14 Fächer werden in drei Tagen schriftlich abgefragt. Wie beim Auto-Führerschein auch, darf erst derjenige zur praktischen Prüfung ins Cockpit steigen, der die Theorie bestanden hat. Die praktischen Prüfungen der Piloten dürfen nur Prüfer abnehmen, die vom LBA anerkannt sind. Und auch die Schulflugzeuge müssen vom LBA anerkannt sein. Sämtliche Vorschriften dienen der Sicherheit, die in der Luftfahrt oberstes Gebot ist

Der Beruf Pilot ist wieder im Aufwind: 2004 meldeten sich insgesamt 957 Interessierte zur Ausbildung „Fliegendes Personal“ an, 2005 waren es 1422 Bewerber, ein Jahr später 1785. Der Frauenanteil beträgt fünf Prozent.

(gef)

Fliegen mit Schlag

Aufschlag Kolibri: 78 mal jede Sekunde. Auch den Abschlag beherrscht das gefiederte Tier perfekt, wie alle Vögel. Gemeint ist das Flügelschlagen oder der „Schlagflug“, mit dem selbst eine Stockente eine Fluggeschwindigkeit von über 100 Stundenkilometern erreicht.

Unsereins dagegen: zu schwer und zu schwach, um aus eigener Kraft fliegen zu können. Kein Wunder, dass Wissenschaftler schon lange versuchen, die Geheimnisse der tierischen Flugkunst zu entschlüsseln.

Deshalb untersuchen sie vor allem das Strömungsgeschehen, also was beim Flügelschlag mit der Luft um den Vogel herum passiert. Ingenieure der Technischen Universität Braunschweig können sogar am Computer berechnen und in einem Film zeigen, wie ein Vogel sein Federkleid beim Flügelschlagen geschickt so bewegt, dass genau an den richtigen Stellen die für Auftrieb und Vorankommen nötigen Luftdruckunterschiede entstehen.

Sicher ist, dass sich ein solcher Strömungsverlauf durch Armeschlenkern nicht erreichen lässt. Der flugunfähige Mensch muss sich wohl mit einem Aufschlag anderer Art trösten, mit dem er es ebenfalls auf vogeltaugliche Geschwindigkeiten bringt, auch wenn beim Tennis eben nur der Ball fliegt.

Über 300 Stundenkilometer schnell können manche Vögel fliegen, dank gekonnter Auf- und Abschläge mit den Flügeln. Wissenschaftler der TU Braunschweig haben eine Methode entwickelt, mit der sie das Strömungsgeschehen beim Schlagflug im Detail berechnen können.

Strömungsgeschehen im Flug

Wissenschaftler am Institut für Strömungsmechanik an der Technischen Universität (TU) Braunschweig haben eine Simulationsmethode entwickelt, mit der die Strömung beim Schlagflug eines Vogels im Detail berechnet werden kann. Zudem können sie die Ergebnisse mit dem Wirkungsgrad der „Vortriebserzeugung“, also des Schubes von Flugzeugtriebwerken, vergleichen. Für die Simulation werden die Flügel als rechteckig betrachtet und ausschließlich Dreh- und Hubbewegungen berücksichtigt. Mit geschickt entwickelten Modellen und einem leistungsstarken Rechner lässt sich das Strömungsgeschehen dann sowohl im Bild als auch als Film darstellen. Der Vorteil dieser Simulationsmethode: Sie lässt sich auf beliebige Flügelbewegungen anwenden.

(ah)

Modellbauer mit Weitsicht

„Was nicht passt, wird passend gemacht“, sagt sich der ambitionierte Heimwerker, langt kühn in den Werkzeugkasten – und nach gezieltem Einsatz der Säge ist Omas Erbstück nicht mehr zu breit für die Tür zum Dachboden.

Auf derart rustikale Methoden greifen die Studenten der Modellfluggruppe Akamodell der Technischen Universität Braunschweig nur ungern zurück. Vielmehr wird mit Weitsicht geplant, wie die Arbeiten an „Quick-Step“ beweisen. Das ferngesteuerte Modellsegelflugzeug, das die Studenten eigenhändig konstruieren und bauen, soll eine Spannweite von maximal 2,20 Meter haben. „So passt es noch in einem Stück ins Auto“, sagt Maschinenbau-Student Michael Böhm, Trainer und Obmann bei Akamodell.

Erfahrungswerte, das zeigt sich hier, sind auch im Modellbau unerlässlich. Ebenso wie das Wissen, das im Studium vermittelt wird. Was im Hörsaal graue Theorie ist, setzen die Studenten von Akamodell in die Praxis um: Wie sollte das Verhältnis von Rumpflänge zur Größe des Seitenleitwerks sein? Wie baut man leicht, ohne die Steifigkeit zu vernachlässigen? Welche Profilierung und Flügelgeometrie sind optimal? Welche Materialien haben die besten Eigenschaften? Depron zum Beispiel, ein Hartschaummaterial, das sich leicht verarbeiten lässt und den Vorteil hat, dass die Modelle auch harte Abstürze überstehen. Selten, so Böhm, sei es die Technik, die versagt. „Das meiste geht zwischen den Ohren schief.“

© TU BS

Hand Launched Gliders sind sehr leichte Segelflugzeugmodelle, die mit viel Schwung auf Höhe geworfen werden, um von dort aus im Aufwind zu segeln.

Modellflugzeuge im Aufwind

Die Modellfluggruppe Akamodell gehört zum Unisport der Technischen Universität (TU) Braunschweig und ist ein lockerer Verbund von aktiven und ehemalige Studenten. Schwerpunkte sind Segelfliegen und Hangflug, aber auch Elektro- und ferngesteuerter Flug in Turnhallen, Saalflug genannt. „Unsere Modelle planen, konstruieren und bauen wir in unserer Werkstatt zum größten Teil selbst“, sagt Maschinenbau-Student Michael Böhm, Trainer und Obmann bei Akamodell. Anfängern wird geholfen: Unter Anleitung können sie sich selbst daran versuchen, ein Modell eigenhändig zu bauen.

„Da die Modellfliegerei stark vom Wetter, speziell von der Thermik, abhängig ist, fahren wir meist sehr spontan zum Fliegen“, erzählt Böhm. Besonders beliebt und verbreitet unter den Modellbauern ist eine Klasse von Segelflugmodellen: die Hand Launched Gliders (HLG). „Die sehr leichten Modelle werden mit viel Schwung auf Höhe geworfen, um von dort aus möglichst im Aufwind zu segeln“, erläutert Böhm.

Die Weiterentwicklung von Flugzeugmodellen ist eine besondere Stärke der Gruppe. Ideen und Vorschläge werden diskutiert, neue Bauweisen ausprobiert, modifiziert und weiterentwickelt. „Auf diese Weise haben wir uns auf den nationalen Wettbewerben einen guten Ruf erworben“, sagt der Obmann.

Und die Studenten von Akamodell entwickeln weiter. Aktuelles Projekt: „Quick-Step“. Das Segelflugzeugmodell, das sie zurzeit konstruieren und bauen, wird eine Spannweite von maximal 2,20 Meter haben.

(gef)

Flugzeuge aus der Mikrowelle

„Ping" macht unsere Mikrowelle, wenn das Mittagsmahl von gestern bereit ist für einen zweiten Auftritt. Das klingt so schlicht, fast bescheiden, und doch lässt sich das unscheinbare Gerät ausgesprochen vielseitig nutzen. Schließlich können Mikrowellen in Sekundenschnelle Nudeln oder Kartoffeln erhitzen, Tiefgekühltes auftauen und sogar Popcorn springen lassen. Die spannende Metamorphose von Gummibärchen oder Schokoküssen unter Mikrowellenstrahlung ist, vermute ich, hinlänglich bekannt. Plastikdosendesigner hat das Gerät mit dem Ping gar zum Entwurf einer neuen Serie angeregt.

Und auch die Ingenieure am Institut für Faserverbundleichtbau und Adaptronik des Deutschen Zentrums für Luft- und Raumfahrt in Braunschweig haben sich inspirieren lassen. Sie fertigen in der Mikrowelle Flugzeugteile aus Kunststoff und Kohlenstofffasern. Das dauert zweifelsohne länger, als eine Portion „Boeuf Stroganoff" aufzuwärmen, und ist dennoch viel schneller und energiesparender als die herkömmliche Bauteilproduktion.

Natürlich ist so eine Mikrowelle für Flugzeugteile um einiges größer als ihr Küchenpendant. Aber wer weiß: Vielleicht halten selbst diese haushohen Mikrowellen einmal Einzug in Designerküchen? Kleinwagengroße Kühlschränke haben das ja bereits geschafft. Schade wäre es nur um das „Ping", das angesichts der XXL-Maße sicher durch einen deutlich fülligeren Ton ersetzt werden müsste.

Flugzeugteile aus der Mikrowelle sind das Ergebnis eines neuen Herstellungsverfahrens für Faserverbundstoffe, das Ingenieure am DLR entwickelt haben.

Neue Technologie im Flugzeugbau

Der Flugverkehr nimmt stetig zu und damit auch die Kohlendioxidemissionen. Um den Kerosinbedarf der Flugzeuge zu drosseln, kommen zunehmend besonders leichte Werkstoffe wie kohlenstofffaserverstärkte Kunststoffe (CFK) zum Einsatz. Üblicherweise werden die Werkstoffe in haushohen Backöfen zu den gewünschten Bauteilen verschmolzen. Ingenieure am Institut für Faserverbundleichtbau und Adaptronik des Deutschen Zentrums für Luft- und Raumfahrt (DLR) in Braunschweig haben jetzt in Zusammenarbeit mit der Industrie Methoden entwickelt, um die Faserverbundstoffe in der Mikrowelle zu fertigen. Gegenüber der konventionellen Produktionsmethode kann dabei eine Menge Zeit und Energie gespart werden. „Insgesamt ergibt sich eine Zeit- und Energieersparnis von rund 50 Prozent", berichtet Burkhard Binder, der den Transfer der in Braunschweig entwickelten Technologie in die Wirtschaft vorangetrieben hat. Flugzeugbauer wissen die Vorteile der Mikrowellenfertigung offenbar zu schätzen: Bereits Anfang des Jahres wurden die ersten Anlagen verkauft.

(ah)

Aufsicht über Airlines

Für Furore sorgte in den 1970er Jahren der Sportwagen Opel GT. Legendär auch sein Slogan: „Nur fliegen ist schöner." Dass Fliegen das höchste der Gefühle ist, davon waren bereits die Flugpioniere überzeugt. Und sicher auch Ferdinand Graf von Zeppelin, der vor knapp 100 Jahren das Reisen mit dem Luftschiff populär machte.

Wer es sich leisten konnte, buchte ein Ticket bei der Deutschen Luftschifffahrts-Aktiengesellschaft, kurz Delag – der ersten Fluggesellschaft der Welt. Ihre Gründung (16. November 1909) wäre heute ein Fall für das Luftfahrt-Bundesamt in Braunschweig, das für die Genehmigung und Aufsicht deutscher Luftfahrtunternehmen verantwortlich ist. Wer eine Fluggesellschaft gründen und betreiben will, muss eine Liste von Voraussetzungen akribisch erfüllen. Technische zum Beispiel, wie die Instandhaltung der Maschinen. Und – ganz wichtig – wirtschaftliche, wie einen lückenlosen Finanzplan, der die Wirtschaftlichkeit für die ersten 24 Monate nachweist. Die Airline muss über ausreichend Kapital verfügen.

Schließlich soll – zum Schutz der Passagiere – nicht am falschen Ende gespart werden. Sicherheit kennt keine Kompromisse.

172 Luftfahrtunternehmen gibt es in Deutschland. In keinem anderen Land der Welt fliegen mehr Airlines.

Genehmigung im Bereich Luftfahrt

Deutschland ist europaweit das Land mit den meisten Luftfahrtunternehmen. 172 Betriebslizenzen registrierte das Luftfahrt-Bundesamt (LBA) in Braunschweig, das für die Genehmigung und Aufsicht deutscher Luftfahrtunternehmen zuständig ist (Stand Dezember 2006). Wer eine Airline gründen und betreiben will, muss erhebliche Anforderungen erfüllen.

Der Staat ist in das Genehmigungsverfahren stark involviert. Schließlich geht es um die Sicherheit der Passagiere. Seit 1993 regeln Verordnungen der Europäischen Union (EU), nach welchem Standard Luftfahrtunternehmen zu zertifizieren sind. „Grundsätzlich muss der Sitz der Gesellschaft in der EU sein, und mindestens 51 Prozent des Kapitals müssen aus der EU kommen", erläutert Hans-Henning Mühlke, Leitender Regierungsdirektor und Abteilungsleiter Betrieb im LBA. Woher das Geld kommt, müsse der Unternehmer lückenlos nachweisen. Die Haupttätigkeit des Unternehmens, so eine weitere Grundvoraussetzung, muss der Luftverkehr sein. Die Flugzeuge müssen registriert und versichert sein.

Neben den Grundvoraussetzungen prüft das LBA auch die wirtschaftlichen Voraussetzungen. So muss das Luftfahrtunternehmen einen Finanzplan vorlegen, der die Wirtschaftlichkeit für die ersten 24 Monate belegt. Das LBA verfolgt die wirtschaftliche Situation auch über die Anfangsphase hinaus permanent weiter, denn Sicherheit kostet Geld. Strenge Kriterien müssen auch bei den technischen Anforderungen gelten. So muss die Airline nachweisen, dass sie ihre Maschinen zuverlässig instandhalten lässt.

Bis zu einem Jahr kann der Genehmigungsprozess in Anspruch nehmen.

(gef)

Zehn Millionen Gleichungen

Zehn Millionen Gleichungen müssen gelöst werden, um die Strömungseigenschaften von Flugzeugen zu berechnen. Mit Hochdruck und auf Weltniveau treiben Forscher am DLR in Braunschweig die Strömungssimulationen voran.

Wie schön wäre es, wenn die Gedanken so wirkungsvoll strömen würden wie Luft entlang der Außenhaut eines Flugzeuges. Dann würde auch ich sicher verstehen, warum zehn Millionen Gleichungen gelöst werden müssen, um die Umströmung des Luftgleiters auszurechnen.

Der erste vereinfachende Kniff, den Braunschweiger Forscher am Deutschen Zentrum für Luft- und Raumfahrt dabei machen, leuchtet mir noch ein: Sie tun so, als ob nicht das Flugzeug durch die Luft, sondern die Luft an dem Flugzeug vorbei fliegt. Dann aber soll sich der Strömungsberechnungswillige rechteckige Käfige und kleinen Kästchen vorstellen, die sich an den Flugzeugkörper schmiegen müssen, und das Ganze mit Gedankengut der Herren Mathematiker Euler und Gauß vermischen. So käme man in Null Komma nichts auf zehn Millionen Gleichungen mit ebenso vielen Unbekannten, sagen die Experten. Noch flugs ein paar Randbedingungen, Feldgrenzen und Konvergenzkriterien eingeflochten, alles in einen flotten Rechner gespeist und schon hätte man das Ergebnis.

Gut, die Braunschweiger DLR-Forscher müssen es wissen, schließlich sind sie weltweit anerkannte Experten in Sachen Strömungssimulationen. Ich dagegen biete erst einmal zehn Millionen für eine Gleichung, die Gehirnwindungen in Stromlinienform bringt, damit meine Gedanken eigens für Strömungsberechnungen das Fliegen lernen.

Strömung am Modell betrachtet

Die Strömungseigenschaften eines Flugzeugs bestimmen maßgeblich Flugeigenschaften und Treibstoffverbrauch. Deshalb werden neue Flugzeuge vor ihrem Einsatz in der Luft in Windkanälen auf ihre Tauglichkeit getestet. Am Deutschen Zentrum für Luft- und Raumfahrt (DLR) finden nicht nur solche experimentellen Strömungsmessungen statt, sondern hier werden, schon bevor der erste Prototyp gebaut wird, die Strömungscharakteristika neuer Flugzeugmodelle mit Hilfe mathematischer Methoden am Computer simuliert. Die Grundlagen sind ausgetüftelte Strömungsmodelle und mathematische Operationen, die auf Leonhard Euler und Carl-Friedrich Gauß zurückgehen. Dank der inzwischen sehr schnellen Rechner sind die komplexen Gleichungssysteme aus rund zehn Millionen Gleichungen mit ebenso vielen Unbekannten in nur einigen Tagen und künftig, so die Prognose der Wissenschaftler, in nur wenigen Stunden zu lösen.

(ah)

Training fürs Fluggerät

Den Unterschied zwischen Fußboden und Wäschebehälter kennen Männer nicht. Oder können Sie erklären, wieso Hemden und Handtücher stets verstreut vor Kleiderschrank und Dusche liegen? „Lass doch, ich räum das schon noch weg“, ist eines seiner Versprechen, die konsequent nicht eingelöst werden. In bestimmten Situationen ist der Y-Chromosomen-Träger lernresistent.

Ob Thomas Krüger und seine Kollegen vom Institut für Luft- und Raumfahrtsysteme der TU Braunschweig diese triviale häusliche Problematik kennen, wissen wir nicht, geht uns auch nichts an. Allerdings ist das Thema „aus Erfahrung lernen“ ein zentrales in ihren Forschungsaktivitäten. Denn die voll autonomen Mikroflugdrohnen, die sie entwickeln, lernen mit Hilfe künstlicher Intelligenz, wie sie fliegen sollen.

Künstliche neuronale Netze, die Struktur und Informationsarchitektur von Gehirn und Nervensystem abbilden, machen das möglich. „Die Lernfähigkeit neuronaler Netze versetzt unsere Flugdrohnen in die Lage, sich selbständig auf Störungen und Einflüsse der Atmosphäre einzustellen“, erläutert Krüger. Erfasst eine Windböe das leichte Fluggerät und bringt es von der Flugbahn ab, erkennt der Bordrechner die Abweichung, entscheidet autonom über das richtige Manöver und lenkt den Flieger auf die korrekte Bahn zurück. In Flugversuchen trainieren die TU-Ingenieure ihren Mikroflugdrohnen das Basiswissen an. Denn: Gezieltes Training eines neuronalen Netzes ist Voraussetzung für den Lernerfolg.

Also gut, ich hab’s kapiert, der Mann daheim muss nur richtig trainiert werden: „Schatz, räum deine Wäsche weg, aber dalli!“

Carolo P50 war bei seinem Erstflug 2004 das kleinste autonome Fluggerät seiner Art mit einer Spannweite von 50 Zentimetern.

Künstliche Intelligenz in Mikroflugdrohnen

Die Entwicklung voll autonomer Mikroflugzeuge (MAV: Micro Aerial Vehicles) mit kleinstmöglichen Abmessungen ist ein Forschungsschwerpunkt des Instituts für Luft- und Raumfahrtsysteme der Technischen Universität (TU) Braunschweig. Die am Institut entwickelte „Carolo“-Familie umfasst Fluggeräte mit Spannweiten zwischen 50 und 330 Zentimetern.

„Die Mikro- und Minifluggeräte können, je nach Nutzlast, für vielfältige Anwendungen eingesetzt werden – und das mit einer Wirtschaftlichkeit, die auf anderem Wege nicht zu erreichen ist“, sagt der wissenschaftliche Mitarbeiter Thomas Krüger. Das Institut konzentriere sich auf zivile Einsätze, z.B. im Umwelt- und Katastrophenschutz, in der Forschung und bei der Verkehrsbeobachtung.

Die Mini- und Mikroflugdrohnen fliegen mit Hilfe eines Elektromotors, der die Fluggeräte zuverlässig und leicht in der Handhabung macht. Krüger: „Die Missionsplanung erfolgt am PC per digitaler Landkarte. Mittels mikro-elektromechanischer Sensoren und GPS-Satellitennavigation findet „Carolo“ voll autonom seinen Weg entlang der vorgegebenen Wegpunkte.“ Krüger und seine Kollegen forschen daran, dass die Mikroflugdrohnen mit Hilfe künstlicher Intelligenz, der Automatisierung intelligenten Verhaltens, aus Erfahrung lernen, wie sie fliegen sollen. Bis dies gelingt, müssen die Miniflugdrohnen ein spezielles Trainingsprogramm absolvieren. Denn: Gezieltes Training eines neuronalen Netzes ist Voraussetzung für den Lernerfolg bzw. für die richtige Verarbeitung eines Musters. In Flugversuchen trainieren die TU-Ingenieure ihren Mikroflugzeugen das erforderliche Basiswissen an.

(gef)

Angemessen Koffer packen

Wenn einer eine Reise tut, dann sollte er das richtige Gepäck mitnehmen. Sonst kann er hinterher was erzählen, was vielleicht peinlich war: Wie er mit Rollenkoffer durch die Wüste musste oder mit dem Rucksack nicht in die Edeldisco kam... Doch richtiges Gepäck vermeidet nicht nur Peinlichkeiten, es hilft auch der Gesundheit und der Wissenschaft. Zum Beispiel der „Flugkoffer“ aus Braunschweig.

Das mit Technik gespickte Messköfferchen flog neun Monate kostenlos im Lufthansa-Airbus um die Welt. Dafür musste es aber pausenlos Daten sammeln, besonders dann, wenn der Flieger seine Reiseflughöhe erreichte und die Passagiere schon schlummernd in anderen Sphären schwebten.

Die empfindlichen Messgeräte simulierten den Passagier im Dauerflug: Wieviel kosmische Strahlung bekommt jemand ab, der in typischer Reiseflughöhe zwischen 9 und 12 Kilometern um die Erde jettet? Und wie intensiv ist sie in welchen Höhen? Mit dem „Gewebe-äquivalenten Proportionalzähler“ (TECP) lieferte das Köfferchen Physikern wie Medizinern hilfreiche Zahlen, unabhängig von der Strahlungsart: zur Berechnung von Strahlenfeldern wie auch der schädlichen Dosis. Damit auch die Piloten noch häufig unbesorgt die Koffer packen können.

10 000 Meter – so hoch gleiten Langstreckenflugzeuge um den Globus. Fraglich war lange, wie viel kosmische Strahlung die Passagiere und Besatzung dabei abbekommen.

Strahlenbelastung in luftigen Höhen

Die kosmische Strahlung (Höhenstrahlung) ist sehr energiereiche Strahlung aus den Tiefen des Weltalls und besteht hauptsächlich aus Wasserstoff-Atomkernen und Helium-Atomkernen. In der Erdatmosphäre reagieren sie mit den Luftmolekülen, werden teils abgefangen oder erzeugen neue energiereiche Teilchen. Doch je höher, desto stärker die Strahlung – und die möglichen Gesundheitsschäden für Flugpersonal und Astronauten, wenn keine Schutzmaßnahmen erfolgen.

Wie stark die Belastung wirklich und auf Dauer ist, konnte der Braunschweiger „Flugkoffer“ auf seiner Mission festklopfen – unabhängig von der Strahlungsart, denn die Geräte simulierten menschliches Gewebe, dem es egal ist, ob es von Neutronen, Protonen oder Gammaquanten geschädigt wird. Forscher der Physikalisch-Technischen Bundesanstalt (PTB) hatten schon in Einzelmessungen dokumentiert, dass die natürliche Höhenstrahlung ein sehr komplexes Strahlungsfeld darstellt. Der „Flugkoffer“ als EU-Projekt vermaß die Felder ab Dezember 2003 im Dauerbetrieb. Die Daten lieferten die Strahlenexposition auf der Nordhalbkugel in Reiseflughöhen zwischen 9 und 12 Kilometern.

(ds)

Achtung Raser!

Ein hektischer Tritt auf die Bremse – aber zu spät! Bald wird also wieder eine Benachrichtigung vom Ordnungsamt ins Haus flattern. Vielleicht in der leicht spaßigen Variante, wenn das mehr oder weniger gelungene Foto von mir an meinen Mann geschickt wird, nebst Begleitbrief in schönstem Amtsdeutsch: „Es besteht die begründete Vermutung, dass Sie nicht selber der Lenker des Wagens waren." Weil beim letzten Mal auch der Rest dieses Briefes auf Amtsdeutsch formuliert und nicht wirklich verständlich war, musste ich sogar beim nächsten Polizeirevier vorstellig werden. In den folgenden Monaten bin ich sehr vorsichtig gefahren – die erwünschte präventive Wirkung war eingetreten.

Um den Schutz vor ganz anderen Rasern kümmern sich einige Wissenschaftler der Physikalisch-Technischen Bundesanstalt in Braunschweig in einem von der AiF geförderten Projekt. Die Raser sind weitaus schneller als bei uns auf der Erde üblich; sie sind im Weltraum mit rund zehn Kilometern pro Sekunde unterwegs. Es handelt sich um Weltraummüll aller Art: Rückstände, die bei jedem Raketenstart neben der eigentlichen Nutzlast, dem Satelliten, anfallen. Die meisten davon sind klein, nur mikrometergroß, wie Schlackereste aus Raketenmotoren oder Fragmente von Explosionen, aber weltweit über 4000 Raketenstarts haben davon inzwischen riesige Mengen angehäuft. Um die Gefährdung durch Kollisionen mit diesen schnellen Projektilen abzuschätzen, haben die Wissenschaftler ein Messgerät entwickelt, das die Geschwindigkeiten mit Hilfe von Laserlicht misst. Noch ist das Gerät ein Prototyp, es wird aber demnächst praxisreif sein.

Wie lange dann die Entwicklung der bürokratischen Schritte zur Ermittlung der wirklichen Verkehrssünder dauert, steht aber noch in den Sternen.

10 km/s schnell sind die Objekte in etwa, die zu Tausenden die Erde umkreisen und als Weltraummüll eine Gefahr für Satelliten und andere „Verkehrsteilnehmer" darstellen. Ein in der PTB entwickeltes Messgerät für mikrometergroße Teilchen ermittelt ihre Geschwindigkeit, um so die Gefährdung besser abzuschätzen.

Gefährlicher Müll im All

Die wachsende Zahl von menschgemachten Kleinstpartikeln im All stellt als Weltraummüll ein immer größer werdendes Risiko für Satelliten und bemannte Raumflugkörper dar. Es wird also immer wichtiger, zuverlässige, gewichtsoptimierte und kosteneffektive Maßnahmen zu deren Schutz zu entwickeln. Dafür benötigt man detaillierte Kenntnisse über die Verteilung, Größe und Geschwindigkeit solcher energiereichen Partikel.

Daher hat die Physikalisch-Technische Bundesanstalt (PTB) in Braunschweig in einem von der AiF (Arbeitsgemeinschaft industrieller Forschungsvereinigungen) geförderten Projekt zusammen mit dem Fraunhofer-Institut für Kurzzeitdynamik (EMI) und der Braunschweiger Firma eta_max space GmbH ein Messgerät entwickelt, das mit Hilfe eines laseroptischen Verfahrens die Geschwindigkeit dieser Mikroteilchen ermittelt. Das Verfahren basiert auf einer Flugzeitmessung, bei der die Zeit gemessen wird, die für eine bestimmte Strecke benötigt wird. Das Teilchen durchfliegt zwei hintereinander liegende Laserlichtebenen („Laservorhänge") und die dabei entstehenden Streulichtblitze werden von schnell ansprechenden, hochempfindlichen Sensoren detektiert.

Das Gerät ist bisher nur ein Protoyp, hat aber die ersten Probemessungen erfolgreich absolviert.

(es)

Zu viel Schrott im All

Wer sich von altem Plunder befreien will, entrümpelt. Weg mit dem Ballast, Platz schaffen für Neues. Ja, wenn das überall so einfach wäre. Im Weltall ist eine Entrümpelung utopisch, aber dringend erforderlich.

Ausgediente Satelliten und gesprengte Raketenoberstufen, Explosions- und Kollisionstrümmer und vieles mehr sorgen für eine Überfüllung auf erdnahen Umlaufbahnen. Es drohen gefährliche Kollisionen mit funktionstüchtigen Objekten wie Satelliten. Den Schrott im All werden wir vorerst nicht los. Weder gibt es den Weltraumstaubsauger, der alles schluckt, noch eine Müllabfuhr, die Ausgedientes zurück zur Erde bringt.

Immerhin, es gibt Wissenschaftler, die Weltraummüll (Fachbegriff „space debris“) als wachsende Gefahr erkannt haben. Sie forschen im Institut für Luft- und Raumfahrtsysteme der Technischen Universität Braunschweig, das weltweit führend auf diesem Gebiet ist. Die Experten können beispielsweise berechnen, wie hoch das Risiko ist, dass ein Satellit von einem Trümmerteil getroffen wird. Und sie regen Satellitenbetreiber und Raumfahrtagenturen an, Maßnahmen zu ergreifen, damit nicht immer noch weiterer Müll entsteht. Das ist im endlosen All nicht anders als auf unserer kleinen Erde.

150 Millionen vom Menschen geschaffene Objekte mit einem Durchmesser größer als einem Millimeter bewegen sich in Umlaufbahnen um die Erde, schätzt das Institut für Luft- und Raumfahrtsysteme der TU Braunschweig.

Gefahr durch Weltraummüll

Der Weltraum – unendliche Weiten? In dem von der Raumfahrt hauptsächlich genutzten Bereich „Low-Earth-Orbit“ (niedrige Umlaufbahnen) kann davon keine Rede sein. Ganz im Gegenteil: Im Weltraum wird es eng. Tausende Raumflugobjekte, ausgediente Satelliten und gesprengte Raketenoberstufen, Explosions- und Kollisionstrümmer sowie Restbestände russischer Kernreaktorsatelliten sorgen für eine folgenschwere Überfüllung auf erdnahen Umlaufbahnen.

Auf diesem „Friedhof im All“ kann es zu gefährlichen Kollisionen zwischen entsorgtem Weltraumschrott und funktionstüchtigen Objekten wie Satelliten kommen. Weltweit führend auf dem Forschungsgebiet „Weltraummüll“ („space debris“) sind Prof. Dr. Peter Vörsmann und sein Team vom Institut für Luft- und Raumfahrtsysteme der Technischen Universität (TU) Braunschweig. Im Auftrag der europäischen Raumfahrtagentur ESA haben sie das MASTER Modell (Meteoroid and Space Debris Terrestrial Environment Reference) entwickelt. Damit lässt sich berechnen, wie hoch das Risiko ist, dass ein Satellit von einem Trümmerteil getroffen wird.

(gef)

Kleinsatellit vor großer Mission

Urlaub. Endlich Zeit, einen Klassiker zu lesen. So dachte wohl auch Weltraumtourist Charles Simonyi – und legte flugs für seine Reise zur Internationalen Raumstation ISS Goethes Faust ins Gepäck. Schwere Lektüre für den schwerelosen All-Tag. Vielleicht war es ja eine Taschenbuchausgabe. Die fällt nicht so sehr ins Gewicht. Denn Kilos kosten, wie jeder weiß, der mit mehr als dem zulässigen Freigepäck für einen Flug eingecheckt hat.

Richtig teuer wird es, führt die Reise ins All. Damit kennen sich die Studenten der ExperimentalRaumfahrt-Interessen Gemeinschaft (ERIG) der Technischen Universität Braunschweig bestens aus. Ihr würfelförmiger Kleinsatellit, den sie selbständig entwickeln, bauen und nach dem Start betreiben, ist gerade mal 35 Kilo schwer und hat eine Kantenlänge von 40 Zentimetern.

Läuft alles nach Plan, wird der Braunschweiger Erd-Observations-Satellit (BEOSAT) mit drei Nutzlasten an Bord 2010 auf einen Orbit geschickt. Dort, in 650 Kilometern Höhe über der Erde, soll er wissenschaftliche Daten sammeln und zur Erde übermitteln, zum Beispiel über die Konzentration des schädlichen Stickstoffdioxids in der Troposphäre. Wer BEOSAT ins All befördert, steht noch in den Sternen. Die Studenten sind zuversichtlich, einen Partner für die Mission zu finden.

Wäre ja auch schade, wenn Goethes Faust auf dem Orbit kreist, aber Nachwuchs-Forschung auf der Strecke bleibt.

BEOSAT steht für Braunschweiger Erd-Observations-Satellit, den die studentische Experimental-Raumfahrt-InteressenGemeinschaft (ERIG) der TU Braunschweig entwickelt, baut und auf den Orbit schicken wird.

Studenten entwickeln und bauen BEOSAT

„Wir haben uns zum Ziel gesetzt, einen Kleinsatelliten selbständig zu entwickeln, zu bauen und auf einen Orbit zu schicken", sagt Ulf Pohlkamp von der studentischen ExperimentalRaumfahrt-Interessen Gemeinschaft (ERIG) der Technischen Universität (TU) Braunschweig. Pohlkamp ist in der ERIG Projektleiter Braunschweiger Erd-Observations-Satellit (BEOSAT). Dieser würfelförmige Kleinsatellit mit einer Kantenlänge von 40 Zentimetern ist mit seinen 35 Kilogramm ein Leichtgewicht unter den Satelliten.

Läuft alles nach Plan, wird BEOSAT mit drei Hauptnutzlasten an Bord 2010 auf eine erdnahe Umlaufbahn in 650 Kilometern Höhe geschickt. Seine Mission: wissenschaftliche Daten zu sammeln und zur Erde zu übermitteln. „Ein Spektrometer wird die Konzentration von Stickstoffdioxid in der Troposphäre messen", erläutert Pohlkamp. Das Spektrometer wird in Zusammenarbeit mit dem Institut für Umweltphysik der Universität Bremen entwickelt.

Als zweites Messgerät wird der Kleinsatellit einen Sensor für Weltraummüll (space debris) an Bord haben. Das Gerät kann die Konzentration kleinster Partikel auf dem Orbit vermessen. Entwickelt wird es von der Firma eta_max space GmbH in Zusammenarbeit mit der Physikalisch-Technischen Bundesanstalt (PTB) in Braunschweig. Das dritte Messgerät an Bord ist ein Mikromagnetometer, entwickelt vom Institut für Mikrotechnik der TU Braunschweig. Mit ihm lässt sich die magnetische Flussdichte des Erdmagnetfeldes messen.

(gef)

Rechenkunst verleiht Flügel

Ökologisch korrekt fliegen: Das können vermutlich nur flügge Vögel, olle Pollen oder unfaire Fußballer vom Platz. Flugzeugausflüge zum Ballermann oder in die Südsee dagegen gelten gemeinhin als böse Klimafouls. Zwar sehen die Verbrauchswerte im Idealfall, also wenn die Flieger bis auf den letzten Platz besetzt sind, gar nicht so übel aus, denn im Schnitt verbrauchen sie weniger als fünf Liter Kerosin je 100 Kilometer und Passagier.

Doch sind sie eben nicht immer voll besetzt, legen Strecken zurück, die man mit dem Auto niemals machen würde, und die Wirkung der Flugzeugabgase ist zudem besonders bedenklich, da sie in großer Höhe abgegeben werden. Es gibt also genug Gründe für Flugzeugbauer, ihre tonnenschweren Täubchen auf Treibstoffdiät zu setzen.

Deshalb entwickeln auch die Ingenieure am Deutschen Zentrum für Luft- und Raumfahrt in Braunschweig neue, leichtere Werkstoffe und machen Form und Haut der Flugzeuge noch luftgeschmeidiger. Ob und wie das gehen könnte, berechnen sie zunächst am Computer. Auf diesem Gebiet sind die Braunschweiger voll auf der Höhe, sie gehören zu den weltweit Besten.

Übrigens favorisieren einige Wissenschaftler die reibungsmindernde Struktur von Haifischhaut, um den Verbrauch der Flugzeuge zu senken. Wie es allerdings wirklich um das Klima bestellt sein wird, wenn erst Haie die Lufthoheit übernommen haben, steht noch in den Sternen.

Die Flieger der Zukunft sollen wie Adler scheinbar mühelos durch die Lüfte gleiten und deutlich weniger Kerosin verbrauchen als heute. Entwickelt werden sie am DLR in Braunschweig.

Gleitzahl im Visier der Forscher

Ingenieure des Deutschen Zentrums für Luft und Raumfahrt (DLR) in Braunschweig entwickeln Flugzeuge, die möglichst wenig Kerosin verbrauchen sollen. Dazu verringern sie das Gewicht und verändern Form sowie Oberflächenbeschaffenheit der Flieger. Die Wissenschaftler haben dabei vor allem die so genannte Gleitzahl im Visier. Sie beschreibt, wie weit ein Flugzeug ohne Antrieb durch Luft gleiten kann, ohne abzustürzen. Als Vorbilder für die Entwicklung neuer Modelle stehen vor allem Segelflugzeuge Pate. Sie können mit Spitzen-Gleitzahlen glänzen, denn weder Triebwerke noch Fahrgestelle beeinträchtigen ihre aerodynamische Form.

Die DLR-Forscher planen die Modelle von morgen zunächst am Computer. Die Gründe: Die virtuelle Planung von Flugzeugen ist kostengünstig und heute schon so genau, dass sich sehr gut abschätzen lässt, welches Flugzeugmodell auch in der Realität bestehen könnte. Die Wissenschaftler arbeiten dabei unter anderem eng mit dem europäischen Luft- und Raumfahrtkonzern EADS zusammen.

(ah)

Einsatz im Eis und an der Uni

Er wagt sich wieder ins Eis, der Abenteurer Arved Fuchs. Am 12. Juni 2007, als wir vor Hitze nicht mehr wussten, wie sich Frieren anfühlt, brach er auf zu einer neuen Arktis-Expedition. Fuchs will ergründen, warum die Expedition von 1912 scheiterte und der Polarfahrer Herbert Schröder-Stranz sowie sieben Mitreisende im Packeis verschollen sind. Und Fuchs ist dabei, wenn Forscher die oberflächennahen Eigenschaften des Ozeans mit einer Sonde messen.

Ein Messeinsatz in der Arktis. Das hat HELIPOD bereits hinter sich. Die Hubschrauber-Schleppsonde, die vom Institut für Luft- und Raumfahrtsysteme der Technischen Universität Braunschweig mit entwickelt wurde, ermöglicht hochgenaue Messungen des turbulenten Energieaustausches zwischen der Atmosphäre und dem Erdboden. Mit den Daten, die das Gerät liefert, können die Wissenschaftler zum Beispiel numerische Modelle zur Wettervorhersage und zu Klimaveränderungen weiter optimieren.

HELIPOD, 300 Kilo schwer und fünf Meter lang, wird an einem 15 Meter langen Seil hängend von einem Hubschrauber geschleppt. 2009/2010 geht es wieder in die kalte Zone. Diesmal wird das System im Auftrag der britischen Regierung in der Antarktis Messungen vornehmen. Helikopter und HELIPOD lassen sich problemlos von einem Eisbrecher aus starten. Bis zu diesem Einsatz soll das Gerät aber nicht hinter verschlossenen Institutstüren bleiben.

„Wir planen, unser Lehrangebot zu erweitern und unseren Studenten ein Flugpraktikum mit HELIPOD anzubieten“, sagt Institutsmitarbeiter Jens Bange von den Fluggestützten Geowissenschaften. Damit soll für den Nachwuchs das Wissen über Flugmechanik, Navigation und Messtechnik nicht bloß graue Theorie bleiben.

HELIPOD heißt eine Hubschrauber-Schleppsonde, die mit modernsten Geräten zur Messung meteorologischer Grundgrößen wie Windvektor, Temperatur und Feuchte ausgestattet ist.

Hubschrauber-Schleppsonde HELIPOD

Die Hubschrauber-Schleppsonde HELIPOD wurde Mitte der 1990er Jahre von der Braunschweiger Firma Aerodata in Zusammenarbeit mit der Technischen Universität (TU) Braunschweig und der Universität Hannover entwickelt. HELIPOD, fünf Meter lang und 300 Kilo schwer, ermöglicht hochgenaue Messungen des turbulenten Energieaustausches zwischen der Atmosphäre und dem Erdboden. „Der HELIPOD ist ein autonomes Messsystem mit eigener Stromversorgung, Bordrechner, Massenspeicher und Navigationssystemen“, erläutert Dr. Jens Bange von den Fluggestützten Geowissenschaften am Institut für Luft- und Raumfahrtsysteme der TU Braunschweig. „Das System ist mit modernsten Geräten zur Messung meteorologischer Grundgrößen wie Windvektor, Temperatur und Feuchte ausgestattet.“ Mit den Daten, die das Gerät zuverlässig liefert, können die Wissenschaftler zum Beispiel numerische Modelle zur Wettervorhersage bzw. zu Klimaveränderungen weiter optimieren.

Auf nationalen wie internationalen Messkampagnen wurde der HELIPOD bereits erfolgreich eingesetzt: Höhepunkte waren z.B. Einsätze in der Arktis im Auftrag des Bundesministeriums für Forschung und Bildung und in einem US-Forschungsprojekt. Nun wird die Hubschrauber-Schleppsonde wieder auf den aktuellen Stand der Technik gebracht. Leistungsstärkere Sensoren und Bordrechner sollen HELIPOD fit machen für seinen neuen Einsatz in der kalten Zone: 2009/2010 soll er im Auftrag der britischen Regierung auf einem Eisbrecher in die Antarktis gebracht werden und von dort per Helikopter in die Luft.

(gef)

Gar nicht zum Lachen

> **Lachgas** ist ein Nebenprodukt der chemischen Industrie und für das Klima gar nicht lustig. Forscher der TU Clausthal helfen, das klimaschädliche Gas zu entschärfen.

Ein Zitat aus dem Brockhaus von 1894: „Es ist ein süßlich riechendes Gas, das (…) eine eigentümliche Erregung, ein besonderes Wohlbehagen im Körper und dann die Erscheinungen der Heiterkeit hervorruft, bis allmählich die Sinne schwinden." Das Gas wurde deshalb „Lustgas" oder, heute gebräuchlicher, „Lachgas" getauft. Lachgas hat, wen wundert's, als Partydroge Karriere gemacht, aber auch als Muntermacher für Raketen- und Autoantriebe. Es taugt als Treibmittel für Sprühsahne und nicht zuletzt als Narkosemittel. Für das Klima indes hat Lachgas nur traurige Folgen, denn es ist ein kräftiges Treibhausgas, das zudem die Ozonschicht schädigt.

Forscher der Technischen Universität (TU) Clausthal bringen gerade ein patentiertes Verfahren zur Perfektion, mit dem das klimaschädliche Gas, das unter anderem bei der Herstellung der wichtigen Industriechemikalie Salpetersäure entsteht, entschärft wird.

Übrigens ist das Gas, in hohen Dosen genossen, selbst als Partydroge nicht mehr lustig. Der Brockhaus berichtet dazu: „Bei fortgesetzter Atmung erfolgt vollständige Bewusstlosigkeit und schließlich der Tod."

Es gibt also genug Gründe, Lachgas schleunigst umzutaufen, zum Beispiel in „K.O.-Gas", „Killergas" oder wenigstens doch in „garstiges Gas". Weitere Namensvorschläge sind willkommen!

Lachgas schädigt Klima

Kohlendioxid (CO_2) ist zwar das bekannteste doch nicht das einzige klimaschädigende Treibhausgas. Mit einem Anteil von 6 % ist auch Distickstoffoxid, als „Lachgas" und Narkosemittel bekannt, am Treibhauseffekt beteiligt. Es wird zwar in weitaus geringeren Mengen freigesetzt als CO_2, doch ist seine Treibhauswirkung dreihundert Mal stärker, und es trägt zum Ozonabbau in der Stratosphäre bei. In der Industrie entsteht Lachgas bei der Synthese von Salpetersäure, die eine wichtige Grundsubstanz der chemischen Industrie ist. „Eine herkömmliche mittelgroße Salpetersäureanlage produziert in einem Jahr etwa 2000 Tonnen Lachgas. Diese Menge könnte unbehandelt das Klima ebenso schädigen wie der jährliche CO_2-Ausstoß aller Autos der Stadt Hannover", veranschaulicht Prof. Thomas Turek vom Institut für Chemische Verfahrenstechnik (ICVT) der Technischen Universität (TU) Clausthal die Wirkung. Mit seinem Team bringt Turek ein patentiertes Verfahren des Apparatebauers Uhde GmbH zur Perfektion, mit dem Lachgas in seine für sich unschädlichen Bestandteile Stickstoff und Sauerstoff zerlegt wird. Gleich vier Anlagen werden zurzeit mit der neuen Technologie für eine klimaschonende Lachgasentschärfung aufgerüstet.

(ah)

Höllische Venus-Touristen

Es gibt Tage, da geht einfach alles schief. Mies geschlafen, Kaffeedose leer, Freundin sauer, Straßen verstopft, Chef schreit und, und, und. Die ganze Welt hat sich gegen einen verschworen, weswegen man sich am liebsten auf einen anderen Planeten schießen möchte. Weltraum-Tourismus ist ja groß im Kommen. Und da die Venus seit jeher mit Liebe sowie Freundschaft in Verbindung gebracht wird und am nächtlichen Sternhimmel so schön leuchtet, bietet sie bestimmt ein lauschiges Plätzchen, um dem Erdendasein zu entfliehen.

Von wegen! Auf der Venus wartet die sprichwörtliche Hölle: Schwere Stürme toben und es regnet ätzende Schwefelsäure. Am schlimmsten aber ist: Der Treibhauseffekt ist riesig groß. Seit mehr als einem Jahr vermessen Instrumente der europäischen Raumsonde Venus-Express die Atmosphäre des Planeten und funken Forschern wichtige Daten, damit sie das Geheimnis des Treibhauseffektes auf der Venus lüften können.

Wissenschaftler des Instituts für Datentechnik und Kommunikationsnetze der TU Braunschweig haben für Venus-Express Elektronik geliefert, die die Instrumente steuert und die Messdaten vor ihrer Übertragung zur Erde zwischenspeichert; zudem laufen am Institut die Informationen der Bodenstation-Kamera in Darmstadt zusammen und werden für ihre Auswertung aufbereitet.

Obacht: Wer auf der Venus einen schlechten Tag erwischt, hat ein Problem – er dauert 243-mal so lang wie ein Erdentag

Zu 96 % besteht die Atmosphäre der Venus aus CO_2 – das Institut für Datentechnik und Kommunikationsnetze der TU Braunschweig hilft, das Rätsel um den Treibhauseffekt auf dem Planeten zu lösen.

Turbulente Verhältnisse auf der Venus

Die Venus hat die heißeste Oberfläche unter den Planeten im Sonnensystem mit Temperaturen bis zu 475 °C. Sie leidet seit vielen Millionen Jahren unter dem, was wir für die Erde in der Zukunft fürchten: einem katastrophalen Treibhauseffekt. Die Atmosphäre besteht zu 96 % aus CO_2 und sorgt so für eine absolut lebensfeindliche Umgebung. Würde man alle gebundenen Kohlenstoffe auf der Erde in CO_2 zurückverwandeln, hätte man auch auf der Erde ähnliche Verhältnisse.

Ein Venustag ist mit 243 Erdtagen sehr lang, sodass der Temperaturausgleich zwischen Tag- und Nachtseite nur durch atmosphärische Strömungen möglich ist. Daher ist das Venuswetter sehr turbulent. Es blitzt in der Atmosphäre und vermutlich donnert es auch. Es gibt starke Strömungen mit hohen Windgeschwindigkeiten, die am Äquator in der Wolkenoberdecke etwa 60-mal so schnell sind wie die Umdrehung der Venus selbst, die so genannte Superrotation.

Seit mehr als einem Jahr vermessen Instrumente auf der europäischen Sonde Venus-Express die Atmosphäre der Venus, um etwas über die Dynamik des Treibhauseffektes zu lernen. Die Instrumente liefern kontinuierlich Messdaten und die Wissenschaftler haben erste detaillierte Erkenntnisse zum Wärmetransport in der Atmosphäre gesammelt, mit denen Mechanismen wie die Superrotation besser verstanden werden können. Das Institut für Datentechnik und Kommunikationsnetze der Technischen Universität (TU) Braunschweig hat mehrere wichtige Beiträge zu Messinstrumenten und für die Sonde entwickelt und geliefert.

(boy)

Weiße Flagge für Röntgenhelfer

Vielleicht haben auch Sie Momente, in denen das Verhältnis zum Zahnarzt Ihres Vertrauens zerrüttet erscheint und Sie ihm Schlimmes an den Hals wünschen, meistens wegen unerträglicher Schmerzen und in der Regel vollkommen ungerechtfertigt. Niemand würde jedoch ernsthaft wollen, dass Arzt oder Assistentin durch Röntgenstrahlen krank würde.

Damit dies nicht passiert, wird ihre Strahlenbelastung akribisch überwacht. Für Helfer wie Eltern, die zum Beispiel ihrem Kind beim Zahnröntgen beistehen, war die Situation dagegen lange unklar.

Wissenschaftler der Physikalisch-Technischen Bundesanstalt in Braunschweig konnten jetzt beruhigen. Sie haben festgestellt, dass die Strahlungswerte in den Röntgenräumen von Zahnarztpraxen im Rahmen der natürlichen Strahlungsbelastung liegen. Die Röntgenstrahlen wandern also tatsächlich vor allem dahin, wo sie hinsollen, nämlich in den Patienten.

Und der sollte als Schutzmaßnahme nicht nur zur Bleiweste greifen, sondern sich vor allem regelmäßig die Zähne polieren. Das schützt nicht nur vor überflüssigen Röntgenuntersuchungen, sondern auch vor Zahnschmerzen und dann, böse Gedanken adé, klappt es auch wieder mit dem Zahnarzt.

Röntgen beim Zahnarzt hat für Helfer in der Regel keine Nebenwirkungen, selbst wenn sie sich während der Untersuchung im Röntgenraum aufhalten. Die beruhigende Nachricht aus der PTB.

Strahlung im Röntgenraum

Röntgenstrahlen helfen nicht nur bei der Diagnose, sondern können auch Schaden im Körper anrichten und schlimmstenfalls eine Krebserkrankung auslösen. Deshalb sind Ärzte angehalten, nur dann zu röntgen, wenn es wirklich nötig ist. Wissenschaftler um Dr. Oliver Hupe von der Physikalisch-Technischen Bundesanstalt (PTB) in Braunschweig haben jetzt gemessen, wie hoch die Strahlenbelastung für Helfer im Röntgenraum einer Zahnarztpraxis ist, wenn diese bei der Untersuchung anwesend sind. Dazu haben die Forscher in Röntgenräumen der Medizinischen Hochschule Hannover (MHH) die Strahlenwerte mit elektronischen Personendosimetern gemessen. Diese Messgeräte wurden den Helfern vor der Röntgenuntersuchung an die vorgeschriebene Bleischürze geheftet. Das Ergebnis dieser Untersuchungen ist beruhigend: „Die Strahlenbelastung durch Streustrahlung liegt für einen Helfer im Röntgenraum im Bereich der natürlichen Umgebungsstrahlung", sagt Hupe. Dennoch sollten Helfer immer Schutzkleidung tragen, damit sie auch dann noch geschützt sind, wenn sie versehentlich in das Zentrum des Röntgenstrahls geraten.

(ah)

Gib Gas, Elektron!

Wie stellen Sie sich denn einen Physiker vor? Vielleicht so: Er sitzt denkend und rechnend mit dicker Hornbrille, Kordhose, Karopulli und zausigen Haaren an seinem Schreibtisch, auf dem sich stapelweise Formelsammlungen und Journale türmen, der Computer schnurrt wie ein kleines Kätzchen im Hintergrund und sein Alltag scheint allein auf seine einzig wahre Liebe ausgerichtet zu sein: seine Arbeit! Dabei vergisst er die Welt um sich herum und lebt in einer Sphäre, in der von Hektik und Schnelligkeit keine Rede ist. Das Leben läuft hier ein bisschen langsamer ab...

Weit gefehlt! Denn in der Physikalisch-Technischen Bundesanstalt in Braunschweig ist man am Puls der Zeit, da geht es mit Tempo in eine neue Forschungszukunft. Dort entsteht eine neue Elektronenbeschleunigeranlage, die wegen ihrer Möglichkeiten weltweit konkurrenzlos ist. Von den drei Beschleunigern wird es zwei geben, wie sie auch in Kliniken für Strahlentherapien genutzt werden. Der dritte ist ein 11 m langer Elektronen-Linearbeschleuniger, der vor allem für die Grundlagenforschung verwendet werden soll. Das gesamte Bauprojekt – bestehend aus den Beschleunigern und dem dafür eigens errichteten Gebäude – schlägt mit 14 Mio. Euro zu Buche. Mit dieser Anlage soll das Messwesen in Strahlenschutz und Strahlentherapie, die Dosimetrie, optimiert und weiterentwickelt werden.

Eine Strahlentherapie kann nur dann erfolgreich sein, wenn die Strahlung richtig dosiert wird. Genaue und zuverlässige Messtechnik soll dazu beitragen, dass weitere Fortschritte in der Krebsforschung erzielt werden. Und damit diese Ziele auch geschwind erreicht werden, wurde so bald als möglich die erste Strahlung erzeugt, indem die Elektronen fast auf Lichtgeschwindigkeit beschleunigt werden.

Aber denken Sie dran: Solche Geschwindigkeiten sind nur was für Physiker – lassen Sie's lieber langsam angehen!

Elektronen werden demnächst in der PTB mit einer neuen Anlage im Kampf gegen Krebs und für die Dosimetrie-Forschung beschleunigt.

Im Dienste der Strahlentherapie

In der Physikalisch-Technischen Bundesanstalt (PTB) in Braunschweig ist eine neue Elektronenbeschleunigeranlage entstanden, wie es weltweit keine zweite auf dem Forschungsgebiet der Dosimetrie in der Strahlentherapie gibt. Die neue Anlage soll die Einheitlichkeit des Messwesens in der Teletherapie mit hochenergetischer Photonen- und Elektronenstrahlung für Krebspatienten garantieren. Ende September 2007 ist die Anlage in Betrieb genommen werden.

Da laut Robert Koch Institut im Jahr 2000 rund 187 000 Patienten insgesamt 10 Mio. Bestrahlungsvorgängen unterzogen worden sind, ist die Verbesserung der Strahlentherapie von großer Bedeutung. Für den Erfolg einer Therapie ist nicht zuletzt die Qualität der klinischen Dosimetrie verantwortlich; diese ist in Deutschland zwar schon sehr gut, was auch auf die Grundlagenforschung der PTB zurückzuführen ist, sie kann allerdings immer noch verbessert werden.

Außerdem ist die Weiterentwicklung der dosimetrischen Messtechnik wichtig für eine neue Methode der Strahlentherapie: die intensitätsmodulierte Strahlentherapie (IMRT). Hierbei wird der Patient von verschiedenen Seiten mit Strahlungsfeldern unterschiedlicher Form, Größe und Intensität bestrahlt. Die Strahlungsfelder werden während der Bestrahlung durch bewegliche Wolframblenden modifiziert. Ziel ist es, die räumliche Dosisverteilung dem Volumen des Tumors möglichst genau anzupassen. Die Strahlen gehen zwar durch den gesamten Körper, sie überschneiden sich allerdings genau im Tumor und können so effizienter auf erkranktes Gewebe einwirken und gesundes weitestgehend unzerstört lassen.

(mse)

Luft-Staubsauger

Wie war das noch bei Loriot: „Es saugt und bläst der Heinzelmann, wo Mutti sonst nur saugen kann....“ Heute ist vieles anders: Mutti ist zur Powerfrau geworden, die nach der Arbeit und vor dem Geschäftsessen schnell noch die Wohnung in Ordnung bringt. Drum braucht sie auch keinen Heinzelmann mehr, sondern den Dirt Devil, den Easy Clean oder den Akku-Blitz, die mit so interessanten Funktionen wie Synchropower, Dual Filtration Technology oder einem auswaschbaren Hygiene-Lamellen-Zentral-und-Abluftfilter aufwarten können.

Oder soll es noch einen Tick exotischer sein? Dann müssen Sie sich gut stellen mit den Staubsauger-Experten der Physikalisch-Technischen Bundesanstalt (PTB) in Braunschweig – und gut im Heimwerken sein. Denn es gilt aus ein paar Rohren und Blech-Teilen einen Staubsauger der ganz besonderen Art aufzubauen, der später vorzugsweise im Garten aufzustellen ist und möglichst effizient auch noch kleinste Staubteilchen aus der Luft herausfiltert.

Das Modell in der PTB gehört zur Spurenmessstation, die zur Überwachung der Radioaktivität in der bodennahen Luft betrieben wird. Die Station ist in ein deutschlandweites Netz solcher Stationen eingebunden und hat auch schon mal nachzuweisen geholfen, dass in Gibraltar versehentlich eine radioaktive Quelle in einem Hochofen verbrannt wurde. Der Heinzelmann im Dienst von Detektiven, gewissermaßen.

0,05 millionstel Becquerel Cäsium-137 pro Kubikmeter Luft (in der Woche) im Luftstaub kann der „Luftstaubsauger“ der PTB entdecken helfen.

Nachweis über den Luftstaub

Dr. Herbert Wershofen ist so etwas wie ein Detektiv. Gemeinsam mit Kollegen an den 13 anderen Spurenmessstellen des Integrierten Mess- und Informationssystems (IMIS), über Deutschland verstreut, überwacht er die bodennahe Luft – in seinem Fall die in der Physikalisch-Technischen Bundesanstalt (PTB) in Braunschweig. Ihm hilft ein so genannter Luftstaubsammler. Der unscheinbare Blechkasten saugt pro Stunde rund 900 Kubikmeter Luft ein und sammelt darin enthaltenen Staub auf speziellen Filtermaterialien. Der Staub wird aufbereitet und auf radioaktive Stoffe untersucht. Deren Konzentration verrät Wershofen allerhand: z.B., dass ein Silvesterfeuerwerk stattgefunden hat (weil in Feuerwerkskörpern stets ein bestimmter Anteil radioaktiven Kaliums enthalten ist). Oder dass der Staub aus Osteuropa immer noch mehr radioaktive Stoffe als bei uns üblich enthält (Stoffe aus dem Tschernobyl-Unglück). Auch ist es Wershofen und Kollegen aus dem IMIS-Netzwerk schon einmal gelungen nachzuweisen, dass im Südwesten Europas radioaktives Cäsium-137 in die Luft gelangt ist. Es folgten wahrlich detektivische Recherchen, bei denen herauskam, dass in einem Hochofen in Gibraltar versehentlich eine radioaktive Quelle verbrannt worden war.
(es)

Speed-Dating mit Matroshka

Verhaltensforscher haben beim Speed-Dating unter Laborbedingungen herausgefunden, dass Menschen vornehmlich auf Äußerlichkeiten achten. Schon nach wenigen Sekunden hätte man sich ein Urteil vom Gegenüber gemacht. Schönheit ist wichtiger als Charakter? Lieber nicht. Vertrauen wir also darauf, dass die inneren Werte zählen und die Schönheit der Dinge in der Seele dessen entsteht, der sie betrachtet.

Wenn die Schönheit der Dinge tatsächlich in der Seele dessen entsteht, der sie betrachtet, dann ist Matroshka ein ziemlich schönes Ding. Zwar hat sie keine Kurven und sie ist auch nicht besonders groß. Dennoch hat die 110 Zentimeter große Puppe, die jahrelang an der Außenwand der Internationalen Raumstation ISS hing, der (Wissenschafts-)Welt den Kopf verdreht.

Von da oben sah Matroshka alle 90 Minuten einen Sonnenaufgang. Und sie ermittelte, welchen Strahlenbelastungen Astronauten im Weltraum ausgesetzt sind. Dazu klebten Detektoren, so genannte Dosimeter, an ihrem Körper – darunter auch ein Neutronendosimeter der Braunschweiger Physikalisch-Technischen Bundesanstalt (PTB). Eine Weiterentwicklung ist das Dosimeter des Teams um die PTB-Forscherin Marlies Luszik-Bhadra: Dieses Handgerät kann Neutronen- und Photonenstrahlungen messen und anzeigen, wofür die Wissenschaftler den diesjährigen Technologietransferpreis der IHK Braunschweig erhielten.

Die Internationale Raumstation ISS umfliegt die Erde mit 28 000 Kilometern pro Stunde. Ganz schön viel Speed. Ein Speed-Dating mit Matroshka – das wäre was gewesen.

© ESA

Für ein Dosimeter, das Neutronen- und Photonenstrahlungen messen kann, ist PTB-Forscherin Marlies Luszik-Bhadra mit dem Technologietransferpreis der IHK Braunschweig ausgezeichnet worden.

Neues Messgerät zur Strahlenüberwachung

Im Strahlenschutz gilt die Devise: So wenig Strahlung wie irgend möglich! Wer dies jedoch umsetzen will, muss zunächst wissen, wie groß die aktuelle Strahlenbelastung tatsächlich ist. Ein neuartiges Messgerät, das gleich mehrere Strahlungsarten auf einmal registrieren kann, kommt hier gerade recht. Die Physikerin Marlies Luszik-Bhadra aus der Physikalisch-Technischen Bundesanstalt (PTB) hat gemeinsam mit einem Industriepartner ein Messgerät entwickelt, das gleichzeitig Neutronen- und Photonenstrahlung messen kann. Dieses Personendosimeter ist ein handliches Gerät, welches über eine Direktanzeige und eine Alarmfunktion verfügt. Durch eine Erfindung, deren wesentliche Prinzipien patentiert sind, konnte das Dosimeter besonders leicht und kompakt aufgebaut werden. Für den Technologietransfer an die Firmengruppe Synodys erhalten Marlies Luszik-Bhadra und ihre Mitarbeiter Wilfried Wendt und Mathias Weierganz den Technologietransferpreis 2007 der Industrie- und Handelskammer (IHK) Braunschweig.

Das von Luszik-Bhadra gemeinsam mit der Firmengruppe Synodys entwickelte Personendosimeter ist das derzeit kleinste Dosimeter für gemischte Neutronen/Photonen-Strahlungsfelder. Verglichen mit einer üblichen Laborelektronik ist der Aufbau um einen Faktor 1000 kleiner. Die innovative Idee steckt dabei im inneren Aufbau des Detektors. Während bisher stets mehrere Halbleiterdetektoren für den Aufbau eines Neutronendosimeters verwendet wurden, kommt das neue Dosimeter mit einem einzigen Detektor, umgeben von mehreren dünnen Absorberschichten, aus.

(boy)

Strahlender Sonnenschein

Wir Büromenschen haben doch ein strahlungsarmes Dasein. Während draußen die Sonne ihre Strahlen ausgiebig verteilt, hocken wir an unseren Schreibtischen, kommunizieren elektronisch und fixieren den Monitor vor uns, einen Kasten mit unglaublicher Tiefe – sozusagen ganz alte Schule. Die Röhre im Kasten, dieser Schießstand für Elektronen, braucht ja Platz. Und schon schweifen meine Gedanken ab: Ich werde hier beschossen! Die Kathodenstrahlröhre schleudert Elektronen heraus. Die Elektronen passieren eine Lochmaske und knallen auf den mit einer Phosphorschicht belegten Bildschirm. Und vor dem Bildschirm sitze ich. Von wegen strahlungsarmes Dasein!

Wissenschaftler der Physikalisch-Technischen Bundesanstalt (PTB) wollten wissen, wie viel Strahlung ein Röhren-Fernseher abgibt. Dazu brachten sie Fernsehgeräte in das ehemalige Salzbergwerk in der Asse. Genauer: in eine Tiefe von 490 m, wo die PTB das Untergrundlaboratorium für Dosimetrie und Spektrometrie (UDO) betreibt. Obwohl radioaktive Abfälle in der Nähe eingelagert sind, ist hier unten eine so geringe Strahlung vorhanden, dass Messungen von kleinen und kleinsten Aktivitäten nicht von der oberirdisch normalen Strahlung gestört werden.

Die ersten Messergebnisse an den Fernsehapparaten ergaben eine geringe Strahlung. Allerdings waren die Flimmerkisten noch gar nicht eingeschaltet. Auch als sie eingeschaltet wurden, änderte sich die messbare Strahlung kaum.

Bei der Ursachenforschung wurde schnell deutlich, dass die Kathodenstrahlröhre nicht nennenswert strahlt. Stattdessen stellten die Wissenschaftler fest, dass das Glas Strahlung abgibt.

Strahlendes Glas? Ich schau aus dem Fenster. Mir reicht's. Ich gehe jetzt raus und lasse mich von der Sonne bestrahlen.

490 m tief liegt das Untergrundlaboratorium für Dosimetrie und Spektrometrie der PTB in der Asse.

Strahlungsmessungen im UDO-Labor

Die Physikalisch-Technische Bundesanstalt (PTB) in Braunschweig betreibt im Salzbergwerk ASSE II bei Wolfenbüttel ein Untergrundlaboratorium für Dosimetrie und Spektrometrie (UDO). Das in 490 m Tiefe in Steinsalz gelegene Labor zeichnet sich durch eine extrem niedrige Umgebungsstrahlung, eine moderate Radon-Aktivitätskonzentration in der Luft und eine um mehrere Größenordnungen geringere Myonenflussdichte aus. Diese Voraussetzungen sind einzigartig in Deutschland und für so genannte „low-level"-Messungen bestens geeignet.
Die European Radiation Dosimetry Group (EURADOS) führt Pilotvergleiche mit Ortsdosisleistungs-Detektoren (ODL-Detektoren) aus europäischen Frühwarnsystemen durch. In drei Messvergleichen (1999, 2002 und 2006) wurden insgesamt ca. 50 Detektorsysteme (vorwiegend Geiger-Müller-, Proportionalzählrohr- und Ionisationskammersysteme) im Untergrundlabor UDO sowie auf zwei weiteren Referenzmessplätzen für Umgebungsstrahlung der PTB über Tage getestet. Im UDO-Labor wurden Eigennulleffekt, Energieabhängigkeit und Linearität des Ansprechvermögens sowie die Genauigkeit der Kalibrierungen der Systeme bei niedrigen Ortsdosisleistungen bestimmt.

(gro)

Wenn's mal wieder länger dauert...

Sowieso schon zu spät. Schnell noch einchecken – in welche Tasche hab ich denn jetzt wieder das Ticket gesteckt? – und durch die Sicherheitskontrolle. Auch das noch! Gerade heute piept das blöde Ding! Also noch mal von vorn: Schmuck ab – Armbanduhr ab – Handy weglegen – Kamera auch – und es piept immer noch. Ach ja, ich hab ja den schwarzen Gürtel um. Mit der Metallschnalle! Alles wieder verstauen und… gerade noch rechtzeitig auf dem Platz gelandet.

Zur stressfreien Angelegenheit wird die Flughafenkontrolle nur für das Gepäck – auf einem Laufband wird es mit Hilfe von Röntgenstrahlen durchleuchtet und rollt ohne Verzögerung weiter in Richtung Flugzeug. Mit neuartigen Röntgenscannern könnte es bald möglich sein, Personen genauso bequem zu durchleuchten. Natürlich falls für die Einhaltung der Sicherheitsanforderungen garantiert werden kann, schließlich sind Röntgenstrahlen keine ungefährliche Angelegenheit.

Also wurde die Physikalisch-Technischen Bundesanstalt in Braunschweig damit beauftragt, unterschiedliche Personen- und Fahrzeugscanner auf ihre Tauglichkeit im Einsatz mit Personen hin zu untersuchen. Und die Messungen der Bundesanstalt ergaben: Der Dosiswert der neuartigen Messgeräte liegt in derselben Größenordnung wie die natürliche Umgebungsstrahlung eines Tages. Selbst ein transatlantischer Flug belastet mit dem 10- bis 100fachen!

Möglicherweise können Terror und Schmuggel also bald schneller „durchschaut" werden – und ich darf meinen Gürtel in Zukunft umbehalten.

Durchschaut! Bisher kommen Röntgenstrahlen nur bei Gepäckkontrolle und zur Durchleuchtung von Fahrzeugen ohne Insassen zum Einsatz. Bald könnten sie aber auch dazu eingesetzt werden, Personen zu durchleuchten – im Kampf gegen Schmuggel und Terror.

Lastwagen mit „durchdringendem Blick"

Bei Gepäck ist die Durchleuchtung schon lange Routine. Doch bestrahlte man Menschen bisher nur zu medizinischen Zwecken mit Röntgenstrahlen, gibt es Pläne, die Strahlung auch in Personen- und Fahrzeugscannern einzusetzen. Um die Sicherheit der bestrahlten Personen zu gewährleisten, wurde die Physikalisch-Technische Bundesanstalt (PTB) in Braunschweig im Rahmen eines Vorhabens des Bundesministeriums für Umwelt, Naturschutz und Reaktorsicherheit (BMU) und des Bundesamtes für Strahlenschutz (BfS) damit beauftragt, eine mögliche Gefährdung der gescannten Personen zu untersuchen. Die Röntgenstrahlung kann zur Durchleuchtung (Transmission) oder Abtastung (Rückstreuung) eingesetzt werden.

Bei der Überprüfung eines Fahrzeugs fährt ein Scanner-LKW mit einem eingebauten Röntgenscanner langsam an dem zu überprüfenden Objekt vorbei. Detektoren im Inneren des LKW messen die zurückgestreute Strahlung und daraus ergibt sich ein Bild vom Inneren des Fahrzeugs.

Die PTB führte Messungen durch und kam zu dem Ergebnis, dass die Belastung durch die Röntgenstrahlen in derselben Größenordnung wie der Wert der natürlichen Umgebungsstrahlung eines Tages liegt. Das eventuelle Risiko durch Strahlenschäden muss gegen den Sicherheitsgewinn durch verbesserte Kontrollen abgewogen werden. Erst dann könnte man die Technologie des Röntgen-Personen-Scan bald erfolgreich im Kampf gegen Schmuggel und Terror einsetzen.

(she)

Mitternacht im Meterwald

Mitternacht. Dunkle Wolkenfetzen hängen in den Baumkronen und lassen den Wald nur in unpräzisen Schemen erscheinen. Auf einer kleinen Lichtung haben sich drei Wesen getroffen. Es sind Tachometer, Chronometer und Thermometer. Sie warten auf hohen Besuch und sind nervös. Tachometer läuft pausenlos umher, Chronometer sieht unentwegt auf seine Uhr und Thermometer fühlt ständig seine Temperatur. Endlich: Ein Rascheln! Die drei drehen sich um. Eine alte Blechdose mit einer Messskala auf dem Bauch watschelt in deren Mitte. „Bist du es?", fragt Tachometer. „Ja, ich bin Dosimeter", tönt es zurück. „Ich habe mir dich ganz anders vorgestellt – wichtig und fortschrittlicher", quiekt Chronometer vorsichtig. „Das bin ich auch", beruhigt ihn Dosimeter, „viele können sich nur kein Bild von mir machen und wissen nicht, was ich den lieben langen Tag tue."

Zugegeben: Auch wenn ein Dosimeter nicht aus einer alten Dose hergestellt wird (wenngleich das Bild ganz niedlich ist!), so stimmt dennoch die Aussage, es sei äußerst wichtig. Mit einem Dosimeter wird die Energiemenge gemessen, die ein Körper durch ionisierende Strahlung aufnimmt.

Wichtig ist so etwas zum Beispiel bei Röntgengeräten oder aber auch bei der Strahlentherapie für Krebspatienten. In der Strahlentherapie muss die Strahlung sowohl ausreichend stark als auch so gering wie möglich sein, damit sie nur die Krebszellen schädigt und nicht das intakte Gewebe. Und weil die Gesundheit des Menschen auf dem Spiel steht, darf hier nicht im mitternächtlichen Dunkel getappt werden.

Daher ist die Physikalisch-Technische Bundesanstalt (PTB) in Braunschweig dafür verantwortlich, neue Dosismessverfahren für die Strahlentherapie zu entwickeln und auch Dosimeter zu prüfen. Dosimeter für den Strahlenschutz müssen sogar von der PTB zugelassen werden.

Und wenn Ihnen bei Ihrer nächsten Röntgenuntersuchung eine kleine Blechbüchse in der Ecke auffällt, seien Sie beruhigt: Denn Dosimeter hat auch dort für Ihre Sicherheit gesorgt!

Dosimeter messen die Energie, die durch ionisierende Strahlung auf den Körper übertragen wird.

Die Dosis macht's!

Die Dosimetrie beschäftigt sich mit der Messung der Dosis ionisierender Strahlung. Doch was genau ist eigentlich die Dosis? Hierbei handelt es sich um eine physikalische Größe, die die Energieumwandlung von Strahlungsfeldern in Stoffen beschreibt. Im Falle der ionisierenden Strahlung, wie sie z.B. bei der Strahlentherapie auftritt, spricht man von Energiedosis. Darunter versteht man die Energie, die einem Masseelement durch die Strahlung zugeführt wird. Gemessen wird sie in der Einheit Gray (Gy), die eine abgeleitete Einheit im SI-System – dem Internationalen Einheitensystem – ist. Das Gray beschreibt die pro Masse absorbierte Energie.

Für diese Messungen verwendet man Dosimeter, die aus einer Messsonde und einem Anzeigegerät bestehen. Ein allseits bekanntes Beispiel einer Messsonde ist das Geiger-Müller-Zählrohr. Das Messen von ionisierender Strahlung ist beim Röntgen oder in der Strahlentherapie wichtig für die Gesundheit des Menschen, da der Organismus nur eine bestimmte Dosis an Strahlung verträgt. Folglich müssen Dosimeter in regelmäßigen Abständen kontrolliert werden. Daher ist es Aufgabe der Physikalisch-Technischen Bundesanstalt (PTB), diese zu prüfen, zu kalibrieren und zuzulassen, damit der Schutz vor bleibenden Strahlenschäden gewährleistet ist.

(mse)

Wenn Ionenforscher spielen

Ionenforscher sind auch nur „Spielkinder“ – dank ihrer Arbeit wären sie perfekte Moorhuhn-Jäger: angestrengt auf den Computerbildschirm blicken, die knubbeligen Ziele ins Visier nehmen und gezielt „draufballern“. Manche Zielobjekte leuchten sogar neckisch, grün, gelb oder rot. Doch sie bewegen sich gar nicht. Und der Ton fehlt auch...

Die tägliche Arbeit bei den Ionenforschern der Physikalisch-Technischen Bundesanstalt (PTB) läuft schon noch ein bisschen anders als beim Computerspiel. Doch gezieltes „Ballern“ ist die Hauptsache, und zwar möglichst auf den Zellkern genau. Bei der PTB arbeitet ein Mikro-Ionenstrahl, mit dem sich einzelne lebendige Menschenzellen unterm Mikroskop präzise bestrahlen lassen.

Das dient der Grundlagenforschung, hier treffen Physiker auf Strahlenbiologen und wollen wissen: Was bewirkt natürliche oder künstliche Bestrahlung bei den betroffenen Zellen? Wann verändern sie die Zellen krankhaft zum Tumor? Und kann sie Tumorzellen gezielt abtöten?

Der Strahl aus geladenen Teilchen feuert gezielt in die Kerne einzelner Zellen, die zu Tausenden bis Zehntausenden flach auf einer Folie liegen. Eine Software und spezielle Färbetechniken helfen beim Steuern und Auswerten: Zeigt das „Ballern“ eine Wirkung, so werden die Zellen auch schon mal rot.

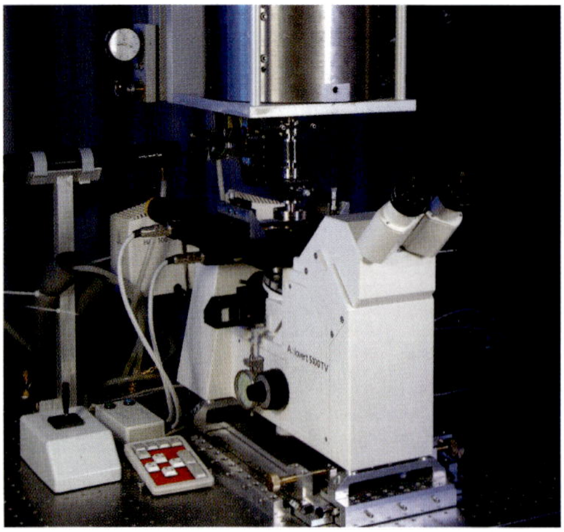

© PTB

2 Mikrometer breit ist der Strahl aus Ionen, den PTB-Forscher auf einzelne Zellen schießen. So erforschen sie Grundlagen für die Wirkung schädlicher Strahlenbelastung ebenso wie für medizinische Therapien.

Strahlung exakt dosieren und lokalisieren

Ionisierende Strahlung gehört zu den Dingen, die das Erbgut einer Zelle verändern, eine unkontrollierte Vermehrung auslösen und somit Krebs verursachen können. Ionisierende Strahlung kommt in der Natur vor, und für manche Menschen auch verstärkt im Beruf, etwa bei Kernkraftwerkern oder Stewardessen. Radiobiologen versuchen, die Mechanismen zu verstehen, die durch die Strahlung im Körper ausgelöst werden. Weitgehend unerforscht ist noch der Bereich der niedrigen, aber länger anhaltenden Strahlenbelastung – im Gegensatz zur starken, aber kurzfristigen Belastung etwa durch Atombomben.

Mit der Hilfe der Mikro-Ionenstrahlapparatur in der Physikalisch-Technischen Bundesanstalt (PTB) lässt sich heute die Strahlung ganz exakt dosieren und lokalisieren: Der Mikrostrahl ist so genau, dass die Forscher einzelne lebende Zellen auf einem Objektträger mit einer exakt bestimmten Anzahl geladener Teilchen mit einer Genauigkeit von rund zwei Mikrometern bestrahlen können. Das ist weniger als die halbe Größe des kleinsten Säugetier-Zellkerns. Die PTB ahmt mit geladenen Alphateilchen oder mit Protonen die für den Menschen häufigsten Strahlungsarten nach: die natürliche Radonstrahlung und die meist vom Menschen erzeugte Röntgenstrahlung.

Magnetische Linsen bündeln den Teilchenstrahl und senken die Intensität auf wenige Teilchen pro Sekunde. So können die Versuchsleiter wichtige Kontrollparameter wie Dosis und Trefferposition präzise vorgeben und auch die Wirkung geringer Dosen zuverlässig untersuchen.

(ds)

Fiese Eindringlinge

Der gewöhnliche Einbrecher kommt des Nachts, trägt mausgraue Kleidung und ist mit Dietrichen und Stemmeisen bewaffnet. Der gewöhnliche Hausbesitzer fürchtet um sein Hab und Gut, lässt sich von Polizei und Handwerk beraten und baut schließlich einbruchhemmende Türen und Fenster der Widerstandsklasse 3 ein.

Von scheinbarer und wohliger Sicherheit umschmeichelt lehnt sich unser Hausbesitzer zurück und hat doch seine Rechnung ohne den kleinsten aller Eindringlinge gemacht, um den sich allerdings nicht die Polizei, sondern eher die Physikalisch-Technische Bundesanstalt kümmert. Er ist notorisch flüchtig, nähert sich dem Haus gern unterirdisch, nutzt jede undichte Stelle und macht sich in der Wohnung breit. Dies solange, bis es ihm – meistens nach etwa vier Tagen – gefällt, zu zerfallen.

Denn bei dem Eindringling handelt es sich um das radioaktive Edelgas Radon, das überall im Erdboden schlummert. Radon ist ein natürlicher Fiesling, der zusammen mit seinen schwermetallenen Folgeprodukten für etwa 7 % aller Lungenkrebserkrankungen verantwortlich ist.

Annette Röttger und Anja Honig aus der PTB können den Eindringling zwar auch nicht fernhalten, aber sie können ihn in ihrer Radonnormal-Kammer aufs Genaueste studieren. Und damit alle Radon-Messungen auf seriöse Füße stellen.

Und was sollte der tun, der zuviel Radon im Haus hat? Die beste Waffe gegen den Eindringling ist – alle gewöhnlichen Einbrecher bitte jetzt weghören: Ein Fenster der Widerstandsklasse Null, das offene Fenster.

7 % aller Lungenkrebserkrankungen gehen auf das Konto des radioaktiven Edelgases Radon.

Radon – radioaktives Gas in der Luft

Das natürlich auftretende Gas Radon stellt nach heutigen Erkenntnissen die zweithäufigste Ursache für Lungenkrebs dar. Die häufigste ist das Rauchen. Infolgedessen werden große Anstrengungen unternommen, den Gehalt von Radon in der Luft zu messen, um die Bevölkerung zu schützen. Für Arbeitsplätze gibt es bereits eine gesetzliche Regelung. Im Wohnbereich, bei Schulen und Kindergärten ist man noch auf Empfehlungen angewiesen. Basis einer jeden Beurteilung der Radonsituation in einem Gebäude ist die Messung der Radon-Aktivitätskonzentration. Die Physikalisch-Technische Bundesanstalt (PTB) stellt mit ihrer Messtechnik sicher, dass Ergebnisse von Radonmessungen in Deutschland zuverlässig sind.

Das Edelgas Radon diffundiert aus Böden oder Baustoffen heraus, verteilt sich in der Luft und ist mehr oder weniger konzentriert überall vorhanden. Daher wird es auch vom Menschen ein- und ausgeatmet. Radon selber ist radioaktiv.

Die PTB betreibt nach neuestem Stand von Forschung und Technik eine Radonnormal-Kammer, in der Radon und seine Folgeprodukte unter allen Umweltbedingungen zur Verfügung gestellt werden. Damit können alle aktiven und passiven Radon- und Radon-Folgeproduktmessgeräte bei realistischen Klimaverhältnissen kalibriert werden.

(jes)

Licht aus, PALS an

Glühwürmchen stehen gern im Rampenlicht, kreisen werbend in tanzenden Reigen, in ihr eigenes nächtliches Spotlight getaucht. Das jedoch immer seltener – denn Dauerlicht auf Straßen, Plätzen und in Parks überstrahlt ihr Eigenleuchten, und Balzen in artfremdem Licht kommt unter Leuchtkäfern nicht so gut an. Unter der Heerschar brennender Laternen, die Strom verbrauchen, Lichtsmog verursachen und CO_2 in die Luft blasen, leiden auch Umwelt und Stadtkassen. Ist Abschalten auf wenig frequentierten Wegen die Lösung?

Im Dunkeln ist zwar gut Munkeln, damit Passanten auf ihren nächtlichen Wegen aber nicht ganz im Dunkeln tappen, baut ein neues Stadtbeleuchtungskonzept auf virtuelle Lichtgefährten: Im Projekt PALS (Projekt Adaptives Licht System) begleitet Laternenlicht mit Hilfe von Ortungs- und Funktechnologien die Fußgänger, Fahrrad- und Autofahrer bedarfsgerecht durch in Nacht gehüllte Regionen. Licht aus, PALS an, und schon bewegen sie sich in einer Lichtinsel von 60 Metern Radius.

Das patentierte Verfahren, das Jörg Baumeister mit Unterstützung des Instituts für Gebäudelehre und Entwerfen der Technischen Universität Braunschweig entwickelte, spart Energie und schont die Umwelt.

Und bei baldigen Testläufen in Parks werden durch die „Vernächtlichung" vielleicht auch hier und da wieder andere Lichtquellen heimleuchten: Der bestirnte Himmel über mir, die glühenden Würmchen neben mir.

Straßenlaternen müssen nicht unbedingt die ganze Nacht hindurch brennen oder gänzlich ausgeschaltet werden. Im Projekt PALS leuchten sie nur dort, wo sich tatsächlich Passanten aufhalten und bewegen.

Virtuelle Licht-Gefährten

Auf jeden zehnten Bewohner der Bundesrepublik kommt eine Straßenlaterne. Nachts brennen die acht Millionen Lichtspender in Städten fast überall – auch wenn Straßen, Plätze und Brücken menschenleer sind und nur vereinzelt passiert werden. Jährlich werden dabei etwa drei bis vier Milliarden Kilowattstunden Strom verbraucht und über zwei Millionen Tonnen CO_2 *in die Atmosphäre geblasen. Klimaschutz und kommunale Finanznöte führen zum Umdenken, was oft bedeutet, Laternen nachts ganz auszuschalten.*

Der Braunschweiger Architekt Jörg Baumeister hat nun eine Idee entwickelt, wie man Stadtbeleuchtung stromeffizient und bedarfsgerecht regeln kann. Mit seinem patentierten Verfahren PALS (Projekt Adaptives Licht System) gehen oder fahren Passanten nicht durch erleuchtete Straßen, sondern das Licht begleitet sie durch die ansonsten nächtlich dunkle Stadt. „Virtuelle Gefährten" nennt Baumeister seine Innovation, denn „pal" bezeichnet im Englischen den „Kumpel". Die Entwicklung dieses Verfahrens mit Unterstützung des Institutes für Gebäudelehre und Entwerfen der Technischen Universität (TU) Braunschweig wurde ein Jahr lang vom Bundesministerium für Bildung und Forschung und von der Europäischen Union gefördert.

Mit Ortungs- und Funktechnologien wird die Bewegung von Passanten, Radfahrern und Kraftfahrzeugen detektiert und über eine Stadtlicht-Steuerung an jede Straßenleuchte weitergeleitet. Und schon bewegt sich der Passant in einer Lichtinsel von etwa 60 Metern Radius, die ihn stetig begleitet.

(mba)

Durchsichtige Displays

Licht hat es auch nicht gerade leicht. Ständig muss es sich durch Minenfelder aus Molekülen quälen und zahlreiche Zusammenstöße mit Atomrümpfen und vagabundierenden Elektronen verkraften. Je weniger Molekülminen auf der Strecke, desto einfacher das Durchkommen. Deshalb ist Luft durchsichtig und Wasser auch ein bisschen. Und Feststoffe wie Metalle? Gibt es lichtdurchlässige Metalle? „Ja, Maschendraht" sagt Fritzchen. „Nur als Nanoschichten", sagen Physiker. Und Scottys transparentes Aluminium? Ist kein Metall, sondern eine Aluminium-Sauerstoff-Verbindung. Die ist durchsichtig wie Fensterglas, weil sie mit fest gebundenen Elektronen ein ideales Terrain für einen Photonen-Durchmarsch bietet.

In ein paar Jahren soll es sogar durchsichtige Displays geben, aus transparenten Kunststoffen, die durch elektrische Spannung zum Leuchten gebracht werden. Wissenschaftler der Technischen Universität Braunschweig haben eigens dafür lichtdurchlässige Steuereinheiten entwickelt.

Durchsichtige Displays könnten etwa im Auto Warnhinweise („Achtung, Mauer!") auf die Windschutzscheibe bringen, direkt in das Blickfeld des Autofahrers, dem dann hoffentlich noch rechtzeitig ein Licht aufgeht.

0,000 000 1 Meter dünn sind die lichtdurchlässigen Steuereinheiten für durchsichtige Displays, die Forscher an der TU Braunschweig entwickelt haben.

Pixel mit Durchblick

Frühjahr 2006, Weltpremiere an der Technischen Universität (TU) Braunschweig: Forscher um Dr. Thomas Riedl vom Institut für Hochfrequenztechnik haben lichtdurchlässige Pixel entwickelt und damit die Grundlage für durchsichtige Displays geschaffen, wie sie bisher nur in Science-Fiction-Filmen zu sehen sind. Doch die Neuheit aus Braunschweig ist mehr als nur filmreif: „In kritischen Situationen, etwa beim Autofahren, können durchsichtige Displays wichtige Informationen schnell auf die Windschutzscheibe und damit in den Blick des Betrachters bringen", erklärt Riedl den praktischen Nutzen. Die neuen Bildpunkte basieren auf organischen Leuchtdioden, die zurzeit etwa als Displays von MP3-Playern und Handys Karriere machen. Doch werden sie bisher durch Baueinheiten aus massivem lichtundurchlässigem Silizium gesteuert. Die Forscher haben nun Steuereinheiten aus hauchdünnen Zinkoxid-Schichten entwickelt, die viel Licht passieren lassen. In ein paar Jahren sollen daraus einsatzfähige transparente Monitore werden. Und die sollten gängige Computerbildschirme buchstäblich in den Schatten stellen, denn sie strahlen mehr als doppelt so hell.

(ah)

Das mach ich dir weiß!

Was die Werbung uns heutzutage nicht alles „weiß“ machen will! Da gibt es Weingummi, das sogar Heidi Klum schlank hält. Autos, die sich blitzschnell in schlittschuhlaufende Roboter verwandeln. Oder Deosprays, die eine ganze Horde wildgewordener Amazonen auf den Verbraucher hetzen. Und dann ist da noch – Sie ahnten es schon – die Sache mit der Wäsche. Der Vorher-Nachher-Vergleich zeigt meistens ein ergrautes oder vergilbtes Kleidungsstück, welches nach einmaliger Wäsche mit dem präsentierten Produkt wieder in strahlendem Weiß aus der Trommel gezogen wird: Die Wäsche soll gar „weißer als weiß“ werden.

Doch um herauszufinden, wie weiß „weiß“ denn eigentlich wirklich ist, wenden Sie sich am besten an die Arbeitsgruppe Reflektometrie der Physikalisch-Technischen Bundesanstalt (PTB) in Braunschweig. Dort messen Experten die von Oberflächen reflektierte Strahlung und ihre Verteilung im Raum. Als Vergleichswert dient hierbei das „optimale Weiß“ eines vollkommen mattweißen Körpers. Diesen gibt es allerdings nur auf dem Papier, da ein solches Material nicht existiert. Für das menschliche Auge sind die in der PTB präzise gemessenen Abweichungen im weißen Farbspektrum aber ohnehin kaum wahrnehmbar.

Damit unsere Wäsche trotzdem „weißer als weiß“ erscheinen kann, enthalten Waschmittel spezielle optische Aufheller. Mithilfe von solchen Fluoreszenzfarbstoffen ist es dann durchaus möglich, ein intensiveres Weiß herzustellen als das von der PTB bestimmte und als Richtwert benutzte Ideal. So kann der „Weißgrad“ dann doch über 100 % steigen!

Damit steht der Traumhochzeit in Weiß nichts mehr im Wege – das richtige Deo, ein schickes Auto und die passende Süßigkeit für die schlanke Linie natürlich vorausgesetzt…

Reflektometrie – Hier geht es um die Messung der von einer Oberfläche reflektierten Strahlung. In der PTB in Braunschweig werden Weißstandards kalibriert, die sozusagen festlegen, wie weiß „Weiß“ ist.

Der optische Eindruck

Auch wenn es so scheint, weiß ist nicht gleich weiß. Für dieses Problem sind die Messexperten der Physikalisch-Technischen Bundesanstalt (PTB) zuständig. Im Fachbereich Reflektometrie kalibrieren sie Weißstandards für Industrie und Forschung. Dafür misst man unter anderem die räumliche Verteilung der von festen Materialien reflektierten Strahlung. Die Wechselwirkung zwischen der Oberfläche und der einfallenden optischen Strahlung kann beispielsweise durch die Kennzahlen Reflexionsgrad und Strahlendichtefaktor wiedergegeben werden. Im Gegensatz zu spiegelnden Oberflächen werden so genannte diffuse Oberflächen vermessen, bei denen gerichtet einfallende Strahlung in alle Richtungen des Raumes verteilt reflektiert wird. Mit einer Kennzahl versehen, gleicht man sie mit einem optimalen Weißwert (dem „vollkommen mattweißen Körper“) ab, der real zwar nicht vorkommt, aber anhand von Messwerten berechnet werden kann.

Die Arbeitsgruppe Reflektometrie der PTB ist hierbei eines von weltweit drei standardisierenden Laboren der ISO (International Organization for Standardization) im Bereich der Reflexionsmessung. Wer also einen Richtwert braucht, schickt seine Probe, einen speziellen Reflexionsstandard, an die PTB. In einem Gonioreflektometer spannt man sie dort in einem Roboterarm ein und vermisst sie. So kann der optische Eindruck beim Betrachten aus unterschiedlichen Richtungen genauestens bestimmt werden und die Industrie erhält Richtwerte, mit denen Produkte verglichen werden können – z.B. für weißes Papier.

(she)

Spuren im Licht

Wenn es nach dem „Kamasutra“, der altindischen Schrift über die Liebe, geht, sollte jede Frau nicht nur die Kunst des Kochens, der Massage oder des Hahnenkampfes beherrschen, sondern auch die der Verschlüsselung heimlicher Liebesbotschaften. Heute würden die Damen mit ihren Affären allerdings gnadenlos auffliegen, denn die Codes von damals sind mit modernen Methoden leicht zu knacken. Und selbst Anfang des dritten Jahrtausends ist Kommunikation, auch wenn über komplizierte mathematische Operationen verschlüsselt, nicht hundertprozentig sicher.

Braunschweiger Forscher des von der Technischen Universität und der Physikalisch-Technischen Bundesanstalt jüngst gegründeten Forschungszentrums „Joint Optical Metrology Center“ (JOMC) arbeiten deshalb an einer besonders abhörsicheren Verschlüsselungsmethode: der „Quantenkryptographie“. Quantenkryptographische Geheimtexte bestehen nicht aus gewieften Zahlenkombinationen sondern aus manipulierten Lichtteilchen.

Der Vorteil: Ein Lauschangriff kann schnell abgewehrt werden, denn jeder Lauscher hinterlässt beim Abhören Spuren im Licht. Der Haken: Die Lichtverschlüsselung funktioniert zurzeit nur über eine Strecke von rund 130 Kilometern.

Bis hier der Durchbruch gelingt, gilt also: Liebesgrüße aus Moskau oder Kamasutra-Kritiken nach Indien lieber als versiegelten Brief statt per E-Mail oder am besten durch die pure Kraft der Gedanken versenden.

Geheime Botschaften sollen zukünftig nicht über Zahlen- sondern über Licht-Codes verschlüsselt werden. Wissenschaftler der TU und PTB bringen die abhörsichere Methode gemeinsam zur Perfektion.

Ziel: nicht zu entschlüsseln

Kommunikation zu verschlüsseln ist nicht nur für Wirtschaftsunternehmen oder Geheimdienste eine wichtige Angelegenheit. Auch private Emails oder Telefongespräche sollten nicht von Dritten eingesehen oder abgehört werden können. Zurzeit werden Informationen vor allem über komplizierte mathematische Methoden und leistungsstarke Rechner verschlüsselt. An einer weitaus sichereren Verschlüsselungsmethode forschen zurzeit Braunschweiger Wissenschaftler der Technischen Universität (TU) Braunschweig und der Physikalisch-Technischen Bundesanstalt (PTB) in einem Projekt des von beiden Forschungseinrichtungen jüngst gegründeten bundesweit einzigartigen Forschungszentrums „Joint Optical Metrology Center“ (JOMC). Die Forscher übersetzen hier Kommunikation in gezielt manipulierte physikalische Eigenschaften von Lichtteilchen (Lichtquanten). Der große Vorteil dieser so genannten Quantenkryptographie: Sobald jemand versucht, die Lichteigenschaften zwecks Entschlüsselung zu messen, verändert er die Eigenschaften des übertragenen Lichtes. Allerdings funktioniert diese Art der Verschlüsselung zurzeit nur über Distanzen von rund 130 Kilometern.

(ah)

Voll auf die Nüsse

Fast wär's wieder passiert. Da beißt man herzhaft in die appetitliche Nussschokolade – und bricht sich fast die Zähne ab! Hat sich doch wieder eine Schale eingeschlichen, die bei der Produktion durchgerutscht ist. Super! Zugegeben, immer noch nicht so schlimm wie die Geschichten mit der Maus in der Marmelade oder der Fingerkuppe im Dosengulasch, die manchmal in der Zeitung stehen. Aber meine Beißerchen wollte ich eigentlich noch 'ne Weile gebrauchen...

Also kann ich den Herren der Fließbänder in der Lebensmittelindustrie nur dringend empfehlen, sich bessere Methoden zuzulegen. Scheint ja nicht immer zu funktionieren, das Aussortieren von Fremdkörpern. Meistens läuft das vollautomatisch, mit Kameras und Luftstrahl oder so. Wenn die denn erkennen, was raus muss.

Klar, Nussschalen sind heikel. Ähnliche Farbe, ähnliche Größe, keine magnetischen Unterschiede... Zweiglein zwischen Rosinen oder Holzsplitter zwischen Weingummis kann man gar nicht richtig finden. Ist ja alles nur ein unförmiger, wirrer Haufen.

Kann man doch, meint das Team um Peter Meinlschmidt vom Fraunhofer Institut für Holzforschung (WKI). Denn Gummi und Holz oder Nuss und Schale leiten Wärme anders weiter. Manchmal nur ganz wenig anders, aber das reicht schon: Man feuert einen kurzen Wärmepuls auf die Fließbandfüllung ab, und die Infrarotbildkamera nebenan kann sofort sehen, was länger warm bleibt oder sonstige innere Macken hat.

Wäre schön, wenn sich das durchsetzt. Wenn auch nicht für meinen Zahnarzt...

780 nm Wellenlänge hat tiefrotes Licht, das menschliche Augen gerade noch wahrnehmen können. Die Kamera des WKI arbeitet im langwelligeren Infrarot zwischen 3000 nm und 5000 nm.

Lebensmittel auf Qualität prüfen

Wärmefluss-Thermographie nennt sich die Methode, Gegenstände zerstörungsfrei auf Qualität zu prüfen. Was in der technischen Industrie schon länger zum Einsatz kommt, etwa um Schweißnähte zu überprüfen, eignet sich auch für den Einsatz in der Lebensmittelindustrie.

In einem Forschungsprojekt hat das Fraunhofer Institut für Holzforschung – Wilhelm-Klauditz-Institut (WKI) das thermographische Prüfverfahren für die Lebensmittelindustrie, speziell für Süßwaren, getestet. In einigen Fällen genügt schon die passive Thermographie, wenn die Wärmeabstrahlung von Produkt und Fremdkörper sich unterscheidet. Die Thermographie macht sich zunutze, dass alle Körper Wärme in Form elektromagnetischer Wellen ausstrahlen – die Infrarot-Emission. Lebende Körper bleiben (außer bei großer Hitze) wärmer als ihre Umgebung, tote Gegenstände nehmen mit der Zeit in etwa die Temperatur ihres Umfelds an. Eine Wärmebildkamera macht Temperaturunterschiede sichtbar, indem sie sie in Graustufen bzw. Falschfarben umsetzt. Moderne Bildverarbeitungsmethoden erlauben, ein solches optisches Erkennungsverfahren weitgehend zu automatisieren.

Erfolgreich bei „toten" Lebensmitteln ist die aktive Infrarot-Thermographie: Ein kurzer Wärmeimpuls, auf die Oberfläche der Messobjekte gesendet, durch Infrarotstrahler, UV-Licht oder Ultraschall, „wandert" von dort ins Körperinnere. Materialien mit geringerer Wärmeleitfähigkeit oder ebensolche Fehler unter der Oberfläche behindern den Wärmetransport. Dort bleibt die Oberfläche länger warm.

(ds)

Lichtgestalten

Flüchtige Wesen, die Kleinen: Von keinerlei Gewicht belastet, fliegen sie durch die Luft, so schnell wie nichts anderes auf der Welt. Sie sind ganz eindeutig da – aber in welcher Form, das wissen sie wohl selber nicht genau. Manchmal beliebt es ihnen, als Teilchen durch die Welt zu fliegen, manchmal scheint es, als sei ihnen eine Art Wellenreiten lieber. Und das – vorausgesetzt, ihnen stellt sich kein Hindernis in den Weg – immer schön in alle möglichen Richtungen.

Nicht der perfekte Umgang für Naturwissenschaftler, die doch immer alles ganz handfest und nachprüfbar haben wollen, möchte man meinen. Weit gefehlt! Gerade in der Physikalisch-Technischen Bundesanstalt in Braunschweig, wo alles exakt in Zahl und Maß ausgedrückt wird, pflegt man einen innigen Umgang mit diesen Lichtgestalten, auch Photonen genannt. Kürzlich ist dort sogar ein besonders schweres Gerät eingezogen, ein dreiarmiger Roboterkoloss, der einzig und allein dazu da ist, sie zu messen. Nicht einzeln, aber ihre Eigenschaften als große Menge.

Mit seinen knapp sieben Meter langen Armen vollführt das Rotober-Goniophotometer die erstaunlichsten Verrenkungen – auf dass ihm keine Lichtteilchen, die in irgendeine Raumrichtung davonfliegen, entgehen. Auf diese Weise ermitteln die Physiker die photometrischen Eigenschaften und die Farbkennzahlen der verschiedensten Lichtquellen. Neben dem ungeschlachten Roboter nutzen sie dazu den schwärzesten Raum Deutschlands. Denn wer dem Licht auf die Schliche kommen will, braucht vor allem eines: ganz viel Dunkelheit.

Fast 7 Meter lang sind die drei Arme des Roboter-Goniophotometers, das in der PTB Lichtquellen ausmisst.

Ein Roboter misst Lampen

Winzig wirkt eine Lampe, wenn sie von den drei großen Armen des Roboter-Goniophotometers umfahren und von allen Seiten charakterisiert wird. Jeder dieser Arme ist fast sieben Meter lang. Damit gehört das neue Messgerät, das in der Physikalisch-Technischen Bundesanstalt (PTB) in Braunschweig eingesetzt wird, zu den größten und flexibelsten seiner Art.

Viele Größen, mit denen man es rund um das Licht zu tun hat, werden hier gemessen: Mit seinen neu entwickelten Photometerköpfen kann das Gerät sogar simultan in mehreren Kanälen spektral integrierend photometrische, radiometrische und colorimetrische Größen und auch noch gleichzeitig die relative spektrale Verteilung erfassen. „Ein Tausendsassa“, sagt Dr. Georg Sauter, der Leiter der zuständigen Arbeitsgruppe. „Aber den brauchen wir auch, um unsere Aufgaben zu erfüllen. Die PTB gibt die Einheiten des Lichts, die alle von der SI-Basiseinheit Candela für die Lichtstärke abgeleitet sind, an die Industrie weiter.“ Das bedeutet, dass jeder Hersteller und Anwender, der wissen möchte, wie gut seine Lampen oder seine Messgeräte sind, sich an die PTB wenden kann, um diese Objekte überprüfen zu lassen. War dieser Test erfolgreich, gibt's das hinterher schriftlich – per Kalibrierschein.

(es)

Den Rembrandt einmal bitte durchleuchten

„Warum musste dieser Rembrandt auch so berühmt werden?“, denkt sich der Kunstsachverständige wieder mal. Denn Nicht-Berühmte werden auch nicht nachgemacht. Und wieder muss sich der Kunstsachverständige mit einem „echten“ Rembrandt befassen, der wahrscheinlich erst Jahrzehnte nach des Künstlers Tod entstanden ist. Jetzt soll er sich wieder mühsam in Pinselstrichtechniken versenken oder in Farbpigmentanalysen?

Na ja, die Infrarotanalyse hat ja schon einiges erleichtert. Weil man damit die Farbschichten durchblicken kann und sieht, welcher Pinselstrich über welchem liegt. Aber bei Zeichnungen, Radierungen und Rötelskizzen? Da verrät sich jetzt das Papier, und zwar zerstörungsfrei.

Denn schließlich hatten die Papiere damals Wasserzeichen. Und wenn die mit Farbe überdeckt sind? Röntgen wäre möglich, aber nicht in Museen oder Galerien. Und Kunstwerke gibt keiner gern ins Labor.

Auftritt: Infrarotkamera. Eine verblüffend simple Methode kommt von Peter Meinlschmidt vom Fraunhofer-Institut für Holzforschung (WKI). Mit Kollegen der Technischen Universität (TU) Braunschweig konstruierte er eine Wärmeplatte, die kurz hinters Bild zu halten ist. Die Kamera auf der anderen Seite sieht das Wasserzeichen, weil die Wärme dort besser durchkommt. Und da sich die Wasserzeichen mit der Zeit immer wieder veränderten, merkt der Experte recht genau, wann das Papier entstand. Wäre Rembrandt nicht berühmt geworden, hätte er jetzt nichts zu tun.

1 Sekunde Wärme hinter einem Papier genügt der Infrarotkamera, dessen Wasserzeichen zu erkennen.

Datierung mittels Infrarot

Papier wird aus einem Faserbad, der Pulpe, geschöpft – früher immer per Hand, heute meist per Maschine. Immer aber kommt ein flaches Sieb zum Einsatz, in dem die Fasern hängen bleiben, während das Wasser abtropft und schließlich verdampft. Und jedes dieser Siebe hatte sein eigenes Wasserzeichen: ein leicht erhöhtes Muster, sodass dort die Faserschicht etwas dünner war.

„Im Laufe der Zeit ersetzten die Papierschöpfer die Gitter und damit auch die Zeichen. Dabei ist recht gut bekannt, in welchem Zeitraum welche Wasserzeichen von welcher Papiermühle verwendet wurden“, erklärt Peter Meinlschmidt vom Fraunhofer-Institut für Holzforschung, Wilhelm-Klauditz-Institut (WKI). Noch genauer lässt sich das Papier datieren, wenn man die Abnutzung der Gitter berücksichtigt. Denn sogar die leichte Abnutzung über die Zeit findet sich in den Wasserzeichen wieder, als geringe Änderung am Zeichen.

Wenn das Wasserzeichen eines Kunstwerks von Tinte, Handschrift oder Farbe verdeckt ist, behalfen Kunsthistoriker sich früher mit Abpausen – das hinterließ aber Druckspuren am Bild. Röntgen ist aus diversen Gründen selten möglich, und so kamen die Forscher vom WKI und der TU Braunschweig auf die Infrarotmethode.

„Die meisten Tinten sind im Infrarotlicht durchsichtig“, so Meinlschmidt. „Wir stellen daher eine 35 bis 40 Grad warme Wärmeplatte hinter das Bild und nehmen mit einer Infrarot-Kamera auf, wie viel Wärme das Bild durchlässt. So machen wir die Dichteunterschiede sichtbar und mit ihnen das Wasserzeichen.“ Da die Wärme nur für eine Sekunde im Abstand von einem Zentimeter auf das Bild einwirkt, nimmt es keinen Schaden. Es wärmt sich sogar weniger auf als bei kurzem Anfassen mit den Fingern, sagen die Forscher.

(ds)

Mit rotem Licht auf graue Zellen

Ein bisschen Erleuchtung kommt eigentlich immer gut an, und auch wer als „ganz schön helle“ bezeichnet wird, muss sich wohl in keinem Fall schämen. Seltsam nur, dass sich diese illuminierenden Ausdrücke auf einen eher dunklen Winkel des Körpers beziehen: das Gehirn. Außer überirdischen Mächten können hier in der Regel nur Mediziner Licht ins Dunkel bringen.

Zum Beispiel mit einer neuen, vielversprechenden Methode, an der Forscher der Physikalisch-Technischen Bundesanstalt arbeiten. Sie gehen mit Nahinfrarot-Licht auf die grauen Zellen los. Die roten Blutkörperchen, die in der Denkzentrale unterwegs sind, schlucken dieses Licht. Und je dichter der Blutkörperchenverkehr, desto mehr Licht wird geschluckt. Wie viel Licht dabei auf der Strecke bleibt, können die Forscher herausfinden, indem sie das Licht messen, das aus dem Kopf wieder nach außen gelangt.

Mit solchen Messungen, die direkt am Krankenbett gemacht werden können, soll zum Beispiel die Gehirndurchblutung von Schlaganfallpatienten überwacht werden. Das Nahinfrarot-Licht, mit dem die Wissenschaftler arbeiten, richtet übrigens im Gegensatz zu Röntgen- oder UV-Strahlen im Körper keinen Schaden an.

Strahlenschutzmaßnahmen sind also bei dieser Art der Erleuchtung nicht erforderlich.

„Mit rotem Licht auf graue Zellen“ heißt das Motto von Wissenschaftlern der PTB. Sie können mit nahinfrarot-spektroskopischen Messungen die Gehirndurchblutung beobachten.

Gewebefunktionen durchleuchten

Wissenschaftler der Physikalisch-Technischen Bundesanstalt (PTB) entwickeln optische Methoden, um die Durchblutung des Gehirns zu messen. Die Forscher leuchten dabei mit so genanntem „Nahinfrarot(NIR)-Licht“ in den Körper, das bis zu sechs Zentimeter dickes Gewebe durchdringen kann und anders als etwa Röntgenstrahlung völlig harmlos ist. Dennoch liefert es wichtige Informationen über Gewebefunktionen, denn es wird vor allem von den roten Blutkörperchen geschluckt. „Wir messen, wie viel Licht absorbiert wurde, und können so zum Beispiel feststellen, wie gut das Gewebe durchblutet und mit Sauerstoff versorgt ist“, sagt die PTB-Wissenschaftlerin Heidrun Wabnitz, die das Projekt leitet. Mit einem Kontrastfarbstoff konnten die Forscher die Aussagekraft dieser Messmethode noch steigern. Erste Untersuchungen an einigen Schlaganfall-Patienten haben bereits vielversprechende Ergebnisse gebracht. Grund genug für das Bundesministerium für Bildung und Forschung (BMBF), eine klinische Studie zu fördern, in deren Rahmen die PTB-Forscher das Verfahren gemeinsam mit der Charité Berlin und Warschauer Wissenschaftlern testen werden.

(ah)

Spürnase mit Starqualitäten

Wie gut, dass nicht alle Superstars auf prominente Starthilfe à la Dieter Bohlen oder Heidi Klum angewiesen sind. Zum Beispiel dieser hier: Er kommt aus Clausthal-Zellerfeld, hat auf den ersten Blick ein wenig Ähnlichkeit mit einer Ballpumpe und dennoch eine viel bedeutendere Mission, denn er kann in ehemaligen Kriegsgebieten gefährliche Minen aufspüren.

Der Landminendetektor wurde von Wissenschaftlern der Technischen Universität Clausthal in Zusammenarbeit mit dem Wehrwissenschaftlichen Institut für Werk-, Explosiv- und Betriebsstoffe der Bundeswehr entwickelt und vor ein paar Monaten von einer Förderinitiative für innovative Technologien zum „German Star" gekürt. Der frisch geadelte Star glänzt vor allem mit seiner stricknadeldünnen Spitze. Diese macht jedem minenverdächtigen Objekt mit Hilfe eines Lasers ordentlich Dampf auf der Oberfläche und misst das Licht, das entsteht, wenn der Dampf wieder abkühlt. Daran kann der Detektor erkennen, ob es sich um eine Mine handelt, um eine Bierdose oder schlicht um einen Stein. Das Verfahren ist einfach, zuverlässig, schnell und vor allem: Es kann Menschenleben retten.

Eine Eigenschaft, die ihm, obgleich vollkommen ungeschminkt, eine Würde verleiht, von der mancher Superstar aus der TV-Glitzer-und-Glamour-Welt nur träumen kann.

© TUC

110 Millionen Landminen bedrohen weltweit Gesundheit und Leben der Menschen in ehemaligen Kriegsgebieten. Wissenschaftler der TU Clausthal haben eine zuverlässige Landminenspürnase entwickelt, die u.a. von einer Förderinitiative für innovative Technologien zum „German Star" gekürt wurde.

Landminen sicher identifizieren

Die Initiative „Partner für Innovation", ein Zusammenschluss aus Wirtschaft, Wissenschaft und Politik, kürt jedes Jahr 50 besondere deutsche Innovationen mit dem „German Star". Einen solchen konnten Wissenschaftler um Prof. Wolfgang Schade vom Institut für Physik und Physikalische Technologien (IPPT) an der Technischen Universität (TU) Clausthal für sich verbuchen. Sie haben in Zusammenarbeit mit dem Wehrwissenschaftlichen Institut für Werk-, Explosiv- und Betriebsstoffe (WIWEB) der Bundeswehr einen Landminendetektor entwickelt, der sicher und schnell minenverdächtige Objekte untersuchen kann: ein Projekt, das vom Bundesministerium der Verteidigung gefördert wurde. Der Detektor ist gut einen halben Meter lang, so dick wie ein Besenstiel und gefüllt mit technischen Finessen. Die entscheidende Technik steckt in seiner stecknadeldünnen Spitze, über die ein Laserpuls zum minenverdächtigen Objekt geschickt wird. Durch den Laserpuls verdampft etwas Material von der Oberfläche des Objektes und es bildet sich eine kleine Menge Plasma. Beim Abkühlen strahlt das Plasma Licht aus, das der Detektor dann analysiert. Anhand des Spektrums des ausgestrahlten Lichtes lassen sich Landminen eindeutig identifizieren.

Der Bedarf für zuverlässige Minendetektoren ist groß: Jeden Monat sterben etwa 2000 Menschen durch Landminen und etwa jede tausendste Räumung endet mit einem Unfall.

(ah)

Gestern Märchen, heute Wirklichkeit

Was waren die 70er Jahre doch für eine herrliche Zeit – insbesondere für die ARD. Als das Erste seine Raumpatrouille Orion mit Kommandanten Dietmar Schönherr ins All schickte, erzielte die Schwarz-Weiß-Serie sagenhafte Einschaltquoten bis zu 56 Prozent. Kontraterrene Energie, Telenose-Strahlen, konventionelle Lichtwerferbatterien – die Fernsehzuschauer konnten vom Tech-Talk nicht genug bekommen.

In Folge fünf spielen Eruptionen auf der Sonne eine große Rolle, weswegen das weltraumtaugliche Solar-Spektroradiometer SOLSPEC an Bord sehr dienlich gewesen wäre – nur dass dieses technische Wunderwerk heute keine Ausgeburt der Fantasie mehr ist, sondern höchst real. Beim Flug des Space-Shuttle Atlantis zur internationalen Raumstation ISS im Dezember 2007 war auch das Spektroradiometer mit an Bord.

Die Mission des Instruments: die Bestrahlungsstärke der Sonne vom UV-Spektralbereich bis ins Infrarot zu beobachten. Bevor das Instrument ins All startete, machte es in Braunschweig bei der Physikalisch-Technischen Bundesanstalt (PTB) Halt. Hier, im Fachbereich Photometrie und angewandte Radiometrie, wurde SOLSPEC von den PTB-Messprofis und einem internationalen Wissenschaftlerteam für den Weltraumeinsatz kalibriert.

„Was heute noch wie ein Märchen klingt, kann morgen Wirklichkeit sein“, hieß es vor jeder Orion-Folge. In Bezug auf das Spektroradio-meter und seinen hochgenauen Blick auf die Sonne muss es lauten: Was gestern noch wie ein Märchen klang, ist heute bereits Wirklichkeit.

SOLSPEC lautet der Name des Solar-Spektroradiometers, der im Dezember 2007 ins All geflogen ist – kalibriert von den Wissenschaftlern der PTB.

Gut vorbereitet für den Flug ins All

Im Rahmen der Vorbereitungen zum Space-Shuttle-Flug zur internationalen Raumstation ISS machte das Solar-Spektroradiometer SOLSPEC Station in der Physikalisch-Technischen Bundesanstalt (PTB) in Braunschweig, um an der Hochtemperatur-Hohlraumstrahler-Messeinrichtung auf das Genaueste kalibriert zu werden.

Als im Dezember 2007 das europäische Raumfahrtlabor Columbus mit dem Space-Shuttle Atlantis zur internationalen Raumstation ISS gebracht wurde, war auch die externe Versuchsplattform SOLAR mit an Bord, die verschiedene Experimente zur Beobachtung der Sonne beinhaltet. Ein zentrales Element war dabei das Solar-Spektroradiometer SOLSPEC sein, das die spektrale Bestrahlungsstärke der Sonne vom UV-Spektralbereich bis ins nahe Infrarot lückenlos über einen längeren Zeitraum beobachtete. Dieses Instrument machte Station im Fachbereich „Photometrie und angewandte Radiometrie“ der Abteilung „Optik“ der PTB in Braunschweig.

Hier wurde erstmals im Rahmen der jungen PTB-Plattform AMPHORA (Advanced Metrology for Photometry and Radiometry) einem externen Wissenschaftlerteam eine Apparatur der PTB für Messungen zur Verfügung gestellt.

(boy)

Wenn der Donnergott grollt

Gewitter sind nicht nur ein Naturereignis, sie stören auch den Fernseh- oder Radioempfang. Am Institut für Nachrichtentechnik forschen Wissenschaftler, wie sich das Knacken und Rauschen vermeiden lässt.

Wenn Thor am Himmel vorbeizieht – das wussten schon die alten Skandinavier –, dann hört der Spaß auf. Mit seinem Hammer konnte der reizbare Donnergott Blitze herunterschicken, dass kein Grashalm mehr stand, und beim Grollen seines Streitwagens zogen die Bauern die Köpfe ein. „Ja mei, die Heiden", winken Sie ab. „Die kannten eben auch keine Blitzableiter. Soll sich der Kerl doch aufregen, uns kratzt das nicht mehr." Irrtum. Wenn es Thor gefällt, dann schauen wir heute noch in die Röhre – in die schwarze nämlich.

Besonders beim Satellitenfernsehen bekommen wir heftige Probleme, wenn am Horizont dunkle Wolken dräuen. Die Hochfrequenzwellen, die die Geräte normalerweise aus dem All empfangen, können durch Gewitterwolken mit ihrem abschirmenden Wasser einfach blockiert werden – Ende von Tagesschau und Tatort. Weniger empfindlich sind die Antennengeräte. Sie arbeiten mit einer geringeren Frequenz, die auch Wolken und Mauern durchdringt. „Wenn es da im Fernsehen mal durch einen Blitz knackt, dann sind das nur elektromagnetische Störungen", beruhigt Gunther May vom Institut für Nachrichtentechnik der Technischen Universität Braunschweig. Mit der Digitalisierung der Fernsehsysteme, also etwa bei DVB-T, sind solche Störungen bereits wesentlich verringert worden.

Im Moment wird im Institut unter anderem daran geforscht, wie sich diese Störungen in einer neuen Generation der digitalen DVB-Fernsehübertragungssystemen ganz vermeiden lassen – zum Beispiel durch eine besonders optimierte Fehlerkorrektur im Empfänger beim zukünftigen DVB-T2.

Ob sich der alte Thor so einfach austricksen lässt?

Rauschfreier Fernsehgenuss

Wir schießen Raketen ins All, doch wenn es auf der Erde mal donnert, haben wir ein Problem. Besser gesagt, die High-Tech-Geräte, die Nachrichten und Informationen von Satelliten aus dem All empfangen. Diese Fernsehsatelliten senden ihre Signale nämlich mit sehr hohen Frequenzen zu den Satellitenschüsseln der Zuschauer. Je höher die Frequenz dieser Funkwellen allerdings ist, desto lichtähnlicher verhalten sie sich auch. Es reicht schon aus, eine Hand vor den Empfangsknopf einer Satellitenschüssel zu halten, um den Empfang zu unterbrechen.

Weniger empfindlich sind Fernsehen oder Radio, die terrestrisch, also mit Antenne, funktionieren. Diese Rundfunksysteme verwenden wesentlich geringere Frequenzen, die selbst Mauern von Gebäuden noch gut durchdringen können. Mögliche Störungen während eines Gewitters treten dann nur durch elektromagnetische Entladungen (z.B. in Form von „Knacken") bei Blitzen auf. Am Institut für Nachrichtentechnik der Technischen Universität (TU) Braunschweig wird unter anderem daran geforscht, wie sich die Auswirkungen solcher Störungen effektiv vermeiden lassen. Die Wissenschaftler setzen zu diesem Zweck Verfahren ein, die gestörte Signale – wie sie etwa durch elektromagnetische Entladungen entstehen – im Empfänger später korrigieren. So können bei den aktuellen digitalen DVB-Fernsehübertragungssystemen Auswirkungen auf die Bild- und Tonqualität weitestgehend vermieden werden. In einer neuen Generation der digitalen Übertragungssysteme werden die wahrgenommenen Störungen noch wesentlich geringer ausfallen.

(leu)

Handy-Stau

Können Mobiltelefone eigentlich pubertieren? Mein Handy jedenfalls lungert die meiste Zeit seines Gerätelebens unauffindbar an dubiosen Orten rum. Und wenn es durch Zufall einmal auftaucht, muss es Stunden an der Strombar hängen, nur um dann wieder in finsteren Ecken zu verschwinden. Zwar ist es ab und zu vollgepumpt mit elektrischer Energie an meiner Seite im Auto unterwegs, doch dann sind Gespräche ja tabu.

Dass mir die Beziehung zu meinem Handy nicht vollends nutzlos erscheint, verdanke ich Forschern der Technischen Universität Braunschweig. Sie können nämlich über die in Autos mitfahrenden Handys, sofern diese nicht ausgeschaltet sind, den Weg und die Geschwindigkeit der Fahrzeuge erfassen und so blitzschnell erkennen, wo sich ein Stau anbahnt. Die Mobilfunkbetreiber melden dazu – ganz anonym, versteht sich –, mit welcher Funkzelle, also dem von einem Funkmasten erfasste Gebiet, ein Handy verbunden ist und wie schnell es von Funkzelle zu Funkzelle wechselt. Die Stauwarnungen werden den Autofahrern schließlich brandaktuell übers Radio, das Navigationsgerät oder eben über das Handy gemeldet.

Und sollte mich mein Taugenichts-Telefon einmal auf diese Weise um einen kapitalen Stau herum dirigieren, werde ich vermutlich sogar so etwas wie elterlichen Stolz verspüren.

Handys gegen Blechlawinen – so lautet das Credo von Forschern der TU Braunschweig. Sie können mit anonym erfassten Daten über Ort und Geschwindigkeit vieler mitgeführter Handys nahezu in Echtzeit erkennen, wo sich ein Stau anbahnt.

Handyansammlung in Zellen

Schnell erkennen, wenn sich ein Stau anbahnt. Das ist das Ziel des Projektes „traffic online“ der Technischen Universität (TU) Braunschweig in Zusammenarbeit mit der Volkswagen AG, dem Deutschen Zentrum für Luft und Raumfahrt (DLR) und dem Handybetreiber Vodafone. „Heute fährt in fast jedem Auto ein Handy mit, das vom zuständigen Mobilfunkanbieter jederzeit geortet werden kann“, erklärt Projektleiter Manfred Wermuth, Direktor des Institutes für Verkehr und Stadtbauwesen an der TU Braunschweig, die Grundlage der neuen Methode. So lässt sich der Weg jedes einzelnen empfangsbereiten Handys von Funkzelle zu Funkzelle verfolgen. Wie lange ein Handy in einer solchen Zelle verweilt, lässt Rückschlüsse auf das Tempo seines Besitzers zu. So lässt sich ermitteln, ob er zu Fuß unterwegs ist oder mit dem Auto. Scheinen sich Handys, die offenbar in Autos unterwegs sind, in einer Funkzelle zu türmen, steckt mit großer Wahrscheinlichkeit ein Stau dahinter. Der Vorteil der neuen Methode: Sie kommt ohne zusätzliche Registriersysteme aus. Der Haken: In Zügen und Bussen sind Mobiltelefone genauso schnell unterwegs wie in Autos.

(ah)

Drei in einem Kabel

Aller guten Dinge sind drei, so sagt's das Sprichwort. Auch sonst ist die magisch-mystisch-heilige Dreizahl im Wortgut sehr beliebt. Ist drei bei Pärchen fast immer einer zu viel, bleibt nur dem, der nicht bis drei zählen kann, verborgen, dass triadische Versprechungen in der Werbung umso erfolgsträchtiger sind: Dreierpack, Dreifachschutz, Drei in Eins …

Auch die Telekommunikationsbranche lässt seit kurzem ein neues Zeitalter in dreifacher Spielart anbrechen: „Triple Play" heißt der Slogan für die Bündelung dreier Dienste: Telefon, Fernsehen und Internet über einen einzigen Anschluss. Das funktioniert entweder indem Telekommunikationsunternehmen ihre DSL-Internetzugänge auch für Funk und Fernsehen öffnen oder indem Kabelnetzbetreiber ihre Kabelfernsehanschlüsse auch für Internet und Telefon optimieren.

Um ein solches Kommunikationstrio effizienter zu gestalten, forschen Wissenschaftler am Institut für Nachrichtentechnik der Technischen Universität Braunschweig in Zusammenarbeit mit europäischen Kabelnetzbetreibern und Geräteherstellern unter anderem im Rahmen des in Kürze startenden EU-geförderten Forschungsprojekts „ReDeSign" an neuen Techniken für das Breitbandkabel. Dabei geht es vor allem darum, die Kabelübertragung künftig schneller zu machen.

Denn auch wenn aller guten Dinge drei sind, will man ja nicht ewig und drei Tage warten.

Breitbandkabel werden hauptsächlich zur Übertragung von Kabelfernsehen und Hörfunk genutzt. Neuerdings tritt auch ihre Anbindung an Dienste wie Internet und Telefon hinzu, an deren Optimierung das TU-Institut für Nachrichtentechnik arbeitet.

Alleskönner im Kabelbereich

In heutigen Kommunikationsnetzen sorgen zwei unterschiedliche Übertragungsverfahren für die jeweilige technische Umsetzung ihrer Dienste – ein Kabel für Fernsehen und Hörfunk, ein anderes fürs Surfen und Telefonieren. Moderne Kabelnetze sollen aber zu Alleskönnern werden. „Triple Play" heißt der Marketingbegriff für ein solches Rundumpaket. Damit vereinen sich Hörfunk und Fernsehen – analog und digital, frei empfangbar und bezahlt – mit HDTV, Video on Demand, ultraschnellem Internet und Telefonie.

Am Institut für Nachrichtentechnik der Technischen Universität (TU) Braunschweig forschen Wissenschaftler in Zusammenarbeit mit europäischen Kabelnetzbetreibern und Geräteherstellern unter anderem im Rahmen des von der EU geförderten Forschungsprojekts „ReDeSign" an der Weiterentwicklung neuer Techniken für das Kabel. Dabei spielt auch der Übergang zu Ethernet und zum Internetprotokoll (IP) eine wichtige Rolle. Hierin liegt für Projektkoordinator Dirk Jaeger die Chance, die Zukunft der Kabelnetze maßgeblich mitzugestalten.

„Dafür wird in einem ersten Schritt die Effizienz der PC-Kabelmodems gesteigert", sagt Jaeger. Im zweiten Schritt soll das Projekt das Problem des bislang als zwingend erachteten Rückgriffs auf veraltete Techniken lösen. Mit dem Einsatz von Ethernet- und IP-Techniken wollen die Braunschweiger Forscher die Möglichkeiten der Kabel revolutionieren.

(mba)

Handy-TV stillt Wissensdurst

DVB-H heißt das Fernsehen, das aus dem Handy kommt. Das Institut für Nachrichtentechnik der TU Braunschweig verhilft dem TV-Format der Zukunft zum Durchbruch.

Während der Weltmeisterschaft im Jahr 2006 irrten Verzweifelte durch die Stadt wie Verdurstende durch die Wüste. Sogar Fußballspiele wie Paraguay gegen Trinidad und Tobago waren zur Quelle allen Lebens geworden, und wer außer Haus war und seinen Wissensdurst nicht vor dem Fernsehschirm stillen konnte, der saß auf dem Trockenen. In letzter Hoffnung klopften die traurigen Seelen an den Türen von überfüllten Kneipen, um vielleicht doch noch einen freien Platz zu ergattern. Sie drückten sich an den Schaufenstern der Fernseher-Verkäufer die Nasen platt. Und sie hauchten wahllos verdutzten Passanten ein irres „Wie steht's denn gerade?“ ins Gesicht.

2008 beginnen die Olympischen Spiele in Peking, dann geht es darum, den Dreifach-Triumph der chinesischen Kugelstoßerinnen auf keinen Fall zu versäumen. Es passt also hervorragend, dass 2008 der digitale Videorundfunk für mobile Endgeräte (DVB-H) eingeführt werden soll. Olympia auf dem Handy – das ist eine feine Sache.

Im September 2007 untersucht das Institut für Nachrichtentechnik der TU Braunschweig im EU-Forschungsprojekt Mobiserve noch die Software, die für die Nutzung solch neuartiger Dienste notwendig ist.

Zum Trost für jene, die kein Handy haben: Sie können sich immer noch an den Schaufenstern der Mobiltelefon-Verkäufer die Nasen platt drücken.

Rundum informiert über das Handy

Im Jahr 2008 wird in Deutschland die Einführung von DVB-H (Digital Video Broadcasting-Handhelds) erwartet. DVB-H bietet unter anderem Fernsehen für das Handy. Handy-TV wird in Zukunft noch viel mehr können. Zusammen mit den digitalen Fernsehdaten können auch alle anderen Arten von Information übertragen werden. Im Rahmen einer praktischen Erprobung sollen diese Erweiterungen des Handy-TV bei den Olympischen Spielen 2008 in Peking eingesetzt werden. Der Stadionzuschauer wird also nicht nur per Handy-TV das Geschehen an anderen Wettkampfstätten beobachten können, sondern u.a. auch aktuelle Verkehrsinformationen oder Videozusammenschnitte der Ereignisse der letzten Tage empfangen. Das Besondere an der Übertragung solcher Informationen per DVB-H sind die hohen Übertragungskapazitäten, die deutlich über die Möglichkeiten heutiger Mobiltelefone hinausgehen und daher die Zeit, die der Nutzer beispielsweise auf den Start eines Videos warten muss, drastisch verkürzen. Im EU-Forschungsprojekt Mobiserve wird am Institut für Nachrichtentechnik der Technischen Universität (TU) Braunschweig zurzeit die Software erforscht, die für die Nutzung solch neuartiger Dienste notwendig ist.

(boy)

Komödie am Flughafen

Es gibt ja tatsächlich Menschen, die nur des Wetters wegen in den Urlaub nach Griechenland, Frankreich oder Italien fliegen. Die Akropolis von Athen, das Schloss Versailles, der Florentiner Dom – alles egal. Hauptsache, die Temperaturen stimmen.

Wenn ein Sonnenanbeter am Flughafen auf seinen Flieger wartet, gibt's immer mal wieder die herrliche Komödie anzuschauen, wie er erwartungsvoll sein Mobiltelefon mit dem Internet verbindet, um die neueste Wetterprognose aus dem Netz zu saugen. Doch Obacht: Mit einem Smartphone im Internet zu surfen kann kompliziert sein. Es gibt einige Hindernisse zu überwinden, und bis es endlich losgeht, hat sich unser Hitzefreund schon so sehr geärgert, dass er vor Wut kocht. Sein schneeweißes Gesicht wird puterrot, als hätte er sich schon jetzt einen kräftigen Sonnenbrand abgeholt.

Surfen per GSM? UMTS? Oder via WLAN-Hotspot? Schon die Auswahl des kostengünstigsten Netzes ist eine knifflige Angelegenheit. Doch ein Ende ist in Sicht. Im Rahmen des EU-Forschungsvorhabens Daidalos wollen Wissenschaftler des Instituts für Nachrichtentechnik der TU Braunschweig zusammen mit Partnern alle unterschiedlichen Netze zusammenführen.

Ein Netz aus allen Netzen: Das wäre gut für die Nerven – und für die Gesichtsfarbe.

Daidalos ist nicht nur eine Figur aus der griechischen Mythologie, sondern auch ein Forschungsvorhaben unter Beteiligung des Instituts für Nachrichtentechnik der TU Braunschweig.

Das Netz aus allen Netzen

Wer heute ein leistungsfähiges Mobiltelefon benutzt – neudeutsch: Smartphone – kann damit telefonieren und SMS schreiben, aber man kann auch in so genannten Hotspots, zum Beispiel in Flughäfen, per WLAN im Internet surfen. Nur muss jedes Mal eine Entscheidung getroffen werden, ob man das eine oder das andere Kommunikationsnetz, also in diesem Beispiel das Handynetz oder WLAN benutzen – und bezahlen – will. Zukünftig soll man sich keine Gedanken mehr darüber machen müssen, über welches Funknetz die Kommunikation läuft. Es soll ein Netz entstehen, das aus allen an einem Ort vorhandenen Netzen besteht.

Die Netzbetreiber bieten heute schon verschiedene Wege an, um ins Internet zu kommen oder eine breite Palette von Multimediadiensten zu nutzen. Über ein GSM- oder UMTS-Funknetz hat man praktisch überall Internet-Zugang, kann über WLAN-Hotspots in Flughäfen, Hotels und Cafés im Internet surfen oder über ein Rundfunknetz wie DVB-H in Italien und ab 2008 auch in Deutschland Multimediadienste nutzen. In Zukunft jedoch werden alle diese unterschiedlichen Funknetze zusammengeführt. Der Nutzer wird das Gefühl haben, als habe er es nur mit einem einzigen Netzwerk zu tun.

Im Rahmen des EU-Forschungsvorhabens DAIDALOS erforschen Wissenschaftler des Instituts für Nachrichtentechnik der Technischen Universität (TU) Braunschweig zusammen mit zahlreichen Unternehmen und Forschungsinstituten aus vielen Ländern Europas Möglichkeiten, das Netz aus allen Netzen zu gestalten.

(boy)

Wellen mit Hertz

Als der Wikingerkönig Harald Blauzahn sich taufen ließ, steckte vielleicht auch die Sehnsucht nach drahtloser Kommunikation dahinter. Heute steht sein Name jedenfalls Pate für die Bluetooth-Technik, mit der zum Beispiel Daten vom Handy zum Computer gefunkt werden können. Wie Wireless-LAN-Systeme für kabelloses Surfen im Internet sendet Bluetooth im Mikrowellenbereich. Diese Wellen schwingen jede Sekunde einige Milliarden Mal auf und ab.

„Zu wenig“ mosern Computerfindige, denn um den stetig steigenden Datenmengen auch künftig Herr zu bleiben, müssen noch schneller schwingende Funkwellen her. Zum Beispiel Terahertzwellen. Die schwingen sogar Billionen Mal in einer Sekunde und liegen damit energetisch gesehen zwischen Mikrowelle und Fernbedienung. Allerdings sind sie ausgesprochen widerborstig, lassen sich nur ungern verformen und dadurch Informationen aufdrücken.

Forscher der Technischen Universität Braunschweig haben (unter Mitarbeit von Kollegen aus der Physikalisch-Technischen Bundesanstalt) diese Hürde inzwischen gemeistert und einen ersten funktionstüchtigen Terahertzwellen-Modulator entwickelt. Seine Feuertaufe hat er bereits mit Bravour bestanden – wenn auch König Blauzahn sicher enttäuscht gewesen wäre, dass statt Gottes Botschaft nur Musik aus dem Empfänger tönte.

Billionen Mal schwingen Terahertzwellen in einer Sekunde. Mit ihnen sollen dereinst riesige Datenmengen in lokalen Funknetzen drahtlos übertragen werden.

Drahtloser Datenverkehr via Wellen

Telefonnummern vom Handy auf den Computer: Lokaler drahtloser Datenverkehr ist schon lange keine Science-Fiction-Nummer mehr. Stetig steigende Datenmengen könnten die aktuellen Technologien wie Bluetooth oder WLAN jedoch schon bald an ihre Grenzen bringen. Forscher um Professor Martin Koch vom Institut für Hochfrequenztechnik der Technischen Universität (TU) Braunschweig arbeiten deshalb an der drahtlosen Datenübertragung via Terahertzwellen. Die schwingen Billionen Mal in einer Sekunde und damit etwa tausend Mal häufiger als Mikrowellen, mit denen Bluetooth und WLAN die Daten übermitteln. Lange war es ein Problem, Terahertzwellen zu modulieren und ihnen so Informationen aufzuprägen. 2006 konnte Kochs Team einen ersten Modulator präsentieren, den sie selbst entwickelt und Wissenschaftler um Klaus Pierz an der Physikalisch-Technischen Bundesanstalt (PTB) in Braunschweig gefertigt hatten.

Gemeinsam mit Forschern um Professor Thomas Kürner vom Institut für Nachrichtentechnik hat Koch zudem Konzepte für ein System aus Terahertz-Spiegeln und „intelligenten“ Antennen entwickelt, das die Terahertzwellen stets sicher vom Sender zum Empfänger leitet.

(ah)

Das geht auf keine Netzhaut

„Was uns das Fernsehen zumutet, geht auf keine Netzhaut“, ist ein beliebtes Bonmot. Nicht überliefert ist, was der TV-Kritiker auszusetzen hat. Bekrittelt er die Qualität des Programms? Oder die des Bildes? Wahrscheinlich ist: ersteres. Immer wichtiger wird: letzteres.

Mein Kumpel zählt zu den eingefleischten Heimkino-Enthusiasten. Für ihn ist es ein Muss, die Träne im Gesicht des betrogenen Serienhelden bis ins Kleinste zu sehen. Er hat Geflimmer und Geflacker zu seinen Todfeinden erklärt und ist äußerst besorgt, wenn ihm das unvorteilhafte Zusammenspiel von Farben, Helligkeit und Kontrasten schmerzhaft ins Auge sticht.

Kein Wunder also, dass er sich riesig über das High Definition Television (HDTV) freut. In Deutschland wird HDTV Zug um Zug eingeführt, zur Winterolympiade 2010 wollen auch ARD und ZDF loslegen. Die Herausforderung: Ein gestochen scharfes HDTV-Bild besteht aus 1920 mal 1080 Bildpunkten. Um es ins Wohnzimmer zu transportieren, muss es vorher komprimiert werden.

Mitarbeiter des Instituts für Nachrichtentechnik (IfN) der TU Braunschweig untersuchen die Auswirkungen von Video-Kompressionsverfahren auf das Sehvergnügen. Die Ergebnisse ihrer Forschungen sollen in einem Messgerät münden, das Fernsehbilder wie das menschliche Auge wahrnehmen kann. Für vergleichbare Arbeiten durfte das IfN 2000 den Emmy aus New York abholen – eine der begehrtesten Auszeichnungen der Unterhaltungsindustrie.

Aus 1920 mal 1080 Bildpunkten besteht das HDTV-Bild. Das Institut für Nachrichtentechnik der TU Braunschweig untersucht, wie man dieses gestochen scharfe Bild am besten in die Wohnzimmer transportiert.

Sehvergnügen unter die Lupe genommen

In Deutschland wird Zug um Zug das High Definition Television (HDTV) eingeführt – das Fernsehen mit hoher Darstellungskraft. Zur Winterolympiade 2010 wollen auch ARD und ZDF starten. Ein HDTV-Bild besteht aus 1920 mal 1080 Bildpunkten. Will man diese Bildpunkte zu den Zuschauern übertragen – und das gleich 25-Mal in der Sekunde, damit Bewegungen im Bild nicht ruckeln –, dann benötigt man eine Datenrate von etwa 1,25 Milliarden Bit pro Sekunde.

Eine derartige Datenrate ist wirtschaftlich nicht in die Wohnzimmer zu transportieren. Also komprimiert man die Daten um den Faktor 100 – aber so, dass der menschliche Betrachter davon möglichst nichts merkt. Mittels ausgefeilter mathematischer Algorithmen gelingt das – meistens –, obwohl der Verlust der Bildqualität als Folge der Kompression durchaus technisch messbar ist.

Am Institut für Nachrichtentechnik (IfN) der Technischen Universität (TU) Braunschweig werden die Auswirkungen von Video-Kompressionsverfahren auf das Sehvergnügen untersucht. Der aktuelle Schwerpunkt der Arbeiten liegt auf HDTV und auf der Analyse der Artefakte, die durch das modernste Codierverfahren (mit der Bezeichnung H.264/AVC) erzeugt werden. Die Ergebnisse der Forschungen sollen in ein Messgerät integriert werden, mit dem man dann Bilder (und Bildstörungen) so wahrnehmen kann, wie ein menschlicher Betrachter es tut.

Für vergleichbare Arbeiten hatte das IfN im Jahr 2000 einen Emmy aus New York abholen dürfen – den Oscar des Fernsehens.

(boy)

Fernsehen in der Hosentasche

Fernsehen im Bus oder im Supermarkt? Mit dem Handy-TV ist das längst keine Zukunftsmusik mehr. Ingenieure der TU arbeiten derzeit an einem ruckelfreien und preisgünstigen Mattscheiben-Genuss.

Früher war alles anders. Früher gehörten zum Fernsehen ein Sessel, eine Chipstüte und ein Bier. Und kein Mensch wäre auf die Idee gekommen, sich den sperrigen Kasten unter den Arm zu klemmen, um Rudi Carrell noch schnell auf dem Weg zum Bus anzuschauen. Nein, Fernsehen fand drinnen statt. Zu Hause. Oder allenfalls in der Eckkneipe. So war das.

Heute – im Zeitalter der Mobilität – sind wir zu Nomaden geworden und tragen die wichtigsten Dinge gleich mit uns herum. Zum Beispiel das Telefon oder die alte Flimmerkiste, die inzwischen auf Hosentaschenformat geschrumpft ist. Dieses Handy-TV, so der Name, war besonders zur Fußball-WM gefragt. Die Idee steckt noch in den Kinderschuhen, aber die Ingenieure feilen fleißig daran, dass der Genuss in Zukunft nicht mehr durch ruckelnde Bilder und hohe Gebühren getrübt wird.

Eine Lösung bieten so genannte hybride Netze. In ihnen werden zwei Netze, das Mobilfunknetz UMTS mit dem Rundfunknetz DVB-H, kombiniert. Dadurch können die zur Verfügung stehenden Datenraten besser ausgenutzt und die Kosten gesenkt werden. Die notwendigen Algorithmen zur Steuerung der Datenflüsse werden derzeit am Institut für Nachrichtentechnik der TU untersucht. Sie helfen, die Daten später möglichst effizient und automatisch den entsprechenden Netzen zuzuordnen. Außerdem erforscht man dort auch, wie sich die elektromagnetischen Belastungen reduzieren lassen – insbesondere rund um Fußballstadien.

Hybride Netze optimieren das Handy-TV

Wenn es um das Thema Handy-TV geht, dann haben die Ingenieure des Instituts für Nachrichtentechnik der Technischen Universität (TU) Braunschweig ein gehöriges Wörtchen mitzureden. Nach der Einführung von DVB-T wurde das Institut – geleitet von Professor Dr.-Ing. Ulrich H. Reimers – auch mit der Vorbereitung von DVB-H (Digital Video Broadcasting-Handheld) betraut. Seit Jahren erforscht das Institut darüber hinaus hybride Netze: Beide Komponenten sind wichtig für das zukünftige mobile Fernsehen.

Welche Rolle spielt DVB-H? Dies ist ein Rundfunknetz, das in Kombination mit einem Mobilfunknetz wie UMTS zu einem hybriden Netz gekoppelt werden kann. Als Verbindung zwischen den beiden Netzen dient das System IP Datacast. Damit es die angeforderten Daten möglichst sinnvoll den Netzen zuordnen kann, benötigt dieses System einen Lastverteilungsalgorithmus. Auf der Grundlage vorangegangener Forschungsarbeiten entwickelte das Institut einen sehr komplexen Algorithmus. Er passt die Verkehrszuweisung optimal und automatisch an die verschiedenen Einflussfaktoren (z.B. verfügbare Kapazitäten der beiden Netze, Nutzerverhalten) an.

(leu)

Enterprise auf Kalibrierungskurs

Der Raum – unendliche Weiten. Wir schreiben das Jahr 2007. Dies sind die Abenteuer – nein! – nicht des bekannten Raumschiffes Enterprise, sondern des Fachbereiches „Hochfrequenz und Felder“ der Abteilung Elektrizität der Physikalisch-Technischen Bundesanstalt. Wie Captain Picard und seine Crew sind auch hier die Physiker und Ingenieure dabei, neue Technologien zu erforschen. Allerdings nicht viele Lichtjahre von der Erde entfernt, sondern direkt auf einem der weltweit größten Freifeldmessplätze.

Um das Science-Fiction-Szenario abzurunden, stelle man sich einen 50 m x 60 m großen Platz vor, auf dem nichts weiter als trist-grauer Asphalt zu sehen ist. Auch die Umgebung ist karg und verlassen; auf 100 m nahezu frei von allen Zeichen menschlicher Zivilisation. Nur zwei 6 m hohe Antennenmasten ragen in die Höhe. Wenn das also nicht der perfekte Platz zum Landen eines Raumschiffes wäre.

Aber: weit gefehlt. Hier werden Antennen kalibriert. Neben dem Feld ist ein Schacht; auch der ist szenisch wirksam. Eine schwere Klapptür gibt den Weg über eine Stahltreppe ins Erdinnere frei. Man wähnt dort Cyborgs oder Klingonen, aber auch hier ist die Wirklichkeit wieder ernüchternder: der Messraum. Und welche Mission wird hier verfolgt? Die Antennen, die z.B. für Messungen der elektromagnetischen Verträglichkeit von elektrischen Geräten eingesetzt werden, so zu kalibrieren, dass alles fehlerfrei und korrekt ist.

Möglich, dass Sie sich nun fragen, ob denn so hohe Antennenmasten und die von ihnen ausgehenden elektromagnetischen Wellen nicht gefährliche Folgen für Sie und Ihren Lebensraum haben. Zu Ihrer Beruhigung: Die Sendeleistungen liegen weit unterhalb der Leistung, die von Ihrem Communicator (Schnurlostelefon) zu Hause benutzt wird.

50 m x 60 m beträgt die Größe des PTB-Freifeldmessplatzes zur Antennenkalibrierung.

Freies Feld für die PTB

Die für den Aufbau gewählte Technologie des Freifeldmessplatzes der Physikalisch-Technischen Bundesanstalt (PTB) ist weltweit einzigartig. Das Herzstück des Platzes ist die reflektierende Ebene, auch Groundplane genannt. Mit ihrer stark reflektierenden metallischen Beschichtung wirkt sie wie ein Spiegel für Wellenlängen im Frequenzbereich von 30 MHz bis 3 GHz. Für diesen Effekt ist in Kooperation mit der Technischen Universität (TU) Braunschweig ein spezieller Asphalt als Tragschicht optimiert worden, die noch mit Zink sowie einer Schutzschicht beschichtet worden ist. Durch sorgfältig ausgewählte Zuschlagstoffe wird der Asphalt elastisch gehalten und sein Temperaturkoeffizient so eingestellt, dass dieser dem von Zink entspricht. Dadurch werden thermische Spannungen zwischen Tragschicht und Metallbeschichtung verhindert, die zu Rissen und damit beeinträchtigter Funktionalität führen könnten.

Auf dem Freifeldmessplatz sollen in Zukunft Antennen kalibriert werden. Dazu werden diese an 6 m hohen Antennenmasten montiert und die Übertragungsfunktion zwischen den Antennen mit Hilfe eines Netzwerkanalysators als Funktion der Frequenz bestimmt. Aus diesen Messdaten wird dann rechnerisch der Antennenfaktor der zu kalibrierenden Antenne ermittelt. Der Antennenfaktor gibt das Wandlungsmaß zwischen elektrischer Feldstärke und der Spannung am Antennenfußpunkt an, denn Antennen wandeln elektromagnetische, leitungsgebundene Wellen in gestrahlte Freiraumwellen und umgekehrt.

Hervorzuheben ist, dass diese Versuche in jeder Hinsicht unschädlich für den Menschen sind, da die auf dem Freifeld verwendeten Sendeleistungen gerade einmal eine Leistung von 1 Milliwatt (mW) haben.

(mse)

Am Anfang war die Dash-Trommel

Wenn Sie mich fragen, begann alles mit der Dash-Trommel. Wie haben wir uns mit dem sperrigen Ding abgeschleppt! Dann, eines Tages, gab's plötzlich Waschmittel in handlichen 20 mal 20 Zentimeter-Päckchen, die bequem in jeden Einkaufskorb passten, und natürlich auch die Hemden des Gatten viel sauberer wuschen.

„Unterm Strich effizienter" textete kürzlich ein Kreditkartenanbieter. Recht hat er. Und natürlich gilt der moderne Trend zu mehr Effizienz auch fürs Fernsehen. Ein Kanal, ein Programm? Was für eine Verschwendung! Mit dem digitalen terrestrischen Fernsehen – kurz DVB-T – werden gleich vier Programme auf einem Kanal übertragen. Außerdem können sich inzwischen zwei Sender die gleiche Frequenz teilen und sich gegenseitig unterstützen, ohne mit ihren Störsignalen hässliche Streifen und Schlieren auf der Mattscheibe zu produzieren.

„Diesen Effekt nennt man digitale Dividende" sagt Ulrich Reimers vom Institut für Nachrichtentechnik der TU Braunschweig. An dem Institut denken die Forscher sogar schon einen Schritt weiter: Mit DVB-T2 soll die Übertragungskapazität noch weiter gesteigert, das Bild noch besser werden.

Mal Hand aufs Herz: Bleibt zu hoffen, dass auch der Inhalt der Sendungen da nachzieht.

Digitale Dividende ist nichts für fleißige Anleger. Am Institut für Nachrichtentechnik der TU Braunschweig bezeichnen die Forscher damit den Mehrwert, den das digitale terrestrische Fernsehen bringt.

Kristallklarer Fernsehgenuss

In Berlin startetet 2002 die Einführung des digitalen, terrestrischen Fernsehens in Deutschland, kurz DVB-T. Das Institut für Nachrichtentechnik der Technischen Universität (TU) Braunschweig war maßgeblich an seiner Entwicklung beteiligt und spielt auch heute an der Entwicklung von DVB-T2 – der nächsten Generation des digitalen Fernsehens – eine wichtige Rolle. „Die digitale Technologie brachte viele Vorteile", erläutert Prof. Dr.-Ing. Ulrich Reimers vom Institut. „Heute ist es zum Beispiel möglich, dass zwei Sender, die gleiche Frequenz benutzen, ohne dass sie dafür extra weit auseinander stehen müssen."

Die Mitarbeiter des Instituts entwickelten dafür verschiedene Techniken und reichten diese in die Standardisierungsgruppe ein. Ziel ist es, insbesondere die Übertragungskapazitäten und die Robustheit zu steigern. Dabei ermöglicht eine höhere Übertragungskapazität die Steigerung der Programmanzahl und die Verbesserung der Bildqualität. Eine erhöhte Robustheit führt dagegen zu weniger Empfangsfehlern (Klötzchen im Bild).

Eine baldige Einführung von DVB-T2 ist in verschiedenen Ländern geplant.

(leu)

Maßvoll in die Nanowelt

Schon Salomo waren „zweierlei Gewicht und zweierlei Maß“ ein Gräuel. Um einerlei Maß zu wahren, existiert beispielsweise das Urkilogramm, das ein Kilogramm erst zu einem Kilogramm macht. Doch auch putzen sollte man wohl in Maßen; denn ein Quäntchen zu viel Schrubbeifer soll maßgeblich dazu beigetragen haben, das Urkilogramm in Paris zu erleichtern.

Zum Glück gibt's ja aber die Physikalisch-Technische Bundesanstalt in Braunschweig, die messtechnische Prototypen und Duplikate bewahrt und außerdem daran arbeitet, ein neues putzresistentes Urkilogramm zu konzipieren. Messtechnisch will man dort aber auch allerkleinste Welten erschließen. Schwierig wird's in der Nanowelt, die sich nicht nur in ihrer Kleinheit, sondern auch in ihren Eigenschaften von größeren Maßstäben unterscheidet. So hatte man im Bereich des Nanomagnetismus bislang mit dem Problem zu kämpfen, mit einem Magnetkraftmikroskop die Magnetfelder allerkleinster Strukturen zwar abbilden, nicht aber exakt messen und bestimmen zu können.

Jetzt allerdings hat die Arbeitsgruppe „Magnetische Messtechnik“ der PTB gemeinsam mit der Universität Göttingen ein Verfahren entwickelt, um mit dem Magnetkraftmikroskop die Magnetfelder kleinster Strukturen messen zu können. Dafür sollen Standards geschaffen werden, an denen man weitere Messungen kalibrieren kann. Denn zweierlei Maß ist auch der PTB ein Gräuel.

Tesla ist die Maßeinheit für die Flussdichte eines Magnetfeldes. Mit einem neuen, in der PTB entwickelten Verfahren sollen auch die Magnetfelder kleinster Strukturen bis in den Nanometerbereich quantitativ bestimmt werden

Magnetfelder quantitativ erfassen

Seit einigen Jahren gewinnt die Nanotechnologie rasant an Bedeutung. Denn die Teilchen aus der Welt des Allerkleinsten haben spezielle chemische und physikalische Eigenschaften. Auch in der Physikalisch Technischen Bundesanstalt (PTB) in Braunschweig ist man den Grundlagen des Nanomagnetismus auf der Spur. Unter anderem geht es dabei um die Entwicklung eines quantitativen Messverfahrens mit einem Magnetkraftmikroskop, um magnetische Phänomene auf Längenskalen von weniger als einem millionstel Millimeter zu analysieren. Ein Problem dabei stellte bislang die eindeutige Messbarkeit solcher Strukturen dar. Man konnte die Magnetfelder mit einem Magnetkraftmikroskop zwar in Graustufen abbilden, sie aber nicht quantitativ bestimmen, d.h., ihr nicht eindeutig Zahlen in der Maßeinheit für die Stärke eines Magnetfeldes zuordnen. Ein solches Verfahren, um das Magnetfeld und daraus auch die Magnetisierung kleinster Strukturen quantitativ und rückgeführt zu bestimmen, entwickelt der Fachbereich Halbleiterphysik und Magnetismus der PTB gemeinsam mit der Universität Göttingen.

„Es geht darum, die Magnetisierung auf einen Standard zu beziehen, eine Referenz, an der man die Messung kalibrieren kann“, erklärt Projektleiterin Sibylle Sievers. „Magnetische Strukturen erzeugen ein Streufeld, das man messen kann. Zunächst muss dieses Streufeld vermessen werden. Dann kann aus diesem Streufeld auf die magnetische Struktur zurückgerechnet werden.“ Erst dann kann man exakt bestimmen, wie die Struktur aussieht, die das Streufeld erzeugt hat.

(mba)

Nützliche Dreckeffekte

Ich kann nicht ohne Kaffee, Popeye braucht seine Dose Spinat und so manches Atomteilchen schlicht ein Quäntchen Wärme oder Licht, um in die Gänge zu kommen.

Zum Beispiel die Elektronen in Halbleitermaterialien. Erst mit einer Extraportion Energie werden sie munter und sorgen dafür, dass im Halbleiter elektrischer Strom fließen kann. Ist es allerdings nur einen Deut zu kalt oder das Licht nicht genehm, verweigern sie komplett ihren Dienst. Wegen ihres divenhaft erscheinenden Verhaltens galten die Mal-leiten-sie-den-Strom-mal-nicht-Materialien lange Zeit als völlig unbrauchbar.

„Das sind nur alles Dreckeffekte" tönte es noch vor gut siebzig Jahren selbst in renommierten Physikerkreisen. Doch hartnäckige Halbleiterverfechter haben die „Dreckeffekte" in den Griff bekommen und konnten sie sogar sinnvoll nutzen. Heute sind Halbleiter die Grundbaustoffe der Elektronikwelt, stecken in Kaffeemaschinen und ausgetüftelten Motorsteuerungen ebenso wie in Solarzellen oder Leuchtdioden.

Wissenschaftler der Technischen Universität Braunschweig wollen jetzt noch mehr nützliche Eigenschaften von Halbleitern dingfest machen und traktieren sie deshalb mit extrem starken Magnetfeldern. Wie das genau funktioniert? Trotz beherzten Koffeindopings habe ich das nicht ganz verstanden. Hierzu braucht man sicher entweder geniale Gene oder schlicht ein Physikstudium.

300 000-mal stärker als das Magnetfeld der Erde ist ein Magnetfeld, mit dessen Hilfe Wissenschaftler des Institutes für Angewandte Physik an der TU Braunschweig Geheimnisse der Halbleiterwelt lüften möchten.

Halbleiterwelt nutzbar machen

Halbleitermaterialien sind die Grundbaustoffe der Elektronikwelt. Sie leiten den Strom nur, wenn sie mit Wärme oder Licht versorgt oder mit bestimmten Fremdatomen gespickt werden, und lassen sich zu den unterschiedlichsten elektronischen Bauteilen kombinieren. Wissenschaftler des Institutes für Angewandte Physik an der Technischen Universität (TU) Braunschweig erforschen solche Halbleiterbauteile gerade unter Extrembedingungen, um noch weitere nützliche Eigenschaften der Materialien aufzuspüren. „Wir untersuchen dazu zum Beispiel Halbleiter-Mikrochips in Magnetfeldern, die bis zu 300 000-mal stärker sind als das Magnetfeld der Erde", erklärt Professor Georg Nachtwei. Und das sei gar nicht so energieaufwendig, wie es klinge. Um solche Felder zu erzeugen, müssten nur etwa drei Kilowatt elektrische Leistung aufgebracht werden, also kaum mehr, als für den Betrieb eines Heizlüfters nötig ist.

Das Ziel der Forscher ist es, mit diesen Untersuchungen Halbleitereigenschaften für neue technische Anwendungen nutzbar zu machen.

(ah)

Bei dir piept's wohl

Neulich hat's bei mir gepiept. Nicht im Oberstübchen, was auch mal vorkommt, sondern völlig überraschend im Kaufhaus. Ich griff an der Kasse nach dem bezahlten Schal, steuerte auf den Ausgang zu und – „Piiiep" – löste an der Warensicherung einen Großalarm aus. Nur ein Schwerverbrecher hätte mehr Wirbel erzeugen können. „Machen Sie mal Ihre Tasche auf", pfiff mich der Kassierer streng zurück. Kleinlaut packte ich aus: ein Paket Taschentücher, einen Lippenpflegestift, ein verstaubtes Halsbonbon, mein Handy und das Corpus Delicti, das eigentlich keins war – den Schal. Verwirrung. „Na ja, dann wird's wohl das Handy gewesen sein", brummelte der Kassierer unwirsch und schickte mich hinaus. Seither – ich schwör's – bekomme ich beim Shoppen jedes Mal Schweißausbrüche.

Ob die Warensicherung in den Kaufhäusern mehr als nur Schweißausbrüche auslöst, hat übrigens auch schon das Bundesamt für Strahlenschutz (BfS) in Salzgitter untersucht. „Zur Detektion der Etiketten werden entweder niederfrequente Magnetfelder oder hochfrequente elektromagnetische Felder verwendet", klärt Florian Emrich vom BfS auf. Eine gesundheitliche Gefährdung für die allgemeine Bevölkerung bestehe nicht, da man sich in der Regel nur sehr kurz im Wirkungsfeld aufhalte, beruhigt der Experte, allerdings sollten sich Träger von Herzschrittmachern oder metallischer Implantate nie länger als nötig im Feldbereich aufhalten.

Gut zu wissen für den nächsten Weihnachtseinkauf, oder nicht?

Diebe haben es immer schwerer. Die Warensicherungen in den Kaufhäusern nehmen zu – und damit auch die elektromagnetischen Felder. Nie zu lange zwischen den Detektoren stehen bleiben, rät das BfS.

Der moderne Kaufhausdetektiv

Im Prinzip sind Warensicherungsanlagen der gute alte Kaufhausdetektiv – bloß moderner: Meist wird hierfür an Hosen oder Pullovern ein hartes Etikett befestigt. Wird dieses Etikett nicht entfernt oder deaktiviert, bevor die Detektoranlage durchschritten wird, löst sich der Alarm aus.

Derzeit sind ganz verschiedene Anlagen im Einsatz. Mal arbeiten sie mit niederfrequenten Magnetfeldern, mal mit hochfrequenten elektromagnetischen Feldern, im Prinzip funktionieren sie aber alle nach dem gleichen Prinzip: Meist im Kassenbereich oder am Ausgang des Geschäftes befindet sich der Überwachungsbereich in Form eines magnetischen oder elektromagnetischen Feldes. Dieses entsteht dadurch, dass ein Sender nieder- oder hochfrequente Signale an einen Empfänger schickt. Wird ein aktives Sicherungsetikett durch den Überwachungsbereich bewegt, wird das Feld zwischen Sender und Empfänger gestört und ein Alarm erzeugt.

Eine gesundheitliche Gefährdung für die allgemeine Bevölkerung bestehe nicht, da die Expositionsdauer in der Regel sehr kurz sei. Außerdem seien die Referenzwerte so festgesetzt, dass eine Überschreitung nicht in jedem Fall eine Überschreitung der Basisgrenzwerte für die Körperstromdichte bzw. für die Energieaufnahme zur Folge hat. „Für die Träger aktiver oder passiver Körperhilfen (wie z.B. Herzschrittmacher, Infusionspumpen oder metallische Implantate) sind dagegen besondere Vorsichtsmaßnahmen notwendig", so Florian Emrich vom Bundesamt für Strahlenschutz (BfS). Sie sollten sich in jedem Fall beim behandelnden Arzt informieren.

(leu)

Backpulver im Klebstoff

Das Triebmittel wirkt wahre Wunder. „Kind, gib Backpulver zum Waschmittel, dann werden die Gardinen wieder weiß“, riet einst Großmama und hatte weitere Tricks parat. Angebrannte Töpfe, Teerückstände in der Kanne, verdreckte Fugen – einfach Backpulver in Wasser auflösen, wirken lassen und dann reinigen. Kuchen kann man mit dem Pulver übrigens auch backen. Und in Klebstoff lässt es sich verrühren, damit der dann schön im Ofen aufgeht.

Glauben Sie nicht? Na, stimmt auch nicht ganz – wenngleich Klaus Dilger, Leiter des Instituts für Füge- und Schweißtechnik der TU Braunschweig, den Zusatzstoff, der zur Herstellung von Kunststoffschäumen verwendet wird, einfach als „Backpulver“ bezeichnet. Da weiß eben jeder, was gemeint ist.

Doch was genau entwickeln er und sein Team? In der Automobilindustrie setzt man verstärkt auf Leichtbau. Gesucht werden innovative Lösungen, um Fahrzeuggewicht einzusparen. Das gelingt zum Beispiel, ersetzt man dicke Bleche durch dünnwandige, hohle Bauteile. Die TU-Experten füllen in den Hohlraum eine Mischung aus speziellem Klebstoff, angereichert mit „Backpulver“, und erwärmen das Ganze. Der Zusatzstoff sorgt dafür, dass sich die Mischung bei Wärme ausdehnt, bis sie den gesamten Hohlraum ausfüllt. Das Resultat sind ausgeschäumte Bauteile, die leicht sind und – ganz wichtig – eine hohe Crash-Sicherheit aufweisen. Der Einsatz dieser Polymerschäume im Automobil- und Schienenfahrzeugbau sowie im Bauwesen ist ein Forschungsschwerpunkt des Instituts.

Polymerschäume machen Fahrzeuge leichter, indem man die Träger nicht aus dicken Blechen, sondern aus dünnwandigen, hohlen Bauteilen, die ausgeschäumt werden, fertigt.

Schäume machen Fahrzeuge leichter

Kleben, mechanisches Fügen und Hybridfügen sind stark nachgefragt. Den Anstoß gab die Automobilindustrie, die zunehmend auf Leichtbau setzt. Die Klebtechnik ist Grundlage vieler Leichtbaukonstruktionen. „Klebungen bieten viele Vorteile, zum Beispiel eine gleichmäßige Spannungsverteilung und Kraftübertragung. Sie verbinden unterschiedliche Werkstoffe miteinander, ohne die Fügeteile zu beeinflussen“, erläutert Prof. Klaus Dilger, Leiter des Instituts für Füge- und Schweißtechnik der Technischen Universität (TU) Braunschweig.

Davon profitieren auch die Autohersteller. Gesucht werden innovative Lösungen, um Fahrzeuggewicht einzusparen. Das gelingt zum Beispiel, ersetzt man dicke Bleche durch dünnwandige, hohle Bauteile. Die TU-Experten füllen in den Hohlraum eine Mischung aus speziellem Klebstoff, angereichert mit einem Zusatzstoff, der wie Backpulver wirkt, und erwärmen das Ganze. Das Resultat sind ausgeschäumte Bauteile, die leicht sind und eine hohe Crash-Sicherheit aufweisen.

Eine Leichtbau-Alternative zu Kunststoffschäumen sind Metallschäume, die aus Kügelchen bestehen, jedes kleiner als ein Stecknadelkopf.

(gef)

Was Lackforscher auf die Palme bringt

Erdöl, beziehungsweise Erdölpreise bringen die Lackforscher auf die Palme. Ist doch ganz klar: Wenn das Erdöl teurer wird, geht das nicht nur den Autofahrern an die Kasse – schließlich ist das „Schwarze Gold" zu mehr nutze als nur zum Verfeuern. Man kann damit Straßenasphalt herstellen, aber auch Klebstoff, Plastik aller Art, Nylonstrümpfe oder Farben und Lacke. Wird das Erdöl teurer, steigen natürlich auch die Preise aller Endprodukte. Es sei denn, man nimmt statt Erdöl anderes Rohöl.

Hauptsache, das Öl enthält die organischen Moleküle, die mit Kohlenstoff in der Mitte. Die kann man dann zu den verschiedenen Riesenmolekülen, den Polymeren, verknüpfen. Woraus sich eben die Kunststoffe zusammensetzen. Und die Lacke.

Die Lackforscher in Braunschweig haben jetzt neben Raps- oder Sonnenblumenöl, deren Bestandteile schon in vielen Anstrichen zu finden sind, auch zum Palmöl gegriffen. In Südostasien möchte man das Palmöl nicht nur zu Lebensmitteln oder Seife verarbeiten, sondern hochwertige Produkte erzeugen. Mit einfachen chemischen Veränderungen wird ein geeigneter Lackrohstoff daraus, das konnten die Forscher vom Fraunhofer-Institut für Holzforschung (WKI) und ihre Kollegen in Malaysia zeigen. Der Lack daraus ist recht kratzfest, sogar bei feuchter Hitze beständig und verfügt über eine natürliche Schmutzabweisung.

Kein Wunder, dass jetzt auch deutsche Konzerne in diese Forschung investieren. Ist eh besser für die Umwelt...

Polymerisation ist der chemische Prozess, der kleine kurze Moleküle durch Aneinanderreihung zu langkettigen Riesenmolekülen auffädelt.

Lacke aus Palmöl mit hoher Qualität

„Der entscheidende Vorteil von Palmöl ist seine beinahe unbegrenzte Verfügbarkeit", erklärt Dr. Stefan Friebel, Projektleiter für die Entwicklung von Lacken aus Öl am Fraunhofer-Institut für Holzforschung (WKI). Damit meint er den Vorteil gegenüber anderen Erdöl-Alternativen wie Raps- oder Sojaöl. Trotz des Biodiesel-Booms ist der Weltmarktpreis von Palmöl verglichen mit anderen pflanzlichen Ölen noch am niedrigsten.

Hochwertige Lacke aus Palmöl erhält man durch einfache chemische Veränderungen der Palmölfettsäuren. So entstehen hochwertige und doch günstige Grundstoffe für die Polymerisation, für jenen Prozess, der kleine kurze Moleküle zu langen Ketten auffädelt: die Riesenmoleküle, aus denen Kunststoffe bestehen. Mit den üblichen Technologien der Industrie entstehen Polymere, Lackharze und Klebstoffe, in punkto Qualität mindestens vergleichbar mit den bisher üblichen Produkten, berichten die Forscher. Mit Standard-Kratztests maßen sie die Haltbarkeit ihrer lackierten Oberflächen. Sie erfüllten erfolgreich die Anforderungen der deutschen DIN-Norm für Möbellacke. Aber auch die Witterungsbeständigkeit der palmölbasierenden Lacke ist hervorragend. Dabei erfüllen die Lacke auch alle Umweltanforderungen hinsichtlich Lösemittelgehalt über das Jahr 2010 hinaus. In Zukunft wollen die Forscher untersuchen, wie sich auf Palmölbasis wasserverdünnbare Lacke und Klebstoffe herstellen lassen.

Wichtig zu wissen, dass durch diese stoffliche Nutzung des Palmöls kein Regenwald abgeholzt werden muss. Die Mengen, die für die Lackherstellung nutzbar sind, bewegen sich im Promillebereich der Gesamtproduktion vom Palmöl.

(ds)

Kompostierbare Kunststoffe

„Schluss jetzt!“, spricht der Hausmeister ein Machtwort und schiebt dem Mülltourismus einen Riegel vor. Der Container im Hof wird jetzt nachts abgeschlossen, nachdem dort Wildfremde säckeweise Abfall entsorgt hatten. Wochenlang. Klammheimlich. Kaum war die Müllabfuhr da und der Behälter geleert, war er auch schon wieder voll. Seiner mageren Nachbarin, der grünen Tonne, droht dagegen keine Überfüllung. Auf ihrem Grund welkt einsam ein Rosenstrauß, bedeckt von Apfelschale.

In naher Zukunft, das stelle man sich vor, werden dort Kaffeesatz, Kartoffelpelle, Joghurtbecher und Shampooflaschen gemeinsam verrotten. Verpackungen aus biologisch abbaubaren Kunststoffen sind auf dem Vormarsch. Hergestellt aus nachwachsenden Rohstoffen wie Stärke, Zucker und Zellulose, genießen Biokunststoffe einen umweltfreundlichen Ruf und sind oftmals kompostierbar. Jedoch nicht immer ist die Kompostierbarkeit gewollt. Wissenschaft und Industrie haben daher außer Verpackungsmaterial längst weitere Anwendungen für die so genannten Biopolymeren im Visier, zum Beispiel in Laptops, Handys und Autos.

Praxisnahe Forschung auf diesem Gebiet leisten Albert Otten und das Team vom Institut für Recycling am Standort Wolfsburg der Fachhochschule Braunschweig/Wolfenbüttel und der Fraunhofer Projektgruppe „Nachhaltige Mobilität“. 40 Biokunststoffe und ihre Eigenschaften haben sie untersucht, die Ergebnisse in einer aktuellen Studie veröffentlicht. Wertvolle Informationen für alle Experten, die Biopolymere weiter optimieren wollen, damit diese auch die komplexen Anforderungsprofile für technische Produkte erfüllen.

Biopolymere sind Kunststoffe, die aus nachwachsenden Rohstoffen wie Stärke, Zucker, Zellulose erzeugt werden und biologisch abbaubar sein können.

Biokunststoffe: Materialien der Zukunft

Biokunststoffen gehört die Zukunft. Davon sind Dr. Albert Otten und das Team vom Institut für Recycling am Standort Wolfsburg der Fachhochschule (FH) Braunschweig/Wolfenbüttel und der Fraunhofer Projektgruppe „Nachhaltige Mobilität“ überzeugt. In ihrer 2006 erschienenen Studie „Biokunststoffe – Verarbeitungsparameter und technische Kennwerte“ haben die Wissenschaftler biologisch abbaubare Kunststoffe und Biokunststoffe, die weltweit erhältlich sind, untersucht: insgesamt 40 Polymere von fast 30 Herstellern.

„Biopolymere sind Kunststoffe, die aus nachwachsenden Rohstoffen wie Stärke, Zucker und Zellulose erzeugt werden und biologisch abbaubar sein können“, erklärt Otten. Erste Anwendungsbereiche gibt es bereits, zum Beispiel in der Verpackungsindustrie. „Einige Produkte wie Obst, Gemüse und Getränke werden zuweilen schon in Folien, Schalen und Flaschen aus Biokunststoffen verpackt“, sagt der Chemiker.

Um die Anwendungsbereiche von Biokunststoffen zu erweitern, forschen Otten und sein Team in ihren Labors daran, die Verarbeitungsparameter zu optimieren. Noch sind die jungen Biopolymere in der Herstellung teurer als konventionelle Kunststoffe auf Erdölbasis.

(gef)

Kalibrierte Kühe

Milch ist gesund... Jedenfalls bis gesundheitsfördernde Inhaltsstoffe in die „Sauna" geschickt werden und dort schließlich verenden. „Ultrahocherhitzen" nennt man diese Foltermethode, die eigentlich Bakterien und andere Ganoven vom sofortigen Austritt aus der zivilisierten Gesellschaft, in diesem Falle die der Milch, überzeugen soll.

Das klappt nicht so wirklich und bis vor kurzem störte dies auch keinen, bis sich ein revolutionärer Geist erhob und Gerechtigkeit forderte. Bald sollen potenzielle Milchkiller einfach so zerquetscht werden, was unsere begehrten Vitamine eher peripher tangiert.

Und dank der Physikalisch-Technischen Bundesanstalt, die die „Thermometer des Drucks" kalibrieren, weiß man dann auch auf das letzte Bar genau, wie viel Druck die bösen Bakterien erdulden müssen. Dahinter steckt natürlich keine wissenschaftliche Neugier, sondern vielmehr pure Freude am Ableben der Kleinen.

Der Verbraucher jedenfalls freut sich. Bakterien zerquetscht. Milch haltbar gemacht. Mission erfolgreich. Leider ist das Ganze noch ein wenig zeitaufwendig. Wie viel einfacher wäre es, den Hochdruck gleich in der Kuh zu erzeugen? Ich freue mich jedenfalls schon auf Kuh Version 2.0 und das erste Kalibrierlabor für Nutztiere.

© Parra del Riego

6200 bar – ist die Alternative zum Ultrahocherhitzen der Milch.

Mit Hochdruck zur H-Milch

Hersteller haltbarer Milch haben Probleme mit dem so genannten „Kochgeschmack" der durch die Sterilisation bei hohen Temperaturen zustande kommt. In Zukunft könnten sie stattdessen auch mit hohem Druck arbeiten, der dies verhindert. In der Physikalisch-Technischen Bundesanstalt (PTB) wird derzeit daran gearbeitet, dass dieser benötigte Druck auch gemessen werden kann.

Eine altbekannte Methode, Milch haltbar zu machen, ist das „Ultrahocherhitzen". Hierbei wird die Milch für wenige Sekunden auf ca. 135-150 °C erhitzt, um Bakterien abzutöten. Allerdings gehen bei diesem Verfahren auch wichtige Vitamine sowie Geschmacksstoffe verloren. Wenn Milch jedoch mit hohem Druck anstelle von hoher Temperatur behandelt wird, bleiben der frische Geschmack und die Nährstoffe erhalten. Bei dieser Vorgehensweise wird die Milch mit ca. 4800-6200 bar zusammengedrückt, was ungefähr fünf Tonnen Gewicht entspricht, die auf einen Quadratzentimeter wirken. Durch die anschließende schlagartige Reduzierung des Hochdrucks auf den normalen Umgebungsdruck bleiben kleinere Moleküle, wie z.B. Vitamine, intakt. Größere Moleküle, wie z.B. Bakterien oder Keime, „zerreißen" bzw. verändern sich.

Um den für die Haltbarkeit der Milch benötigten Druck richtig messen zu können, bedarf es der Apparatur von Steffen Scheppner, an der er Druckmessgeräte, so genannte Druckaufnehmer, überprüft, die er von Kunden aus der Industrie bekommt. Mit 500 kg in Form von schweren Gewichtsplatten, die auf einen kleinen Kolben von ca. 0,05 cm Fläche wirken, wird ein genau festgelegter Druck erzeugt. Den zeigt der zu kontrollierende Druckaufnehmer mit einer Abweichung von ca. 50-200 bar an.

(jl)

Nachhaltig geschmiert

Frohe Botschaft für passionierte Fritten- oder Fleischesser, die von Schlagzeilen wie „Krebsverdächtiges Acrylamid in Pommes“ oder „Rotes Fleisch erhöht Darmkrebsrisiko“ arg gebeutelt sind. Denn abgesehen vom gesundheitlichen Wert, könnte die Völlerei in der Zukunft mit einer hervorragenden Ökobilanz punkten. Schließlich sind die Abfälle des fettigen Genusses, altes Frittenfett und Schlachtmüll, aus nachwachsenden Rohstoffen und können nicht nur in Blockheizkraftwerken verbrannt, sondern sogar in andere nützliche Substanzen verwandelt werden. Zum Beispiel in Kühlschmierstoffe für die Metallbearbeitung.

Die Metamorphose des Lebensmittelmülls zum wertvollen Chemieprodukt wird schon seit einigen Jahren von Forschern der Technischen Universität Braunschweig vorangetrieben. Sie reinigen altes Tierfett und Speiseöl, trennen Unbrauchbares ab und geben schließlich geschickt gewählte Hilfsstoffe hinzu. Tests laufen wie geschmiert und die Bioschmierstoffe glänzen mit hervorragenden Qualitäten.

Und angesichts der steigenden Erdölpreise braucht es nur wenig Gehirnschmalz, um zu erkennen, dass eine Umstellung auf die Bio-Kühlschmierstoffe sicherlich kommen und fettiger Genuss zumindest ökologisch versüßt wird.

Altes Frittenfett und Schlachtabfälle sind wertvolle nachwachsende Rohstoffe. Forscher der TU Braunschweig verwandeln sie in Kühlschmierstoffe für metallverarbeitende Prozesse.

Umweltfreundliche Schmierstoffe

Allein in Deutschland werden jedes Jahr rund 70 000 Tonnen Kühlschmierstoffe verbraucht. Kühlschmierstoffe führen die Wärme ab, die bei metallverarbeitenden Prozessen entstehen, und verhindern so, dass Metall oder Werkzeug durch zu große Hitze geschädigt werden. Gängige Kühlschmierstoffe werden aus Erdölprodukten gewonnen und mit Additiven versehen. Sie können die Haut reizen oder Atemwegsbeschwerden verursachen und müssen nach Gebrauch als Sonderabfall entsorgt werden. Eine deutlich umweltfreundlichere Kühlschmierstoff-Variante haben Braunschweiger um Dr. Christoph Herrmann und Dr. Ralf Bock vom Institut für Werkzeugmaschinen und Fertigungstechnik an der Technischen Universität (TU) Braunschweig entwickelt. Sie können altes Frittenfett und Schlachtabfälle in die begehrten Kühlschmierstoffe verwandeln.

„Unsere Kühlschmierstoffe sind aus nachwachsenden Rohstoffen und von ihrer Qualität her den Erdölprodukten mindestens ebenbürtig“, sagt Bock. Allerdings müsste die Industrie für die umweltfreundlicheren Schmierstoffen ganz neue Anlagen bauen und dazu sei sie zurzeit noch nicht bereit.

(ah)

Alkohol mit Mehrwert

Manche Chemikalien stecken voller Überraschungen, wie das bei Kindern beliebte Schokoei mit Plastikinnereien. Der Alkohol Glycerin zum Beispiel: Die durchsichtige Flüssigkeit ist natürlich nicht im wörtlichen Sinne „Was Spannendes, was zum Spielen – und Schokolade!“, doch Glycerin taugt immerhin als Grundlage für Sprengstoffe, als Frostschutzmittel, Salbengrundlage – und steckt als Süßungsmittel in manchem Naschwerk.

Glycerin wird aus Erdöl oder Pflanzenöl gewonnen, entsteht aber auch bei der Biodieselproduktion. Und das inzwischen in riesigen Mengen, die sich niemals allein in Scheibenwischanlagen oder Cremedöschen unterbringen ließen.

Kein Wunder also, dass Forscher ihre Kreativität spielen lassen und das „Bioglycerin“ in ganz neue, spannende Substanzen umwandeln wollen. Braunschweiger Wissenschaftler zum Beispiel können daraus Schmierstoffe und Biokunststoffe machen. Sollten sich diese Verfahren bald auch wirtschaftlich rechnen, landet das Biodiesel-Abfallprodukt zukünftig vielleicht sogar als Bioplastik in der gelben „Ü-Ei“-Kunststoffkapsel.

Dann könnten die Marketingstrategen ihren berühmten Slogan neu auflegen und die Werbe-Gören könnten ihre Wünsche an das multifunktionelle Einkaufsmitbringsel der Mutti noch ganz zeitgemäß um „... und was mit Nachhaltigkeit!“ ergänzen.

Ein Alkohol mit Mehrwert ist das Frostschutz- und Feuchthaltemittel Glycerin, das heute in riesigen Mengen bei der Biodieselproduktion entsteht und in allerlei Nützliches verwandelt werden kann, z.B. in industrietaugliche Schmierstoffe oder Biokunststoffe.

Neue Glycerin-Verwendungen gesucht

Ein Alkohol der besonderen Art bereitet Industrie und Forschung zurzeit Kopfzerbrechen. Glycerin heißt die Substanz, die heute vor allem als Frostschutzmittel und Salbengrundlage zum Einsatz kommt und seit Jahrzehnten überwiegend aus Erdölprodukten hergestellt wird. Doch seit kurzem gibt es Glycerin im Überfluss, denn die Substanz entsteht in großen Mengen bei der Biodieselproduktion. „Zurzeit fallen in Deutschland jedes Jahr 400 000 Tonnen an, für die nahe Zukunft rechnen wir in Europa mit rund einer Million Tonnen Glycerin pro Jahr“, berichtet Müfit Bahadir, Experte für Umweltchemie und Professor an der Technischen Universität (TU) Braunschweig. Das sei rund zehn Mal so viel, wie für die Herstellung klassischer Produkte benötigt werde. Die Wissenschaftler suchen deshalb intensiv nach neuen Glycerin-Produkten. Gerade testen sie, ob sich aus der öligen Flüssigkeit industrietaugliche Schmierstoffe gewinnen lassen. Dazu muss sie mit geschickt gewählten Zusätzen gespickt werden. Beweise für die Industrietauglichkeit der Bioschmierstoffe wollen die Forscher spätestens Mitte 2008 vorlegen.

Nur wenige Kilometer entfernt entwickeln Wissenschafter um Professor Klaus Vorlop an der Bundesforschungsanstalt für Landwirtschaft (FAL) Verfahren, um Bioglycerin in Kunststoffe zu verwandeln. Die ersten Ergebnisse seien vielversprechend, sagt Vorlop. Weitere Tests sollen die Wirtschaftlichkeit des Verfahrens zeigen.

(ah)

Wellenrauschen

Sich auf der Luftmatratze gemütlich von den Wellen durchschaukeln lassen: ein beliebtes Meditations-Motiv mit ungemein entspannender Wirkung. Jedenfalls solange keine Monsterwelle die beruhigenden Bilder kreuzt.

Immerhin sollen solche bis zu 50 Meter hohen „freak waves" viel häufiger auftauchen, als man jahrhundertelang dachte. Erst vor knapp drei Jahren, dank detaillierter Satellitenaufnahmen, entdeckten Forscher, dass sich die Wellenungetüme in manchen Meeresgefilden sogar mehrmals im Monat auftürmen. Die wind- und strömungsgeborenen Freaks unter den Wellen darf man übrigens nicht verwechseln mit den Tsunamis, die durch Seebeben entstehen.

Verheerende Wirkung können auch die Wellen einer Sturmflut entfalten. Sie sind für deutsche Küsten nach wie vor die größte Bedrohung. In einem 100 Meter langen Betonkanal des Leichtweiß-Institutes der Technischen Universität Braunschweig lassen Forscher deshalb gezielt modellierte Wasserberge an Miniaturdeichen brechen. So können sie zum Beispiel vorhersagen, ob die Nordseeinseln ausreichend gegen Sturmfluten geschützt sind.

Erst wenn die Forscher Entwarnung geben, können sich die Insel-Verantwortlichen und auch Wellenfreaks wieder beruhigt dem Meeresrauschen hingeben.

5600 Quadratmeter misst die Versuchshalle der Wasserforscher an der TU Braunschweig. Die Halle ist kleiner als ein Fußballfeld und dennoch Champions League: ein Mekka für Wasserforscher aus der ganzen Welt.

Herrscher über künstliche Fluten

Die Versuchshalle des Leichtweiß-Institutes (LWI) an der Technischen Universität (TU) Braunschweig zählt mit 5600 Quadratmetern zu den größten in Europa. Hier entstehen Sturmfluten, fließen Flüsse im Miniaturformat. Das größte Modell ist der Wellenkanal: ein zwei Meter breites Betonbecken, lang wie drei ICE-Waggons. Die LWI-Forscher testen darin unter anderem die Standfestigkeit von Strandmauern oder Deichen. In naturgetreu nachgebauten Flussmodellen untersuchen sie die Wechselwirkungen von Flussströmungen und Bauwerken, wie Staudämmen und Schleusen. Und um Szenarien ganzer Flussgebiete zu entwickeln, arbeiten die Forscher mit Computersimulationen. Meistens geht es dabei um die Frage, was passiert, wenn ein Jahrhunderthochwasser kommt. Mit Hilfe der Simulationen können Städte oder Gemeinden beispielsweise entscheiden, wie nahe sie an einen Fluss heran bauen können. Die Forscher untersuchen zudem, ob Gewässer sauber sind und wie sie nachhaltig genutzt werden können.

(ah)

Ohne Mathe keine Brücke

Immer wenn Peter Maffays „Über sieben Brücken musst du gehen..." im Radio zu hören war, drehte meine Mutter den Lautstärkeregler auf volle Pulle und – es kommt noch schlimmer – sang lautstark mit. Das war mir irgendwie peinlich, vor allem wenn Freundinnen bei mir im Zimmer hockten und der Gesangseinlage im Haus irritiert lauschten.

„Peinlich" findet Thomas Sonar das nicht. „Peinlich ist vielmehr, dass beim Bau der Millennium Bridge in London mathematische Prinzipien missachtet wurden", sagt der Abteilungsleiter im Institut Computational Mathematics der TU Braunschweig. Dabei wollten die Londoner nicht mal über sieben Brücken, sondern nur über eine Hängebrücke gehen. Und schon damit hatten sie Schwierigkeiten. Warum?

Nachdem im Juni 2000 die Millennium Bridge mit großem Trara eröffnet worden war, strömten die Besucher über die neue Fußgängerbrücke. Die begann so heftig zu schwingen, dass sie wieder geschlossen werden musste. „Wir kennen das Phänomen der Resonanz", erläutert Sonar. „Belastet man eine Brücke mit einer periodisch auftretenden Kraft einer bestimmten Frequenz und trifft damit die Resonanzfrequenz der Brücke, werden die Schwingungen intensiviert. Es kann zur Katastrophe kommen: Die Brücke stürzt ein."

Im Fall der Millennium Bridge wollten die Passanten die Schwingungen durch ihren Gang ausgleichen. „Mehrere hundert Menschen versuchten gleichzeitig, in periodischen Fußbewegungen die Schwingungen zu kompensieren, und verstärkten sie damit." Die Dämpfung der Brücke, so stellte sich heraus, war zu klein ausgelegt. Sie wurde schließlich mit 37 horizontal und 52 vertikal wirkenden Dämpfern nachgerüstet.

Und die Moral von der Geschicht'? Ohne Mathematik ist alles nichts!

Resonanz ist das erzwungene Mitschwingen eines schwingungsfähigen Systems, z.B. einer Brücke, wenn diese mit einer periodisch auftretenden Kraft einer bestimmten Frequenz belastet wird.

Millenium Bridge geriet ins Schwingen

In London führen einige Brücken über die Themse, unter ihnen die Tower Bridge aus dem Jahr 1894. Am 10. Juni 2000 wurde mit der Millennium Bridge eine weitere der Öffentlichkeit übergeben. Besucherströme ergossen sich nach der Eröffnung über die Hängebrücke – mit unvorhergesehenen Folgen. Die Brücke begann so heftig zu schwingen, dass sie bereits zwei Tage nach der Inbetriebnahme geschlossen werden musste.

„Brückenbauer kennen seit vielen Jahrzehnten das Phänomen der Resonanz", erklärt Prof. Dr. Thomas Sonar vom Institut Computational Mathematics der Technischen Universität (TU) Braunschweig. „Belastet man eine Brücke mit einer periodisch auftretenden Kraft einer bestimmten Frequenz und trifft damit die Resonanzfrequenz der Brücke, werden die Schwingungen verstärkt und es kann zur Resonanzkatastrophe kommen: Die Brücke stürzt ein." Im Fall der Millenium Bridge, die vom Volksmund schnell den Namen Wobbly Bridge („Wackelbrücke") erhielt, seien leichte Schwingungen aufgetreten. Daraufhin hätten die Menschen auf der Brücke versucht, diese Schwingungen durch ihren Gang auszugleichen, und verstärkten sie damit. „An ausreichende Dämpfung war bei der Millennium Bridge offenbar nicht gedacht worden", resümiert Sonar. „Die Brücke wurde schließlich mit 37 horizontal und 52 vertikal wirkenden Dämpfern nachgerüstet."

Das Beispiel der Millennium Bridge beweise zudem, wie wichtig die Mathematik in der Ausbildung von Ingenieuren sei, betont Sonar. „Wer meint, später im Beruf werden es die Computerprogramme schon richten, liegt falsch."

(gef)

Leuchtende Risse

Wer kennt ihn nicht, den chaotischen Choleriker der 60er-Jahre-Werbung? Irgendwas Alltägliches lief schief, und schon regte das HB-Männchen sich in unverständlichem Kauderwelsch fürchterlich auf. Sein Geduldsfaden war wohl ganz schön strapaziert, und wenn er riss, peng, ging das Kult-Männchen in die Luft.

Auch bei reißenden Bauteilen könnte in Industrie und Bauwesen so einiges in die Luft gehen. Was aber bei dem wuseligen Männchen niemals vorkam: Vorher ermüden sie lange. Und diesen Umstand kann man sich als Forscher zunutze machen.

Wenn ein Riss entsteht und wächst, wird Wärme freigesetzt. Das führt zu lokalen Temperaturerhöhungen. Um gravierende Schäden in metallischen Bauteilen zu vermeiden, bringt das Braunschweiger Institut für Bauwerkserhaltung und Tragwerk die Materialermüdung auf besondere Art ans Licht: Mit einer hoch auflösenden Infrarotkamera ermitteln die Ingenieure die Hotspots, die kritischen Punkte, an denen auffällige Erwärmungen eines überwachten Objektes festgestellt werden – und bringen damit auch noch so kleine Risse indirekt zum Leuchten. So können die Braunschweiger Forscher mit leuchtendem Beispiel schon früh Prognosen über die Haltbarkeit eines Bauteils treffen.

Beim HB-Männchen erübrigte sich solch detektivische Arbeit – es leuchtete schon äußerlich schnell puterrot …

Hotspot heißt der kritische Punkt, an dem eine auffällige Erwärmung eines Bauteils eintritt. Im IBT bringt man sie per Infrarotkamera indirekt zum Leuchten und erkennt dadurch auch kleinste Risse.

Wärmestrahlung macht Risse deutllich

Für Materialermüdung bei Metallen sorgen Mikroschädigungen, die durch wechselnde Beanspruchungen ausgelöst werden. Das Institut für Bauwerkserhaltung und Tragwerk (IBT) der Technischen Universität (TU) Braunschweig geht bei der Erforschung solcher Ermüdungsschädigungen in metallischen Bauteilen neue Wege. Mit Hilfe der Thermographie, einem bildgebenden Verfahren, machen die Forscher die für das menschliche Auge unsichtbare Wärmestrahlung des Objektes sichtbar. „Das Spannende an der Sache ist, dass bei der Initiierung und dem Wachstum der Risse Wärme freigesetzt wird, die zu lokalen Temperaturerhöhungen führt", erklärt Institutsleiter Prof. Dr.-Ing. Thomas Ummenhofer. „Diese sind zwar sehr klein, lassen sich aber mit einer hoch auflösenden Infrarotkamera, d.h. einer Kamera, die Wärmestrahlung detektiert, erfassen. Die Rissbereiche werden dadurch indirekt zum Leuchten gebracht. So analysieren wir beispielsweise die Entstehung und das Wachstum von Mikrorissen in Schweißnähten." Mit dieser Methode sind Vorraussagen über den Schädigungsverlauf eines Bauteils bereits bei fünf bis zehn Prozent seiner Lebensdauer möglich.

(mba)

Wenn Holz nicht brennt

Gestern hatten Nachbars im Garten ein Lagerfeuer – Kindergeburtstag mit Stockbrotbacken und Gitarrenklängen bei sinkender Glut. Holz brennt halt toll. Besonders wenn es alt und gut durchgetrocknet ist. Nachbars pflegen ihren Brennholzstapel mit System.

Dabei eignet sich Holz auch hervorragend zum Hausbau. Dass früher halbe Städte abbrannten, lag eher am brennbaren Inhalt, am zu geringen Abstand und an fehlenden Brandmauern. Heute sind Holzbalken überbreit, um auch nach einer guten Weile im Feuer noch nicht einzustürzen. Doch wer höhere Wohnhäuser baut, muss tragendes Holz feuerfest verkleiden – schade um die Optik.

Wäre da nicht ein Schutzfilm aus Braunschweig: Der durchsichtige Lack macht Holz weitgehend feuerfest. Wenn Flammen nagen kommen und es ungemütlich warm wird, quillt er schaumig auf, härtet aus und hindert das Holz darunter mindestens eine halbe Stunde lang am Entzünden. Weder Rauch noch giftige Gase entstehen so.

Der Zweikomponenten-Lack fällt optisch kaum auf, kann auch alte Holzstrukturen schützen und ist witterungsbeständig. Eine Hochleistungsbrandschutzbeschichtung für Holz und Holzwerkstoffe, für die die Raumfahrttechnik Pate stand, meint das Entwickler-Team um die Fraunhofer-Forscher vom Wilhelm-Klauditz-Institut für Holzforschung (WKI). Altbausanierer dürften sich freuen. Und ein schutzlackierter Scheit in Nachbars Feuer wäre vielleicht auch mal interessant...?

120 °C ist die Brandtemperatur, ab der die Hochleistungsbrandschutzbeschichtung das Holz vorm Feuer schützt.

Brandschutz am Vorbild Weltraumtechnik

„Wenn eine Grenztemperatur überschritten wird, entsteht eine voluminöse Schicht, die das darunter liegende Material vor weiterer Temperatureinwirkung schützt“, erklärt Dirk Kruse vom Fraunhofer-Institut für Holzforschung, Wilhelm-Klauditz-Institut (WKI). Um das Holz am Brennen zu hindern, hat sein Team einen Schutzanstrich mit Methoden der Weltraumtechnik verbessert. Bislang schützten so genannte Intumeszenz Beschichtungen nur, indem sie sich bei Feuer zu einem weichen Schaum aus Kohlenstoff aufblähten. So gelangt weder Hitze noch Sauerstoff ans darunter liegende Holz. Es sei denn, ein Luftzug und Stöße tragen die Schicht ab. Die neue Variante des Hitzeschildes ist nicht so flüchtig: Sie verfestigt sich zu einem harten, keramikähnlichen Material und kann das Holz wesentlich länger vor dem Entzünden bewahren. Ist sie schon bei 300 °C zum harten Schaum geworden, soll sie auch beim Vollbrand mindestens eine Stunde Schutz bieten können. Vorbild sind die Materialien, die Raketentriebwerke vor Temperaturen über 3000 °C schützen. Das mussten die Braunschweiger Forscher auf die wesentlich geringere Hitze bei Holzbränden anpassen.

Die zentralen Substanzen des Hitzeschildes heißen keramisierende Elastomere: Hochschmelzende Füllstoffe wie Siliziumcarbid und -dioxid, die bei Hitze mit einem Bindemittel aus Polymeren reagieren. So quillt der Schutzfilm auf und verhärtet zu einer festen Keramik. Den Lack gibt es mittlerweile klar oder auch deckend, und auftragen lässt er sich per Pinsel, Spritzpistole oder industriellen Beschichtungssystemen. Außerdem, so Kruse, „genügt er den normalen Ansprüchen hinsichtlich Optik, Dauerhaftigkeit, Kratzfestigkeit sowie Witterungsbeständigkeit.“

(ds)

Haarnadeln im Beton

Die spinnen, die Römer, beliebt der dicke Gallier, der gar nicht dick ist, mitunter zu sagen. Ob das nun stimmt oder nicht: Die Römer waren in jedem Fall echte Experten im Betonbau: Das Pantheon, Aquädukte und Abwasserkanäle haben sie aus dem grauen Material gefertigt. Das Rezept dafür hätte auch Miraculix im Nu zusammengemischt: Man nehme zwei Teile Kalk und Ton, einen Teil Steinbrocken oder Kies und rühre es gründlich durch. Etwas Wasser, trocknen lassen und fertig.

Um Beton noch stabiler zu machen, wird er seit über 100 Jahren mit Moniereisen, also Bewehrungsstahl, verstärkt. Das sind diese rostigen sperrigen Gitter, die immer auf Baustellen herumliegen und deren Einbau genauestens von Ingenieuren kontrolliert werden muss.

Statt sperriger Gitter tun es aber auch haarnadelgroße Stahlfasern, die dem Beton zugemischt werden. Das hat die Forscherin Anja Riese der Technischen Universität Braunschweig vor einigen Jahren herausgefunden und aus diesem „Stahlfaserbeton" ganze Wohnhausdecken gefertigt. Weil die belastbar waren wie Hinkelsteine und einfach aufzubringen, haben sie sich in der Praxis längst bewährt.

Haarnadeln im Beton? Obelix würde sagen: Die spinnen, die Ingenieure. Also höchste Zeit für einen klärenden Band „Asterix und der Stahlfaserbetonmix".

Zement, Steine und Stahlfasern sind die Bestandteile von Stahlfaserbeton, der genauso gut hält wie mit Stahlmatten bewehrter Beton.

Bewährte Decken aus Stahlfaserbeton

Betondecken werden in der Regel mit eigens dafür entwickelten Stahlmatten verstärkt. Die sperrigen Bewehrungsstähle müssen allerdings angeliefert, an der Baustelle gelagert und ihr Einbau strengstens kontrolliert werden. Um hier Zeit und Geld zu sparen, haben Forscher um Dr. Anja Riese am Institut für Baustoffe, Massivbau und Brandschutz der Technischen Universität (TU) Braunschweig einen „Stahlfaserbeton" für Wohnhausdecken entwickelt und getestet. Dieser Beton enthält zahlreiche haarnadelgroße Stahlfasern und ist, das haben die Belastungsprüfungen der Ingenieure ergeben, ebenso belastbar wie ein mit Stahlmatten bewehrter Beton. In der Praxis haben sich die Decken aus Stahlfaserbeton längst bewährt und gehören inzwischen zum Portefeuille mehrerer namhafter Bauunternehmer.

(ah)

Good Vibrations

„Good Vibrations" trällerten die Beach Boys in den 60ern. Da lebten sie am Strand und besangen die Liebe. Andere Menschen dagegen können ein Lied von „Bad Vibrations" singen: Seichtes Klirren in der Glasvitrine steigert sich zum rumpelnden Wändewackeln, die Fenster klappern, der Boden zittert – ein Erdbeben? Nein, denn es wiederholt sich in regelmäßigem Takt jahrein, jahraus. Der Elefant im Porzellanladen fährt auf Schienen, unterirdisch oder nebenan, als U-Bahn, Straßenbahn, ICE, und raubt den Anwohnern ihren Schlaf.

Damit das Familienporzellan auch der nächsten Generation erhalten bleibt und die Menschen nicht vor Schreck aus ihren Betten purzeln, forscht das Institut für Angewandte Mechanik der TU Braunschweig im Bereich Erschütterungsschutz. Sobald ein Zug über die Gleise fährt, beginnen diese zu schwingen. Die Schwingung überträgt sich auf den Untergrund und von dort aus in die umliegenden Häuser. Um die Intensität der Erschütterungen vorherbestimmen zu können, simulieren die Forscher die Wechselwirkungen zwischen Boden und Bauwerk. Je nach Szenario liefern dann beim Bau spezielle Federungen oder eine zusätzliche Betonschicht unter den Schienen ein Bollwerk gegen das Wändewackeln.

Denn für Erschütterungsforscher und gepiesackte Anwohner sind „Good Vibrations" einzig jene, die gegen Null tendieren.

U 8 in Berlin ruht in einer Betonschale mit Federdämpfelementen, um Anwohner vor Erschütterungen zu bewahren. Die Berechnungen erfolgten auf Grundlage von Simulationen am Braunschweiger Institut für Angewandte Mechanik.

Erschütterungen in Simulation

Ein großer Teil der Beförderung von Personen und Gütern weltweit zwischen und innerhalb von Ballungsgebieten erfolgt auf Schienen. Damit verbunden sind häufig auch störender Schall und unliebsame Erschütterungen in angrenzenden Häusern. Dem Schutz vor solchen Erschütterungen widmet sich ein Forschungsprojekt am Institut für Angewandte Mechanik der Technische Universität (TU) Braunschweig. Dort wird ein Verfahren weiterentwickelt, mit welchem störende Schwingungen in der Interaktion zwischen Bauwerk und Boden vorherbestimmt werden können. Dieselben Methoden werden auch für die Berechnung von Erschütterungen im Straßenverkehr, insbesondere von Lastwagen, verwendet. „Hauptsächlich geht es darum, die Ausbreitung von Erschütterungen zu simulieren, sodass man die Maßnahmen für den Erschütterungsschutz bewerten kann, bevor das Bauvorhaben ausgeführt wird", erklärt Projektleiter Lutz Lehmann. Darüber hinaus ergeben sich Vergleichsmöglichkeiten mit anderen Verfahren, die zu besseren Alternativen führen können.

Dafür wird mit vereinfachten Annahmen der Lastverlauf eines vorbeifahrenden Zuges simuliert. Je nachdem, wie weit sich der Baugrund verformt, werden entsprechende Maßnahmen zur aktiven Reduzierung von Schwingungen eingeleitet. „Solche Simulationen sind sehr aufwendig, und trotz moderner Computertechnologie stößt man schnell an die Grenzen des Machbaren. Das heißt: Arbeitsspeicher zu klein, Rechenleistung zu gering, sodass man mehrere Tage auf das Simulationsergebnis warten muss", erläutert Lehmann.

(mba)

Diät für die Spanplatte

Eigentlich dürfte ich diese Zeilen nicht schreiben, Freunde könnten sie lesen. Aber es muss mal gesagt werden. „Kannst du mir am Wochenende beim Umzug helfen?“ – „Gern.“ Ist doch glatt gelogen, nirgendwo auf der Welt steckt so viel Unwahrheit drin wie in der Heuchelei, man opfere „gern“ seinen freien Tag zum Möbelschleppen. Doch es gibt keinen Ausweg, die Plackerei ist Pflicht.

Nicht flammende Nächstenliebe treibt uns an, sondern kühle Berechnung. Auch wenn es niemand offen zugeben mag – das Umzugsgeschäft unter Freunden funktioniert nach dem Motto Geben und Nehmen: Wenn ich heute den Buckel für dich krumm mache, wirst du dir deinen Rücken bei meinem Umzug ruinieren. Mit dieser unausgesprochenen Abmachung geht's weniger wohl und mehr übel rauf in den 5. Stock – Fahrstuhl gibt's natürlich keinen –, wo der Alptraum schon wartet: in Form extrem sperriger und zentnerschwerer Möbel.

Doch es gibt Hoffnung für den Umzugshelfer und sein Kreuz, und dafür verantwortlich ist Anke Schirp vom Fraunhofer-Institut für Holzforschung, Wilhelm-Klauditz-Institut (WKI) in Braunschweig. Die Holzwirtin und ihr Team arbeiten an der Entwicklung der extraleichten Spanplatte, damit die Möbellast künftig geringer ausfällt.

Die WKI-Wissenschaftler wollen das Gewicht der Spanplatte, die zurzeit mehr als 600 Kilogramm pro Kubikmeter auf die Waage bringt, auf 450 Kilogramm pro Kubikmeter drücken. Ein Aufschrei der Erleichterung wäre die Folge – und aus einem knallharten Umzugsdeal würde endlich ein echter Freundschaftsdienst.

Extraleichte Spanplatten – daran arbeiten Wissenschaftler vom WKI. Ihr Ziel: die Möbellast zu senken.

Extraleicht und biegefest soll es sein

Dr. Anke Schirp vom Braunschweiger Fraunhofer-Institut für Holzforschung, Wilhelm-Klauditz-Institut (WKI) untersucht die Bauweise von Spanplatten. Die Diplom-Holzwirtin klebt und verdichtet, sie misst und wiegt. Ihr Ziel: die Entwicklung einer extraleichten Spanplatte. Leichtbau liegt im Trend. Der Mensch wird mobiler und mit ihm seine Möbel, die er immer öfter von der einen Wohnung in die nächste schleppt.

„Die Herausforderung ist, dass die Spanplatte an Gewicht verlieren soll, aber nicht an Stabilität“, erklärt Schirp. Helfen sollen superdünne Späne und schäumende Klebstoffe, die unter Zugabe von Luft die Spanplatte zusammenhalten. Der Klebstoffschaum muss so stark sein, dass er nach dem Pressen der Spanplatten nicht in sich zusammenfällt. Im Labor frischen Schaum schlagen, die Literatur nach Denkanstößen durchforsten, im Technikum neue Platten pressen – Schritt für Schritt kommt Schirp der optimalen Herstellungsmethode näher.

Einen Industrieversuch im Spanplattenwerk gab es bereits – mit Erfolg. „Doch die Biegefestigkeit der Platten muss noch besser werden.“ Darüber hinaus bringt eine Spanplatte zurzeit mehr als 600 Kilogramm pro Kubikmeter auf die Waage. „Die Zielrohdichte beträgt 450 Kilogramm pro Kubikmeter“, sagt Schirp.

(boy)

Mobiles Wohnen

Die Campingsaison naht, und so wird man in Kürze auf Zeltplätzen wieder fluchende Familien beim Hantieren mit wackeligem Zeltgestänge, störrischen Heringen und verknäulten Innenzelten beobachten. Womöglich liegt's daran, dass sich weltweit kaum Forscher mit der jahrtausendealten Tradition des Zeltbaus befassen?

Einer, der die Zeltbaukunst historisch unter die Lupe nimmt, ist Berthold Burkhardt, Leiter des Instituts für Tragwerksplanung der TU Braunschweig. Bei seiner Analyse der Nutzung und Bauweise von Nomaden-, Militär-, Fest- oder Zirkuszelten liefern ihm neben einigen Originalstücken vor allem historische Abbildungen und Beschreibungen interessante Indizien.

Darunter Visionäres, wie der Wunsch eines Sultans in 1001 Nacht, ein Zelt zu besitzen, „das in einer Hand Platz hat, unter welchem jedoch mein ganzes Heer ein Obdach finden kann." Klein, transportabel, aber im Innern viel Platz – auch heute noch das Ideal einer mobilen Behausung und im Märchen innerhalb weniger Tage herbeigeschafft.

Oder aber Dekadentes: Dass zeltend auf Reisen auch das Leben auf der Luftmatratze seine Vorzüge haben kann, beweist jener Prinz auf einem Gemälde des 14. Jahrhunderts, der auf lederner Luftmatratze (die Nähte mit Teer gedichtet) ruht, während seine Lakaien mit Blasebalg pneumatisch nachbessernd für konstante Bequemlichkeit sorgen. Reisender, haust Du noch, oder zeltest Du schon?

Osmanische Zelte aus dem 15. bis 18. Jahrhundert sind die Glanzstücke des Zeltbaus, dessen Geschichte Berthold Burkhardt vom Institut für Tragwerksplanung der TU erforscht.

Zelte als Zeitdokumente

Architekturgeschichtlich findet der Zeltbau wenig Beachtung. Dabei war das Zelt eine der ersten Behausungen von Menschenhand und wird auch heute noch vielfältig genutzt: Die Bandbreite reicht von Reisezelten über Festzelte, Sanitätszelte, Messezelte, Militärzelte, Zirkuszelte und natürlich die Wohnzelte nomadischer Völker. Als einer der weltweit raren Experten erforscht Berthold Burkhardt, Architekturprofessor und Leiter des Instituts für Tragwerksplanung der Technischen Universität (TU) Braunschweig, seit etwa 30 Jahren den historischen Zeltbau.

Als Quelle dienen ihm historische Abbildungen und Beschreibungen, wobei auch die Bibel und zahlreiche Märchen und Erzählungen sich als wahre Fundgruben für die Analyse von Bauweise und Nutzung erweisen. In Burkhardts eigener, wohl größten deutschen Privatsammlung an Zeltdokumenten befinden sich unter anderem 200 Originalstiche. Das ehemalige Archiv einer Zeltbaufirma, dessen Katalogbestand an Stoffmustern bis ins 19. Jahrhundert zurückreicht, gibt ihm tuchfühlend Aufschluss über damalige Farbe und Materialwahl. Teile eines historischen Zirkuszelts und der Nachlass von Luisita Leers, einer weltberühmten Hochseilartistin aus Braunschweig, mit zahlreichen Fotos aus den dreißiger bis fünfziger Jahren, ergänzen die Sammlung.

Über 40 000 Jahre alt sind die ältesten Funde in Lagerstätten, deren Verankerungen mit Knochen und Steinen Rückschlüsse auf die Zeltkonstruktion zulassen. Als Glanzstücke des Zeltbaus gelten bis heute die osmanischen Zelte aus dem 15. bis 18. Jahrhundert.

(mba)

Versuch's mal mit Behaglichkeit

Gähnen ist bekanntlich ja ansteckend. Den Beweis dafür findet man allmorgendlich in Klassenräumen, wo kindliche Maulsperren sich flugs von einer Reihe in die nächste übertragen. Oft ist aber nicht Langeweile schuld daran, dass Schülerköpfe nicht nur aufgrund der Arbeit ihrer grauen Zellen qualmen. Denn zum Schneiden dicke Luft, künstliches Licht, ein hoher Geräuschpegel und viel zu hohe CO_2-Werte führen zu Müdigkeit und schlechter Konzentration. Aber wie bringt man übers Stoßlüften hinaus frischen Wind ins Klassenzimmer? Versuch's mal mit Behaglichkeit, mit „thermischer Behaglichkeit".

Das jedenfalls macht das Institut für Gebäude- und Solartechnik an der Technischen Universität Braunschweig im Forschungsprojekt GASS (Ganzheitliche Sanierung von Schulen). Durch Spot-Monitoring wird das soeben angelaufene Projekt innerhalb der nächsten 15 Monate unter anderem das Raumklima in Klassenzimmern diverser Schulen messen und die Schüler nach ihrem eigenen Empfinden von Behaglichkeit befragen. Ziel ist es, mit individuell zugeschnittenen Sanierungskonzepten ein energieeffizientes Zusammenspiel von Temperatur, Feuchtigkeit, Lüftung, Lichtverhältnissen und Sonneneinstrahlung in Klassenräumen zu erreichen.

Wenn die Schüler dann noch gähnen, liegt's einfach an zu wenig Schlaf – oder doch am Unterricht?

PPD-Index (Predicted Percentage of Dissatisfied) ist ein aus Messgrößen berechneter Wert zur Beurteilung und Darstellung von thermischer Behaglichkeit. Braunschweiger Forschern zeigt er den Prozentsatz an Schülern an, die mit den herrschenden klimatischen Verhältnissen im Klassenraum nicht zufrieden sind.

Klima in Schulen auf dem Prüfstand

Das Forschungsprojekt GASS (Ganzheitliche Sanierung von Schulen), gefördert durch die Deutsche Bundesstiftung Umwelt, schlägt „zwei Fliegen mit einer Klappe", indem es Energie-Effizienz mit Lernkomfort verbinden möchte. In Zusammenarbeit mit Projektpartnern aus Architektur, Pädagogik, Bau- und Raumakustik, Soziologie und Psychologie prüft das Institut für Gebäude- und Solartechnik an der Technischen Universität (TU) Braunschweig über 15 Monate hinweg die raumklimatischen und funktionalen Verhältnisse an Schulen. Denn in aktuellen Studien wurden Steigerungen der Lernfähigkeit um 15 Prozent durch eine Verbesserung des Raumklimas nachgewiesen. Zur Untersuchung der Behaglichkeit führt das Institut an Schulen in Wolfsburg, Hildesheim und Hamburg Kurzzeitmessungen in Klassenzimmern und Aufenthaltsräumen durch. Beim so genannten Spot-Monitoring wird die Raumluft in Hinblick auf Feuchtigkeit, Temperatur, Bewegung und Qualität untersucht.

(mba)

Virtuelle Fabrikation

Chaos in der Fabrik. Kaum ist in Tatis Film „Mon Oncle“ der unbedarfte Hulot in seinem neuen Job eingenickt, da machen sich die Errungenschaften der Technik selbstständig: Orangefarbene Schläuche quellen Blasen schlagend aus der Anlage und schlängeln sich über die Gänge. Fabrikplaner müssen eben auf alle Eventualitäten gefasst sein.

Ganz nach dieser Devise funktioniert im Braunschweiger Institut für Fabrikbetriebslehre und Unternehmensforschung (IFU) die Fabrik schon vor der Eröffnung, in dreidimensionaler Simulation. Im Virtual Reality Labor können Bauherr und künftige Arbeiter, noch bevor ein Stein gemauert ist, 3-D-bebrillt durch ihre komplett eingerichtete Fabrik spazieren, die Steuerung von Maschinen ausprobieren und beobachten, ob die Arbeitsprozesse reibungslos ablaufen. Alles in Echtzeit, eins zu eins.

Wer stiftet da noch Chaos? Ein vergesslicher Roboter-Programmierer vielleicht. Entlässt er einen der blechernen Zeitgenossen ohne Sensor für „Kiste auf, Kiste zu“ in seinen neuen Job, kann der beim Griff in die Materialkiste schon mal zu hart durchgreifen: brachial den geschlossenen Deckel durchhauen und unbekümmert kaputt gequetschte Teile einbauen. Doch bevor's real dazu kommt, kann man ihn ja in der Simulation schon stoppen.

Virtual Reality Labor ermöglicht im IFU die virtuelle „Begehbarkeit“ einer erst in Planung befindlichen Fabrik.

Auf virtuellem Weg durch die Fabrik

Für die Planung seiner neuen oder die Modernisierung seiner alten Fabrik setzt der fortschrittliche Bauherr auf virtuelle Realität. Das erleichtert nicht nur die Koordination aller Anlagen, Maschinen und Versorgungsleitungen, sondern spart auch Zeit und Kosten. Und überdies bietet es optimale Präsentationsmöglichkeiten.

Eine solche interaktive digitale Experimentierplattform betreibt das Institut für Fabrikbetriebslehre und Unternehmensforschung (IFU) der Technischen Universität (TU) Braunschweig seit Ende 2006 mit dem Virtuellen Fabrikplanungslabor (VFP-Labor). Nach einer interaktiven Layoutplanung mittels Touchscreen auf dem mobilen Planungstisch können Architekten, Fabrikplaner und beteiligte Mitarbeiter – ausgestattet mit 3-D-Filterbrille und Datenhandschuh – schließlich in Echtzeit in die laufende dreidimensionale Fabrik-Projektion eindringen und sie interaktiv verändern. Mit simulierten Bodenvibrationen wird die Layoutplanung nicht nur realitätsnäher erlebbar, sondern ermöglicht auch Studien über Arbeitsplatzgestaltung und Maschinenaufstellung.

„Dem standardisierten Arbeiter-Avatar kann man beispielsweise die Arme lang ziehen oder seinen Körper drehen, um zu sehen, ob die Sitzgestaltung an seine Montagetätigkeit angepasst ist“, schildert Sebastian Quack vom VFP-Labor. Der interessierte Mitarbeiter kann aber auch real an der Planung partizipieren, indem er selbst die virtuelle Fabrik „begeht“, die Richtigkeit der Arbeitsabläufe verifiziert, Ergonomie und Lichtverhältnisse seines künftigen Arbeitsplatzes testet. Die digitale Absicherung geht so weit, dass auch mögliche Kollisionen mit (Einrichtungs-)Gegenständen bis ins Detail definiert werden können.

(mba)

Häuser aus Nullen und Einsen

Einsen sind im Grunde nicht mein Ding. Gut, die Eins soll irgendwo „im ersten Haus am Strand im wunderschönen Zahlenland“ wohnen. Sagt jedenfalls ein Kinderlied. Mehr weiß ich aber wirklich nicht über die Eins. Und mit Nullen kenne ich mich mangels Lotto-Million schon gar nicht aus. Meine mangelnden Nullen-und-Einsen-Kenntnisse sind wahrscheinlich auch der Grund, warum ich vor Programmierern höchsten Respekt habe. Die können aus diesen zwei läppischen Zahlen komplizierteste Befehle diktieren, auch wenn dann „nur“ ein Computer gehorcht.

Wissenschaftler an der Technischen Universität Braunschweig bauen damit sogar hochkomplexe Softwaresysteme, aufgebaut aus so genannten Software-Bausteinen. Das sind in sich geschlossene Programmteile, die wie Module eines Fertighauses je nach Bedarf zusammengefügt werden. Programme aus Software-Bausteinen sind übersichtlicher und Erweiterungen lassen sich leichter einbauen. Programmierer, die Konstruktionspläne für solche Software entwerfen können, werden auch „Software-Architekten“ genannt.

So gesehen ist es irgendwie logisch, dass die Zahl Eins aus dem Kinderlied tatsächlich in einem Haus wohnen soll. Was nun aber ausgerechnet ein Strandhaus übersetzt in Nullen und Einsen heißt, muss die Fachwelt erst noch klären.

Gute Programmierer können an der TU Braunschweig zu „Software-Architekten“ werden. Sie entwerfen aus Software-Bausteinen Konstruktionspläne für umfangreiche Programme.

Informatiker werden Software-Architekten

Überall dort, wo umfangreiche Computersoftware zusammenwirken muss, können sich leicht Fehler einschleichen, mitunter mit fatalen Folgen wie etwa einem großflächigen Stromausfall. Die Gründe: Die umfangreichen Programme sind nicht leicht zu durchschauen und Änderungen werden häufig nicht ausreichend dokumentiert. Braunschweiger Wissenschaftler um Professor Bernhard Rumpe vom der Technischen Universität (TU) Braunschweig wollen hier Abhilfe schaffen und entwickeln so genannte Software-Bausteine. Das sind in sich geschlossene Programmiereinheiten, die in Konstruktionszeichnungen zusammengefügt werden wie die Module eines Fertighauses. Informatiker werden so zu Software-Architekten, die mit diesen Bausteinen komplexe, doch überschaubare und vor allem stabile Programme entwerfen können. Im übertragenen Sinn, sagt Rumpe, sei selbst der Bau von Wolkenkratzern für gute Software-Architekten mit entsprechender Erfahrung überhaupt kein Problem.

(ah)

Grafische Spaghetti!

Ja, wo laufen sie denn? Nicht etwa die Fußballer in ihren bunten Trikots, sondern die Fabrikarbeiter im Blaumann. Viel Wegstrecke am Arbeitsplatz – da denkt man an Postboten, Kellner, Krankenschwestern, nicht zu vergessen den Streckenläufer im U-Bahn-Tunnel. Aber an den Bandarbeiter, dessen Job man eher als statisch vor Augen hat? Mitunter läuft er bis zu 14 Kilometer am Arbeitstag, im Jahr einmal Braunschweig – Rom und zurück, wie das Braunschweiger TU-Institut für Fabrikbetriebslehre und Unternehmensforschung herausfand.

Probates Stärkungsmittel für solchen Leistungssport: Kohlehydrate, Spaghetti essen. Aber ein Teller Spaghetti ist auch virtuell ganz hilfreich – als Instrument der Produktionsanalyse.

Spaghetti-Diagramm heißt ein Bündel von Linien, das die Laufwege eines ausgewählten Produktionsprozesses grafisch darstellt. Je voller der grafische Spaghetti-Teller, desto mehr unnötige Wege werden in der Produktion zurückgelegt. Der Weg zum schlanken Management verläuft über die Optimierung von Arbeitsprozessen: Kann das Lager näher positioniert werden, das Band, an das regelmäßig Arbeiter ausgeliehen werden, statt drei Hallen weiter vielleicht in der Nachbarschaft liegen?

Klappt's mit dieser Methode, dann hat das feierabendliche Konsequenzen: Wer in der Kantine viel Spaghetti speist, muss ab jetzt abends Fußball spielen.

Braunschweig – Rom und zurück – so weit tragen laut Erkenntnissen des IFU die Füße mancher Produktionsarbeiter pro Jahr am Arbeitsplatz.

Blick für Details im Ablauf schärfen

Zunehmend richten Unternehmen ihre Produktionssysteme grundsätzlich neu aus, indem sie die Elemente einzelner Modernisierungsmaßnahmen in ein Gesamtkonzept integrieren. Das zukunftsweisende Stichwort für diesen Management-Trend heißt „Ganzheitliche Produktionssysteme" (GPS). GPS fungieren als eine Art Betriebsanleitung bei der Planung, dem Betrieb und der kontinuierlichen Verbesserung von Produktionsprozessen. Unter anderem wird systematisch versucht, sieben Arten von „Verschwendung" zu reduzieren: Überproduktion, Bewegung und Wartezeiten (des Bedieners oder der Maschine), Transport, unnötige Bearbeitung, Lagerbestand und Nacharbeit. Dabei ist es hilfreich, den Blick für einzelne Details im Produktionsablauf zu schärfen, die in der Alltagsroutine nicht wahrgenommen werden.

Wie wichtig die Analyse von Materialflüssen für die Organisation von Arbeitsabläufen ist, zeigen auch die Studien des Instituts für Fabrikbetriebslehre und Unternehmensforschung (IFU) der Technischen Universität (TU) Braunschweig. „Manche Montagearbeiter legen pro Arbeitstag eine Strecke von bis zu 14 Kilometern zu Fuß zurück. Ein Ergebnis, das uns überrascht hat", sagt Institutsmitarbeiter Stefan Schmidt. Als Instrument, um weite Wege zur Verrichtung der Arbeit und bewegungsintensive Arbeitsgänge zu veranschaulichen, eignet sich das so genannte „Spaghetti-Diagramm". Darin wird jeder Weg eines Mitarbeiters eingezeichnet, auch wenn dieser mehrfach dieselbe Strecke zurücklegt. Eine Häufung von Linien im Diagramm lässt unnötige Wege vermuten. Gegebenenfalls werden Arbeitsinhalte neu aufgeteilt und Materialflüsse umorganisiert.

(mba)

Pixelsalat

Eine Meldung im World Wide Web: Gmäeß eneir Sutide eneir elgnihcesn Uvinisterät ist es nchit witihcg, in wlecehr Rneflogheie die Bstachuebn in eneim Wort snid. Nur der estre und der lzttee Bstabchue msus an der ritihcegn Pstoiion shteen. Der Rset knan ttoaelr Bsinöldn sein, tedztorm knan man ihn fsat onhe Pemoblre lseen.

Die Erklärung für diesen Effekt: Das Gehirn filtert zur eigenen Entlastung blitzschnell nur jene Buchstabenkombinationen heraus, die einen Sinn ergeben. Auch wenn wir Fotos anschauen, bastelt das Gehirn aus Millionen von verschieden farbigen, unterschiedlich hellen Punkten nur ein einziges sinnvolles Bild – und das blitzschnell. Computer sind mit solchen Aufgaben mangels Lebenserfahrung zurzeit noch völlig überfordert.

Doch Marcus Magnor von der Technischen Universität Braunschweig will das ändern und den Rechenmaschinen ein Erkennungsprogramm für sinnvolle Bilder eintrichtern, damit sie Fotos deutlich schneller und besser analysieren als bisher.

Ob Computer mit einem Sinn für's Sinnvolle sogar irgendwann einmal die Frage aller Fragen aus dem Douglas Adams' Klassiker „Per Anhalter durch die Galaxis" beantworten könnten: die nach der Welt, dem Universum und dem ganzen Rest? Schon möglich. Muss ja nicht wieder „42" rauskommen.

Über sieben Millionen Stellen hat die Zahl der theoretisch möglichen Bilder eines Digitalfotos. Forscher des „Computer Graphics Lab" der TU bringen Computern bei, das aus Menschensicht einzig sinnvolle Bild darunter zu entdecken.

Filtermechnismus im Kopf

Unser Gehirn muss sich tagtäglich mit einer unvorstellbaren Menge an Informationen herumschlagen. Damit uns die Informationsflut nicht schachmatt setzt, haben wir einen Filtermechanismus im Kopf, der aus der Vielzahl der Informationen nur jene zulässt, die auch einen durch unsere Erfahrungen belegten Sinn machen. So sehen wir auf einem Foto etwa stets nur ein Bild, obwohl rein mathematisch betrachtet die Kombination der verschiedenen Bildpunkte mit ihren verschiedenen Helligkeiten und Farben eine Unmenge (die Zahl ist millionenstellig) verschiedener Bilder darstellen könnte. Die urmenschliche Filter-Fähigkeit wollen Wissenschaftler um Professor Marcus Magnor vom „Computer Graphics Lab" der Technischen Universität (TU) Braunschweig nun auch auf Computer übertragen. Ausgestattet mit einem als Software verschlüsselten „Sinn" für das aus Menschensicht einzig wahre, sinnvolle Bild sollen Computer Fotos weitaus schneller und besser analysieren als bisher.

(ah)

Spinne oder Ameise?

Charles Darwin haben die Tierchen fast in den Wahnsinn getrieben. Kämpfen Ameisen doch keinen egoistischen Kampf ums Überleben, wie seine Theorie erwartet, sondern arbeiten Seite an Seite, um ihre kleinen Geschwister satt zu bekommen. Aber nicht nur Biologen, auch Logistikern geben die Krabbler Nüsse zu knacken: So wie Ameisen selbstständig ihren Weg zu den Futterplätzen finden, meinen die einen, müsste auch jeder Behälter, Gabelstapler und LKW am besten autonom zum Ziel gelangen.

Siegfried Jetzke, Physiker an der Fachhochschule Braunschweig/Wolfenbüttel, erhebt Einspruch: Anders als die Ameisen, meint er, konkurrieren die Transportgüter um knappe Ressourcen. Wenn nur ein Platz auf dem Schiff frei ist, muss entweder der Nissan oder der Honda im Hafen bleiben. Jetzke hält es mit einem anderen Krabbeltier. „Virtual spider", virtuelle Spinne, heißt die von ihm konstruierte Leitzentrale, die alle Fäden in der Hand hält. Mit GPS wird die Fahrt der LKW überwacht. Kameras lesen ab, welche Behälter im Lager eintreffen. Die Wege der Gabelstapler und die Position der Behälter im Lager koordiniert ein „indoor positioning system". Ständig vergleicht die virtuelle Spinne die von ihr vorhergesagten und die tatsächlich beobachteten Daten und lernt so dazu.

Irgendwann, meint Jetzke, kommen zwar auch die Ameisen zum Ziel. „Aber wie viele Generationen gehen dahin, bis sie das beste System gefunden haben?" Das wünscht man doch weder den Staplerfahrern noch den ungeduldigen Kunden.

Virtual Spider heißt die an der FH Braunschweig/Wolfenbüttel entwickelte virtuelle Leitzentrale, die Transportgüter vom Hersteller bis ins Lagerregal des Verkäufers dirigiert.

Zwischen Leerlauf und Gedrängel

Es ist ein Dilemma: Wenn alle LKW sich gleichzeitig an den Entladestellen drängeln, gibt es Wartezeiten. Aber kommen die LKW schön verteilt über den Tag, dann herrscht zwischendurch Leerlauf. Wie man das Problem am besten in den Griff bekommt, kann man nur ausprobieren: Versuch, Irrtum, neuer Versuch. Das überlässt man besser einem Computerprogramm. Trotzdem, meint Siegfried Jetzke, theoretischer Physiker und Logistik-Professor an der Fachhhochschule (FH) Braunschweig/Wolfenbüttel: Eine solche Optimierung wird nicht die beste Lösung finden, aber doch immer eine etwas bessere als die bisherige.

Mithilfe von solchen Daten behält die von Jetzke entwickelte „virtual spider" (virtuelle Spinne) den Überblick. Wie eine Spinne im Netz dirigiert diese Leitzentrale den Weg von Transportgütern – vom Hersteller bis ins Lagerregal des Verkäufers. GPS ortet die LKW. Kameras lesen die Etiketten von im Lager eintreffenden Behältern. Ein „indoor positioning system" weist den Gabelstaplerfahrern den Weg zum optimalen Lagerplatz. Auch Prognosen darüber, wie sich der Lagerbestand bei schwankender Nachfrage und unregelmäßig eintreffendem Nachschub entwickeln wird, liefert die Leitzentrale. Die Spinne ist lernfähig: Sie vergleicht ständig die von ihr vorhergesagten und die tatsächlich beobachteten Daten.

Profitieren werden vor allem die Kunden, die schneller und zuverlässiger ihre Ware bekommen. Doch Jetzke sieht noch mehr Vorteile: „Eine geringere Umweltbelastung und niedrigere Kosten als bisher: Statt einer fetten, eierlegende Wollmilchsau nur eine kleine virtuelle Spinne."

(abe)

Du schläfst wie ein Murmeltier!

Also bitte: Mein Fett habe ich im Winter gesammelt, ich habe die letzten sechs Monate nicht nur geschlafen, meine Körpertemperatur ist höher als 5 °C – hoffe ich –, auch wenn mir manchmal „saukalt“ ist. Nicht nur im Winter. Ich mache im Schlaf mehr als zwei Atemzüge pro Minute, komme nicht mit 10 % meines normalen Energieverbrauchs aus und auch sonst sind meine „technischen Daten“ etwas anders als die eines Murmeltiers. Selbst wenn ich wach bin. 200 Schläge des Herzens in der Minute? Bei mir? Ja, wenn ich meine Liebste sehe, bin ich schon nahe dran. Und meine Zähne wachsen auch nicht mehr nach. Als ich klein war, hatte ich beinahe Nagezähne. Der eine Zahn ging, ein neuer kam nach. Bin ich etwa doch ein Murmeltier?

Ich frage mich gerade, wie ein Murmeltier aus dem Winterschlaf erwacht. Mit Omas Wecker, der hoffentlich rechtzeitig vorgestellt wurde? Oder hochmodern mit einem Funkwecker, der, gesteuert vom Langwellensender DCF77 in Mainflingen, fast automatisch zwischen Winter- und Sommerzeit unterscheiden kann?

Damit der Funkwecker nicht nur das Murmeltier zur richtigen Zeit wecken kann, beendet die PTB immer am letzten Wochenende im März die Winterzeit und dreht an der Uhr.

Dass dabei die Uhr von 2 auf 3 vorgestellt wird, diese Nacht also kürzer ist, wird einen Winterschläfer wohl weniger stören als mich.

Ich bin eben doch kein Murmeltier! Aber ich höre mir in Zukunft gern beim Frühstück an: Du schläfst wie ein Murmeltier.

Eine Stunde weniger Schlaf gönnt uns die PTB beim Umschalten auf die Sommerzeit.

Aussendung von Zeitzeichen

Das Zeitgesetz von 1978 (Bundesgesetzblatt 1978, Teil I, S. 1110-1111) legt die mitteleuropäische Zeit MEZ oder die mitteleuropäische Sommerzeit MESZ als gesetzliche Zeit fest, die im amtlichen und geschäftlichen Verkehr verwendet werden soll.

Die Einführung der Sommerzeit wurde durch Rechtsverordnungen der Bundesregierung bekannt gemacht. Die aktuelle Verordnung (Bundesgesetzblatt 2001 Teil 1, Nr. 35, S. 1591, Juli 2001) legt fest, dass ab dem Jahr 2002 die mitteleuropäische Sommerzeit auf unbestimmte Zeit eingeführt wird, und zwar immer zwischen dem letzten Sonntag im März und dem letzten Sonntag im Oktober.

Die Physikalisch-Technische Bundesanstalt (PTB) ist durch das Zeitgesetz damit beauftragt, die gesetzliche Zeit zu realisieren und der Öffentlichkeit zugänglich zu machen. Das bekannteste Verfahren hierfür ist die Aussendung von Zeitzeichen und Normalfrequenz über den Sender DCF77.

Drei Atomuhren der PTB liefern den Takt für die dreifach redundante Erzeugung der DCF77-Trägerfrequenz, 77,5 kHz, und des Zeitkodes.

(gro)

Zeitzeichen

„Wir brauchen Eier“, forderte Torwart-Titan Oliver Kahn. Keine Weich-Eier, versteht sich. Und der Mann hat Recht. Nichts ist ekliger als glibberiges Eiweiß an flüssigem Dotter. Um sicher zu gehen, dass Eier in perfekter Konsistenz den Topf verließen, griff Großmama zur kleinen Sanduhr, auch Eieruhr genannt.

In dem Namen steckt Geschichte. Als im Mittelalter Sanduhren bewährte Zeitmesser waren, rieselte zerriebene Eierschale durch den engen Glashals. Auf Wasseruhren vertrauten Mönche in den Klöstern, um ihren strikten Tagesablauf zu organisieren. Wasseruhren gab es bereits in der Antike, ebenso Sonnenuhren, deren Erfindung den Ägyptern zugeschrieben wird. Seit dem 14. Jahrhundert regelten mechanische Uhren das öffentliche Leben, später pneumatische und elektrische.

Und heute? Funkuhren haben die Zeichen der Zeit erkannt: Sie empfangen kodierte Zeitsignale, die auf der Trägerfrequenz 77,5 kHz des Langwellensender DCF77 ausgesendet werden. Die Sendestation liegt in Mainflingen, nahe Frankfurt am Main. Dort wird das Zeitsignal mit einer von der Physikalisch-Technischen Bundesanstalt (PTB) in Braunschweig entwickelten Steuereinrichtung erzeugt.

Seit 1978 verbreitet die PTB mit DCF77 die gesetzliche Zeit in Deutschland – auch für Torwart-Titanen und Weich-Eier.

© PTB

1978 wurde die PTB mit dem Zeitgesetz beauftragt, die gesetzliche Zeit für Deutschland zu verbreiten.

Die Zeichen der Zeit

Die gültige Uhrzeit in Deutschland ist per Zeitgesetz geregelt. 1978 wurde die Physikalisch-Technische Bundesanstalt (PTB) beauftragt, die gesetzliche Zeit für Deutschland zu verbreiten. Ihr wichtigstes Medium hierfür ist der Langwellensender DCF77. Europaweit empfangen Millionen von Funkuhren die auf der Trägerfrequenz 77,5 kHz ausgestrahlten Zeitzeichen. Ohne DCF77 würden die Zeitanzeigen auf Bahnhöfen, Flughäfen und in Rundfunk- und Fernsehanstalten nicht verlässlich funktionieren.

Die Sendestation von DCF77 liegt in Mainflingen, rund 25 Kilometer südöstlich von Frankfurt am Main. Dort wird das Zeitsignal mit einer von der PTB in Braunschweig entwickelten Steuereinrichtung erzeugt. Drei Atomuhren, die sich wechselseitig kontrollieren, stehen hierfür zur Verfügung. Von Braunschweig aus überprüfen die Zeitexperten der PTB, ob die Stände der Uhren in Mainflingen mit den Werten der primären Atomuhren in Braunschweig übereinstimmen. Im Falle einer Abweichung können sie mit Hilfe einer Fernwirkanlage via Telefonnetz eingreifen und korrigieren.

DCF77 sendet im 24-Stunden-Dauerbetrieb und kann in einem Umkreis von 2000 Kilometern empfangen werden. Selbst kurze Unterbrechungen, wenn etwa im Störungsfall auf eine Reserveantenne umgeschaltet werden muss, sind kein Problem. Die meisten Funkuhren gehen nur einmal pro Tag auf Empfang, um einen Abgleich mit dem ausgestrahlten Zeitsignal zu machen.

(gef)

Willkommen im Winter!

Früh am Morgen: Der Wecker reißt mich aus dem Schlaf, die Hand schnellt unter der warmen Bettdecke hervor und trifft, punktgenau, die Stummtaste. Ich schlafe weiter. Erneut meldet sich lautstark mein Wecker. Die Hand schnellt unter der Decke hervor… Ich stehe, noch schlaftrunken, auf. Irgendwie schaffe ich es, das Bad zu finden. Mit eisigem Wasser wird der Schlaf aus den Augen gerieben. Nun erkenne ich auch wieder etwas. Oh, wer bist denn Du? Kurz darauf in der Küche, beim Versuch, den Kaffe in der richtigen Menge in den Filter zu füllen, ein verstohlener Blick zur Küchenuhr: Die Zeiger stehen auf kurz nach 8:00 Uhr. Ups, verschlafen!

Im Radio begrüßt mich eine muntere Stimme: „Guten Morgen, es ist 7:00 Uhr. Sie hören die Nachrichten.“ Ja, was denn nun: 7:00 Uhr oder 8:00 Uhr? Ich bin vollkommen durcheinander und sehne mich zurück in mein Bett. Aber da fällt es mir wieder ein. Es war doch das letzte Wochenende im Oktober und ich habe lediglich vergessen, meine Uhren eine Stunde zurück zu stellen. Womit auch Paulchen Panters Frage: „Wer hat an der Uhr gedreht…“ geklärt ist. Die PTB dreht an der Uhr.

Aber das muss sie auch. Die Physikalisch-Technische Bundesanstalt in Braunschweig ist gesetzlich dazu verpflichtet, die Zeit nicht nur zu machen und zu verteilen, sondern die PTB stellt die Zeit auch entsprechend der Jahreszeit, Sommer oder Winter, um. Am letzten Wochenende im Oktober, in der Nacht von Sonnabend auf Sonntag, werden die Uhren um eine Stunde von 3:00 Uhr auf 2:00 Uhr zurück gedreht. Am letzten Wochenende im März wird die Uhr eine Stunde vorgestellt. Von 2:00 Uhr auf 3:00 Uhr. Und der Sommer kann kommen.

Aber erstmal: Willkommen im Winter!

Zweimal im Jahr stellt die PTB die Uhren um. Im März auf Sommerzeit und im Oktober auf Winterzeit.

Übertragung von Zeitinformationen

Der sender DCF 77 überträgt die kodierte Zeitinformation als Amplituden- und Phasenmodulation während der Sekunden 15 bis 58 jeder Minute. Die fehlende Modulation in der Sekunde 59 zeigt den nachfolgenden Beginn einer neuen Minute an.

Dateninhalte, die während der Sekunden 1 bis 14 amplitudenmoduliert übertragen werden, können von dritter Seite beigestellt werden. Das Bundesamt für Bevölkerungswarnung und Katastrophenhilfe wird hierüber, wie über andere Übermittlungswege, auf das Vorliegen von Gefahrensituationen warnen (http://www.bbk.bund.de). Zusätzlich hierzu werden Wetterinformationen der Schweizer Firma Meteo Time GmbH übermittelt. Diese werden in identischer Form auch über den Schweizer Langwellenzeitdienst HBG (75 kHz) übermittelt (http://www.metas.ch). Nähere Informationen zu dieser neuartigen Dienstleistung erhalten Sie unter http://www.meteotime.ch. Die Physikalisch-Technische Bundesanstalt (PTB) weist darauf hin, dass die Bereitstellung der während der Sekunden 1 bis 14 übertragenen Daten nicht in ihrem Zuständigkeitsbereich liegt, sondern von der FirmaT-Systems Media Broadcast geregelt wird. Bisher hergestellte und betriebene Funkuhren sind von dieser Erweiterung des Sendeumfangs nicht beeinträchtigt, können diese Informationen aber auch nicht nutzen.

(gro)

Die Elefanten-Bremse

Stellen Sie sich vor, Sie befinden sich in der tiefsten afrikanischen Steppe. Weit und breit nichts als karge Landschaft. Plötzlich taucht eine Staubwolke am Horizont auf. Sie nähert sich mit hoher Geschwindigkeit. Bald erkennen Sie, dass ein wütender Elefant auf Sie zugerast kommt. Eine Deckung gibt es weit und breit nicht, und alles, was Ihnen spontan zur Verfügung steht, ist ein großer Sack voller Erbsen. Voller Verzweifelung beginnen Sie, den heranstürmenden Dickhäuter mit den Erbsen zu bewerfen. Nachdem Sie den gesamten Sack möglichst kräftig auf das Tier abgefeuert haben, bleibt der Elefant endlich regungslos vor Ihnen stehen.

Was in dieser Größenordnung unglaublich klingt, passiert in der Physikalisch-Technischen Bundesanstalt (PTB) in Braunschweig im Nanobereich bei der so genannten Laserkühlung von Atomen täglich. Für viele Präzisionsmessungen ist eine möglichst geringe Geschwindigkeit der verwendeten Atom nötig, die bei einer Temperatur nahe dem absoluten Nullpunkt erreicht wird. Um sie auf diese Temperatur zu bekommen, werden sie mit Hilfe von Lasern in hoher Frequenz mit Photonen beschossen. Ein minimaler Impuls wirft das sich mit hoher Geschwindigkeit bewegende Atom ein winziges Stück zurück. Beschießt man es immer wieder entgegen der „Fahrtrichtung“, kommt es irgendwann zum Stillstand. Genau genommen wird das Atom also gar nicht gekühlt, sondern gebremst.

Dieser Prozess ist einem Elefanten-Bewerfen (sagen wir mit rund 50 000 Erbsen und am besten mit einer Zwille verschossen) im Miniaturbereich gar nicht so unähnlich – nur bekommt der Laser keinen lahmen Arm. Die abgekühlten Atome sind nun einsatzbereit für exakte Messungen, beispielsweise für die Beobachtung von Schwingungen innerhalb einer Atomuhr.

Was Sie allerdings mit dem gebremsten Elefanten anfangen sollen, kann ich Ihnen auch nicht genau sagen. Aber vermutlich ist er zu groß, um ihn in eine Uhr zu setzen...

5 cm/s – Diese „Schrittgeschwindigkeit“ erreichen Atome, die sich sonst mit 500 m/s fortbewegen, bei einer Temperatur nahe dem absoluten Nullpunkt.

Ultracool – Atome, still gestanden!

Atome bewegen sich mit hoher Geschwindigkeit im Raum vorwärts – je heißer, desto schneller die Atombewegung. Für möglichst präzise Messungen ist diese Eigenbewegung allerdings sehr hinderlich, um sie z.B. in einer Atomuhr einsetzen zu können, muss diese so gering wie möglich sein. Wie aber bringe ich Atome dazu, stillzustehen? Daran arbeitet die Physikalisch-Technische Bundesanstalt (PTB) in Braunschweig. Neue Methoden sollen die Atome für Experimente noch stärker als bisher bremsen. Mit Hilfe von extrem schmalbandigen Lasern werden Atome abgekühlt und gespeichert. Mit Hilfe der so genannten Zwei-Stufen-Laserkühlung gelang es, eine Wolke von Calcium-Atomen auf wenige millionstel Grad über dem absoluten Nullpunkt zu kühlen. Die Atome erreichten so eine mittlere Geschwindigkeit von 5 cm/s. Für die Kühlung werden die Atome aus allen Richtungen mit Photonen beschossen, so können sie aus jeder Bewegungsrichtung gebremst werden. Trifft ein Photon auf eines der Atome, entsteht ein minimaler Rückstoß. Die Photonen haben eine bevorzugte Richtung bei der Einstrahlung, und da der Rückstoß immer in dieselbe Richtung zielt, entsteht bei ausreichendem Beschuss eine Kraft, die der Atombewegung entgegenwirkt und sie langsam abbremst. Ein typisches Calcium-Atom wird pro Photon um etwa 2 cm/s abgebremst, ungefähr 25 000 Photonen sind also für den Vorgang notwendig, da sich die Atome mit rund 500 Meter in der Sekunde bewegen. Abschließend werden die gekühlten Atome noch mit Hilfe von Magnetfeldern gefangen und können für möglichst präzise Messungen verwendet werden. Mit Lasern beschossene Atome werden so plötzlich „ultracool“.

(she)

Braunschweiger Kältepunkt

In unserer beliebten Reihe „Kleine Ratschläge für große Alltagssorgen" wenden wir uns heute den Temperaturverhältnissen zu. Diese sind ja dazu angetan, sich wehmütig an früher zu erinnern, als die Sommer noch echte Sommer und die Winter echte Winter waren. Und so stellen sich viele die Frage, wie denn umzugehen sei mit einer ach so lauen Zeit.

Eine schier verzweifelte Lösung bietet uns Christian S. an: Er genießt seinen Glühwein nur noch daheim, mit entblößtem Oberkörper vor geöffneter Kühlschranktür. Kerstin H. hingegen geht gar einen Schritt weiter und legt sich minutenweise, mit nichts als einem Bikini bekleidet, ins Gemüsefach ihrer Tiefkühltruhe und träumt sich auf eine Abenteuerreise ins noch vorhandene Grönländische Packeis.

Die ultimative Lösung allerdings kommt – es kann ja nicht anders sein – von den Physikern der Physikalisch-Technischen Bundesanstalt (PTB). Sie setzen jeder schleichenden Erwärmung so ziemlich den kältesten Ort von ganz Braunschweig entgegen: In ihren Fontänenuhren kühlen sie eine Atomwolke von ein paar Millionen Atomen auf unter -273 °C – auf eine Temperatur nahe absolut Null, wo nur noch ein leichtes Zittern möglich ist und keine hektischen Bewegungen die Zeitmessung stören. Und selbst das leichte Rempeln der Atome untereinander, das die Messung immer ein bisschen durcheinander bringt, können die Wissenschaftler jetzt herauskorrigieren – für Uhren, die noch genauer ticken.

Es ist also nicht nur die genaue Zeit in Braunschweig, sondern auch die echte Kälte. Ob dies die Alltagssorgen lindert, muss jeder für sich allein entscheiden.

1 Mikrokelvin – Wer die genaue Zeit will, sollte sich auf echte Tiefkühlung verstehen. Bei den derzeit besten Atomuhren, den Fontänenuhren, wird eine Wolke aus ein paar Millionen Cäsiumatomen auf nur noch ein Mikrokelvin abgekühlt.

Mehr Leistungsfähigkeit für Atomuhren

Atomuhr ist nicht gleich Atomuhr. Auch wenn das grundlegende Prinzip, eine innere Schwingung der Atome zur Zeitzählung zu nutzen, immer gleich ist. Die derzeit genauesten Uhren sind so genannten Caesium-Fontänen-Atomuhren, in denen die Atome mit Hilfe von Laserstrahlen bis knapp hinunter zum absoluten Temperatur-Nullpunkt (-273,15 °C) gekühlt werden, bevor sie auf eine kleine ballistische Reise durch einen Mikrowellenresonator geschickt werden. Durch diese „Tiefkühlung" können diese Uhren die Sekunde mit einer relativen Unsicherheit von besser als 1 x 10^{-15} darstellen.

Bisher musste man es in Kauf nehmen, dass die auch bei diesen tiefen Temperaturen unvermeidlichen Stöße der Atome untereinander zu kleinen Frequenzverschiebungen und damit zu kleinen Unsicherheiten bei der Zeitmessung führten. Jetzt ist eine neue Methode entwickelt worden, welche die Fontänenuhren noch leistungsfähiger macht: Durch eine geringfügige Anpassung der Mikrowellenstrahlung, die den Übergang im Caesiumatom anregt, lässt sich die kumulative Stoßverschiebung von negativen zu positiven Werten verändern – oder genau zu Null machen.

(jes)

Foul ist, wenn der Schiri pfeift

„Schiri raus! Schiri raus!“ So schallt es gerne durch die Stadien. Dies immer dann, wenn sich die Regelauslegung des Herrn in Schwarz dem fachkundigen Publikum nicht auf Anhieb erschließt. In gewissen Fällen steht der schwarze Mann derart in der Kritik, dass er es nach der Arbeit vorzieht, etwas länger in der Kabine zu bleiben.

Während die Sportwelt noch diskutiert, dem Schiedsrichter einen Beobachter tribünenwärts zur Seite zu stellen, handelt die Wissenschaft. Einer der schärfsten Spielbeobachter arbeitet in der Physikalisch-Technischen Bundesanstalt und schaut sich – zwar nicht von der Tribüne, sondern vom Labor aus – ein ganz besonderes Spiel an. Das Spiel heißt „Evolution des Kosmos“, dauert schon über 14 Milliarden Jahre und der Schlusspfiff ist noch längst nicht in Hörweite.

Mit den schärfsten Messinstrumenten, den Atomuhren neuester Generation, guckt Ekkehard Peik nach, ob sich die grundlegenden Spielregeln der Natur, die in Form von Naturkonstanten aufgeschrieben sind, vielleicht im Laufe der Zeit ändern. (Man stelle sich das vor: Was in der ersten Halbzeit als Foul bestraft wird, gilt in Halbzeit Zwo als regelkonform. Unerhört!)

Aber eben eine solche unerhörte Begebenheit wird von vielen prophezeit. Noch kann Ekkehard Peik Entwarnung geben. Alles im grünen Bereich. Keine Veränderungen festzustellen. Aber der große Schiedsrichter bleibt weiter unter Beobachtung. Wir melden uns wieder.

137 ist nicht nur eine Zahl, sondern die „(inverse) Feinstrukturkonstante“ – Physikers Liebling. Noch. Denn ihre Konstanz wird bezweifelt.

Wie konstant sind Naturkonstanten?

Ändern sie sich oder ändern sie sich nicht? Diese Frage treibt Astrophysiker und Theoretiker seit vielen Jahren um, wenn die Rede auf Naturkonstanten kommt. Sind Lichtgeschwindigkeit, Elementarladung oder Planckkonstante vom Anbeginn der Zeiten mit sich identisch geblieben – wie die Behauptung, Naturkonstante zu sein, vermuten lässt – oder nagt auch an diesen ehernen Größen der Zahn der Zeit? Physiker der Physikalisch-Technischen Bundesanstalt (PTB) in Braunschweig haben jetzt mit Hilfe von Atomuhren und optischen Frequenznormalen eine zeitliche Änderung der Feinstrukturkonstanten α aufzuspüren versucht. Das Ergebnis: Die Wissenschaftler konnten mit ihren fünf Jahre auseinander liegenden Präzisionsmessungen keine Variation feststellen. Sollte sich α dennoch zeitlich ändern, dann lediglich um weniger als einen Bruchteil von 4×10^{-16} pro Jahr und damit unterhalb der heute erreichbaren Messgenauigkeit.

Ein Experiment, um eine Veränderung einer Naturkonstanten tatsächlich zu beobachten, sieht im Prinzip so aus: Miss eine Naturkonstante heute, warte eine Weile, miss die Naturkonstante erneut und schau nach, ob sich das Messergebnis verändert hat. Je kürzer die verstrichene Zeit zwischen den beiden Messungen, um so ähnlicher werden sich die beiden Messungen sein und um so genauer muss der Experimentator hinsehen, um eine Änderung überhaupt erkennen zu können – denn Naturkonstanten „leben“ auf einer Zeitskala, die sich in Milliarden von Jahren misst. Schnelle Veränderungen innerhalb weniger Jahre sind da nicht zu erwarten.

(jes)

Sehnsuchtsvolle Physiker

In jedem Physiker steckt eine kindliche Seele, voll von Neugier, Spieltrieb und – ja das auch – voll von Sehnsucht. Wie in Kindertagen, als vom Stoffteddy bis zum Spielzeugauto alles benannt wurde, so gibt der Physiker auch im fortgeschrittenen Alter den Dingen um ihn herum gern klingende Namen. Gerne bedient er sich dabei (in den meisten Fällen ist er tatsächlich ein „er") aus dem Katalog der weiblichen Vornamen und bevölkert seine Welt akronymisch mit Petras, Desys und Susys oder – wenn es ihn mythologisch anhaucht – auch mal mit einer Hera.

Bei den so benamten Dingen handelt es sich zumeist um große Experimentieranlagen, große Projekte oder große Theorien – also Objekte, die dem Physiker wichtig sind und denen er mehr als das rein Dingliche zuspricht. Zu einer Hera lässt sich zudem auch eine viel innigere Beziehung aufbauen als zu einer Hadron-Elektron-Ring-Anlage.

Die ultimative Namensgebung ist den Physikern nun mit einem Forschungsprogramm gelungen, das sich im großen Wettbewerb der Exzellenzinitiative durchsetzen konnte und das sich in den kommenden fünf Jahren über 35 Millionen Euro staatliche Förderung freuen kann. Dieser Exzellenzcluster, an dem neben anderen die PTB und die Leibniz-Universität Hannover beteiligt sind, rankt sich um das Thema „Quantum Engineering and Space-Time-Research" und hört also auf den Namen „Quest" – der Suche nach dem letzten Ort, der endgültigen Erfüllung, dem Ort der Antworten auf die großen Fragen. So sehnsuchtsvoll können Physiker sein! Ob die Sehnsucht gestillt wird? Wir werden darüber berichten.

QUEST steht für „Quantum Engineering and Space-Time-Research" und bedeutet einen neuen Exzellenzcluster, an dem die PTB beteiligt ist. Quest wird in den kommenden fünf Jahren mit insgesamt 35 Millionen Euro staatlich gefördert.

Moderne Quantenphysik

In QUEST (Abkürzung für Quantum Engineering and Space-Time-Research) haben sich die führenden Institute auf den Gebieten der Forschung mit einzelnen Atomen, Atominterferometern, atomaren Quantensensoren, Lasern und Atomuhren sowie der Astronomie mit Gravitationswellen oder der Erdbeobachtung und Geodäsie zusammengetan. Die Forschergruppen der Leibniz-Universität, des Laserzentrums, des Albert-Einstein Instituts, des Zentrums für angewandte Raumfahrttechnologie und Mikrogravitation und der Physikalisch-Technischen Bundesanstalt (PTB) werden durch ein gemeinsames Ziel vereint: die Quantenphysik und die Raum-Zeit-Forschung (Stichwort: Relativitätstheorie) stärker miteinander zu verbinden – zwei bisher teilweise gegensätzliche Denkmodelle der Physik.

Die Zeit ist reif dafür: Dank der enormen Fortschritte in theoretischer und experimenteller Forschung an kalten quantenentarteten Gasen, an Quantenpunkten sowie zur Quantennatur und Manipulation von Licht und Materiefeldern ist Quanten-Engineering zu einer Schlüsselanwendung moderner Quantenphysik geworden.

(jes)

Ein Kilogramm Atome zählen

Wir wissen nicht, was Frau Nicolaus gedacht haben mag, als sie dereinst ihrem Sohn Arnold in der Wiege das berühmte Lied vorsang: „Weißt du wie viel Sternlein ste-he-hen ...". Üblicherweise kommen bei solch frühkindlichen Vorträgen ja ganz bestimmte Berufsbilder heraus. In diesem Fall vorzugsweise Astronomen.

Allerdings verlief die Geschichte dann doch anders. Vielleicht lernte der erwachsen werdende Arnold, dass die Astronomen die Sternenfrage mit „Einhundert mal eine Milliarde mal eine Milliarde" längst beantwortet haben. Was also tun? Lässt sich etwas anderes zählen, das den mütterlichen Wegweisungen mindestens ebenso genüge tut? Und auf irgendeine Weise fiel der Gedanke auf etwas, das gar nicht fern, sondern vielmehr sehr nahe liegend ist: auf Atome.

Wie viel Atome, etwa der Sorte Silizium, braucht man eigentlich, bis man ein Kilogramm zusammen hat? Diese Zählaufgabe geht weit über Sterndimensionen hinaus, da die Antwort so in der Gegend von „einige zehn Millionen mal eine Milliarde mal eine Milliarde" liegen wird.

Noch ist Arnold Nicolaus, inzwischen Physiker in der Physikalisch-Technischen Bundesanstalt, mit dem Zählen nicht fertig. Aber wenn es soweit ist, wird das alte Kilogramm ausgedient haben und Frau Nicolaus wird sich gewiss des alten Kinderliedes erinnern...

1 – Wer Atome zu Hilfe nimmt, um ein Kilogramm „abzuzählen", darf sich alle 50 Millionen Atome nur um eines vertun.

Siliziumkristall als Zählmaschine

Noch trägt ein kleiner Metallzylinder von 39 Millimeter Höhe und 39 Millimeter Durchmesser die gesamte Verantwortung – wenn es darum geht zu sagen, was ein Kilogramm ist. Aber dies könnte sich in naher Zukunft ändern. Beim internationalen Avogadro-Projekt, das federführend in der Physikalisch-Technischen Bundesanstalt (PTB) bearbeitet wird, geht es eben darum, eine makroskopische Masse (das Kilogramm) auf eine atomare Masse (die Masse eines Siliziumatoms) zurückzuführen. Die Frage lautet also: Wieviel Atome Silizium machen ein Kilogramm aus? Die „Zählmaschine" hierfür ist ein nahezu perfekter Siliziumkristall in Kugelform. Für die Volumenbestimmung wird ein in der PTB entwickeltes Kugelinterferometer eingesetzt. Nach Abertausenden Messungen zeigt sich die echte Topographie „der Kugel" – die Abweichungen von der idealen Form liegen bei nicht mehr als einigen zehn Nanometern. Perfektere Kugeln gibt es nur in der Mathematik. Derzeit wird eine neue Kugel gefertigt, die nur aus einer einzigen Siliziumsorte (Si-28) besteht. Mit ihr soll die nötige Genauigkeit erreicht werden, um das Kilogramm tatsächlich neu zu definieren.

(jes)

Augen auf beim Wasserkauf

Physiker können nicht nur Schüler und Studenten an den Rand des Nervenzusammenbruchs treiben, sondern auch Getränkemarktbesitzer. Denn hinter der einfachen Frage: „Hätten Sie einen Liter Wasser für mich?" verbirgt sich ein abgründiger Tiefsinn, der für normale Wassertrinker kaum zu erahnen ist. Der Verkäufer (Dienstleistungsgesellschaft!) wird sich mühen und sein gesamtes Wassersortiment ins Felde führen: still, medium oder sprudelnd? Mit Zitronengeschmack? Natriumarm? Oder die italienische Edelmarke in der blauen Flasche? „Ich hätte aber gerne SMOW", sagt der Physiker und sieht sich einem ratlosen Verkäufer gegenüber. „Schmooh? Ham wa nich!"

Kann er auch nicht haben, handelt es sich bei Physikers Lieblingswasser doch um „Standard Mean Ocean Water" – durchschnittliches Ozeanwasser. Eine Kelle Atlantik, eine Kelle Pazifik, ein Schuss Karibik und so weiter. Das Ganze ordentlich destilliert ergibt SMOW. Ein Wasser zum Trinken viel zu schade. Aber das Wasser der Wahl, um Temperaturen zu bestimmen. Schließlich sind unsere Temperaturskalen auf Wasser gebaut. „Noch!", sagen die Wissenschaftler in der Physikalisch-Technischen Bundesanstalt und gehen nun der Temperaturdefinition an die Substanz. Wasserfrei und damit genauer soll sie werden und sich in Zukunft auf nichts als fundamentale Konstanten beziehen.

Getränkemarktbesitzer können aufatmen. Aber die Studenten? Die stehen angesichts der neuen Definition vor weiteren Abgründen.

0,01 °C ist die Temperatur, bei der Wasser alles zugleich sein kann: Eis, Flüssigkeit und Dampf. Diese Temperatur ist (noch) der Dreh- und Angelpunkt der Temperaturskala.

Neudefinition des Kelvin?

Die derzeitige Definition des Kelvin verknüpft die Temperatureinheit mit einer Materialeigenschaft, dem Tripelpunkt des Wassers. Vorteilhafter wäre, stattdessen den Wert der Boltzmann-Konstanten festzulegen. Dazu muss dieser zunächst mit deutlich geringerer Unsicherheit als bisher bestimmt werden. Die Physikalisch-Technische Bundesanstalt (PTB) will dieses Ziel mit verbesserter Dielektrizitätskonstanten-Gasthermometrie erreichen.

Durch die Festlegung der Temperatur des Wasser-Tripelpunkts auf 273,16 K ist das Kelvin derzeit mit einer eher „zufälligen" Materialeigenschaft verknüpft. Wie bei anderen Einheiten böte es Vorteile, die Temperatureinheit stattdessen mit einer Naturkonstanten zu verknüpfen und deren Wert festzulegen, dadurch würde kein Temperaturwert (und auch kein Messverfahren) ausgezeichnet. Im Falle des Kelvin wäre die Boltzmann-Konstante k festzulegen, denn die Temperatur tritt in fundamentalen physikalischen Gesetzen stets als „thermische Energie" kT auf. So wäre eine Möglichkeit, das Kelvin als die Temperaturänderung zu definieren, die bei einem idealen Gas aus 1030 Punktteilchen ohne innere Freiheitsgrade nach heutigem Kenntnisstand zu einer Änderung der inneren Energie um 20 709 755 J führt.

(jes)

Flotte Rechner

Damals, als die Computer nicht nur behäbiger aussahen als heute, sondern auch deutlich gemächlicher arbeiteten, musste ich während der Arbeitszeit niemals Hunger leiden. Schließlich lag allein zwischen Anschalten des Rechners und dem ersten Bildschirmzucken schon ein ideales Zeitfenster, um ein ganzes Portfolio unterschiedlich belegter Brote zu schmieren. Heute ist mein Computer deutlich schneller und lässt mir gerade noch Zeit, ab und zu einen Kaffee zu kochen, einen Löslichen, versteht sich. Angesichts künftiger Computergenerationen wird mir wahrscheinlich sogar vollends die Spucke wegbleiben, denn die sollen noch zigtausend Mal schneller sein.

Doch „keine Sorge", sagen Physiker der Technischen Universität Braunschweig, die gerade an der Entwicklung solcher „Quantencomputer" arbeiten. Die flotten Rechner würden vor allem zu Forschungszwecken eingesetzt. Sie funktionieren über das Wechselspiel elektrisch geladener Atome und sind zum Beispiel bestens geeignet, um den Verlauf chemischer Reaktionen vorherzusagen.

Und vielleicht können sie irgendwann sogar herausfinden, wie Computer-Leistung mit der Leibesfülle des Benutzers korreliert. Allerdings deutet das Ergebnis meines persönlichen Feldversuches leider nicht darauf hin, dass hier eine schlank machende Wirkung zu erwarten ist. Heute schlemme ich nicht weniger ausführlich, dafür – wie es sich gehört – erst nach getaner Arbeit.

Zigtausendmal schneller als die Rechner von heute sind so genannte Quantencomputer, an deren Entwicklung Forscher der TU Braunschweig arbeiten. Für den Privatgebrauch sind Quantencomputer zwar nicht geeignet, dafür aber bestens, um physikalische und chemische Prozesse zu simulieren.

Neue Computer-Generation

Computer von heute sind schnell und leistungsfähig. Doch geht es um die Simulation physikalischer oder chemischer Prozesse, geraten auch sie an Grenzen. Die erforderlichen Berechnungen kosten enorm viel Zeit und Energie. „Um das Verhalten eines winzigen Wasser-Moleküls in allen Einzelheiten zu simulieren, benötigt ein klassischer Computer mindestens so viel Energie, wie ein großes Atomkraftwerk innerhalb eines Jahres produziert", veranschaulicht Dennis Kretschmann vom Institut für Mathematische Physik an der Technischen Universität (TU) Braunschweig die aktuelle Lage. Eine neue Computer-Generation soll hier Abhilfe schaffen: die so genannten Quantencomputer. „Mit diesen Computern ließen sich Reaktionen untersuchen, supraleitende Stoffe besser verstehen oder ganz neue Materialien entwickeln", sagt Kretschmann. Die neuen Rechner, die zurzeit noch in der Entwicklung sind, verschlüsseln Informationen nicht über Stromimpulse, sondern über Anregungszustände von elektrisch geladenen Atomen. Deshalb können sie nicht nur mit An- und Aus-Zuständen, also Nullen und Einsen, rechnen, sondern auch mit „Zwischenzuständen". Die entstehen, wenn die angeregten Atome miteinander wechselwirken. So können die so genannten Q-Bits eines Quantencomputers viele Aufgaben gleichzeitig bearbeiten und Rechenprozeduren, die mit klassischen Rechnern noch mehrere Wochen in Anspruch nehmen, auf wenige Minuten verkürzen.

(ah)

Vom super Rechner zum Superrechner

Es gibt einen Unterschied zwischen einem super Rechner und einem Superrechner. Ein super Rechner ist derjenige, der dieser Kolumne (erschienen in der Braunschweiger Zeitung) den Namen „Gauss 2007“ gegeben hat. Als der kleine Carl neun Jahre alt ist, haut es seinen Mathelehrer um, so schnell löst er die Aufgaben. Anstatt wie die Mitschüler die Zahlen von 1 bis 100 mühsam zu addieren, bildet der Knirps 50 Paare mit der Summe 101 (1 + 100, 2 + 99, …, 50 + 51), kritzelt die Antwort 5050 auf die Tafel und legt sie dem verblüfften Lehrer aufs Pult. Starker Auftritt.

Ein Superrechner ist ein Hochleistungsrechner, der innerhalb kurzer Zeit unglaublich viele Rechenoperationen ausführen kann. „Gauß!“, werden Sie nun rufen. Ja schon, aber die Superrechner von $C^2A^2S^2E$ (Center for Computer Applications in Aerospace Science and Engineering) am Forschungsflughafen Braunschweig im Deutschen Zentrum für Luft- und Raumfahrt (DLR) können in einer Sekunde Milliarden von Aufgaben knacken, sodass selbst dem Mathefuchs Gauß schwindelig geworden wäre. Projektpartner sind das DLR, Airbus und das Land Niedersachsen.

Aufgabe der $C^2A^2S^2E$-Technologie ist es, in der Flugsimulation neue Maßstäbe zu setzen, sprich: Leistungen und Eigenschaften neu entwickelter Flugzeuge schon vor ihrem ersten Start so präzise wie nirgendwo sonst auf der Welt zu berechnen. Vom super Rechner zu den Superrechnern – die Tradition der Braunschweiger Rechengenies setzt sich nahtlos fort.

$C^2A^2S^2E$ – was wie ein Term aussieht, ist in Wirklichkeit ein Projekt am Forschungsflughafen Braunschweig, das in der Flugsimulation neue Maßstäbe setzt.

Präzision bei der Flugsimulation

Das Projekt $C^2A^2S^2E$ (Center for Computer Applications in Aerospace Science and Engineering) legt am Forschungsflughafen Braunschweig im Deutschen Zentrum für Luft- und Raumfahrt (DLR) die Grundlage für eines der anspruchsvollsten Projekte in der aktuellen Luftfahrtforschung. Das 30 Millionen Euro teure Vorhaben soll dem Aufbau eines weltweit anerkannten und Fachgebiet- übergreifenden Kompetenzzentrums für numerische flugphysikalische Simulation mit neuen, hochqualifizierten Arbeitsplätzen dienen.

Ziel des zu gleichen Teilen von Airbus, DLR und Land Niedersachsen finanzierten Projektes ist es, Prozesse, Methoden und numerische Verfahren so weit zu entwickeln, dass sie eine bisher nicht gekannte Präzision bei der Flugsimulation neuer Flugzeuge im gesamten Flugbereich ermöglichen. Damit sollen die technologischen, ökonomischen und ökologischen Risiken der zukünftigen Entwicklung des Lufttransports gesenkt werden. Die Technologie soll die Echtzeit-Simulation eines Flugzeugs ermöglichen, aerodynamische Belastungen während eines Fluges präzise berechnen, die Flugleistungen und Flugeigenschaften vor dem Erstflug digital bestimmen und eine virtuelle Zulassung noch vor dem Produktionsprozess erlangen.

(boy)

Kryptische Quanten

Kaum ein alter Krimi kam ohne sie aus: die schrulligen alten Damen, die immer über alles in der Nachbarschaft Bescheid wissen. Hinterm Vorhang auf der Lauer spitzten sie zugleich die Ohren, um auch ja das nächste Telefonklingeln nicht zu verpassen. Dann ran an die Muschel und genüsslich mitlauschen. Unmut aber dräute, wenn's bei den Belauschten verdächtig in der Leitung knackte. Um einiges kniffliger ist es, den lauschenden Dritten im verwanzten Büro oder gar den Codeknacker im digitalen Datenverkehr zu entdecken.

Eine Garantie für abhörsicheren Transfer geheimer Daten verspricht nun die Quantenkryptographie, an deren Entwicklung das Institut für Mathematische Physik der Technischen Universität Braunschweig und die Physikalisch-Technische Bundesanstalt arbeiten. Gegenüber mathematischen Verschlüsselungen, die durch enorme Rechnerleistung geknackt werden können, hat diese Form der Kryptographie den Vorteil, dass sie auf einem Gesetz der Quantenphysik beruht: Jede Messung an einem Quantenteilchen hinterlässt untrügliche Spuren. Dadurch erkennt der Empfänger einer Nachricht, ob ein Lauscher mit im Spiel war, und der Transfer erfolgt mit neuer Verschlüsselung.

So kehrt dank Heisenbergs Unschärferelation das gute alte Knacken in der Leitung in veränderter, beispiellos kryptischer Form in die Welt zurück.

Qubits sind Grundlage und kleinstmögliche Speichereinheit für Quantenkryptographie, die das Institut für Mathematische Physik der TU im Hinblick auf abhörsichere Kommunikation erforscht.

Sicherheit bei der Datenübertragung

Sichere Kommunikation ist eine fundamentale Voraussetzung für Transaktionen in Banken, beim Militär oder innerhalb von Konzernen. Mit dem Verfahren der Quantenkryptographie nähert sich die Forschung der Vision vom unknackbaren Code.

Das Institut für Mathematische Physik der Technischen Universität (TU) Braunschweig forscht auf diesem Gebiet in Kooperation mit weiteren TU-Instituten und der Physikalisch-Technischen Bundesanstalt (PTB) im Rahmen des Joint Optical Metrology Center (JOMC). „Wir arbeiten an einer Form von Sicherheit, die in der klassischen Physik gar nicht denkbar ist", sagt Torsten Franz von der Arbeitsgruppe Quanteninformation. „Heutige Verschlüsselungen beruhen auf komplizierten mathematischen Formeln, können aber durch den Einsatz von massiver Rechenleistung geknackt werden. Uneingeschränkt sichere Kommunikation wird erst durch die Technik der Quantenkryptographie möglich."

Die Sicherheit der Datenübertragung basiert auf einem physikalischen Gesetz: Nach Heisenbergs Unschärferelation kann man über Quantenteilchen nichts herausfinden, ohne sie dabei zu verändern. Jeder Lauscher wird daher entweder entdeckt, oder er erhält keine verwertbare Information.

Spezifisches Ziel des JOMC-Projektes ist die Entwicklung zuverlässiger neuartiger Komponenten und Systeme für die Quantenkommunikation und die Zertifizierung von praxistauglichen Quantenkryptografie-Systemen.

(mba)

Bits auf Film statt schwarzer Magie

In den achtziger Jahren galt unter Kindern der Homecomputer als ideales Mittel zum sozialen Aufstieg, und nie wieder hat es einen größeren Hierarchiesprung in deutschen Klassenzimmern gegeben als an jenem Schultag, als Henning sein brandneues 5,25-Zoll-Diskettenlaufwerk für den Commodore 64 präsentierte. Die 5,25-Zoll-Diskette setzte dem Erfindungsgeist der Menschheit die Krone auf, das dünne Scheibchen beherbergte einen gigantischen Speicher für mehrere hundert Kilobyte. Mit Hilfe eines Diskettenlochers ließ sich sogar die Rückseite beschreiben. Schwarze Magie!

Nun ja, der technische Fortschritt hat dem Wunderwerk von einst längst den Garaus gemacht, weswegen Henning heute ein Problem hat. Sein lädierter C64 verstaubt samt Laufwerk auf dem Dachboden, die Disketten sind nicht mehr lesbar und ihre Daten für immer verloren.

Auch heutige Speichermedien wie CDs, DVDs oder Magnetbänder weisen eine eher geringe Lebensdauer auf. Für die Langzeitarchivierung kostbarer Daten von Versicherungen oder Banken sind sie nur begrenzt geeignet. Deswegen erforscht das Institut für Nachrichtentechnik der TU Braunschweig mit seinen Partnern eine neuartige Technologie zur Speicherung digitaler Informationen. Herzstück ist ein Laserbelichter, der die Daten auf einen Film schreibt. Auf diesem Filmmaterial, so das Forschungsziel, sollen die Informationen mehrere Jahrhunderte lang gut aufgehoben und zerstörungsfrei lagern können. Ganz ohne Zauberei.

Laserbelichtung ermöglicht es, Daten auf einem speziellen Datenfilm zu speichern und lange Zeit zu erhalten. An der TU Braunschweig forscht man am Thema Langzeitdatenspeicherung.

Langzeitdatenspeicherung auf Mikrofilm

Eine neuartige Technologie zur Langzeitdatenspeicherung digitaler Informationen wird derzeit am Institut für Nachrichtentechnik (IfN) der Technischen Universität (TU) Braunschweig erforscht, wobei die Daten auf einem speziellen Datenfilm mittels Laserbelichtung gespeichert werden. Das Prinzip der Laserbelichtung wird schon seit vielen Jahren erfolgreich zur Belichtung von Kinofilmen in sehr hoher Qualität eingesetzt. Bei diesem Forschungsvorhaben kooperiert das IfN mit dem Fraunhofer Institut für Physikalische Messtechnik, das über weitreichende Erfahrung im Bereich der digitalen Laserbelichtung verfügt, der Firma MicroArchive Systems in Frankfurt sowie verschiedenen mittelständischen Unternehmen. Technologisches Herzstück ist ein Laserbelichter, mit dem die Daten auf den Film geschrieben werden. Im Gegensatz zu herkömmlichen Speichermedien sollen die auf dem Filmmaterial gespeicherten Daten über mehrere Jahrhunderte quasi zerstörungsfrei gelagert werden.

Dahingehend werden am IfN Methoden zur Fehlerschutzcodierung untersucht sowie robuste Bildverarbeitungsmethoden entwickelt.

(boy)

Magnetisches Gedächtnis

Ein wirrer Haufen von Nägelchen – nichts für den ordnungsliebenden Handwerker, der sie in Reih und Glied in seinem Kasten sehen will. Bei dieser Aschenbrödelaufgabe fliegt zwar kein Täubchen zur Hilfe, doch plötzlich, wie von Geisterhand bewegt, kommt Leben in die kleinen Stifte aus Blei. Die einen schnellen herum, die in den hinteren Reihen brauchen noch ein Weilchen, sind dann aber, bis auf ein paar nur herumzuckende Nachzügler, auch mit dabei: beim halbkreisförmigen Synchronliegen. Dirigent dieser Darbietung: ein Magnet.

Das magnetische Prinzip kommt neuerdings auch manchen Computerspeichern zugute: In MRAM-Chips wird Information nicht über elektrische Ladung, sondern über die magnetische Ausrichtung der Zellen gespeichert – nur, dass die synchrone Reaktion hier ein Problem darstellt. Was tun, damit nur die anvisierte Zelle auf den magnetischen Impuls reagiert? Denn zu lange noch dauert es, bis manche der Nachbarzellen nach Hin- und Hertaumeln endlich mitkriegen, dass nicht sie gemeint sind.

Hans Werner Schumacher von der Physikalisch-Technischen Bundesanstalt in Braunschweig hat per Simulation ein Verfahren entwickelt, wie Speicherzellen angesteuert werden können, ohne die umliegenden zu stören. Seine „Ballistische Methode" muss jetzt nur noch auf den experimentellen Prüfstand. Dann wird diese Art der magnetischen Anziehungskraft sicher auch auf die Wirtschaft wirken.

2 GHz ist die Taktrate eines magnetischen Speicherchips, die durch ein in der PTB entwickeltes Verfahren möglich wird.

Speicherchips auf Beschleuinigungskurs

Bei spezifischen Anwendungen wäre eine Art Langzeitgedächtnis wünschenswert, das einen schnellstmöglichen Zugriff erlaubt. Dieses Manko können magnetische Speicherchips (MRAM = Magnetic Random Access Memory) beheben: Denn sie „merken" sich sämtliche gespeicherten Informationen, auch wenn die Stromzufuhr gekappt ist. Noch sind sie allerdings zu langsam, um diesen Vorteil voll entfalten zu können. Der Wissenschaftler Hans Werner Schumacher von der Physikalisch-Technischen Bundesanstalt (PTB) in Braunschweig hat jedoch eine Methode entwickelt, mit deren Hilfe man die magnetischen Speicherchips künftig auf innovative Art beschleunigen kann.

Die bisherige Langsamkeit magnetischer Speicherzellen gründet in einem physikalischen Prinzip. In einem MRAM wird die digitale Information nicht in Form von elektrischer Ladung gespeichert, sondern über die magnetische Ausrichtung von Speicherzellen (Magnetspins). Während des Speichervorgangs wird außer der anvisierten Memory-Zelle aber auch eine Vielzahl umliegender Nachbarn magnetisch mit angeregt – sie geraten ins Trudeln, kreiseln umher. Bis diese Anregung abklingt – was bis zu etwa zehn Nanosekunden dauert – kann keine weitere Zelle des Chips adressiert werden. Dadurch ist die maximale Taktrate bislang auf etwa 100 MHz begrenzt.

Mithilfe seiner „Ballistischen Methode" umgeht Schumacher diese Begrenzung: „Der Trick ist, das jeweilige Bit direkt anzusteuern, ohne die anderen Zellen im MRAM zu stören." Mit diesem bereits per Computersimulation getesteten Verfahren wäre in Zukunft eine Taktrate von 2 GHz möglich – fast doppelt so hoch wie die maximale Taktrate der modernsten handelsüblichen Speicher-Bausteine.

(mba)

Faulheit unter der Lupe

Ich geb's zu: An manchen Tagen überfällt mich ein Hang zum Taoismus. „Müßiggang", so die These der chinesischen Philosophie „entspringt der Liebe zum Leben". Seit ich das weiß, arbeite ich daran – an der Liebe zum Leben. Vorzugsweise sonntags auf dem Sofa. Rund sechs Stunden zappe ich mich durch 32 Fernsehprogramme, Tee und Gebäck in Griffweite, und tue – nichts. Ein Volk, das 6000 Jahre alt ist, kann sich nicht irren und außerdem – es sieht ja keiner. Oder doch?

Das Institut für Medizinische Informatik der TU Braunschweig hat einen Speicher entwickelt, der alle unsere täglichen Bewegungen aufzeichnet: Essen, Laufen, Sitzen, Liegen. Das hört sich ein bisschen nach „Big Brother" an, doch Reinhold Haux, Leiter des Instituts, beruhigt: „Die Daten können für ein selbst bestimmtes Leben im Alter genutzt werden." Und so funktioniert's: Die gesammelten Informationen des Sensors werden durch einen Computer aufgezeichnet und ausgewertet. Geht der Träger langsamer als noch vor ein paar Monaten? Sitzt er mehr? Besteht Sturzgefahr? Ein Arzt könnte anhand der Aufzeichnung rechtzeitig eingreifen und ernstere Erkrankungen verhindern, so die Hoffnung der Wissenschaftler.

Noch ist das Projekt in der Versuchsphase, doch die Nützlichkeit beweist Reinhold Haux an einem einfachen Rechenbeispiel: „Wenn wir es schaffen, einen Umzug ins Pflegeheim um nur drei Monate hinauszuzögern, könnten in der Pflegeversicherung 300 Millionen Euro eingespart werden."

300 Millionen Euro könnten eingespart werden, wenn ein alter Mensch drei Monate später ins Pflegeheim käme. Das Institut für Medizinische Informatik entwickelt Technologien, die möglichst lange die Gesundheit und ein selbst bestimmtes Leben erhalten sollen

„Big brother is watching you"

1700 Stunden trug Dr.-Ing. Klaus-Hendrik Wolf, wissenschaftlicher Mitarbeiter am Institut für Medizinische Informatik der Technischen Universität (TU) Braunschweig, einen kleinen Sensor am Arm. Alle seine Bewegungsabläufe wurden akribisch aufgezeichnet. Das Projekt des Instituts mit Namen LASS – Leben Angstfrei, Selbst bestimmt und Selbst gestaltet –, will vor allem helfen, nicht überwachen: Niemand außer der überwachten Person bekommt die Daten zu sehen. „Wir wollen Vorsorge betreiben", sagt Professor Dr. Reinhold Haux über das durch die Stadt Braunschweig und das Deutsche Rote Kreuz unterstützte Projekt. Der Sensor soll einmal über den Gesundheitszustand alter oder chronisch kranker Menschen wachen. Durch die langfristige Aufzeichnung aller Bewegungsmuster per Computer und deren Auswertung kann ein Arzt auf einen Blick gesundheitliche Probleme feststellen und rechtzeitig eingreifen. Noch findet die Umsetzung lediglich im Labor statt. Noch ist das Projekt in der Erprobungsphase, eine mögliche flächendeckende Umsetzung sieht der Institutsleiter für das Jahr 2013.

(leu)

Kultur

Getrocknet und fast 300 Jahre alt

„Zwanzig Männer und mehr in demselben Bett mit einer Frau." Keine Sorge, lieber Leser, wir wahren die guten Sitten. Es geht hier um reine Wissenschaft.

Der zitierte Satz stammt vom schwedischen Naturforscher Carl von Linné (1707-1778), der damit 20 und mehr Staubgefäße bei einer Blüte meinte – nachzulesen in seiner Schrift „Praeludia sponsaliorum plantarum" („Hochzeiten der Pflanzen"). Linnés Idee, das System der Pflanzen auf deren „Sexualität" zu gründen, sorgte seinerzeit für Aufsehen.

So entrüstete sich Johann Georg Siegesbeck (1686-1755), der in Helmstedt als Arzt arbeitete und später den Botanischen Garten in St. Petersburg betreute, über „solch verabscheuungswürdige Unzucht im Reich der Pflanzen". Wie Linné beschäftigte sich auch Siegesbeck damit, die Vielfalt der Pflanzen systematisch zu erfassen und zu erforschen. 15 Bände umfasst sein Herbarium (lateinisch herba = Kraut), eine Sammlung getrockneter, geordneter und beschriebener Pflanzen.

Das Herbarium mit den fast 300 Jahre alten Exemplaren wird in der Herzog August Bibliothek in Wolfenbüttel aufbewahrt und wurde 2007 anlässlich einer Ausstellung zur Naturgeschichte erstmals näher untersucht. Ausstellungsbeginn war der 28. Oktober 2007.

Fast 300 Jahre haben die Pflanzen eines 15-bändigen Herbariums aus dem 18. Jahrhundert unbeschadet überstanden – zu finden in der HAB in Wolfenbüttel.

Zeitzeugen der Flora vergangener Epochen

Pflanzen überstehen Jahre, sogar Jahrhunderte sehr gut – vorausgesetzt, sie werden fachgerecht getrocknet und aufbewahrt. Eine solche Sammlung bezeichnet die Wissenschaft als Herbarium (lateinisch herba = Kraut). „Für die heutige Botanik sind diese Sammlungen unverzichtbare Zeitzeugen der Flora vergangener Epochen", sagt Dr. Petra Feuerstein-Herz. Die Biologin und Historikerin arbeitet in der Herzog August Bibliothek (HAB) in Wolfenbüttel und ist unter anderem zuständig für den Kauf von Drucken aus dem 17. Jahrhundert. Im Jahr 2007 arbeitete die Wissenschaftlerin an einem besonderen Projekt: Anlässlich einer Ausstellung zur Naturgeschichte vergangener Zeiten wurde das in 15 Bänden plus einem Registerband überlieferte Herbarium von Johann Georg Siegesbeck (1686-1755), das die Bibliothek aufbewahrt, erstmals näher untersucht.

Die sorgfältig getrockneten Pflanzen sind alphabetisch nach den lateinischen Pflanzenbenennungen geordnet. Die Pflanzen sind auf Papierblätter aufgeklebt und in die großformatigen Bücher mit leeren Seiten nur lose eingelegt. So war es für den Botaniker einfacher, sie neu zu sortieren, sollten neue Exemplare hinzukommen. Ob die später nach ihm benannte Pflanze Siegesbeckia ebenfalls in der Sammlung zu finden ist, wird die detaillierte Untersuchung in der Herzog August Bibliothek in Wolfenbüttel zeigen. Die Ausstellung begann am 28. Oktober 2007 und war bis zum 24. Februar 2008 zu sehen.

(gef)

Erleuchtung im Dunkeln

Wer glaubt, dass das Treiben in seinem Schlafzimmer zu den weltweit bestgehüteten Geheimnissen zählt, der liegt aber sowas von daneben und kann die Rollos getrost wieder hochziehen. Längst ist gründlich von allen Seiten und aus allen Ecken ausgeleuchtet worden, was da im Dunkeln so passiert. Der Durchschnittsdeutsche schläft in der Nacht sieben Stunden und acht Minuten, erwacht 28-mal und steht um 6:23 Uhr auf.

Dass nun auch das Staatliche Naturhistorische Museum in Braunschweig – von Neugier getrieben und mit Taschenlampen bewaffnet – die Finsternis ausnutzte und anderen nachspionierte, überrascht dann aber doch. Aber gemach, all das geschah im Lichte der Wissenschaft. Das Museum drückte seinen Besuchern Lampen in die Hände und gab ihnen in seiner Ausstellung „Sahara – Wüste lebt" bis zum 7. Mai 2007 die Gelegenheit, Tierchen bei ihren nächtlichen Aktivitäten zu beobachten. Und ihre feinen Spuren im Sand zu verfolgen.

Wer zuvor nur einen blassen Schimmer vom Leben in der Sahara hatte – von den Sandstürmen und Winden, der Hitze und den Temperaturschwankungen, der extremen Trockenheit und dem kargen Nahrungsangebot –, der kam im Museum in den Genuss der einen oder anderen Erleuchtung. Dafür kam auch eine Taschenlampe gerade recht.

26-mal so groß wie Deutschland ist die Sahara. Das Staatliche Naturhistorische Museum thematisierte die größte Trockenwüste der Welt in einer Ausstellung im Jahr 2007.

(Über-)Leben in der Wüste

Die Sahara war nicht immer eine trockene Wüste. Frühe Siedler geben uns durch ihre faszinierenden Felsbilder Zeugnis von der grünen Vergangenheit der zentralen Sahara. Vor 11 000 Jahren lebten hier noch typische Savannenbewohner wie Nilpferd, Strauß und Antilope.

Wie sind Wüstenlandschaften eigentlich entstanden? Welche Temperatur hat Wüstensand? Und wie können Tiere und Pflanzen in der Trockenheit und Hitze überhaupt überleben? Im Staatlichen Naturhistorischen Museum (SNHM) in Braunschweig in der Ausstellung „Sahara – Wüste lebt" ließen sich Antworten auf diese und andere spannende Fragen finden.

Wüstentiere waren in inszenierten Landschaften zu entdecken – auch lebende Tiere wie Wüstenspringmäuse und verschiedene Reptilienarten. Anschaulich wurden Überlebensstrategien der Wüstenbewohner in der extremen Hitze dargestellt. In der „dunklen Sahara" konnte man sich sogar auf die Lauer legen und Nachttieren mit Taschenlampen auf die Spur kommen.

(boy)

Heilsame Knolle im Konfekt

Ingwer – in dieser Knolle stecken Kräfte: Vitamine und Mineralien, vor allem aber ätherische Öle. Die regen fleißig die Durchblutung an, lösen Verkrampfungen im Magen-Darm-Trakt. Rheuma? Hier hilft ein Ingwerbad. Verstauchungen, Muskel- und Gelenkschmerzen? Eine Ingwerkompresse lindert den Schmerz. Und zudem – prima Nebenwirkung – gilt die scharfe Wurzel als Aphrodisiakum.

Die heilsame Kraft des Ingwers war in der frühen Neuzeit am herzoglichen Hof in Wolfenbüttel längst kein Geheimnis mehr. Die Hofapotheker verarbeiteten die Knolle sogar zu Konfekt, das bei den Herzögen und ihren Familien beliebt war. Gabriele Wacker von der Herzog August Bibliothek (HAB) Wolfenbüttel hat das schwarz auf weiß. „Arznei und Konfekt – Apotheke und höfische Lebenswelt" heißt ihr Forschungsprojekt, in dem sie den ungesichteten Archivbestand über die Wolfenbütteler Hofapotheke vom 16. bis 18. Jahrhundert auswertet.

„Konfekte waren nicht nur Nascherei, sondern wurden aus gesundheitlichen Gründen gegessen. Marzipan beispielsweise galt als Kraftbrot", sagt die Wissenschaftlerin. So bestellten die Herrschaften in der Apotheke – etwa wenn sich im Schloss hoher Besuch ankündigte – „confecta mixta et colorata", also gemischtes und gefärbtes Konfekt, welches auch zum Frühstück genossen wurde.

Apropos Besuch: In einem Gemäuer kann es ja mitunter muffig riechen, gerade in Zeiten, als man es mit der Hygiene noch nicht so genau nahm. Um die Luft vor Ankunft der Gäste wohlriechend zu machen, wurden „in der frembden gemecher" Räucherkerzen mit ätherischen Ölen angezündet. Die Hofapotheker kreierten aus Weihrauch, Bernstein, Moschus, Ambra, Mastix und Storax begehrte Raumdüfte. „Während der Pest", erzählt Wacker, „hat man Schlossräume und Hofstuben mit Rauch gereinigt, was wir heute als Desinfektion kennen – damals nach der Devise: Was stark riecht, hat eine starke Wirkung."

Confecta mixta et colorata heißt aus dem Lateinischen übersetzt gemischtes und gefärbtes Konfekt. Die Köstlichkeiten aus Anis, Ingwer, Koriander & Co fertigte die Wolfenbütteler Hofapotheke für den herzoglichen Hof.

Arznei und Konfekt

Um Heilsames und Wohlschmeckendes geht es in dem Forschungsprojekt „Arznei und Konfekt – Apotheke und höfische Lebenswelt", das sich mit der frühneuzeitlichen Wolfenbütteler Hofapotheke beschäftigt. Dr. Gabriele Wacker von der Herzog August Bibliothek (HAB) Wolfenbüttel wertet seit Mai 2006 den bisher ungesichteten Archivbestand aus. Die handschriftlichen Listen sind überwiegend Rechnungslisten aus drei Epochen: aus der Zeit Herzog Julius` (reg. 1568-1589), Herzog Heinrich Julius` (reg. 1589-1613) und Herzog Friedrich Ulrichs (reg. 1613-1634) sowie Herzog Anton Ulrichs (reg. 1685-1714). Rezepturen oder einzelne Bestandteile der Medikamente sind kaum überliefert. Aber auch ohne diese Details erweisen sich die Handschriften als Fundgrube.

Wacker: „Wir erfahren zum Beispiel etwas über die Beziehungen zwischen Arzt, Apotheker und Fürst. Kann man von den Medikamenten auf Krankheiten und Leiden der Herzöge und ihrer Angehörigen schließen? Lässt sich an der Reihenfolge der verschriebenen Medikamente eine Behandlungsmethode erkennen?"

Um das Schlucken der bitteren Medizin zu erleichtern, wurden viele Arzneien auf Zucker- und Honigbasis hergestellt. „Ingwer stand damals hoch im Kurs", so Wacker. Die Wolfenbütteler Hofapotheker verarbeiteten die heilsame Knolle sogar zu Konfekt – wie auch Anis, Mandeln und Zitronenschale. So wurde etwa zu Weihnachten oder wenn sich am Hofe besonderer Besuch ankündigte, „confecta mixta et colorata" in der Apotheke bestellt.

(gef)

Schuhsohlen als Herbarien

Lehrer sind furchtbar streng, Schüler unglaublich brav – natürlich verhielt es sich in unserer Klasse nicht anders. Bestes Beispiel: der Biologieunterricht. Lateinische Namen für Blumen aus der Familie der Hahnenfußgewächse und für Tierchen wie die Rote Wüsteneidechse zu pauken schmerzte die gequälte Pennälerseele.

Bis eines Morgens die Lehrerin die Revolution verkündete: Statt Lehrbücher zu wälzen sollten wir hinausgehen in die Natur, um dort „die lebendigen Zusammenhänge zu begreifen". Das Objekt der Lehrerinnenbegierde war der Garten unserer Eltern, dessen Pflanzen- und Tierwelt wir bis zum kommenden Unterricht anhand von Bestimmungsbüchern dokumentieren mussten. Die anfängliche Freude wich schnell der Ernüchterung, insbesondere die Großgartenbesitzer schlugen die Hände über dem Kopf zusammen.

Der größte Garten der Erde ist die Erde selbst. Die Herzog August Bibliothek Wolfenbüttel zeigte 2007 in der Ausstellung „Die große Kette der Wesen" ihre reichen Bestände zur Naturgeschichte in der Frühen Neuzeit. Zu sehen gab's unter anderem die von Wissenschaftlern – zum Teil handschriftlich – veröffentlichten Frühwerke über Flora und Fauna; darunter aus dem 18. Jahrhundert ein außergewöhnliches Herbarium des Helmstedters Johann Georg Siegesbeck mit getrockneten Pflanzen.

Unsere Herbarien waren die Sohlen unserer Schuhe, wo Tage nach der Erkundungstour noch die unterschiedlichsten Pflanzen klebten. Waren wir froh, als wir uns wieder über Wüsteneidechsen wie die Canthodactylus maculatus unterhalten durften.

Ein Herbarium ist eine Sammlung getrockneter und gepresster Pflanzen für wissenschaftliche Zwecke – zu sehen in der Ausstellung „Die große Kette der Wesen" der HAB.

Naturgeschichte der Frühen Neuzeit

Die Herzog August Bibliothek (HAB) Wolfenbüttel nahm die Geburtstage von Carl von Linné (1707-1778) und Georges Louis Leclerc de Buffon (1707-1788), die sich im Jahr 2007 beide zum 300. Mal jährten, zum Anlass, ihre reichen Bestände zur Naturgeschichte der Frühen Neuzeit vorzustellen. Die Ausstellung verdeutlichte zunächst anhand von Handschriften und Inkunabeln die enzyklopädische Tradition der Historia naturalis des europäischen Mittelalters und der Renaissance. Pflanzen und Kräuterbücher veranschaulichten die Lehre der Materia medica (Heilmittellehre). Im Mittelpunkt stand dann das 18. Jahrhundert mit seinen Protagonisten Linné und Buffon. Die unendliche Vielfalt der göttlichen Schöpfung, die nach kleinsten Merkmalsunterschieden geordnet ins Bild einer Scala naturae gebracht wurde, präsentierte sich in den kolorierten Drucken in ihrer ganzen Buntheit. Ein außergewöhnliches Exponat war schließlich ein Herbarium aus dem 18. Jahrhundert, es enthält keine Zeichnungen, sondern echte Pflanzen. Johann Georg Siegesbeck (1685-1755), ein Arzt aus Helmstedt, sammelte und beschrieb in 15 Bänden 1500 Pflanzen.

Die Ausstellung war bis zum 1. Juni 2008 zu sehen.

(boy)

Diesseits von Afrika

Vergessen Sie Dschungel, endlose Wüsten oder gefräßige Ungetüme. Die wahren Abenteuer lauern woanders. Setzen Sie, sofern vorhanden, Ihren Tropenhelm auf, reinigen Sie die alte Silberbüchse aus Kindertagen und schlagen Sie Ihr Basislager im Wohnzimmer auf. Wer noch echte Gefahr sucht, den ehrlichen Kampf, weicht ihnen nicht aus: den Untiefen des Alltags.

Flügelschlagende Bücher, Küchenmobiliar in Wrestling-Laune, die reißenden Strudel des Altpapiers oder der Bodenstaubsauger, der sich vorne plötzlich als hässliche Giftfratze der Kobra entpuppt, während er hinten listig die Blindschleiche an der Steckdose mimt.

Dergestalt auf Livingstones Spuren, quasi zwischen Flur und Bad, wandelt der Videokünstler Thorsten Tenberken, dessen ironische Installation „Rose der Symbiose" im Herzog Anton Ulrich-Museum Braunschweig (HAUM) zu sehen war. Anlässlich der Ausstellung „Schlangen und Drachen. Kunst und Natur", die gemeinsam mit dem Naturhistorischen Museum Braunschweig veranstaltet wurde, holte Sven Nommensen, Leiter der Kommunikation und Museumspädagogik, dieses zeitgenössische Projekt ins HAUM.

Passend zur Thematik der Schau durchleuchtet der Künstler das kritische, symbiotische Verhältnis des Menschen zur Natur, zur unerklärlichen Magie, die oftmals in den kleinsten Dingen des Alltäglichen haust. Afrika ist schließlich überall.

© HAUM

Rose der Symbiose ist eine zivilisationskritische Videoinstallation, die es u. a. wagt, hinterlistigen Staubsaugern die Giftzähne zu ziehen.

Im Herzen des Zwielichts

Ein wenig ungewöhnlich ist es schon, wenn ein Haus wie das Herzog Anton Ulrich-Museum-Braunschweig (HAUM), das durch seine historischen Sammlungen von der Antike bis zum 19. Jahrhundert einen weltweit hervorragenden Ruf genießt, in einer Ausstellung mit einer Videoinstallation glänzt. Anlass war die thematische, zweigeteilte Schau „Schlangen und Drachen. Kunst und Natur", die in Kooperation mit dem Staatlichen Naturhistorischen Museum (SNHM) Braunschweig gezeigt wurde (bis 27. Januar 2008). „Rose der Symbiose" heißt die Installation, die Sven Nommensen, Leiter der Kommunikation und Museumspädagogik des HAUM, für die Ausstellung gewinnen konnte.

„Sie ist Teil eines umfangreichen Film- und Fotozyklus' mit dem Titel ‚Dr. Livingsten' und nimmt Bezug auf den schottischen Missionar und Afrikaforscher David Livingstone", erläutert der Kunsthistoriker, „die parodistische Vorgehensweise des Künstlers wird bereits in der veränderten Schreibweise augenfällig." Der Künstler ist der 1966 in Duisburg geborene Thorsten Tenberken, der sich seit Ende der 90er Jahre neben Objekten, Installationen und Malerei verstärkt mit Video beschäftigt. Zahlreiche internationale Ausstellungen belegen seinen Rang. Die Tatsache, dass der britische Forscher, der auf der Suche nach den Quellen des Nils letztlich in den Sümpfen umkam, für den Zyklus und somit für „Rose der Symbiose" Pate steht, korrespondiert auf glückliche Weise mit der Ausstellungsthematik der beiden Museen. Geht es doch um Kunst und Natur.

(rei)

Alles muss raus!

„Rüstung, gebraucht, 17. Jahrhundert.“ Hätte es zu Zeiten des Sonnenkönigs schon eBay gegeben, wer weiß, vielleicht wäre mancher Harnisch in der Rubrik „Kleidung & Accessoires“ zwischen spanischen Halskrausen und Seidenröcken gelandet. Aber wenn Adelige damals Geld brauchten, mussten sie noch auf Beutezüge gehen oder reich heiraten. Prinz Ernst August und Christian von Hannover hatten es da vor anderthalb Jahren besser. Sie verhökerten in einer spektakulären Auktion für runde 44 Millionen Euro Teile des Welfenschatzes bei Sotheby’s.

Übrigens auch die Rüstung aus dem 30-jährigen Krieg. Die steht jetzt neben 16 weiteren Objekten im Braunschweigischen Landesmuseum und wird liebevoll restauriert. „Kein Smoking für festliche Anlässe, sondern ein Gebrauchsharnisch“, beschreibt Direktor Gerd Biegel die schwarze Neuerwerbung. Auf künstlerische Schönheit kommt es bei dem guten Stück auch gar nicht an. Genauso wenig wie bei den Altartafeln aus Schloss Blankenburg, die ebenfalls Teil des Schatzes sind und zu den wertvollsten Erwerbungen gehören. „Ein historisches Museum sammelt nicht um des Sammelns willen, sondern dokumentiert Ereignisse und bewahrt sie für zukünftige Generationen“, betont Gerd Biegel.

Und mal ehrlich – was geht näher als die packende Reportage des Grafen von Regenstein über den Blankenburger Schlossbrand 1546 auf verwitterten Altarflügeln?

20 000 Schätze versteigerten die Welfen im Jahr 2005 von ihrem Besitz. 16 hat das BLM mit Hilfe der Stiftung Braunschweigischer Kulturbesitz und der Stiftung NORD LB/Öffentliche erworben und für die Nachwelt bewahrt.

Schätze unter dem Hammer

„Mein ehelich gmal arg bhöses leidt / nicht weit von hier begraben leit / welch ich aus altem Stamm gezelt / den Herrn von Stolbergk mir erwelt.“ Das ist ein spannender Augenzeugenbericht vom Brand des Schlosses Blankenburg im Jahre 1546. Der Autor ist der Schlossherr selbst, Ulrich XI Graf von Regenstein. Damals schrieb er sie auf zwei Renaissance Epitaph-Flügeln. „Beide sind möglicherweise kein großer Kirchenschatz, aber als historischer Bericht haben sie einen unschätzbaren Wert“, sagt Prof. Dr. h.c. Gerd Biegel, Direktor des Braunschweigischen Landesmuseums (BLM), über die Holztafeln. Zusammen mit 16 weiteren Stücken stammen die Altarflügel aus dem legendären Welfenschatz, der im Oktober 2005 teilweise unter den Hammer kam. Damals verkauften Prinz Ernst August und Christian von Hannover rund 20 000 wertvolle Objekte, um mit Hilfe einer Familienstiftung die deutschen Besitztümer zu erhalten. Die Auktion bei Sotheby‘s erhitzte die Gemüter, „aber“ so Biegel, „die Objekte, die jetzt im Museum stehen, bleiben als Zeugen für die regionale Geschichte der Nachwelt erhalten und verschwinden garantiert nicht in irgendeinem Privatbesitz.“

(leu)

Musealer Adel verpflichtet

Adel verpflichtet. Aber wozu? Im gleichnamigen Brettspiel verpflichtet er dazu, sich auf Auktionen zu tummeln, um möglichst skurrile Kunstschätze aufzukaufen, damit wertvolle Sammlungen zusammenzutragen und möglichst große Ausstellungen zu veranstalten. Fast wie im richtigen Leben. Denn auch die reale Noblesse widmet sich durchaus solchen Urinstinkten des Jagens und Sammelns, indem sie sich kaufend und verkaufend auf Auktionen tummelt.

Die Welfen aber hätten das Spiel wohl verloren, besonders Aufsehen erregend 2005, als viele ihrer Kunstschätze unter den Hammer kamen. Nicht nur der internationale Adel bot im Sinne des genannten Spiels fleißig mit, auch das Herzog Anton Ulrich-Museum in Braunschweig besann sich seiner Herkunft. Denn es selbst ist adliger Abstammung, geht es doch als einziges Museum auf die Linie der Welfen zurück.

Und in dieser Verantwortung präsentierte das Museum in der Ausstellung „Welfenschätze – Gesammelt, verkauft, durch Museen bewahrt" in der Burg Dankwarderode nicht nur die Objekte, die es anlässlich der Auktion erworben hat, sondern dazu auch weitere Schätze, die das Welfenhaus im Laufe des 20. Jahrhunderts veräußert hat.

Gesammelt hat's der Adel, verkauft hat's der Adel, bewahrt für Öffentlichkeit und Nachwelt hat's das Museum. Auch musealer Adel verpflichtet.

Die Ausstellung war bis zum 2. September 2007 zu sehen.

Die Welfen regierten bis ins Jahr 1918 in verschiedenen Territorien des heutigen Landes Niedersachsen, zuletzt nur in Braunschweig. Einen Teil ihrer Kunstschätze bewahrt und präsentiert das HAUM, das in direkter Linie auf die Welfen zurückgeht.

Verkäufe der Welfen-Familie

Die Ausstellung „Welfenschätze – Gesammelt, verkauft, durch Museen bewahrt" des Herzog Anton Ulrich-Museums (HAUM) in der Burg Dankwarderode in Braunschweig war bis zum 2. September 2007 zu sehen. Anlass für das außergewöhnliche und kulturpolitisch bedeutsame Ausstellungsprojekt war eine Auktion, die unter großer Aufmerksamkeit der Öffentlichkeit 2005 auf dem Welfenschloss Marienburg stattfand.

Auch das HAUM, das einzige Museum, das auf eine Linie der Welfen zurückgeht, erwarb bei dieser Gelegenheit in Kooperation mit der Richard Borek-Stiftung und der Stiftung Braunschweigischer Kulturbesitz wichtige Gemälde, Silber, Glasgefäße und eine Fayence, die in der Ausstellung erstmals präsentiert wurden. Dazu gehören Porträts von welfischen Herrschern, wie die Bildnisse des Herzogs August Wilhelm von Bernhard Christoph Francke und das Konterfei des Herzogs Ludwig Rudolph von Johann Conrad Eichler. Über diese Neuerrungenschaften hinaus präsentierte die Ausstellung auch weitere Schätze aus den ehemals großen Sammlungen des Welfenhauses und dokumentierte die Verkäufe, die die Adelsfamilie seit 1930 zu verschiedenen Anlässen tätigte: Den Verkauf des so genannten Welfenschatzes, der Sammlung des Welfenmuseums, des Welfischen Münzkabinetts und des Evangeliars Heinrichs des Löwen.

Im Anschluss an die Ausstellung plante das Museum, die hauseigenen Objekte in die ständige Sammlung zu integrieren.

(mba)

Keine Angst vor Stichen

Stellen Sie sich vor, Tante Auguste hätte Ihnen zur Hochzeit ein Bild geschenkt. Ein kleines zwar, noch dazu schwarzweiß, aber – wie die Tante bei der Abreise sagt – teurer Stich! Ob sie in Wirklichkeit ihre Wespenallergie meint, egal. Das Set Espressotassen hätten Sie jedenfalls lieber gehabt. Und nun hängt das Bild periodisch an prominenter Stelle im Wohnzimmer, immer wenn nämlicher Besuch droht.

Doch eines Tages, mal wieder im Dschungel des Internets, stoßen Sie auf eine Abbildung, die Ihnen merkwürdig bekannt vorkommt. „Albrecht Dürer“ und „Der Heilige Georg“ lesen Sie noch und sprinten zur Schublade. Allmählich wird Ihnen klar, dass Sie im Besitz eines Meisterwerks sind. Schönes Märchen, denken Sie? Gemach!

In den kommenden Jahren werden sich solche Fälle häufen. Das Kupferstichkabinett des Herzog Anton Ulrich-Museums Braunschweig hat gerade gemeinsam mit der Herzog August Bibliothek Wolfenbüttel ein Projekt gestartet, dessen weltweite Bedeutung noch gar nicht absehbar ist. Zunächst soll ein Teil des Graphik-Bestandes, immerhin 32 000 Blatt, digitalisiert, mit fachlichen Daten unterlegt und ins Netz gestellt werden, erklärt Thomas Döring, Leiter des Kabinetts. Die Bildqualität ist bestechend, und so manchem Forscher oder Sammler wird beim Klicken der Espresso kalt werden.

Und Sie können schon mal den Tresor bestellen, Schublade reicht jetzt nicht mehr.

Digitalisate sind im Internet fliegende Blätter des Braunschweiger Kupferstichkabinetts.

Die Saat der Digitalisate

Wie segensreich moderne Informationstechnologie sein kann, zeigt sich beispielhaft, wenn sie Licht ins Dunkel von Schatzkammern zu bringen vermag. Umso mehr, wenn zwei kulturelle Schwergewichte wie das Herzog Anton Ulrich-Museum (HAUM) Braunschweig und die Herzog August Bibliothek (HAB) Wolfenbüttel sich ihrer gemeinsam bedienen. Gefördert durch die Deutsche Forschungsgemeinschaft (DFG), haben die beiden Institutionen ein Projekt ins Leben gerufen, das in seiner Dimension weltweit wohl einzigartig ist. Ziel sei die virtuelle Zusammenführung repräsentativer Teile der Graphiksammlungen beider Häuser, darunter ehemals zusammengehörige herzogliche Bestände, die heute verteilt in Braunschweig und Wolfenbüttel liegen, erläutert Thomas Döring, Leiter des Kupferstichkabinetts im HAUM, wo die Fäden des Projekts zusammenlaufen. Im Zeitraum von maximal vier Jahren sollen 32 000 graphische Blätter digitalisiert, erschlossen und über Internet dem Nutzer frei zur Verfügung gestellt werden.

Auf lange Sicht ist geplant, auch die übrigen Bestände der Graphiksammlung des Kupferstichkabinetts, die immerhin 100 000 Blatt Druckgraphik und mehr als 10 000 Handzeichnungen vom Spätmittelalter bis zur Gegenwart umfasst, im Netz zugänglich zu machen.

(rei)

Braunschweiger Triumvirat

Ob als lustige Gesellen von der Tankstelle, als schwankende Gestalten in einem Boot oder als beschwipste Herren im Schnee, stets treten sie in staats- und skatstragender Anzahl auf. Das ist schon in der Antike so und zieht sich variantenreich durch Welt- und Literaturgeschichte, wobei die drei Musketiere bekanntlich Doppelkopf bevorzugten und der vierte Mann ja bald gefunden war. Selbst Gott erscheint im Neuen Testament in dreifacher Ausführung, warum, dürfte klar sein.

Dass ein Global Player wie das Herzog Anton Ulrich-Museum (HAUM) in seinen Beständen eine Fülle von Beispielen weiterer Dreigestirne beherbergt, wundert nicht. Unter ihnen eine unschätzbare Handzeichnung mit dem Titel „Drei Könige", die zwischen 1370 und 1375 am Prager Hof Kaiser Karls IV. aufs Pergament gebracht wurde. Abgebildet sind mittelalterliche Herrscher, wie man sie auch auf böhmischen Wandmalereien jener Zeit findet. Durch den Fall der Ost-West-Grenzen, erläutert Jochen Luckhardt, Direktor des HAUM, ist die internationale Vernetzung der Museen noch enger geworden, und so konnten die „Drei Könige" anlässlich einer Ausstellung mal wieder in ihre alte Heimat reisen, wo man sie in Begleitung dreier Damen in einem Bierzelt gesehen haben will.

Das junge Trio hingegen, das der Polizei in Hamburg unlängst ein gestohlenes Motorrad verkaufen wollte, hatte sein Blatt wohl überreizt.

345 Quadratzentimeter Pergament teilen sich drei gezeichnete mittelalterliche Könige im HAUM.

Kunstschätze auf Reisen

Die Vernetzung der Museen als überregionale Forschungsstätten schreitet voran, erklärt Professor Jochen Luckhardt, der in seiner Eigenschaft als leitender Direktor des Herzog Anton Ulrich-Museums (HAUM) Braunschweig maßgeblichen Anteil an diesem Prozess hat. Anfragen auswärtiger Einrichtungen und Kunsthistoriker, insbesondere im Rahmen thematischer Ausstellungen, öffnen dabei die eigenen Schatzkammern über Landesgrenzen hinaus. Die weltweit beachtete Prager Schau „Kunst und Repräsentation des Hauses Luxemburg 1310-1437" im Umkreis des bedeutenden mittelalterlichen Kaisers Karl IV. wäre ohne ein Herrschertrio aus Braunschweig unvollständig gewesen. „Drei Könige" ist der Titel einer exquisiten 17 cm x 20,3 cm großen Handzeichnung auf Pergament, die zwischen 1370 und 1375 am böhmischen Hofe Karls IV. entstand. Es handelt sich um eine Studie dreier verschiedener Figurentypen, erläutert der Herausgeber des Katalogs Jiøí Fajt, die in den mittelalterlichen Malwerkstätten regelmäßig verwendet wurden. Wobei die abgebildeten Könige nicht eindeutig zuzuordnen sind, möglicherweise könnte der mittlere als Karl der Große identifiziert werden, der erste Kaiser des Mittelalters. Künstlerische Parallelen zu zeitgenössischen Wandmalereien lassen fernerhin vermuten, dass es sich bei der Braunschweiger Zeichnung um ein Fragment aus dem Musterbuch eines Malers handelt.

So ungehindert und visafrei die „Drei Könige" an den Ort ihrer Entstehung reisen konnten, ist es eine Randnotiz wert, dass sie auf eine Reise zur Folgeausstellung im Metropolitan Museum of Art verzichten mussten, wie Prof. Luckhardt zu berichten weiß, weil den New Yorkern schlicht das Geld für die Unterbringung fehlte.

(rei)

Die Wade der Venus

„Attention!“ Nie werde ich den französischen Museumsmitarbeiter vergessen, der mir meine ersten Erfahrungen mit der Kunst einflößte. Ich hatte gerade die Hand auf der Wade der Göttin Venus, als sich der Mann in Uniform vor mir aufbaute. „Il est interdit toucher les œuvres!“ kam es aus geschätzten zwei Metern Höhe. Was? Ich verstand kein Wort, bloß eins wurde mir – einem Dreikäsehoch von neun Jahren – sofort klar: Die Wade der schönen Göttin war tabu und die Gärten des Schlosses Versailles kein Platz zum Spielen. Das war 1974. Seither hat sich viel getan.

„Die Frage, die sich Museen immer wieder stellen, ist doch die: „Wie interessiere ich ein Publikum für Naturhistorie, Kunst oder Geschichte, damit es ins Museum geht. Und wie vermittle ich Geschichte so, dass die Besucher sie als wichtig für ihre Gegenwart erkennen“, sagt Wulf Otte, Museumspädagoge des Braunschweigischen Landesmuseums.

Seit zwanzig Jahren arbeitet der Experte an Konzepten, die Historie für jeden nachvollziehbar und interessant macht. Und wie reißt er die manchmal hohen Hürden ein? Ganz einfach: Statt etwa steinzeitliche Tontöpfe hinter Glas zu bestaunen, dürfen Kinder in der Abteilung Ur- und Frühgeschichte des BLM selbst einen Krug töpfern, und zwar mit genau den Mitteln, die die Menschen damals hatten. „Da wird jedem schnell klar, wie der Alltag ausgesehen hat“, sagt Otte.

Ich bin mir sicher: Bei diesem Museumspädagogen bliebe auch die Wade der Venus kein Geheimnis mehr.

Seit über 100 Jahren haben Museen den Anspruch, „das Volk zu bilden“. Das BLM hat eine eigene museumspädagogische Abteilung, die Geschichte für jeden spannend macht.

Historie leicht gemacht

Einst waren sie das Steckenpferd der Fürsten und reine Privatsache. Wer im 18. Jahrhundert etwas auf sich hielt, der sammelte: Gemälde, Kirchenschätze, Porzellan. Erst hundert Jahre später wurden diese Sammlungen zu öffentlichen Museen umfunktioniert und damit für jedermann zugänglich. Doch kam auch jedermann? „Nein“, sagt Wulf Otte, Museumspädagoge des Braunschweigischen Landesmuseums (BLM), und schüttelt den Kopf. „Auch damals kamen vor allem diejenigen, die sich für das Thema interessierten.“ Im Falle des BLM also Bürger, die ein Faible für vaterländische Geschichte hatten – denn darum drehten sich die Exponate hauptsächlich. „Was die Wissenschaft erforscht, ist für Laien hochkomplex, die Menge der Fakten enorm und die Spezialisierungen immer stärker geworden“, weiß Otte. Er kümmert sich seit zwanzig Jahren darum, diese Hürden einzureißen. „Das Wichtigste ist eine verständliche Ausstellung und das Gespräch mit den Besuchern“, beschreibt er seinen Beruf. Es gehe nicht darum, das Publikum mit akademischem Wissen zu überschütten, sondern „jede Altersgruppe auf ihre Weise für Geschichte zu interessieren, Fragen zu stellen.“

(leu)

Infrarotes Making-Of

Verworfene Szenen, gestrichene Passagen, stolpernde Komparsen, stotternde Schauspieler – was hinter den Kulissen so vor sich ging, begleitet die meisten Film-DVDs als Bonus-Material. Doch wer weiß schon, dass auch Museen das Making-of ihrer Gemälde beherbergen? Denn infrarot durchleuchtet, gibt des Meisters Werk seine Entstehungsgeschichte preis.

Auch in der Werkstatt des Herzog Anton Ulrich-Museums in Braunschweig kann man zu Entdeckungsreisen ins Innere der Gemälde aufbrechen, in Bildschichten, die nicht für die Augen der Betrachter bestimmt waren. Die Infrarotkamera fördert zutage, wie und womit der Maler seine Komposition auf die Leinwand skizzierte, bevor er mit dem Malen begann, was er wieder verwarf und neu anordnete. Je mehr Geheimnisse über die Handschrift des Künstlers man lüftet, desto deutlicher wird sein ureigenster Schaffensprozess. Vor dem inneren Auge spult sich auch hier ein Film ab. In der Hauptrolle vielleicht der akribisch-nüchterne Typ, der alles von vornherein exakt plante, oder der kreativ mit sich ringende Künstler: durchmalte Nächte, gerötete Augen, zerrauftes Haupthaar. Ein Making-Of der besonderen Art – nur, dass der alte Meister das selbst nicht mehr kommentieren kann.

Am 29. Juli 2007 hatte Hildegard Kaul, Chefrestauratorin am Herzog Anton Ulrich-Museum, mit einem Vortrag zu einer solchen Infrarot-Entdeckungsreise ins Bildinnere eingeladen.

© HAUM

Infrarotreflektographie gibt Restauratoren und Kunsthistorikern wertvolle Einblicke in die Entstehungsgeschichte eines Gemäldes. Das HAUM bringt damit zuvor unsichtbare Skizzen und Signaturen ans Licht.

Eine Reise in das Bildinnere

Um Gemälden ihre verborgensten Geheimnisse zu entlocken, haben sich neben der kunsthistorischen Stilanalyse seit einigen Jahrzehnten naturwissenschaftlich-technische Methoden als unverzichtbarer Bestandteil der Forschung etabliert. Das Herzog Anton Ulrich-Museum (HAUM) in Braunschweig war vor fast 40 Jahren eines der ersten Museen weltweit, das seinen Gemälden mit Infrarotlicht auf den Grund ging. „Unser damaliger Leiter Knut Nicolaus hat damit auch die Erforschung anderer Untersuchungsmethoden wie Röntgen- und UV-Untersuchungen mit vorangetrieben", sagt Hildegard Kaul, Chefrestauratorin der Abteilung Gemälde.

Langwellige Infrarotstrahlen können Firnis, Malschichten und Grundierung durchdringen. Und da unterschiedliche Materialien ein bestimmtes Licht unterschiedlich reflektieren oder absorbieren, können je nach Wellenlänge unterschiedliche Gemäldeschichten sichtbar gemacht werden. Unter der außen sichtbaren Malschicht kommen so beispielsweise Skizzen, Raster und bislang unsichtbare oder übermalte Künstlersignaturen zum Vorschein.

So entdeckte man im HAUM auf Rembrandts „Gewitterlandschaft", einem der berühmtesten Gemälde der Sammlung, eine unter den nachgedunkelten Lasuren und Firnisschichten verborgene Signatur sowie den Entwurf einer Figuren- und Wagengruppe im Vordergrund.

Ein Vortrag von Hildegard Kaul zum Thema „Infrarotuntersuchung. Eine Entdeckungsreise in das Bildinnere" fand am 29. Juli 2007 statt.

(mba)

Von Königen und Scherbenhaufen

„Gebt, Götter, mir Geduld! Geduld tut not!“, zürnt König Lear bei Shakespeare. Draußen stürmt‘s, er will zu seinen Töchtern, doch die undankbaren Weiber zieren sich. „Gebt, Götter mir Geduld!“ wird auch Simone Schmid von der Fachhochschule Erfurt das eine oder andere Mal geseufzt haben. Nicht wegen ihrer Töchter, sondern angesichts des Scherbenhaufens, der seit Monaten auf ihrem Tisch liegt.

Aus 3200 Einzelteilen puzzelt die junge Wissenschaftlerin derzeit Kirchenfenster zusammen. Dreht grüne, rote und blaue Splitter, so lange, bis sie sich zu Engelsflügeln, Heiligenscheinen oder Tieren zusammenfügen. Das Glas stammt aus dem Kloster Brunshausen bei Bad Gandersheim. Vor rund 40 Jahren buddelten es Archäologen des Braunschweigischen Landesmuseums aus und verstauten den Fund erst einmal in Pappkartons.

„Ja, warum das denn?“, werden Sie sich jetzt fragend an den Kopf greifen. Ganz einfach: Weil sich in historischen Magazinen die stummen Zeitzeugen erfahrungsgemäß bis unter die Decke stapeln. Da müssen Kirchenfenster aus dem Mittelalter schon mal warten. Glücklicherweise hat sich inzwischen ein Sponsor gefunden, der die Restaurierung unterstützt. Seit Mai 2007 können Teile der Fenster im Kloster bewundert werden.

Derweil puzzelt Simone Schmid weiter und bleibt hoffentlich standhafter als König Lear: Der stürmt bekanntlich am Ende in die Heide und schnappt über.

3200 Scherben setzt eine Restauratorin aus Erfurt derzeit zu Kirchenfenstern zusammen. Sie stammen aus dem Kloster Brunshausen und lagerten 40 Jahre in den Archiven des BLM.

Wenn Historiker puzzeln

„Restaurierungen sind keine Ad-hoc-Arbeiten. Sie brauchen Zeit“, sagt Prof. Dr. h.c. Gerd Biegel, Direktor des Braunschweigischen Landesmuseums (BLM). Als „Work in progress“ sieht er auch das jüngste Projekt mit dem Kloster Brunshausen und der Fachhochschule Erfurt. Vor über 40 Jahren entdeckten Wissenschaftler des Museums zahlreiche Glasscherben rings um das ehemalige Damenstift. Aus Zeit- und Kostengründen lagerte man sie erst einmal im Archiv ein. „Natürlich haben die Archäologen die Bedeutung erkannt, aber bei der Masse des historischen Materials muss man sich schon mal entscheiden, ob man Kirchenfenster restauriert oder wichtigere Funde vorzieht“, bedauert Wolf-Dieter Steinmetz, Oberkustos der Abteilung Ur- und Frühgeschichte des Landesmuseums.

Welche Bedeutung hat aber nun der gehobene Schatz aus 3200 Glassplittern? Experten datieren die Scherben auf das 12. bis 13. Jahrhundert. Sie stammen von den Vorgängerbauten des heutigen Klosters Brunshausen und müssen Zeitgenossen entzückt haben. Alle Verzierungen sind im so genannten Zackenstil, der ab dem 13. Jahrhundert schlagartig im Nordharz auftrat und bis dato nur in der Marktkirche von Goslar erhalten war.

(leu)

Kein Quartier für Kunstbewohner

Wenn's kribbelt und krabbelt im Gebälk und Löcher im Holz sich mehren, ist Anobium punctatum am Werk. Gern verstecken sich die knabberfreudigen Tierchen in wohlig warmem und etwas feuchtem Ambiente. Die kunstliebenden Feinschmecker unter ihnen nagen sich vorzugsweise durch Ölgemälde und prunkvolle Rahmen auf Dachböden. Und sind sie erst einmal auf den Geschmack gekommen, können sie über Generationen hinweg mit ihren Larven namens Holzwurm kreativ ganz eigene Musterideen im Kunstwerk realisieren. Der eine oder andere mag das Schweizer-Käse-Muster der Holzraspler ehren, der restauratorische Blick hingegen hat meist eine Kammerjägerei der besonderen Art zur Folge.

Als beispielsweise das Herzog Anton Ulrich-Museum in Braunschweig vor zwei Jahren das Porträt des Herzogs Ludwig Rudolph aus dem 18. Jahrhundert aus dem Welfenschatz der Marienburg in seinen Besitz brachte, wurde solches Käferwerk sofort moniert. Das holzwurmfreie Museum schloss das Bild erst einmal vier Wochen lang in einen Container, um es mit Stickstoff auszuräuchern. Danach gingen die Restauratorinnen daran, die Fehlstellen in monatelanger Feinarbeit zu stopfen, zu kitten, zu kleben und zu retuschieren, damit der weißgelockte Herzog nun wieder in alter Pracht von seinem Bild herabblicken kann.

Dem Käfertier sei ans Herz gelegt: Museen bieten kein Quartier für kaufreudige Kunstbewohner.

Löcher in Kunstwerken bieten ein sicheres Indiz für ehemalige oder noch tätige nagende Holzbewohner. Mit viel Feinarbeit können Restaurationswerkstätten in Museen die Holzwurmtätigkeiten wieder unsichtbar machen

Der Holzwurm in Kunstobjekten

Hinter den Kulissen der Ausstellungssäle im Kunstmuseum stößt man in Restaurierungswerkstätten nicht nur auf womöglich noch nie gesehene Gemälde, sondern auch auf das erstaunliche Themen- und Forschungsspektrum des Restaurators selbst. Neben kunsthistorischem Wissen bringt er auch vertiefte Kenntnisse über Materialien, chemische Prozesse und naturwissenschaftlich-technische Analysemöglichkeiten mit. Manches Mal ist bei Gutachtertätigkeiten aber auch Einsicht in das Nist- und Nageverhalten von Holzwurm und Co. sowie in deren Bekämpfung gefragt.

Ein besonders prägnantes Beispiel im Herzog Anton Ulrich-Museum (HAUM) in Braunschweig war der Ankauf des Porträts des Herzogs Ludwig Rudolph (1731-1735), gemalt von Johann Conrad Eichler, ein Teil der Welfenschätze aus der Marienburg, die 2005 bei einer Auktion unter den Hammer kamen. Bereits der erste Blick auf das Gemälde ließ auf unsachgemäße Lagerung schließen. Das geübte Restauratorinnenauge wusste sofort: Hier hatte man es unter anderem mit den Ausflugschneisen von Nagekäfern (Anobium punctatum) zu tun. Um das neu erworbene Porträt von den kaufreudigen Kunstbewohnern zu befreien und ihnen womöglich in der eigenen Werkstatt nicht noch weitere Behausungen zu liefern, kam es zunächst in eine eigens für solche Zwecke entwickelte Stickstoffkammer im Celler Bomann-Museum. Dort wurde es vier Wochen lang mit Stickstoff begast. Für das Laienauge sind die Spuren der ehemaligen Zerstörung nun aber größtenteils unsichtbar.

(mba)

Sparsames Genie

Geiz ist geil – mag sich ein arbeitsloser Holzwurm gedacht haben, als er in einen zwar billigen, aber noch recht soliden Plattenbau zog. Das Elend kam erst später. Schließlich konnte er nicht wissen, dass der bedeutendste flämische Maler, Peter Paul Rubens, seine Wohnstatt als Malgrund verwenden würde. Und es wurde schlimmer. Nachdem der Maler schon einige Unzen Farbe verstrichen hatte, begann er, an verschiedenen Seiten der Fassade anzubauen.

Was den Wurm Ruhe und Lebensfreude kostete, ist für Kunsthistoriker von heute ein Glücksfall. Wenn Silke Gatenbröcker vom Herzog Anton Ulrich-Museum vor dem berühmten Gemälde „Judith mit dem Haupt des Holofernes" steht, schaut sie Rubens quasi über die Schulter. Dass das Braunschweiger Bild auf eine offensichtlich minderwertige Holztafel gemalt wurde und zudem Anstückungen aufweist, lässt einen überraschenden Einblick in den Werkprozess zu. Modernste Infrarot- und Röntgentechnik stehen dabei Pate.

Für die Kunsthistorikerin ist klar: Eine solche Tafel war einem Auftraggeber nicht zuzumuten und daher vom Künstler ausschließlich für persönliche Studien angeschafft worden, was auch die zahlreichen Umarbeitungen der Bildkomposition belegen.

Und der Holzwurm – wenn er nicht verarmt gestorben ist – lebt vielleicht zur Untermiete bei Familie Rembrandt nebenan.

Rubensbilder auf Holztafeln sind Zeitreisen mit oftmals schadhaften Vehikeln.

Blick in die Werkstatt

Dass das Herzog Anton Ulrich-Museum (HAUM) eine bedeutende Sammlung niederländischer Malerei beherbergt, die zum großen Teil aus dem Besitz der Braunschweiger Herzöge stammt, ist hinlänglich bekannt. Weniger im Bewusstsein der Öffentlichkeit ist die Tatsache, dass die Bilder permanent unter den wachsamen Augen von Restauratoren und Kunsthistorikern stehen, die ihnen Jahr für Jahr neue Geheimnisse entlocken. So geschehen bei zwei Meisterwerken von Peter Paul Rubens, die anlässlich einer Sonderausstellung zum 250-jährigen Bestehen des Museums technologisch näher untersucht wurden. Was die betreffenden Bilder „Judith mit dem Haupt des Holofernes" und „Marchese Ambrogio Spinola" preisgaben, wird bis heute wissenschaftlich ausgewertet.

Die Holztafeln offenbarten sich als schadhaft und wiesen auch nicht die übliche Qualitätsbescheinigung der angesehenen Zunft der Tafelmacher per Brandstempel auf. Zudem werden in Infrarot-Aufnahmen zahlreiche Übermalungen sichtbar, die zum Teil dem veränderten Format geschuldet sind. Ergo, folgern Kunsthistorikern Silke Gatenbröcker und ihre Kollegen, waren diese Tafeln wohl kaum für Auftragsarbeiten bestimmt. Es liegt nahe, dass Rubens schlicht Sparsamkeit walten ließ und die Tafeln nur für den persönlichen Werkstattgebrauch vorsah.

(rei)

Fest im Sattel

Als König Sigismund nach erfolgreichem Turnier seine Tafelrunde abschritt, lächelte er wohlgefällig. Alle Mitglieder des erst kürzlich auf 24 Mann aufgestockten Elferrats waren da. Die Kerntruppe des Drachenordens, im Augenblick mehr oder weniger zerbeult von Lanzenstößen, aber trinklustig und in prächtigen Kostümen. Doch irgendetwas fehlte! Wo waren die Prunksättel? Jene erlesenen, verzierten Reitsitze, auf welchen die Ritter nach dem Kampf noch eine Stadionrunde drehten. Da schließlich entdeckt wurde, dass auch sämtliche Stallburschen verschwunden waren, schien der Fall klar.

Ob sich die Sache überhaupt oder so ähnlich zugetragen hat, ist ungewiss, jedenfalls müssen es Stallburschen mit Weitblick gewesen sein. Diesen Eindruck gewinnt man unwillkürlich, steht man in der Abteilung Burg Dankwarderode des Herzog Anton Ulrich-Museums vor der Vitrine, die einen von weltweit sage und schreibe 22 erhaltenen Prunksätteln bewahrt. Dass man ihm die 570 Jahre nicht ansieht, dafür sorgt auch Restauratorin Ursel Gaßner, die u.a. mit thermographischen Verfahren seinen ursprünglichen Reichtum an Farbigkeit und Material nachweisen konnte.

Ins Reich der Fabel gehört dagegen die verbreitete Ansicht, die Wut der Ritter über die verlorenen Sättel habe letztlich zum Aussterben der allseits beliebten Drachen geführt.

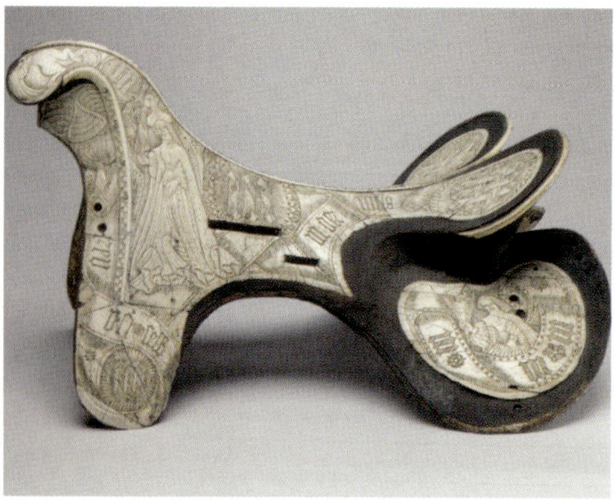

Sattelfestigkeit ist eine der Grundeigenschaften von Restauratoren am HAUM.

Ausritt ins Spätmittelalter

Von welch internationalem Rang eine Institution wie das Herzog Anton Ulrich-Museum (HAUM) Braunschweig ist, merken Uneingeweihte immer dann, wenn es in einem Atemzug mit so bedeutenden Häusern wie dem Metropolitan Museum New York, dem Musée l'Armée in Paris oder dem Deutschen Historischen Museum Berlin genannt wird. Was die erwähnten und eine Reihe weiterer Museen über ihren Status hinaus verbindet, ist der Besitz einer Gruppe von 22 Prunksätteln, die in Form und Beschaffenheit vergleichbar sind. Ihre Herkunft ist nicht bis ins Einzelne geklärt, die Forschung bringt sie traditionell in Beziehung zum ungarischen Hof König Sigismunds (1368-1437).

Die zahlreichen Drachendarstellungen auf den Sätteln lassen ferner den Schluss zu, dass sie in den Umkreis des von Sigismund gegründeten Ritterordens gehören, des so genannten Drachenordens. Unklar ist, ob die Prunksättel im Anschluss an Turniere tatsächlich als Reitsitze zum Einsatz kamen oder bloß als Schatzkammer-Stücke behandelt wurden. Der Sattel der Braunschweiger mittelalterlichen Sammlung des HAUM in der Burg Dankwarderode wird um das Jahr 1430 datiert. Außergewöhnlich an ihm ist, wie Restauratorin Ursel Gaßner erzählt, seine Oberfläche, die überwiegend mit Relief-Knochenplatten, Geweihplatten und Leder gestaltet ist. Überragende Bedeutung für das Museum, erläutert Gaßner weiter, habe der Sattel, da er in einem Inventar von 1683 erwähnt wird und damit in diesem Bereich das am frühesten nachweisbare Kunstwerk der herzoglichen Sammlung ist.

Darüber hinaus lädt die Inschrift eines Spruchbandes, als persönliche Devise gehalten – trev / yst selt / in der / weld – zum Phantasieren über seinen ursprünglichen Besitzer ein.

(rei)

Ein Arzt für Bücher

Im Urlaub kommt man ja zu nix. Nicht mal alle Romane habe ich geschafft. Zu Hause will der Wiedereinstieg in die Story irgendwie nicht gelingen. Ziellos blättere ich zwischen den Kapiteln hin und her, als plötzlich Sand aus den Seiten rieselt. Strandsand. Ein Andenken an den täglichen Lese-Marathon mit Meerblick. Schlagartig bin ich wieder urlaubsreif.

Sand im Buch? Heinrich Grau kann von ganz anderen Entdeckungen erzählen. Von Zeit zu Zeit fällt dem Restaurator von der Herzog August Bibliothek Wolfenbüttel sehr Skurriles entgegen, wenn er alte Bücher restauriert: Apfelkerne, Haare, Fingernägel und sogar kleine Stücke Bauschutt, so alt wie das Buch selbst. Das Gebrösel ist jetzt in einer Tüte archiviert, vielleicht weckt es mal das Interesse eines Historikers.

Grau ist so was wie ein Arzt für Bücher, die er selbst auch „meine Patienten“ nennt. Nicht selten hält er kostbare Einbände in den Händen, etwa das kleinste Buch im Bestand der Bibliothek. Es misst 20 mal 18 Millimeter, heißt „Andenken der Gelehrten für das schöne Geschlecht“ (um 1760) und porträtiert 14 bedeutende Dichter jener Zeit.

Der Restaurator erzählt gerne von dem Kuriosum, das sich im Innern des Minibuches findet: ein sehr frühes Porträt Lessings, der mit falschem Vornamen vorgestellt wird: Gottfried statt Gotthold Ephraim. Darüber kann man locker hinweg sehen, muss man sogar. Denn das fragile Werk unterliegt aus konservatorischen Gründen besonderen Benutzungsbedingungen: In ihm darf nur selten und nur mit fachkundiger Hilfe geblättert werden.

Das kleinste Buch im Bestand der HAB Wolfenbüttel misst 20 mal 18 Millimeter und heißt „Andenken der Gelehrten für das schöne Geschlecht“ (um 1760).

Kostbarkeit in der Restaurierungswerkstatt

„Die kleinste buchbinderische Sensation findet sich in diesem unscheinbaren Klappkästchen“, sagt Heinrich Grau, Mitarbeiter im Restauratorenteam in der Herzog August Bibliothek Wolfenbüttel (HAB). Grau lüftet das Geheimnis: Zum Vorschein kommt das kleinste Buch im Bestand der Bibliothek. Blättern dürfen die Benutzer in dem fragilen Werk freilich nicht ohne fachkundige Hilfe. So bleiben die 14 in Kupfer gestochenen Porträts bedeutender Dichter jener Zeit geschützt. Grau hält nahezu täglich kostbare, historische Einbände aus den Beständen der HAB in seinen Händen: „Wir konservieren und restaurieren nicht nur Einbände aus unterschiedlichen Materialien wie Leder, Samt, Seide, Holz und Metall, sondern auch den Schriftträger aus Pergament und vor allem Papier, ebenso Portraitstiche, Flugblätter, Briefe und Karten aus den umfangreichen Sondersammlungen der Bibliothek.“

Von Zeit zu Zeit begleiten die Restauratoren besonders kostbare Objekte aus dem Bestand der Bibliothek auf Reisen. Doch vorher sind Beleuchtung und Raumklima zu prüfen; nur wenn die Werte stimmen, darf das Buch auf einer eigens angefertigten Buchwiege in dem Glasbehälter Platz nehmen.

(gef)

Die Milch macht‘s

Meine Oma hat es immer gewusst. „Soll Silber wieder glänzen, nimm Sauermilch“, war ihr Rat. Nun haben sich die Zeiten geändert. Statt des tonnenschweren Silberbestecks meiner Oma benutze ich die billigen Messer mit Plastikgriff, die schon beim dritten Steak durchbrechen, dafür aber nicht anlaufen.

Klar, dass nicht jeder zu diesem Trick greifen kann. Metallrestauratoren zum Beispiel. Die müssen täglich Schwerter und Rüstungen, Gabeln und Messer, Schlösser und Schlüssel von der Patina der Jahrhunderte befreien. Das geschieht nicht immer umweltfreundlich: In ihrer Hexenküche brodelt Phosphorsäure neben Schwefelsäure und alkalischen Bädern. Olaf Wilde, Metallrestaurator im Braunschweigischen Landesmuseum, sucht deshalb seit einiger Zeit nach neuen Wegen und hat die alten Hausmittel wieder entdeckt.

„Cola reinigt nicht nur hervorragend Eisen, ein paar Tropfen lösen auch eingerostete Schrauben. Und: Sie wirkt viel schonender als chemische Mittel“, weiß er. Genauso hilfreich seien aber auch Sauermilch für Messing oder Bier für Zinn. Wichtig ist nach Wilde, dass die Lebensmittel nicht verändert wurden: Halbfettmilch hat nicht die gleiche Wirkung. Im Landesmuseum freut man sich übrigens über jeden Tipp.

Und wenn mal eine Silbergabel zu glänzend geraten ist? „Dann nehmen wir ein Ei. Das gibt wieder eine schöne historische Patina“, zwinkert der Experte.

Cola ist nicht nur ein Kultgetränk. Im BLM reinigen Restauratoren damit auch Eisen.

Tricks der Restauratoren

Das Braunschweigische Landesmuseum (BLM) mit seinen vier Häusern stellt Objekte und Dokumente aus rund 13 Jahrhunderten aus. Dazu gehören auch Rüstungen, Münzen oder Zinnkrüge – kurz: historische Metallgegenstände, die umweltbedingten Veränderungen unterliegen und in den Restaurierungswerkstätten regelmäßig gepflegt werden müssen. Meist geschieht dies mit chemischen Mitteln wie Phosphorsäure, Salzsäure oder alkalischen Bädern. Zwar helfen diese die Schmutz- und Patinaschicht von den wertvollen Gegenständen zu entfernen. Sie sind aber auch eine Belastung für die Umwelt und müssen als Sondermüll entsorgt werden. Die Restauratoren des BLM suchen daher nach alternativen Lösungen und wurden bei den alten Hausrezepten fündig.

„Der Vorteil liegt auf der Hand“, sagt Olaf Wilde, Metallrestaurator im Landesmuseum. „Die Mittel sind leicht zu beschaffen, nicht gesundheitsschädlich und erheblich weniger aggressiv.“ Noch sind die Rezepte in der Erprobungsphase, aber der Experte hat schon jetzt sehr gute Erfahrungen mit Sauermilch, Cola oder Bier gemacht. „Es reicht, einen Silberlöffel einige Zeit in saure Milch zu tauchen und danach abzuwaschen. Er sieht danach aus wie neu.“ Genauso durchschlagend wirkt Cola. Der Phosphorgehalt im Getränk bewirkt, dass sich unschöne Patina von Kupfer und Messing löst. Cola hilft aber auch bei festgefressenen Schrauben. „Wichtig ist, dass die Lebensmittel nicht verändert wurden“, macht der Experte aufmerksam. Halbfettmilch oder Cola, bei der die Säure reduziert wurde, haben nicht den gleichen Erfolg.

Zum Teil kennt Olaf Wilde die alten Hausrezepte aus eigener Erfahrung, zum Teil werden sie ihm durch die vielen Besucher zugetragen.

(leu)

Mit Geduld und Spucke?

„Jetzt wird wieder in die Hände gespuckt“: Ran an die Arbeit, heißt das wohl. „Mit Geduld und Spucke“: Dauert etwas länger, aber was lange währt, wird gut. Im Deutschen scheint Spucke irgendwas mit Schaffensprozessen zu tun zu haben…

Tatsächlich auch in der Kunst. Angeblich wurden alte Höhlenmalereien mit Zutat von Spucke auf die Wände katapultiert. Diese archaische Art der Malerei galt auch Picasso als Lösung in Zeiten der Verarmung. Keine Farbe, keine Bleistifte mehr? Dann „spucke ich mir auf den Finger und bemale die Wand“.

Restauratoren hingegen kennen auch die reinigende Wirkung dieser Flüssigkeit. Früher war sie ein durchaus gängiges Mittel zur Entfernung von Oberflächenschmutz auf Gemälden, da der Speichel aufgrund seiner Struktur die Verschmutzung umschließt, sodass sie sich leicht abtragen lässt.

Auch die Annalen des Herzog Anton Ulrich-Museums in Braunschweig erzählen davon. Hier spuckt man aber nicht mehr selbst (und lässt auch nicht spucken), sondern verwendet im Bedarfsfall synthetische Ersatzprodukte. Und legt dem Laien ans Herz, nicht einfach auf sein Gemälde zu spucken. Denn Speichel kann je nach Alter, Hormonhaushalt und Ernährung die Bildoberflächen auch schädigen.

Aber selbst bei entsprechender „Restauratoren-Diät“ hätte das Verfahren bei großen Bildern wohl ausgedient – da bleibt einem glatt die Spucke weg.

Speichel enthält unter anderem Enzyme und anorganische Salze. Deshalb setzte man ihn früher in Restaurierungswerkstätten auch zur Gemäldereinigung ein.

Schonende Reinigung von Gemälden

Also einfach aufs Gemälde spucken und dann alles mit einem Pinsel oder Wattebausch verteilen? Was noch in den 1960er Jahren vom Restaurator Helmut Ruhemann in seinem Buch „The Cleaning of Paintings“ empfohlen wurde, wird heute in Restaurierungswerkstätten sehr viel differenzierter betrachtet. „Die Reinigung von Gemälden und die sich daraus ergebenden Folgen für die Oberflächen füllen eine Vielzahl von Dissertationen“, sagt die Restauratorin Verena Herwig vom Herzog Anton Ulrich-Museum (HAUM). „Jede Oberfläche hat ihre eigenen Bedürfnisse.“ Um diese zu ermitteln, genügt der Augenschein, vor allem der von Laien, allein nicht. Nur mit mikroskopischen Untersuchungen von Firnis, Malschichten und Art der Verschmutzung lässt sich das richtige und im jeweiligen Fall schonende Reinigungsverfahren ermitteln. „Dünne Öl- und Fettfilme spielen eine große Rolle beim Schmutz auf Gemälden. Hinzu kommen Feinstäube, die sich daran anlagern. Enzyme begünstigen dann die Schmutzabtragung“, erklärt Herwig. „Statt des menschlichen Speichels gibt es heute aber hygienischere Methoden.“ So gibt es für die Reinigung von Oberflächen neben Tensiden auch synthetische Ersatzlösungen, die im Prinzip künstlicher Speichel sind.

(mba)

Der Herzog und seine Bücher

Na, haben Sie auch gute Vorsätze fürs neue Jahr gefasst? Gesünder essen, mehr Sport treiben oder einfach nur Ordnung halten? Letztere wird ja immer dann schmerzlich vermisst, wenn man die Steuererklärung wieder auf den letzten Drücker erledigt, dabei plan- und ratlos in Unterlagen und Schubladen nach Belegen kramt.

Dabei gibt es Menschen, die uns zeigen, dass man Ordnung und Übersicht in viel umfangreichere Bestände als den heimischen Papierkram bringen kann. Herzog August d.J. zu Braunschweig-Lüneburg (1579-1666) ist hier Vorbild. Seine Sammlung Bibliotheca Augusta umfasste rund 135 000 Titel in 35 000 Bänden.

„Um die Bücher zu katalogisieren, hat er sich ein geniales System einfallen lassen", erzählt Werner Arnold, stellvertretender Direktor der Herzog August Bibliothek Wolfenbüttel. Um hinzukommende Bücher an passender Stelle einschieben zu können, hat er den Bestand nicht neu durchnummeriert. Auch hat er keine Lücken gelassen an Stellen, wo er meinte, dass jemand zu diesem Thema noch ein Buch verfassen würde – dies war der Rat eines Bibliothekars aus Italien. Nein, Herzog August machte einen Punkt. „Er begann eine neue Zahlenreihe, die der ersten durch einen Punkt untergeordnet war", erklärt Arnold. „Ein neuer Band, der zwischen die Bände 3 und 4 der Theologica gestellt werden sollte, erhielt die Standortzahl 3.1 Theologica. Wie es scheint, hat es zur Zeit des Herzogs hierfür auf keinem Gebiet ein Vorbild gegeben."

Die Bibliotheca Augusta ist die Sammlung Herzog Augusts d.J. zu Braunschweig-Lüneburg, die bei seinem Tode rund 135 000 Titel in 35 000 Bänden umfasste.

Schneller Zugriff auf gesammeltes Wissen

Wie schnell kommt man heute zum Buch! Wer in der Herzog August Bibliothek Wolfenbüttel (HAB) Literatur recherchiert, kann auf zahlreiche elektronische Kataloge und Datenbanken zugreifen – und hat mit nur wenigen Mausklicks die Titel vor Augen. Das gilt nicht nur für die Bestände der Wolfenbütteler Bibliothek. Die HAB ermöglicht ihren Nutzern auch den Zugriff auf Spezialdatenbanken wie die Elektronische Zeitschriftenbibliothek sowie auf regionale und überregionale Verzeichnisse und Bibliographien wie den Gemeinsamen Bibliotheksverbund (GBV) oder den Karlsruher Virtuellen Katalog (KVK). Dabei muss man nicht mal vor Ort sein. Recherche und Bestellung gelingen komfortabel von zu Hause aus über die Webseite der Bibliothek.

Vorbei sind die Zeiten, als der Nutzer zeitraubend in den Zettelkatalogen der Bibliothek nach Titeln, Autoren oder Schlagworten blättern mussten. „Wir haben die Zettelkataloge 1995 beendet und auf elektronische Kataloge umgestellt. Die Zeitersparnis für unsere Nutzer lässt sich gar nicht beziffern", sagt Dr. Werner Arnold, stellvertretender Direktor der HAB. „Wir haben heute eine Million Medieneinheiten geordnet und jede hat eine eigene Signatur, die beständig ist."

In Zeiten, als Online-Kataloge und Datenbanken noch Zukunft waren, mussten die Bibliothekare den Überblick behalten. „Bevor in den 80er Jahren des 19. Jahrhunderts der Zettelkatalog in unserer Bibliothek aufgebaut wurde, waren die Bücher nach Sachgruppen aufgestellt und nach Autorennamen alphabetisch geordnet", erzählt Arnold.

(gef)

Latein reden

„Salvete discipuli!“ So wurden wir begrüßt bei einer der schrägsten Museumsführungen aller Zeiten. Unser Führer: ein (fast) waschechter Römer, in Toga und Sandalen. Nur die Sicherheitsnadel an seinem Gewand passte nicht.

Immerhin hielt er tapfer seine lateinische Rede durch, fast zwei Stunden lang, wusste auch Fragen spontan und wortgewandt zu beantworten und erfand, wenn nötig, so eben mal neue Worte (zum Beispiel fibula securitatis für das Ding an seiner Toga).

Am Ende verließen alle Teilnehmer das Bremer Museum mit vielen neuen Erkenntnissen über den Untergang von Herkulaneum – und viele von ihnen auch mit dem Wunsch, öfter mal Latein zu reden oder zu lesen.

Futter für solche Freaks findet sich reichlich im Internet. Zum Beispiel auf der Seite der Herzog August Bibliothek Wolfenbüttel (www.hab.de). Die gibt's auf Deutsch, English – und Latine. Da kommt man als Latein-Freak schon auf der Startseite voll auf seine Kosten.

Was klingt es doch nett, „Quid novi?“ (statt „Aktuelles“) oder „Quem rogas?“ (statt „Kontakte“) zu lesen. Doch dann ein seltsames Wort: „Newsletter“. Die lateinische Sprache ist auch nicht mehr das, was sie mal war.

2000 Jahre ist sie alt und immer noch benutzbar: die lateinische Sprache. Zu finden zum Beispiel auf den Internetseiten der HAB.

„Quid novi?“ – Latein bleibt unvergessen

Latein reden – und das heute noch? Klingt reichlich altmodisch, wo doch das Schulfach Latein (in dem längst nicht mehr gesprochen, sondern „nur“ noch übersetzt wird) mehr und mehr von Streichungen bedroht ist. Doch es gibt sie noch, einzelne Unerschütterliche, die ihren Spaß an der lateinischen Sprache haben. Und es gibt natürlich die Wissenschaftler, die diese Sprache zur Ausübung ihres Berufes brauchen – zum Beispiel, weil sie das Mittelalter und die frühe Neuzeit erforschen. Sie alle finden „Futter“ für ihr Steckenpferd oder ihren Beruf im Internet – auf den Internetseiten der Herzog August Bibliothek (HAB) in Wolfenbüttel (www.hab.de). Statt „Aktuelles“ wird hier gefragt: „Quid novi?“, statt „Kontakte“ heißt es „Quem rogas?“ Hinter den wunderschönen Übersetzungen stecken Dr. Thomas Stäcker, Leiter der Abteilung Alte Drucke, und Dr. Christian Heitzmann, stellvertretender Leiter der Handschriftenabteilung. Ihr Ziel ist es, das Interesse an der lateinischen Sprache zu wecken und zu fördern. Zu diesem Zweck knüpfen sie auch Kontakte zu den Schulen des Umkreises, um Leistungskursschüler für die Fortführung der lateinischen Homepage zu gewinnen. Anregungen, Wünsche, Korrekturen, betonen sie auf der Internetseite „de conversione Latina“, seien jederzeit willkommen.

(es)

Sei kein Frosch und lerne

Vielleicht kennen Sie das – bestimmte Comedians sprechen einem förmlich aus der Seele, und man kann endlich herzhaft über den Alltag lachen. Doch manch einer bringt einen spontan zum Schmunzeln, eigentlich stimmt man demjenigen aber nicht zu. So ging es mir bei dem Kabarettisten Dieter Hildebrandt. „Bildung kommt von Bildschirm und nicht von Buch, sonst hieße es Buchung.“ Anfangs ganz lustig, aber was wäre unsere Bildung ohne Bücher.

Wenn Klein Fritzchen etwas lernen sollte, musste er schon von der Schulzeit an seine Nase ganz tief in die Bücher stecken und lernen, lernen, lernen. Das wurde von Kindesbeinen an eingetrichtert und behält bis ins hohe Alter seine Wirkung. „Ohne Fleiß kein Preis“ – ein Spruch, der natürlich auch viele Studenten der TU Braunschweig in den Ohren klingt.

Damit der gewünschte Erfolg sich im Studium einstellt, sieht man unzählige Menschen mit rauchenden Köpfen in der Universitätsbibliothek emsig über den Büchern sitzen. Und an Büchern und anderen Medien ist die „UB“ (im Studenten-Jargon) wirklich unübertroffen. Mit etwa 1,64 Millionen Medieneinheiten, davon etwa 1,36 Millionen Bücher, ist sie die größte Bibliothek in der Region. Da ist noch lange kein Ende in Sicht: Jedes Jahr schafft Bibliotheksdirektor Dietmar Brandes etwa 22 000 neue Bücher, 4200 Normen, 17 000 elektronische Zeitschriften und 20 000 elektronische Materialen an. Eine überragende Fülle an Informationen, die sich auf einer Fläche von 12 000 Quadratmetern sammeln und dem wissbegierigen Leser zur Verfügung stehen.

Problemlos bleibt der mittlerweile auch erwachsene Fritz auf dem neuesten Stand der Informationen. „Ein Mensch, der wenig gelernt hat, ist wie der Frosch, der seinen Tümpel für einen großen See hält“ – eine Weisheit aus Birma, die zu lebenslanger Neugierde anregt. Oder möchten Sie etwa der Frosch mit falschen Vorstellungen sein?

34 Kilometer umfasst die Strecke aller Bücher der Universitätsbibliothek der TU Braunschweig – Rücken an Rücken gereiht.

Stetig wachsende Informationsquelle

Bereits 1998 feierte man in der Universitätsbibliothek (UB) Braunschweig mit einem großen Festakt das 250. Jubiläum. 1748 als Bibliothek des Collegium Carolinum gegründet, ist sie die älteste Bibliothek einer Technischen Universität bzw. Hochschule in ganz Deutschland. Mit den Jahren ist sie auch zur größten Bibliothek der Region geworden, und bereits 1996 wurde das millionste Buch angeschafft. Zurzeit hat die UB einen Bestand von 1,64 Millionen Medieneinheiten, davon 1,36 Millionen Bücher.

Dennoch ist damit noch lange nicht das Maximum erreicht. Jährlich führen rund 63 200 Neuanschaffungen zu stetigen Erweiterungen der Informationen. Dass dieser Bestand auch intensiv genutzt wird, spiegelt sich in den 736 000 Ausleihen am Ort sowie 55 200 Fernleihen und Dokumentlieferungen an auswärtige Bibliotheken und Nutzer wider. Aber auch gefüllte Lesesäle gehören zum Alltag in der Bibliothek.

Für Dietmar Brandes – seit 1987 Direktor der UB – stellt sich die Besonderheit der UB durch herausragende Spezialsammlungen dar. Die Bibliothek ist auf dem Wege zur „hybriden Bibliothek“, indem sie elektronische wie gedruckte Information gleichermaßen sammelt und erschließt.

Herausragend ist aber auch die Strecke, die die Bücher aneinandergereiht ergeben. Stellt man die Bücher Rücken an Rücken und nimmt dabei an, dass auf einen Meter etwa 40 Bücher passen, so ergibt sich eine Gesamtstrecke von rund 34 Kilometern. Eine Kette bestehend aus allen Büchern der UB würde von Braunschweig bis vor die Tore Helmstedts reichen. Anders betrachtet, könnte man dreimal den Weg Braunschweig-Wolfenbüttel zurücklegen, wollte man alle Bücher sehen.

(sbo)

Schulbuch als Schlüssel zum Herzen

Es liegt in der Natur von kleinen Jungs, dass sie kritische Zeitgenossen sind. Der schlitzohrigen Frage „Wozu sind eigentlich Schulbücher gut?“ ein schnörkelloses „Weil sie klug machen“ entgegenzusetzen, zieht nicht. Die gut gemeinte Antwort prallt an ihrem kindlichen Panzer aus Argwohn gegenüber allem pädagogisch Wertvollen ab.

Wer seinen Jungen vom Sinn von Schulbüchern überzeugen will, muss sich eine ausgeklügelte Taktik einfallen lassen – und ihn damit überraschen, dass „die Bücher der Schlüssel sind zum Herzen des kleinen rothaarigen Mädchens in der dritten Reihe, das du so gern hast“. Schulbücher haben unzählige Techtelmechtel heraufbeschworen, indem Jungs den Umschwärmten zwischen den Rechentürmen auf Seite 39 ein „Du, ich mag dich irgendwie“ kritzelten (mit Bleistift), sie ihnen die schweren Wälzer aufopferungsvoll nach Hause trugen und sie dem Klassenfiesling die Bücher heldenhaft abjagten, die dieser der Angebeteten aus dem Ranzen klaute, weil er seine eigenen mal wieder vergessen hatte.

Um Beziehungen ging es auch dem Braunschweiger Georg-Eckert-Institut mit seiner Ausstellung „Schulbücher im Fadenkreuz von Wissenschaft und Politik: 35 Jahre Gemeinsame deutsch-polnische Schulbuchkommission“. Bis zum 6. Mai 2007 lieferten die Schulbuchforscher im Braunschweigischen Landesmuseum Antworten, wie deutsche und polnische Unterrichtsmaterialien die Beziehungsgeschichte beider Länder beschreiben und wie sich die Darstellung im Laufe der Zeit verändert hat.

Welchen Wert das Schulbuch für die eigene Beziehungsgeschichte hat – das allerdings muss jeder für sich selbst beantworten.

Schulbücher als Spiegel der deutsch-polnischen Beziehungen waren Mittelpunkt einer Ausstellung des Braunschweiger Georg-Eckert-Instituts.

Deutsch-polnischer Schulbuchdialog

Nach vierwöchigem Aufenthalt in Berlin wurde die Ausstellung vom 29. März bis 6. Mai 2007 in Braunschweig im Rahmen „Stadt der Wissenschaft“ und „Jahr der Geisteswissenschaften“ gezeigt. Der etwas militaristisch anmutende Titel „Schulbücher im Fadenkreuz von Wissenschaft und Politik: 35 Jahre Gemeinsame deutsch-polnische Schulbuchkommission“ kommt nicht von ungefähr. Schließlich wurde die Gemeinsame deutsch-polnische Schulbuchkommission in Zeiten des Kalten Krieges am 22. Februar 1972 in Warschau gegründet. Ihre Arbeit war immer im Visier unterschiedlicher politischer und gesellschaftlicher Gruppen. Dass diese Gründung überhaupt möglich war, ist neben der Ostpolitik Willy Brandts, der die Kommission persönlich unterstützte, nicht zuletzt der Initiative Georg Eckerts und seiner polnischen Partner auf UNESCO-Ebene geschuldet.

Die Ausstellung stellte zweisprachig und multimedial wichtige Etappen des deutsch-polnischen Schulbuchdialogs vor. Sie zeigt, wie stark sich die Darstellung der deutsch-polnischen Beziehungen in den Schulbüchern auf beiden Seiten verändert hat, und macht gleichzeitig deutlich, dass für die Kommission auch in Zukunft noch eine Menge zu tun bleibt.

(boy)

Der Agrimensoren-Kodex

Asterix-Fans können die Szene im Schlaf aufsagen: „Ganz Gallien ist besetzt...Ganz Gallien? Nein! Denn ein Gebiet leistet dem Eindringling tapfer Widerstand, ein kleines Dorf umgeben von befestigten Römerlagern.“ Harte Zeiten für Asterix, Obelix & Co. Das Römische Reich wächst und wächst. Nicht nur das Militär, auch römische Landvermesser sind die Männer der Stunde: Sie legen fest, wo Lager gebaut, Truppenterritorien und Heerstraßen verlaufen sollen. Flurkarten, Flurbücher und Kataster werden angelegt, Grenzstreitigkeiten gilt es aus dem Weg zu räumen.

Vermessen ist eine Wissenschaft für sich. Ein Buch aus der Zeit, als das Weströmische Reich bereits weitgehend zerfallen war, bündelt das gesamte Wissen der Agrimensores, der Landvermesser. Diese spätantike Handschrift aus dem 6. Jahrhundert, der Agrimensoren-Kodex, gehört zu den Schätzen der Herzog August Bibliothek Wolfenbüttel. Es ist es eine der wenigen noch erhaltenen lateinischen Handschriften mit Illustrationen aus jener Zeit. Herzog August erwarb den Kodex 1663.

Wer sich in die geografischen und juristischen Details des Handbuchs vertieft, wird sicher nicht zu dem Entschluss kommen: „Die spinnen, die Römer.“

© HAB

Gromatik – So heißt die römische Feldmesskunst. Das gesamte Wissen der Landvermesser ist in einem Handbuch, dem „Agrimensoren-Kodex“, gebündelt. Das Buch aus dem 6. Jahrhundert gehört zu den Schätzen der HAB Wolfenbüttel.

Ein Handbuch für Landvermesser

Ohne Handbuch geht meist nix. Handbücher sind gebündeltes Wissen. Der Umfang des Nachschlagewerks ist häufig so groß, dass von Handlichkeit keine Rede mehr sein kann. Dabei ist ein Handbuch keine Erfindung der Neuzeit. Handbücher gab es bereits vor mehr als tausend Jahren. Was wir heute als Wissenstransfer bezeichnen würden, kannten schon die Römer. Große Teile ihres Wissens dokumentierten sie für die Nachwelt. Ihr Wissen über das Vermessen brachten sie auf Pergament: in dem Handbuch „Corpus Agrimensorum Romanorum“ für den römischen Landvermesser.

Als das Römische Reich immer größer wurde, benötigte das Militär die Unterstützung von versierten Landvermessern: Diese legten fest, wo Lager gebaut, Truppenterritorien und Heerstraßen verlaufen sollten. Später mussten Flurkarten, Flurbücher und Kataster angelegt sowie Grenzstreitigkeiten geregelt werden. „Der Agrimensoren-Kodex ist die älteste und zugleich die wichtigste Handschrift aus dem Bereich der römischen Feldmesskunst, der Gromatik“, sagt Dr. Helmar Haertel, Leiter der Handschriftensammlung in der Herzog August Bibliothek (HAB) Wolfenbüttel. Das 157 Blätter umfassende Werk aus dem 6. Jahrhundert gehört zu den Schätzen seiner Sammlung. Die Texte in lateinischer Sprache informieren den Leser über die Vermessung von Gebieten, die Einteilung durch sich rechtwinklig schneidende Grenzlinien, die Aufgabe als Richter im Bodenrecht und die Kenntnis der Längen- und Flächenmaße. Geografische wie auch juristische Details kommen zur Sprache.

(gef)

Fruchtbringende Gesellschaft

Klugscheißer nennen sie sich – allerdings in der aktuelleren Variante: Wise Guys. Die fünf Kölner Jungs sind die erfolgreichste deutsche A-capella-Gruppe seit den Comedian Harmonists. Auch die hatten übrigens darauf verzichtet, sich „komödiantische Harmoniesänger" zu nennen. Englisch klingt's halt besser. Allerdings: Die Texte beider Gesangsquintette leben vom Rhythmus und den Besonderheiten der deutschen Sprache.

Jetzt haben die Wise Guys ihrer Sprache ein Lied gewidmet. In „Denglisch" prangern sie den ausufernden Gebrauch der englischen Sprache im Alltag an. Dafür gab es einen Preis des Vereins Deutsche Sprache, der daran arbeitet, dass die Menschen sich nicht mehr ungehemmt von ihrer eigenen Sprache entfremden.

Vor 400 Jahren trug eine ähnliche Institution den schönen Namen „Fruchtbringende Gesellschaft". Mit 890 Mitgliedern von 1617 bis 1680 tätig, trat sie dafür ein, dass wissenschaftliche Texte nicht mehr auf Latein abgefasst werden sollten, das nur wenige Menschen verstanden, und dass überhaupt die deutsche Sprache in Literatur und Öffentlichkeit eine anspruchsvolle Form erhielt.

Die Wissenschaftler, die an der Herzog August Bibliothek Wolfenbüttel die Briefe und Akademiearbeiten der Fruchtbringenden Gesellschaft edieren, würden darum den Wise Guys vermutlich raten: Klasse, euer Engagement für eure Sprache – aber wie wäre es mit einem Relaunch eures Namens?

Rund 350 Jahre ist es her, dass die „Fruchtbringende Gesellschaft" dafür eintrat, wissenschaftliche Texte nicht mehr auf Latein, sondern auf Deutsch abzufassen.

Kommunikationstaugliche Sprache

Sprachkritiker mahnen, dass die zunehmende Vorherrschaft des Englischen in der Sprache der Wissenschaften, der Technik und des Alltags für viele Menschen eine zunehmende Entfremdung von wichtigen Bereichen der Wirklichkeit bedeutet. Ganz ähnliche Worte hörte man bereits vor rund 350 Jahren von den Mitgliedern der „Fruchtbringenden Gesellschaft" (1617-1680). Sie traten dafür ein, dass statt der lateinischen Sprache, die nur von relativ wenigen Menschen verstanden wurde, die eigene Landessprache Einzug in Literatur und Wissenschaft nehmen sollte. „Dabei war ihre Arbeit alles andere als ein reiner Sprach-Purismus", betont der Sprachwissenschaftler Dr. Andreas Herz. „Die Fruchtbringende Gesellschaft trat generell für eine ästhetische und kommunikationstaugliche Ausbildung der Sprache in allen Bereichen, z.B. auch in der Sprache der Öffentlichkeit, ein. Und nicht zuletzt stand sie für den Beginn einer wissenschaftlichen Beschäftigung mit dem Hochdeutschen." Herz ist einer der Wissenschaftler der Arbeitsstelle der Sächsischen Akademie der Wissenschaften zu Leipzig an der Herzog August Bibliothek (HAB) Wolfenbüttel, die die Briefe und Akademiearbeiten der Fruchtbringenden Gesellschaft edieren.

(es)

Leibniz ist jetzt online

Morgenmuffel wie ich sind ungenießbar. Früh um sieben ist der Tag nicht unser Freund. Missmutig blinzeln wir ins Morgenlicht, knurren Ein-Wort-Sätze und verbreiten schlechte Laune. Dies umso mehr, wenn Menschen um uns rum vor Ideenreichtum und Tatendrang nur so überschäumen.

Gottfried Wilhelm Leibniz (1646-1716) war mit Sicherheit so ein energiegeladener Frühaufsteher: „Beim Erwachen hatte ich schon so viele Einfälle, dass der Tag nicht ausreichte, um sie niederzuschreiben", sagte das belesene Universalgenie. Die in seinen naturwissenschaftlich-medizinisch-technischen Schriften zitierten Werke hat sich Kalyana John von der Herzog August Bibliothek (HAB) Wolfenbüttel Seite für Seite vorgenommen.

„Leibnizressourcen digital" heißt das Kooperationsprojekt mit der Berlin-Brandenburgischen Akademie der Wissenschaften. „Die Akademie stellt die digitalisierten Handschriften von Leibniz und die edierten Texte online zur Verfügung", erzählt die Informationswirtin. „Wir wiederum haben die Werke, die Leibniz in seinen Schriften zitiert hat, vollständig digitalisiert und als Teil unserer Wolfenbütteler Digitalen Bibliothek allgemein zugänglich gemacht." Und: Kalyana John hat Strukturdaten wie Einband, Überschriften und Illustrationen der Werke erfasst und virtuelle Inhaltsverzeichnisse erstellt. Für den Leser heißt das: statt langwieriger Bibliotheksrecherchen ein schneller Zugriff auf Leibniz' Lektüre.

Na, bei dem Zeitgewinn können Morgenmuffel wie ich ja getrost noch etwas länger liegen bleiben...

Digitalisierung bezeichnet die Erfassung und Umsetzung von Bildern und Fotos in digitale Bilddateien bzw. von Schrift in digitale Textdateien.

Schneller Zugriff auf Leibniz' Lektüre

„Leibnizressourcen digital" heißt ein Kooperationsprojekt der Berlin-Brandenburgischen Akademie der Wissenschaften und der Herzog August Bibliothek (HAB) Wolfenbüttel. Worum geht es? Die naturwissenschaftliche, technische und medizinische Literatur der zweiten Hälfte des 17. und der ersten Hälfte des 18. Jahrhunderts charakterisiert die Gründungsphase des modernen wissenschaftlichen Denkens und Handelns. Einen entscheidenden Ausschnitt aus dieser Literatur bilden die Werke, die Gottfried Wilhelm Leibniz (1646-1716) las und kommentierte.

Eindrucksvoll dokumentiert das die 2001 begonnene Edition seiner naturwissenschaftlich-medizinisch-technischen Schriften (Reihe VIII der Akademie-Ausgabe) an der Berlin-Brandenburgischen Akademie der Wissenschaften, indem sie nicht nur die digitalisierten Handschriften von Leibniz, sondern auch die edierten Texte online zur Verfügung stellt. Nur wenige Mausklicks – und der versierte Leser kann sich in die Ausführungen Leibniz' vertiefen und weiter recherchieren. Denn wichtige Textstellen, in denen sich das Universalgenie auf andere Schriften bezieht, sind markiert und verlinkt. Die meisten der von Leibniz konsultierten Werke hat die Bibliothek als Forschungs- und Studienstätte für das Mittelalter und die frühe Neuzeit in ihrem Bestand. „Mehr als 280 Titel haben wir in unserer Digitalisierungs- und Fotowerkstatt vollständig digitalisiert", erläutert Kalyana John, Buchhändlerin und Diplom-Informationswirtin von der HAB. Als Teil der „Wolfenbütteler Digitalen Bibliothek" sind sie nun allgemein zugänglich (www.hab.de/forschung/projekte/leibnizressourcen.htm).

(gef)

Regen im phaeno

Wie Sterntaler sieht man sich auf der Videowand im phaeno stehen, hebt sein Hemdchen oder seinen Schal und fängt Buchstaben auf, die von oben zu regnen scheinen. Auf meiner ausgestreckten Hand tanzt das Wort „Nebel", verblasst langsam, und neue Buchstaben rieseln auf das Hindernis, werden aufgefangen, tänzeln und verblassen. Es sieht so spielerisch aus, so leicht wie Schneeflocken rieseln die Lettern.

Es regnet so friedlich, wie es eben nur regnen kann. Nichts von den feurigen Zungen, die am ersten Pfingstfest vom Himmel auf die Menschen kamen. Nichts von den Donnergewalten, in deren Getöse sich die macbethischen Hexen zum Bösen verabreden. Nicht einmal ein Landregen rauscht herunter. Es regnet Lettern und Wörter wie leichte Bindfäden.

Ich reiche ein Ende des Schals an einen nicht mehr ganz jungen Mann mit weißen Haaren, auf denen gerade das Wort „Erde" verblasst. Wir spannen den Schal wie ein Segel und fangen nun zusammenhängende Worte wie „Wolkenkuckucksheim" auf.

Am Anfang habe ich mich noch gefragt, wie diese Videoinstallation technisch funktioniert. Es muss wohl irgendwie computeranimiert sein, sage ich mir nun und lasse ein „B" von der Schulter gleiten. Ersonnen und realisiert hat das israelische Künstlerpaar Camille Utterback und Romy Achituv dieses interaktive Exponat „Text Rain" in der Wolfsburger Experimentierlandschaft. Und der nicht mehr ganz junge Mann lädt mich ins phaeno-Café ein.

Ein Buchstabenregen fällt vom Himmel und der Mensch steht und fängt die Lettern auf – im phaeno.

Ein Regen aus Buchstaben

Es regnet Buchstaben, oder schneit es sie? In einer Videoinstallation können die Besucher der Wolfsburger Experimentierlandschaft phaeno Buchstaben und Wörter mit ihren Körpern auffangen. Dabei steht der Betrachter vor seinem gefilmten Spiegelbild. Computeranimierte Buchstaben rieseln herab und werden von Hindernissen in Form dunklerer Stellen auf dem Filmbild aufgehalten. Sie verblassen und neue erscheinen.

Mit ausgebreiteten Armen oder gespannten Schals lassen sich Wörter und Sätze auffangen. Es sind Gedichtzeilen zum Thema Wetter und Körper, die den Raum auch gedanklich so offen halten wie die Leinwand für den Blick des Besuchers. Camille Utterback und Romy Achituv schlagen mit ihrer Installation „Textregen" Verbindungen von Wetterzeichen zur Schrift. Lesend steht der Mensch in dem bindfädigen Regen und breitet die Arme zu den Nachbarn aus, um gemeinsam noch mehr Wörter und Zeilen zu fangen.

(ehl)

Braunschweig trägt Lederhosen

Oh weh. Nichts anderes kommt einem in den Sinn, wenn wir Deutschen in der US-amerikanischen Serie „Die Simpsons" unseren großen Auftritt haben. In zünftigen Lederhosen und mit Gamsbart am Hut kommen wir daher, in der einen Hand die Weißwurst und in der anderen, na klar, die Maß Bier. Braunschweig liegt in Bayern? Aber sicher doch. Nun ja, immerhin bekommen auch die Franzosen (mit Baskenmütze und Baguette) ihr Fett weg. Ganz zu schweigen von den Albanern (Spione!).

Auch Ina Ulrike Paul kennt sich mit Vorurteilen bestens aus – forschungsbedingt. Sie untersucht in den Beständen der Wolfenbütteler Herzog August Bibliothek „Nationale Stereotypen in Enzyklopädien, Wörterbüchern und Konversationslexika Europas vom 17. bis zum frühen 19. Jahrhundert".

Saufende Germanen, hochnäsige Franzosen, mies kochende Engländer – in den alten Büchern kommen Stereotypen zum Vorschein, die auch heute noch in unseren Köpfen stecken. Müssen wir uns dafür schämen? Nein, sagt Ina Ulrike Paul. „Solange man Stereotypen nicht benutzt, um Feindschaften zu pflegen, sind sie nichts Schlimmes."

Gut zu wissen, dass es die Amerikaner gar nicht so böse mit uns Deutschen meinen. Und dass auch wir sie in unseren Comics als ein wenig – pardon – fettleibig (über-)zeichnen dürfen.

Stereotypen sind Zusammenfassungen von Eigenschaften oder Verhaltensweisen, die in der Regel genauso einprägsam wie klischeehaft sind. Welche Rolle Stereotypen in alten Lexika spielen, verrät ein Forschungsprojekt in der Wolfenbütteler HAB.

Vorrat an nationalen (Vor-)Urteilen

Das Forschungsprojekt „Alle Kreter lügen. Nationale Stereotypen in Enzyklopädien, Wörterbüchern und Konversationslexika Europas vom 17. bis zum frühen 19. Jahrhundert" zielt auf die Analyse der spätestens seit Ende des 15. Jahrhunderts in Europa kursierenden nationalen Auto- und Heterostereotypen, also aus dem unerschöpflichen Fundus von literarischen, ethnographischen und historischen Bildern und Vorstellungen, die sich jede europäische Nation von sich selbst und von ihren Nachbarn machte. Dieses Projekt wurde durch den Essay „Europäer" (1997) des österreichischen Literaturwissenschaftlers und Anglisten Franz K. Stanzel angeregt, danach in Seminaren an der Freien Universität Berlin weiterverfolgt und zugleich zu einem Projektantrag verdichtet, der von der Herzog August Bibliothek (HAB) in Wolfenbüttel erstmals mit einem Forschungsstipendium gewürdigt wurde.

Das Forschungsprojekt geht von zwei Prämissen aus: Erstens wird vorausgesetzt, dass jeder Mensch einen Vorrat an nationalen „(Vor-) Urteilen" hat – wie sonst verständen wir Karikaturen, in denen Lederhose oder Prinz-Heinrich-Mütze den Süden und Norden Deutschlands oder Baskenmütze/Baguette oder Stockschirm/Bowler Frankreich und England vertreten? Zweitens wird vorausgesetzt, dass diese Stereotypen eine Geschichte haben und dass ihr Anfang zumindest in die Epoche der Französischen Revolution zurückreichen müsste, als sich die europäischen Nationen ihrer selbst als Nationen bewusst wurden.

(boy)

Nichts für Streithähne

Rabies theologorum, die Streitsucht der Theologen, führte mitunter dazu, dass Geistliche als Gesprächspartner nicht gerade willkommen waren. In der Fruchtbringenden Gesellschaft, 1617 zur Förderung der Muttersprache und einer anspruchsvollen Kultur in Deutschland gegründet, distanzierte man sich sogar ausdrücklich von ihnen. Streithähne hatten dort nichts verloren. Ein Theologe hat es trotzdem geschafft und wurde aufgenommen: Der Pastor und Dichter Johann Rist (1607-1667) aus dem schleswig-holsteinischen Wedel. Er galt als irenisch, also friedliebend, und gründete zudem eine eigene Sprach- und Literaturgesellschaft, den „Elbschwanenorden". Beste Voraussetzungen also, um fruchtbringerisch zu wirken.

Sprachkunst und Grammatik werden in der Korrespondenz besagter Gesellschaft rege diskutiert. Zudem zeugen die Briefe von einem innigen Friedenswunsch. Im Land wüteten der 30jährige Krieg, Hungersnöte und Pest. Die Verfasser erörtern in ihren Briefen die politische Lage und ermöglichen so kulturgeschichtliche Einblicke, die auch das Herz des Historikers höher schlagen lassen. Dass die Friedens- und andere Dokumente bald ediert und gebunden vorliegen, ist Gabriele Ball, Klaus Conermann und Andreas Herz zu verdanken. Die Wissenschaftler arbeiten in der Herzog August Bibliothek Wolfenbüttel im Forschungs- und Editionsprojekt Fruchtbringende Gesellschaft. Aktueller Forschungsschwerpunkt: die Korrespondenzen der Jahre 1639 und 1640.

Zugegeben, kein leichter Lesestoff, aber garantiert irenisch.

Irenisch (v. griechisch eirene, „Friede") bedeutet friedliebend und versöhnlich. Menschen mit diesen Eigenschaften werden auch als Ireniker bezeichnet.

Friedensdokumente früherer Zeiten

Das Forschungs- und Editionsprojekt Fruchtbringende Gesellschaft arbeitet am fünften Band der „Briefe der Fruchtbringenden Gesellschaft und Beilagen: Die Zeit Fürst Ludwigs von Anhalt-Köthen 1617-1650". Ediert werden die Korrespondenzen aus den Jahren 1639 und 1640, als im Land der 30jährige Krieg (1618-1648) wütete.

Klaus Conermann arbeitet zusammen mit den Wissenschaftlern Gabriele Ball und Andreas Herz im Forschungs- und Editionsprojekt „Die deutsche Akademie des 17. Jahrhunderts: Fruchtbringende Gesellschaft", das als Vorhaben der Sächsischen Akademie der Wissenschaften zu Leipzig geführt wird. Die Herzog August Bibliothek Wolfenbüttel (HAB) ist in diesem Projekt Kooperationspartnerin.

Die Druckgeschichte der Friedensrede Diederichs von dem Werder, so Ball, spiegele nicht nur das Netzwerk der Akademie wider, sondern bringe auch die tiefe irenische, also friedliebende, Überzeugung des inneren Kreises der Fruchtbringenden Gesellschaft zum Ausdruck. Weitere Friedensdichtungen dieser Zeit werfen die Frage nach der Korrelation von Friedenswunsch und fruchtbringerischer Spracharbeit auf und halten übergreifende kulturgeschichtliche Einblicke bereit.

(gef)

Kostbare Drucke digitalisiert

Neulich im Copy-Shop. Vor mir auf dem Kopierer liegt ein Handbuch, Marke unhandlich. Es kostet mich mehrere Versuche, bis ich herausfinde, wo ich den Wälzer anlegen muss, damit die komplette Doppelseite als Kopie erscheint. Der letzte Versuch ist nur ein Teilerfolg. Die Wörter am Rande sind verzerrt. Schuld ist das Handbuch. In seinem festen Einband lässt es sich nicht auf 180 Grad öffnen. Die Seiten liegen auf der Glasplatte nicht exakt auf. Ich drücke beherzt auf den Buchrücken. Geht da noch was? Nein, ein Knacken des Einbandes signalisiert mir: Hier ist eine Schmerzgrenze erreicht.

Buchliebhabern wie Thomas Stäcker graust es angesichts solcher Gewalteinwirkung. Das Problem indes kennt der Leiter der Abteilung Alte Drucke, Digitalisierung der Herzog August Bibliothek Wolfenbüttel (HAB). Um Inkunabeln, kostbare Bände aus den Anfängen des Buchdrucks, kopieren zu können, haben Stäcker und sein Team ein außergewöhnliches Gerät ertüftelt. Das Buch liegt – Rücken nach unten, Schriftseiten nach oben – auf einer V-förmigen Unterlage, die einen buchschonenden Öffnungswinkel von 45 Grad hat.

Per Hand wird von oben eine Vorrichtung mit einem Spiegel in die aufgeschlagene Seite geschoben. Eine Digitalkamera fotografiert die gespiegelte Seite, ein Computer rechnet und auf dem Bildschirm erscheint gestochen scharf die kolorierte Seite des Wiegedrucks aus dem 15. Jahrhundert. „Knapp 700 Inkunabeln", so Stäcker, „haben wir so digitalisiert, katalogisiert, archiviert und über Internet der Öffentlichkeit zugänglich gemacht."

Inkunabeln sind Bücher aus den Anfängen des Buchdrucks (ca. 1450 bis 1500). Die HAB Wolfenbüttel besitzt rund 2800 Ausgaben, etwa 10 % des weltweiten Bestandes.

Handschriften und Drucke digitalisiert

Mehr als 3 500 Titel aus dem Bestand der Herzog August Bibliothek Wolfenbüttel (HAB) liegen in digitaler Form vor und sind frei über das Internet (http://www.hab.de/bibliothek/wdb/) verfügbar. Die kostbaren Handschriften und wertvollen Drucke können herangezoomt, umgeblättert und gelesen werden – vorausgesetzt, man kann Latein.

In der Digitalisierungs- und Fotowerkwerkstatt der HAB werden täglich Buchseiten mit der Digitalkamera aufgenommen. Ein umfangreiches Projekt war die Digitalisierung von rund 700 Inkunabeln, kostbaren Bänden aus den Anfängen des Buchdrucks (15. Jahrhundert). „Die HAB besitzt rund 2800 Ausgaben, etwa 10 Prozent des weltweiten Bestandes", sagt Dr. Thomas Stäcker, Leiter der Abteilung Alte Drucke, Digitalisierung der HAB.

Um die Seiten dieser Drucke kopieren zu können, haben Stäcker und sein Team ein außergewöhnliches Gerät ertüftelt. Das Buch liegt – Rücken nach unten, Schriftseiten nach oben – auf einer V-förmigen Unterlage, die einen buchschonenden Öffnungswinkel von 45 Grad hat. Per Hand wird von oben eine Vorrichtung mit einem Spiegel in die aufgeschlagene Seite geschoben. Eine über der Vorrichtung platzierte Digitalkamera fotografiert die gespiegelte Seite, ein Computer rechnet und auf dem Bildschirm erscheint gestochen scharf die Seite des Wiegedrucks aus dem 15. Jahrhundert.

Die Bücher in digitaler Form können von überall auf der Welt über das Internet angesehen werden, ohne dass das Blättern den Originalen Schaden zufügt. „Bestandschonende Nutzung" heißt das im Fachjargon.

(gef)

Liebesgrüße aus Braunschweig

Ob es unsere Urahnen in prähistorischer Zeit auch schon getan haben, vielleicht mit Rauchzeichen am Lagerfeuer wie die Indianer? Wir wissen es nicht. Sich einen Federhalter zu schnitzen, auf die Idee wäre wohl niemand verfallen. Wie aber bloß die Distanz überbrücken zur fernen Angebeteten und wie Meldung machen vom eigenen Liebesschmerz?

Schleicht man auf der Suche nach Antworten durch die langen Flure des „Campus Nord" der TU Braunschweig, muss man neuerdings damit rechnen, von umherfliegenden Pfeilen getroffen zu werden, denn ein quirliger Bogenschütze namens Amor hat hier sein Trainingslager aufgeschlagen. Dass der Köcher immer gut gefüllt ist, dafür sorgen die Wissenschaftlerinnen und Wissenschaftler vom hier ansässigen Germanistischen Institut.

Was, werden Sie fragen, treibt gestandene Forscher dazu, bei einer olympischen Disziplin zu assistieren? Kurz gesagt: blanker Eigennutz. Sie schauen dem kleinen Boten bei seinem Treiben genau auf die Finger. Herauszufinden gilt, was er sich insbesondere in den letzten drei Jahrhunderten an Brandstiftungen so geleistet hat. Leicht entzündlich ist auch das Medium, das in aufgeklärter Zeit solche Spuren bis heute bewahrt – der Liebesbrief. In einer dreibändigen kommentierten Edition derartiger Korrespondenz werden die Germanisten schließlich ihre Forschungsergebnisse der Öffentlichkeit vorstellen.

Und unsere Urahnen? Sie mussten sich wohl mit kaltem Rauch begnügen.

Liebesbriefe konservieren nicht bloß intime Gemütszustände oftmals berühmter Paare, sondern sind Ausdruck der Gefühlskultur ihrer jeweiligen Zeit.

Wandel der Gefühlskultur

Im Oktober 2006 fand in Braunschweig eine kulturgeschichtliche Tagung zum Thema „Liebesbriefe aus drei Jahrhunderten. Schriftkultur und Medienwechsel" statt. Zahlreiche Geisteswissenschaftler verschiedener Provenienz folgten der Einladung der Technischen Universität (TU) Braunschweig, die das Forschungsprojekt in Zusammenarbeit mit der Justus-Liebig-Universität Gießen ins Leben gerufen hat. Dass die Forschungen gerade das 18. Jahrhundert als Ausgangspunkt nehmen, liegt am spezifischen Wandel der Gefühlskultur. „Im 18. Jahrhundert vollzieht sich ein erkennbarer Diskurswechsel in der Liebe", sagt Renate Stauf vom Germanistischen Institut der TU Braunschweig. „War das Gefühl in der höfisch-galanten Kultur etwas, das verborgen oder kostümiert werden musste, so fordert das entstehende Bürgertum nun die Echtheit und Wahrhaftigkeit im Ausdruck von Gefühlen." Im Mittelpunkt stehen die Zeugnisse berühmter Paare, was schlicht an der Situation der Überlieferung liegt. In etwa drei Jahren wird das Projekt unter der Leitung von Renate Stauf in eine dreibändige kommentierte Briefausgabe münden. Dort wird nachzulesen sein, dass der Brief Liebe nicht nur konservieren, sondern geradezu erwecken kann.

(rei)

Beine hoch und lesen!

„Fröhliche Weihnachten und alles Gute zum neuen Jahr wünscht euch...“ – so sehen meine Briefe schon länger nur noch aus. Oder – auch nicht besser: „Die allerherzlichsten Glückwünsche zum Geburtstag sendet dir...“. Das war ja früher völlig anders, als es noch Zeit gab.

Ganze Bibliotheken und Archive sind voll mit Briefen aus Jahrhunderten. Bändeweise Briefe! Wie wär´s mit etwas Muße zum Lesen? Vielleicht in einem Sanatorium oder an einem anderen Ort der Ruhe, wohin wir uns für mindestens vier Wochen zurückziehen? Terasse oder Balkon mit fantastischem Bergpanorama... Eine gemütliche Wolldecke um die Beine, auf einem Tischchen ein heißer Tee und dann: Lektüre – ausschließlich.

Zum Beispiel die Briefe Jean Pauls, die der Germanist der Technischen Universität (TU) Braunschweig Jörg Paulus, der sie mitherausgibt, „empfindsam“ nennt. „Der Zeitgenosse Goethes wechselt in seinen Briefen beredt zwischen erhabenen und humoristischen Dingen“, erläutert Paulus. Mitunter im selben Satz, der zudem – eine Eigenart des Dichters – mit Anspielungen gespickt ist, die sich heute zwar nicht mehr ad hoc erschließen, aber doch mit wunderbarem Klang und dem Gefühl von kulturellem Reichtum die Sinne benebeln.

Und ansteckend ist es! Das wusste schon die Braunschweigerin Friederike Bleibtreu, die zarte Schreiben mit Jean Paul austauschte. Diese Korrespondenz nehmen wir mit. Bis bald in Davos! Ihre...

200 Briefe stark ist allein Band 5 der Edition der Korrespondenz Jean Pauls, der die Jahre 1804 bis 1808 umfasst.

Per Hundspost Sentimente

„Nicht wahr, niemand, niemand sieht meine Briefe?“, erkundigt sich Charlotte von Kalb brieflich bei Jean Paul. Der verehrte Dichter bekommt nicht gerade wenig Post. Und zwar aus folgendem Grund: In seinem Roman „Hesperus“ hatte Jean Paul einen scheinbar autobiographischen Erzähler namens „Jean Paul“ installiert, der über den Fortgang der Handlung seines Buches per „Hundspost“ informiert wird. Prompt bekommt der Dichter selber Post, vor allem von seiten der Leserinnen, die den „empfindsamen“ Schreibstil des Autors bewundern. „Charlotte von Kalb gehört eigentlich nicht zu ihnen“, erzählt der Braunschweiger Germanist Jörg Paulus, der (Nomen est omen?) sich heute der archivierten Briefe Jean Pauls als Mitherausgeber annimmt. Die Freundin Goethes und Schillers schreibt vergleichsweise sachlich: „Mir gaben sie die angenehmste Unterhaltung, und die schönsten Stunden in dieser Vergangenheit verdanke ich dieser Lektüre.“ Vielleicht gerade deshalb möchte der Dichter sie kennenlernen, trifft sie und... (Näheres wird in den Briefen leider nicht berichtet). Ob die Seelenverwandtschaft, die sie in ihrem Brief andeutet („Ach wie viele vergangene Ideen meiner Seele habe ich in Ihren Schriften wiedergefunden, wie viele neue, belebende, erquickende haben Sie mir gegeben! Sie sind – schreiben; ich bin – lese! Wir werden sein!“), im wirklichen Leben bewahrheitet hat?

Paulus, der zurzeit an Band 5 der Edition der Korrespondenz Jean Pauls, der allein 200 Briefe stark ist, arbeitet, berichtet außerdem von einer gewissen Braunschweigerin Friederike Bleibtreu. Keine Überraschung, dass sie sich als treue Leserin bekennt und von Jean Paul biographisch und literarisch aufschlussreiche Antworten erhält.

(ehl)

Bloß keine Langeweile!

Was ich auf eine einsame Insel mitnehmen würde? Einen Spaten. Und dann...? Ja, und dann schaufeln. Und schaufeln. Vorher vielleicht noch einen Plan zum Verlauf der Gräben entwerfen und abends zufrieden auf das Tagwerk blicken. Ach ja, ein Wochenplan wäre auch gut: Montags schaufeln von Süden nach Norden, dienstags dazu Querrillen anlegen, mittwochs schaufeln im Quadrat. Mit einem Spaten kann ich in der Einöde hoffentlich abwenden, was Voltaire als schlimmstes Übel erscheint: die Langeweile.

Schlimmer als alle Qualen, die die Helden in Voltaires Roman „Candide" bisher erdulden mussten, erscheint ihnen gegen Ende die Langeweile. Sie ist ein großes Übel. Eigentlich sind sie allesamt gerettet und könnten endlich in Frieden und Harmonie zusammenleben. Und nun dies: Tristesse, innere Leere, Ennui. Und dann entdecken die Freunde etwas, was in der Philosophie noch nie einen guten Ruf hatte: die Arbeit. „Die Arbeit hält uns drei große Übel fern: die Leere, das Laster und die Not", so steht es im Text.

Glück lässt sich ohne Arbeit nicht finden, folgert der Braunschweiger Philosoph Bernhard Taureck mit Voltaire und wirft mit kritischem Blick auf Hartz IV die Frage auf: Was bedeutet diese Aussage eigentlich für den modernen von Arbeitslosigkeit bedrohten Menschen? „Wir müssen unseren Garten kultivieren" – mit dieser Empfehlung zur Arbeit endet Voltaires Roman „Candide" von 1759. Und seine Helden greifen zum Spaten.

Langeweile? Voltaire empfiehlt: arbeiten!

Bedeutung der Arbeit für die Psyche

Kennen Sie den Ennui? Diese innere Leere, die einen überfällt, wenn man tagelang die Wohnung nicht verlassen hat? Die Tristesse, die aus den Wänden kriecht und im Kühlschrank gähnt? Schon Pascal stellt fest: Der Mensch schafft es nicht, einfach allein in seiner Wohnung zu bleiben. Er schafft es nicht und daraus resultiert alles: Schwierigkeiten, Zerstörungen, Kriege. In Voltaires Roman „Candide" wird die These von der besten aller möglich Welten nach Leibniz mit satirischen Mitteln auf die Probe gestellt. Allerlei Widrigkeiten und Unbill erfahren die Helden und finden zum Schluss gerettet zu einem friedlichen Leben zusammen. Doch was geschieht? Nichts – und das ist es eben. Langeweile macht sich breit, Tristesse, innere Leere, Ennui. „Die Arbeit hält drei Übel fern: die Langeweile, das Laster und die Not", erklärt der Türke die weltumspannende Wahrheit.

Nun, sagt Voltaire, da hilft kein Räsonnieren. Da der Mensch es nicht schafft, allein in seiner Wohnung zu bleiben, ist das Beste für sein Seelenheil die Arbeit. „Wir müssen unseren Garten kultivieren" – so endet Voltaires Roman „Candide", der 1759 erschien. Bernhard Taureck, Philosoph an der Technischen Universität (TU) Braunschweig, liest seinen Voltaire mit modernem Blick. Die Bedeutung, die die Arbeit für die Psyche des Menschen hat, wird in der heutigen Debatte zur Arbeitslosigkeit stark vernachlässigt.

(ehl)

Von Fleischern und Dichtern

„In der allergrößten Not schmeckt die Wurst auch ohne Brot.“ Nein, von solchen Sprüchen hält Bäckermeister Ernst Braun aus Goslar nichts. „Was nützt die beste Wurst, wenn es an einer ordentlichen Grundlage mangelt?“ Für die Grundlage, das Brot, ist er zuständig. Für die Wurst sein Bruder Wolfgang Braun, Fleischermeister in Gifhorn. Die beiden Männer verstehen ihr Handwerk und mit platten Reimen braucht man den beiden erst gar nicht zu kommen. Kein Wunder, bei der Verwandtschaft!

Denn kein Geringerer als Martin Opitz (1597-1639), der größte deutsche Dichter in der ersten Hälfte des 17. Jahrhunderts, ist ein Ahn der Brüder Braun, wie ein Dokument aus Opitz´ schlesischer Geburtsstadt Bunzlau beweist. Da man damals noch nicht als freier Schriftsteller überleben konnte, verdingte sich Opitz als Hauslehrer oder diente sich verschiedenen Herrschern an.

„Als breit gebildeter Humanist mit weitem Bekanntenkreis zwischen Breslau, Stockholm, Leiden und Paris eignete er sich hervorragend zum Diplomaten, und zuweilen spielte er für die verfeindeten Schweden und Polen den Doppelagenten“, erzählt Harald Bollbuck von der Herzog August Bibliothek Wolfenbüttel. Gemeinsam mit dem Leiter des Projekts, Klaus Conermann, arbeitet er die Korrespondenz von Opitz wissenschaftlich auf, übersetzt und erläutert sie. „Übrigens“, sagt Bollbuck, „war auch der Vater des Dichters Opitz wie Wolfgang Braun ein Fleischermeister.“

Martin Opitz (1597-1639) schrieb als erster deutsche Verse, die sich systematisch der natürlichen Wortbetonung anpassten, also nicht anders klangen, als man sprach.

Opitz: Dichter, Diplomat und Doppelagent

Martin Opitz von Boberfeld (1597-1639) ist eine Schlüsselgestalt der deutschen Literaturgeschichte. Er etablierte die meisten Gattungen der europäischen Renaissance-Literatur in Deutschland und stellte damit Vorbilder für die weitere literarische Entwicklung bis ins 18. Jahrhundert auf. In einem Editionsprojekt der Herzog August Bibliothek (HAB) Wolfenbüttel wird die spannende Korrespondenz von Opitz, vermehrt durch verstreute handschriftliche Bemerkungen und Berichte anderer über den schlesischen Dichter, wissenschaftlich aufgearbeitet, übersetzt und kommentiert. 420 Dokumente liegen den Wissenschaftlern der HAB vor, davon 280 Briefe von und an Opitz. 255 Briefe sind auf Latein verfasst, 25 auf Deutsch.

„In den Briefen erörtert Opitz vornehmlich Probleme der Dichtung und der deutschen Sprache oder er liefert Berichte über die politische und militärische Lage seiner Zeit. Oft sind die Schreiben von persönlichen Erlebnissen der Kriegszeiten durchsetzt“, erläutert der Historiker Dr. Harald Bollbuck. „Opitz schrieb als erster deutsche Verse, die sich systematisch der natürlichen Wortbetonung anpassten, also nicht anders klangen, als man sprach.“ Da man damals noch nicht als freier Schriftsteller überleben konnte, verdingte er sich als Hauslehrer oder diente sich verschiedenen Herrschern an. „Als breit gebildeter Humanist mit weitem Bekanntenkreis zwischen Breslau, Stockholm, Leiden und Paris eignete sich Opitz hervorragend zum Diplomaten, und zuweilen spielte er für die verfeindeten Schweden und Polen den Doppelagenten. In den düsteren Kriegszeiten konnte man sich sein Auskommen kaum aussuchen“, erzählt Bollbuck.

(gef)

Die Autorin verschwindet in einem Bild

Robert Walsers Spaziergänge durch Städte, Landschaften und Bilder bereicherten das Feuilleton der Zeitschriften seiner Zeit. Erich Unglaub erforscht an der TU Braunschweig Leben und Werk des Ahnherrn der Schweizer Moderne.

Was meinen Sie? Gehen wir ein paar Schritte? Ach, verstehe, Sie sind gerade froh, dass Sie sitzen. Na, dann kommen Sie vielleicht in Gedanken mit? Eine meditative Übung? Nein, nein, das hatte ich gar nicht im Sinn. Es ist auch nicht weit. Wir gehen rechterhand am Schloss vorbei, den neu entstandenen Alleeweg entlang. Bis zur Ampel. Hier die Straße überqueren und weiter geradeaus. Ach, jetzt wissen Sie schon?

Genau: Auf der linken Seite erscheint ein Gebäude, zu dessen Eingang eine große Treppe hinaufführt. Das Museum ist geöffnet und wir treten ein. Wir kaufen eine Eintrittskarte, aber wir wollen nicht den ganzen Nachmittag bleiben. Oder doch? Und wieder Treppen. An den Absätzen werden wir von Büsten begrüßt. Sie nicken nicht, sondern gucken nur streng.

Wir gehen zu den Gemälden. „Italienische Landschaft“ von Philipp Hackert. Wir sehen es an und sehen hinein. Und dann verschwinden wir vorsichtig darin. Wir streichen noch den Schafen über das Fell und dann führt mein Weg weiter in die Tiefe der Landschaft. Winke ich Ihnen noch zu? Entscheiden Sie...

Spaziergänge, das war die Spezialität Robert Walsers, der in Landschaften, Städten und Bildern umherwanderte. Der Schweizer Schriftsteller beschrieb nicht, sondern verknüpfte seine Schilderungen mit Reflexionen, mit wirklichen Begebenheiten, mit Geschichten. Etliches von seinem Werk wurde seinerzeit in Zeitschriften veröffentlicht. Das zeitgenössische Feuilleton liebte diesen Stil, erläutert uns Erich Unglaub, der am germanistischen Institut der Technischen Universität Braunschweig Walsers Werk erforscht.

Getroffen habe ich diesen Stil nicht? Ja, das habe ich schon befürchtet.

Ahnherr der Schweizer Moderne: Walser

Maler der eine, Schriftsteller der andere. Karl und Robert Walser. Der erste – seinerzeit berühmt – ist heute vergessen, bei dem anderen ist es umgekehrt. Zeitlebens mittellos schrieb Robert Walser für Feuilletons und Zeitschriften und wurde erst in den achtziger Jahren des letzten Jahrhunderts wiederentdeckt. Erich Unglaub, Germanist an der Technischen Universität (TU) Braunschweig, vergleicht die Biographien zweier ungleicher Brüder. „Von den Bildern Karl Walsers spricht heute niemand mehr“, erläutert Unglaub, „doch der jüngere Robert wird zunehmends lebendiger und veröffentlichte vor kurzem wieder – so schien es –, denn so rege wurde sein Werk aufgelegt.“

Das Werk dieses 1956 verstorbenen „Ahnherrn der Schweizer Moderne“ gibt noch heute Rätsel auf: zum Beispiel seine Mikrogramme, die er in winzigster, fast unlesbarer Schrift festhielt, und zwar auf allem, was sich beschriften ließ. „Im Bleistiftgebiet“ betitelte Walser dieses Konvolut, das lange als pathologisch verdächtig galt und erst vor cirka zwanzig Jahren nach und nach entziffert worden ist.

(ehl)

Grüße von Nischel

Kennen Sie „Nischel"? Nein? „Nischel" ist sieben Meter hoch, 40 Tonnen schwer und hat ein ziemlich grimmiges Gesicht. „Nischel" nennen die Chemnitzer die berühmte Büste von Karl Marx an der Brückenstraße. Wer heute an dem wuchtigen Granitkopf vorbeischlendert, kann sich kaum vorstellen, dass Marx zu Lebzeiten nicht einmal in einen Kieselstein gehauen worden wäre. Der bärtige Trierer war damals weitgehend ein „No Name", der von London aus mit mäßigem Erfolg für den Kommunismus kämpfte. Dass er überhaupt auf dem Kontinent bekannt wurde, ist unter anderem dem Braunschweiger Wilhelm Bracke zu verdanken.

„Marx legte viel Wert auf die Meinung Brackes", skizziert Gerd Biegel, Direktor des Braunschweigischen Landesmuseums, die enge Freundschaft und den regen Briefwechsel der beiden Männer. Mit seinem „Volks-Kalender" machte Bracke, damals Verleger in Braunschweig, Marx bei der Landbevölkerung populär. „Nicht durch einen platten Personenkult, wie es bei dem Sozialisten Ferdinand Lassalle der Fall war, sondern durch die Darstellung seiner wissenschaftlichen Leistungen", stellt Biegel klar. Das Kapitel über Marx wird Friedrich Engels später sogar als die „erste und allein authentische Biographie" bezeichnen.

Ein Projekt des Braunschweigischen Landesmuseums will mit dazu beitragen, dass Wilhelm Bracke wieder die Stellung im Geschichtsbewusstsein bekommt, die er vor rund 150 Jahren hatte.

Nur 37 Jahre alt wurde der Braunschweiger Wilhelm Bracke. Als Propagandist auf dem Kontinent gehörte er dennoch zu den wichtigsten Mitstreitern von Karl Marx.

Ein Streiter für den Sozialismus

„Meine Herren, ich will Ihnen sagen, wir pfeifen auf das ganze Gesetz!" Nein, ein Blatt vor den Mund nahm der Braunschweiger Wilhelm Bracke nie. Mit seiner rüden Ablehnung der Sozialistengesetze sorgte er damals – 1878 – für einen Eklat im Berliner Reichstag. Als Verleger war er ein hartnäckiger Streiter für den Sozialismus und die Sozialdemokraten. Vor allem aber war er ein treuer Mitstreiter von Karl Marx. „Heute lässt sich das kaum mehr vorstellen, aber damals war Marx, der im Exil in London lebte, in Deutschland kaum populär", sagt Prof. Dr. h.c. Gerd Biegel, Direktor des Braunschweigischen Landesmuseums (BLM). Marx fehlte durch die räumliche Entfernung die Verbindung zur Basis. „Tauchte er in Schriften auf, wurde er meist diffamiert, eher aber noch totgeschwiegen", merkt Biegel weiter an.

Wilhelm Bracke sorgte in permanenten Vorträgen über Marx und dessen Werk „Das Kapital" dafür, dass der Name „Marx" immer wieder ins Gespräch kam. Die bekannteste Plattform ist der von ihm verlegte Braunschweiger „Volks-Kalender", in dem auch eine biographische Skizze von Friedrich Engels zu Karl Marx erschien.

Derzeit arbeitet das BLM in einem Arbeitsprojekt den regen Briefwechsel zwischen Bracke, Marx und Engels auf, um die bedeutende Rolle des Braunschweigers für die Propagierung der Marxschen Theorie in Deutschland zu unterstreichen. „Berühmt geworden ist der Brief von Karl Marx, in dem er den Verleger bittet, die kritischen Randbemerkungen zum Gothaer Programm noch einmal durchzulesen. Er zeigt, wie stark sich Marx auf die Meinung Brackes stützte", merkt Biegel an.

(leu)

Wie ein Menschenfräulein

Es war einmal eine kleine Brockenhexe. Die wünschte sich nichts sehnlicher, als wie ein wirkliches Menschenfräulein auf zwei Beinen durch ein echtes menschliches Leben zu geben, und hätte dafür nur zu gerne ihren Unterleib, der wie ein Besen geformt war, samt dem ganzen Hexenschicksal an den Nagel gehängt. Verliebt war sie und zwar in einen echten Welfenprinzen, der hoch zu Ross aus Braunschweig zum Harz geritten kam und als Wanderer von Stein zu Stein über die Bode hüpfte wie ein junger Gott, weil es an der Stelle keine Brücke gab.

Die Geschichte kommt Ihnen bekannt vor? Okay, ich habe ein bisschen bei Hans-Christian Andersens „Kleiner Meerjungfrau" geklaut. Aber dieses Märchen hätte eben auch wie oben geschildert ablaufen können. Obwohl, ich gebe zu, von Braunschweig aus nahm Hans-Christian Andersen 1831 nicht direkt das Pferd, sondern die Postkutsche, um nach Goslar zu gelangen. Aber über die Bode hüpfte er tatsächlich von Stein zu Stein, wie er in seinem Reisebericht schildert, vermutlich etwas animiert durch am Abend zuvor in heiterer Gesellschaft genossenes „Bergwasser". (Nun ja, ein Welfenprinz war der Däne auch nicht, aber Poet!)

Erich Unglaub spürt an der Germanistischen Fakultät der Technischen Universität (TU) Braunschweig dieser Harzreise nach, die Andersen zum Märchenerzählen inspirierte. Für die zeitgenössischen Dänen war es übrigens eine beliebte Reise in den Süden!

Nach Süden! Über Braunschweig zum Brocken – Hans Christian Andersen reist 1831 per Postkutsche. Er kommt aus Dänemark und das Land, in dem die Kastanien blühen, liegt schon sehr weit südlich.

Mit Andersen im Harz

Das Reisen um des Reisens willen war schon bekannt, man sah im Weg das Ziel, versuchte Eindrücke zu sammeln und in landschaftlichen Skizzen festzuhalten, als Hans-Christian Andersen 1831 von Dänemark aus in den Harz aufbricht. Seinerzeit eine beliebte Reise in den Süden, die schon besonders schien, wenn sich am Horizont plötzlich die fernen Gebirgszüge zeigten, während der Blick in Dänemark nur weite Ebene gewohnt war. Per Postkutsche reist der junge Poet, reichlich mit Ratschlägen versehen („Reisepass und Kreditbrief festhalten", „am Blocksberg nicht schwindsüchtig laufen"). Das Motto von Andersens Reisebericht schließlich klingt heute unendlich platt: „Wenn einer eine Reise tut, dann kann er was erzählen", – vor zweihundert Jahren beflügelt der Spruch jedoch noch die Reiselust. Und Andersen ist begierig darauf, Eindrücke zu sammeln. Er führt Tagebuch, ist aber bereits entschlossen, auch bald einen Reisebericht zu publizieren. Der Braunschweiger Germanist Erich Unglaub weist nach, dass die romantisch empfundene Topographie des Harzes Andersen zu den Märchen inspirierte, die er in späteren Jahren in einer für Kinder verständlichen Erzählweise schrieb.

(ehl)

Lieben Sie Wagner?

Der Hausherr öffnete selbst. Auf dem Weg durch den Flur bemerkte ich, dass das Nietzsche-Portrait bereits abgehängt war. Cosima brachte den Mocca. Ich war also zu spät gekommen, der Philosoph verkehrte nicht länger in diesem Haus. Schade, Zeitmaschinen sind auch nicht mehr das, was sie mal waren. In Zukunft, sagte ich mir, werde ich nur noch mit Profis reisen.

Ich kramte eine Visitenkarte hervor: Deutsche Gesellschaft für die Erforschung des 19. Jahrhunderts. Ich erinnerte mich – seit inzwischen drei Semestern läuft an der Hochschule für Bildende Künste Braunschweig (HBK) eine Vortragsreihe dieser ehrenwerten Gesellschaft unter dem Titel „Paradigmatische Gestalten des 19. Jahrhunderts“. Vorstandsmitglied Arne Zerbst, zugleich Lehrender an der HBK, sorgt für die nötige Feinjustierung bei dieser anderen Art von Zeitreisen. Interdisziplinär ist das Spektrum der beteiligten Wissenschaftler, die bei so berühmten Persönlichkeiten wie Charles Darwin oder Caspar David Friedrich Visite machen. Zeitliche Bruchlandungen wie meine eigenen sind jedenfalls ausgeschlossen.

Beim Abschied von Wagner erwähnte ich nämlich, wie sehr mich der Parsifal entzückte, und der Komponist schaute mich ganz komisch an. Erst zuhause fiel mir ein, dass er die Oper am Tag meines Besuches noch gar nicht vollendet hatte.

Gegenwart ist an der HBK Braunschweig eine Besichtigungstour ins 19. Jahrhundert.

Zu Gast bei berühmten Freunden

Vom 19. Jahrhundert lernen heißt etwas über seine eigene Gegenwart lernen. Auf diese gleichsam optimistische Formel ließe sich die Vortragsreihe bringen, die 2007 in der Aula der Hochschule für Bildende Künste Braunschweig (HBK) veranstaltet wurde. Griffig ist auch der Titel der Reihe „Paradigmatische Gestalten des 19. Jahrhunderts“, großzügig unterstützt von der Stiftung Braunschweigischer Kulturbesitz. Ins Leben gerufen worden war das Projekt von der Gesellschaft für die Erforschung des 19. Jahrhunderts. Dass zwei ihrer Vorstandsmitglieder, Hannes Böhringer und Arne Zerbst, zugleich Lehrende an der HBK waren, war dabei kein Zufall. Ziel war es, diese Vereinigung in Fahrt zu bringen und an die Hochschule zu binden.

Die Vortragsreihe sollte bewusst hier in der Region ansetzen, Regionalismus mit Internationalität verknüpfen und zum regen Dialog zwischen hier ansässigen und auswärtigen Wissenschaftlern beitragen. Was aber macht gerade die Zeit von Charles Darwin, Wilhelm von Bode oder dem jungen Winston Churchill für unsere Gegenwart so bedeutsam? „Das 19. Jahrhundert“, erläutert Zerbst, „eröffnet die Moderne. Es ist charakterisiert durch eine politisch-industrielle Doppelrevolution und formuliert wesentliche Fragestellungen, die uns noch heute angehen: Nationalismus und Imperialismus, Geschichtsdenken und Fortschrittsgläubigkeit, Genetik und Evolutionstheorie lauten nur einige der aktuell gebliebenen Stichwörter.“ In diesem Spannungsfeld gerät auch die Kunsthochschule selbst in den Blick. Hervorgegangen aus dem 1841 gegründeten „Zeichen-Institut“, das Vorsprung handwerklicher Fertigkeiten gegenüber maschineller Produktion erweisen sollte, zeugen bis heute ihre exzellenten Werkstätten von nahezu ungebrochener Tradition.

(rei)

Herumwundern

Unkennbar, unwissbar und in jedem Fall abstrakt – diese Begriffe kommen vor, wenn Kant über das „Phänomen“ schreibt. Ein Beispiel macht die Sache vielleicht griffiger: Das Phänomen der verschwundenen Socke – hierzu gibt es viele Theorien – ja auch Verschwörungstheorien sind darunter. Am plausibelsten ist noch die Erklärung, die ein bekannter Waschmaschinenhersteller dazu gibt. Die Socken verschwinden demnach durch einen Spalt zwischen Dichtung und Trommel, der vor allem bei Überladung das eine oder andere kleine Wäschestück ins Nirwana befördert.

Immer wieder gerne diskutiert wird auch das so genannte Paranuss-Phänomen. In einer Packung Studentenfutter liegen die Paranüsse immer oben. Gerade habe ich mir im phaeno, der Erlebnislandschaft in Wolfsburg, durch ausgiebiges Schütteln eines Behälters mit verschieden großen Ringen klar gemacht, wie die kleinen Scheiben eilfertig in kleine Zwischenräume plumpsen und die großen so nach oben getrieben werden, da lese ich folgendes: Seit ein paar Jahren ist das so genannte umgekehrte Paranuss-Phänomen im Gespräch. Die großen Teile einer Mischung sinken manchmal auch nach unten! Was lernen wir daraus: Man lernt nie aus! Oder: Die Welt braucht Rätsel!

Geschüttelt, nicht gerührt – im Studentenfutter liegen die Paranüsse gerne oben, die kleinen Rosinchen hingegen sinken zu Boden. Im phaeno können Sie das so genannte Paranuss-Phänomen mit verschieden großen Ringen nachspielen.

Die Großen nach oben, die Kleinen...

Sie können ihn drehen und wenden, wie Sie wollen: den Behälter mit der Mischung aus verschieden großen Ringen im phaeno, der Erlebnislandschaft in Wolfsburg. Der Inhalt wird durch Schütteln seine bevorzugte Ordnung wieder herstellen. Die großen Scheiben treiben nach oben, die kleinen trollen sich nach unten. So wird nachvollziehbar, wie das Paranuss-Phänomen abläuft.

Im Studentenfutter (nach den dort enthaltenen Paranüssen wurde das Phänomen benannt) fallen kleine Nüsse und Rosinen eher in die kleinen Zwischenräume, die durch gelegentliches Schütteln – beim Transport zum Beispiel – entstehen. Die Paranüsse hingegen wollen unbedingt als erstes gegessen werden.

(ehl)

Sitcom-Philosophie

Arthur: „Ich hab grad'n tolles Kompliment bekommen. Holly hat gesagt, ich wär wie Familie für sie." Doug: „Wow. Hat sie auch 'nen Keller?" Wer diese Antwort nicht versteht, gehört wohl zu den wenigen, die die Kultserie „King of Queens" trotz ihrer rekordverdächtigen Wiederholungsraten noch nie gesehen haben.

Dabei ist die amerikanische Sitcom an Zuschauern gleich zweifach interessiert. Nicht nur als Fans, die den liebenswert-übergewichtigen Paketkurier Doug Heffernan, seine charmant-zickige Frau Carrie und deren penetrant-schrulligen Vater Arthur mit ihren alltäglichen Streitereien ins Herz geschlossen haben. Sondern auch als Inhalt.

„King of Queens ist die Serie, die am deutlichsten, verständnisvollsten und am authentischsten den Zuschauer thematisiert", analysiert Medienwissenschaftler Herbert Schwaab. Da die US-Produktion damit „eine Art von Fernsehwissenschaft" betreibt, taucht er auch medial forschend in „Heffernans Welt" ein. In seinem gleichnamigen Seminar an der Hochschule für Bildende Künste in Braunschweig erfahren Studenten anhand einer geballten Ladung „King of Queens" das Unterhaltenwerden auch in seinen philosophisch-medientheoretischen Dimensionen.

Ausreden für Sitcom-Lücken haben keine Chance: Denn es ist doch wohl kein Zufall, dass das Seminar am Samstag stattfindet – dem einzigen Werktag, an dem die Sitcom im Fernsehen nicht läuft?

12 Episoden der amerikanischen Sitcom „King of Queens" werden in einem Seminar an der HBK Braunschweig zum philosophisch-medienwissenschaftlichen Untersuchungsgegenstand.

Abtauchen in Heffernans Welt

Was hat die Sitcom „King of Queens" mit der Hochschule für Bildende Künste (HBK) in Braunschweig gemeinsam? Auch die Serie betreibt Forschung am Zuschauer. Um das unter Beweis zu stellen, macht der Medienwissenschaftler Herbert Schwaab zwölf ausgesuchte Episoden dieser Sitcom zum Ausgangspunkt seines Seminars „Heffernans Welt", das die Theorie und Philosophie populärer, audiovisueller Erzählungen behandelt. Medientheorie ist ihm bisweilen zu ausschließlich abstrakt: „Wo bleiben einfache, alltägliche Erfahrungen, die trotzdem intensiv sind?"

Langlebig wie kaum eine andere und mit rekordverdächtigen Wiederholungsraten – bis zu 13 Episoden täglich – ging die amerikanische Serie „King of Queens" auch für deutsche Zuschauer in die neunte und letzte Staffel. Trotz Kultstatus fand sie bislang jedoch wenig Echo in der Medientheorie und -wissenschaft. Das wundert Schwaab: „Die Sitcom King of Queens betreibt eine Art Fernsehwissenschaft und beschäftigt sich geradezu obsessiv mit dem Betrachter des Fernsehens. Sie vermittelt den Eindruck, zu wissen, unter welchen Bedingungen sie gesehen wird, sie bildet Allianzen mit ihren Betrachtern, indem sie diese in der Verkörperung ihrer Hauptfiguren Doug und Carrie widerspiegelt. Aber sie fragt auch nach den möglichen Folgen von Fernsehkonsum und erforscht die Rezeption des Fernsehens."

Damit bietet sie eine ideale Basis für eine philosophisch-medienwissenschaftliche Analyse. Aus der Fülle des Materials hat Schwaab ein paar exemplarische Aspekte ausgewählt. Denn wie bei Serien so üblich: neue Folge, neues Problem.

(mba)

Welttournee mit den Bee Gees

Die Kaffeefahrt nach Kassel wird Kurt Simpelwitz aus Broitzem so schnell nicht vergessen. Erst das eingängige Dosenmenü, dann eine schräge Präsentation namens Documenta, später die handsignierte Heizdecke eines chinesischen Markenkünstlers. Und schließlich spielte der Busfahrer den ganzen Rückweg über im Radio Kuschelrock à la Bee Gees.

Dabei hätte unser Broitzemer das alles einfacher haben können. Ein Blick in den Rundgang der Hochschule für Bildende Künste (HBK) im Jahr 2007, wenige Autominuten von seinem Reihenhaus entfernt, hätte ein Wiedersehen und -hören mit den Bee Gees gebracht. Das Team 404, vor etwa zehn Jahren aus der HBK-Klasse von John Armleder gegründet, lud weltweit Künstler ein, sich am Projekt CVsBGs zu beteiligen. Einzusenden waren Lebenslauf (CV), Passfoto und Langspielplatten eigener Wahl, die in einer Installation Marke Musikladen mit Bee Gees-LPs die Hüllen tauschten.

Wie in früheren Produktionen, die durch Europa und Asien tourten, durchleuchtet Team 404 auch diesmal Seh- und Hörgewohnheiten, erzeugt Interferenzen, die entstehen, wenn z.B. die individuelle Autorschaft an einem Kunstwerk auf andere übertragen wird. Ein Verfahren, welches Simpelwitz in seinem inzwischen gereiften ästhetischen Urteil sicher zu würdigen wüsste: „Das kann ich auch!“

Vinylplatten in einem Kunstprojekt der HBK Braunschweig (Team 404) zeigen, dass die globalisierte Welt manchmal eine Scheibe ist.

Lebensläufe auf dem Plattenteller

Die Hochschule für Bildende Künste Braunschweig (HBK) beherbergt in ihren Ateliers und Hörsälen Künstler und Wissenschaftler von internationalem Rang, was eher im Ausland zur Kenntnis genommen wird als in der Stadt selbst. Wie sehr diese Qualität die Studierenden inspiriert, lässt sich alljährlich beim so genannten Rundgang der HBK feststellen, wo Arbeiten aus verschiedenen Bereichen präsentiert werden. Dass es gelingt, auch die internationale Kunstszene an die Hochschule zu binden, zeigt beispielhaft die Klasse John Armleder und das aus ihr gegründete Team 404, dem inzwischen zahlreiche Künstler aus aller Welt angehören. Das Projekt mit den Namen CVsBGs wurde eigens für den Rundgang der HBK im Jahr 2007 *konzipiert. Die Künstler waren eingeladen, Passfoto, Lebenslauf (CV = Curriculum vitae) und eine Langspielplatte eigener Wahl einzusenden, mit dem Ziel, Foto und CV jeweils auf die eingesandte Platte bzw. deren Innenhülle zu kleben, wonach das Original-Cover dem einer Bee Gees-LP Platz macht. Dies gründet sich wie andere Produktionen Armleders und seines Teams auf eine künstlerische und kunsttheoretische Auseinandersetzung mit Kultur in einer rasend gewordenen Globalisierung, die in Gefahr ist, ihre Ursprünge zu verlieren und zur B-Seite einer Schallplattenversion zu verkümmern.*

(rei)

Studieren in Helmstedt

Wer sein Leben vereinfachen will, muss ausmisten. Einschlägige Ratgeber kennen da kein Pardon. Also, ab in den Keller, wo Kartons und Kisten all das horten, was unser Leben einst bereichert hat, jetzt aber nur noch fürs Altpapier taugt: Uni-Skripte (hab‘ ich das wirklich mal gelesen?), Seminar-Mitschriften (sind die Hieroglyphen meine Handschrift?), Verzeichnisse über Vorlesungen (hab‘ ich je eine durchgängig besucht?). Jetzt bloß nicht ins Blättern kommen. Das alles braucht kein Mensch mehr.

Gut, dass unsere Vorfahren nichts von Feng Shui in Haus und Büro wussten, sondern fleißig archiviert haben. Sonst könnten Jens Bruning und seine Kollegen von der Herzog August Bibliothek Wolfenbüttel ihr Vorhaben, eine Forschungslücke zu stopfen, gleich wieder ad acta legen. Die „Wissensproduktion an der Universität Helmstedt“ heißt ihr Projekt, das sich insbesondere der Entwicklung der philosophischen Fakultät 1576-1810 widmet. Tausende gedruckte Hochschulschriften wie Dissertationen und Reden aus jener Zeit gilt es zu erschließen und per Internet-Datenbank zugänglich zu machen. Außerdem kommen Vorlesungsverzeichnisse mit 40 000 Lehrveranstaltungen aller vier Fakultäten Theologie, Jurisprudenz, Medizin und Philosophie ins Netz. Auf dieser Grundlage wollen die Wissenschaftler die Zeitspanne zwischen 1680 und 1720 unter die Lupe nehmen, die Ergebnisse als Buch veröffentlichen. Bruning: „In dieser Zeit wandelte sich das Wissenschaftsbild. Wir erforschen, wie die Universität Helmstedt darauf reagiert, was sie angenommen, wogegen sie sich gesperrt hat.“

Ich sperre mich vorerst gegen das Entrümpeln und meinen Keller wieder zu. Wer weiß, wozu das ganze Zeug noch mal gut ist.

1576 wurde die von Herzog Julius eingerichtete Universität Helmstedt feierlich eröffnet; der Lehrbetrieb endete 1810 mit der Auflösung der Universität.

Wissensproduktion an der Universität

Die in den 1570er Jahren unter Herzog Julius eingerichtete Universität Helmstedt gehörte viele Jahre zu den angesehensten höheren Bildungseinrichtungen im Alten Reich: Bis in das letzte Drittel des 17. Jahrhunderts hinein war sie nach Wittenberg und Leipzig eine der größten Universitäten, an der sich insgesamt mehr als 40 000 Studierende eingeschrieben haben. 1810, zur Zeit des Königreichs Westphalen, wurde die Universität Helmstedt aufgelöst.

„Ihre Geschichte ist nur in Teilen erforscht, eine Gesamtgeschichte fehlt bis heute“, sagt Dr. Jens Bruning, Historiker und wissenschaftlicher Mitarbeiter in dem Projekt „Wissensproduktion an der Universität Helmstedt“, das im November 2006 an der Herzog August Bibliothek (HAB) Wolfenbüttel gestartet wurde. Die Wissenschaftler der HAB interessieren sich vor allem für die in der Forschung stark vernachlässigte philosophische Fakultät. In zwei Erschließungsprojekten arbeiten sie Material zur Entwicklung der frühneuzeitlichen Fakultät auf und machen es per Internet-Datenbank zugänglich. Dabei geht es zum einen um die Lehrveranstaltungen aller vier Fakultäten Theologie, Jurisprudenz, Medizin und Philosophie. Zum anderen um Hochschulschriften – Dissertationen, Programme und Reden – der philosophischen Fakultät zwischen 1576 und 1810.

Rund 40 000 Lehrveranstaltungen aller vier Fakultäten wird die Datenbank verzeichnen – überwiegend auf Latein, in der damaligen Sprache der Gelehrten, ab 1745 zusätzlich auch auf Deutsch. Voraussichtlich in der zweiten Hälfte 2008 können die Nutzer auf das Material via Mausklick zugreifen.

(gef)

Hüttenwerk „light“!

Also, wenn es nach der Werbung geht, müssten wir schon längst alle im Orbit schweben. „Mach's dir leicht, mach's dir Gröbi“ verhunzt seit 2004 ein österreichischer Getränkehersteller die deutsche Sprache. „Wer Sekt bestellt, dem sei gesagt: Im Sommer ist nur leicht gefragt“ hielt schon 1961 ein Konkurrent dagegen. „Light“ ist nicht erst seit heute „in“: Vor rund fünfzig Jahren war Braunschweig sogar der Nabel der deutschen Leichtigkeit – architektonisch gesehen.

Friedrich Wilhelm Kraemer, Braunschweiger Architekt und Hochschullehrer, gründete nach dem Krieg die berühmte „Braunschweiger Schule“ mit ihrem Motto: „Bauen, als wenn du schwebst“. Luftige Beispiele sind das Kaufhaus Flebbe, die Herzog August Bibliothek und die Unterharzer Berg- und Hüttenwerke. „Man hat das Gefühl, das Gebäude hebt ab“, beschreibt Anne Schmedding von der Technischen Universität (TU) Braunschweig, Fachgebiet Geschichte und Theorie der Architektur und Stadt (gtas), die Goslarer Hüttenwerke.

Kraemers Klarheit und Minimalismus stammen nicht aus dem biederen Nachkriegsdeutschland. Sie sind den amerikanischen Hochhäusern Mies van der Rohes‘ und Walter Gropius‘ abgeschaut. „Kraemer gehört zu den einflussreichsten Architekten nach 1945 und prägte entscheidend die Wirtschaftswunderjahre“, beschreibt Karin Wilhelm, Leiterin des gtas, den charismatischen Mann. Aus Anlass seines 100. Geburtstages zeigten die TU und das Braunschweigische Landesmuseum bis zum 12. August 2007 eine große Werkschau.

„Light“ kann nicht nur Cola oder Frischkäse sein. Vor 50 Jahren revolutionierte ein Braunschweiger Architekt mit seinem luftigen Baustil das Gesicht der Bundesrepublik.

Die Suche nach dem ewigen Gesetz

Wussten Sie, dass Braunschweig einmal zu den wichtigsten Zentren für Architektur gehörte? Tatsächlich ist dies in Vergessenheit geraten. Dabei prägte der Braunschweiger Architekt und Hochschullehrer Friedrich Wilhelm Kraemer nach dem Krieg für Jahrzehnte die Bauten der jungen Bundesrepublik. Bereits in den 30er Jahren hatte der Architekt Privathäuser gebaut. International bekannt wurde Kraemer aber durch seine Schul,- Industrie-, Büro- und Kulturbauten im „international style“. „Der große Umbruch in der Bauweise erfolgte nach seiner Reise in die USA 1955“, sagt Anne Schmedding vom Fachbereich Geschichte und Theorie der Architektur und Stadt (gtas) der Technischen Universität (TU) Braunschweig. Kraemer war von der modernen Lebensweise, den Autos, den Hochhäusern einfach begeistert. Zurück in Deutschland setzte er diesen transparenten, klaren und leichten Stil konsequent an der Fakultät für Architektur der TU, an der er lehrte, um. Der Begriff „Braunschweiger Schule“ wurde international bekannt und geschätzt. Beispiele dafür sind das Kaufhaus Flebbe am Bohlweg (1950-1958), das Hochschulforum der TU Braunschweig (1957-1960, 1969-1971) oder aber auch die Jahrhunderthalle in Frankfurt-Höchst.

(leu)

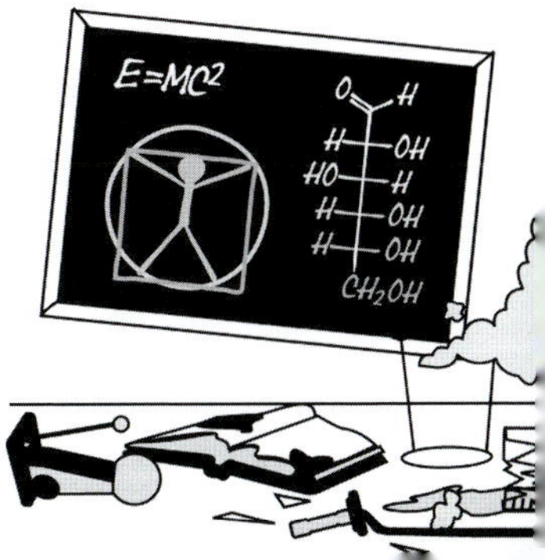

Göttlicher „Navi“

Preisfrage: Wann kam das erste Navigationssystem auf den Markt? 1990? Falsch. Der erste „Navi“ tauchte in der Antike auf, hieß Ariadne und benutzte einen Bindfaden. Doch der Reihe nach: Der Sage nach soll der Grieche Daidalos ein Labyrinth erbaut haben, in dem nicht nur ein Menschen fressendes Ungeheuer, sondern leider auch der arme Theseus saß. Damit dieser aus dem Dilemma wieder herausfand, gab ihm die Göttin Ariadne einen Bindfaden, mit dem er sich in dem Gewirr der Gänge orientieren konnte. Der Trick funktionierte. Theseus kam mit heiler Haut davon.

Die Griechen wären natürlich nicht die Griechen, wenn hinter der Geschichte nicht noch ein tieferer Sinn steckte. „Im Labyrinth begegnet man nicht dem Minotaurus, sondern sich selbst“, zitiert Oliver Zybok von der Hochschule für Bildende Künste (HBK) die Mythologie. Der Irrweg als Weg zum wahren Ich? „Ja“, meinten die Meisterschüler der HBK und konzipierten eine ganze Ausstellung unter dem Titel „Prinzip Umweg“. „Auch ein Künstler findet ja erst über Umwege zu seiner Aussage“, sagt Christian Fähndrich von der HBK.

Damit die Betrachter die verschlungenen Wege nachvollziehen konnten, wurden die Kunstwerke über ein ganzes Stadtviertel verteilt – in leer stehenden Küchen, Wohnzimmern, Werkshallen. Für die junge Künstlerin Hanna Nitsch führte der Umweg tatsächlich zum Erfolg: Sie erhielt für ihre Arbeit den ersten Preis und 6000 Euro von der Stiftung Braunschweigischer Kulturbesitz.

© HBK Braunschweig

Labyrinthe waren im alten Griechenland der Wohnort des gefährlichen Minotaurus. Für die Meisterschüler der HBK sind sie ein Symbol für den Weg zum Künstler.

Spaziergänge zur Kunst

24 Meisterschüler der Hochschule für Bildende Künste (HBK) präsentierten ihre Arbeiten 2007 einmal nicht an der HBK selbst, sondern an ganz alltäglichen Orten – in Mietshäusern und Werkshallen. Ausgangspunkt der von Professor Oliver Zybok kuratierten Werksschau war ein Labyrinth in der Galerie der Hochschule. Warum ein solcher Irrweg? „In der mythologischen Deutung ist das Labyrinth zugleich ein Ort, an dem der Wanderer sich selbst begegnen kann. Dieser Prozess der Selbstfindung ist für die Künstlerinnen und Künstler auch mit dem Meisterschüler-Studium verbunden, das ja extrem unterschiedliche mediale und formale Positionen miteinander vernetzt“, so HBK-Pressesprecher Christian Fähndrich.

Für die Ausstellung „Prinzip Umweg“ kooperierten die Meisterschüler mit der Braunschweiger Baugenossenschaft (BBG) und den Wichmann-Hallen. Mietswohnungen bildeten nicht nur hervorragende Ausstellungsorte, sondern förderten auch den direkten Kontakt zum Publikum. „Am Anfang waren die Nachbarn natürlich zurückhaltend, aber wir sind einfach auf sie zugegangen“, beschreibt Meisterschüler Dennis Bettels den Annäherungsprozess. Die angehenden selbstständigen Künstler ließen sich von der eigenartigen Atmosphäre der leeren Wohnungen inspirieren und schufen die verschiedensten Foto-, Video- und plastischen Arbeiten. „Während des einjährigen Meisterschulstudiums bereiten sich die jungen Künstler auf ein Wirkungsfeld außerhalb der Hochschule vor“, so Fähndrich. Meisterschüler kann nur werden, wer den Diplomstudiengang Freie Kunst mit herausragenden künstlerischen Leistungen abgeschlossen hat.

(leu)

Im Labyrinth verirrt

Jetzt, da das neue Schuljahr losgegangen ist und Knirpse, nicht viel größer als einen Meter, über Zebrastreifen tappen, kehren zwangsläufig die Gedanken an die eigene Schulzeit zurück. Als man schwitzend und zitternd an der Tafel stand und sich im Labyrinth der Zahlen verhedderte, weil jede Gehirnwendung in der Sackgasse endete. Bis der Lehrer schließlich das vernichtende Urteil sprach: „Da befindest du dich wohl auf einem Irrweg."

Labyrinth, Sackgasse, Irrweg – gut zu wissen, dass selbst die Wissenschaftler nicht davor gefeit sind, wie die Braunschweiger Bundesforschungsanstalt für Landwirtschaft (FAL) uneitel zugibt. Bis zum 9. September 2007 konnten Besucher auf dem FAL-Gelände ein zwei Hektar großes Maislabyrinth bestaunen und darin die (Irr-)Wege der Forschung erkunden. Zehn Forschungseinrichtungen präsentierten inmitten übermannshoher Maispflanzen die Marschrichtungen von insgesamt 17 wissenschaftlichen Projekten. Die Sackgassen in dem Labyrinth sind Symbol dafür, dass auch die Wissenschaft oft mehr als einen Anlauf bis ins Ziel braucht.

Im Maislabyrinth begegnete man auch einigen Schätzfragen der Physikalisch-Technischen Bundesanstalt (PTB), beispielsweise: Wie viele Sandkörner vom Nordseestrand wiegen ein Kilogramm? Ach! Hätte es doch auch auf der Schultafel mehr Aufgaben gegeben, die Pi mal Daumen zu lösen gewesen wären.

Im Labyrinth hat sich schon in der Antike manch einer verlaufen. Die (Irr-)Wege der Braunschweiger FAL verraten, dass auch Forschung ganz schön verschlungen sein kann.

(Irr-)Wege der Forschung

Die Bundesforschungsanstalt für Landwirtschaft (FAL) hatte auf ihrem Gelände an der Bundesallee in Braunschweig als „Highlight-Beitrag" zur „Stadt der Wissenschaft 2007" mit Unterstützung der Volksbank eG Braunschweig Wolfsburg ein zwei Hektar großes Maislabyrinth mit (Irr-) Wegen der Forschung angelegt.

Zwischen dem 1. und 9. September 2007 war das Maislabyrinth für alle Interessierten geöffnet. „Seinen Weg durch die Labyrinth-Gänge zu finden ist an sich schon ein Erlebnis", meint der Labyrinth-Anbauer Florian Hackelsperger von der FAL, „und die darin zu erkundenden Forschungswege machen es dann noch einmal besonders spannend."

In dem Maislabyrinth konnten nämlich „(Irr-) Wege der Forschung" erkundet werden. Zehn Forschungseinrichtungen aus der ForschungRegion Braunschweig zeigten darin die Forschungswege von 17 aktuellen und historischen Forschungsprojekten. Die Sackgassen und Umwege des Maislabyrinths sollten symbolisch verdeutlichen, dass man in der Wissenschaft oft mehr als einen Anlauf nehmen muss, bis man das Ziel erreicht.

(boy)

Urbanes Déjà-vu

Vom Bus auf den Marktplatz ausgespült, kann ein Reisender auf Städtetour von verwirrenden urbanen Déjà-vus ereilt werden: Denn täglich grüßt die gleiche Innenstadt – ist der Busfahrer in einer Schleife verfangen? Die Drogerie-Discounter, der Handy-Shop, der Billig-Optiker, die Fastfood-Ketten, die drei obligatorischen Fashion-Shops; und dann die austauschbaren Vorstadtsiedlungen und Gewerbeinseln … immer mehr Städte kranken an Identitätsverlust, werden gesichtslos. Mitunter geraten dabei faszinierende Bauwerke aus dem Blick – aber auch die vielen Freiräume, die das Bild und die Atmosphäre einer Stadt prägen.

In ihrer Vorlesung am Institut für Städtebau und Landschaftsplanung der Technischen Universität Braunschweig befasst sich Gabriele Kiefer mit der landschaftsarchitektonischen Gestaltung solcher Freiräume. Sie können Gegenwelten schaffen, die das Wesentliche eines Ortes herausarbeiten. Klar, unverwechselbar, reduziert – das sind einige ihrer Kriterien für die Erschaffung solcher Orte.

Ein solcher von Kiefer gestalteter „Freiraum für den Kopf“ entsteht demnächst auf dem jetzt noch brachliegenden Vorplatz des Berliner Hauptbahnhofs. Ein landschaftsarchitektonischer Baustein, um aus einem irritierenden urbanen Déjà-vu ein identifizierendes Erinnern werden zu lassen.

90 % unserer Umwelt in Stadt und Land besteht aus freiem Raum. Im TU-Institut für Städtebau und Landschaftsplanung werden solche Freiräume zu unverwechselbaren Orten.

Motor der Stadtentwicklung

Früher war eine Stadt ein klar abgrenzbares Gefüge: definiert von einer Stadtmauer, hinter der das Feld begann, das in die Wildnis mündete. Durch die zunehmende Verstädterung haben sich klare Grenzen zwischen Stadt und Land fast gänzlich verwischt. Dennoch: Über 90 Prozent unserer Umwelt bestehen aus freiem Raum. Freiräume prägen das Bild und die Atmosphäre einer Stadt ebenso stark wie ihre Hochbauten und Museen.

Im Zuge der Schrumpfungsprozesse in manchen Städten entstehen viele hybride Räume, deren Nutzung und Gestalt keinen stadtplanerischen Absichten unterliegt. Vor allem in Vororten und Randgebieten der Stadt trifft man auf eine Mixtur aus Siedlungen, Gewerbeinseln, Tankstellen und Naturreservaten. Aber auch in Innenstädten verwischt die Grenze zwischen Gebäude und Außenraum, entwickeln sich hybride Räume unabhängig von Planung. Überall dort kann Landschaft zum verbindenden Aspekt der gesamten Umwelt werden. „In Zeiten von schrumpfenden Städten und Mittelknappheit erweist sich die Landschaftsarchitektur zunehmend als Motor der Stadtentwicklung, ohne die kein architektonisches Projekt oder Wettbewerb mehr durchführbar ist“, sagt Gabriele Kiefer, Professorin am Institut für Städtebau und Landschaftsplanung der Technischen Universität (TU) Braunschweig. Da keine „unberührte poetische Natur“ mehr „klaren Repräsentationsplätzen“ gegenübersteht, verschwimmen auch die Disziplinen im Prozess der Stadtentwicklung. Landschaftsarchitektur befasst sich in der Regel kaum noch mit der Gestaltung von Gärten, sondern schafft ein Verzahnen mit der Natur auch über Gestein, Beton, Holz, Kunststoff und andere Materialien.

(mba)

Boy Group der Wissenschaft

Berühmtheit ist oft von kurzer Dauer. Davon können Boy Groups mehr als ein Lied singen. Heute noch weltbekannt, nach ein, zwei Jahren schon völlig vergessen. Das große Vergessen ist jedoch nicht nur auf Karrieren in der Unterhaltungsindustrie beschränkt – auch Wissenschaftler (aber natürlich keine singenden) sind davon betroffen.

Julius Elster und Hans Geitel waren um 1900 herum ein solches unzertrennliches wissenschaftliches Duo. Sie waren Gymnasiallehrer in Wolfenbüttel, experimentierten aus Leidenschaft und forschten gemeinsam neben ihrem Lehrerberuf unter anderem auf dem damals jungen Gebiet der Radioaktivität. Ihre Experimente waren so neu und erfolgreich, dass die Welt auf Wolfenbüttel blickte und die beiden mehrmals für den Nobelpreis nominiert wurden.

Dennoch kennen heutzutage nur noch eingeweihte Wissenschaftshistoriker diese beiden Pioniere der Radioaktivitätsforschung. Die Wissenschaft leidet hier unter einem eher untypischen Fall von Gedächtnisverlust.

Dem wissenschaftshistorischen Gedächtnis half ein Erinnerungsprojekt im Schloss Wolfenbüttel auf die Sprünge. Zwischen dem 2. September und dem 18. November 2007 gab eine Ausstellung Einblicke in das Leben und Wirken von Elster und Geitel – und erweckte so die vergessene Boy Group zu neuem Leben. Dies ist vor allem dem Ausstellungsmacher Rudolf Fricke zu verdanken, der zudem am 6. November im Rathaus Wolfenbüttel einen Vortrag über die beiden Physiker hielt. Titel: „Forschen, lehren und leben in der Provinz“.

Sieben Mal für den Nobelpreis nominiert sein und ihn dennoch nicht bekommen! Dieses Schicksal ereilte die beiden Radioaktivitätspioniere Julius Elster und Hans Geitel.

Erinnerungsprojekt: Elster & Geitel

„Zwei Freunde – ein Wissenschaftler“ wäre die zutreffende Definition für die beiden Physiker Julius Elster und Hans Geitel aus Wolfenbüttel. Ihre herausragenden wissenschaftlichen Leistungen vollbrachten sie auf den Gebieten der atmosphärischen Elektrizität, der Radioaktivität und des lichtelektrischen Effekts. Ob Wilhelm Röntgen, Pierre Curie oder Sir Joseph John Thomson, die berühmtesten Physiker ihrer Zeit standen mit Elster und Geitel in einem lebhaften Gedankenaustausch. Aufgrund ihrer wegweisenden Forschungsergebnisse wurden sie zwischen 1904 und 1911 sieben Mal für den Nobelpreis vorgeschlagen. Optischer Mittelpunkt des Erinnerungsprojektes war eine Ausstellung in 2007 im Schlossmuseum Wolfenbüttel. Zu ihren Glanzlichtern zählten u.a. einige der von Elster und Geitel entwickelten Messgeräte. Solche Originale sind ausgesprochen rar. Die Physikalisch-Technische Bundesanstalt (PTB) vermittelte erhellende Einblicke in ihre Forschungsaktivitäten im Bereich der Radioaktivität. Außerdem präsentierte die Herzog August Bibliothek (HAB) im Zeughaus Teile des Nachlasses der beiden Physiker. Begleitet wurde die Ausstellung von einer abwechslungsreichen, auf hohem Niveau populärwissenschaftlich geprägten Vortragsreihe.

(ulb)

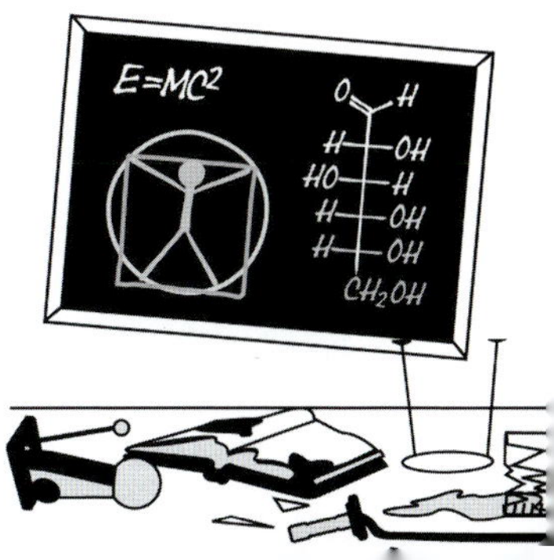

...Mutter sein dagegen sehr

Ah, Füße hoch. Tasse Tee. Es kann ja so inspirierend sein, Leuten bei der Arbeit zuzusehen. Dem Hausmeister beim Rasenmähen. Dem Liebsten beim Abwasch. Herrlich.

Bei den Spiegelneuronen ist das ähnlich. Bloß dass von Füßehochlegen keine Rede sein kann. Diese Nervenzellen im Gehirn werden erst richtig aktiv, wenn wir andere bei der Arbeit beobachten. Hirnforscher messen dann nicht weniger Aktivität im Gehirn, als wenn man die Arbeit selbst erledigen würde. So geschieht Lernen.

„Mütterliches Verhalten ist biologisch angebahnt", sagt Hans-Joachim Schwartz, Psychologe an der Fachhochschule Braunschweig-Wolfenbüttel. „Aber man muss trotzdem lernen, wie es geht." Nur wer selbst eine Mutter hatte, die beim Stillen, Wickeln, Füttern munter plauderte, die wusste, wie man spielt, und auf ein strahlendes Lächeln ansprang, wird diese kleinen, für die Entwicklung hochwichtigen Signale an sein Kind weitergeben. Sprache und Gefühl, weiß Hans-Joachim Schwartz, legen die Grundlage für die Entwicklung des Gehirns.

Kinder tun alles, um Mamas Aufmerksamkeit auf sich zu lenken. Kommt kein Lächeln, kein Wort, ziehen sie sich resigniert zurück. Hirnreifung adé. Damit das nicht passiert, schreiten die Sozialpädagogik-Studentinnen der Fachhochschule in prekären Familiensituationen ein. Sie zeigen den Mamas das Spielen und machen ihnen klar, wie viel sie ihrem Kind bedeuten. Die Mütter werden selbst noch mal ein bisschen Kind. Wer es sich gut gehen lässt und zuguckt, kann schließlich auch eine Menge lernen.

© FH BS/WF

Mütterliches Verhalten will gelernt sein. Wie es geht, muss man von der eigenen Mutter abgucken.

Mamas werden „nachbeeltert"

„Oooh, ist die Windel schon wieder voll?" „Tut's weh? Soll ich mal pusten?" Die meisten Mütter reden ständig mit ihrem Baby – beim Stillen, Wickeln, Füttern plaudern sie über die kleinen Dinge, die gerade passieren. Für die Entwicklung des Kindes kann man das gar nicht genug schätzen: Je früher ein Kind sprechen lernt und Zugang zu seinen Gefühlen findet, desto besser für die Hirnreifung und die Vernetzung der Nervenzellen. Besitzt eine Mutter solche „intuitiven Kompetenzen" nicht, kann man davon ausgehen, dass schon in der eigenen Kindheit etwas schief lief: Ihre eigene Mutter reagierte schon nicht auf die Annäherungsversuche des Kindes, über Gefühle und Kümmernisse wurde nicht geredet. Empathie, die Einfühlung in andere Menschen, lernt man nur, wenn man sie selbst erfährt. Im Gehirn werden dabei die Spiegelneuronen aktiv. Diese Nervenzellen leisten Schwerstarbeit, wenn wir andere bei einer Tätigkeit beobachten. Dadurch lernt das Gehirn.

Durch die Zusammenarbeit mit dem Jugendamt, einem Wohnheim für minderjährige Mütter oder Schwangerschaftskonflikt-Beratungsstellen werden Hans-Joachim Schwartz, Psychologe an der Fachhochschule (FH) Braunschweig/Wolfenbüttel, und seine Studentinnen auf gefährdete Familien aufmerksam. Die Studentinnen des Projektes Soziale Familienarbeit machen den Müttern deutlich, was sie ihrem Kind bedeuten, wie sehr sich das Baby nach Kontakt sehnt und wie bereitwillig es reagiert. Sie begleiten die Familien oft über ein Jahr hinweg, zeigen den Müttern, wie sie mit ihrem Kind spielen, und bringen oft auch das erste Bilderbuch in die Familie. „Nachbeeltern" nennt Professor Schwartz ihren Job: Bei diesen Besuchen merken viele junge Frauen zum ersten Mal, wie es sich anfühlt, bemuttert zu werden.

(abe)

Bonbons für Mama, Ohrfeigen fürs Kind

Der Riese zieht einen zermatschten Schokoladenkuchen aus der Tasche – den ersten Geburtstagskuchen, den der kleine Harry Potter je bekommen hat. Wildhüter Hagrid ist in Harrys Welt erstmal der einzige, der glaubt, dass aus dem Waisenkind kein Spinner, sondern ein berühmter Zauberer werden wird.

Wer so einen Menschen hat, eine einzige verlässliche Bezugsperson, dessen Leben kann gelingen, auch wenn alle Umstände dagegensprechen. Gibt es jemanden, der mir etwas zutraut, dann wirkt das wie ein Zauberspruch. Oder als Resilienzfaktor, psychologisch gesprochen.

Mädchen, die im Teenageralter schwanger werden, haben das oft nicht, weiß Hans-Joachim Schwartz von der Fachhochschule Braunschweig/Wolfenbüttel. Sie phantasieren davon, einem Baby die Liebe zu geben, die sie nie erfahren haben. Doch das geht fast immer schief. Wie ältere Schwestern konkurrieren sie mit dem Kind, geben sich selbst die Bonbons und dem bettelnden Kind eine Ohrfeige. Bereits Babys stellen sich dann auf ihre labilen Mütter ein, sind still und überangepasst.

Und schon traut sich manche überforderte Mami ein zweites Kind zu – schließlich kommt durch Unterhalt und Kindergeld eine Menge Geld zusammen. Und fürs Ego ist es besser, Mutter zu sein als eine chancenlose Jobbewerberin.

Die Studentinnen des Fachbereichs Sozialwesen der Fachhochschule Braunschweig/Wolfenbüttel springen wie verlässliche Hagrids bei den Mamas ein und wollen ihnen vermitteln, dass Kinderhaben auch Spaß machen kann. Schokokuchen für die Psyche.

Eine einzige verlässliche Bezugsperson kann genügen, damit ein Leben auch unter widrigen Umständen gelingt. Zum Beispiel, wenn man mit 16 Mutter wird.

Ein Baby fürs eigene Ego

Fünfmal mehr Hauptschülerinnen als Gymnasiastinnen bekommen im Teenageralter ein Kind. „Man muss vorsichtig sein mit Schlussfolgerungen", sagt der Psychologe Hans-Joachim Schwartz von der Fachhochschule (FH) Braunschweig/Wolfenbüttel. „Aber es scheint, dass sich heute viele Mädchen aus prekären Verhältnissen ein Kind wünschen." Durch Kindergeld, Elterngeld und den Unterhalt, den das Jugendamt für sechs Jahre übernimmt, wenn man den Vater nicht ermitteln kann oder will, kommt eine Menge Geld zusammen. Mehr, als eine schlecht ausgebildete Frau je verdienen wird. Und Mutter sein ist allemal besser fürs Ego, als sich als perspektivlose Schülerin oder frustrierte Arbeitslose zu erleben. „Selbstwertdienlichkeit" nennt das Schwartz: „Ohne die kann niemand leben."

Studentinnen des Projekts „Soziale Familienarbeit" begleiten die jungen Mütter für ein Jahr. Die psychologische Forschung zeigt, dass ein Leben auch unter widrigen Umständen gelingen kann, wenn eine verlässliche Bezugsperson da ist. Ihre Arbeit hat Aussicht auf Erfolg, meint Schwartz, wenn die Projekt-Studentinnen den jungen Müttern vermitteln können: Kinderhaben macht immer wieder auch Spaß.

(abe)

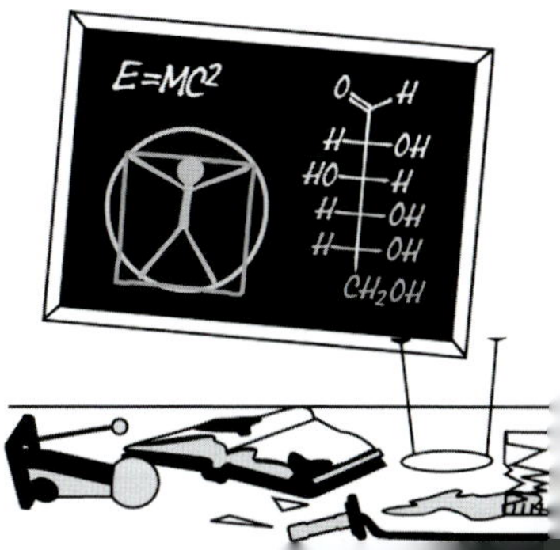

Die Ehefrau verstoßen? Nur mit amtlicher Bescheinigung

Martina hat einen Laserdrucker bekommen. Tanja beglückt ihren Angetrauten mit einem Miet-Ferrari. „Waaas, man muss seinen Ehepartner nach der Hochzeitsnacht beschenken?", fragt Solaire entgeistert. Tja, rät Tanja weise, lieber gleich nach dem Heiratsantrag ins Internet und sich informieren, was auf eine Braut zukommt. Am besten in einem der Bräute-Diskussionsforen, wo sich auch Martina, Tanja und Solaire über den modernen Brauch einer „Morgengabe" die Köpfe heiß reden.

„Luxusprobleme" würde eine muslimische Ehefrau da wohl sagen. In Ländern, deren Familienrecht sich an der islamischen Rechtsordnung Scharia orientiert, ist die Morgengabe des Bräutigams die einzige finanzielle Absicherung der Frau, wenn es zur Scheidung kommt.

Ansgar Marx, Jurist an der Fachhochschule Braunschweig/Wolfenbüttel, hat das Familienrecht islamischer Länder verglichen und festgestellt: Nur in wenigen Gesetzbüchern, etwa der marokkanischen Moudawana, ist die Moderne wirklich angekommen. Die Verstoßung der Frau erfordert in Ägypten heute eine amtliche Bescheinigung. Und die Gattin, die ihren Mann wegen seiner Zweitfrau verlassen will, muss dort nachweisen, dass ihr ernsthafter Schaden durch die Konkurrentin entsteht. Ein bescheidener Fortschritt.

Marx` Tipp für Frauen, die einen Muslim mit ausländischem Pass heiraten: der islamischen Tradition folgen und einen Ehevertrag abschließen, der Dinge wie die Morgengabe regelt. Und sich dabei nicht mit einem Candlelight-Dinner oder einer Espressomaschine begnügen!

Die Morgengabe ist kein verstaubter Brauch aus Tausendundeiner Nacht. Wer einen Muslim heiratet, sollte eine großzügige Gabe an die Braut vereinbaren, rät Ansgar Marx, Jurist an der FH Braunschweig/Wolfenbüttel.

Nie ohne zwei männliche Zeugen

„Jede zehnte Eheschließung in Deutschland betrifft einen oder zwei ausländische Staatsangehörige", sagt Ansgar Marx, Jurist an der Fachhochschule (FH) Braunschweig/Wolfenbüttel. Höchste Zeit, sich mit dem Familienrecht anderer Kulturkreise zu beschäftigen. Marx hat die Gesetzbücher islamisch geprägter Länder verglichen. Die meisten orientieren sich an der Scharia, der traditionellen islamischen Rechtsordnung. In den vergangenen Jahrzehnten haben sich die Parlamente hier bemüht, Modernisierungen einzuführen und die Benachteiligung von Frauen abzumildern.

Ein Ehevertrag ist in der islamischen Welt ein gängiges Mittel, um die Frau angesichts ihrer schwachen rechtlichen und finanziellen Position abzusichern. Auch Europäerinnen, die einen Mann aus einem islamischen Land heiraten, rät Marx zu einem solchen Vertrag. Damit er in der Heimat des Mannes anerkannt wird, darf er nicht im Widerspruch zum islamischen Recht stehen. Der Vertrag sollte vor einem Notar und zwei männlichen muslimischen Zeugen geschlossen werden. Darin wird die Morgengabe geregelt, die der Frau entweder bei der Eheschließung oder erst im Scheidungsfall zusteht. Nach dem islamischen Recht stellt sie meist ihre einzige finanzielle Absicherung dar. Auch die Rechte der Frau in der Ehe können hier festgeschrieben werden, nicht jedoch das Sorgerecht für die Kinder. Die Scharia unterscheidet nämlich zwischen der Personensorge, die die Mutter lediglich während der frühen Kindheit ausübt, und der gesetzlichen Vertretung, die dem Vater zusteht.

(abe)

Blau oder gelb?

Also, das ist jetzt endlich ein Versuch so richtig zum Selbermachen. Alles, was Sie brauchen, ist farbige, aber dennoch durchsichtige Folie. Die wird auf ein Fenster geklebt (zuhause oder noch wirkungsvoller im Büro). Der Rest ist Selbstversuch und erfordert etwas Muße für eine kreative Pause.

Kleben wir zuerst die gelbe Folie: Gelb ist dem Sonnenlicht am nächsten. Der gelbe Filter verstärkt Kontraste, lässt zum Beispiel Wolken deutlich hervortreten. Auch an trüben Tagen leuchtet alles wie unter Sonnenstrahlen. Das ist auch Ihr Eindruck? Dann weiter zu Rot. Hier könnten Sie nach längerem Fixieren der roten Fläche ausprobieren, ob Schreibtisch und Kaffeetasse nach so ermüdend viel Rot plötzlich in der Komplementärfarbe türkisgrün leuchten. Sie haben noch einen blauen Filter? Blau ist die kälteste aller Farben. Blau beruhigt und erzeugt Distanz. Blau stärkt die Konzentrationsfähigkeit, wenngleich man beim Blick durch das blaue Fenster das Gefühl für die Tageszeit verliert.

An dieser Stelle gibt es jetzt drei Möglichkeiten. Sie beenden den Selbstversuch und kehren nach der kleinen Farbtherapie gestärkt an Ihren Schreibtisch zurück, wo die grauen Zahlenkolonnen auf Sie warten. Möglichkeit zwei: Sie verlieren sich im Anblick der blau schimmernden Welt, die plötzlich so unendlich melancholisch stimmt... Oder Sie haben Lust auf größere Filter mit neuer Aussicht und begeben sich direkt ins phaeno.

Rot, blau oder gelb? Dreimal Welt in farbigen Tüten bitte. Hmmm, ich denke, heute hätte ich sie gerne in gelb. Zum Beispiel durch den türrahmengroßen gelben Filter im phaeno.

Die Welt durch den Filter betrachtet

Im phaeno, der Erlebnislandschaft in Wolfsburg, laden drei türrahmengroße Folien zum bunten Durchblick ein. Gelb und freundlich leuchtet die Aussicht auf den Mittellandkanal im ersten. In diesem Gelb erscheint selbst ein trüber Tag sonnig und der wolkenverhangene Himmel wie sanft moduliert, da der gelbe Filter die Kontraste betont.

Der rote Filter inspiriert zum Komplementärfarbentest: Nach längerem Fixieren der roten Farbe ermüdet das Auge. Richtet man den Blick dann wieder auf den umgebenden Raum und seine Objekte, so erscheint alles türkisgrün. (In der Tat!) Im letzten Filter schließlich wird unser Gemüt ganz melancholisch gestimmt, so unwirklich blau verschwimmt der Blick nach draußen, das Gefühl für die Tageszeit geht verloren... Die Wirkung der blauen Farbe wird als beruhigend und konzentrationsfördernd beschrieben. Spätestens angesichts dieser weit geöffneten Tür mit Blick ins Blaue wird klar: Eine gefärbte Brille reicht hier nicht... es ist das Leben, das uns einlädt, in seine Farbe einzutreten. (Oh, oh zuviel Blau..., schnell ein Gelb...!)

(ehl)

Nie wieder in der Kreide

„Banken sind gefährlicher als stehende Armeen“, stöhnte Thomas Jefferson. Da sprach der Vater der amerikanischen Unabhängigkeitserklärung nicht nur als Staatstheoretiker. Der Lebensstil eines Südstaaten-Gentleman und Hobbies wie Häuser entwerfen, Indianergräber ausbuddeln und skurrile Gadgets erfinden hatten ein Vermögen verschlungen. Am Ende seines Lebens war er völlig abgebrannt.

Was Karl Michael Fronings These bestätigt, dass Überschuldung jeden treffen kann. Der Sozialarbeiter leitet an der Fachhochschule Braunschweig/Wolfenbüttel das Projekt „Wirtschaftliche Beratung/Schuldnerberatung“. Mit seinen Studierenden macht er Schülern und Kindergartenkindern klar, dass zwischen Geld und Arbeit ein Zusammenhang besteht. Das ist nicht offensichtlich, wenn überall verlockende Dinge mit dem Hinweis auf den passenden Kredit angeboten werden: „Kein Geld? Kein Problem.“ Eltern, die ihren Sprößlingen aus jeder finanziellen Klemme helfen, provozieren, dass die Jugendlichen sich später in der Schuldenfalle verfangen, weiß Froning. Die Studierenden erklären den Kids, wie man die Preispolitik der Unternehmen beeinflussen kann: Schnäppchen jagen statt sich jede Marktneuheit andrehen zu lassen.

Das größte Überschuldungsrisiko heißt übrigens Arbeitslosigkeit. Davon wusste auch Jefferson ein Lied zu singen. Wenn er sich, frustriert von der Politik, wieder mal dem Ausbau seines Landsitzes zuwandte.

Schulden können jedem über den Kopf wachsen, vor allem Arbeitslosen.

Finn und der Geldbär helfen sparen

Was hat man nicht alles für Möglichkeiten, wenn man zum ersten Mal Taschengeld bekommt: Eisessen mit den Freunden. Oder sparen für die heiß begehrte „Superfunzel“. Wenn es darum geht, Kindern zu erklären, dass Geld nicht vom Himmel fällt und man für große Wünsche einen langen Atem mitbringen muss, lassen sich die Sozialpädagogik-Studierenden der Fachhochschule (FH) Braunschweig/Wolfenbüttel einiges einfallen: So haben sie unter Leitung des Sozialarbeiters Karl Michael Froning das Kinderbuch „Finn Eckstein – Auf dem Weg zur Superfunzel“ verfasst. Und das neu entwickelte Spiel „Der Geldbär“, in dem man Geld verdienen und verlieren kann wie im richtigen Leben, kam bei den kleinen Testern prima an, berichtet Froning. Mit der Schulden-Prävention kann man gar nicht früh genug anfangen. Die Studierenden gehen in den Schulunterricht und sensibilisieren Jugendliche für die Schuldenfalle Handy. Und sie erklären, dass man die Preispolitik der Markenhersteller beeinflussen kann: Indem man Schnäppchen jagt statt gleich auf jede Marktneuheit hereinzufallen.

„Verschuldung an sich“, sagt Froning, „ist nicht das Problem.“ Erst wenn Krankheit, Arbeitslosigkeit oder Familienzuwachs dazu führen, dass man die Schulden nicht zurückzahlen kann, beginnen die Probleme. Die hängen nicht vom Betrag ab, den man schuldig ist: Für die zahlreichen „Armutsschuldner“ kann es schon unmöglich sein, 100 Euro zurückzuzahlen. Eine Risikogruppe sieht Froning in den Jugendlichen, deren Eltern ihnen aus jeder finanziellen Klemme helfen, sodass sie nie einen verantwortlichen Umgang mit Geld lernen. Ebenfalls gefährdet sind alle Menschen, die von Arbeitslosigkeit bedroht sind. Und das geht quer durch alle Schichten.

(abe)

Kleine Riesen auf Erfolgskurs

In der Grundschule war ich größer als die meisten Jungs. Das war mit der Pubertät vorbei. Und jetzt schrumpfe ich. Zumindest denke ich das, wenn ich meine Hosenbeine sehe. Bei jeder neuen Hose ein paar Zentimeter mehr umzukrempeln, einzunähen, abzuschneiden. Warum gibt es bloß in jeder Saison längere Hosen zu kaufen? Da hilft es auch nicht, wenn mir Joachim Hurth vom Fachbereich Wirtschaft der Fachhochschule Braunschweig/Wolfenbüttel erkärt, dass in der Geschäftswelt alles nach Wachstum strebt.

Aus kleinen Fachgeschäften mit engagierten Mitarbeitern und gutem Ruf in der Stadt werden die „Mediokren". Der Umsatz steigt, die Preise sinken, neue Filialen werden eröffnet. Dabei bleibt mancher Händler auf der Strecke. Eine Menge muss investiert werden, und wer weiß, ob der neue Auftritt die Kunden überzeugt. Doch wer den Sprung in die nächste Gruppe schafft, kann sich zurücklehnen: Als „Kleiner Riese" ist er ein Platzhirsch in seiner Stadt.

Sein Name, unbekannt am anderen Ende der Republik, ist vor Ort eine Marke. Solche Unternehmen sind klein genug, um sich den Bedürfnissen in der Nachbarschaft anzupassen, und groß genug, um den allgegenwärtigen Ketten die Stirn zu bieten. Wie tröstlich, dass auch manche Riesen klein sind, werde ich denken, wenn ich die nächste Hose zur Schneiderin bringe.

Kleine Riesen nennt man die Platzhirsche unter den Einzelhändlern einer Stadt. Solche lokalen Filialsysteme oder großen Einzelgeschäfte haben gute Chancen im Wettbewerb mit überregionalen Ketten, weiß Joachim Hurth von der FH Braunschweig/Wolfenbüttel.

Doppelkorn oder Weißwurst

„Die Händler müssen alle regionaler denken", sagt Joachim Hurth, Professor für Betriebswirtschaftslehre an der Fachhochschule (FH) Braunschweig/Wolfenbüttel. Vorbei die Zeiten, als die Kunden mit dem überall gleichen Standard-Sortiment zufrieden waren. Heute will der Münchner seine Weißwurst und das Nordlicht seinen Doppelkorn im Supermarkt finden. Da sind kleine und mittlere Unternehmen klar im Vorteil: Sie kennen die Bedürfnisse der Kunden und können flexibel darauf reagieren. Wobei die Bekanntschaft mit den Kunden inzwischen nicht mehr beim Geplauder über den Ladentisch gepflegt wird, sondern durch Auswertung der Kundenkarten-Daten. Im Wettbewerb mit den überregionalen Ketten sieht Hurth jedenfalls gute Chancen für mittelständische Einzelhändler. Allerdings finden auch vor Ort Konzentration und Auslese statt. Aus dem Wettbewerb gehen die „Kleinen Riesen" als Sieger hervor. Solche lokalen Filialsysteme oder großen Einzelgeschäfte haben sich als überdurchschnittlich erfolgreich erwiesen. Wenn sie den Markt vor Ort dominieren, spricht Hurth von „Local Heroes".

(abe)

„Snow“ von gestern

Geisteswissenschaftler sind ja alle nur nörgelige Maschinenstürmer. Behauptete zumindest der britische Wissenschaftler und Schriftsteller C.P. Snow in seiner berühmten Rede zu den „zwei Kulturen“ von 1959. Nun sitze ich hier als Vertreter dieser berüchtigten Fraktion bei einem Praktikum in der Physikalisch-Technischen Bundesanstalt in Braunschweig – mit einer Hosentasche voll glitzernder Schrauben. Ein paar davon stammen aus dem nagelneuen Teilchenbeschleuniger, der erst kürzlich in Betrieb genommen wurde. Die etwas größeren werden in den nächsten Tagen für Aufsehen sorgen, wenn die berühmte Atomuhr ihren Geist aufgeben wird. Ganz zu schweigen von der Kneifzange in meiner Schublade, mit der ich das komplette Reinraumzentrum von der Stromverbindung kappen werde!

Unter Geisteswissenschaftlern ist es nach wie vor schick, keine Ahnung von Naturwissenschaften zu haben, stellte Bestseller-Autor und Weltvermesser Daniel Kehlmann neulich in einem Interview fest. Dass das nicht so sein muss, beweist der interdisziplinäre Master-Studiengang „Kultur der technisch-wissenschaftlichen Welt“ der TU Braunschweig. Hier ziehen nicht nur die Disziplinen Germanistik, Anglistik, Philosophie und Geschichte an einem Strang, sondern öffnen sich auch technischen und naturwissenschaftlichen Themen. Denn Geisteswissenschaft ohne die Erkenntnisse der modernen Naturwissenschaft ist damals wie heute nicht denkbar – umgekehrt funktioniert es aber auch nicht.

Auch wenn das Vermächtnis des 1980 verstorbenen Snow noch immer Schatten auf ein solches Projekt wirft, bleibt die Frage, ob er mit seinen Thesen zusätzliche Berührungsängste der „zwei Kulturen“ nicht erst heraufbeschworen hat und ein gegenseitiger Austausch heute nicht mehr denn je erforderlich ist. Aber wenn Sie mich jetzt entschuldigen – die Post wartet draußen mit dem riesigen Störsender, den ich im Internet bestellt habe…

Kultur der technisch-wissenschaftlichen Welt – der Master-Studiengang der TU Braunschweig möchte die berüchtigte Lücke zwischen den „zwei Kulturen“ der Natur- und Geisteswissenschaften nicht nur thematisieren, sondern wenn möglich auch überbrücken.

Die TU als Brückenbauer

Seit 1959 sind die „zwei Kulturen“ in aller Munde – der englische Wissenschaftler und Schriftsteller Charles Percy Snow (1905-1980) stellte in seiner berühmt gewordenen Rede fest, dass Naturwissenschaftler und Geisteswissenschaftler nicht vernünftig miteinander kommunizieren können und die reaktionären Literaten nichts anders als störend auf den Fortschritt der Technik einwirken. Denn während der Geisteswissenschaftler stolz darauf ist, mathematische Lehrsätze nicht zu kennen, gilt der Naturwissenschaftler als ungebildet, wenn er nicht den kompletten Shakespeare gelesen hat. Das von Snow pointiert formulierte Modell spukt nach wie vor in vielen Köpfen herum. Grund genug für die Geisteswissenschaftler der Technischen Universität (TU) Braunschweig, der Schwarz-Weiß-Malerei in neu geschaffenen „Grauzonen“ den Kampf anzusagen: In dem neuen Master-Studiengang „Kultur der technisch-wissenschaftlichen Welt“, der 2007 bereits in die zweite Runde ging, arbeiten die Disziplinen Germanistik, Anglistik, Geschichte und Philosophie gemeinsam daran, ihre eigenen Fächer für technische und naturwissenschaftliche Einflüsse zu öffnen. Produktive Zusammenarbeit statt gegenseitigem Unverständnis – unter diesem Motto will man eine stärkere Verknüpfung der beiden Kulturen fördern und sozusagen interkulturelle Arbeit leisten. Ein fruchtbarer Dialog soll das Ziel sein, welcher die Snow'schen Berührungsängste zu beseitigen hilft und die gegenseitige Notwendigkeit beider Wissenschaftskulturen betont.

(she)

Das Ende der Negerküsse

Irgendwie wird das Leben immer komplizierter. Das fängt schon beim Kiosk an der Ecke an. Wenn ich früher nach der Schule bei unserer freundlichen „Büdchenfrau“ vorbeiging, sah mein Menü folgendermaßen aus. „Ein Lutscher, zwei Negerküsse, drei Negertaler.“ Heute würde eine solche Bestellung nicht mehr in die Tüte kommen. „Ein Lutscher, zwei Schaumküsse und dreimal Schwarzgeld“, müssen Sechsjährige da schon über die Lippen bringen – alles andere wäre politisch nicht mehr korrekt.

Ja, die Welt vor 30 Jahren war einfach. Und erst vor 100. Als der Braunschweiger Hermann Schlüter 1896 nach Afrika ging, war sie tatsächlich im wahrsten Sinne des Wortes schwarzweiß. Mit 20 Jahren ging der Amateur-Fotograf als Freiwilliger der deutschen Schutztruppe nach Namibia und knipste, was ihm vor die Linse kam – vor allem militärische Kolonialherren und dienernde Schwarze.

Heute schütteln wir über den deutschen Offizier, der locker-lässig im Stuhl lehnt und seinen schwarzen „Bambusen“ gleich neben die Jagdtrophäen an die Wand stellt, den Kopf. „Schlüter hätte allerdings nichts Befremdliches daran gefunden. Er dokumentierte mit voller Überzeugung die Errungenschaften der deutschen Kolonisatoren“, sagt Maik Ohnezeit vom Braunschweigischen Landesmuseum. Imposante Festungen, Postgebäude, die erste Eisenbahn – für Schlüter waren sie Zeichen der europäischen Kultur und erfolgreichen deutschen Politik. „Rückblickend wissen wir, dass die gar nicht so erfolgreich war“, lächelt Ohnezeit. Schon 1915 ging Namibia an Südafrika und verblieb dort bis 1990.

Wer einmal Schlüters Blick auf Afrika erleben wollte: Die Ausstellung „Weiß und Schwarz – Black and White“ mit seinen Fotografien war bis zum 6. Januar 2008 im Braunschweigischen Landesmuseum zu sehen.

Schwarzweiß lichtete der Fotograf Hermann Schlüter vor über 100 Jahren Namibia ab. Ziemlich Schwarzweiß war auch die Sicht der damaligen Kolonialherren, wie das BLM in einer Ausstellung zeigte.

Herr und Diener

War es jugendliche Neugier? Wir wissen nicht, was den Braunschweiger Hermann Schlüter dazu trieb, 1896 nach Afrika zu gehen. Sicher ist nur, dass der junge Freiwillige der deutschen Schutztruppe mit seiner Kamera nach Deutsch-Südwestafrika reiste und die dortige Kolonialpolitik auf beinahe 300 Fotos festhielt. Hunderte von Glasnegativen bzw. Glasdiapositiven und einige Plattenkassetten sind von diesem Aufenthalt erhalten. „Schlüters Fotos sind gestellt. Er arrangierte die Personen sorgfältig“, merkt Maik Ohnezeit vom Braunschweigischen Landesmuseum (BLM) zum Stil an. Auf den heutigen Betrachter wirken sie einigermaßen befremdlich. Beinahe jede Einstellung drückt den Stolz aus, mit dem Schlüter die Errungenschaften der deutschen Kolonisatoren sieht. Stramme Offiziere, klotzige Festungen, eine rußige Eisenbahn – überall sieht und dokumentiert er die Fortschritte der deutschen Kolonialpolitik während des Kaiserreichs. Für ihn sind die Schwarzen nicht einfach „Neger“ oder „Kaffer“, wie man sie damals auch nannte. Schlüter bezeichnet auf seinen Fotografien genau die Stämme, denen sie angehörten, nie werden Züchtigungen gezeigt – aber das Verhältnis Herr und Beherrschter ist deutlich zu spüren.

(leu)

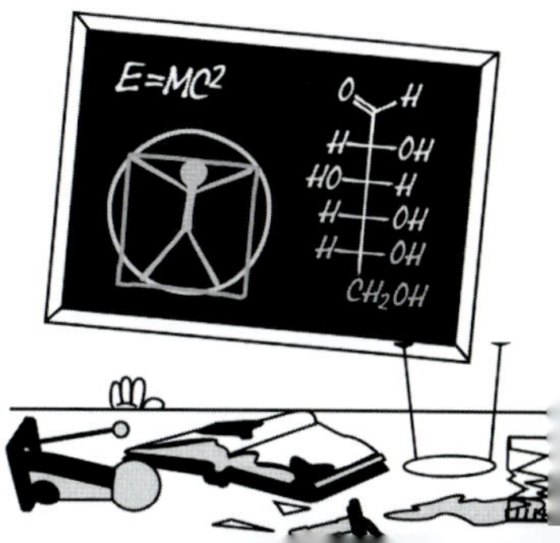

Inspiration aus dem Spülwasser

„Abwaschen ist Meditation“ war das Credo meines Mitbewohners aus der Studienzeit. Das half allerdings wenig: Die Küche unserer Wohngemeinschaft sah ziemlich oft aus wie ein Schlachtfeld.

Über den Zustand der Küche im Hause Pockels ist nichts bekannt. Agnes Pockels jedenfalls hat beim Abwaschen nicht meditiert, sondern über die Oberflächenspannung des Spülwassers nachgedacht – und schnell mal eine Messapparatur dafür erfunden. Typisch Frau? Irgendwie schon.

„Frauen in der Technik denken alltagsnäher“, bestätigt Renate Gehrke, Gleichstellungsbeauftrage an der Fachhochschule Braunschweig/ Wolfenbüttel. Sie wollen wissen: Wo kann ich das anwenden? Welche Auswirkungen hat das auf Umwelt und Menschen? Frauen lernen lieber in Gruppen, unterstützen und inspirieren sich gegenseitig.

Männer dagegen wollen persönliche Erfolgserlebnisse. Sie stürzen sich gleich in Experimente, während Frauen lieber erstmal darüber reden. Bisher gaben Männer in der Technik den Ton an, und natürlich wurde Wissen so vermittelt, wie Männer am besten lernen. Gehrke hat jetzt eine Liste von Ideen erarbeitet, wie beide Geschlechter im Studium zu ihrem Recht kommen können. Das nützt auch den Männern, meint sie: Wenn sie mehr über Frauen als Technikerinnen, Anwenderinnen und Ahninnen der Wissenschaftsgeschichte wissen, können sie später als Führungskräfte Mitarbeitern wie Mitarbeiterinnen gerecht werden.

Und das heißt mehr als: auch mal die Kaffeetassen spülen.

Geschlechtergerechte Didaktik mixt männliche und weibliche Arbeitsstile: mal Wettbewerb, mal Teamwork. Gleichstellungsbeauftragte Renate Gehrke will das auch in den technischen Studiengängen der FH Braunschweig/Wolfenbüttel zur Regel machen.

Kein Nachhilfe-Unterricht für Frauen

Diskriminierung in der Männerwelt? Da winken die Studentinnen technischer Fächer an der Fachhochschule (FH) Braunschweig/Wolfenbüttel nur ab. „Wir brauchen keinen Nachhilfe-Unterricht“, antworten sie der Gleichstellungsbeauftragten Renate Gehrke stolz. Zeigt die Diplompädagogin ihnen allerdings positive Perspektiven auf, bietet Coaching und Seminare für den Berufseinstieg an, dann kommen sie gerne – und erzählen doch schon mal von Machosprüchen oder unerwünschter Sonder-Behandlung, die sie erlebt haben.

In den letzten Jahren hat sich der Frauenanteil in den technischen Fachbereichen bei 10 % - 12 % eingependelt – trotz Hochschultag und Schnupperangeboten für Oberstufen-Schülerinnen. Die „Handreichung zur Integration von Geschlechteraspekten in den Studiengängen“, die Gehrke jetzt ausgearbeitet hat, soll nicht gleich die Studentinnenzahlen in die Höhe treiben. Vielmehr geht es darum, die Sichtweisen und Interessen von Frauen ins Studium einzubeziehen, auch eine Lernkultur zu schaffen, in der sich Frauen wie Männer wohlfühlen. Dabei sollten beide Geschlechter ihre Stärken einbringen: Männer ihre Ambitionen, sich in der Gruppe hervorzutun, ihr selbstsicheres Auftreten und unbefangenes Lernen durch Ausprobieren, Frauen ihre Talente in Kommunikation, Teamwork und theoretischer Reflexion. Eine geschlechtergerechte Didaktik mixt daher weibliche und männliche Arbeitsstile: Sie bietet mal Einzel- und mal Gruppenarbeit an, fordert mal Wettbewerb und mal Kooperation.

(abe)

Einkaufen ist Weiberkram? Von wegen!

54 % der jungen Männer lieben es, Kleidung einzukaufen. Joachim Hurth von der FH Braunschweig/Wolfenbüttel hinterfragt Klischees über Männer und Frauen beim Shopping.

Na bitte. Sie verstehen es doch, wenn sie sich Mühe geben. Die Frühlingsmode ist für die moderne Frau das, was die heidnischen Opferrituale für die alten Griechen waren, wusste der Philosoph Roland Barthes, immerhin ein Mann. Die Modenschau als Prozession vor verzückten Jüngerinnen, der Schlussverkauf als wildes Schlachtopfer. Das hat Stil. Wer unkt da, Konsum wäre sinnlose Zeitverschwendung? Solche Vorurteile lassen Männer behaupten, Weiberkram wie Shoppen interessiere sie nicht.

Joachim Hurth vom Fachbereich Wirtschaft an der Fachhochschule Braunschweig/Wolfenbüttel hat nachgehakt. Siehe da: 54 Prozent der befragten jungen Männer kaufen gerne Klamotten, 82 Prozent geraten im Elektronikmarkt in Verzückung – gegenüber 85 Prozent glücklicher Frauen in Modeboutiquen bedeutet das fast Gleichstand. Im Lebensmittelladen lassen sich kaum Unterschiede ausmachen: Beide Geschlechter sind heute gestresst und wollen es so bequem wie möglich haben. Je mehr eine Frau beruflich eingespannt ist, desto eher verhält sie sich wie ein typischer Mann: gezielte Jagd statt wählerischen Beutesammelns.

Noch mehr, als Männer und Frauen in Befragungen preisgeben, erfährt man, wenn man sie im Laden beobachtet: ihre Wege aufzeichnet, die Verweildauer stoppt, zärtliche Berührungen mit der Ware protokolliert. Daran arbeitet Hurth derzeit. Denn anders als die Stammtische glauben, gibt es zu dem Thema bisher kaum wissenschaftliche Daten. Seien wir gespannt auf das Schlachtfest der Männer am Wühltisch.

Jäger contra Sammlerin

Jeder glaubt, es genau zu wissen: Frauen trödeln im Geschäft, probieren aus und kaufen dann doch nichts – oder etwas ganz anderes, als sie wollten. Natürlich geben sie viel mehr Geld aus als Männer. Doch für viele dieser Klischees gibt es ganz banale Erklärungen, sagt Joachim Hurth, Professor für Betriebswirtschaftslehre an der Fachhochschule (FH) Braunschweig/Wolfenbüttel: Kleidung für Frauen ist zum Beispiel einfach teurer.

Bisher gibt es kaum wissenschaftliche Untersuchungen, die diese Vorurteile überprüfen. Das möchte Hurth ändern. Grundsätzlich allerdings stimmt es, dass Frauen lieber shoppen gehen und weniger gezielt suchen als Männer. Wer hier gleich festgeschriebene Muster aus der Steinzeit ausmacht wie „der zielstrebige Jäger" und „die wählerische Sammlerin", der sollte sich auch das Verhalten der Geschlechter im Supermarkt ansehen: Hier haben es beide am liebsten bequem. Je gestresster im Beruf, desto gezielter wird eingekauft – von Männern wie von Frauen. Da beim Einkaufen viele Prozesse unbewusst ablaufen, geben Beobachtungen von Kunden zuverlässiger Auskunft als Befragungen. Daher verfolgen Hurth und seine Studierenden derzeit Kunden mit dem Klemmbrett im Anschlag.

(abe)

Klingone an Bord

Ein Klingone im Föderations-Dress steht auf dem Podest vor mir, etwas schaufensterpuppenartig zwar, aber immerhin: Erstkontakt mit dieser Spezies – nicht auf dem Raumschiff USS Enterprise aus der Science-Fiction-Serie „Star-Trek", sondern auf der MS Wissenschaft, einem schwimmenden Science Center, das 2007 für drei Tage am Braunschweiger Hafen vor Anker lag.

„NuqneH", lässt er über den Computer neben sich verlauten, was im fiktiven Klingonisch so viel heißt wie „Was willst Du?", die speziestypische Variante von „Hallo". Unter dem Motto „Sprache ist mehr als Worte" hat das Schiff aber noch ganz anderes zu bieten. Das Netzwerk „Wissenschaft im Dialog" hat zahlreiche Exponate versammelt, die Kinder, Jugendliche und Erwachsene interaktiv mit dem Thema Sprache verbinden.

Man kann Geheimtinte ausprobieren, mit Hieroglyphen hantieren, assoziativ Wortfelder erraten, die Vielfalt menschlicher Sprachen kennenlernen und sich anhören, wie Fische grunzend, pfeifend, klickend und knurrend in den Tiefen des Meeres kommunizieren.

Und wer noch „brunswieksch ködden" kann oder den Klinterklater kennt, hat dem Ganzen vielleicht etwas Ur-Braunschweigisches beizusteuern. Denn ausgefallene und schöne Sprach-Mitbringsel in Form von seltenen oder kaum bekannten Wörtern werden regelmäßig gekürt. Mal hören, welche Dialoge sich ergeben, wenn Schiff der Wissenschaft auf Stadt der Wissenschaft trifft.

[Die MS Wissenschaft ging vom 21. bis 23. Juli 2007 am Braunschweiger Hafen vor Anker.]

© WID

MS Wissenschaft heißt ein schwimmendes Science Center, das jährlich unter dem Motto des jeweiligen Wissenschaftsjahres zahlreiche deutsche Städte ansteuert.

Sprache – mehr als nur Worte

Im Juli 2007 wurde die „Stadt der Wissenschaft 2007" vom Schiff der Wissenschaft besucht – dem Museumsschiff MS Wissenschaft 2007. Im Mittelpunkt der Ausstellung an Bord des schwimmenden Science Center standen die Themen Sprache und Kommunikation. Denn 2007 war auch das Jahr der Geisteswissenschaften. Unter dem Motto „Sprache ist mehr als Worte" hatte das Netzwerk „Wissenschaft im Dialog" vielfältige Ausstellungsstücke zusammengestellt, die zum Mitmachen, Mitforschen und Ausprobieren animierten.

Neben der für die meisten Menschen täglichen Selbstverständlichkeit ihres Gebrauchs ist Sprache natürlich auch Forschungsgegenstand unterschiedlicher wissenschaftlicher Disziplinen. Neben den klassischen Sprachwissenschaften beschäftigen sich zum Beispiel auch Ethnologie, Neurologie, Psychologie, Biologie und Ingenieurwissenschaften mit den verschiedenen Aspekten von Sprache. Das Wissenschaftsschiff, das mehr als 30 Städte entlang deutscher Flüsse anfuhr, bot anhand seiner interaktiven Exponate einen Überblick über die Vielfalt menschlicher Sprachen. Manche Sprachen werden nur noch von sieben Menschen gesprochen, andere von 900 Millionen. Einige Völker sprechen mit Klicklauten, andere verändern die Bedeutung der Worte durch die Tonhöhe, wieder andere kennen drei Dativformen. Nicht zuletzt präsentierte das Ausstellungsschiff technische Anwendungen der Sprachforschung, wie zum Beispiel Sprachdialogsysteme, die unter anderem die fiktive Sprache Klingonisch aus der Science-Fiction-Serie „Star Trek" aus geschriebenem Text in gesprochene Sprache umwandeln.

(mba)

Oh Augenblick, wie gerne tiefgeföre ich dich!

Kennen Sie auch diese Momente im Leben, zu denen man sagen möchte: „Augenblick, verweile doch, du bist so schön!“ – Kein Problem unserer Zeit! Einfach den entsprechenden Moment schockgefrieren, und schon bleibt das Magnetfeld erhalten, wie es ist. „Na, das ist ja eine tolle Idee“, sagen Sie jetzt, „was habe ich denn von schockgefrorenen Magnetfeldern?“ Mehr, als Sie denken!

Im phaeno zum Beispiel bleibt eine Magnetschwebebahn mit Hilfe von eingefrorenen Magnetfeldlinien genau in der Spur. „In“ der Spur ist dabei nicht die korrekte Ortsangabe, denn die kleinen Wagen schweben „über“ der Bahn, wenn nach der Kühlung der Abstandshalter entfernt wird. Bei Temparaturen unter -180 Grad Celsius hält das supraleitende Material, aus dem der Wagen besteht, exakt den immer gleichen Abstand und – einmal angeschubst – fährt das Wägelchen in dem starren Magnetfeld. Dann schwebt es dahin... bergab und um die Kurve und auch eine leichte Steigung kann genommen werden. Steigt die Temperatur dann wieder, verschwindet der Effekt und der Wagen setzt auf der Bahn auf.

Magnetfelder einfrieren! Sprechen Sie in Zukunft also in ausgesuchten Momenten mit mir: „Oh, Augenblick, wie gerne tiefgefröre ich dich.“ Aber das ist kein Zauberspruch! Sie müssen schon ausreichend flüssigen Stickstoff zur Kühlung bereit halten!

Sie schwebt! Die kleine Magnetbahn im phaeno fährt durch die Luft dank tiefgekühltem Supraleiter.

Schweben – tiefgekühlt

Eine ganz besondere Magnetschwebebahn dreht im phaeno, der Experimentierlandschaft in Wolfsburg, ihre Runden. Akkurat zwei Millimeter über der Spur gleitet sie dahin. Zwei Millimeter – so breit ist nämlich der Abstandshalter, der entfernt wird, nachdem die Bahn mit reichlich Stickstoff tiefgekühlt wurde. Bei einer Temperatur unter -180 Grad Celsius gefriert das Magnetfeld des keramischen Supraleiters, aus dem der kleine Wagen besteht. So lange diese Temperatur nicht überschritten wird, hält die Bahn den Abstand zur Spur, die aus starken Magneten besteht. Der Wagen lässt sich nur mit Kraft nach oben oder zur Seite hin bewegen und schnappt sofort wieder in seinen Schwebeparcour ein, sobald er losgelassen wird. Wird es wärmer, setzt der Wagen auf der Magnetspur auf. Nur das Antriebsproblem löst dieser Effekt nicht, der Wagen muss angeschubst werden, damit er die Fahrt aufnimmt. Aber dann gleitet er wie von Zauberhand durch die Luft.

(ehl)

Kabinen über den Wolken

Kreidebleich, Herzrasen, verkrampfte Finger? Angst über den Wolken? Für betuchte Reisende in Zukunft vielleicht kein Problem mehr. Denn „das sicherste Flugzeug der Welt“ bietet nicht nur psychologisch-innenarchitektonische Konzepte gegen Flugangst, sondern auch technische Finessen für Ernstfälle in luftiger Höhe.

So zumindest eines der Szenarien des „Future Airplane“-Projekts am Institut für Transportation Design der Hochschule für Bildende Künste in Braunschweig, in dem Studenten in Kooperation mit Airbus visionäre Konzepte für zukünftige Flüge entwickelten. Wie in den anderen Szenarien steht eine Aufteilung des Flugzeugs in Kabinenmodule im Vordergrund – voneinander getrennte und auf individuelle Bedürfnisse zugeschnittene Passagierkabinen, die allerlei Annehmlichkeiten zu bieten haben. Bei Unfall, Brand oder Bombendrohung könnten die Kabinen sich einzeln vom Flugzeugrumpf abkapseln und mit einem Fallschirm sicher auf die Erde segeln.

Auch ein Unglück über dem Meer wäre kein Problem, denn sie können natürlich schwimmen. Und wenn die Suchtrupps trotz automatischer Ortung auf sich warten lassen: Wasser und Nahrung für drei Tage hat jede Kabine an Bord. Flugangst verflogen? Abenteuerlust geweckt? Die Zukunft hat noch mehr zu bieten: Abenteuer-Flüge sind ein weiteres Projektszenario.

Flugkabinen müssen nicht unbedingt ein Sardinenbüchsen-Feeling mit sich bringen. Wie sie in Zukunft modular auf unterschiedliche Bedürfnisse von Passagieren zugeschnitten werden könnten, beschreibt ein Szenario-Projekt an der HBK.

Flugreisen der Zukunft

Wie Flugreisen in 20 bis 30 Jahren von der Buchung bis zum Auschecken funktionieren könnten, beschreibt ein Szenario-Projekt am Institut für Transportation Design der Hochschule für Bildende Künste in Braunschweig (HBK). Im „Future Airplane Project“ entwickelten und präsentierten 19 Studenten in Kooperation mit dem Flugzeugbauer Airbus Konzepte für zukünftige internationale Reisen über den Wolken. „Ein innovativer, visionärer und offener Ansatz war gefragt, der diverse Reiseszenarios in einer Zeit ab 2020 umsetzt, die den spezifischen Bedürfnissen unterschiedlicher Reisender entspricht. Schwerpunkte waren dabei beispielsweise der Passagier- und Gepäcktransport, die Gestaltung von Langstreckenflügen und die fortschreitende Globalisierung“, erklärt Mobilitätsforscher Prof. Stephan Rammler, der das Projekt betreute. Die Ansätze der Studenten nahmen dabei zwei Konzeptvarianten in den Blick. Die prognostizierte wachsende Schere zwischen Arm und Reich erfordert neue Konzepte fürs kostengünstige Reisen wie beispielsweise mehr Selbstbedienung. Auf der anderen Seite erwarten viele Reisende mehr vom Fliegen als nur den Transfer zum Zielort. Ein Ansatz, der beide Aspekte bedient, ist ein modulares Flugzeug. Das Flugzeug selbst wäre nur noch auf seine Hülle mit Tragflächen und Cockpit reduziert, an die austauschbare Kabinenmodule eingehängt werden. Zudem ermöglichen solche Module größere Flexibilität. Denn das Flugzeug könnte auch mit mehreren variabel modifizierbaren Kabinenmodulen bestückt werden.

(mba)

„Fährt nicht" gibt's nicht

In zwei Jahren um die Welt – die Rennfahrerin Clärenore Stinnes schaffte in den 1920er Jahren als erste eine Weltumrundung mit dem Auto. Sie hievte es per Flaschenzug die Berge hoch, watete ihm durch Stromschnellen voraus und zerrte es an Lederlappen durch die Wüste. Wer sein Gefährt liebt, der schiebt – oder wird erfinderisch. Zum Beispiel können Bierflaschen und Mausefallen als Antriebe dienen – wenigstens wenn das Fahrzeug nicht mehr als ein Kilo wiegt.

Die Rennen im phaeno mit solchen Mini-Autos, bei denen Studierende der Fachhochschule Braunschweig/Wolfenbüttel ihren Einfallsreichtum zeigen, sind schon Legende. Am 15. Dezember 2007 konnten erstmals auch Schulklassen und andere Bastler-Teams bis 25 Jahren mitmachen. Gefragt war diesmal ein Antrieb per Luftballon. Aufblasen und fliegen lassen genügte nicht. Da muss die entweichende Luft schon geleitet werden, um etwa ein Schaufelrad anzutreiben. Oder die Schwerkraft wird in Bewegungsenergie umgewandelt. Dann ist ein hoher Aufbau auf dem Fahrzeug nötig, um die Luftballon-Bombe herabsausen zu lassen. Auch als gespannte Feder leistet der Ballon seine Dienste.

Solche Tipps gibt Veranstalter Carsten Macke bereitwillig. Aber wie das Fahrzeug selbständig eine achtförmige Kurve hinkriegen soll, verrät er nicht. Noch keine Idee? Keine Panik. Auch Fräulein Stinnes hat die meiste Zeit unterwegs damit verbracht, irgendwo festzustecken und an ihrem Auto herumzuschrauben.

Ein Luftballon hat genug Energie, um ein Mini-Automobil anzutreiben. Überzeugen konnte man sich beim BalloonCar-Rennen der FH Braunschweig/Wolfenbüttel.

Ein Luftballon gibt Gas

Wie wandle ich die Energie eines Luftballons in Bewegungsenergie um, sodass er ein Null-Emissions-Fahrzeug antreiben kann? Solchen Fragen stellen sich Studierende der Fachhochschule (FH) Braunschweig/Wolfenbüttel, Campus Wolfsburg jedes Jahr. Es gilt, in einem Planspiel ein fiktives Unternehmen zu gründen, den Prototyp eines Mini-Fahrzeugs von maximal 1000 Gramm zu konstruieren und sich bei einem Rennen im Wolfsburger phaeno der Konkurrenz zu stellen. Bisher haben sich diese Rennen als Publikumsmagnet erwiesen, berichtet Carsten Macke, Lehrbeauftragter an der FH und Fahrzeugbau-Ingenieur bei der Volkswagen AG. Am 15. Dezember 2007 durften erstmals auch Schulklassen und Bastlerteams bis 25 Jahren, die nicht an der FH studieren, an den Start gehen. Vor der Konkurrenz der Maschinenbau-Studierenden brauchten sie sich nicht zu fürchten, meinte Carsten Macke: „Je mehr ich weiß, desto komplizierter kann ich es machen." Außerdem müssen sich die Studierenden beim Planspiel mit den Tücken der Betriebswirtschaft herumschlagen, während sich alle anderen aufs Bauen konzentrieren können. Nach Bierflaschen- und Mausefallen-Antrieben diente 2007 der Luftballon als Motor.

(abe)

Das Auto für Rücken und Knie

Im Nacken zieht's beim Kopfverrenken, Kurzsichtigkeit paart sich mit Weitsichtigkeit, und die morgendlich steifen Finger wollen den Zündschlüssel nicht drehen. Oder, wie Horst Schlämmer alias Hape Kerkeling klagen würde: „Ich habe Kreislauf, Rücken und Knie."

Was schon den Jungspunt ab und an ereilt, kann dem „Best Ager" ab 60 womöglich grundsätzlich das Autofahren vermiesen. Um Autofahrern jeden Alters mehr Komfort zu bieten, haben Studenten am Institut für Transportation Design der Hochschule für Bildende Künste in Braunschweig innovative Ideen fürs Auto der Zukunft erarbeitet.

Gegen Vergesslichkeit gibt's einen handschmeichelnden „Carfinder". Der Sitz dreht sich einladend dem Fahrer entgegen, um sich und den Spiegel dann wie von selbst über einen personalisierten elektronischen Datenschlüssel in die richtige Position zu bringen. Mit sicherem Rundumblick geht's dann durch die Stadt, bis optimierte Fahrerassistenz lästiges Kopfdrehen beim Einparken erspart. Ein mobiler Griff hilft beim Aussteigen, und wenn's ans Ausladen geht, stört kein Bücken und Zerren mehr: Der Einkaufskorb im Kofferraum kullert einem sanft über murmelgroße Kügelchen entgegen.

All dieser Service tut aber dem Image keinen Abbruch: „Universal Design" heißt die Devise – mit besten Empfehlungen an die Autobauer. Oder mit Herrn Schlämmer: „Weisse Bescheid?"

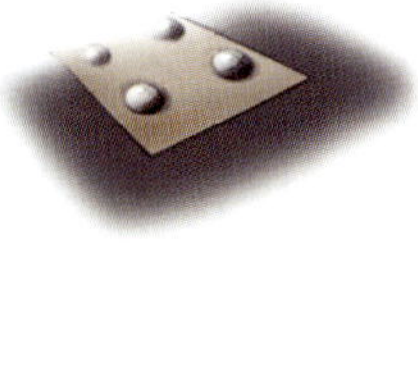

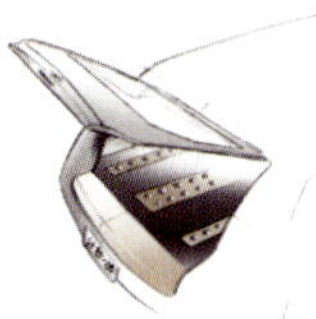

Best Age heißt die Zielgruppe der über 60-jährigen, an deren Komfort und Mobilitätsverhalten im Automobil das Institut für Transportation Design unter anderem forscht.

Modernes, benutzerfreundliches Gefährt

Ob „Best Ager", „Silver Generation" oder „Generation Gold" – die Altersgruppe derer über Sechzig ist in der Wirtschaft heiß umworben. Auch in der Automobilbranche sind die reisefreudigen, kaufkräftigen und gar nicht greisen „neuen Alten" eine der wichtigsten Zielgruppen – mit spezifischen Bedürfnissen. Dabei gilt es jedoch, kein „Auto für Alte" zu konzipieren, sondern ein modernes, benutzerfreundliches, „intelligentes" Gefährt mit durchaus dynamischem Image. Am Institut für Transportation Design an der Hochschule für Bildende Künste in Braunschweig (HBK), das sich an der Schnittstelle zwischen Mobilitätsforschung, Zukunftsforschung, Konstruktion und Design etabliert hat, entwickelten Studenten Ideen für das Auto der näheren Zukunft. Ihre 2007 auf dem HBK-Rundgang präsentierten Entwürfe widmen sich spezifischen Problemfeldern wie Ein- und Ausstieg, Ausladen des Kofferraums, Sitzen und Cockpitgestaltung. „Wichtige Kriterien für die Lösungsansätze waren Übersichtlichkeit, gute Erreichbarkeit und das Vermeiden von Komplexität", sagt Projektmitarbeiter Andreas Poser.

Um einen besseren Einstieg zu ermöglichen, werden Schiebetüren und erhöhte Sitze zum Standard. Gleich mehrere Annehmlichkeiten für Jung und Alt bietet ein elektronischer Datenschlüssel, der auf den jeweiligen Fahrer eingestellte Daten wie Spiegel- und Sitzeinstellung speichert. Kofferräume mit hohen Ladekanten haben ausgedient. Hinter all diesen Entwürfen steckt jedoch keine Methusalem-Stigmatisierung, wie Poser betont: „Die Entwürfe entspringen dem Gedanken des Universal Design, welchem eine zielgruppenübergreifende Gestaltung zugrunde liegt."

(mba)

Raumschiffe und Bügeleisen

Cyborgs gehören immer noch ins Reich des Science-Fiction. Mit der Reihe „Kultur und Raumfahrt“ zeigt das BLM, was die moderne Raumfahrt wirklich kann – und was nicht.

Erinnern Sie sich noch an das Raumschiff Orion und die Bügeleisenarmaturen? „Was heute noch wie ein Märchen klingt, kann morgen Wirklichkeit sein“, orakelte Claus Biederstedt dazu aus dem Off. Also, meines Wissens fliegt die NASA immer noch nicht mit Bügeleisen ins All, aber Spaß beiseite – wahrscheinlich hauten sich die Franzosen auch bei Jules Verne und die alten Griechen beim Namen Ikarus auf die Schenkel.

Die Erde alleine war nie genug. „Seit der Renaissance setzen sich die Menschen intensiv mit Raumtheorien und Raumerfahrungen auseinander“, sagt Marie-Luise Heuser vom Seminar für Philosophie der TU Braunschweig. Der Raum – das bedeutete Freiheit und ein wunderbares Experimentierfeld für Zweifler wie den Philosophen Giordano Bruno oder Träumer wie Erich von Däniken und seine Untertassen. „In seiner Fantasie hat der Mensch das All längst entdeckt und mit Cyborgs und Außerirdischen bevölkert. Aber wir sollten uns immer fragen: Was ist Realität und was ist Klischee“, gibt Gerd Biegel, Direktor des Braunschweigischen Landesmuseums, zu Bedenken.

Um zu zeigen, wo die Raumfahrt heute steht, welchen Einfluss sie in technischer und kultureller Hinsicht hat, veranstaltete das Landesmuseum zusammen mit dem DLR und der TU die Reihe „Kultur und Raumfahrt“. Am 12. Juli 2007 sprach Helmuth Trischler vom Deutschen Museum München zum Beispiel über die deutsche Raumfahrt im 20. Jahrhundert.

Der Traum vom Fliegen

Dr. Marie-Luise Heuser vom Seminar für Philosophie der Technischen Universität (TU) Braunschweig: „Die Raumfahrt spielt eine wichtige Rolle in unserer Kultur. Das grenzenlose All bot phantastische Möglichkeiten, die Grenzen der irdischen Existenz zu sprengen.“ Raumfahrtpionier Ziolkowskij fand für diesen gegenseitigen Einfluss eine schlagende Formel. „Am Anfang stehen unvermeidlich der Gedanke, die Phantasie, das Märchen; hinter ihnen schreitet die wissenschaftliche Berechnung, und erst ganz am Schluss krönt die Ausführung den Gedanken.“

Die Raumfahrt hat mittlerweile neue wissenschaftliche Disziplinen hervorgebracht wie die extraterrestrische Physik und die Exobiologie, deren Horizonte permanent erweitert werden. In der Reihe „Kultur und Raumfahrt“, die seit 2004 neben dem Institut für Geophysik und extraterrestrischer Physik auch vom Deutschen Zentrum für Luft- und Raumfahrt (DLR), dem Seminar für Philosophie, dem englischen Seminar und dem Braunschweigischen Landesmusem (BLM) veranstaltet wird, zeigen Experten die wissenschaftlichen und kulturellen Grundlagen der Raumfahrt.

(leu)

Pleitegeier über dem Sportplatz

Ein britischer Hundefutter-Hersteller hat es verstanden: „Das Futter muss dem Hund schmecken, nicht dem Hundehalter.“ Während es in Frauchens Nase verdächtig müffelt, leckt sich der Vierbeiner die Schnauze in Vorfreude. Die Hundeköche haben dabei nur ein uraltes Marketing-Prinzip ausgegraben.

Was nützt es dem Vorsitzenden des Sportvereins, die Pokale zu polieren und von Turniersiegen zu träumen, wenn sich die Leute im Stadtteil nicht für Fußball interessieren? Wenn sich die Senioren bloß noch zum Sitztanz in der Lage sehen, die jungen Leute lieber ihren Waschbrettbauch trimmen und einsame Städter sich nach geselligen Spieleabenden und Tanzkursen sehnen? Dann wird es für Sportvereine Zeit, ein marktorientiertes Angebot auf die Beine zu stellen.

Rund 25 Sportvereine müssen jedes Jahr Insolvenz anmelden, weiß Ronald Wadsack vom Studiengang Sportmanagement der Fachhochschule Braunschweig/Wolfenbüttel. Oft haben Vorstände jahrelang nur die Erfolge ihrer Mannschaft gesehen und nicht die Kosten der maroden Sportanlagen und die sinkenden Mitgliederzahlen. Der Sportmanager Wadsack empfiehlt, sich von Sportarten zu trennen, die nur Löcher in die Kasse fressen. Im Ernstfall muss man über eine Spielgemeinschaft mit dem Erzrivalen aus dem Nachbarort (oder manchmal einfach von der anderen Seite des Sportplatz-Zaunes) nachdenken. Und das Altern der Gesellschaft nicht vergessen.

Beim Hundefutter ist es nicht anders: Da hat der Senior auch andere Vorlieben als in seiner Welpenzeit.

25 Sportvereine gehen jedes Jahr pleite. Was dagegen hilft: Marktorientierung statt Kampfgeist.

Gefährlicher Siegesrausch

Das Eishockey in Salzgitter hat bereits die vierte Vereins-Pleite erlebt. Auch wenn mittlerweile eine Stabilisierung erreicht zu sein scheint: Für den Sportmanagement-Professor Ronald Wadsack von der Fachhochschule (FH) Braunschweig/Wolfenbüttel war das Anlass, das Thema „Insolvenzen von Sportvereinen“ in den Blick zu nehmen. Rund 25 Vereine müssen in Deutschland jedes Jahr Insolvenz anmelden – und das ist nur die Spitze des Eisbergs. Fusionen, Vereinsauflösungen und Verkäufe von Vereinsgrundstücken als letzte Rettung tauchen in dieser Statistik nicht auf. Bei vielen Pleiten hat Wadsack festgestellt, dass die ehrenamtlichen Vorstände aus Liebe zum Sport jahrelang die finanziellen Probleme ausgeblendet haben. Was zählte, war der Erfolg der Mannschaft, vor den sinkenden Einnahmen und den Kosten zum Erhalt der Sportanlagen wurden die Augen geschlossen.

Um die Pleite zu verhindern, empfiehlt Wadsack, frühzeitig strategisch zu planen und mit einem marktorientierten Angebot neue Mitglieder zu gewinnen. Gerade Vereine, die auf Mannschaftssport und Wettbewerb ausgerichtet sind, müssen umdenken. Eine Befragung des Studiengangs Sportmanagement in Salzgitter ergab, dass sich die Bürger stattdessen sozial-kommunikative Angebote wie Spieleabende und Tanzkurse wünschen. Mit dem demografischen Wandel muss sich auch das Vereinsangebot ändern. Die Menschen interessiert dann vielleicht eher „Gymnastik ab 50“ als Handballtraining. Auf der anderen Seite müssen die Vereine den jungen Sportbegeisterten eine überzeugende Alternative zum Fitnessstudio anbieten. Auch wenn es weh tut: So mancher Verein muss sich „gesundschrumpfen“ und die eigene Mannschaft zu Gunsten einer Spielgemeinschaft mit anderen Clubs aufgeben, meint Wadsack.

(abe)

Süßes Nichtstun

Bevor Sie weiterlesen, lehnen Sie sich erst einmal zurück. Machen Sie es sich so bequem wie möglich. Soviel Muße muss sein. Einen guten Wein trinkt man auch nicht bei der Abendgymnastik. Falls Sie Hilfe beim Entspannen brauchen, hier mein Tipp: Die HBK Braunschweig bietet zurzeit ein spezielles Wellness-Programm auf der Basis geistigen Heilfastens an, dem Laien besser bekannt unter dem Namen Faulheit.

Projektleiterin Viola Vahrson und ihr Team gehen dieser steinalten Arznei in ihren vielfältigen Verbreitungsgebieten nach. Die unsentimentale Reise führt in die Gewöhnlichkeiten des Alltags, zum Schaukelstuhl nebenan ebenso wie zu den trägen Bräuchen fremder Kulturen. Quasi im Selbstversuch wollen die Teilnehmer Schlacke abwerfen und das Nichtstun als neue Art der Munterkeit an sich entdecken. Und wo anders kann man seine eigenen faul gewordenen Gewohnheiten genauer unter die Lupe nehmen als auf Erkundungen in unvertrauter Gegend.

Expeditionsmitglied Hannes Böhringer wird seine Forschungsreise gar mit einer Kur verbinden, wonach im Anschluss schon der fällige Erholungsurlaub geplant ist. Von Ferne winkt prominente Gesellschaft. Am siebenten Tag, heißt es, ruhte Gott, was ihm vermutlich so gut gefiel, dass er damit überhaupt nicht mehr aufhörte.

Und Sie, liebe Leser, lehnen Sie noch, oder ruhen Sie schon?

Faulheit ist an der HBK Braunschweig ein munteres Geschäft.

Fährten ins Gewöhnliche

Internationalität an der Hochschule für Bildende Künste (HBK) Braunschweig ist traditionell so selbstverständlich, dass man fast von einer guten alten Gewohnheit sprechen kann. Daher erstaunt es nicht, dass zum zweiten Mal ein Forschungsprojekt in Zusammenarbeit mit der Moholy-Nagy University of Art and Design Budapest ins Leben gerufen wurde. Eher ungewöhnlich – zumindest auf den ersten Blick – ist allerdings der Gegenstand, den Viola Vahrson, Hannes Böhringer und József Tillmann gemeinsam mit 16 ausgesuchten Kulturschaffenden in Augenschein nehmen: Spielarten des Nichtstuns. Im Anschluss an zwei Symposien an der HBK werden auf mehr oder weniger ausgedehnten Reisen die Phänomene Gewohnheit, Faulheit und Muße untersucht.

„Die Forschungsreise soll nicht in ein fernes Land führen, sondern in die Exotik eines anderen Alltags, dessen eigentliche Fremdheit vielleicht erst auf den zweiten oder dritten Blick bemerkbar wird. In der Muße des Reisens soll die Begegnung mit der Trägheit der fremden und damit indirekt auch der eigenen Gewohnheiten notiert, dokumentiert, auf die eine oder andere Weise festgehalten werden“, so die Projetkleiter. Ziel ist es, Verdruss und Langeweile, die Melancholie des Alltäglichen durch ein anderes Nichtstun zu brechen, die Muße der Erkenntnis. „Ist die Faulheit mit Trägheit verschwistert, so die Muße mit Munterkeit.“

(rei)

Tore auf dem Asphalt

Der Asphalt boomt. Trotz immer wieder gescholtener Härte und Ödnis ist er Quelle und Fokus vieler Innovationen für Sport und Spiel. Nachdem Sportarten wie Basketball, Skaten und Inline-Skating sich urbane Freiräume längst zu eigen gemacht haben, sprinten, springen und klettern in jüngster Zeit moderne „Asphalt Cowboys“ im „Urban Freeflow“ über Parcours aus Mauern und Treppen und erobern so mit Extremsport den öffentlichen Raum. Es gibt jedoch auch Ideen für weniger schweißtreibende und eher gesellige Möglichkeiten des urbanes Sports und Spiels.

In einer Diplomarbeit an der Hochschule für Bildende Künste in Braunschweig kommt ein traditionelles Spiel zu neuen Ehren: „Urban Croquet“ heißt die Idee von Alice Kaiserswerth, mit dem sie dem etwas aus der Mode gekommenen Croquetspiel neues Leben einhaucht, indem sie das traditionelle Rasenspiel auch asphalttauglich macht.

Dafür hat sie mit Unterstützung von Adidas eine moderne Kollektion aus Toren, Schlägern, Ball und Kleidung gestaltet. Losgelöst von festen Orten und strengen Regeln wird Croquet zu einem neuen Spielerlebnis und zum Ausdruck von Lifestyle. Dann wird im Freundeskreis der Schläger auch auf Parkdecks und öffentlichen Plätzen geschwungen, um den kleinen Ball im Parcours durch die kleinen Tore zu bugsieren. Und wie beim Boule: Kommentare von Umstehenden durchaus erwünscht.

© HBK Braunschweig

Croquet ist ein traditionelles Rasenspiel. Eine Diplomarbeit an der HBK in Braunschweig verschafft dem Spiel nun urbanes Flair.

Croquet im urbanen Raum

Croquet oder Krocket – ein Sport, der mit einem umfangreichen Regelwerk in Vereinen gespielt wird, den viele aber vielleicht eher als 70er-Jahre-Gartenspiel kennen: kleine Tore, die zu einem Rasen-Parcours gesteckt werden, indem natürliche Hindernisse wie Bäume und Blumenbeete mit eingebaut werden. Mithilfe eines Schlägers muss man dann den Ball durch die Tore bugsieren.

Um diesem Spiel neues Leben einzuhauchen, hat Alice Kaiserswerth in ihrer Diplomarbeit an der Hochschule für Bildende Künste (HBK) in Braunschweig ein Konzept erarbeitet, das Croquet aus Gärten und Vereinen herausholt und in städtisches Umfeld integriert: „Urban Croquet“ heißt ihre in Kooperation mit der Firma Adidas gestaltete Kollektion, die das traditionelle Croquetspiel für den urbanen Raum neu interpretiert. Koffer und Spielausrüstung sowie Kleidung und Schuhe bilden eine Linie und sind durch Logo, Material, Farbe und Designelemente miteinander verbunden. Losgelöst von festen Orten und strengen Regeln soll Croquet zu einem neuen Spielerlebnis und zum Ausdruck von Lifestyle werden.

Ihre Idee: Das Spiel soll auf Orte wie Parkplätze, leere Parkdecks und öffentliche Plätze erweitert werden und damit mehr und andere Möglichkeiten für Kommunikation und gesellige Interaktion bieten. Indem man die Törchen einfach umdreht, kann man flexibel von weichem auf harten Untergrund wechseln und damit einen abwechslungsreicheren Parcours gestalten.

Der Prototyp ist für vier Spieler konzipiert: vier Schläger, vier Bälle, zehn Tore und zwei Stäbe – alles in einem kleinen Koffer untergebracht, den man problemlos durch die Stadt tragen kann. Auch für das passende Outfit ist gesorgt.

(mba)

Sport ist, wo sich was bewegt

Pobacken zusammenkneifen, Beckenbodenmuskulatur anspannen, und immer schön das Powerhaus suchen. So heißt beim Pilates die Körpermitte. Ein Kollege lernte das auf die harte Tour: Allein unter Frauen im Pilates-Kurs. Da kann selbst ein durchtrainierter Fußballer weiche Knie kriegen. Dem Kollegen zum Trost: Er liegt im Trend.

Denn der Begriff „Sport" hat sich längst auf alle möglichen Formen von Körperaktivität ausgedehnt. Für die einen ist es das morgendliche Radeln zur Arbeit, für die anderen Yoga. Klar in der Defensive: Die klassischen Mannschafts- und Wettkampf-Sportarten. Im Sportentwicklungsplan hat Ronald Wadsack vom Sportmanagement an der Fachhochschule Braunschweig/Wolfenbüttel den künftigen Bedarf der Salzgitteraner an Sportstätten analysiert. Anders als früher, als man Sportplätze einfach in der Überzeugung baute, dass unter so und so vielen Einwohnern schon ein berechenbarer Prozentsatz von Hobbyfußballern sein würde, hat Wadsack nachgefragt. Bei den Bürgern, den Hausmeistern der Turnhallen, dem städtischen Seniorenbüro.

Denn was das Alter der Bevölkerung angeht, ist Salzgitter bundesweit mit an der Spitze. Für die Vereine hat es bald keinen Sinn mehr, die Über-40-Mannschaft erst in „Ü-50" und dann in „Ü-60" umzubenennen. Seniorengerechte Angebote müssen her. Die gute Nachricht: Für Sitzkreisgymnastik braucht man keine neue High-Tech-Halle.

Und schon Joseph Pilates sagte: „Du bist nur so alt, wie du dich fühlst."

Das Alter der Bevölkerung in Salzgitter spielte in dem von der FH erstellten Sportentwicklungsplan eine wesentliche Rolle. Und dabei sind die Salzgitteraner bundesweit mit an der Spitze.

Sitzkreisgymnastik, die neue Trendsportart?

Die Salzgitteraner lieben Fußball, hat Ronald Wadsack, Professor im Studiengang Sportmanagement der Fachhochschule (FH) Braunschweig/Wolfenbüttel, herausgefunden. Das ist nichts Ungewöhnliches in Deutschland. Untypisch ist die Altersstruktur der Sportfans in Salzgitter. Hier ist der demografische Wandel dem Bundesdurchschnitt schon ein paar Schritte voraus. Im Sportentwicklungsplan, den Wadsack und seine Mitarbeiterinnen für die Stadt Salzgitter erarbeitet haben, wurde die Bevölkerungsprognose anhand von Daten des statistischen Amtes ebenso einbezogen wie der Kontakt zum städtischen Seniorenbüro genutzt. Wadsack fragte die Bevölkerung in Fragebögen und Sportinteressierte bei Stadtteil-Runden nach ihren Aktivitäten und Interessen. Die Hausmeister interviewte sein Team über den Zustand der Sportstätten. Außerdem wurden Bewegungsangebote außerhalb der Sportvereine einbezogen.

Sein Fazit: Die vorhandenen Sportstätten in Salzgitter werden auch in Zukunft ausreichen, wenn sie funktionstüchtig erhalten werden. Zunehmend sind seniorengerechte Sportarten wie Gymnastik und Tanz gefragt, für die keine speziell ausgestatteten Räumlichkeiten erforderlich sind.

(abe)

Auch ein Genie kann sich irren

„Diese Kurve sieht aus, als wäre ein Huhn darüber gelaufen – ein Huhn mit nassen Füßen.“ Der Kommentar meines Mathelehrers zu meiner phantasiereichen Lösung einer Integralrechnung sollte wohl lustig sein. Die Benotung der Arbeit dagegen: humorlos. Wie beruhigend zu hören, dass auch ein Genie wie Isaac Newton (1643-1727) mal gepatzt hat. Als er sich daran setzte, optimale Schiffsformen zu berechnen, kam Newton zu dem Ergebnis: Optimal ist ein Schiffsrumpf dann, wenn der Bug stumpf ist.

„Skurril“, sagt Thomas Sonar vom Institut Computational Mathematics der Technischen Universität Braunschweig. „Ein einfaches Experiment in einem Bach hätte gereicht, um den hohen Widerstand eines stumpfen Bugs im Vergleich zu einem spitz geformten Bug zu zeigen.“ Wo lag der Denkfehler? Newton nahm an, dass das Wasser aus Teilchen bestand, die in gleichem Abstand voneinander frei angeordnet sind. „Auf der Basis dieser Annahme ist sein Ergebnis richtig“, erklärt Sonar, „aber die Annahme ist falsch. Wasser ist ein dichtes Kontinuum. Die ‚Teilchen‘ sind eng beieinander. Die Annahme gilt nur für ‚dünne‘ Medien, etwa für verdünntes Gas in den oberen Schichten der Atmosphäre.“

Newtons Fauxpas war dennoch bahnbrechend. Sonar: „Es handelte sich um das erste komplett richtig durchgerechnete Problem einer neuen Klasse: der Variationsrechnung. Unter einer Menge von möglichen Kurven ist genau die eine zu berechnen, die bestimmte optimale Eigenschaften hat.“ Erstmals gelang es Leonhard Euler (1707-1783), aus den einzelnen Problemen der Variationsrechnung eine mathematische Theorie zu entwickeln. Mehr dazu zeigte die Euler-Ausstellung des Braunschweigischen Landesmuseums bis zum 1. Juli 2007 – sehr sehenswert, auch für Mathe-Verweigerer!

Brachistochrone (brachistos: kürzeste, chronos: Zeit) ist eine Kurve, auf der eine Kugel in kürzester Zeit von einem Punkt zu einem tieferliegenden Punkt rollt.

Schiffe mit kleinstem Widerstand

Der englische Mathematiker und Naturforscher Isaac Newton (1643-1727) gilt als Begründer der modernen Physik. „Weniger bekannt ist sein Fauxpas, der mit der Berechnung optimaler Schiffsformen zusammenhängt“, erzählt Prof. Dr. Thomas Sonar vom Institut Computational Mathematics der Technischen Universität (TU) Braunschweig. 1685 machte sich Newton daran, Schiffsrümpfe zu berechnen, die dem Wasser den kleinsten Widerstand entgegensetzen. In seinem Buch Philosophiae Naturalis Principia Mathematica präsentierte er sein Ergebnis: Optimal ist ein Schiffsrumpf dann, wenn der Bug stumpf ist. „Dieses Resultat ist skurril“, sagt Sonar.

Sein „Fehltritt“ sei dennoch auch zu seiner Zeit von enormer Bedeutung gewesen, so der TU-Professor: „Es handelte sich um das erste komplett richtig durchgerechnete Problem einer neuen Klasse: der Variationsrechnung. Diese beschäftigt sich mit der Frage, unter einer Menge von möglichen Kurven genau die eine zu berechnen, die bestimmte optimale Eigenschaften hat.“

Mathematik-Experten bekannt ist z.B. das Problem der Brachistochrone. „Gesucht ist diejenige Kurve, auf der eine Kugel in kürzester Zeit von einem Punkt zu einem tieferliegenden Punkt rollt“, führt Sonar aus. Auch Newton löste das Problem der Brachistochrone, ebenso Gottfried Wilhelm Leibniz. Aber erst dem berühmtesten Schüler Johann Bernoullis, Leonhard Euler (1707-1783), war es vorbehalten, aus den einzelnen Problemen der Variationsrechnung eine mathematische Theorie zu entwickeln. „Die Variationsrechnung ist auch 300 Jahre nach Newton ein sehr aktives Gebiet der Mathematik“, erzählt Sonar.

(gef)

Kleine Quadratgeister

Was sind Quadrate über Katheten? Das habe ich mich schon in der Schule gefragt und mit meiner Schwäche für Literarisches stets an Geister über den Wassern gedacht. Genauso hätte ich auch an Marmelade über Brötchen denken können. Nein, nicht ganz. Denn irgendwie stellte ich mir das Phänomen immer schwebend vor (wahrscheinlich wegen des Wörtchens „über“).

Kleine geometrische Quadratgeister „über der Kathete“. So mysteriös auch die Quadrate blieben, die Kathete tat stets so, als müsste man sie genau kennen. „Gestatten“, sprach sie denn auch zu mir und zog ihr Quadrat tief bis zum Kathetenrand. „Ich bin über eine Ecke mit der Kathete da drüben verwandt. Und die lange da unten“, erklärte sie gönnerhaft und zeigte auf die Hypotenuse: „Das ist unsere Suse!“

Natürlich alles Quatsch und im phaeno habe ich jetzt gesehen, wie man Katheten und Hypotenusen auch zum Sprechen bringen kann. Dort gibt es ein drehbares Element aus drei Quadraten. Die beiden kleineren sind randvoll mit Wasser, das beim Drehen das große Quadrat restlos füllt. So wird das Flächenverhältnis deutlich. Und meine Irritation fiel von mir ab wie Schuppen über den Augen.

3 Quadrate auf einer Drehscheibe und etwas gefärbtes Wasser braucht man im phaeno, um den Satz des Pythagoras zu veranschaulichen.

Im Quadrat

Drei Quadrate bilden einen Kreis. Zumindest im phaeno, der Wolfsburger Experimentierlandschaft. Drei Quadrate sind an einer drehbaren Scheibe befestigt und bilden eine Form, die entfernt an einen Kreis erinnert. Die Form enthält gefärbtes Wasser, das beim Drehen von einem Quadrat ins andere läuft. Dieser Wasserkreislauf ist eine anfassbare Darstellung des Satzes von Pythagoras. Zur Erinnerung sei er zitiert: Die Summe der Quadrate über den Katheten ist gleich dem Quadrat über der Hypotenuse. Wenn wir die Scheibe drehen, sehen wir, wie das Wasser aus einem kleinen Quadrat (genannt a^2) und einem etwas größeren (genannt b^2) in das größte Quadrat (genannt c^2) läuft. Mit dem Wasser aus a^2 und b^2 ist c^2 komplett gefüllt. Kein Tröpfchen fehlt und nichts läuft über. Katheten heißen übrigens die Schenkel, die den rechten Winkel eines rechtwinkligen Dreiecks bilden. Und die kürzeste Verbindungen zwischen den beiden Endpunkten, also die lange Seite des Dreiecks, heißt Hypotenuse.

(ehl)

Mathematische Mikroorganismen

Was haben Fußpilz und Mathematik gemeinsam? Hoffentlich nichts, werden Sie sagen. Stimmt nicht ganz. Fußpilz und Mathematik haben Leonhard Euler gemeinsam. Besser gesagt die „Eulersche Zahl". Zum ersten Mal bestimmte das Universalgenie aus dem 18. Jahrhundert nämlich die Zahl „e", auch „Basis des natürlichen Logarithmus" genannt. Mit dieser unendlichen Zahl 2,718281828459…. lässt sich unter anderem das Wachstum von Mikroorganismen berechnen. Konkret: Vermehren sich Fußpilze um das Doppelte, wachsen sie auch doppelt so schnell weiter – bis zu einem geeigneten Fußspray.

Ohne den Gelehrten könnten auch Thomas Sonar und Harald Löwe an der Carl-Friedrich-Gauß-Fakultät für Mathematik der TU ihre Arbeit nicht machen. Thomas Sonar, der auf dem Gebiet der Strömungsmechanik forscht, stützt sich in seinen Berechnungen immer noch auf Gleichungen von Euler. „Bereits 1755 gelang Euler die Klärung von reibungsfreien kompressiblen Fluiden. Wir gehen heute der Frage nach, wie sich die Lösungen verhalten und wie sie sich numerisch berechnen lassen."

Daneben legte der große Mathematiker, Mechaniker und Physiker der Aufklärung die Grundlagen für die Dampftriebtechnik, ohne die kein Mississippi-Dampfer fahren könnte, und berechnete die Flugbahn von Kanonenkugeln. Eine Ausstellung zu Eulers Erfindungen war bis Juli 2007 im Braunschweigischen Landesmuseum zu sehen.

2,718281828459… Mit der „Eulerschen Zahl" e rechnen nicht nur Mathematiker an der TU. Mit dem Logarithmus lässt sich auch das Wachstum von Fußpilz bestimmen.

Ein Genie der Aufklärung: Leonhard Euler

Er war Mathematiker, Mechaniker und Physiker. Der gebürtige Baseler Leonhard Euler (1707-1783) gilt noch immer als eines der größten Universalgenies. „Das Studium der Werke Eulers bleibt die beste Schule in den verschiedenen Gebieten der Mathematik und kann durch nichts anderes ersetzt werden", schwärmte der Braunschweiger Mathematiker Carl Friedrich Gauß. Nicht nur er stützte sich im 19. Jahrhundert auf die Theorien Eulers. Noch heute rechnen die Mathematiker an der Carl-Friedrich-Gauß-Fakultät für Mathematik der Technischen Universität (TU) Braunschweig mit seinen Gleichungen. „In meiner Arbeit steckt bis zu 98 Prozent Euler", sagt Thomas Sonar, der sich unter anderem mit Problemen der Strömungsmechanik beschäftigt.

Das Braunschweigische Landesmuseum (BLM) hatte dem Gelehrten anlässlich seines Geburtstages und im Rahmen einer wissenschaftshistorischen Reihe eine ganze Ausstellung gewidmet. In Kooperation mit der TU, der Universität Hamburg und der Ludwig-Maximilians-Universität München präsentierte das Museum bis Juli 2007 nicht nur Auszüge seiner bahnbrechenden Schriften wie „Mechanica" und „Solutio problematis ad geometriam situs pertinentis" aus dem Jahre 1736. Es zeigt auch viele seiner Entwicklungen – zum Teil zu seiner Zeit noch gar nicht technisch umsetzbar – zum Anfassen und Ausprobieren. Das Genie hätte sich sicher gefreut, denn Leonhard Euler war kein Wissenschafter, der in einem Elfenbeinturm lebte. „Euler plädierte immer wieder für die Popularisierung der Wissenschaft", sagt Dr. Gerd Biegel. Auch das passt zu Braunschweig und dem Titel „Stadt der Wissenschaft 2007".

(leu)

In Bildern denken und sprechen

Unmöglich, nach den Sternen zu greifen... Oder doch nicht? Das Bild vom Griff nach den Sternen schlägt einen phantastischen Bogen und verbindet Dinge, die scheinbar nicht zusammenpassen. Im metaphorischem Sprechen lässt sich ausprobieren, ob sich die Sterne vom Himmel holen lassen.

„Alles, was metaphorisch gesagt wird, ist unklar, undeutlich und zweifelhaft", sagt Aristoteles. Dieses Verständnis der Metapher passt nicht mehr in die Moderne, entgegnet Bernhard Taureck, Philosoph an der Technischen Universität Braunschweig. Wer heute metaphorisch spricht, spannt eine Verbindung zwischen Ähnlichem (wie in Aristoteles' Beispiel vom „Lebensabend", in dem sich „Abend" zu „Tag" verhält wie „Alter" zu „Leben") und jongliert mit Möglichem und Unmöglichem.

Das „bewegte Bild" zum Beispiel – jahrhundertelang war es eine Metapher. Ein Bild wurde gemalt, inszeniert, in jedem Fall statisch präsentiert. Bewegung unmöglich. Als die Bilder schließlich „laufen lernten", erwuchs aus dem Menschheitstraum vom „bewegten Bild" schließlich Wirklichkeit. Das Kino war erfunden, der metaphorische Ursprung der Idee geriet in Vergessenheit. Bewegte Bilder sind Film- und Fernsehbilder. Metaphorisches Denken „bietet eine Öffnung zu dem, was nicht der Fall ist", formuliert Taureck. Eine Reise zu den Sternen ist so gesehen immer ein vielversprechender Anfang.

Als „die Bilder laufen lernten", wurde aus dem Menschheitstraum vom „bewegten Bild" Wirklichkeit. Vorher war es eine Metapher, die Unmögliches verband.

„Eventisierung" der Metapher

„Alles, was metaphorisch gesagt wird, ist unklar, undeutlich und zweifelhaft", sagt Aristoteles. Dieses enge Verständnis der Metapher passt nicht mehr in die Moderne, entgegnet Bernhard Taureck, Philosoph an der Technischen Universität (TU) Braunschweig. Wer heute metaphorisch spricht, spannt eine Verbindung zwischen Ähnlichem und jongliert mit Möglichem und Unmöglichem. Das „bewegte Bild" zum Beispiel – jahrhundertelang war es eine Metapher. Ein Bild wurde gemalt, inszeniert, in jedem Fall statisch präsentiert. Bewegung unmöglich. Als die Bilder schließlich „laufen lernten", erwuchs aus dem Menschheitstraum vom „bewegten Bild" schließlich Wirklichkeit. Das Kino war erfunden, der metaphorische Ursprung der Idee geriet in Vergessenheit. Bewegte Bilder sind Film- und Fernsehbilder. Metaphorisches Denken „bietet eine Öffnung zu dem, was nicht der Fall ist", formuliert Taureck. Der Philosoph nennt dieses Phänomen „Eventisierung" der Metapher und bezieht es zusammen mit der gegenläufigen Vorstellung, dass Ereignisse zu Lieferanten von Metaphern werden, auf politische Ereignisse wie Revolutionen und künstliche Intelligenz. Im metaphorischen Gedankenspiel kommt Innovatives zum Vorschein, das mitunter in Wirklichkeit umgesetzt wird.

(ehl)

Wie kommt das Neue in die Welt?

„Heureka, heureka!“ Mit einem Satz sprang Archimedes aus der Badewanne und – keine Zeit, eine Tunika überzuwerfen – rannte durch die Stadt, wie er war: „Heureka, das archimedische Prinzip ist entdeckt!“ Was war geschehen? Eigentlich nicht viel. Archimedes sollte prüfen, ob die Krone des Königs wirklich wie bestellt aus reinem Gold war. Aber natürlich sollte die Krone nicht beschädigt werden. Erschöpft vom Grübeln (ist anzunehmen), nahm er ein Bad, stieg ins Badewasser und sprang gleich wieder hinaus. Zu heiß? Nein, nein: „Heureka, heureka! Ich hab's!“ Tja, bei mir würde es jetzt auch noch nicht klingeln.

Archimedes stieg in die Wanne, entsprechend stieg der Wasserspiegel und ... damit war die Auftriebskraft entdeckt. Das war eine geniale Idee. Und wie typisch, sie stellte sich ein, als Archimedes gerade nicht seine Formeln, Daten und Quellen studierte, sondern, zack!, einfach so beim Bad. Jetzt konnte Archimedes die Krone mit einem Goldbarren vergleichen. Bei gleichem Gewicht verdrängte sie mehr Wasser, war folglich größer und konnte nur aus leichterem Material sein.

Wie kommt das Neue in die Welt? Mit dieser Frage beschäftigt sich Thomas Sukopp, Philosoph an der Technischen Universität in Braunschweig. „Bei der ersten Idee spielen oft ganz unwissenschaftliche Faktoren eine Rolle. Es geht irrational oder emotional zu, Träume oder Visionen sind Inspirationsquellen“, erläutert Sukopp.

Na, das haben wir ja schon immer gewusst. Gott sei Dank sind es nicht die Korinthenkacker, die die Welt voran bringen. Nein, wer wirklich schlau sein will, muss um die Ecke denken können. Dort wartet vielleicht der Geniestreich.

„Bitte nicht stören...“ beim Baden! Ich genieße nicht, sondern erwarte einen genialen Einfall.

Um die Ecke denken

Welche Zutaten braucht eine geniale Erfindung eines begnadeten Wissenschaftlers? Diese Frage beschäftigt Thomas Sukopp, Philosoph an der Technischen Universität (TU) Braunschweig. Zunächst braucht es einen Geistesblitz, der sich oft plötzlich und unerwartet einstellt. Statt Zahlen, Fakten und Experimente durchzugehen, liegt der geniale Wissenschaftler vielleicht entspannt in der Badewanne oder fährt mit Bus und Straßenbahn. Dann kann er passieren. Der überraschende Einfall. Doch so unerklärlich, wie es scheint, ist der Geniestreich nicht. Er erfordert die Fähigkeit, „um die Ecke zu denken“, das heißt, dort Verbindungen zu entdecken, wo andere keine Zusammenhänge sehen. Angeblich entdeckte Archimedes in der Badewanne das archimedische Prinzip der Auftriebskraft und der Schotte Alexander Fleming wurde auf die Wirkung von Penicillin aufmerksam, als ein Schimmelpilz die Bakterienkultur, mit der Fleming arbeitete, befiel und teilweise vernichtete. Statt die Petrischale wegzuwerfen und eine neue Kultur anzulegen, experimentierte er mit dem Schimmelpilz weiter und entdeckte das erste wirksame Antibiotikum. 1929 veröffentlichte Fleming den Artikel „Über die antibakterielle Wirkung von Penicillium-Kulturen“. 1945 erhielt er mit zwei weiteren Forschern den Medizin-Nobelpreis. Was braucht die neue Idee noch? Akzeptanz im Forscherkreis und durch ein Fachpublikum. „Alle Zweifel sind entschwunden,/ Endlich ist es nun gefunden:/ Das Licht, das läuft natürlich krumm/ Zu Einsteins allergrößtem Ruhm.“ Eine Postkarte mit diesem Text erhielt Albert Einstein von Kollegen, die zu einem gelungenen Experiment zur Allgemeinen Relativitätstheorie gratulierten und die neue Erkenntnis feierten, als Einstein selbst noch nicht sicher war, ob seine Theorie stimmte.

(ehl)

Nun sag, wie hast du's mit der Technik?

Sein oder Nichtsein…die Mutter aller Gretchenfragen. Dass Hans-Joachim Krenzke angesichts seines ersten Technik-Baukastens einer bekannten Marke sich diese existenzielle Frage gestellt hat, ist möglich, aber wenig wahrscheinlich. Schließlich war er noch klein und die große Welt ein Buch mit sieben Siegeln. Aber irgendwas muss sich beim Anblick der vielen Schrauben und Scharniere in seinem noch unbefleckten Geist eingehakt haben. So etwas wie leiser Zweifel vielleicht.

Inzwischen beschäftigt sich Krenzke, wen wundert's, als Wissenschaftler am Philosophischen Institut der TU Braunschweig ganz professionell mit den Problemen der Technik. Im Rahmen eines Seminars untersucht er anhand von Texten Martin Heideggers die industrielle Moderne, die sich als rasende Selbst-Verwertungsgesellschaft geriert. Da hat, könnte man denken, eine Technische Universität den Bock zum Gärtner gemacht. Doch die Verantwortlichen winken ab: Zweifeln erwünscht! Schließlich wollen die Philosophen nicht die gesamte Technik zum Mond schießen wie weiland die Amerikaner ihren way of life.

Der Mensch, sagt Nietzsche, ist das nicht festgestellte Tier. Und als solches muss er aufpassen, sich an den vielen Fressnäpfen, welche die moderne Technik bereitstellt, nicht zu überfressen. Lieber sich gelegentlich ein wenig Slim-Fast verordnen mit der richtigen Rezeptur an Fragen: Darf ich oder darf ich nicht?

Das Fragen nach der Technik ist so universal und global wie die moderne Technik selbst. Es ist eine Art Gegenzauber, damit wir im Notfall auch ungerufene Geister wieder loswerden.

Die Frage nach der Technik

Irrlichternde Science-Fiction und die begründete Furcht vor atomarer Vernichtung prägten das Verhältnis von Mensch und Technik zur Mitte des letzten Jahrhunderts. Martin Heidegger, bis heute einer der wichtigsten und einflussreichsten deutschen Philosophen, geht in seinem Vortrag „Die Frage nach der Technik" (1954) den vielfältigen Bestimmungen des Technischen bis in die Antike nach. Die Technische Universität (TU) Braunschweig widmet sich diesen Fragestellungen im Rahmen eines Seminars: „Dieses Seminar setzt sich mit dem Heideggerschen Bemühen auseinander, das Wesen der modernen Technik, a fortiori das Wesen der maschinellen Produktion, 'seinsgeschicklich' zu ergründen", sagt Hans-Joachim Krenzke vom Philosophischen Institut. „Heidegger denkt noch einmal in großem Stile die industrielle Moderne, die „industria", als Selbst-Verwertungsgesellschaft des menschlichen Produzierens", so Krenzke weiter.

Ziel ist es, Verantwortung für das Wesen der Technik zu übernehmen, um die technisierte Welt in ihrer Begrenztheit erfahren zu können. Wiederum zurückgedacht auf seinen antiken griechischen Ursprung „oikia" (Hauswesen), hieße das mit dem uns heute geläufigeren Begriff: Ökologie.

(rei)

Der Mensch ist mehr

Dass der Mensch mehr ist als das, was er konsumiert, wissen wir spätestens seit der „Geiz ist geil“-Debatte. Denn ist er nicht auch in vieler Hinsicht überaus verschwenderisch? Großzügig in Worten, Werken und Geschmacksfragen. Von A wie Alphatier über BMW bis hin zu Zucchero kann er sein Leben durchbuchstabieren.

„Jetzt sind Sie ja schon wieder beim Konsum, liebe Frau Ehlbeck“, sagt Herr Taureck. Ojemine, sage ich dann (ist das ein schönes Wort? Vielleicht ein bisschen altmodisch!), da haben Sie ganz recht, Herr Taureck. Konsum soll es gerade nicht sein, denn „der Konsument ist ein verarmtes, verkrüppeltes Wesen, sagen viele“, sagt Herr Taureck. Genau! Nein, Scherz beiseite, ist doch so!

Also nochmal buchstabieren von A wie Anakonda (Anakonda!?!) über B wie Beduinen hin zu F wie Fernweh... Nein: Von A wie Aale räuchern über B wie buttern oder Bergziegen weiden, C wie Caesar, D wie „das dachte ich mir doch“ hin zu I wie Individuía...

...und T wie Taureck. Jetzt sind wir bei Ihnen, Herr Taureck. „Ja, vielen Dank. Individuía war auch schon mein Stichwort. Denn was ich vorstellen möchte, ist „Individuía“ – ein Vorschlag für ein Wort, das definitiv fehlt: Ein Wort für den nicht konsumeristischen Menschen, der weder Waren anbietet noch Verzehr nachfragt.“ Achso. Warum? „Weil wir – besonders in der Philosophie – gelegentlich den Menschen jenseits dieser einengenden Beziehung „ich gebe und du nimmst, ich nehme und du gibst“ betrachten wollen.“

Wann können wir mehr davon hören?, frage ich den Philosophen an der Technischen Universität Braunschweig. Und prompt sind wir (ja, Sie auch!) zu den Vorlesungen eingeladen.

„Individuía“ – dieses Wort ist neu. Es wurde frisch in die Philosophie der TU Braunschweig eingeführt und meint den Menschen jenseits aller konsumähnlichen Beziehungen.

Der Mensch und seine „Individuía“

In der Philosophie kommen gelegentlich neue Gedanken vor. Ja, sie sind sogar sehr erwünscht. Doch um manchmal so einen neuen Gedanken auch tatsächlich festhalten zu können, muss mitunter ein neues Wort her. Dann gibt es entweder kein Wort für die zu bezeichnende Sache oder Idee oder, was ja auch vorkommen kann, man hat Vorbehalte gegen die gebräuchlichen Worte. Die fallen einem natürlich gleich sofort ein, aber die meinen vielleicht nicht genau das Gleiche oder geben der Sache eine falsche Note. So geht es dem Philosophen Bernhard Taureck an der Technischen Universität (TU) Braunschweig, wenn er über den Menschen nachdenkt. Wer oder was ist der Mensch, wenn er gerade nicht konsumiert? Nicht einkauft, trinkt, isst, einen anderen liebt, von Autos und Urlauben träumt oder eine Wohnung sucht. Beziehungsweise umgekehrt: Konsum anbietet wie Kleider, Zigaretten, Waren jeder Art...oder Beziehungen und Dienstleistungen, Beratung zum Beispiel.

Was ist der Mensch jenseits dieser Austausch-Kultur? Ein Individuum, sagen Sie. Das ist nicht falsch, aber das reicht Herrn Taureck nicht, denn gerade das Indviduum wird immer gesellschaftsbezogen verstanden. „Es gibt kein reines Individuum“, wird oft gesagt. Es ist immer Mitglied einer Gemeinschaft, die etwas austauscht. Taureck möchte an den Menschen aber lieber als an jemanden denken, der z.B. Ziele setzt, und hat ein neues Wort dafür: „Individuía“. So nennt Taureck dieses Menschsein, das nicht konsumeristisch und nicht isoliert sein soll, aber doch und gerade ganz es selbst. Das Wort wurde nach griechischer Manier aus dem Wort „Individuum“ und der Endung „ía“ gebildet, die eine ständige Eigenschaft anzeigt.

(ehl)

Ist Glück erreichbar?

Die Frage nach der Erreichbarkeit von Glück ist eine der Fragen, die uns wohl für immer erhalten bleiben, selbst wenn die Wissenschaft ihre Antworten sämtlichst zusammen haben wird. Am Ende aller Erklärungen lugt der kleine Prinz von Saint-Exupéry vielleicht um die Ecke und fragt: „Und was ist mit dem Glück?“ Während der Wissenschaftler dann beschämt zu Boden schaut, bedauernd den Kopf schüttelt und „nix gefunden!“ flüstert, lachen der Zauberer von Oz, Pippi Langstrumpf und die sieben Zwerge sich eins ins Fäustchen. Und was macht unser zerknirschter Wissenschaftler dann? Na, zaghaft zurücklächeln natürlich, denn schließlich hat auch ein Wissenschaftler ein Herz und kocht seine Wassersuppe auch nur mit dünner Flüssigkeit.

Anhand von Irrtümern und zu eng gedachten Schlussfolgerungen in der Geschichte der Wissenschaft weisen Thomas Sukopp, Philosoph an der Technischen Universität Braunschweig, und Ulrich Frey (inzwischen in Stuttgart) nach, dass den Wissenschaftler in seinem Denken doch gelegentlich das pure Menschsein einholt. Mal überlegt er, wie lange wohl die Schöpfung von Mensch und Erde gedauert haben mag (aber das ist schon länger her!), mal will er eine Achatschneckenplage in Asien mit einer achatschneckenfressenden weiteren Schneckenart bekämpfen, die leider auch alle anderen Schnecken ausrottet, sodass am Ende (genau!) eine Plage achatschneckenfressender Schnecken grassiert.

Der Beispiele gibt es viele: Der Wissenschaftler bleibt ein Mensch... und manchmal sucht er sein Glück wie Sie und ich.

Kraus gedacht und kurz geschlossen – manchmal irrt sich auch ein Wissenschaftler. Dass ein Wissenschaftler denken und fühlen muss, wie ein Mensch eben nur denken und fühlen kann, diese Erkenntnis erhellt in der philosophischen Fakultät etliche Dekaden Wissenschaftsgeschichte.

Kognitive Grenzen

„Wissen und Fühlen sind zweierlei Dinge, und was wirklich zählt, ist das Gefühl“, schreibt Francois Lelord im Bestseller „Hectors Reise oder die Suche nach dem Glück“. Das Erstaunliche ist, dass diese Regel auch für Wissenschaftler gilt, die eigentlich die Ratio über alles setzen sollten. Oder für Ärzte. Ein Beispiel, das Thomas Sukopp, Philosoph an der Technischen Universität (TU) Braunschweig, und Ulrich Frey (inzwischen in Stuttgart) für ihre Überlegungen anführen, berichtet von einem Medikament, das dem einen Arzt mit der Angabe, 93 % der Patienten überlebten die Einnahme, dem anderen mit der Angabe, 7 % verstürben, vorgestellt wird. Der zweite Arzt, die tödlichen Folgen vor Augen, verordnet die entsprechende Medizin weit weniger als der erste. Anhand von erwiesenen Irrtümern und nachweislich zu eng gefassten Schlussfolgerungen in der Wissenschaftsgeschichte weisen Sukopp und Frey nach, dass eine Analyse der kognitiven Bedingungen des wissenschaftlichen Denkens typische Fehlkonstruktionen vermeiden helfe.

(ehl)

Demokratische Massen

„Masse“ oder „Volk“ – was ist für die Ideologie der Nationalsozialisten der wichtigere Begriff? Eine Forschungsfrage an der TU Braunschweig.

Eine Rose? Gerne! Massenhaft Rosen, und schon wird´s dekadent. Ein Maikäfer – nettes Symbol für den Frühling. Massenhaft Maikäfer – eine Plage. Und so weiter: Unmengen von Wasser, Wüsten voller Sand. Kann, was massenhaft auftritt, etwas Gutes sein? Und gilt dies nicht auch für die menschliche Zivilisation? Oder stehen Sie gern im Stau? Oder bei einer Massenveranstaltung direkt vorne an der Bühne? Von Massenentlassungen ganz zu schweigen.

„Politisch gesehen ist der Begriff ‚Menschenmassen' zu Unrecht in Verruf“, meint Ishay Landa, Historiker und Philosoph aus Israel, und sieht gerade in der Undiszipliniertheit einer Masse die Quelle für demokratisches Denken. „Schon Thomas Mann sprach – freilich mit snobistischem Unterton – von der ‚demokratischen Masse' und dem ‚aristokratischen Volk'“, erklärt Landa.

Landa, der zur Zeit an der Technischen Universität Braunschweig forscht, untersucht die Begriffe „Masse“ und „Volk“ in der faschistischen Ideologie und blickt kritisch auf gegenwärtige Einschätzungen zum Phänomen Faschismus: „Der Faschismus war gerade kein Massenphänomen, wie es immer wieder behauptet wird. Das Thema fasziniert mich, weil es bis jetzt noch keine endgültige Einschätzung dazu gibt und jeder Erklärungsversuch vor allem über die Zeit spricht, in der er geäußert wird“, sagt Landa.

„Volk“ und „Masse“ im Faschismus

„Ich fand es spannend, dass das historische Phänomen des Faschismus bisher immer noch keine befriedigende oder allgemein gültige Definition gefunden hat“, so begründet Ishay Landa, Historiker und Philosoph aus Israel, sein Interesse für das Thema, das ihn zur Zeit beschäftigt. Den Forscher an der Technischen Universität (TU) Braunschweig irritiert die Behauptung, der Faschismus sei vor allem ein „Massenphänomen“ gewesen. Diese Sichtweise hat Tradition in der Geschichtsschreibung und ist auch heute wieder populär, erläutert Landa. Doch die „Masse“ war für die Nationalsozialisten nur interessant, um aus ihr das „Volk“ zu formen, das hinter ihnen stehen sollte. Das Volk ist alles das, was die Masse sein sollte. Die Masse wird als unabhängig, arbeitsscheu, friedliebend, egalitär, launenhaft und rebellisch charakterisiert. Das Volk hingegen sollte diszipliniert, obrigkeitshörig, fleißig, bescheiden und opferbereit sein.

„Das ist eine ganz wichtige Differenzierung“, sagt Landa und betont, dass ein Schwerpunkt seiner Forschung auf einer Art Rehabilitierung der so genannten „Massen“ liegt, die für viele Historiker und Soziologen einen günstigen Sündenbock bieten, um alle Katastrophen des 20. Jahrhunderts zu erklären. „Für mich dagegen muss der Wert der Massendemokratie und ihres emanzipatorischen Potentials immer wieder betont werden“, erklärt Landa. „Es ist der Kontrapunkt zu selbstzufriedenem Elitismus.“

(ehl)

Der Begriff des Nichts

„Was hast du heute noch vor?“ – „Nichts.“ – „Wollen wir dann zusammen essen?“ – „Geht leider nicht, ich muss mir doch Nichts anhören.“ Dieser seltsame Studentendialog wird schnell verständlich, wenn man weiß, dass die Ringvorlesung des Seminars für Philosophie an der TU Braunschweig im Wintersemester 2007/08 den Titel „Das Nichts“ trug.

Einige Philosophen, etwa Rudolf Carnap, meinen, über diesen Begriff könne man gar nicht reden, da er nix aussagt – Nichts als Unsinn sozusagen. Andere, z.B. Martin Heidegger, sprechen in dicken Büchern sehr viel und sehr gerne über das Nichts. Und vieles hängt mit diesem Thema unmittelbar zusammen: Ist das Universum aus dem Nichts entstanden? Was passiert mit uns nach unserem Tod? Ist das Vakuum wirklich leer?

Unverkennbar ist das Nichts einer der wichtigsten Begriffe unserer europäischen Kultur- und Wissenschaftsgeschichte. Mit vereinten Kräften versuchen die Dozenten des philosophischen Seminars, diesem Begriff in all seinen Facetten auf die Spur zu kommen. Übrigens war bei dem Vortragszyklus, der während des Wintersemesters 2007/08 an jedem Montag stattfand, jeder Interessierte herzlich willkommen. Und heutzutage ist ja nichts umsonst, so garantiert auch das Nachdenken über das Nichts nichts. Also lassen Sie sich durch Nichts aufhalten!

Das Nichts ist das außergewöhnliche Thema, dem das Seminar für Philosophie der TU Braunschweig seine Ringvorlesung des Wintersemesters 2007/08 widmete. Urteilen Sie nicht vorschnell; über Nichts kann man eine ganze Menge sagen!

Nichts als Philosophie

„Das Nichts nichtet.“ So schreibt der deutsche Philosoph Martin Heidegger in seinem Hauptwerk „Sein und Zeit“. In der Geschichte der Philosophie ist „Nichts“ einer der wichtigsten Begriffe überhaupt. Aber darf man diesen Begriff überhaupt verwenden? Oder ist er – wie Rudolf Carnap behauptet – inhaltsleer und damit wissenschaftlich nicht zu gebrauchen? In einigen Sprachen lässt sich die Substantivierung „Das Nichts“ gar nicht erst bilden. Aber intuitiv scheinen wir alle eine Vorstellung vom „Nichts“ zu haben. Und auch in den modernen Naturwissenschaften wird dieser Begriff wieder interessant: Was befindet sich in einem Schwarzen Loch? Was war vor dem Urknall? Ist das Vakuum wirklich leer? Ist wirklich nichts verbindlich? Bedeutet Null wirklich Nichts?

Seminarleiter Gerhard Vollmer zu der Vortragsreihe: „Das Loch ist so wichtig wie der Rand, das Hohle so wichtig wie die Fülle, die Stille so wichtig wie der Laut, der Zweifel so wichtig wie das Vertrauen, das Nichts so wichtig wie das Etwas.“

(she)

Teuflische Dinge

Als die Menschen noch mit Gott eins waren, da mussten sie sich noch nicht entscheiden, ob es ethisch vertretbar ist, noch eben bei Dunkelorange über die Kreuzung zu fahren oder in höflicher Lüge die hässliche Krawatte des Nachbarn zu loben. Kein Zweifel trübte die Harmonie, und auch das Böse war noch nicht in der Welt.

Die Bedeutungsgeschichte des Wortes „Teufel" hängt eng mit dem Wort „Zweifel" zusammen, das seinerseits von den Begriffen „zwei" und „Falte" herrührt, weiß Thomas Sukopp, Philosoph an der Technischen Universität Braunschweig. Wie beim Falten von Stoff hat vieles im Leben zwei Seiten. „Jemand, der zweifelt, bedenkt die andere Seite, die Kehrseite der Medaille", sagt Sukopp. Dass sich diese und viele andere Wahrheiten nur durch stetes Grübeln beziehungsweise Selbsterkenntnis aufdecken lassen, emanzipiert den denkenden Menschen von seinem Schöpfer.

Und plötzlich ist der Mensch zu Gutem wie zu Schlechtem fähig, zu moralisch richtigem Handeln ebenso wie zu Irrtum und Versagen. Die Geburt der Ethik hängt – könnte man mit Sukopp (natürlich stark verkürzt) sagen – mit der Vorstellung des Teufels als dem Schurken vom Dienst zusammen, der mir einflüstert, so rot ist die Ampel doch gar nicht.

Zwei Seiten hat zum Beispiel eine Tüte: vorne und hinten, hell und dunkel. Der „Teufel" steht seit Jahrhunderten für die dunkle Seite. Etymologisch ist er verwandt mit „Zweifel".

Vieles hat zwei Seiten

Die Vorstellung eines personifizierten Teufels ist älter als das Christentum. Nicht immer stand der Teufel für das Böse schlechthin. Die Bedeutungsgeschichte des Wortes „Teufel" hängt eng mit dem Wort „Zweifel" zusammen, das seinerseits von „zwei" und „Falte" herrührt, weiß Thomas Sukopp, Philosoph an der Technischen Universität (TU) Braunschweig. Wie beim Falten von Stoff hat vieles im Leben zwei Seiten, mit dieser und zahlreichen anderen Erkenntnissen emanzipierte sich der Mensch und verlor in diesem Sündenfall das Gottvertrauen, mit dem er nach biblischer Aussage geschaffen worden war. Die Erkenntnis des Zweifels kann demnach als erste Sünde des Menschen verstanden werden und erst dieser Zusammenhang verschafft der Figur Teufel seine unrühmliche Rolle als Schurke vom Dienst.

(ehl)

Dummes Zeug? Schatzkammern!

Von Science-Fiction zur Realität – wie groß ist dieser Schritt wirklich? Es gibt viele Bücher, die sich mit dem Aufeinandertreffen realer und virtueller Welten befassen, doch der wahre Diskurs spielt sich nicht in der Literatur ab, sondern in den Kinderzimmern. „Ach komm, das ist doch alles dummes Zeug, guck mal was Ordentliches!" So rigoros treten Mütter ihren in Science-Fiction vernarrten Kindern entgegen und deren felsenfester Überzeugung, dass die Illusionswelten Schatzkammern voller zukunftsweisender Metaphern sind.

Kann der Zukunftsentwurf des Films Soylent Green, gedreht 1973, der Wirklichkeit nahe kommen? Ja, sagt Uwe Meier von der Biologischen Bundesanstalt für Land- und Fortwirtschaft in Braunschweig. Soylent Green entwirft ein beklemmendes Szenario für das Jahr 2022: Überbevölkerung, Umweltverschmutzung, Ressourcenvernichtung, Nahrung nur für Reiche.

„Das Thema ist hochaktuell", sagt Uwe Meier, der Soylent Green am 7. November 2007 auf dem Filmfest Braunschweig aus Sicht der Wissenschaft kommentierte. Warum gerade er? Der Wissenschaftler befasst sich mit Fragen der Wirtschaftsethik und setzt mit internationalen Kollegen Standards, welche Normen und Verhaltensweisen für die moderne Landwirtschaft gelten – damit die Welt eine andere wird als die von Soylent Green.

Also, ihr Kinder: Science-Fiction ist kein dummes Zeug. Nehmt eure Eltern an die Hand, beamt euch ins Kino – und guckt mal wieder was Ordentliches.

Wirtschaftsethik – Ethik mit ökonomischer Methode – so kann man diesen Begriff umschreiben, der für die BBA in Braunschweig von Bedeutung ist.

Gesamtbewertung von Unternehmen

Die wissenschaftlichen Arbeiten zur Wirtschaftsethik in der Landwirtschaft von Dr. Uwe Meier von der Biologischen Bundesanstalt für Land- und Fortwirtschaft (BBA) in Braunschweig haben ihre Grundlage im gesetzlichen Zulassungsverfahren für die Bewertung von Pflanzenschutzmitteln und deren Einordnung in einen gesamtgesellschaftlichen Kontext. So entwickelte er 1993 gemeinsam mit Unternehmerverbänden in Lateinamerika einen umweltorientierten Kriterienkatalog zur Bewertung internationaler Blumenunternehmen und veröffentlichte diesen Katalog 1996. Dieser Kriterienkatalog ist inzwischen erweitert worden auf die Bewertung der sozialen und kulturellen Nachhaltigkeit bei der Produktion für zahlreiche Nutzpflanzen weltweit.

Die Gesamtbewertung von Unternehmen nach ökologischen, sozialen und kulturellen Parametern wird zunehmend zur Realität. Das Spannungsfeld zwischen Ökonomie und ethischem unternehmerischen Verhalten ist vereinbar, meint Uwe Meier – wenn erkannt wird, dass die ökonomische Rationalität ihre Begrenzung in moralischen Werten und Normen findet, die bei Nichtbeachtung auch auf die Ökonomie zerstörerisch wirkt.

(boy)

Science oder Fiction

Immer vorsichtig mit den Wimpern klimpern. Ein Wimpernschlag kann gefährlich sein. Ein kleines Augenhärchen könnte sich lösen und die eigene Identität preisgeben... in einer Welt, die der Science-Fiction-Film „Gattaca“ beschreibt, einer Welt, in der nur gentechnisch perfektionierte Menschen Zugang zu Karriere haben. Der natürlich gezeugte, kurzsichtige Jerome möchte Astronaut werden und nimmt deshalb die Identität eines unfallgeschädigten Freundes mit perfekten Genen an. Eine Wimper ist's, die ihn beinahe enttarnt. Denn am Haar lässt sich die Qualität des Genmaterials problemlos ablesen.

Alles nur Fiktion? Unter dem Titel „Science/ Fiction“ zeigte das Filmfest Braunschweig 2007 mehrere Filme, die jeweils von Wissenschaftlern kommentiert wurden. Den Auftakt bildete „Gattaca“, der sich mit der Problematik von Präimplantationsdiagnostik zum Ziel der Optimierung menschlichen Lebens auseinandersetzt. Damit gehen zahlreiche ethische Fragestellungen einher, denen sich Wolfgang Buschlinger vom Seminar für Philosophie der Technischen Universität Braunschweig widmet. Gibt es Chancengleichheit? Welches Recht hat man auf die Verwirklichung des eigenen Lebenstraums?

Ist die cineastisch gezeigte ethische Problematik nicht heute schon da? – Science und Fiction, in diesem Film vielleicht doch nur einen Wimpernschlag entfernt?

Präimplantationsdiagnostik ist Thema des Science-Fiction-Films „Gattaca“, der im Rahmen des Filmfests Braunschweig 2007 ethisch-philosophisch diskutiert wurde.

Vieles hat zwei Seiten

In der Reihe „Science/Fiction“ zeigte das 21. Internationale Filmfest Braunschweig in der Zeit vom 6. bis 11. November 2007 mehrere Science-Fiction-Filme, in denen die Ergebnisse verschiedener Wissenschaften eine tragende Rolle spielen. Im Anschluss an die Vorstellungen diskutieren Fachwissenschaftler die Filme, die jeweilige Darstellung der Sachverhalte und deren wissenschaftliche Relevanz und Hintergründe.

Die cineastisch dargestellten ethischen Problemstellungen im Film „Gattaca“ kommentierte Wolfgang Buschlinger vom Seminar für Philosophie der Technischen Universität (TU) Braunschweig. Zielgruppen waren sowohl Schulklassen als auch alle anderen Interessierten.

Eine negative Utopie der nahen Zukunft: Genmanipulation beim Menschen ist Normalität geworden. Perfekte Menschen, deren Gene pränatal optimiert wurden, bilden die Oberschicht in einer Welt, die sich hermetisch gegen die auf natürlichem Weg Gezeugten abgrenzt. Für den kränklichen und kurzsichtigen Vincent fallen schon im Kindergarten die Türen zu. Doch er hat einen Traum: Er möchte Astronaut werden. Er verschafft sich die Identität eines hochbegabten, aber querschnittgelähmten ehemaligen Sportlers und macht als „Jerome“ beim Weltraumkonzern Gattaca Karriere. Doch durch einen Mordfall in der Firma, der zu intensiven Untersuchungen führt, steht Vincent bald kurz vor der Enttarnung.

„Das utopische Element des Films gestattet es, den Konflikt auf den Punkt zu bringen. Die ethische Problematik hat man aber schon jetzt. Das wird in den nächsten Jahren verschärft auf uns zukommen“, sagt Buschlinger.

(mba)

Betrachtungen am Waschbecken

Wenn ich so richtig gar keine Zeit habe und eigentlich nur von jetzt zu gleich und dann und später hetzen muss, dann ertappe ich mich plötzlich dabei, dass ich beim Händewaschen spontan eine eigentlich ganz ungeplante Pause einlege... Dann wird ein bisschen Wasser über einen imaginären Kalkfleck geschüttet (ich weiß, in Braunschweig gibt es weiches Wasser und deshalb keine Kalkflecken!), die Seife flutscht ein bisschen durch die Finger und über den Boden, der Wasserhahn sprudelt mal schneller mal langsam – kurz, ich verbrauche ganz sinnlos Wasser und fange schlicht das Träumen an.

Noch einfacher findet der Raucher seine kreative Pause, die ja neuerdings in der Regel draußen stattfindet. Kunstvoll werden Rauchringe verschiedener Größen in die Atmosphäre geblasen, was natürlich sehr viel Übung erfordert. Im phaeno können auch Nichtraucher dieser Spielerei nachgehen. Dort gibt es eine Installation, mit der sich solche Wolkenringe erzeugen lassen.

Und es ist nicht komplizierter als Händewaschen, vermittelt aber statt geistiger Entspannung einen naturwissenschaftlichen Hintergrund: Solche Wolkenringe lassen sich über Vulkanen beobachten! An den Rändern wird der aufsteigende Dampf abgebremst, während er in der Mitte ungehindert weiter steigt. So entsteht ein aufsteigender Ring, der sich von innen nach außen dreht. Oder von außen nach innen? Nein, von innen nach außen, weil der Antrieb von unten aus dem Vulkan kommt.

Wolke über Vulkan – Welche Art von Wolke macht eigentlich ein Vulkan? Die Antwort finden Sie im phaeno!

Wolke über Vulkan

Eine ganz spezielle Wolkenformation lässt sich im phaeno, der Erlebnislandschaft in Wolfsburg erzeugen: ein Wolkenring, wie er über einem Vulkan gelegentlich beobachtet werden kann. Durch Drücken einer Platte mit einer Öffnung in der Mitte presst man eine Dampfwolke, die an den Rändern der Öffnung abgebremst wird. In der Mitte steigt der Dampf ungehindert weiter nach oben. So entsteht ein aufsteigender Ring, der sich von innen nach außen dreht. Die Installation „Wolkenringe" stammt von Ned Kahn.

(ehl)

Cocktail der besonderen Art

Wie mögen Sie Ihren Cocktail denn gern: geschüttelt oder gerührt? Geschüttelt? Gut, dann füllen Sie je 40 Teile Ananas- und Orangensaft sowie 20 Teile Maracujasaft in einen Shaker und schütteln die Zutaten gut durch. Alles in ein Glas mit Zuckerrand und zerstoßenem Eis füllen. Nach Geschmack etwas Zitronensaft hinzugeben. Nun noch mit einer Zitronen- und/oder Orangenscheibe sowie einem Strohhalm dekorieren.

Wenn Sie Lust auf mehr bekommen haben, laden wir Sie ein, sich Ihren „Cocktail der besonderen Art“ zu mixen. Wählen Sie aus unserer Zutat „Physik“ zum Beispiel Radon, Kraft, Strom und Länge. Fügen Sie vorsichtig aus dem „Rahmenprogramm“ Filme, Experimentieren und Disco hinzu. Dekorieren Sie das Ganze mit Herzhaftem vom Grill oder Leckerem aus dem Cafédorf. Nein, Sie lesen kein Rezeptheft. Sie sind noch immer beim „Murmeltier“ – der Glosse zur Stadt der Wissenschaft 2007.

Am 8. September 2007 konnten Sie sich Ihren ganz speziellen Physik-Cocktail selbst zusammenstellen. Ganz nach Belieben, beim Tag der offenen Tür in der „Physikalisch-Technischen Bundesanstalt“ (PTB). Das Programmheft mit den Zutaten für Ihren ganz persönlichen Physik-Cocktail, von physikalisch-wissenschaftlich über unterhaltsam bis schmackhaft, gab es am Eingang.

P.S.: Fußballfans wählten übrigens Wales gegen Deutschland. Das EM-Qualifikationsspiel wurde im Zelt vor dem Casino live übertragen.

© PTB

Physik-Cocktail mixen! Nehmen Sie sich doch etwas Zeit, geben ein paar Nanometer dazu, mischen etwas Kraft hinein und schmecken mit einem Schuss Radon ab. Oder nehmen Sie Licht und Strahlung, mischen Schallwellen unter und füllen mit gefrorenen Wassertropfen auf.

Mixen Sie Ihren eigenen Physik-Cocktail

Nehmen Sie sich doch etwas Zeit, geben ein paar Nanometer dazu, mischen etwas Kraft hinein und schmecken mit einem Schuss Radon ab. Oder nehmen Sie Licht und Strahlung, mischen Schallwellen unter und füllen mit gefrorenen Wassertropfen auf. Solche oder ganz andere Physik-Cocktails konnten Sie sich in der Physikalisch-Technischen Bundesanstalt (PTB) am 8. September 2007 beim Tag der offenen Tür zusammenstellen. 23 Laboratorien und die Ausbildung der PTB hatten für Sie geöffnet – von A wie Atomuhr bis Z wie Zählerkabinett.

Neben all den physikalischen Zutaten hat Ihnen der Tag der offenen Tür in der PTB zugleich auch ein reichhaltiges Rahmenprogramm angeboten. Kinder haben sich vielleicht auf Hüpfburg und Schiffsschaukel amüsiert oder wurden bei kleinen Experimenten der Phänomenta selbst handgreiflich. Kinogänger hatten im Hörsaal die Auswahl aus drei Filmen („Flubber“, „Cocktail für eine Leiche“, „Casino Royale“). Und auch Fußballfans mussten am Abend nicht auf das EM-Qualifikationsspiel Wales gegen Deutschland verzichten: Beim „public viewing“ im Zelt vor dem PTB-Kasino konnten die Tore gemeinsam bejubelt werden.

(gro)

Vom Blitz getroffen

So ein Zahnschmerz kommt ja häufig aus heiterem Himmel. Eben ging es noch ganz genüßlich zu – zack! – da fällt die Plombe raus und es trifft einen der Schlag. Schwer zu beurteilen: Beginnt der Schmerz noch in der Mundregion oder zieht er gleich zu den Haarwurzeln hoch? Von dort jedenfalls mäandert er den Körper hinunter und haut einen von den Füßen. Nicht viel anders kann es sich anfühlen, wenn man vom Blitz getroffen wird. Vorausgesetzt, man überlebt. – Aber bei dem beschriebenem Zahnschmerz ist man ja auch tausend Tode gestorben.

Eine andere und völlig schmerzfreie (TÜV-geprüfte!) Methode, einen Blitzschlag zu erleben, wurde bis Januar 2008 im phaeno geboten. Eine cirka vier Meter hohe Tesla-Transformator-Blitzmaschine namens „EnBW EnergyTower" sorgte dort viermal täglich für Blitze, die mehrere Meter lang sein können. Ordentlich gezackt und so mit Schmackes abgegeben, dass Neonröhren spontan zu leuchten anfangen. Das Publikum war durch einen Sicherheitsmaschendraht geschützt, der die Funktion eines Faradayschen Käfigs übernahm.

Und das Beste daran: Es sah toll aus, der Himmel war weiterhin ungetrübt (sollte er heiter gewesen sein) und die Zahnprothesen blieben an Ort und Stelle!

Fünf Meter Strom, bitte. Am Stück soll es sein? Und ordentlich gezackt und mit Schmackes abgegeben...? Da kann ich die Blitzmaschine im phaeno empfehlen. Die blitzte, dass es krachte!

Europas größte Blitzmaschine

Die größte europäische Blitzmaschine war bis Januar 2008 im phaeno, der Experimentierlandschaft in Wolfsburg zu sehen. Viermal täglich schleuderte sie meterlange Blitze um sich. Der Rekord lag bei fünf Metern. Der so genannte Tesla-Transformator war dabei von einem Sicherheitsmaschendraht umgeben, der die Funktion eines Faradayschen Käfigs übernahm und die Zuschauer vor den gewaltigen Entladungen schützte. Die waren immerhin so stark, dass Leuchtstoffröhren ohne direkten Kontakt zum Gerät zu leuchten begannen. Für die Zuschauer war die Vorstellung allerdings völlig ungefährlich, versichert Pamela Gutermilch vom phaeno-Team. „Ich habe mir selbst ein paar der „Blitzaktionen" angesehen. Das ist wirklich eindrucksvoll. Wann kann man schon mal einen Blitz in direkter Nähe erleben?" Die weltweit größte Blitzmaschine steht übrigens in Neuseeland. Sie produziert Blitze, die bis zu 15 Meter lang sein können.

(ehl)

Forschung in kleinen Dosen

Freunde, machen wir uns nichts vor: Für manchen hat Wissenschaft immer noch was von diesen Reiskeksen. Kennen Sie die? Angeblich sind die runden Dinger waaahnsinnig gesund und angeblich verliert man mindestens 100 Kilo, wenn man sie anstelle eines Snacks isst, aber ein Biss genügt und man hat ein staubtrockenes Gefühl im Mund und ein durstiges Gesicht.

Damit Wissenschaft etwas weniger nach trockenen Keksen und etwas mehr nach leckeren Appetithäppchen schmeckt, haben Regina Henze und Dorett Linke von der Hochschule für Bildende Künste gemeinsam mit ihren Studenten die „Science Cubes“ entworfen.

„Verstehen die Bürger eigentlich, was die Forschungsinstitute machen? Oder denken die, das ist ja alles staubtrockenes Zeugs, weit entfernt vom täglichen Leben?“, fragten sich die Professorin für Kommunikationsdesign und die Professorin für Industrial Design vorher.

Ihre Antwort waren drei leuchtend bunte Container, in denen nüchterne Wissenschaft plötzlich kompakt, einfach und leicht verdaulich daherkam. Wissenskommunikation heißt das im Fachjargon. Damit wollte die HBK eine Brücke zwischen Expertenwissen und dem Allgemeinwissen der Öffentlichkeit schlagen. Wer also einmal an einem Frosch die Entstehung der Arten nachvollziehen wollte, brauchte nur wenige Meter zu gehen: Die Antwort wartete – in Grün verpackt bis zum 17. Juni 2007 in den „Science Cubes“ auf dem Platz der Deutschen Einheit.

© HBK BRAUNSCHWEIG

Science Cubes – das war Wissenschaft in leicht schmackhafter Form. In drei bunten Containern brachte die HBK im Jahr 2007 Forschung zu den Bürgern.

Wissenschaft erlebbar gemacht

„Was wissen die Bürger eigentlich von den regionalen Forschungseinrichtungen und wie stellen sich diese dar?“ Mit diesen Fragen beschäftigt sich Regina Henze, Professorin für Kommunikationsdesign an der Hochschule für Bildende Künste (HBK), bereits seit einigen Jahren. Ein Schwerpunkt ihres Faches ist die Wissenskommunikation. „Wissenschaft ist heute mehr denn je auf eine breite Unterstützung durch die Bevölkerung angewiesen“, unterstreicht die Professorin. „Das setzt aber voraus, dass die Öffentlichkeit die Ziele, Leistungen und Voraussetzungen der Forschung auch versteht.“ Als Brücke können Visualisierungen dienen. Als Beispiel für diesen Ansatz und Beitrag zur „Stadt der Wissenschaft“ entwickelte die HBK die „Science Cubes“.

Unter Leitung von Regina Henze und Dorett Linke, Professorin für Industrial Design, entwarfen Studenten der Fächer Kommunikationsdesign, Industrial Design und Medienwissenschaften drei mobile Ausstellungsräume. Die Industriecontainer direkt in der Innenstadt ordneten die breite Forschungslandschaft in drei farbige Bereiche: Rot für Kultur, Grün für Leben und Blau für Technik.

„Die Frage, die wir uns immer wieder stellten, war: Wie kann sich der Besucher schnell und einfach ein Bild von zum Teil hochkomplexen Themen machen“, erzählt Simon Alexander Buchhagen, Student des Kommunikationsdesign. Interessante Beispiele, begrenzter Text, viele Bilder, einprägsame Objekte und ein streng schematischer Aufbau, so lautete die Antwort. 14 Institute und Museen gaben auf diese Weise bis zum 17. Juni 2007 auf dem Platz der Deutschen Einheit Einblicke in ihre Arbeit.

(leu)

Mit dem Zahnrad in die Ewigkeit

Ach, was bin ich doch für ein armes Rädchen im Getriebe. Ich strample und strample und mein Rädchen dreht sich schneller und schneller. Doch am Ende bewegt sich: nichts!

Mit diesem Gefühl wache ich manchmal nachts aus einem Albtraum auf. Dann stehe ich auf, mache ich mir einen Melissentee und plane eine Fahrradtour für den nächsten Sonntag.

Im phaeno, dem Museum mit Objekten zum Anfassen und Experimentieren in Wolfsburg, gibt es eine Maschine aus 24 Doppelzahnrädern, die von einem Elektromotor angetrieben werden. Das erste läuft wie ein Wiesel und spult sich munter in das zweite. Das läuft schon deutlich langsamer und treibt das dritte nur noch bei minutenlanger Beobachtung an. Durch eine kontinuierliche extreme Drehzahlreduzierung, die entsteht, wenn jeweils ein Zahnrad mit 14 Zähnen eines mit 120 antreibt, lässt sich die Bewegung des vierten Rades bereits nicht mehr verfolgen. Wann wird das zehnte Rad sich drehen, ja, und wann wird das 24. Rad erreicht sein? Das lässt sich errechnen: in 594 Billionen Jahren. Arthur Ganson, der diese Maschine konstruiert hat, übersetzt uns diese Zahl und hat das letzte Rädchen in Beton gegossen: nie!

Sonntag ist übrigens übermorgen. (Oder war es schon morgen – oder erst in drei Tagen?)

Wann ist nie? Von 24 einander antreibenden Zahnrädern ist im phaeno das letzte einbetoniert. Wenn es an der Reihe ist und die extrem langsam übertragene Kraft aufnehmen will, dann hat es die Welt überlebt. Das ist nie.

Ein Meter Zahnrad in die Ewigkeit

In der beginnenden Industrialisierung wurden ineinandergreifende Zahnräder für maschinelle Produktionen jeder Art benutzt. Laufende Zahnräder standen lange symbolisch für den Fortschritt. Ganz anders hier: Im phaeno gibt es ein Objekt, das aus 24 Doppelzahnrädern besteht. Ein Motor treibt ein Schneckengetriebe mit 1425 Umdrehungen pro Minute an, das das erste Zahnrad zum Laufen bringt. Es dreht sich in 6,5 Sekunden einmal um sich selbst. Die Kraft wird auf ein zweites, viel kleineres übertragen, das seinerseits ein wesentlich größeres antreibt. Jeweils ein Zahnrad mit 14 Zähnen greift in ein Zahnrad mit 120 Zähnen. Von Zahnrad zu Zahnrad wird die Dehzahl reduziert. Die Kraft verläuft im Getriebe der sich zunehmend langsamer drehenden Zahnräder. Das letzte würde sich erst in 594 Billionen Jahren um sich selbst gedreht haben. Arthur Ganson, der die Maschine konstruiert hat, hat das letzte Zahnrad indes einbetoniert. Die Bewegung wird es nie erreichen. 594 Billionen Jahre! Schätzungen für das Bestehen der Welt liegen weit darunter. Das ist die Ewigkeit! Eingefangen in 24 Doppelzahnrädern mit einer Länge von insgesamt vielleicht einem Meter.

(ehl)

Verwirrung in Zeit und Raum

Als Kind war die Phantasie größer als die Wirklichkeit und wir konnten die Welt noch ganz anders sehen. Da wuchsen Äpfel in den Himmel und Rauch fiel nach unten – wir mussten uns nur auf den Kopf stellen. Oder die ersten Spiegelerlebnisse: Mit der rechten Hand winken und im Spiegel winken wir mit links zurück. Unerhört! Erst später brach die Wirklichkeit in die kindliche Phantasie ein und erklärte uns, dass der Spiegel nicht rechts und links vertauscht, sondern vorne und hinten. Schnöde Wirklichkeit! Heute ist das mit dem Vertauschen also ein wenig schwieriger: Auch wenn wir uns, ganz wörtlich, aufs Ohr legen, liegt der Baum nicht flach, ist der Himmel noch oben und der Horizont keine Vertikale – unser Kopf rechnet einfach blitzschnell um. Schließlich hat er gelernt, wie die Welt zu sein hat.

Wollen wir heute echte Tauscherlebnisse haben, müssen wir die Phantasie mit Technik beflügeln. Soll Vorher Nachher sein und Nachher Vorher, dann lassen wir den Film halt rückwärts laufen. Das ging schon zu Zelluloidzeiten ganz prima und heute in der digitalen Welt erst recht. Und es geht noch mehr: Das zeigte Werner Große, Mathematiker und Filmfachmann vom „IWF Wissen und Medien“, am 4. Mai 2007 in seinem Vortrag „Zeit kippen – Filmexperimente in Raum und Zeit“. Wie sähe die Welt aus, vertauschten Raum und Zeit ihre Rollen? Die Wirklichkeit als Daumenkino – nur einmal anders herum aufgeschnitten. Surreale Welten sind hierbei garantiert.

Wer die Filmexperimente sehen wollte (was dringend zu empfehlen war), konnte sich, ohne Raum und Zeit zu vertauschen, darauf verlassen: am 4. Mai 2007, 19 Uhr, Aula der TU, Pockelsstraße 11.

3 + 1 – Dreidimensionaler Raum und eindimensionale Zeit – damit müssen wir zurechtkommen. Früher soll die Auswahl größer gewesen sein – sagen die Theoretischen Physiker.

Zeitachse gleich Raumachse?

Im Büro fleißig arbeiten und gleichzeitig faul am Strand liegen – wer hätte nicht schon davon geträumt, einmal zur selben Zeit an unterschiedlichen Orten zu sein. Doch leider lassen Raum und Zeit genau das nicht zu. Etwas ganz Ähnliches dagegen funktioniert wie selbstverständlich: Am selben Ort zu unterschiedlicher Zeit sein ist leicht – man denke nur an sein Bett und diverse Nächte. Könnte man nicht Raum in Zeit verwandeln und umgekehrt! Diesem zunächst abwegig scheinenden Gedanken hat sich der Göttinger Medienwissenschaftler und Mathematiker Werner Große in einem Filmexperiment genähert. Er stellte die Frage, wie wohl eine Welt aussähe, in der man die Zeitachse wie eine Raumachse behandelt. Dazu digitalisierte er kurze Filmszenen, tauschte in einem Computer räumliche Bilddaten gegen zeitliche aus und war verblüfft. Was er als Ergebnis auf dem Bildschirm sah, waren surrealistisch anmutende Laufbilder, die tief in die raumzeitlichen Zusammenhänge blicken lassen.

Er zeigte die so generierten Szenen in Braunschweig medienwissenschaftlichen Studierenden an der Technischen Universität (TU) und der Hochschule für Bildende Künste (HBK), die anfingen, sich eigene Szenen auszudenken und zu spekulieren, wie die wohl „zeitgekippt“ aussehen würden. Einige von ihnen hatten während eines Praktikums im Göttinger Institut IWF Wissen und Medien die Gelegenheit, ihre Ideen selbst zu verfilmen und mit dem „Zeitkipp“-Programm zu wandeln. Es blieb immer wieder spannend, was der Computer – für 40 Sekunden Film benötigt ein schneller PC immerhin 50 Stunden Rechenzeit – schließlich ausspucken würde.

(jes)

Sie rast, sie rinnt

Die Rolle des Guten übernimmt heute einmal das Statistische Bundesamt, meldet es doch eine erneut angestiegene Lebenserwartung in Deutschland. Männer schaffen es bis zum 76. Lebensjahr, Frauen bis zum 82. Da das Gute aber nie ohne das Böse auskommt, musste auch diese Rolle besetzt werden. Die Psychologie hat sich hier ohne viel Federlesens auf die Bühne gestellt und ruft einem gespannt lauschenden Publikum zu: „Pah, Lebenserwartung! Beachtet die gefühlte Zeit!“ Und schon ziehen dunkle Wolken hinter den Stirnen der Zuhörer auf, werden sie doch daran erinnert, was sie täglich erleben und erleiden: Die Zeit, sie rast dahin und nimmt spätestens bei den Ü40 derart Fahrt auf, dass Abend- und Morgensonne sich die Hände geben können und eine Woche ja schon zu Ende scheint, bevor sie begonnen hat.

Die Psychologie hat nun tatsächlich die Mathematik bemüht und ausgerechnet, wie viel gefühlte Zeit in ein Menschenleben passt. In jungen Jahren mag ein Jahr noch ein Jahr sein. Aber irgendwann tritt der Herr der Zeit aufs Gaspedal. Bei den Ü30 fühlt es sich vielleicht noch wie 10 Monate an. Bei den Ü40 ist die erlebte Zeit nur noch die Hälfte wert. Jenseits der 50 nähern wir uns den kleinen Prozentzahlen. Und es wird nicht besser. In der Summe kommt – liebe Ü40, jetzt müsst ihr stark sein – eine gefühlte Lebenszeit von vielleicht 50 Jahren heraus.

Wer den Psychologen trotz dieser bitteren Erkenntnis nicht gram war und noch etwas mehr über das menschliche Zeitempfinden erfahren wollte, ließ sich den Vortrag von Werner Deutsch und Meike Watzlawik am 6. Juli 2007 um 19 Uhr im Haus der Wissenschaft (Aula der TU, Pockelsstraße 11) nicht entgehen. Aber leider: Die Vortragsstunde verging wie im Flug!

Ü40 – Eine Lebenserwartung jenseits von 80 hin oder her. Da die Zeit mit zunehmendem Alter zu rasen scheint, ist die gefühlte Lebenszeit deutlich kürzer – wissen nicht nur die Psychologen der TU Braunschweig.

Individuelles Erleben der Zeit

Alles hat seine Zeit – Reden hat seine Zeit und Schweigen hat seine Zeit, Pflanzen hat seine Zeit und Ernten hat seine Zeit. In Braunschweig steht in der Physikalisch-Technischen Bundesanstalt (PTB) die Atomuhr, die Stunden, Minuten, Sekunden und Bruchteile von Sekunden exakt misst. Tickt die Uhr im Menschen anders, wenn es um das Erleben von Zeit geht? Wann fangen wir an, uns zu langweilen, und wann vergeht die Zeit wie im Fluge? Werner Deutsch und Meike Watzlawik aus der Abteilung für Entwicklungspsychologie der Technischen Universität (TU) Braunschweig stellten Fragen zum Zeiterleben und gaben in ihrem Vortrag Antworten, die von der Atomuhr über das Gehirn zum individuellen Erleben der Zeit im Alltag führen.

Der Vortrag „Zeit empfinden – Strukturen und Prozesse des individuellen Zeiterlebens“ von Werner Deutsch und Meike Watzlawik fand am 6. Juli 2007 in der Aula der TU Braunschweig statt.

(jes)

Lass die Puppen tanzen

Von der Liste all der vom Hörensagen bekannten Berufe nehmen wir uns heute einen zur Brust, dessen Ansehen in der Öffentlichkeit bodenlose Tiefen auslotet und dessen Gehalt zugleich im selben Maße schwindelerregende Höhen erreicht. Dieser Berufsstand, der sich ungern in die Karten schauen lässt, ist in Wirtschaft und Politik ebenso zuhause wie in Kultur und Sport. Die Rede ist vom Manager.

Wir stellen ihn uns vor: Wie er in seinem Büro sitzt zwischen unzähligen Knäueln, mal an diesem, mal an jenem Faden ziehend – und draußen im Land, da tanzen die Puppen. Und kommen die Puppen mal aus dem Takt, dann werden entweder die Fäden gewechselt oder – aber dies erst sehr viel später – die Manager.

Einen solchen Manager, der wie festgeschraubt auf seinem Stuhl sitzt, trägt jeder von uns mit sich herum: den Zeitmanager. Sein Tun und Lassen – öfter sein Lassen – begleitet uns meist mehr schlecht als recht durch den Tag, den arbeitsteiligen. Wer hat nicht schon seinen Zeitmanager verflucht, wenn die wichtigen Dinge mal wieder liegengeblieben sind und stattdessen die ach so eiligen Dinge erledigt wurden. Auf solches Management könnten wir dann eigentlich verzichten.

Worauf Sie aber nicht hätten verzichten sollen, ist der Vortrag von Heinz-Dieter Vonau zum nämlichen Thema „Zeit managen – Darf's ein Viertelstündchen mehr sein?" am Freitag, 7. September 2007, um 19 Uhr im Haus der Wissenschaft (Aula der TU, Pockelsstraße 11). Vielleicht hätten Sie hier ein paar Argumente gefunden, um ihrem persönlichen Zeitmanager Beine zu machen. Sollte er dann immer noch lieber in seinem Bürostuhl hin- und herwippen – dann schicken Sie ihm doch die Kündigung. Irgendwann muss man ja Konsequenzen ziehen!

Zeitmanager – Berufsstand, der selten hält, was er verspricht. Von Kündigungen wegen Misserfolgs ist allerdings bisher nichts bekannt geworden.

Phänomen „Zeit" managen?

Ein Vortrag zum Thema „Zeit managen – Darf's ein Viertelstündchen mehr sein?" von Heinz-Dieter Vonau (Barbara Bosch & Kollegen KG, Lucklum) fand am 7. September 2007 statt.

Kann man das Phänomen „Zeit", das in den Formeln der Quantentheorien überhaupt nicht mehr existiert, in irgendeiner Form – managen? Wenn ja, ist das Ergebnis danach effizienter als das davor? Gibt es noch andere Wege, um dahin zu kommen, wo man hin will? Ist womöglich ein Quäntchen Chaos der Weg zur Inspiration über den Umgang mit etwas, das man eigentlich nicht hat – Zeit? Ist es vielleicht gar nicht die Zeit, um die es eigentlich geht? Oder liegt womöglich in der Entschleunigung das Geheimnis des Viertelstündchens?

Zu diesen und verwandten Fragen versuchte Heinz-Dieter Vonau in seinem Vortrag im Rahmen der Vortragsreihe „Zeit für die Zeit" ein paar Antworten zu geben. (Vortragsort: Haus der Wissenschaft, Aula der Technischen Universität (TU) Braunschweig, Pockelsstraße 11, 38106 Braunschweig)

„Man muss noch Chaos in sich haben, um einen tanzenden Stern gebären zu können." (F. Nietzsche).

(jes)

Den Chef der Zeit überlisten

Neulich mal wieder sehnsüchtig auf den Schlusspfiff gewartet. Sie kennen das ja. Die eigene Mannschaft da unten auf dem Parkett der Basketballhalle liegt zwei Punkte vor, noch fünf Sekunden auf der Uhr, der Gegner hat den Ball. Die verbleibenden Sekunden dehnen sich wie ein Bungee-Seil auf unglaubliche Länge. Kann nicht mal einer dem großen Zeitmacher da oben Bescheid sagen? „Mann, kapp´ das Seil, lass die Zeit rasen!“ Aber nein! Der Gegner kann in aller Seelenruhe den Ball nach vorne dribbeln – ein Zauberpass auf den 3-Punkt-Spezialisten, der hebt ab, wirft… trifft. Und aus! Fünf Sekunden stellen die Welt – oder, was in diesem Fall wichtiger ist, das Spiel – auf den Kopf. So haben wir uns das nicht vorgestellt und müssen dennoch damit leben.

Ebenso wie mit dem Gegenteil, der Zeit, die mal wieder viel zu kurz ist – besonders in den seltenen Glücksmomenten, denen wir so gerne zurufen: „Verweilt doch etwas länger bei uns“, wohl wissend, dass unser Rufen unerhört verhallen und die Zeit auf ein Nichts von Augenblick zusammenschnurren wird. Der Zeitchef macht eben, was er will. Er dehnt hier, er rafft dort und nur gelegentlich gelingt es uns, ihm auf Nebenschauplätzen ins Handwerk zu pfuschen.

Wie das geht? Das haben Walter Stickan und Kuno Lechner (beide vom IWF Wissen und Medien, Göttingen) am 5. Oktober 2007 um 19 Uhr im Haus der Wissenschaft, Pockelsstraße 11, bei ihrem Vortrag „Zeit dehnen, Zeit raffen – Spezialkameras bewegen die Zeit“ verraten. Denn das Spiel mit der Zeit gelingt uns zwar nicht im wirklichen Leben, wohl aber auf der Leinwand.

Womit die Moral mal wieder klar wäre: Im Film ist sowieso alles besser!

16 – Die Zahl 16 ist die „Mutter aller Filme“: 16 Bilder pro Sekunde (B/s) machen aus einem Einzelbild ein „Laufbild“. 16 B/s war um die Wende zum 20. Jahrhundert empirisch ermittelt die materialsparendste Methode, um flüssige Bewegung darzustellen.

Moderne Kameratechnik

Der Mensch hat als „Augentier“ sehr sensible Instrumente für die Inspektion und Verarbeitung optischer Informationen. Allerdings gilt dies nur für bestimmte „Fenster“, in denen sich die Objekte bewegen. Was sich zu langsam oder zu schnell durch das Blickfeld bewegt, wird entweder als statisch wahrgenommen oder es wird nicht erkannt. Die moderne Kameratechnik ermöglicht es, diese Bewegungen in das Wahrnehmungsfenster des Menschen zu tranformieren. Walter Stickan und Kameramann Kuno Lechner von der IWF gGmbH Göttingen – dem Serviceinstitut für Medien in der Wissenschaft – zeigten, wie Zeit sichtbar gemacht werden kann und welche Erkenntnisse sich daraus ableiten lassen.

Der Vortrag „Zeit dehnen, Zeit raffen – Spezialkameras bewegen die Zeit“ von Walter Stickan und Kuno Lechner fand am 5. Oktober 2007 in der Aula der Technischen Universität (TU) Braunschweig statt.

(jes)

Extrazeit gewünscht

Zu den erbaulichen Momenten im Leben eines Pressesprechers gehört die Sichtung der täglich angelieferten Wäschekörbe – randvoll gefüllt mit Leserbriefen, Danksagungen und Fanpost. Nicht selten finden sich darunter – zumal in der Physikalisch-Technischen Bundesanstalt – Bittstellungen der besonderen Art. Erst neulich schrieb uns etwa Christian S. aus Ölper sein Leid. Er könne seine Liebste, die in München arbeiten müsse, immer nur am Wochenende sehen, angesichts der nötigen An- und Abreise also höchstens für ein paar zusammenhängende Stunden. Ob wir da nicht etwas tun könnten? Bei uns würde ja schließlich die Zeit gemacht. Vielleicht ein paar Extrastunden in der Nacht von Samstag auf Sonntag einbauen? Damit es bei der Inventur dann wieder stimmt, dürften wir, da hätten wir seine volle Unterstützung, die Extrazeit an einem gewöhnlichen Werktag gern auch wieder abziehen.

Lieber Zeit-Bittsteller, nichts würden wir lieber tun als diesen Wunsch erfüllen. Und natürlich haben wir Ihren Wunsch sofort an die Zeitmacher in der PTB weitergeleitet, mussten aber erfahren, dass man dort eher um Bruchteile von Bruchteilen von Sekunden kämpft und sich mit großen Zeitstücken wie Stunden – außer zweimal pro Jahr – eher nicht abgibt. Leider!

Aber vielleicht interessieren Sie auch die kleinen Zeitstücke? Dann wären Sie am Freitag, 2. November 2007, um 19 Uhr im Haus der Wissenschaft (Aula der TU, Pockelsstraße 11) genau richtig gewesen. Robert Wynands, einer der PTB-Zeitmacher, hat bei seinem Vortrag „Zeit machen – Wer braucht eigentlich Atomuhren?“ ein paar Geheimnisse rund um die Zeit aus den Atomuhren verraten. Und vielleicht hätten Sie ja anschließend Ihren Wunsch nach etwas Extrazeit noch einmal persönlich vortragen können. Meine Unterstützung für ein langes Wochenende hätten Sie gehabt!

50 Millionen Jahre würde es dauern, bis eine Atomuhr der neuesten Generation um eine Sekunde falsch geht.

Zeitmessungen – extrem genau

Ein Vortrag zum Thema „Zeit machen – Wer braucht Atomuhren?“ von Robert Wynands (Physikalisch-Technische Bundesanstalt (PTB), Braunschweig) fand am 2. November 2007 statt.

Uhren und Zeit bestimmen und durchdringen unser alltägliches Leben. Bei den besten Atomuhren müsste man 50 Millionen Jahre warten, bis sie um eine Sekunde falsch gehen. Wer braucht denn solche Uhren überhaupt? Die Antwort ist ganz einfach: Wir alle, die wir in der modernen Welt leben! Im Vortrag wurde dargestellt, warum die Erddrehung nicht als Maßstab für die Zeit ausreicht, wie eine Atomuhr funktioniert und wo wir uns täglich und überall auf extrem genaue Zeitmessungen verlassen und verlassen müssen, oft ohne uns dessen bewusst zu sein. Im Anschluss bestand Gelegenheit zur Diskussion.

(jes)

Wer lebte hier?

Manchmal stösst man beim Renovieren auf alte Tapeten, die unter denen kleben, die man inzwischen auch nicht mehr zeitgemäß findet. Noch darunter zeigt sich dann die Fototapete mit dem Palmenstrand bei Sonnenuntergang aus den 70ern. Oder gar die opulente Goldledertapete aus der Barockzeit? Während die eingeweichte Palme müde von der Wand wellt, stellt man sich das Leben vor den Tapeten vor. Zuerst natürlich das neue Leben vor den neuen Tapeten. Aber dann doch auch das alte vor den alten Tapeten.

Was war genau hier, wo ich gerade stehe, vor 50, 500, 5 000 oder 50 Millionen Jahren? 100 Jahre alt ist vielleicht das Haus, in dem ich gerade an der Tapete zupfe, 500 Jahre – gab es diese Straße schon? Und noch weiter zurück? Als Dinosaurier noch Norddeutschland durchstreiften? Aber jetzt kann uns schon kein Archiv mehr helfen, jetzt geht es an die Erdgeschichte. Jetzt müssten wir uns durch die Gesteinsschichten graben, die sich im Laufe der Jahrmillionen gebildet haben. Vielleicht haben sich frühere Bewohner fossil verewigt.

Im phaeno, der „Wolfsburger Experimentierlandschaft", möchte man genau dies wissen. Wer war vor uns hier? Im April 2007 wurde gegraben. Ach was, graben! Ein meterhoher Kernbohrer musste her, der sich vor dem phaeno vom 31. März bis zum 10. April 2007 Stück für Stück in die Tiefe stemmt. 100 Meter tief sollte die Bohrung ins Aller-Urstromtal schon werden, die im Rahmen des Projektes „Zeitphänomene" in Kooperation mit dem Freilicht- und Erlebnismuseum Ostfalen unternommen wurde. So ab dem 25. Meter rechnete man mit der tonigen Erde aus der Jurazeit, die Mikrofossilien aufweisen kann. 150 Millionen Jahre hat der Bohrer auf seiner Zeitreise dann bereits durchquert.

Den Bohrkern, sprich: das ausgebohrte Material, das vielleicht Miniammoniten, Muscheln und Schneckenreste enthält, konnten die Besucher dann im Labor des phaeno aufschlemmen (mit Wasser vermischen) und aussieben. Und die ersten Bewohner der Region kennenlernen.

100 Meter tief sollte die Bohrung ins Aller-Urstromtal werden, die phaeno und FEMO gemeinsam bis zum 10. April 2007 in Wolfsburg durchführten.

Erdgeschichte live – gehen Sie in die Tiefe

Haben Sie sich schon einmal gefragt, wie die Welt unter Ihren Füßen aussieht? Im Jahr 2007 hieß es: Erleben Sie hautnah, wie Meter für Meter in den Erdboden gebohrt wird, und werfen Sie einen Blick in Wolfsburg Vergangenheit. Vor den Toren der Experimentierlandschaft phaeno stieß man dort zweimal täglich tiefer in den Gesteinsuntergrund vor und förderte die Erdgeschichte zutage. Anschließend konnten Besucherinnen und Besucher „ihre" Bohrproben im Gesteinslabor untersuchen.

(ehl)

Wem die Stunde schlägt

Der Goldschmied Cardillac war derart in Leidenschaft zu seinen Werken entbrannt, dass er sie nur mit Widerwillen hergab. Wenn er es doch einmal tat, musste der Käufer die spätere Rückholaktion nicht selten mit seinem Leben bezahlen.

Von diesem künstlerischen Narziss konnte der Braunschweiger Uhrmachermeister Ulrich Heintze, bestallt am herzoglichen Hof von Heinrich Julius, im Jahre 1600 noch nichts wissen. Und doch muss er ähnliche Freveleien befürchtet haben, als er bei einem Aufenthalt in Kassel seine Frau brieflich instruierte, dem Uhrmacher Christoph Rohr dergestalt auf die Finger zu schauen, dass er „das Gerät nicht heimlich aus dem Hause bringe“. Rohr war Leipziger und arbeitete in Heintzes Werkstatt gerade am Nachbau einer hochkomplizierten Konstruktion, der nicht lange zuvor erfundenen Kugellaufuhr, dem „Gerät“.

Ehelichen Scharfaugen ist es vielleicht zu verdanken, dass die Uhr heute im Herzog Anton Ulrich-Museum Braunschweig zu bestaunen ist, zumal sie kein Auftragswerk war, sondern quasi auf eigene Rechnung entstand, wie Alfred Walz, Kunsthistoriker am Museum, nachweisen konnte.

Nach etlichen Restaurierungen, der letzte Lauf ist auf Film gebannt, schiebt das unbezahlbare Prunkstück inzwischen eine ruhige Kugel. Doch Vorsicht! Wer jetzt auf dumme Gedanken kommt, spielt Russisch Roulette.

Welttheater ist mit der Kugellaufuhr des Herzog Anton Ulrich-Museums ein mechanisches Spiel auf Zeit.

Fast ein Perpetuum mobile

„...alleß dar ahn vergult ist, undt nichts mehr dran zu donde ist, d(aß) sie derneben thut waß sie thun soll, vndt achte thage gelauffen hatt.“ In diesen Zeilen, die der Uhrmachermeister Ulrich Heintze am 15. Juni 1600 an seine Frau nach Braunschweig schreibt, klingt schon ein gewisser Zweifel an, der sich nachfolgend als nicht ganz unberechtigt erweisen sollte. Was da „achte thage“ sozusagen zur Probe laufen sollte, war die Nachahmung einer komplizierten, jüngst erfundenen technischen Neuerung, der Kugellaufuhr. Auch scheint der Meister, der sich gerade in Kassel aufhielt, in seinen Gast, den Leipziger Uhrmacher Christoph Rohr, nicht allzu viel Vertrauen gesetzt zu haben im Hinblick auf die Funktionstüchtigkeit des Geräts. Heintze war bestallter Uhrmacher am Hof des Braunschweiger Herzogs Heinrich Julius.

Wer heute die exquisite Uhrensammlung des Herzog Anton Ulrich-Museums (HAUM) in Braunschweig betritt, wird die erwähnten Befürchtungen kaum nachvollziehen können. Golden schimmernd thront die Kugellaufuhr wie ein biblischer Turm in der Mitte des Raumes. Auffallend die diversen Zifferblätter im Sockelgehäuse, die spiralförmige Rinne am pyramidalen Mittelteil, für deren Durchlauf die Kugel im Idealfall eine Minute braucht, worauf sie beim Wiedereintritt ins Gehäuse das Laufwerk auslöst, mit dessen Kraft sie wieder nach oben transportiert wird. An der Spitze der Uhr ein sich drehender Ring mit zeitgenössischen Soldatenfiguren, von einem Baldachin gekrönt, darunter kündigt ein türkischer Trommler die vollen neunten, zehnten, elften und zwölften Stunden an. Das gesamte Gehäuse, das auf vier Löwenfüßen steht, ist mit Ornamenten verziert.

(rei)

Meine kosmische Waschmaschine

Vier Umdrehungen im Uhrzeigersinn, vier Umdrehungen in entgegengesetzter Richtung... Beobachten Sie auch so gerne Ihre Waschmaschine bei der Arbeit? Dieses regelmäßige Kreisen beruhigt so. Mal zieht eine blaue Socke einen engen Kreis, mal beschreibt ein gelbes T-Shirt einen größeren mit schillerndem, prächtigem Schaumschweif.

Erinnert eigentlich jede Kreisbewegung an Himmelsbewegungen und Planetenbahnen? Selbst wie das Wasser im Ausguss vergurgelt – ob rechts- oder linksherum und wie das mit der Erdrotation zusammenhängen könnte – gab lange zu Spekulationen Anlass. (So ein Waschbecken ist viel zu klein, als dass sich im Abfluss kosmische Kräfte zeigen könnten.)

Das Ringobjekt, das im phaeno direkt am Eingang an der Decke hängt, zeigt allerdings tatsächlich planetarische Konstellationen. Auf drei an der Decke befestigten Ringen laufen drei Kugeln. Sachte rollen sie ihren Weg, während die Ringe sich stets so senken und heben, dass die Kugeln freie Bahn haben. Der Clou ist, dass sie ihre Bahn jeweils in verschiedener Geschwindigkeit ziehen. Unter den verschiedenen Modi, die sich einstellen lassen, ist natürlich auch ein planetarischer. Dann verhalten sich die Kugeln wie Venus, Erde und Mars zueinander.

Wahrscheinlich brauche ich noch zwei weitere Waschmaschinen. Dann kann ich die Umdrehungszahlen beim Schleudern ganz harmonisch aufeinander abstimmen. Und die Wäsche rotiert meditativ kosmisch.

3 zu 4 zu 5. Das ist ein ganz harmonisches Verhältnis und zeigt sich vielleicht in einem Dreieck, in der Bewegung von Planeten, in der Mathematik, der Physik und besonders in der Musik.

Harmonische Bahnen

Das Ringobjekt am Eingang des phaeno ist mir gleich aufgefallen. Auf drei an der Decke befestigten Ringen laufen drei Kugeln. Sachte rollen sie ihren Weg, während die Ringe sich stets so senken und heben, dass die Kugeln freie Bahn haben. Während ich das Kreisen beobachte, höre ich plötzlich Schwanensee. Dem Künstler Trimpin geht es auch um musikalische Harmonien, die er in Bewegung umsetzen will. Aber natürlich nicht in beliebige. Die Kugeln können in verschiedenen Modi ihre Bahnen ziehen. Stets unabhängig voneinander, aber doch immer aufeinander bezogen. Mal laufen sie so langsam wie Zeiger einer Uhr. Mal ahmen sie planetarische Konstellationen wie das Verhältnis der Bewegungen von Venus, Erde und Mars nach. Dem Kunstwerk zugrunde liegt das Verhältnis 3 zu 4 zu 5, ein immer wiederkehrendes Element in der Mathematik, der Physik, aber auch der Musik. Ein rechtwinkliges Dreieck kann diese Seitenlängen haben und der dritte, vierte und fünfte Oberton einer Note bilden einen Dur-Dreiklang. Das Kunstwerk „Der Ring^3" greift dieses Verhältnis sowohl in seinen Bahnabmessungen mit 3, 4 und 5 Metern Durchmesser als auch in den verschiedenen Bewegungen der Kugeln auf.

(ehl)

Die alten Tricks der Griechen

„Manche Hähne glauben, dass die Sonne ihretwegen aufgeht“, sagte der Schriftsteller Theodor Fontane und meinte damit nicht das Federvieh. Diesem sind Sonnensystem und Planetenbewegungen piepegal. Wir Menschen dagegen haben Jahrhunderte lang in den Himmel gestarrt und heftig debattiert, ob sich nun alles um uns und die Erde oder um die Sonne dreht. Kluge Köpfe entwickelten mathematische Modelle der Planetenbewegungen und entwarfen Weltbilder.

Der Mathematiker Claudius Ptolemäus war um 100 n.Chr. überzeugt, dass sich Sonne und Planeten auf Kreisbahnen um die Erde bewegen – und das zum Teil auf scheinbar seltsamen Bahnen. Der Mars zum Beispiel wird langsamer, hält an, läuft zurück, um wieder anzuhalten und nach einer Schleife seine Bewegung fortzusetzen. „Um diese retrograde Bewegung zu modellieren, genügen einfache Kreisbahnen nicht“, erklärt Thomas Sonar vom Institut Computational Mathematics der TU Braunschweig.

Also wendete Ptolemäus einen alten Trick der Griechen an. „Er ließ die Planeten nicht nur in großen Kreisen um die Sonne laufen. Sie bewegten sich auf einem kleineren Kreis – dem Epizykel – der auf dem großen Kreis umläuft.“ Zusätzlich arbeitete Ptolemäus mit exzentrischen Kreisbahnen, auf denen die Planeten um die Erde „eiern“.

Da es die Planetenbewegung sehr gut voraussagte, war das Ptolemäische Weltbild bis ins 16. Jahrhundert bedeutend. Sonar: „Erst die Erkenntnis von Johannes Kepler (1571-1630), dass sich die Planeten nicht auf Kreis-, sondern auf Ellipsenbahnen bewegen, hat die komplizierten Tricks des Ptolemäus überflüssig gemacht.“

Im Ptolemäischen Weltbild steht die Erde im Zentrum des Universums, während sich Sonne und Planeten auf Kreisbahnen um diesen Mittelpunkt bewegen.

Das Ptolemäische Weltbild

Wir lernen heute in der Schule, dass sich Planeten auf Ellipsenbahnen um die Sonne bewegen. Diese Erkenntnis geht auf Johannes Kepler (1571-1630) zurück. Seit Nicolaus Copernicus (1473-1543) ist das heliozentrische Weltbild – mit der Sonne im Zentrum unseres Planetensystems – in unserem Denken verankert. „Allerdings schauten bereits die Menschen in der Antike an den Himmel und versuchten, die Planetenbewegungen geometrisch zu modellieren“, erklärt Prof. Dr. Thomas Sonar vom Institut Computational Mathematics der Technischen Universität (TU) Braunschweig. Mathematische Modelle der Planetenbewegung seien für alle Astronomen zu jeder Zeit äußerst wichtig gewesen. „Nur so kann man zu einer festen Zeit die Position eines Planeten am Himmel bestimmen, ohne zu der gefragten Zeit beobachten zu müssen.“
Auf den Schultern der Astronomen der Antike veröffentlichte Claudius Ptolemäus um das Jahr 100 n.Chr. ein Weltbild, in dem die Erde im Zentrum steht, die Planeten und die Sonne sich in Kreisbahnen bewegen. Dieses System wurde als das Ptolemäische Weltbild berühmt und blieb bis ins 16. Jahrhundert hinein akzeptiert. In Ptolemäus' Buch Almagest wendete er einen alten Trick der Griechen an. „Er ließ die Planeten nicht nur in großen Kreisen um die Sonne laufen. Sie bewegten sich auf einem kleineren Kreis – dem Epizykel – der auf dem großen Kreis umläuft“, veranschaulicht Sonar. Zusätzlich arbeitete Ptolemäus mit exzentrischen Kreisbahnen, auf denen die Planeten um die Erde „eiern“. „Erst die Erkenntnis, dass sich die Planeten nicht auf Kreis-, sondern auf Ellipsenbahnen bewegen, hat die komplizierten Tricks des Ptolemäus überflüssig gemacht“, erzählt Sonar.
(gef)

Wie ausgewechselt

Wie mag es einem erprobten Mittelstürmer ergehen, der sich in der Hochphase des Spiels unversehens auf der Auswechselbank wiederfindet? Wohl oder übel wird er seinen Kollegen mit finsterer Miene beim Kicken zusehen, wenn er nicht gleich zum Duschen geht.

Bis ins Mark gekränkt und wie ausgewechselt musste sich auch der Homo sapiens im Laufe seiner Geschichte vorkommen, immer dann, wenn bedeutende Neuerungen an seinem Weltbild rüttelten. Solche Kränkungen behauptet zumindest Sigmund Freud, und er nennt Namen: Kopernikus, Darwin und schließlich Freud selbst. Doch auch der Urvater der Psychoanalyse irrte gelegentlich.

Kopernikus, war das nicht dieser Schelm, dem wir es verdanken, dass unsere schöne Erde und seine Bewohner nicht länger Zentrum des Universums sind? Eine eindeutige Antwort darauf gibt Wolfgang Buschlinger vom Philosophischen Seminar der TU Braunschweig: ja und nein. Gemeinsam mit seinen Studenten untersucht er die Wirkung der so genannten Kopernikanischen Wende, und er fördert Erstaunliches zu Tage: Dadurch, dass Kopernikus die Vernunft von der alltäglichen Erfahrung (Sonnenbewegung) emanzipiert, stellt er den Menschen gerade nicht an den Rand, sondern ins Herz der Welt.

Derweil allerdings denkt unser Mittelstürmer darüber nach, die Sportart zu wechseln – vielleicht als Kreisläufer zum Handball.

Kopernikus zeigt uns, dass der Mensch Zusammenhänge richtig erkennen kann, auch wenn sie seinen Sinnen anders aufgehen.

Die bewegte Erde

Mit kaum einem anderen geschichtlichen Ereignis sind so viele Irrtümer verbunden wie mit der „Kopernikanischen Wende". Weder kam Kopernikus ernsthaft mit der Kirche in Konflikt, noch überwand er die bis dahin geltende Aristotelische Physik. Die einzige Ablehnung, die Kopernikus selbst erfuhr, bestand darin, dass man ihn einer gewissen Neuerungssucht bezichtigte. Wolfgang Buschlinger vom Philosophischen Seminar der Technischen Universität (TU) Braunschweig rückt in einer aktuellen Lehrveranstaltung viele der geschichtlichen Schieflagen wieder gerade. Anhand von Texten des Philosophen Hans Blumenberg (1920-1996) untersucht er die Wirkungsgeschichte des Kopernikanischen Gedankens. Erst durch nachfolgende Astronomen wie Giordano Bruno, der übrigens zeitweilig in Helmstedt lehrte, und Galileo Galilei wurden die Thesen in Kopernikus' Hauptwerk „De Revolutionibus Orbium Coelestium" allmählich zum Politikum. Die eigentliche Leistung, so Buschlinger, liege darin, dass Kopernikus etwas denkt, was der sinnlichen Erfahrung in der Welt scheinbar widerspricht. Schließlich sehen wir ja, wie die Sonne auf- und untergeht. Dieser neue rationale Zugang zur Welt, der ohne Anschaulichkeit allein im Geist stattfindet, rückt den Menschen erst recht ins Zentrum des Universums.

(rei)

Planetenberechnung per Zahnrad

Wären die Ozeane überdimensionierte Badewannen, dann würden ungeduldige Schatzsucher wohl gerne mal den Stöpsel ziehen. Ein Spaziergang auf dem Meeresgrund durch sagenumwobene versunkene Orte mit verloren geglaubten Schätzen – das hätte schon was.

Aber auch tauchend lüftet man stückweise die Geheimnisse in den Tiefen des Meeres und kommt dabei der Vergangenheit immer näher. Denn einer Zeitkapsel gleich zeugen Schiffsladungen von jener Epoche, in der sie versanken. So verrät der „Mechanismus von Antikythera", ein bereits 1900 aus einem Schiffswrack geborgenes Artefakt aus Zahnrädern, Spektakuläres über den technischen Entwicklungsstand um 80 v. Chr.

Neueste Forschungen scheinen zu bestätigen, dass diese älteste mechanische Rechenmaschine der Welt bereits einem heliozentrischen Weltbild folgte und Planetenbahnen mit einer Art Differenzialgetriebe berechnete, dessen Technik erst 2000 Jahre später nochmals entwickelt werden sollte – kulturgeschichtliche Sensationen, die auch Gerd Biegel, Direktor des Landesmuseums in Braunschweig, im Zuge seiner langjährigen Forschung zur Technikgeschichte zu einem Vortrag inspirierten. Wie viele „Computer der alten Griechen" mögen noch in maritimen Tiefen ruhen? Beim nächsten Ausflug auf den Meeresgrund sollten Sie mal auf verkrustete Zahnräder achten.

Der Vortrag zum „Mechanismus von Antikythera" fand am 13. September 2007 um 19 Uhr im Landesmuseum statt.

Mechanismus von Antikythera – die erste mechanische Rechenmaschine der Welt. Er berechnete nicht nur die Bahnen von Sonne und Mond, sondern auch die der fünf Planeten, die den Griechen in der Antike bekannt waren: Venus, Mars, Jupiter, Saturn und Merkur.

Antikes Räderwerk mit großer Bedeutung

Um das Jahr 1900 machten Taucher vor der kleinen griechischen Insel Antikythera nahe Kreta in einem Schiffswrack einen bemerkenswerten Fund. Dabei kam ein antikes, uhrwerkähnliches Artefakt aus Zahnrädern zu Tage, das seither Forscher aus aller Welt in seinen Bann zog. Bei einer wissenschaftlichen Untersuchung des Mechanismus (Antikythera Mechanism Research Project) im Jahr 2005 konnten Forscher bisherige Hypothesen bestätigen, indem sie kleinste Details der nur noch in wenigen Teilen erhaltenen Technik analysierten. Gesichert wurden z.B. Annahmen, dass es sich bei dem Räderwerk um die erste mechanische Rechenmaschine der Welt handelt. Der Mechanismus berechnete nicht nur die Bahnen von Sonne und Mond, sondern auch die der fünf Planeten, die den Griechen in der Antike bekannt waren: Venus, Mars, Jupiter, Saturn und Merkur.

In Anbindung an seine langjährigen Forschungsarbeiten zur Technikgeschichte und an die museumseigene Sammlung historischer Rechengeräte und -maschinen hielt Gerd Biegel, Direktor des Landesmuseums (BLM), am 13. September 2007 einen Vortrag über den Mechanismus von Antikythera und seine kulturhistorische Bedeutung. Denn nicht nur die Tatsache, dass vorchristliches Wissen um Mechanik anscheinend über Jahrhunderte hinweg verloren ging, gibt Rätsel auf. Auch, dass der Mechanismus von Antikythera möglicherweise bereits auf einem heliozentrischen Weltbild basierte, könnte die bisherige Forschung zum Umdenken über das Wissen der alten Griechen anregen.

(mba)

Was zu beweisen war

Lieber Stifterverband, lange haben wir mit uns gerungen, ob wir die Wahrheit ins helle Licht der Öffentlichkeit stellen sollten. Doch da der Titel „Stadt der Wissenschaft" nicht nur verschämt unterm Revers zu tragen ist, sondern auch ethisch verpflichtet, können wir nicht anders. Wir müssen es aussprechen: Wir haben dein System durchschaut und wissen schon jetzt, was auf dem Juryzettel am 21. März 2007 stehen wird. Der Tag, an dem in öffentlicher Sitzung deine Jury in der Dornse tagt – zur Wahl der „Stadt der Wissenschaft 2008". And the winner is ....

Aber halt, zunächst der Reihe nach. Mit Bremen ging es los. Da konnte man noch nichts vermuten. Die Erste ist halt die Erste. Bei der zweiten Stadt dann, Dresden, hätte man spekulieren können. Hätte. Schließlich als Dritte wir: Braunschweig. Nachdem sich alle verdutzt angeschaut hatten und feststellten, dass man tatsächlich geworden, was man wollte sein, begann natürlich – Wissenschaftsstadt! – das Fragen. Warum wir? Warum nicht Aachen? Die besten Wissenschaftler der Stadt wurden einberufen, sich dieser Frage anzunehmen. Die Physiker der PTB entwarfen sofort ein Messgerät zum Städtevergleich. Allerdings bauen Sie heute noch. Die Geschichtswissenschaftler der Museen sahen eine Evolution zum immer Besseren hin, konnten sich aber mit dieser Idee im Diskurs nicht durchsetzen. Und so ging es eine Weile, bis ein Mathematiker aufstand und wie von Sinnen „Vollständige Induktion" durch den Raum brüllte. „Wir müssen nur einen Anfang machen und dann von Einem auf den Nächsten schließen!" Jetzt sprang ihm aus der vorletzten Reihe ein Linguist der TU zur Seite. „Ja, tatsächlich! Hört doch nur die Plosiven: Erst Br ..., dann Dr...., dann wieder Br....! Wenn das nicht eine wunderschöne Folge gibt." Und minutenlanges Klopfen auf den Tischen erfüllte den Raum, und Freund und Freund lagen sich in den Armen.

Lieber Stifterverband, du siehst, eine wahre Stadt der Wissenschaft lässt sich nicht hinters Licht führen. Und nun sind wir alle nur noch gespannt, auf welche Stadt mit Dr... deine Wahl am 21. März 2007 fällt. Egal wie: Quod erat demonstrandum.

Von n auf n + 1 – Mathematiker dürfen nicht nur etwas behaupten, sie müssen es auch beweisen. Gelegentlich hilft ihnen dabei die Vollständige Induktion, der Schluss von n auf n + 1.

Mehr als Wissenschaftsleistungen

Der Stifterverband für die Deutsche Wissenschaft vergibt seit einiger Zeit an Städte und Stadtregionen in Deutschland jeweils für ein Jahr den Titel „Stadt der Wissenschaft". Wer bei der Titelvergabe gute Chancen haben möchte, sollte nicht nur auf wissenschaftliche Leistungen setzen. Eine „Stadt der Wissenschaft" zeichnet vielmehr aus, dass sie die Wissenschaft eng mit dem wirtschaftlichen und kulturellen Leben der Stadt verknüpft und auf die Bürgerinnen und Bürger mit attraktiven Veranstaltungen und Wissensangeboten offensiv zugeht.

Im Vorfeld einer Titelvergabe wird natürlich eifrig diskutiert, wer von den Kandidaten das Rennen machen wird. Aber auch mit induktiver Gedankenschärfe ist das Ergebnis natürlich nicht vorauszusehen.

Die bisher vom Stifterverband ausgewählten Städte:
2005: Bremen und Bremerhaven
2006: Dresden
2007: Braunschweig
2008: Jena
2009: Oldenburg (Oldenburg)

(jes)

Löwenträumereien

Wenn die letzte Rakete gezündet, der letzte Böller zerknallt und das letzte Glas Sekt getrunken ist, dann wird er von seinem Sockel steigen, wird seine Glieder, die so lang erstarrten, strecken, seine Krallen einmal kurz an der Dommauer wetzen und durch seine schlafende Stadt streifen. Etwas Wehmut wird sein Löwenherz zwicken, denn das Jahr, das glorreiche, in dem der Ruf seiner Stadt weit hinaus über die Region ins Land und in die Welt schallte, ist durch ein neues abgelöst.

Und so tapst er dann durch die leeren Straßen, zuerst den Steinweg hoch. Ihm scheint, als höre er das flappende Geräusch von Rotorblättern. Helikopter über dem Staatstheater? Vor Furcht wendet er sich nordwärts, zur Universität. Still ruht das Audimax. Vielleicht sollte er sich den nächsten Kinderuni-Termin vormerken. Aber weiter tragen ihn seine Pfoten. Vorbei am zukünftigen Haus der Wissenschaft („gab es da nicht ein paar Zeitgeschichten?") und dann scharf westwärts den Ring entlang. Am Weißen Ross macht er halt und denkt stadtauswärts. Etwas Zeit aus der PTB abholen? Cocktails soll es da ja auch manchmal geben. Aber wohl doch nicht jetzt. Also lieber auf der Celler Straße in die City.

Jetzt ist er fast wieder zurück. Bei der Kleinen Burg wendet sich sein Blick zum Stadtmarketing. Schnell wirft er einen Brief ein, geschrieben zwischen den Jahren, heimlich des Nachts, voll der Dankesworte an alle Organisatoren und vor allem Organisatorinnen, die sich für seine Stadt ins Zeug gelegt haben.

Aber während er sich noch verschämt eine Träne aus dem Löwenauge wischt, beginnt es zu dämmern. Löwe lauf! Niemand darf dich sehen! Ein letzter Sprung – und er steht wieder auf seinem Sockel. Und wenn Sie das nächste Mal bei ihm vorbeikommen, rufen Sie ihm doch zu: „Das war ein super Jahr!" Er würde sich freuen.

430 Tage währte das Jahr der Wissenschaft – von der Vorspeise mit der „Langen Nacht der Zeit" am 28.10.2006 in der PTB bis zum letzten Murmeltier am 31.12.2007.

Braunschweig – Stadt der Wissenschaft

Braunschweig wurde vom Stifterverband für die deutsche Wissenschaft mit dem Titel „Stadt der Wissenschaft 2007" ausgezeichnet. In der Ausscheidungsrunde setzte sich Braunschweig dabei gegen Freiburg und Aachen durch.

Die Eckdaten:

27. März 2006: Braunschweig präsentiert seine Bewerbung in Dresden, der Wissenschaftsstadt des Jahres 2006 – und gewinnt!

28. Oktober 2006:
Die PTB serviert mit der „Langen Nacht der Zeit", die 10 000 Besucher anlockt, die „Vorspeise".

2. Januar 2007:
Das Projekt „Und täglich grüßt die Wissenschaft" startet mit der ersten Kolumne als „Gauss 2007" in der Braunschweiger Zeitung.

14. Dezember 2007:
Ca. 700 Veranstaltungen und Aktionen später feiert die Stadt mit rund 4 500 Gästen in der Volkswagen-Halle ein großes Finale.

31. Dezember 2007:
Den Schlusspunkt unter das Wissenschaftsjahr setzt – natürlich – die täglich grüßende Wissenschaft mit einem letzten „Murmeltier".

ab 1. Januar 2008:
Auch ohne offiziellen Titel bleibt Braunschweig eine Stadt der Wissenschaft.

(jes)

Anhang

Das Murmeltier-Buch

Kontakt: kontakt@annedore-beelte.de

Annedore Beelte (abe)

Annedore Beelte, 1976 in Braunschweig geboren, liebt ihre Heimatstadt aus der Ferne. Sie arbeitet als freie Journalistin in Oldenburg, wo man die Nachfolge als Stadt der Wissenschaft 2009 antreten wird. Mit den Studienfächern Germanistik, Psychologie und Kunstgeschichte versuchte sie den Spagat zwischen Natur-, Sozial- und Geisteswissenschaften. Ihre journalistische Laufbahn begann im Kloster, im Zeitschriftenverlag der Steyler Missionare. Dort erklärte sie kleinen Lesern, warum die Waldelefanten bedroht sind und was man beim Recycling aus Joghurtbechern machen kann. Murmeltiere hat sie zwischen Watt und Geest bisher nicht entdeckt.

Sylvia Borchardt (sbo)

Sylvia Borchardt wurde 1977 in Bochum geboren und 1991 im Harz eingebürgert. Als Diplom-Biologin mit einer Vorliebe für Braunbären erkannte sie gleichzeitig ihre Leidenschaft zur Öffentlichkeitsarbeit und arbeitet nun als ausgebildete Redakteurin in der PTB als Redaktionsassistentin. Der Murmeltier-Gedanke bei „Täglich grüßt die Wissenschaft" ist für sie das frische Konzept für Wissenschaft in der Region. Wissenschaft in leichten Dosen für jedermann unterhaltsam und verständlich. Spannend bleibt es dennoch, denn Wissenschaft in Braunschweig sorgt für Überraschungen und ungeahnte Möglichkeiten.

Kontakt: sylvia.borchardt@ptb.de

Kontakt: stefan_boysen@web.de

Stefan Boysen (boy)

Stefan Henry Boysen, 1972 in Niebüll in Nordfriesland geboren, studierte in Münster Politikwissenschaft und lebt seit 2002 in Braunschweig. Der ausgebildete Redakteur arbeitet als freier Journalist und Texter und schreibt im Auftrag von Zeitungen und Zeitschriften sowie von Unternehmen und Verbänden. Sein Physik-Lehrer sagte ihm kurz vorm Abitur: „Normalerweise ist Wissen Macht – aber bei Ihnen macht Wissen nichts." Das galt es auch durch die Wissenschafts-Kolumne zu widerlegen, deren Recherche genauso viel Spaß gemacht hat wie sie lehrreich war.

Miriam Buchmann-Alisch (mba)

Miriam Buchmann-Alisch wurde 1969 in Braunschweig geboren. Nach einem Jahr in Paris und dem Studium der Philosophie und Germanistik in Braunschweig sammelte sie Verlagserfahrungen in Wien und qualifizierte sich in Hamburg zur Fachzeitschriftenredakteurin. Vor einigen Jahren hat sie sich als freie Lektorin und Redakteurin in Berlin niedergelassen. Aber auch aus der Hauptstadt bleibt sie den Attraktionen der Braunschweiger Wissenschaft verbunden. „Und täglich grüßt die Wissenschaft" hat ihr viel Spaß bei der abwechslungsreichen Recherche unterschiedlichster Forschungsgebiete geboten.

Kontakt: buchmann@text-transfer.de

Birgit Ehlbeck (ehl)

Birgit Ehlbeck, geboren 1965 in Lüneburg, studierte Germanistik und Philosophie in Marburg und Wien. Ihre Doktorarbeit schrieb sie über die Rolle der Wissenschaften im Werk von Adalbert Stifter und Wilhelm Raabe. Als freie Journalistin interessiert sie sich vor allem für wissenschaftliche Fragen. Sie findet, durch das Murmeltierprojekt kommen faszinierende Themen zum Vorschein, die alle anfangen zu leuchten, wenn man sich ein bisschen in sie vertieft.

Kontakt: b.ehlbeck@web.de

Nicole Geffert (gef)

Nicole Geffert arbeitet seit 2005 als freie Journalistin und Autorin in Braunschweig. Bevor es sie 1999 in die südliche Löwenstadt, nach München, zog, schrieb sie für die Braunschweiger Zeitung, wo sie auch ihr journalistisches Handwerk lernte – und ihre Vorliebe für Forschungsthemen entdeckte. Mit „Täglich grüßt die Wissenschaft" wollte sie allen Lesern bereits bei der Frühstückslektüre Appetit auf die regionale Wissenschaft machen.

Kontakt: nicole.geffert@t-online.de

Volker Großmann (gro)

Volker Großmann wurde 1966 in Braunschweig geboren. Nach seiner Ausbildung zum Kraftfahrzeugmeister wechselte er den Beruf und erstellte technische Dokumentationen für die Automobilindustrie. 2001 fing er als Redakteur in der Physikalisch-Technischen Bundesanstalt an. Neben der Pflege und dem Ausbau des Internetauftritts der PTB erstellt er Flyer und Broschüren. Um Neues zu ergründen und in der Entwicklung nicht stehen zu bleiben, schrieb er nun auch Murmeltiere.

Kontakt: volker.grossmann@ptb.de

Sebastian Heise (she)

Kontakt: sebastian_heise@arcor.de

Geboren 1982 in Salzgitter, entdeckte Sebastian Heise früh seine Leidenschaft für das Schreiben – er arbeitete bei diversen Tageszeitungen und beim Radio mit. Seinen Bachelor in den Fächern Germanistik und Philosophie an der TU-Braunschweig beendete er 2006 . Danach wagte er sich an den TU-Master-Studiengang „Kultur der technisch-wissenschaftlichen Welt", um dort einen vorsichtigen Brückenschlag zwischen Geistes- und Naturwissenschaften zu erzielen. Bei einem journalistischen Aufenthalt in der PTB hieß es: Augen zu und rauf auf die schaukelnde, knarrende Holzbrücke – gefolgt von einer Schar quirliger Murmeltiere. Hoffentlich sind die pelzigen Gesellen auch schwindelfrei…

Andrea Hoferichter (ah)

Andrea Hoferichter wurde 1968 in Braunschweig geboren. Sie ist Diplom-Chemikerin und Diplom-Journalistin und arbeitet freiberuflich als Wissenschaftsjournalistin für verschiedene regionale und überregionale Wissenschaftsmagazine. Das Murmeltierprojekt „Und täglich grüßt die Wissenschaft“ ist für sie eine Experimentierlandschaft mit ausgeschlafenen Wissenschaftsgeschichten, die Spaß machen sollen und Lust auf mehr.

Kontakt: andrea.hoferichter@web.de

Birgit Leute (leu)

Birgit Leute, Jahrgang 1965, wurde in Wuppertal geboren und lebt seit 1999 in Braunschweig. Schon früh entdeckte die studierte Literaturwissenschaftlerin ihre Liebe zum Journalismus, arbeitete in Deutschland und Italien und schrieb dann als freie Autorin für das Projekt „Stadt der Wissenschaft 2007“. Murmeltiere – so ihre feste Überzeugung – sind mehr als freundliche Zeitgenossen: In „Täglich grüßt die Wissenschaft“ beweisen sie regelmäßig, dass Wissenschaft gar nicht trocken, sondern spannend und Teil des Alltags ist.

Kontakt: b.leute@birgitleute.de

Uwe Reinermann (rei)

Seine ersten Jahre begannen mit einem Quantensprung. Uwe Reinermann, Jahrgang 1961, zog aus Gelsenkirchen, seiner Geburtsstadt, auf die Insel Föhr. Nach Braunschweig kam er, Gott musste ausnahmsweise einmal gewürfelt haben, der Liebe wegen. Studium der Philosophie und Germanistik. Wenn er nicht gerade im Steinbruch der Lyrik schuftet, schnürt der freie Autor die Laufschuhe und lässt den Würfelspieler einen guten Mann sein. Daneben bringt er anderen Läufern bei, auf den 64 Feldern, die die Welt bedeuten, eine gute Figur zu machen und träumt davon, dass die trägen Bauern in Wirklichkeit verzauberte Murmeltiere sind.

Kontakt: uwe.reinermann@t-online.de

Dörte Saße (ds)

Dörte Saße ist 1967 in Frankfurt/Main geboren und lebt seit 1992 in Hannover. Als Physikerin mit Master-Abschluss in den USA und einem Journalismus-Diplom ist sie gut gewappnet, komplexe Sprache und Sachverhalte in Klartext zu übersetzen. Die freie Journalistin beliefert Print- und Online-Medien und ist Teil der Agentur „Wissenschaft-aktuell.de“. Sie freut sich, am Murmeltier-Effekt der täglichen Glosse zur „Stadt der Wissenschaft 2007“ – über Humor die Freude und das Faszinierende an der „schrecklich komplizierten Wissenschaft“ zu vermitteln.

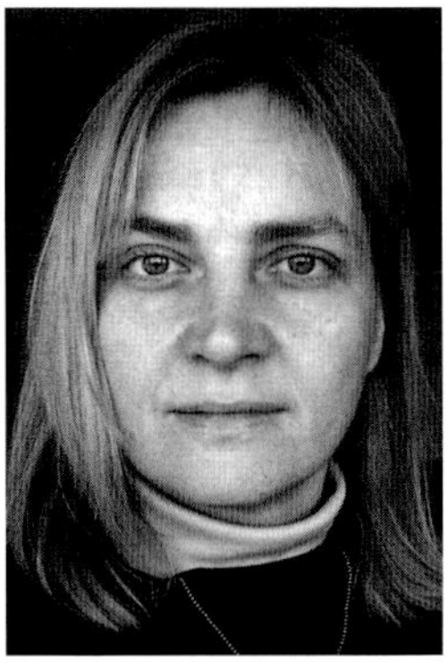

Kontakt: dosa@wissenschaft-aktuell.de

Erika Schow (es)

Erika Schow, Jahrgang 1966, stammt aus dem hohen Norden (Schleswig-Holstein), lebt aber schon seit mehr als 15 Jahren in Braunschweig. Nach dem Studium der Agrarwissenschaften schob sie noch ein Journalistik-Studium nach und bekam im Jahr 2000 eine Stelle als Wissenschaftsredakteurin in der PTB. Dort hat sie inzwischen schon sehr viel über Physik dazugelernt. Für das Murmeltier schrieb sie nun hauptsächlich über Einheiten, Zahlen und Messgeräte – halt alles, was in der PTB zuhause ist und was – darin vielleicht den Murmeltieren ähnlich – den meisten Lesern bisher nicht täglich begegnet ist und doch sehr spannend ist.

Kontakt: erika.schow@ptb.de

Mona Seydel (mse)

Mona Seydel (Jahrgang 1984) ist Studentin des interdisziplinären Masterstudienganges „Kultur der technisch-wissenschaftlichen Welt“ an der TU Braunschweig. Als Praktikantin in der PTB hat sie im dortigen Teilchenzoo neben Elektronen, Leptonen und Myonen auch schon eine ganz andere Gattung gesichtet: Murmeltiere. Diese possierlichen Tierchen sind ideale Gefährten, wenn es darum geht, einen kurzen Spaziergang durch die Welt der Wissenschaft zu unternehmen. Und wenn sie gerade mal nicht zu einem Rendezvous mit einem Murmeltier verabredet ist, pflegt sie ihre Stimmbänder für den Extrachor des Staatstheaters Braunschweig oder haut in die Tasten für die Jazzband „Undecided Orchestra“.

Kontakt: mona.seydel@t-online.de

Jens Simon (jes)

Jens Simon (Jahrgang 1962) gehört zur Spezies der „echten Braunschweiger“. Nach dem Studium der Theoretischen Physik und der Germanistik ging er als Physiker nach Jülich und Hamburg, arbeitete danach mehrere Jahre als Wissenschaftsjournalist in Aachen, um doch schließlich mitsamt Frau und Tochter der Attraktion Braunschweigs zu erliegen: In der PTB leitet er seit nunmehr acht Jahren die Presse- und Öffentlichkeitsarbeit – das kleine gallische Dorf innerhalb der PTB (11 Einwohner). Er feilt gerne an ersten Sätzen und arbeitet an seiner Trefferquote bei 3-Punkt-Würfen. An Murmeltiere dachte er bisher nur selten und wenn, dann neidvoll: Ach, Winterschlafende!

Kontakt: jens.simon@ptb.de

Und die 1-Tages-Murmeltier-Autoren:

Julia Förster (fö)
Martin Kahmann (kahm)
Jonas Kierdorf (jj)
Janna Lahusen (jl)
Manuel Ulbig (ulb)

Biologische Bundesanstalt für Land- und Fortstwirtschaft (BBA)
(seit 01.01.2008: Bundesforschungsinstitut für Kulturpflanzen, Julius Kühn-Institut)
.... Kontakt: Dr. Gerlinde Nachtigall, Messeweg 11-12, 38104 Braunschweig,
.... Telefon 0531/299-3204, E-Mail: g.nachtigall@bba.de, www.bba.bund.de

Braunschweigisches Landesmuseum (BLM), Niedersächsisches Landesmuseum
.... Kontakt: Dr. Angela Klein, Burgplatz 1, 38100 Braunschweig, Telefon 0531/1215-2629,
.... E-Mail: angela.klein@blm.niedersachsen.de, www.blm.niedersachsen.de

Bundesamt für Strahlenschutz (BfS)
.... Kontakt: Florian Emrich, Postfach 10 01 49, 38201 Salzgitter, Telefon 030/18333-1124,
.... E-Mail: femrich@bfs.de, www.bfs.de

Bundesforschungsanstalt für Landwirtschaft (FAL)
(seit 01.01.2008: Bundesforschungsinstitut für Landliche Räume, Wald und Fischerei, Johann-Heinrich von Thünen-Institut; Bundesforschungsinstitut für Kulturpflanzen, Julius-Kühn-Institut; Bundesforschungsinstitut für Tiergesundheit, Friedrich-Löffler-Institut)
.... Kontakt: Dr. Michael Welling, Bundesallee 50, 38116 Braunschweig,
.... Telefon 0531/596-1016, E-Mail: michael.welling@vti.bund.de, www.vti.bund.de

Clausthaler Umwelttechnik-Institut GmbH (CUTEC)
.... Kontakt: Dr. Thomas Heere, Leibnizstraße 21+23, 38678 Clausthal-Zellerfeld,
.... E-Mail: thomas.heere@cutec.de, www.cutec.de

Deutsche Sammlung von Mikroorganismen und Zellkulturen (DSMZ)
.... Kontakt: Milena Wozniczka, Inhoffenstraße 7 B , 38124 Braunschweig,
.... Telefon 0531/2616-300, E-Mail: milena.wozniczka@helmholtz-hzi.de, www.dsmz.de

Deutsches Zentrum für Luft- und Raumfahrt (DLR)
.... Kontakt: Mark Schmidt, Lilienthalplatz 7, 38108 Braunschweig, Telefon 0531/295-2129,
.... E-Mail: dlr-braunschweig@dlr.de, www.dlr.de/braunschweig

Fachhochschule (FH) Braunschweig/Wolfenbüttel
.... Kontakt: Evelyn Meyer, Salzdahlumer Straße 46/48, 38302 Wolfenbüttel,
.... Telefon 05331/939-1040, E-Mail: e.meyer@fh-wolfenbuettel.de, www.fh-wolfenbuettel.de

Fraunhofer-Institut für Holzforschung - Wilhelm-Klauditz-Institut (WKI)
.... Kontakt: Sybille Templin, Bienroder Weg 54 E, 38108 Braunschweig, Telefon 0531/2155-208,
.... E-Mail: sybille.templin@wki.fraunhofer.de, www.wki.fraunhofer.de

Fraunhofer-Institut für Schicht- und Oberflächentechnik (IST)
.... Kontakt: Dr. Simone Kondruweit, Bienroder Weg 54 E, 38108 Braunschweig,
.... Telefon 0531/2155-535, E-Mail: simone.kondruweit@ist.fraunhofer.de,
.... www.ist.fraunhofer.de

Georg-Eckert-Institut für internationale Schulbuchforschung (GEI)
.... Kontakt: Verena Radkau, Celler Straße 3, 38114 Braunschweig, Telefon 0531/590-9947,
.... E-Mail: radkau@gei.de, www.gei.de

Helmholtz-Zentrum für Infektionsforschung (HZI)

.... Kontakt: Hannes Schlender, Inhoffenstraße 7, 38124 Braunschweig, Telefon 0531/6181-1400,
.... E-Mail: hannes.schlender@helmholtz-hzi.de, www.helmholtz-hzi.de

Herzog Anton Ulrich-Museum (HAUM), Kunstmuseum des Landes Niedersachsen

.... Kontakt: Sven Nommensen, Museumstr. 1, 38100 Braunschweig, Telefon 0531/1225-0,
.... E-Mail: info@museum-braunschweig.de, www.museum-braunschweig.de

Herzog August Bibliothek Wolfenbüttel (HAB)

.... Kontakt: Dr. Anne Tilkorn, Lessingplatz 1, 38304 Wolfenbüttel, Telefon 05331/808213,
.... E-Mail: tilkorn@hab.de, www.hab.de

Hochschule für Bildende Künste (HBK)

.... Kontakt: Jesco Heyl, Johannes-Selenka-Platz 1, 38118 Braunschweig,
.... Telefon 0531/391-9123, E-Mail: j.heyl@hbk-bs.de, www.hbk-bs.de

Luftfahrt-Bundesamt (LBA)

.... Kontakt: Cornelia Cramer, Hermann-Blenk-Straße 26, 38108 Braunschweig,
.... Telefon 0531/2355552, E-Mail: cornelia.cramer@lba.de, www.lba.de

phæno – die Experimentierlandschaft

.... Kontakt: phæno gGmbH, Willy-Brandt-Platz 1, 38440 Wolfsburg, Telefon 0180/1060600,
.... E-Mail: entdecke@phaeno.de, www.phaeno.de

Physikalisch-Technische Bundesanstalt (PTB)

.... Kontakt: Dr. Dr. Jens Simon, Bundesallee 100, 38116 Braunschweig, Telefon 0531/592-3005,
.... E-Mail: jens.simon@ptb.de, www.ptb.de

Technische Universität Braunschweig (TU BS)

.... Kontakt: Dr. Elisabeth Hoffmann, Pockelsstraße 14, 38106 Braunschweig,
.... Telefon 0531/391-4122, E-Mail: e.hoffmann@tu-bs.de, www.tu-braunschweig.de

Technische Universität Clausthal (TUC)

.... Kontakt: Christian Ernst, Adolph-Roemer-Straße 2a, 38678 Clausthal-Zellerfeld,
.... Telefon 05323/72-3904, E-Mail: christian.ernst@tu-clausthal.de, www.tu-clausthal.de

Staatliches Naturhistorisches Museum Braunschweig (SNHM)

.... Kontakt: Prof. Dr. Ulrich Joger, Pockelsstraße 10, 38106 Braunschweig,
.... Telefon 0531/288920, E-Mail: ulrich.joger@snhm.niedersachsen.de,
.... www.naturhistorisches-museum.de

Städtisches Klinikum Braunschweig (SKB)

.... Kontakt: Marion Lenz, Freisestraße 9-10, 38118 Braunschweig,
.... Telefon 0531/595-1599,
.... E-Mail: m.lenz@klinikum-braunschweig.de,
.... www.klinikum-braunschweig.de

Register

Institution Titel der Glosse.................................Stichwort .... Seite

Fortsetzung Braunschweigisches Landesmuseum (BLM)

Clausthaler Umwelttechnik-Institut GmbH (CUTEC)

Deutsches Zentrum für Luft- und Raumfahrt (DLR)

Deutsche Sammlung von Mikroorganismen und Zellkulturen (DSMZ)

Institution Titel der Glosse .... Stichwort .... Seite

Bundesforschungsanstalt für Landwirtschaft (FAL)

Fachhochschule (FH) Braunschweig/Wolfenbüttel

Institution Titel der Glosse .... Stichwort .... Seite

Fortsetzung Fachhochschule (FH) Braunschweig/Wolfenbüttel

Georg-Eckert-Institut für Schulbuchforschung (GEI)

Herzog August Bibliothek Wolfenbüttel (HAB)

Institution Titel der Glosse.................................Stichwort .... Seite

Fortsetzung Herzog August Bibliothek Wolfenbüttel (HAB)

Herzog Anton Ulrich-Museum (HAUM)

Hochschule für Bildende Künste Braunschweig (HBK)

Helmholtz-Zentrum für Infektionsforschung (HZI)

Institution Titel der Glosse .... Stichwort .... Seite

Institution Titel der Glosse................................. Stichwort .... Seite

Fortsetzung phaeno – die Experimentierlandschaft

Physikalisch-Technische Bundesanstalt (PTB)

Institution Titel der Glosse .... Stichwort .... Seite

Fortsetzung Physikalisch-Technische Bundesanstalt (PTB)

Staatliches Naturhistorisches Museum Braunschweig (SNHM)

Institution Titel der Glosse.................................Stichwort .... Seite

Städtisches Klinikum Braunschweig (SKB)

Technische Universität (TU) Braunschweig

Institution Titel der Glosse .... Stichwort .... Seite

Fortsetzung Technische Universität (TU) Braunschweig

Institution Titel der Glosse .... Stichwort .... Seite

Fortsetzung Technische Universität (TU) Braunschweig

Technische Universität Clausthal (TUC)

Danksagung

Eine Population von 304 Murmeltieren erblickt nicht einfach so das Licht der Welt. Viele Menschen – vom Gehegebauer bis zum Murmeltierpfleger – sind erforderlich, um die Tierchen mit allem Nötigen zu versorgen. All diesen möchte die Murmeltier-Redaktion an dieser Stelle herzlich danken – für ein Projekt, das viel Arbeit bedeutet und zugleich (den Machern und hoffentlich auch den Lesern) viel Spaß gemacht hat. Ein ganz großer Dank geht zuallererst an alle, die mit viel Kreativität und Beharrlichkeit einen Teil der Elternschaft übernommen haben. Wir, die Herausgeber des Murmeltier-Buches, danken unseren Autoren Annedore Beelte, Stefan Boysen, Miriam Buchmann-Alisch, Birgit Ehlbeck, Nicole Geffert, Volker Großmann, Sebastian Heise, Andrea Hoferichter, Birgit Leute, Uwe Reinermann, Dörte Saße und Mona Seydel. Zum Glück habt Ihr so lange durchgehalten! Und ebenfalls vielen Dank unseren Gast-Eltern Julia Förster, Martin Kahmann, Jonas Kierdorf, Janna Lahusen und Manuel Ulbig, die sich jeweils eines Murmeltieres angenommen haben. Mit den Autoren ist jedoch nur die eine Hälfte der Elternschaft genannt. Ebenfalls ein großer Dank an die andere Hälfte: die Wissenschaftler in den Forschungsinstituten, die unsere Autoren mit Informationen gefüttert und die sich mit uns auf die Form der Glosse eingelassen haben. Vielen Dank auch an die beteiligten Pressesprecher in den Forschungsinstituten für die oft wichtige Vermittlerrolle in diesem Projekt. Da Eltern leidenschaftlich gern ihre Kinder der Umwelt präsentieren, bedanken wir uns bei der Braunschweiger Zeitung für die tägliche und zentrale Murmeltierbühne sowie bei den weiteren gedruckten Schauplätzen: dem Wochenblatt braunschweig report, den Monatsmagazinen Clicclac und subway sowie der Druckerei Fischer für einige Murmeltiere in Lesezeichenform. Dank auch an die Agentur Neonaut für einen runden und sehr redaktionsfreundlichen Murmeltier-Webauftritt. Unser spezieller Dank geht dann natürlich an das nahe Redaktionsumfeld: an Elisabeth Hoffmann für ihre konzeptionelle Starthilfe, an Alberto Parra del Riego, der dem Murmeltier erstmals ein Gesicht gegeben hat und für das Layout dieses Buches verantwortlich zeichnet, und an Katja Pagel, die als Daumenkino-Illustratorin dem Murmeltier das Laufen beibrachte. Danke an Imke Frischmuth für ein dudengerechtes Ausbürsten von 304 Murmeltierfellen und die Agentur Steffen und Bach, die die Entstehung dieses Buches begleitet und ihm einen Umschlag verpasst hat. Einen ganz besonderen Dank auch an Horst-Dieter Behrendt, in dessen Joh. Heinr. Meyer Verlag sich unsere Murmeltiere gut aufgehoben fühlen. Und schließlich möchten wir uns bei denjenigen bedanken, welche die Startbahn für dieses Projekt vorbereitet haben. Vielen Dank an den Stifterverband, der Braunschweig als „Stadt der Wissenschaft" ausgewählt hat, an all die Sponsoren, durch deren Unterstützung viele Projekte und so auch dieses Murmeltier-Projekt erst möglich wurden, und vielen Dank an die Braunschweig Stadtmarketing GmbH und speziell an alle Mitarbeiterinnen aus dem dort beheimateten Koordinationsbüro zur Stadt der Wissenschaft für die immer hilfreiche Projektbegleitung.

Die Herausgeber

Sponsoren und Förderer der Ideenküche

Titelsponsoren:

BS|ENERGY
VEOLIA ENVIRONNEMENT

NEW YORKER
Dress for the moment.

NORD/LB
ÖFFENTLICHE VERSICHERUNG BRAUNSCHWEIG

Hauptsponsoren:

SALZGITTER AG
Stahl und Technologie

SIEMENS

STAAKE
Investment & Consulting GmbH & Co. KG

STRÖER
deutsche städte medien

VOETS

Volksbank eG
Braunschweig Wolfsburg

Braunschweig Die Löwenstadt

Stadt der Wissenschaft 2007

Ideenküche Braunschweig
Ausgezeichnet durch den Stifterverband
www.braunschweig.de/stadt-der-wissenschaft

Sponsoren und Förderer der Ideenküche

Premiumpartner:

ALBA Service | Mit System
Beyrich
BMA
Deutsche Bank
Graff
Heimbs Kaffee
IAV GmbH
intel Leap ahead
Kanada Bau Gruppe www.kanada-bau.de
Lineas
Nordzucker
Spot Up Medien Digitale Videowerbung
Stadtwerke Braunschweig Service für alle
125 Jahre Streiff & Helmold Die Verpackungskünstler
westermann

Förderer:

Braunschweig Stadtmarketing
Forschungregion Braunschweig
projekt Region Braunschweig GmbH
Stadt Braunschweig
Stifterverband für die Deutsche Wissenschaft
Mit freundlicher Unterstützung von PricewaterhouseCoopers, Eurohypo, Würth
SBK Stiftung Braunschweigischer Kulturbesitz
Stiftung Nord/LB · Öffentliche
IHK Braunschweig

Medienpartner:

Braunschweiger Zeitung

Notizen

Notizen

Notizen

Notizen

Notizen

Notizen

Notizen

Notizen

Notizen

Notizen

Impressum:

Das Murmeltier-Buch
„Und täglich grüßt die Wissenschaft“
Glossen (und mehr) aus Leben, Technik, Kultur

Gefördert aus Projektmitteln der „Stadt der Wissenschaft 2007“

Redaktion: Sylvia Borchardt, Erika Schow, Jens Simon (alle PTB)
Konzeptionelle Mitarbeit: Elisabeth Hoffmann (Technische Universität Braunschweig)
Layout: Alberto Parra del Riego (PTB)
Umschlagsgestaltung: Steffen und Bach GmbH / www.steffenundbach.de
Daumenkino: Katja Pagel
Gesamtherstellung: braunschweig-druck GmbH, Braunschweig

Redaktionsanschrift: Physikalisch-Technische Bundesanstalt (PTB),
Presse- und Öffentlichkeitsarbeit, Bundesallee 100, 38116 Braunschweig

Alle Texte mit Kontaktdaten: http://www.braunschweig.de/murmeltier/